HUMANITIES AND SOCIETY

美国生活中的反智主义

Richard Hofstadter

[美国] 理查德·霍夫施塔特 著　何博超 译

译林出版社

图书在版编目（CIP）数据

美国生活中的反智主义 /（美）理查德・霍夫施塔特(Richard Hofstadter)著；何博超译．— 南京：译林出版社，2021.3
（人文与社会译丛 / 刘东主编）
书名原文：Anti-Intellectualism in American Life
ISBN 978-7-5447-8489-4

Ⅰ.①美… Ⅱ.①理… ②何… Ⅲ.①文化研究-美国 Ⅳ.①G171.2

中国版本图书馆 CIP 数据核字（2021）第020166号

美国生活中的反智主义 ［美国］理查德・霍夫施塔特 / 著 何博超 / 译

责任编辑 刘 静
装帧设计 胡 苨
校　　对 王 敏
责任印制 单 莉

出版发行 译林出版社
地　　址 南京市湖南路 1 号 A 楼
邮　　箱 yilin@yilin.com
网　　址 www.yilin.com
市场热线 025-86633278
排　　版 南京展望文化发展有限公司
印　　刷 江苏凤凰通达印刷有限公司
开　　本 880 毫米 × 1230 毫米 1/32
印　　张 17.625
插　　页 2
版　　次 2021 年 3 月第 1 版
印　　次 2021 年 3 月第 1 次印刷
书　　号 ISBN 978-7-5447-8489-4
定　　价 68.00 元

主 编 的 话

刘 东

总算不负几年来的苦心——该为这套书写篇短序了。

此项翻译工程的缘起，先要追溯到自己内心的某些变化。虽说越来越惯于乡间的生活，每天只打一两通电话，但这种离群索居并不意味着我已修炼到了出家遁世的地步。毋宁说，坚守沉默少语的状态，倒是为了咬定问题不放，而且在当下的世道中，若还有哪路学说能引我出神，就不能只是玄妙得叫人着魔，还要有助于思入所属的社群。如此嘈嘈切切鼓荡难平的心气，或不免受了世事的恶刺激，不过也恰是这道底线，帮我部分摆脱了中西"精神分裂症"——至少我可以倚仗着中国文化的本根，去参验外缘的社会学说了，既然儒学作为一种本真的心向，正是要从对现世生活的终极肯定出发，把人间问题当成全部灵感的源头。

不宁惟是，这种从人文思入社会的诉求，还同国际学界的发展不期相合。擅长把捉非确定性问题的哲学，看来有点走出自我囿闭的低潮，而这又跟它把焦点对准了社会不无关系。现行通则的加速崩解和相互证伪，使得就算今后仍有普适的基准可言，也要有待于更加透辟的思力，正是在文明的此一根基处，批判的事业又有了用武之地。由此就决定了，尽管同在关注世俗的事务与规则，但跟既定框架内的策论不同，真正体现出人文关怀的社会学说，决不会是医头医脚式的小修小补，而必须以激进亢奋的姿态，去怀疑、颠覆和重估全部的价值预设。有意思的是，也许再没有哪个时代，会有这么多书生想要焕发制度智慧，这既凸显了文明的深层危机，又表达了超越的不竭潜力。

于是自然就想到翻译——把这些制度智慧引进汉语世界来。需要说明的是，尽管此类翻译向称严肃的学业，无论编者、译者还是读者，都会因其理论色彩和语言风格而备尝艰涩，但该工程却绝非寻常意义上的“纯学术”。此中辩谈的话题和学理，将会贴近我们的伦常日用，渗入我们的表象世界，改铸我们的公民文化，根本不容任何学院人垄断。同样，尽管这些选题大多分量厚重，且多为国外学府指定的必读书，也不必将其标榜为“新经典”。此类方生方成的思想实验，仍要应付尖刻的批判围攻，保持着知识创化时的紧张度，尚没有资格被当成享受保护的“老残遗产”。所以说白了：除非来此对话者早已功力尽失，这里就只有激活思想的马刺。

主持此类工程之烦难，足以让任何聪明人望而却步，大约也惟有愚钝如我者，才会在十年苦熬之余再作冯妇。然则晨钟暮鼓黄卷青灯中，毕竟尚有历代的高僧暗中相伴，他们和我声应气求，不甘心被宿命贬低为人类的亚种，遂把移译工作当成了日常功课，要以艰难的咀嚼咬穿文化的篱笆。师法着这些先烈，当初酝酿这套丛书时，我曾在哈佛费正清中心放胆讲道：“在作者、编者和读者间初步形成的这种‘良性循环’景象，作为整个社会多元分化进程的缩影，偏巧正跟我们的国运连在一起，如果我们至少眼下尚无理由否认，今后中国历史的主要变因之一，仍然在于大陆知识阶层的一念之中，那么我们就总还有权想象，在孔老夫子的故乡，中华民族其实就靠这么写着读着，而默默修持着自己的心念，而默默挑战着自身的极限！”惟愿认同此道者日众，则华夏一族虽历经劫难，终不致因我辈而沦为文化小国。

一九九九年六月于京郊溪翁庄

致 E. A. H.

1888—1962

引 言

像导言的通常做法一样，我在前两章会试图解释一下本书的起源和意图，以及核心概念。但有一件事在一开始就应该特别澄清：我所做的，仅仅是将反智主义这个观念当作一种手段，用它来审视美国社会和文化中不是太引人入胜的某些方面。尽管书中很多页都附有不少文献，但拙作并非正式的历史作品，而大体上是个人之书，其事实的细节皆由我的观点组织和统摄。展开论题的方式，有我选择之意，但随兴而发，故零散断续，在所难免。

如果一个人从隐秘的底部来窥视像我们这样的社会，比如说，用着连篇累牍的文字，那么他必须要下决心敢于伤害国家的自尊，但这恰恰会转移我们的注意力，而我们的重点应该是稍稍揭示我们文化的问题。他也必须更为坚决地抱定决心，甘愿冒着一点点风险，以至于激起那种伪善而又以正义自居的反美立场。在今日的欧洲，此一立场通常都伪装成对美国的批评，仿佛熟知内情一般。由于美国人的自矜自伐和过度敏感，他们即便不是世界上最自我批判的，也至少是最在意自身而感到局促不安的民族，他们永远都关心各种事情（他们的国家道德、国家文化、国家目的等）中的不充分之处。恰恰是这种不确定之感，赋予了他们的知识分子一种带有特殊旨趣的批判功能。一些外国意识形态

vii 者，有意挪用了这种自我批判的某些方面，但其目的偏离了它的原始范围或意图，这免不了会带来风险。可是，倘若因为自我改正的合理事业有可能会被人偷听和滥用，就由此将其搁置，那么这算是最无稽的理由了。在这一点上，我赞叹爱默生的精神，他曾经这样写道："我们要坦诚地吐露真相。我们美国人因为肤浅已经声名狼藉。伟大的人民，伟大的国家，从来就不是大言不惭、滑稽可笑的，而是会意识到生活的可怖，勇于直面它。"

viii 理查德·霍夫施塔特

目　录

第一部分　导　论

第二部分　内心的宗教

第三部分　民主政治

第四部分　实干文化

第五部分　民主制的教育

第六部分　结　论

第一部分

导　论

第一章

我们时代的反智主义

一

虽然这本书主要处理的某些方面，来自美国久远的过去，但也可以认为它回应了20世纪50年代的政治和思想状况。**反智主义**这个词虽然以前很少听到，但那十年间成了我们国内相互非难和彼此叱责的词汇中常见的一个。过往，美国知识分子（intellectuals）[1]经常都因为国家对心智的不敬而垂头丧气，愤愤不平，但在这段时期，知识圈以外的大量民众也都共同关注这一问题，而这方面的自我批评也演变成了一场全国性的运动，这样的时代前所罕见。

在那时，人们担忧批判性的心灵在这个国家中被视如敝屣，主要是因为麦卡锡主义（McCarthyism）引发了这样的恐慌。当然，知识分子并

1　本书中会频繁使用几个同源词。（1）intellect，名词，在文化语境中，译为智识，代表理智能力或知识界，指人时译为智识者或知识分子；在哲学或神学语境中，译为理智，对应了古希腊文的nous。（2）intellectual，是intellect的形容词，译为智识的或理智的，有时也表示知识分子的；作为可数名词，译为知识分子或智识者，由它派生来的intellectualism，译为理智主义或理智精神；intellectuality，译为理智性。（3）intelligence，名词，译为智力，作者后面将之区分于intellect，形容词intelligent一般对应intelligence。——译注

非麦卡锡持续发难的唯一目标——他在下一盘更大的棋——只不过知识分子正处在受攻击的火线上。当他们受到打击时，这似乎令麦卡锡的信徒们格外欢呼雀跃，而且在整个国家中，一大拨不怎么崇高的审查者也不甘落后，尽力效仿着麦卡锡对知识分子和大学的突袭。于是，当麦卡锡连珠箭似的控诉掀起了强烈的恶意和无趣的愚蠢时，就在这样的气氛里，1952年的竞选又戏剧化地展现了两派中智识一方与庸俗一方的对立。一方是阿德雷·史蒂文森[1]，他的思想和作风在政治家里与众不同，这引起了知识分子的好感，他的这种吸引力让近期历史中的任
3 何事情都黯然失色。另一方就是德怀特·D. 艾森豪威尔，思想墨守成规，口齿相当不清，还联手了招人厌烦的尼克松[2]；在他发动竞选时，制定选举基调的似乎都不是将军本人，而是他的这位竞选伙伴及其政党中的麦卡锡一羽。

艾森豪威尔决定性的胜利既被知识分子自己，也被他们的批评者视作美国抛弃知识分子的标志。作为舆情周刊，《时代》摇了摇头，不足为信地做出一副忧心忡忡的样子。[3]它说，艾森豪威尔的获胜“揭露了一个令人怀疑已久、触目惊心的事实：在美国知识分子和民众之间，

---

1 Adlai Stevenson（1900—1965），曾任伊利诺伊州州长，知识分子型的政治家，民主党派，曾三次竞选总统，前两次均惨败于军功卓著并由寡头财阀支持的艾森豪威尔，第三次负于肯尼迪。文中所指为第一次竞选。——译注

2 尼克松当时是艾森豪威尔的竞选搭档，年轻有活力，颇有手腕和口才，年老的艾森豪威尔对他言听计从，其当选之功很大程度上要算在尼克松身上。尼克松反共的立场也影响了当时的政策。在艾森豪威尔担任总统之后身体不佳时，作为副总统的尼克松还代为主持大局。艾森豪威尔的儿子后来娶了尼克松的孙女为妻。1952年11月10日和1956年11月12日（艾森豪威尔连任）这两期《时代》周刊在报道大选结果时，都把艾森豪威尔和尼克松作为封面人物放在一起。——译注

3 1952年11月10日的《时代》报道了竞选结果，那一期的封面人物是艾森豪威尔和尼克松，两人的照片拿在自由女神的手中，高高在上。在作者看来，《时代》似乎对两人当选的结果过分忧虑，夸大了知识分子与民众的矛盾。——译注

有一条悬殊而有害的鸿沟”。小阿瑟·施莱辛格[1]在大选后不久就用辛辣的笔调表示抗议，他发现知识分子“正处在他这一代人闻所未闻的处境中”。之前，民主党执政的二十年间[2]，知识分子基本上受到理解和尊重，但这之后，商业又重新掌权，它带来了“商业至上造成的几乎难以改变的后果——粗俗化”。此时，知识分子被摒弃为“蛋头”[3]、怪胎，被不需要他或者根本不理解他的党派所左右；知识分子也成了替罪羊，从所得税到珍珠港偷袭，一切都是他的责任。“反智主义，”施莱辛格论述道，“长久以来就是商人的反犹主义……知识分子……在今天的美国社会中犹如丧家之犬。”[4]

在新政府运转之后，所有这些情况似乎都得到了充分证实。用史蒂文森的话说，卖汽车的（car dealers）取代了新政派（New Dealers），这让知识分子及其价值观受到抛弃这一状况成为定局——而之前在杜鲁门时期，法院里的政客早已给他们蒙上阴影。由此，款待这个国家的就是查尔斯·E. 威尔逊[5]调侃纯研究的俏皮话，还有艾森豪威尔喜欢把西部小说当读物的八卦，以及他把知识分子定义为唠唠叨叨和自命不凡之徒的说法。但是在艾森豪威尔执政时期，国家情绪到达了一个转折点：在共和党总统面前，麦卡锡分子的怒火燃烧殆尽；这位威斯康星州

1　Arthur Schlesinger, Jr.（1917—2007），美国著名历史学家，政治与社会评论家，曾任肯尼迪总统的白宫特别助理。在史学方面，对美国历史和政局的研究极富洞察力。麦卡锡主义盛行期间，他的著作也被归入了危险作品。——译注

2　指罗斯福和杜鲁门任总统期间，一共有二十年之久。——译注

3　Egghead，1952年美国大选，尼克松就攻击谢顶的阿德雷·史蒂文森为蛋头，这个词从那时开始流行起来。——译注

4　小阿瑟·施莱辛格：《政治中的高知》（“The Highbrow in Politics”），《党派评论》（*Partisan Review*），第XX卷（1953年3月—4月号），第162—165页；此处所引《时代》，见第159页。

5　Charles Erwin Wilson（1890—1961），美国政治家、商人，1953—1957年担任艾森豪威尔总统的国防部长，曾担任通用汽车公司的首席执行官，号称“引擎查理”（Engine Charlie）。艾森豪威尔政府的一大特点就是经济财阀成其支柱。——译注

参议员[1]孤立了自己，他受到谴责，垂头丧气。最终，在1957年，苏联发射“伴侣号”卫星这一事件重又激起了美国公众常常会进行的、如周期性浪潮一般的、对国家的自觉的重新评价。“伴侣号”不仅仅给美国的
4 国家虚荣心当头一棒：它还让人们尤为关注反智主义在学校系统乃至整个美国生活中造成的后果。转瞬间，国家对智识的反感似乎不只是耻辱，而且还是危及存亡的风险。之前若干年，国家一直认为它应该关心的是审查教师是不是忠诚[2]，但现在，它开始担心教师们的低收入了。这么多年来，科学家们一直在说：越发受到安全问题的困扰，这让人失去了搞研究的心气；而此时，他们却一下子找到了接纳自己的听众。抗议美国教育松散懈怠的呼声之前只有少数教育批评家呐喊过；如今，电视、大众报刊、商人、科学家、政治家、海军将领和大学校长也都纷纷表态，很快就演变为一场全国性的异口同声的自我检讨。当然，所有这些并未立刻打消民间的防备之心，也没有驱散在美国生活中作为一股力量的反智主义；甚至在最直接受到卫星事件影响的地方，即教育领域，公众的主导情绪似乎也还是希望多造出一些“伴侣号”，而不是培养更多的知识分子；一些谈论教育的新说辞几乎在建议：要把天才儿童视作冷战的重要资源。但尽管如此，气氛还是明显改观。在1952年，也许只有知识分子受困于反智主义的幽灵；而到了1958年，大多数思想健全的人都相信这样的看法：反智主义是这个国家严重的，甚至危险的缺陷。

1　指约瑟夫·麦卡锡（1908—1957），共和党人，威斯康星州参议员，本人也是威斯康星人。作者所指当为1954年12月国会对麦卡锡进行的不信任投票一事，时67票赞成，22票反对，故受到了谴责（censure，美国国会的一种特殊职能，区别于检举和弹劾）。1957年5月2日，麦卡锡病故，麦卡锡主义式微。——译注

2　从杜鲁门政府开始，美国就设定了“忠诚调查”，要求公民对共产主义保持敌对，表达对美国的忠诚，随后就是盛极一时的麦卡锡主义。教师通常都会接受忠诚调查，尤其是人文知识分子，他们必须在课堂上陈述对苏共和共产主义的厌恶，否则就会受到处罚。——译注

今天，方有可能冷静地旁观20世纪50年代的政治文化。如果说在那时，很容易看到麦卡锡主义，甚至艾森豪威尔政府中存在的，会给公共生活里的知识分子造成灭顶之灾的末日之乱，那么如今，这种情况绝无可能，因为华盛顿重又对哈佛教授和获得过罗兹奖学金的学者礼遇殷勤。如果说在过去，有人质疑智识，认为它是阻挡政治或政府成功的令人绝望的障碍，那么现在，毫无疑问，新总统[1]的所作所为必然平息了这样的疑虑：比如，他对思想有着明显的兴趣，尊重知识分子；他在典礼中的种种姿态又将这一尊重体现在了国务层面；他青睐有理智力之人的陪伴和建议，尤其是当政伊始，他就计划长期、仔细地招贤纳士。不过曾经，人们也过分相信招募这样的才俊可以彻底改变处理我们事务的作风，但时间的确注定会让人清醒。眼下，我们来到了这样一个时刻：知识分子终于能避免夸张的朋党之见和自哀自怜来讨论反智主义了。 5

二

20世纪50年代的政治乱局和教育方面的争议使得美国在自我评价时总是把**反智的**一词当作关键的形容语；它不显眼地溜进我们惯用的语言，却没得到太多的界定；它通常被用来描述各种不受欢迎的现象。那些突然意识到它的人往往都会设想：反智主义是这种或那种生活领域里的新生势力，既然它是近期社会状态的产物，那么可以预计，它将来也许会达到难以克服的程度。（遗憾的是，美国知识分子对历史的理解很肤浅；由于现代人长期生活在某种末日灾难的阴影下，故而知识分子甚至总会把社会变革中的小旋涡当成潮汐一般。）但是，对于美

1　指约翰·肯尼迪，他继艾森豪威尔之后就任总统，作者写作本书时，正值他执政。——译注

国历史的研究者来说，20世纪50年代普遍响起的反智倾向的调子听起来并不新鲜，还似曾相识。20世纪50年代的反智主义，并不是第一次在美国露面。事实上，美国的反智主义比我们的国家身份还要古老，而且具有漫长的历史背景。对这个背景的考察可以看出：在美国，对知识分子的重视并没有持续走低，也没有突然下降，而是经受着周期性的波动；此外，也可以看出：在我们的时代，知识分子遭受的怨恨并不表明其地位的降低，反而体现出了他们与日俱增的重要性。我们没有以任何系统的方式了解上述所有这些内容，而且关于反智主义这一主题，也很少有人对它做过太多史料翔实的思考。大量著作写的都是美国知识分子与其国家之间旷日持久的争论，但这样的作品主要研究的是知识分子眼中的美国，仅仅会偶然地窥及美国眼中的知识界和知识分子。[1]

6 反智主义之所以没有被清晰定义，一个原因在于，恰恰是它的模糊性使其能更便利地作为形容语用在争论中。但无论如何，给它下定义确非易事。作为观念，它不是一个单一的命题，而是一系列复杂的相关命题。作为态度，它通常都不是以纯粹的形式存在，而是充满矛盾——纯粹、单纯的厌恶知识界或知识分子的态度并不常见。作为历史问题，如果还是用这个名字，那么它并不是一条恒常不变的线索，而是一股在强度上时时出现波动的力量，它从不同的来源获取自身的动力。在这本书中，我不想坚持严格或狭隘的定义，这样的定义放在这里并不适宜。一种在逻辑上说得通，但在历史方面武断随意的定义方式，只需要

1　据我所知，普遍关注这一问题的美国历史学家也只有摩尔·科蒂（Merle Curti）了，参见其很有启发的作品《美国的吊诡》（*American Paradox*，新布伦斯维克，新泽西，1956年）及其在美国历史协会上的主席报告《知识分子和其他人》（“Intellectuals and Other People”），《美国历史评论》（*American Historical Review*），第LX卷（1955年1月），第259—282页。雅克·巴赞（Jacques Barzun），在《智识之家》（*The House of Intellect*，纽约，1959年）中，主要从当代的角度研究了这个主题，他还在很大程度上讨论了知识界和文化界之中的内部压力。《社会问题期刊》（*Journal of Social Issues*），第XI卷，第3期（1955年），用了一整期的篇幅，由若干作者讨论了反智主义问题。

在一组复杂特征中挑选出一个特征，而我认为这种做法并无益处。我感兴趣的恰恰是这个复杂体——有着诸多交点的各种态度与观念之中的、历史关系的复杂体。将众多我称之为反智主义的态度和观念联结在一起的普遍特征，就是对理智生活以及那些被认为代表这种生活的人抱有的怨恨和怀疑；它也是一种总会贬低这种生活之价值的倾向。这种公认的一般表述，接近于定义，我认为斗胆一试还是有用的。[1]

一旦采用了这种方法，我们就会清楚：在将反智主义作为正式的历史主题时，其处理方式不可能像处理个人生平、制度发展、社会运动一样。既然我研究的是美国人的思想所发生的环境和氛围，那我就不得不使用印象式的手段，借此，人们可以尝试再现那时的环境，或捕捉当时的氛围。

在给出一些我认为是反智主义的例子之先，我还得解释一下不在我意图之内的内容。除了偶然场合之外，我不会处理美国知识分子团体内部的纷争或争议。美国知识分子像其他地方的知识分子一样，在扮演自己的角色时通常都感到不安；他们总是习惯于互相怀疑，甚至相互憎恨，有时他们还用尖酸刻薄、一网打尽的话来评论自己所属的整个群体。这种内部批评很说明问题，也颇为有趣，但并不是我主要关心的内容。同 7
样，知识分子彼此之间所采取的那种无礼的或考虑欠妥的批评也不是我要关注的。例如，没有人会比H. L. 曼肯[2]更鄙视美国的教授阶层了；也没

1　有人曾试图给出定义，这方面值得注意的是默顿・怀特（Morton White）的做法，见《反思反智主义》（“Reflections on Anti-Intellectualism”），《代达罗斯》（*Daedalus*，1962年，夏季号），第457—468页。怀特很有用地区分了反知识分子者（the anti-intellectual）和反智主义者（the anti-intellectualist），前者敌视知识分子，后者则批评理性智识在知识和生活上的主张。他用了一些篇幅处理了这两者各自的策略和共识。

2　Henry Louis Mencken（1880—1956），美国著名记者、评论家、学者，属于知识分子阶层。他常常尖锐地讽刺和批评美国的社会文化，号称“巴尔的摩的智者”，对于美国语言文化也颇有研究，写过多卷本的《美国语》（1919年，1945、1948年有增补）。他政治上反对民主，持有明显的精英主义立场而赞扬尼采，但他也鲜明地反对希特勒。——译注

有人会比玛丽·麦卡锡[1]更毒辣地在小说中刻画其他作家；但是，我们不会因此就妄想把曼肯和威廉·F. 巴克利[2]通通划为教授们的敌人，也不会想把麦卡锡小姐和后来的那位同名参议员混为一党。[3]毕竟，对其他知识分子的批评也是知识分子的重要功能之一，而且每当他这么做的时候，素来都精力充沛。我们也许会希望，但我们难以指望：他能仁慈、优雅、中肯地批评其他知识分子。既然知识分子的事务就是追求多元和意见相左，那么，他们有时候很可能会一味斗嘴，我们必须接受这样的风险。

1 Mary Therese McCarthy（1912—1989），美国著名作家，社会活动家。处女作为《有她为伴》(1942年)，描绘了美国知识分子的生活状态；代表作为《群体》(1962年)。她同作家莉莲·赫尔曼（Lilian Hellman）长期为仇，互相攻击。下面指的同名参议员即约瑟夫·麦卡锡。——译注

2 William Frank Buckley, Jr.（1925—2008），评论家、学者，属于公共知识分子。1955年创办了刊物《国家评论》(*National Review*)，持保守观点。1951年出版了著名的《耶鲁的神与人》，对耶鲁大学进行了批评。1954年同他人写成《麦卡锡及其敌人》，为麦卡锡主义辩护。——译注

3 这些考虑因素有力地提醒我们，美国就像其他地方一样，也存在着一种包含众多观点的知识分子权力集团（intellectual establishment）。人们一般都会从在这个集团“之内”还是“之外”来理解一个具体的人（虽然还有一些拿不准的情况）。这个集团有双重的标准来评价对知识分子的批评：通常接受来自内部的批评，认为它基本上出于好意，并听取其中的良言；但他们会憎恨来自外部的——即使是同样的——批评，认为批评者心存敌意，还指责对方反智，而且有潜在的威胁。例如几年前，许多知识分子批评那些大基金会把它们大部分的研究经费都用来支持大预算的“工程”，而不是个人的学术研究。但是当里斯委员会（Reece Committee）热衷于追查基金会时，还是这帮知识分子，却不太乐意看到这样的机构提出相同的批评（尤其是当这种批评并不中肯时）。他们并不是不相信这一批评，而是不喜欢和不信任它的批评者。

当然，不仅仅知识分子如此，这也是群体生活的普遍现象。政党的成员或少数群体也会对批评采取类似的双重标准，这取决于批评是来自集团的内部还是外部。再有，从历史事实来看，甚至从逻辑上来说，也存在着一些理由可以证明这种双重标准是合理的，因为很遗憾，批评背后的意图成了批评的适用性的一部分。批评基金会的知识分子希望（按照他们的看法）建设性地改变基金会的种种政策，但里斯委员会的调查路线有可能削弱或破坏政策。另外，每个人都会明白，比如关于犹太人或黑人的笑话，当它被群体内部的人来讲或被外人来说时，有着截然不同的弦外之意。

最后，如果我们不想陷入难堪的境地，那么重要的是，必须弄清楚一点：在本书中，反智主义不同于那种我更愿意称之为反理性主义（anti-rationalism）的哲学学说。一些思想家，如尼采、索雷尔，或柏格森、爱默生、惠特曼，或威廉·詹姆斯，还有一些作家，如威廉·布莱克、D. H. 劳伦斯，或欧内斯特·海明威，上述这些人的思想可以称为反理性主义。但是，在我使用的"反智"一词的社会和政治意义上，这些人都不是典型的反智者。当然毫无疑问，众多反智主义思潮经常会引用这样的反理性主 8
义思想家的观点（仅爱默生一人就为它们提供了大量的文本）；但是，仅当这些思潮确实这样做的时候，而且仅仅在最低程度上，高知者的反理性主义才会成为我叙述的一部分。在本书中，我集中关注广泛的社会态度、政治行为，以及中知者和低知者的反应，只会顺带关注一下表述清晰的理论。最让我感兴趣的就是那些对我们的事务产生了影响的、严重抑制理智生活与文化生活或使之贫乏的态度。有一些例子，是从我们最近的史料中选取出来的，它们或许可以充实定义，补充其细节。

三

有一些定义来自那些对美国知识分子强烈不满的人，我们不妨从它们开始。

例A：在1952年竞选中，国家似乎需要一些词汇来表达对知识分子的鄙夷，到那时为止，知识分子成了美国政治中具有自觉性的主题。**蛋头**这个词原本在使用时并没有贬义的联系，[1]但它很快就被赋予了这

1　这个词之所以被人采用，要归因于斯图尔特·阿尔索普（Stewart Alsop）的一篇专栏文章，其中，这位记者记录了他和自己的兄弟约翰的对话。专栏记者评论道，许多有才智的、标准的共和党员，显然都称赞史蒂文森。"的确如此，"他兄弟说，"所有书生都爱史蒂文森。但是你认为还有多少书生呢？"约瑟夫和斯图尔特·阿尔索普：《记者的职业》（*The Reporter's Trade*，纽约，1958年），第188页。

样的联想，比起传统使用的**高知**一词，它具有更尖锐的言外之意。大选结束后不久，信奉右翼政治信仰的通俗小说家路易斯·布龙菲尔德[1]提议，如果有一天这个词收入词典，那么可以按照如下方式：[2]

> **蛋头：**自命有智识的冒牌货，通常是教授或教授的门生。骨子里浅薄无知。对任何问题的反应都过分情绪化，女性气十足。目空一切，自负狂妄，轻视更合理、更有能力之人的经验。其思想在本质上一团乱麻，沉浸在多愁善感又狂热传道的混乱中。是中欧社会主义的空谈教条的支持者，与希腊—法国—美国的民主和自由主义理念针锋相对。遵循尼采那种老派的哲学道德观，这不
> 9 断地让他们身陷囹圄或蒙受耻辱。他刻意地把自己弄成一副学究样（prig），喜欢考察问题的方方面面，以至于头脑糊里糊涂，原地打转。有一颗贫血的心。

“最近的大选，”布龙菲尔德评论道，“证明了很多事情，其中最重要的就是：‘蛋头’已经彻底远离了全体人民的思想和情感。”

例B：差不多两年后，艾森豪威尔总统似乎以官方的名义批准了一种与上述类似的、轻视知识分子的态度。1954年洛杉矶的共和党会议上，他在发言时提到了一个观点，有位工会领导曾向他表示过这个看法：只要让人民看到了全部真相，他们就总会支持正确的事业。接着，总统补充道：[3]

---

1 Louis Bromfield（1896—1956），美国著名作家，保守派人士，1927年因小说《初秋》获得普利策奖。——译注

2 路易斯·布龙菲尔德：《蛋头的胜利》（“The Triumph of the Egghead”），《自由者》（*The Freeman*），第III卷（1952年12月1日），第158页。

3 白宫通讯，《南加州共和党各组织提供的总统言论，于洛杉矶施塔特勒饭店早餐时分……1954年9月24日》，第4页；黑体字为我所加。总统有可能是从国防（转下页）

我们身边一向有那么多爱说风凉话的、所谓的知识分子晃来晃去地在向人们证明：所有不同意他们的人都是错的。那么，一想到这位工会领导人说的这番话，就着实令人欣慰。

顺便提一下，我听到过一个对知识分子的定义，我认为挺有意思：**他是不懂却非要讲，讲的话又毫无必要的人。**

例C：20世纪50年代的争议中，有一个并不新鲜的关键议题，就是专家知识在政治生活中的地位。1957年，随着连锁店董事长麦克斯韦·H. 格鲁克（Maxwell H. Gluck）被委任为锡兰[1]大使，反对专家、拥护外行的高潮也许就来到了。1956年，格鲁克先生贡献了——按他自己的估计——两万或三万美金支持共和党竞选活动[2]，但是，像许多与他类似的前任一样，谁也不知道他们在政治或外交方面有什么经验。在被参议员富布赖特（Fulbright）质询其任职资格时，格鲁克先生遇到了一些麻烦：[3]

富布赖特：你认为你能处理锡兰方面的什么问题呢？

格鲁克：问题之一就是那里的人民。我相信我能——我认为我能建立，除非我们——还有，除非我碰上我之前没遇到过的事 10
情——让锡兰和美国建立良好的关系和良好的感情……

富布赖特：你知道我们的印度大使吗？

（接上页）部长查尔斯·E. 威尔逊那里听到了类似的话，这句话在其他地方被人引用过："蛋头就是那种对自己知道的所有事情不懂装懂的人。"理查德和格雷迪斯·哈克尼斯（Richard and Gladys Harkness）：《查理·威尔逊的才智和智慧》（"The Wit and Wisdom of Charlie Wilson"），《读者文摘》（*Reader's Digest*），第LXXI卷（1957年8月号），第197页。

1　Ceylon，即斯里兰卡，斯里兰卡1948年独立后国名为锡兰，1972年改为斯里兰卡。——译注

2　指1956年美国总统竞选，那一年，艾森豪威尔最终连任。——译注

3　《纽约时报》，1957年8月1日。

格鲁克：我知道前大使约翰·谢尔曼·库珀(John Sherman Cooper)。

富布赖特：你知道印度总理是谁吗？

格鲁克：知道，不过他的名字，我叫不上来。

富布赖特：你晓得锡兰总理是谁吗？

格鲁克：他的名字我现在还不太清楚，说不上来。

人们会怀疑格鲁克先生是不是为他即将上任的职务准备好了，这进而又会让人联想，他之所以被委任，是因为他为共和党竞选提供了资助。在1957年7月31日的新闻发布会上，记者就提出了这个问题，对此，艾森豪威尔总统宣称：因为资助了竞选，就用委任当回报，这实在是天方夜谭。关于被委任者的能力，他评论道：[1]

> 人们出于无知，所以觉得这就是他被任命的原因：其实，很多我敬重的人极力推荐了一组人员，他正是从中挑选出来的。他的业务履历已经审查过了，联邦调查局对他的评价完全良好。当然，我们都知道他没去过锡兰，他完全不熟悉那里；但他可以学习，只要他是那种我们期待的人物和人选。

有必要补充一下，格鲁克先生一年后辞去了在锡兰的职务。

例D：美国科学家的种种抱怨之中，有一个就是：他们意识到，美国对纯科学的轻视不仅阻碍了科学调查，也妨碍了国防部的研究和发展的进程。1954年，密苏里州参议员斯图尔特·赛明顿(Stuart Symington)在参议院军事委员会(Senate Committee on Armed Services)审查了国防部长查尔斯·E.威尔逊，赛明顿引用了部长之前的言论当

1 《纽约时报》，1957年8月1日。

作证据，尤其是这样一条，部长说：即使有纯研究，那也应该是其他什么机构来资助，而不是国防部。威尔逊部长证实过："我可不感兴趣为什么土豆一油炸颜色就会发棕，如果这算是军事项目。"为了给威尔逊部长施压，参议员赛明顿又转向了之前举出的一个证据，它涉及的问题是：轰炸机、核推进、电子技术、导弹、雷达以及其他项目的研究——而 11
不是土豆——都缺少充足的资金。部长回应道：[1]

> 所有这些领域都在进行着重要的研究和发展……
>
> 然而，很难让这些总是企图思想超前的人回到当务之急上来，很难列出他们想得到的项目和他们想得到的东西……他们想要一罐能拿得到手的金子，还不需要太多监督……
>
> 首先，**如果你们知道自己在做什么，你们就知道为什么不资助纯研究了**。你们把事情搞复杂了。

例E：20世纪50年代，在政界中表达出的那种反智倾向主要是传统商人对一些专家的质疑，这些专家的工作领域，不论是科学实验室、大学还是外交使团，均不受商人的掌控。而极右翼阵营对知识分子表现出的敌意更为尖锐和彻底，这是一股来自民间的厌恶感，它无条件地针对知识阶层，以及任何体面、权威、显贵或斯文之事。在20世纪50年代，右翼的讨伐运动满是激烈的修辞，谈论着"国务院里的那些哈佛教授和思想扭曲的知识分子……"；还有"那些肩负着斐·贝塔·卡帕的钥匙和学术荣誉"却"并没有同等地拥有诚实和常识"的家伙；还有"美国当代的那些体面、有社会背景、有文化、浑身学位、正牌的绅士

1　美国国会，第84届国会，第2次会议，参议院军事委员会：《听证会》，第XVI卷，第1742，1744页（1956年7月2日）；黑体字为我所加。

和学者……他们是‘精英’，全都拥护阿尔杰·希斯[1]”；还有“浮夸自大、穿着条纹裤、装出一嘴英国腔的外交官”；还有那些试图“用羔皮手套在香气扑鼻的客厅里”同共产主义斗争的人；还有那帮东部佬，他们“侮辱处于美国**心脏**的广大中西部和西部人民”；还有那群“祖宗能上溯到18世纪或者更早”但其忠诚度依然可疑的人；还有那些听得懂“希斯—艾奇逊[2]之流的格罗顿[3]腔儿”的人。[4]这种如扎克雷暴动[5]般的
12 修辞，其核心精神被《自由者》[6]主笔牢牢掌握：[7]

> 有个现象真让人吃惊，就是那帮受过大学教育的家伙居然失去了理智，他们向约瑟夫·R. 麦卡锡发起了攻击……就算麦卡锡先生确乎是“可敬的”新闻界描写的那种无赖；但这就能……证明，到目前为止，纽约和华盛顿的那些装备更加精良的编辑部喷了将近一年的、如灾难爆发一般的言论是理所应当的吗？……麦卡

1 Alger Hiss（1904—1996），政府官员、律师、社会活动家。1948年他被指控为苏联间谍，1950年被判监禁。他曾就读于约翰·霍普金斯大学和哈佛大学法学院，颇受同学的欢迎，属于知识分子群体。——译注

2 Dean Gooderham Acheson（1893—1971），著名政治家、律师，杜鲁门执政期间为国务卿，参与了《马歇尔计划》的制订。希斯曾是艾奇逊的顾问，艾奇逊也曾在哈佛法学院就读。——译注

3 Groton，即著名的马萨诸塞州格罗顿公学，是一所大学预备寄宿学校。上层子弟多就读于此，因此出了不少名人，如此处的艾奇逊。——译注

4 上述种种形象都截取自伊曼努尔·沃勒斯坦（Immanuel Wallerstein）对20世纪50年代那群替罪羊的更为全面的论述，见其未刊的硕士论文《麦卡锡主义和保守派》（“McCarthyism and the Conservative”），哥伦比亚大学，1954年，第46页以下。

5 中世纪晚期，14世纪中叶，发生于法国的一次农民暴动，时为百年战争期间。暴动的起因是贵族和农民的矛盾，前者嘲笑后者是“jacques”（jacque为有衬里的白法衣）。这个词在法语后来就表示暴动者和起义者，jacquerie表示农民起义和暴动。此处指反智主义者对国家“贵族”知识分子的仇视。——译注

6 创刊于1946年，美国著名的自由主义刊物。——译注

7 《自由者》，第XI卷（1951年11月5日），第72页。

锡的个人性格中肯定有某个特点。似乎，他拥有一种让哈佛、普林斯顿和耶鲁同学会感到排斥的、负极的生物磁性。我们自认为很清楚这种磁性是什么：这个年轻人骨子里就不能顺从社会等级。

在社会等级最为稳固的领域，美国存在着种种问题，麦卡锡本人发现了其中的核心原因。如已经刊布的、他知名的威灵演讲[1]所言，这种麻烦就在于[2]：

那些被这个国家善待的人所做出的背叛行径。出卖国家的，并不是那些不幸的人，也不是弱势群体的成员，而是这样的人：他们享用着这个地球上最富有的国家不得不提供的一切利益——最温馨的家居、最优秀的学院教育和我们能给的最棒的职位。国务院就是如此，再明显不过了。这帮出生时嘴里含着银勺的青年才俊从来都是最下作的家伙。

例F：大学，尤其是那些更负盛名的学府，一再被右翼批评者当成靶子；但是，从《自由者》的一位作家的话中可以看出，这种对常春藤联盟的歧视，其理由仅仅是武断的，因为他认为共产主义正在我们所有的大学中蔓延：[3]

我们的大学成了训练未来野蛮人的基地，这群人以后会装作

1　Wheeling speech，威灵位于西弗吉尼亚州；1950年2月9日，林肯纪念日，麦卡锡做了一篇演讲，其中罗列了在美国供职的共产主义者，对共产主义进行了攻击。这篇演讲推动了美国反共活动的发展，麦卡锡也成了报刊的头条。——译注

2　《国会记录》，第81届国会，第2次会议，第1954页（1950年2月20日）。

3　杰克·施瓦茨曼（Jack Schwartzman）：《自然法和校园》（"Natural Law and the Campus"），《自由者》，第II卷（1951年12月3日），第149，152页。

> 有学问的样子，扛着无知和愤世的草叉子[1]一个个冒出来，朝着人类文明的遗迹乱戳一气，使其毁灭殆尽。要去把墙拆掉的人，可不是地铁里工作的乡巴佬：他们只对我们这帮有知识的兄弟唯命是
> 13 从……正是后者，他们把个人自由从人类思想的总账里抹去……
>
> 如果你让自己的子弟去了今日的大学，你就会造出明天的刽子手。理想主义必定重生于那些零星散布、思想没有学院气的修道院中。

例G：右翼对大学的敌意在一部分意义上质疑了顺从和社会等级，但另一部分也反映了那种老杰克逊式[2]的对专业人士和专家的厌恶。下面有一段很典型的断言，它认为男性平民（在这个例子中也包括普通女性）和所谓的专家一样，都具有同等的能力。这段话来自业余经济学家弗兰克·乔多洛夫（Frank Chodorov），他曾写过《所得税：万恶之源》（*The Income Tax: The Root of All Evil*），此人是右翼喉舌中最有迷惑力的一位：[3]

> 洛克菲勒兄弟基金会咨询了一帮顶尖的经济学家，让他们诊断国家目前存在的所谓的不景气这样的小毛病；这拨人开出了个方子，虽然稍稍压缩了些内容，但还是占了《纽约时报》两页的头

1　草叉子是农民使用的工具，所以在美国政治领域中，往往用来象征平民或平民领袖。美国著名政治家帕特·布坎南就被称为“草叉帕特”。——译注

2　The old Jacksonian，指安德鲁·杰克逊（1767—1845），1829年任美国第七任总统。19世纪20年代，美国的民主—共和党被杰克逊改组为今日的民主党。他的政策是普遍广泛的民主，轻视精英教育，在其执政前后，所有白人都拥有了选举权。杰克逊式民主遵循了之前的杰斐逊式民主，其当时的政治对头是辉格党，民主党人常常讥讽后者的贵族派头。——译注

3　《用前摇匀了》（“Shake Well before Using”），《国家评论》，第V卷（1958年6月7日），第544页。

版篇幅。由于这群博士出类拔萃，故而，不以经济学为“专业”的人若去检查他们治疗配方中的成分，就有点放肆无礼了。但事实上，我们所有人都必定也是经济学家，既然我们全都在谋生——这不就是经济学涉及的全部内容吗？任何能读会写的家庭主妇，天生稍微有点常识，就应该能对这个方子的特性做出评价，只要人们能从这批专家包装上去的废话里摘出这些特性。

例H：虽然有辨别力的读者很可能会认为下面这个例子属于反文化而非反智，但我还是不能忽视这段话，它来自密歇根州众议员乔治·邓德罗（George Dondero），此人长久以来都是个警惕学校中的共产主义，以及立体主义（cubism）、表现主义（expressionism）、超现实主义、达达主义、未来主义和其他艺术思潮的十字军战士：[1]

> 种种什么什么主义的艺术都是苏联革命的武器，它们都被移植到了美国，在今天，全都渗透进并充斥着我们诸多艺术中心，它们势必带来这样的威胁：会威慑、践踏和压制我们传承下来的艺术。在我们这个令人挚爱的国度中，所谓的现代或当代艺术包含 14
> 了一切腐朽、堕落和覆灭的“主义”……
>
> 所有这些主义都是舶来品，肯定不能在美国艺术中享有一席之地……它们都是毁灭性的工具和武器。

1　《国会记录》，第81届国会，第1次会议，第11584页（1949年8月16日）；也见邓德罗的发言，《我们学校中的共产主义》（“Communism in Our Schools”），《国会记录》，第79届国会，第2次会议，第A.3516—3518页（1946年6月14日），以及他的演说《艺术中的共产主义阴谋威胁着美国博物馆》（“Communist Conspiracy in Art Threatens American Museums”），《国会记录》，第82届国会，第2次会议，第2423—2427页（1952年3月17日）。

例1: 在本书中,关于福音派[1]传统的反智主义,我后面会加以详述,所以在这里,有必要至少先引用一个这一传统遗留下来的例子。下面这些简短的引文都取自当代最成功的传福音者,比利·格雷厄姆(葛培理)[2],他在1958年的盖洛普民意测验中被美国公众选为仅次于艾森豪威尔、丘吉尔和阿尔伯特·史怀哲(Albert Schweitzer)的"全世界最受敬佩之人":[3]

> 对于众多个人来说,昨日的道德标准不再是今天的准则了,除了所谓的"知识分子"还支持它。
>
> 我由衷地相信,全世界的偏颇的教育简直比没有教育还要糟,只要我们还在一味地培养毫无灵魂的心智……就让那种人待在世

---

1 Evangelical,这个词以及evangelic和evangelicalism(福音主义)是本书的核心概念。在英语语境(尤其是英国和北美)中,上面三个词都与固定的"福音派"相联系。福音主义是新教中出现的影响力巨大的思潮,本书有一部分内容就是回顾福音派的起源。它指的不是宗教的某个宗派,而是一群理念相同的新教徒。福音派肯定是新教徒,但新教徒未必是福音派。在美国,循道宗和浸礼宗是福音派两大阵营;而公理宗、长老会、圣公会中也有福音派人士;还有一些福音派团体未成为正式的教派。对于路德宗和归正宗,evangelical(evangelisch)也被用来修饰它们,如路德宗福音教会,但这并不是说它是福音派。另外,evangelicalism一般区别于evangelism一词,后者指传福音或一般意义上的传道,它不是福音派的专属;但是在本书中,evangelism(往往等同于evangelicalism)、动词evangelize(传福音)和名词evangelist(传福音者)一般都用来描述福音派。——译注

2 William Franklin Billy Graham, Jr.(1918—2018),美国著名宗教人士,南浸礼会牧师,是多任美国总统的精神导师,如艾森豪威尔、奥巴马。1950年,他创立了比利·格雷厄姆福音派协会。民权运动时期,他坚决支持马丁·路德·金。他在美国乃至世界的影响力十分惊人,2008年他还进行了一次演说,听众甚多。2018年2月21日去世,美国举行国葬,时任总统特朗普夫妇出席致辞。——译注

3 小威廉·G. 麦克洛夫林(William G. McLoughlin, Jr.):《比利·格雷厄姆:凡俗时代的复兴者》(*Billy Graham: Revivalist in a Secular Age*,纽约,1960年),第89,212,213页;关于盖洛普民意测验,见第5页。

> 界上，不要管他了：他不具备比自己的能力还要高级的能力[1]，他是头怪物，受过半吊子的教育，却比没受过教育还要危险。
>
> 你们能在美国的每一座城市的每一个街区中心设置公立学校和大学，但是只凭智识教育，你们阻止不了美国道德的腐坏。
>
> 在过去几年，人类理论的理智支柱已经被摧毁。甚至一般的大学教授也想去听听布道者的声音。
>
> 我们用理性、理性主义、精神文化、科学崇拜、政府的工作力、弗洛伊德主义、自然主义、人道主义、行为主义、实证主义、唯物主义和唯心主义[代替《圣经》]。所谓知识分子[的工作就是如此]。成千上万这样的“知识分子”都公开宣称：道德是相对的——并没有什么规范或绝对的标准……

例 J：“伴侣号”卫星发射后，人们对美国教育一片愤怒，最受批评的学校系统之一就在加利福尼亚，那里的课程实验曾非常著名。旧金山校区委派了一批专业学者去检查当地的学校，为这一目的组建的委 15
员会督促要回到更为严格的学校标准上来。对此，六所教育机构展开了尖锐的反击，在反击中，他们批评旧金山报告的作者们，指责其“学术眼光狭隘，趋炎附势”，还说他们逾越了自己的职能，竟想把教育的目的局限于“向心灵传授知识和培养智力”；在批评的同时，这些教育机构还重申了“教育的其他目标——如培养预备公民，职业能力，成功的家庭生活，伦理、道德、审美和精神维度上的自我实现，以及享受身体健康”——所具有的价值。这些教育学家主张：美国教育最值得称颂的

1　Higher power，指上帝、神等自然力或高级的内在能力。美国人普遍相信这种能力的存在，它对民众的道德也发挥了约束功能。格雷厄姆作为宗教人士，显然指上帝具有的或其赋予个人的更高级的能力。知识分子看重理性，对宗教常持批判态度，因此与美国民众及其宗教环境格格不入。——译注

特色就是[1]

> 试图避免太过死板的教育系统。当然，这样做并不意味着否认学术能力对任何社会具有重要性，相反，这恰恰是要认识到，从历史的角度看，**那些强调为了知识本身而去积累并吸收知识的教育系统会渐渐导致堕落**。那些把课程“固定死”并让教育目的僵化的人都曲解了美国民主制教育的独特功能。

例K：下面的内容摘自一位家长的发言记录，它原本是为了回应一个老师对当代教育标准松懈的不满。整篇文章都值得一读，因为这位家长的语言生动鲜活，他完全认同没有学术素养的孩子与更加新式的教育。我们后面会知道，这里表达的对学校老师的刻板印象有着深刻的历史渊源。[2]

> 但是学前班的老师理解小孩子们。他们的规划以孩子为轴。上学的日子也是不断享受游戏、音乐、绘画和伙伴带来的乐趣。生活就这么无忧无虑地一年级、二年级、三年级地……过下去。然后算术就来了！不及格就像个妖魔邪祟，从白天到黑夜缠着我们。做父母的就开始去听心理讲座，读一读关于自卑情结的东西。我
> 16 们费死劲才过了四年级，来到五年级。这个时候，总得做点什么了，因为就连当爸的都拿数学题没辙，我决定去和老师谈谈。

1 《评判和改善学校：当前的各种问题》(*Judging and Improving the Schools: Current Issues*，伯林盖姆，加利福尼亚，1960年)，第4，5，7，8页；黑体字为我所加。这篇受到攻击的报告由威廉·C. 巴克(William C. Bark)等人撰写，即：《旧金山市课程调查报告》(*Report of the San Francisco Curriculum Survey Committee*，旧金山，1960年)。

2 罗伯特·E. 布朗李(Robert E. Brownlee)：《父母有话说》(“A Parent Speaks Out”)，《先进教育》(*Progressive Education*)，第XVII卷(1940年10月)，第420—441页。

那个学校可不会欢迎你。没有人跟生人打招呼，也没人注意到你来。一条昏暗的走廊出现，隔一段就很有规律地出现一道紧闭的门。里面传来不熟悉的声音。我跟一个行色匆匆的小伙子问好路，就敲了敲令人生畏的屋门。我朝老师报上名姓，尽可能笑得开心点。“哦，好的。”她说，好像对我此番来意早就胸有成竹，接着，她突然伸手够过班级册，快得就像电影里的土匪抓枪一般。

学生的名字出现在一页横线整齐的纸上，严格按字母排序。老师伸出毫无血色的手指沿着页边向下移动，找到了我女儿的名字。每个名字后面都有一个小方框。框子里都有小标记。我可不懂这些符号的意思。接着，她的手指横穿过这张纸。我孩子的标记和其他孩子的不太一样。她得意扬扬地抬头看看我，好像再没什么话可说了。我在想这个小框子。她把一个那么活泼的孩子的全部活动都压缩在了里面。我对整个生活，整个人充满兴趣；而老师只是对算术能力感兴趣。我真希望我从没来过。我懵懵懂懂地怅然而去。

例L：下面这段话已经因阿瑟·贝斯托[1]而为人熟知，但这里还是重录一下。这篇文章的作者是伊利诺伊州一所初中的校长，在此处节选的这篇演说演讲和出版之后，其职业地位并未受损，相反，他又受聘在长岛的大颈区（Great Neck）担任了相似的职位，这一地位在全国中学里都非常令人向往。之后，他又受邀成为一所中西部大学教育系的访问教员。[2]

1　Arthur Bestor（1908—1994），美国著名历史学家，曾对美国教育问题进行过深刻和尖锐的批判。——译注

2　A. H. 洛奇那（Lauchner）：《初中课程如何能提高？》（“How Can the Junior High School Curriculum Be Improved？”），《全国中学校长联合会公报》（*Bulletin of the National Association of Secondary-School Principals*），第XXXV卷（1951年3月），第299—301页。引文的省略号，并无删节，是作者的标点。这篇文章是作者在该联合会的一次会议上的演讲。见阿瑟·贝斯托在《学习的复兴》（*The Restoration of Learning*）中的评论（纽约，1955年），第54页。

这么多年，我们在阅读、写作和算术周围营造了一种光环。我们说过了，它们是为每个人准备的……为了富人和穷人、才华横溢
17 和智力天分不高的人，为了那些喜欢它们的人和不支持它们的人。教师也说了，这些是"每个人应该学"的东西。校长也谈到了，"所有受过充分教育的人都知道如何写作、拼写和阅读"。当一些孩子对神圣的课目公然表达厌恶，那么他就会受到警告：如果不好好掌握它，他长大后就会成为这样或那样。

"三R"[1]为了所有孩子，所有孩子都要为了"三R"！就是这样。

我们在破除这句口号上取得了一些进步。但时不时地，有些得过斐·贝塔·卡帕奖的母亲，或有些雇用过不会拼写的小女孩的雇主会大惊小怪，对学校发一通牢骚……于是，我们的地盘又丢了……

只要我们渐渐认识到，并非每个孩子都必须去阅读、计算、写作和拼写……只要我们认识到，许多孩子要么不能，要么不愿掌握这些无聊的杂务……我们就走在改进初中课程的道路上了。

从以前到今天，大量的宣传说服是必须得做的，但现在，又要再来一次了。我们总有一天会接受这样的想法：认为每个男孩子都必须能阅读，这跟认为每个人都必须能拉小提琴，是一样荒唐的；要求每个女孩子都能拼写得很好，这和要求每个人都能烤出好吃的樱桃派，是一样不合理的。

我们不可能全都做同样的事情。我们不喜欢做同样的事情。我们也不乐意。如果成年人最终认识到这一事实，那么每个人都会更幸福……学校就会成为生活更舒适的地方……

如果我们能说服一些民众，让他们相信：掌握阅读、写作和算

1　即reading、writing和arithmetic，三个单词都有一个"r"字母，而且它都有重音。这是美国基础教育的三个主要科目。——译注

> 术并非通向幸福和成功的道路，那么下一步，我们就要削减花在普通初中课程的这些学科上的时间与精力……
>
> 一所东部的初中，经过长期仔细的研究后，已经接受了一个事实：学校大约20%的学生都达不到阅读的标准……但学校正在为这些男生和女生做点其他什么事情。这才是想通了。这就跟那种说什么“每名学生毕业前必须学会乘法表”的初中截然相反了。

上述这些例子，虽然它们的来源和用意多有不同，但放在一起，可以集中体现出反智主义的典型设想。知识分子也许被认为是自命不凡 18 而狂妄自负，女里女气又爱摆臭架子；他们很有可能毫无道德，危险并且具有颠覆性。普通人的朴素意识，尤其当它顺利地符合了实践活动的某种高要求的方式时，它就足以完全替代在学校学到的严格的知识和专长，甚至实际上还高于后者。诸如大学和学院这样的机构，由于知识分子在其中往往颇有影响，因而都烂到骨子里去了，这没什么可惊讶的。在任何情况下，比起那种旨在培养精神并使其响应新式思想和艺术的教育来说，内心的准则、老式的宗教和道德原则都是生活的更为可靠的指导。甚至在基础教育领域，强调学习纯粹知识的学校教育——相反于那种使身体生活和情感生活蓬勃发展的教育——其教学模式了无生气，而且有可能带来导致社会堕落的危险。

四

为了避免某些误解，我或许有必要说明一下：一部专心研究此类主题的著作，既然要突出主题的关键性，那么为了达到这一效果，所必然采取的方式，就不会依据于全面的美国文化史。我只能说，我不想让人产生一个错觉，好像复杂的美国历史可以令人满意地简化为“蛋头”和“猪头”（fathead）之间持久不断的争斗。再有，即使我们的历史能被视为一种文化和思想冲突，但公众也不会简单地分为智识和反智两派。极大部分的公众，甚至大部分有才智而且机警的公众都仅仅是非智识的（non-intellectual）；他们心中充满矛盾地看待智识和知识分子，又爱又恨，以至于他们会受到这样和那样的影响，从而在当今的文化争议上左右摇摆。他们对“蛋头”有着根深蒂固的不信任，但对启蒙和文化又有着真诚的渴望。另外，我们不能把一本论述美国反智主义的书视为它好像是想对我们的文化做出全面持中的评价，这正如一部破产史也不能被视为我们商业生活的全史一样。虽然我相信，反智主义在我们的文化中无处不在，但我坚信，它不能被认为是主流。我一再注意到，而且我希望读者也会注意到：可以证实，那种更温和、更善意的反智主
19 义才是最为广泛的，而那种极其恶意的反智主义主要存在于那些吵嚷不休的少数群体中。还有，本书不是一项比较性研究，尽管它也许应该是这样：我关注美国的反智主义仅仅是因为我的兴趣专门针对美国社会，这很可能是范围有限的旨趣。我并不认为，反智主义在其他地方就并不存在。虽然我觉得在美国，这是一个异常尖锐的问题，但我相信，它也以某种形式和程度存在于大多数社会中；如在某个社会，它以给人服用毒芹[1]的形式存在；在另一个社会，它则是市民和学生之间的[2]动乱；在某个社会，它是审查和系统管制；在另一个社会，它又成了国会调查[3]。我倾向于相信，反智主义，虽然有自己的普遍性，但也许可以被视为我们英语文化遗留之物的一部分；我也相信，在说英语的美国人

1 Hemlock，暗指苏格拉底的死刑，他就是服用毒芹汁死亡的，此处也泛指对知识分子的迫害和杀戮。——译注

2 Town-and-gown，town 即城镇，gown 即学袍，这样的城镇有大量的学生人口，比如剑桥和牛津。城镇民众和大学成员之间往往会出现紧张关系。城镇居民是发起动乱的一方，早在14世纪，牛津的民众就制造过暴动，攻击大学中人。——译注

3 显然指美国。——译注

中，人们可以特别强烈地体会到它的存在。几年前，莱昂纳德·伍尔夫[1]评论道："在轻视和不信任智识与知识分子这方面，没有谁能超过英国人。"[2]或许伍尔夫先生尚未充分考虑到，美国人在这方面才自认是更胜一筹（这可以理解，毕竟英国人经历了美国佬一个多世纪的自吹自擂后已经厌烦透顶了）；但是，尽管做出这样评论的，是一个对自己国家的文化方面如此经验丰富又见多识广的英国知识分子，这也有理由让我们美国人停下来思考一番。虽然美国知识分子的处境形成了一些特别紧迫和尖锐的问题，但是，他们的很多不幸也是其他地方知识分子的普遍遭遇，况且在美国生活中，某些情况下，知识分子还能得到点补偿。

本书是批判式的研究，不是知识分子反击美国社会的诉状摘要。我可不想鼓励人们顾影自怜，但知识分子有时动不动就会如此，他们会说自己是落在巴比伦城[3]中的具有纯粹美德的君子。无须这样论断，也无须断言：对知识分子就应该一概纵容，他们就应该行使强权；尽管这样说，是为了强调：对智识及其功能的尊重是任何社会的文化与健康的关键，而且我们这里通常都很明显缺乏这种尊重。与知识分子生活在一起的人，不太可能把他们过分理想化；不过，虽然知识分子作为人，也会犯错，但他们与重要的智识功能之间的关系，令我们想起了教会的一个卓见，其认为，尽管教士难免有错、难免有淫邪之罪，可教会本身依 20
然是神圣的。当然，甚至在这一点上，我并没有忘记，智识本身是会被高估的；我也没有忘记，试图在人类事务中为之安排恰当的位置，这种合理的做法不应该被叫作反智主义。人们会欣然同意T. S. 艾略特的看法，他认为，"没有太多人性的理智能力仅仅如同象棋神童的才华而已，

1　Leonard Woolf（1880—1969），著名女作家弗吉尼亚·伍尔夫的丈夫，英国著名学者。——译注

2　《G. E. 摩尔》（"G. E. Moore"），《文汇》（*Encounter*），第XII卷（1959年1月），第68页；应该指出，上下文表明了，伍尔夫清楚地意识到了这句话的必要条件。

3　Babylon，指享乐和奢靡的罪恶社会。——译注

虽然它们都值得赞赏”。[1]然而，在一个风险遍布的世界中，就算整个美国社会都高估智识，或将之确定为超越性价值以取代其他合法价值，我们也无须困扰于这样的风险。

很可能，上述风险的最大危害就是鼓励人们认为：反智主义通常以纯粹或毫不含混的状态存在。但看起来很清楚，那些与智识争执的人几乎总是对智识怀有矛盾心理：他们把尊敬、敬畏与怀疑、怨恨混杂在一起；人类历史中的许多社会和时代都是如此。无论如何，反智主义并非那些绝对敌视思想的人所创造的。恰恰相反：正如受过充分教育者的最有力的敌人都是受教育不足之徒（half-educated），故而主要的反智主义者通常也都深入地从事思想，只不过沉迷于这种或那种陈腐或废弃的思想中。很少有知识分子会没有反智的时候；很少有反智者会没有执着的理智激情（intellectual passions）。既然反智主义表达得如此清晰，足以在历史中找到其轨迹，既然它如此广泛，足以使人在当今的争论中察觉到它的存在，那么，它势必拥有一些至少在某种程度上还算称职的代言人。这些代言者就其大体来说，既非无教育背景之人，也非无智识人士，相反，他们是边缘知识分子、自诩的知识分子，是被褫夺资格（unfrocked）或愤恨不平的知识分子，是领导一帮半文盲但自己具有文化素质的人，他们满怀严肃地对待那些能够让世界关注自己的事业，而且心存崇高的目标。我已经注意到，在反智主义的领袖中，有些身为福音派牧师，其中很多人都具有颇高的智力水平，有些甚至还是饱学之士；有些是基要主义者，他们能清晰地表达自己的神学理论；有些是政治家，包括一些最为精明的人物；还有的是商人，或其他同样为美国文化的实际需求代言的人；还有右翼的刊物编辑，他们在理智方面强烈地自命不凡并且具有坚定的信念；也有各色边缘作家（比如垮掉派的反

---

1 《文化之定义的随札》（*Notes towards the Definition of Culture*，1948年，伦敦），第23页。

智主义者)；有些则是反共权威，大部分知识圈中出现过的异端邪说都触犯了他们；就这一点而言，也应该包括共产主义领袖，虽然在能够**利用**知识分子之时，他们对其多以利用，却又极度轻视知识人士关心的事情。上述这些人的性情中如此突出的敌意并不是针对思想本身，他们 21
甚至也不是在所有情况中都针对知识分子本身。反智主义的代言人几乎总是致力于某些思想观念，而且，尽管他们颇为憎恨同时代人中占据支配地位的知识分子，但他们也许正是某些过世已久的知识人士的信徒——比如亚当·斯密，托马斯·阿奎那，约翰·加尔文，甚至还有卡尔·马克思。

倘若设想：那些时不时撑起反智大旗的男男女女都必定信奉反智主义，仿佛它是一套积极信条或某种原则，那么这或许有所误解而过于严厉了。事实上，反智主义通常都是某些其他意图——往往是某些正当的意图——衍生出的偶然结果。没有人会自认为在同思想和文化作对。人们不会早晨起床，看着镜子里的自己咧嘴一笑，说什么："哈，今天我要去折磨知识分子，掐死思想喽！"我们也很少会认定某个人在骨子里就是反智的，就算这样做，我们也是带着最深的疑虑。在任何情况下，试图给某人归类或将之污名化，这种做法对于我的研究来说都毫无益处——当然也不是我所关心的；要紧之事在于评价某些态度、思潮和观念的历史趋势。[1]从这三个方面来看，某些个体有时明显处于这一方，有时却又处于另一方。实际上，反智主义通常都体现出这样的特点：其中存在着两股针锋相对的势力。商人和劳工领袖对知识分子阶层的看法也许会惊人的相似。另外，虽然进步教育[2]也具有强烈的反智主义成分，但是，它最为严厉和顽固的敌人"右翼自卫队"[3]，也声明了自己的反

1　我认为，以约翰·杜威为个案，讨论其某些教育理论之中蕴涵的反智影响和反智后果，这是可取的。但是如果据此说杜威是反智主义者的话，那就荒唐又无理了。

2　美国曾经开展的教育改革运动，见第五部分，尤其是第十四章。——译注

3　Vigilantes，即治安委员会(vigilance committee)的成员，这个委员会是美(转下页)

智主义倾向，虽然风格不同，但表达得更不含混而且越发好战。

如果能遇到一种简单而不受条件限定的恶，那毫无疑问是种奢侈；
本书的情况却并非如此；如果反智主义像我相信的那样，已经成为我
们文明中普遍存在的特性，那么，这是因为它通常都与高尚的——或至
少是合乎情理的——事业联系在一起。它首先牢牢抓住了我们的思维
22 方式，因为培养它的，正是提供了人道和民主之情的福音派宗教。反智
主义之所以能进入政治，原因则是，它与我们对平等的热情关联在了一
起。它在我们的教育中也很难对付，这一部分是由于，我们的教育信念
是平等主义的，而且带有福音派的色彩。鉴于上述原因，我们务必要尽
可能地从这些善意的冲动中将我们的反智主义切除下来，尽管后者依
靠前者为生；我们的手段就是可以免除这些冲动的、连续又精细的思想
手术。只有以这种方式，反智主义方能被抑制和遏制；我并没有说要把
它完全根除，因为我相信这超出了我们的能力，而且我也认为，那种想
要彻底去除这种或那种恶性的不羁热情，同我们时代中的任何妄念一
23 样，都有可能是危险的。

(接上页)国特有的、民间自发成立的维护治安的团体。此处指右翼人士组建的文化性的保守组织；他们借此来维护国家文化，保护地方经济，驱逐其他族裔。与之对应，美国存在着右翼的警戒主义(vigilantism)。——译注

第二章

论智识的不受欢迎

一

在试图评价我们社会中的什么素质让智识变得不受欢迎之前，似乎有必要谈谈智识通常都被理解成什么样子。当人们想要去理解某种普遍的偏见时，普遍的惯用语是个合适的出发点。任何对这一点感兴趣的人，当他考察美国流行的文字作品时，他都会注意到智识（intellect）和智力（intelligence）这两种观念之间明显的差异。前者频繁地被当成一种绰号来用，而后者却不是。没有人会质疑智力的价值；作为抽象素质，它普遍地受到尊重，而且似乎在智力方面出类拔萃的人也会得到高度评价。有智力者总是受到赞誉；而有智识者虽然有时也会受到赞扬——尤其是当人们相信，智识包含智力时——但通常来说，人们在看待他时，也会带着怨恨和怀疑。恰恰是他，而非有智力者，也许会被认为是不可靠的、多余的、不道德或有颠覆性；有时，尽管拥有智识，但他甚至也会被称作是无智力的（unintelligent）。[1]

1　我不想去表明这种区分做法仅仅在美国才有，因为它看起来是普遍存在的，只要那个地方有这么一个阶层，它觉得知识分子惹人讨厌，但又不想放弃对智力的（转下页）

虽然智力和智识这两种素质之间的差异通常都是设想的，而非明
24 确界定下来的，但是，流行惯用语的语境让我们有可能提炼出区分的实质，对于这一区分，人们似乎普遍这样理解：智力是心灵的优异性，它的使用范围相当狭小、直接而且可以预测；它是一个可控、可调整、永远有实践性的素质——是动物具有的最突出和最可贵的优异性之一。智力发挥作用的框架具备有限但又明确提出的目标。它也许会很快地从思想中排除那些看起来对实现目标没有帮助的问题。最后，恰恰是因为具有这种普遍的用途，故而每天都能看到智力在活动，不论是简单的，还是复杂的人都同样会赞美它。

与之相反，智识是心灵之中批评性、创造性和沉思性的那一面。智力试图去掌握、控制、重组、调整；而智识则是检查、斟酌、好奇、究理、批评和想象。智力会在情境中抓住直接的意义并且评价它，而智识则评价“评价本身”，寻找整个情境的意义。智力可以被称赞为动物的素质；但智识则是人类高贵性的独一无二的表现，作为人的素质，它既受褒扬，也遭到攻击。当区别这样界定下来，我们就更容易明白：为什么我们有时会说，即使一个人具有了公认能洞察事物的智力，但相对而言，他却是无智识的；为什么按照同样的道理，在那些明确属于知识分子的人士中，我们也能发现程度相当之高的智力。

这个区分似乎过于抽象，但在美国文化中，体现它的例子屡见不鲜。比如，在我们的教育中，没有人怀疑过：选择智力、培养智力是极为重要的目标；但是，教育应该在什么程度上培养智识一直是争论激烈的话题；而智识的反对者则在大多数公共教育领域里行使着绝对的权力。

（接上页）要求。比如在法国，当知识分子作为一股社会力量涌现出来之后，人们发现莫里斯·巴莱（Maurice Barrès）在1902年写道：“我愿意成为有智力者（intelligent），而非智识者（intellectual）。”维克多·布隆贝尔（Victor Brombert）：《智识的英雄：法国小说研究，1880—1955》（*The Intellectual Hero: Studies in the French Novel*, *1880—1955*，费城，1961年），第25页。

不过也许，最让人印象深刻的例子可以参考美国人对发明技能的看重，它相反于纯科学方面的技术。我们最杰出的发明天才托马斯·A.爱迪生几乎被美国公众奉为楷模，而且围绕着他，还树立起了传奇。在我看来，公众为爱迪生的发明欢呼喝彩，因为它们如此惊人而且直接影响了日常生活，但人们指望不上纯科学的成就也能得到一样的待遇。人们可能期待，为现代物理化学打下理论基础的、我们纯科学的最伟大的天才约西亚·威拉德·吉布斯[1]也能在受过良好教育的公众中成为类似的人物，得到与爱迪生比肩的称赞，然而，尽管吉布斯的作品在欧洲大名 25
鼎鼎，他终其一生都不被美国公众所知，甚至在他从事了三十二年教学工作的耶鲁大学，他的事业也是寂寂无闻。虽然在19世纪，以科学成就而言，耶鲁是美国大学的领军者，但连五六个能理解吉布斯著作的学生都培养不出来，也没有尽力为他争取个什么荣誉学位。[2]

我们一说起社会中智识的命运，一个特殊的困难就会出现；这个困难的原因在于：尽管我们认识到了智识不仅仅是职业（vocation）方面的事情，但我们还是得从职业的角度来谈及智识。智识在一般的惯用语中被理解为某种专业[3]和职业的属性；我们把智识者（知识分子）称为

1　Josiah Willard Gibbs（1839—1903），美国现代理论科学的奠基人，在物理化学、物理学和数学方面成绩卓著，爱因斯坦曾赞之为“美国历史中最伟大的心灵”。物理学的吉布斯函数等皆因他而得名，但由于19世纪的美国重视实用性，吉布斯一直没有得到应有的重视。——译注

2　人们一提起吉布斯的境遇，就将之归结于美国的态度。它代表了美国的普遍状况，关于这一点，见理查德·H.施莱奥克（Richard H. Shryock）：《19世纪的美国对基础科学漠不关心》（“American Indifference to Basic Science during the Nineteenth Century”），《科学史之国际档案》（*Archives Internationales d’Histoire des Sciences*），第5期（1948年），第50—65页。

3　即profession，以美国文化语境为例，它和professional（专业人员）有时会指learned profession（知识专业），区别于trade（手工业）和tradesman（手工业者），类似所谓的脑力劳动和（专业）体力劳动的区别。这两者尽管都掌握了专业技能或技术，但在社会中有等级差异，前者要接受系统的大学教育，因此高于后者。当作者使用（转下页）

作家或批评家，教授或科学家，编辑、记者、律师、神职人员等等。正如雅克·巴赞所说，知识分子就是拿着公文包的人。这种方便的理解很难舍弃；知识分子的地位和角色就这样同所有拿着公文包的专业联系在一起。但是，我们很少有人相信，某个专业成员——甚至是知识型专业——就必然符合特定意义或严格意义上的知识分子。在大部分专业中，智识也许有用，但即便没有智识，智力其实足矣。例如，我们知道，学院人士不都是知识分子；我们还经常为这一事实感到痛惜。我们还知道，既然智识不同于受过专业训练的智力，那么与智识有关的一些事情并非附着于整个职业，而是仅仅依附于个人。当我们困惑于智识和知识分子阶层在我们社会中的地位时，我们想到的不仅仅是某个职业群体的处境，而且还有那种与某个精神品质有关的价值。

我们的文化中，有些工作可以认为属于熟练工（journeyman）——律师、编辑、工程师、医生，当然也包括一些作家和大多数教授——虽然这些工作极为依赖观念（ideas），但是，它们其实并不独特地属于知识分子。一个从事知识专业或半知识专业的人在进行自己的工作时，必定掌管着一家卖“冷冻观念品”（frozen ideas）的实体店；只要他做得好，他就必定是在通过智力来使用这些观念品；但是，按照他的专业能力，
26 他主要是将之用作工具。问题的核心——借用马克斯·韦伯对政治的区分——就在于，这种专业人**靠**观念为生（live off ideas），而非**为了**观念（for them）而活。他的专业角色、专业知识并没有使他成为知识分子。

（接上页）profession时，通常就直接与知识分子相联系。一般来说，普遍被认为是知识分子的人都是专业人士，处于社会的中上层；不过作者下面也会指出，并非所有专业人士都是知识分子。传统的profession为医学、法学和神学，但在分工越来越细密的当今社会，profession的外延越来越大，凡是专职的、需要系统知识和大学教育的专业都在其内，比如职业竞技，甚至包括trade。汉语里常用“职业”翻译profession，但在一些语境中，这一译法体现不出与trade的区别，也体现不出与expertise（专家知识）和expert（专家）的联系，因此中译为专业，learned profession为知识专业。在不强调使命感的普通语境中，vocation译为职业，表示一般性工作，如职业教育。——译注

他是精神方面的工人，一个技师。他也许会**碰巧**成为一个知识分子，但如果是这样，也是因为他赋予了自己的专业一种独特的对观念的感觉，而他的本职工作却并不需要这种感觉。身为专业人士，他掌握了一套用来出售的精神技能。尽管其技能娴熟高超，但只要他的工作中缺少了某些素质——比如，无功利的智力、概括能力、自由思辨、新颖的观察、创新性、激进的批判等——我们就不会把他们当作知识分子。在家里，他也许碰巧是知识分子，但在他的工作中，他是一个受雇的脑力技工，使用自己的心智追求确定的外部目的。正是这一点，即如下事实：从理智过程本身之外的功利或利益点出发来设定目的——体现了狂热者（zealot）和脑力技工各自的特征。前者痴迷地为一种观念而活，后者则把心灵用于可出售的目的而非自由思辨，这种目的是外在的，不是自定的（self-determined），与之相反，智识生活有某种自发的特征和内在的确定性（determination）。另外，它自己也有一种独特的均衡状态，我认为这种均衡的确立，依靠于知识分子对待观念的态度中所包含的两种基本素质的平衡；这两种素质可命名为游戏性（playfulness）和虔敬性（piety）[1]。

为了定义知识分子的独特本质，我们必须能够确定：什么因素把"那些是知识分子的（比如说）教授或律师"与"那些不是知识分子的教授或律师"区别开来；或者，也许更恰当地说，我们要确定的是：什么因素让我们能说，在某个时候，教授和律师以完全常规的专业方式在活动，而在另一个时候，他们又成了知识分子。差别并不在于他所处理的观念的特征，而是在于他对待这些观念的态度。我已经说过，在某种意义上，知识分子为了观念而活——这意味着，他对于心灵生活有一种奉

1　基督教曾列出圣灵的七种礼物，分为理智德性和敬奉上帝的道德德性，智识（intellectus）和虔敬（pietas）分别属于其中，它们都保留在了后来的知识分子身上。——译注

献感，非常像投身于宗教事业一般。这没什么可惊讶的，因为从一个重要的方面来看，知识分子的角色就继承自神职者的圣职[1]：这种角色具有特殊的含义，它意味着，在认识活动中存在着终极价值。当苏格拉底说未经审视的生活不值得去过时，他一下子想到了这种活动的本质。我们能听到历史上不同的知识分子都发出了相同的声音，他们在不同的时代、地点和文化中以相应的口吻表明自己意识到了这种感受。比如
27 但丁在《帝制论》(*De Monarchia*)中说："总而言之，人类的正确职责就是不断实现智识能够具有的全部能力：首先是在思辨中实现；其次，再将智识扩展并以之为目的，从而在行动中实现。"由此，最高贵的、最有可能接近神性的东西就是认识活动。在洛克的《人类理解论》(*Essay Concerning Human Understanding*)中，我们听到他的第一句话就是以更为世俗、更为积极的方式表达了相同的追求："正是**理解**，让人类高于其他有感觉的事物，让他具有了一切可以凌驾于它们之上的优势和支配权。"霍桑在《福谷传奇》(*Blithedale Romance*)临近结尾的一段里认为，自然为人设定的最高目的就是"有意识的理智生活和感受力"。最后，还有我们时代的安德烈·马尔罗(André Malraux)，他在自己的一本小说里提出了一个问题："人如何能把生活过得尽善尽美呢？"他自己回答道："把包罗万象的经验转变为有意识的思想。"[2]

虽然不是只有怀疑者才具有理智精神，但通常来说，理智精神正是怀疑论者(the skeptic)唯一虔敬的对象。若干年前，一个同事请我读读他写的一篇小文章，其创作对象是那些在他的领域里继续从事高级工作的学生。文章表面的目的就是揭示，他如何能在自我训练的架构中培养心灵生活，但是文章产生了这样一种效果：它从个人的角度热情地

1　比如法语中，知识分子即为clerc，即教士和神职人员。原书页码第430页还提到了坎利夫划分的知识分子类型，一类就是神职型，即clerisy，这个词原指神职人员，后来专指知识阶层。——译注

2　出自马尔罗的小说《希望》(*L'Espoir*)。——译注

表达了作者对理智工作的奉献。尽管作者带有破坏性的怀疑思想，但我觉得，我所读到的文字饱含着虔诚献身的精神，它在某些方面可以媲美理查德·斯蒂尔[1]的《手工者的天职》(*The Tradesman's Calling*)或科顿·马瑟[2]的《论行善》(*Essays to Do Good*)，因为在文中，作者大体上以这两位老派新教作家的方式把知识分子的任务理解为**天职**。他在承担自己的工作时，将之作为一种虔诚修行，作为一套个人训练；能用这种方式来理解这项工作，是因为它不单单讲究技术娴熟并且具有专业性：它还以思考为业，而且按照设想，完成工作就是在为真理服务。在这一点上，理智生活已经具有首要的道德意义。在知识分子对待观念的态度中，正是这一方面，我称之为虔敬。知识分子总是介入政治[3]——他誓守承诺，忠诚坚定，积极投身。所有人都愿意承认，观念和抽象概念在人类生活中格外重要，而知识分子却是责无旁贷地感觉到了这一点。

当然，其中所包含的不仅是纯粹的个人训练，也不只是沉思生活和理解生活本身。对于思想生活来说，即使它可以被视作人类活动的最高形式，但它也仍然是一种手段，用来完善、重申和实现人类社会中的其他价值。就总体而言，知识分子经常试图让自己成为本民族的道德 28
触角(antennae)，他们会在公众不得不注意某些基本的道德问题之前就预料到它们，而且如果可以，他们还会澄清这些问题。这样的思想家会认为自己应该成为特殊的守护者，守护那些与他探求真理的活动相关的价值，如理性、正义等。有时，他又慷慨激昂地作为公众人物提出公开批评，因为某些粗暴的滥用权力之举，似乎恰恰令他的身份受到了威

1　Richard Steele(1672—1729)，爱尔兰政治家和思想家，参与过著名的《旁观者》(*Spectator*)杂志。——译注

2　Cotton Mather(1663—1728)，新英格兰著名的清教牧师。正是他从伊利胡·耶鲁那里为当时的耶鲁大学前身募得资助。——译注

3　法文engagé，与英文的engage同源，指积极参与政治，关心社会问题，不袖手旁观。法语有时会称知识分子为Littérateur engagé(介入文人)。——译注

胁。在这方面,人们会想到伏尔泰为卡拉斯一家做的辩护,[1]会想起左拉为德雷福斯的仗义执言,也会想起美国知识分子曾为萨柯和樊塞蒂[2]的受审而义愤填膺。

如果只有知识分子才关注这些价值,那就真是不幸,况且有一个事实是,知识分子的热情时常还会受挫。不过,还有一个事实:知识分子当然会比其他人更为专注地回应这样的价值;而且,尽管知识阶层在任何意义上都会被认为享有特权,但是,在所有这样的阶层中,它对低于自己的社会阶层的福祉所展现出的关怀,最为深切而且始终如一,这正是现代西方知识分子阶层的名垂青史的荣耀。在知识分子的奉献感的背后,存在着这样一种信念:世界应该在某种程度上响应他的理性能力,响应他对正义和秩序的激情。知识分子对人类的多数价值就源自这种信念,但同样地,他大部分闯祸作乱的能力也由此而生。

二

然而,认为知识分子具有独一无二的作乱能力,这个看法反而会让人考虑到:知识分子仅仅拥有虔敬还不够。他也许像我说过的一样为了种种观念而活,但是,必定还有什么东西让他不会只为**一个观念**

1 卡拉斯(Calas)是法国图卢兹的商人,他本人信新教。长子信仰相同,但后来自杀,民众谣传是父亲所为,因为儿子想要改宗天主教。由于该地以天主教为主,因此市长草菅人命,判老卡拉斯车轮火刑。伏尔泰知道此事后,写作了《论宽容》为卡拉斯辩护。——译注

2 Ferdinando Nicola Sacco(1891—1927)和Bartolomeo Vanzetti(1888—1927),两人均为美国的意大利移民,一个鞋匠,一个鱼贩。1920年,他们被控持有武器抢劫了一家鞋厂并杀死两人,经过七年审判和法庭辩论,虽然真凶落网,但两人最终仍被处以死刑。据通常的看法,两人都是无政府主义者,具有反美倾向,因此被安上了莫须有的罪名。在审判期间,罗曼·罗兰、爱因斯坦等知识分子奔走呼吁,成为美国历史上著名的事件。——译注

而活，让他不至于走火入魔抑或变得怪诞可笑。虽然有些狂热人士我们也许一直视为知识分子，不过，狂热行为本身却是这一类人的缺点而已，并非知识分子本质上的缺陷。当一个人关心各种观念，无论他多么投入和真诚，这种关心如果仅仅服务于某个狭隘的偏见并以之为中心，或者为了完全外在的目的服务，那么智识终会被狂信吞噬。不能独立地投身于观念，这对心灵生活是危险的，如果还有比这更危险的，那么便是过分地投身于某个特殊和偏狭的观念。这一后果在政治领域和神学领域中都可以观察到：把过度的虔敬消耗在一个过于狭小的参照系中，理智功能就会不堪重负。 29

那么，虔敬需要使之均衡的东西，它让虔敬不会以死板的方式发挥作用；在大多数知识分子的气质中，这个东西就存在于我所谓的游戏性这一素质里。我们所指的是心灵的游戏；知识分子当然喜欢那种以游戏本身为目的的心灵游戏，他们会在游戏中发现生命的一个主要价值。这里所想到的，就是理智活动中的纯粹愉悦。以这种形式来看，智识可以视为心灵具有的健康的元气[1]，当实用和一味谋生所需要的任务完成之后，过剩的精力被释放出来，这种元气就开始活动起来了。正如席勒所说："仅当人游戏之时，人才完全是人。"[2]他的这句格言正是要告诉我们，他意识到了：在纯粹的生存要求之外还存在着可以运用的过剩精力。而凡勃仑[3]则经常把理智能力唤作"悠闲的好奇心"——但这种叫法有误，因为对于游戏的心灵来说，其好奇心反而是过分的好动和活跃。正是这种好动和活跃使得好奇心与众不同地关注真理而对教条不满。

1　Animal spirits，动物精神或生物精神，指生物具有的本源的精气，是非理性的情感和冲动。在美国文化中，这个概念因凯恩斯的使用而著名，他认为人的动物精神也可以导致经济行为，从而决定经济形势。——译注

2　见《审美教育书简》书简15。——译注

3　Thorstein Veblen（1857—1929），美国著名经济学家，代表作就是《有闲阶级论》。作者后面会提到有闲阶级这个概念。——译注

从理想的角度看，追求真理可以称作知识分子事业的核心，但这会把他的事业看得过高，而且也不充分。正如追求幸福一样，追求真理其本身也是令人愉快的，不过，圆满完成这一点通常证明是难以实现的。真理一被获得，反而失去了它的魅力；长久以来被人所知、广为相信的真理会随着时间变为谬论；容易的真理也令人生厌，其中大部分则会变得半假半真。无论知识分子尤为确定的事情是什么，倘若他以健康的方式做着游戏，他就不会对此感到满足。他的理智生活的意义并不在于拥有真理，而是在于寻求新的不确定性。哈罗德·罗森堡[1]对于心灵生活的这一面概括得极为精妙，他说：知识分子就是那种把答案转为问题的人。

各种各样的心灵作品都充满了这种游戏性的成分，既有阿伯拉尔[2]的《是与否》，也有达达主义[3]的诗歌。但是，在使用**游戏**和**游戏性**这样的词语时，我并不想表明其中缺少严肃性；情况恰恰相反。任何一个对游戏中的孩子或成人有所观察的人都会承认：游戏和严肃之间并无矛盾。而且他也会承认：有些形式的游戏会在一定程度上让人认真专注，这是

---

1 Harold Rosenberg（1906—1978），美国著名文艺批评家和理论家，发明了“行动画”（action painting）这一概念，即后来的抽象表现主义风格，比如泼洒绘画和喷绘就属于这种艺术。——译注

2 Petrus Abaelardus（1079—1142），中世纪法国哲学家。《是与否》（*Sic et Non*）是一部拉丁语作品，阿伯拉尔在其中选取了基督教神学理论中的各种矛盾论题（凡158个问题，比如，人们是不是只能信仰上帝？是还是否？），试图寻找消除或调解矛盾的原则。该作品类似亚里士多德的《论题篇》，主要是让学生锻炼论辩术或辩证法的能力，从这个角度看，它带有思想游戏的性质。作者在这里有意选取了一个古代的正统的思想作品，和一个现代的极端的艺术思潮。——译注

3 达达主义（Dadaism）是20世纪兴起的先锋艺术思潮，发起于瑞士苏黎世。这种思潮反对逻辑和理性，鼓吹直觉和无理性；反战，反对资产阶级，反对殖民主义，甚至反艺术。达达主义的艺术作品风格开放奇异，诗歌也是如此，具有一种游戏性和随意性。——译注

工作难以唤起的。还有一点，游戏性并不意味着缺乏实践性[1]。在美国的公共讨论中，当智识可以说接受考验时，它时常经受的检查之一就以这种实践性为标准。但是原则上，智识既不是实践的，也不是脱离实践的；它是超越实践的（extra-practical）。对于被虔敬征服的狂热分子，以 30
及仅仅关注可以出售的精神技能的观念熟练工来说，观念在发挥功效时自始至终都着眼于理智过程之外的某个目的。而知识分子首先并不关心这样的目的。但这并不意味着他轻视实践：许多实践问题都在本质上与理智有关，所以也完全吸引了知识分子的注意；此外，这更不意味着他是脱离实践的；他关心的恰恰是问题之中与实践性无关的性质，这种性质的确定并非依靠于询问这些问题是否关涉实践目的。所谓的“知识分子天生就是脱离实践的”，这种想法经不起推敲（人们很容易就能想到如亚当·斯密、托马斯·杰斐逊、罗伯特·欧文、瓦尔特·拉特瑙[2]和约翰·梅纳德·凯恩斯等知识分子，他们都在实践性一词的政治家和商人的意义上突出体现了实践性）。但是，实践性并非知识分子对观念的兴趣本质。阿克顿（Acton）以相当极端的方式表达了这种看法，他说：“我认为我们的种种研究就应该近乎毫无目的（purposeless）。它们希望在研究的同时能保持它们的纯洁无瑕（chastity），就像数学一样。”

1　Practicality这个词，以及practical、practice，在本书中频繁使用，作者并未区分这个词的几个可能含义，它兼有实践（强调行动，相反于理论）、实干（强调做事，相反于空谈）、实际（强调现实，相反于理想）、实用（强调应用、功利和实利，等同于utility、utilitarianism、pragmatism）等意思，中译在不同语境也会采取这些译法，它们的核心含义都是务实。这其中，实践是作者要表达的首要含义，对立于理论或思辨，下文引阿克顿的话，直接表明了知识分子追求的是纯粹的、数学般的思维世界，而不是实践领域；也见原书页码第46页，按照公众看法，知识分子代表理论，明确与实践对立。——译注

2　Walter Rathenau（1867—1922），德国实业家和政治家，犹太人，创办了通用电气公司；他同时也是作家和知识分子。1922年任魏玛共和国外交部长，同年6月被右翼暗杀。他是爱因斯坦的好友。——译注

关于知识分子对纯粹实践性的看法，有这么一个例子，就是数学家和理论物理学家詹姆斯·克拉克·麦克斯韦（James Clerk Maxwell）对发明电话的回应：当他受邀对这项新工具的效果发表演讲时，麦克斯韦一上来就说，当发明电话的消息从美国那边传来时，太让人难以置信了，这样的东西竟然真的被我们设计出来了。但是他接着说："这个小小的工具，它的各部分都是我们熟悉的东西，外行也能把它组装起来，当它最终出现时，它不起眼的外观让人心生失望，但一听到它真能说话，这种心情才算缓解一些。"那么，对于它简单又令人遗憾的外表来说，也许能弥补这一点的就是电话中的某个地方有可能存在着"奥妙的物理学原理，值得花上一个小时给学院里的听众讲讲这方面的研究"。但这样的原理并不存在；麦克斯韦没有遇到一个不能理解电话物理过程的人，甚至日报社的科学记者也几乎说得头头是道！[1]真叫人失望和无聊，它一点也不奥妙，不难，不深，不复杂；在**理智**方面，它并不新鲜。

在我看来，麦克斯韦的回应并不完全值得称道。当从纯粹科学家，
31 而非历史学家、社会学家，甚至住户的角度来看待电话时，他把自己的想象范围弄得太狭隘了。就商业、历史、人性等方面而言，电话还是激动人心的；而且它的前景也让人浮想联翩，既有可能作为交流工具，甚至也能用来刑讯[2]。但是，由于麦克斯韦把自己限定在了所关心的物理学领域里，因此他在用一种固执大胆的口吻谈论知识分子对这件事的兴趣。身为物理学家，他认为，这种新工具不可能用来玩游戏。

人们有理由问：知识分子气质中的这两种素质——虔敬性和游戏性——彼此之间存不存在某种致命的矛盾呢？它们之间肯定有张力，

1 W. D. 尼文（Niven）编：《詹姆斯·克拉克·麦克斯韦的科学论文集》（*The Scientific Papers of James Clerk Maxwell*，剑桥，1890年），第II卷，第742页。

2 电话可以用来拷问犯人。作者应该指罗林斯（Rollins）20世纪60年代发明的塔克电话（Tucker telephone，首先用于美国阿肯色州的塔克监狱而得名）。它是一种弯柄电话，由两节干电池供电，通过电流电击犯人。——译注

但绝不会致命：正是人的性格中具有的某一种张力，激发了创造性的反应。事实上，所有人文表达领域以及诸多研究界域中的第一流作品，恰恰源自那种理解和表达不同乃至相反观点的能力，源自那种通过想象来认同相反的感受和思想，甚至将之包容在作品中的能力。人就是矛盾体；借用霍尔姆斯[1]的话说，就连知识分子的生活也不是逻辑，而是经验。想想过往的以及我们身边的知识分子：有些在脑海中浮现的人，他们的特征以游戏性为主；有些人则明显是虔敬的。但是在大多数知识分子中，这两个特点的每一个都受到另一个特点的限制和牵制。思想家使心灵的这两方面保持均衡的能力，可以衡量他的张力的强度。就平衡的一端而言，游戏性的过度会流于轻浮，会让理智能量空耗在技巧上，会浅尝辄止，毫无创造性的发挥。就另一端而言，虔敬性的过度会导致死板，引发狂信，产生空想，它所养成的生活方式要么在道德上平庸，要么在道德上拔高——但这两者均非智识应该采取的方式。[2]

从历史的角度看，认为游戏性和虔敬性分别体现了理智功能中残留的贵族背景和教士背景，这种看法是有价值的。游戏成分似乎植根于有闲阶级（the leisure class）的气质中，这一阶级在创造性想象的历史和人文知识的历史中始终居于核心地位。虔敬成分能让人回忆起知识 32

1　Oliver Wendell Holmes, Jr.（1841—1935），美国法学家，曾任美国最高法院大法官。这里指的显然是他的名言："法律的生命并非逻辑，乃是经验。"——译注

2　这是朱利安·班达（Julien Benda）在《知识分子的背叛》（*La Trahison des Clercs*，1927年）中的一部分批评，他的整个观点是：许许多多现代知识分子都沉迷于这种空想（messianic）政治，以至于知识分子的价值丧失殆尽："如今，倘若我们提到蒙森（Mommsen）、特赖奇克（Treitschke）、奥斯特瓦尔德（Ostwald）、布吕内蒂耶（Brunetière）、巴莱（Barrès）、勒梅特（Lemaître）、贝玑（Péguy）、莫拉斯（Maurras）、邓南遮（d'Annunzio）、吉卜林（Kipling），我们就不得不承认，现在的'知识分子'正用着情感的各种特点来发挥政治激情——倾向行动、渴望直接结果、一味盯着要追求的目标、轻视说理、过激、仇恨、思想僵化。"理查德·阿尔丁顿（Richard Aldington）译，《知识分子的背叛》（*The Betrayal of the Intellectuals*，波士顿，1955年），第32页。

分子身上继承的教士传统，因为探求真理、拥有真理都是神职。作为这两者的继承人，现代知识分子也承袭了贵族身上的一个特点，即容易遭到清教主义和平等主义的敌意；他也沿袭了教士身上的一个特点，即反教权主义（anticlericalism）和民众对教会统治阶层的攻击都很容易伤及他。这样，既然全世界中，美国最算得上是民主人士和唯信仰论者[1]的家园，故而，如果知识分子在这里的地位一点也不舒服，那我们无须惊讶。

知识分子的一部分悲剧就在于：他在自身及其事业上最重视的东西，都与社会在他身上看重的地方格格不入。社会之所以看重他，是因为他在实际中能被用于各种各样的目的，从娱乐大众到设计武器等。但是社会根本不能正确理解知识分子气质中的这两个方面，我之前已经说过，它们正是其理智精神的本质组成。有可能在大多数人看来，他在方方面面表现出来的游戏性，都是一种有违常理的奢侈；在美国，心灵的游戏也许是仅有的一种不会被温柔地宽容看待的游戏。而知识分子的虔敬很可能看上去招人厌烦，甚至竟然还有危害。此外，人们也会认为这两种素质对实际的生活事务并没有太多贡献。

三

我已经表明了：在美国，人们对于智识和知识分子提出的首要疑问之一就针对他们的实践性。反智主义之所以在我们的时代发生转变，一个原因就是：我们对于智识的脱离实践的感觉已经发生改变。在19世纪，当商业标准控制着美国文化而且几乎没有受到任何挑战之际，当大多数商人和专业人士名声显赫却从未受过正规教育之时，学术性的学校教育通常被认为是无用的。人们当时的看法是：学校教育的存在，

1 Antinomian，反对律法，反对道德规范，遵从对神的信仰。这里说的是美国。——译注

不是为了培养什么心灵素质，而是为个人提升创造条件。为了这个目的，人们认为，直接投身于生活的实际业务，这才会带来更有用的教育意义，而与之相反，理智追求和文化追求的目标被叫作不食人间烟火、 33
不阳刚（unmasculine）、不实践。尽管这种论调经常使用粗鄙和庸俗的措辞，但它依然大略上符合了美国生活的现实和需求。这种对受过正规教育的智识者的怀疑态度一直延续到了20世纪。但是，在我们这个时代，美国社会当然变得极为复杂，它也越来越参与到世界其他地方的事务之中。在生活的大多数领域里，正规训练已然成了成功的先决条件。与此同时，现代生活的复杂性渐渐削弱了普通市民在智力和理解力上发挥出的个人作用。在最初的美国平民梦中，普通人是全能的，这一点是根本因素，而且不可或缺。人们相信，即使普通人没有做专门的准备，他也仍然能从事专业和管理政府。如今，他算是知道：如果不使用那些让他觉得有点神秘的器具，他连一顿早饭也做不了，是专门的知识让他能使用这些器具；而当他坐下来用早餐，看着早报，读着至关重要和错综复杂的新闻主题时，如果他不自欺欺人的话，他就会承认，对于其中的大部分内容，他还没有掌握相应的判断能力。

今天，在实践事务领域，受过训练的智力已被认为是无比重要的力量。而过往对智识和正规训练的玩笑，以及通常带有善意的嘲弄，都转变为了对身为专家的知识分子的恶意怨恨。头脑一团乱麻的知识分子，他的那套陈旧观念——恰恰在出神发呆的教授、他的迂腐之见中就能找到——当然一直都留存了下来；不过如今，它却越来越一厢情愿、怅然无力地抵御着某种深切和重要的恐惧。曾经，由于不需要知识分子，故而他受到了温和的嘲讽；但现在，知识分子之所以受到激烈的怨恨，反倒是因为太需要他了。他太实践，太有效了。他之所以成为怨恨的对象，正是因为他的命运提升了，而不是衰落了。让他凸显出来、激起恶毒攻击的并不是他的抽象、无用或无能，而是社会对他的技能的依赖，是他的成就、影响，是他现实中的舒适待遇和幻想中的奢侈。智识遭人怨恨，因为它是一种权力或特权。

也许有人立刻会说，我们在这里想到的，事实上与其说是知识分子，不如说是专家；许多知识分子都不是在公共生活中起到重要作用的
34 专家；许多知识人士也并未有力地影响公众的意识。[1]这无可争辩；但是，我的重点在于：人们对知识分子的主流态度在很大程度上恰恰是由那些影响公众意识的知识分子造成的。当知识分子以两种身份——作为专家或作为意识形态家[2]——中的一种来活动时，他大体来说就在影响公众的心灵。通过这两种身份，知识分子都激起了深刻的、多少还很合理的恐慌和怨恨。一方面，专家激化了公众对自身不断成为操纵对象的怨恨情绪；另一方面，意识形态家的颠覆性引起了公众的恐慌，他也加剧了其他所有随现代性出现的、严重的心理压力。由此，这两种身份共同强化了我们社会中流行的无助感。

在将近三十年间，就连对公共事务了解有限的人也必定意识到了那套让专家具有存在感的机制。首先，在罗斯福新政期间，广受宣传

1　在知识界中，能听到很多内部讨论都涉及了“技能的发展对于知识分子来说是不是危险的”这个问题。已经有人提出疑问：知识分子的专家地位是不是事实上破坏了他的理智功能，因为它把知识分子简化为纯粹的脑力技师（mental technician）。如见H. 斯图尔特·休斯（H. Stuart Hughes）的《知识分子过时了吗？》（“Is the Intellectual Obsolete？”），收入《和平之道及其他论文》（*An Approach to Peace and Other Essays*，纽约，1962年），第10章。在最后一章，我会回到这个问题。

2　Ideologues，作者也会用到ideologist一词，它们都与ideology（观念学、意识形态或观念体系）相关。作者强调的是知识分子专门研究或主张政治意识形态这一功能，而不是表明知识分子仅仅是意识形态宣传者。鉴于该词会与意识形态一同使用，故直译为意识形态家。政界中的知识分子必定要具有这一身份。当特拉西创立观念学后，他恰恰就想让它成为一门理智的政治意识形态学，试图以理性的观念体系来建构现实社会，由此与拿破仑产生了分歧，后者用“意识形态家”作为贬义词，来指涉这一类空想的知识分子。马克思也曾说青年黑格尔派是意识形态家，执迷于意识，忽略物质现实，所以实现不了政治变革。——译注

的智囊团[1]和所有分支管理机构纷纷成立，致力于解决经济萧条；战争
时期，又有战略情报局（Office of Strategic Services）和科学研究发展
局（Office of Scientific Research and Development）设立。如今还有中
央情报局、原子能委员会、兰德公司[2]、总统经济顾问委员会（President's
Council of Economic Advisers），以及各个研究战争设备和战略的机构，
这些都处理那些普通人无法考察却能够而且通常确实会决定普通人
命运的议题。很大一部分公众都心甘情愿地让自己在政治上处于被
动，他们毕竟身在一个他们并不指望自己能做出什么合理判断的世界
中。而小政客和小商人同样如此，虽然在处理公众事务和私人业务时，
他们本来觉得大部分这样的事情都尽在自己的掌控之中，但从罗斯福
执政时期以来，却也不得不面对比自己受过更良好教育、更加老练的专
家们，故而一直都有挫败感。如今，这样的人连同一般公众即使参与重
要决策的制定，也无足轻重，而且少有见识；他们对权力的内部世界了
解得越少，就越容易对权力的使用产生一致而且流行的怀疑。被选入
国会的、来自小城市的律师和商人虽然并不指望能剥夺专家的核心顾 35
问地位，但他们能通过国会调查和骚扰来达到报复的目的；而且可以理
解，他们在这样做的时候还满怀着高尚的使命感。毕竟，专家实施的政
策有着不计其数的失败和失效，而这些失败都赫然出现在这几百万人
的眼中，在他们看来，这不仅仅是人为出错所致，也是冷酷自私的操纵、
阴谋，甚至叛国造成的后果。阿尔杰·希斯[3]等人的社会活动就给他们

1　Brain trust，罗斯福竞选总统时，就有人使用这个词来指他的幕僚，这个词在新政期间成为流行语。罗斯福的幕僚首先是哥伦比亚大学的三位法学教授，为首的就是雷蒙德·莫里（Raymond Moley）；之后还有哈佛大学法学教授。他们并未成立一个正式的组织，但媒体认定了他们的身份，广为宣传，还多有嘲讽，因为他们并不是政界中人，往往被指责脱离实际。——译注

2　Rand Corporation，最著名的美国政府智囊团。建立于20世纪40年代，是非营利机构，由美国政府和大公司资助，旨在为美国政府提供军事和政治情报。——译注

3　希斯曾被控为间谍，受到监禁。——译注

留下了一些迹象，可以令其建立这样的感受；而一些触目惊心、被揭露出来的牵涉科学知识的间谍案也似乎证实了这些人对这样一个世界的印象：它由掌握机密的政府控制，但其中充斥着盗窃机密的人。[1]

无论许多物理学专家有多么可疑，他们在这门科学上的建议仍然被认为是必不可少的。但相反，社会科学的专家知识有可能被斥为毫无意义、愚蠢透顶，甚至是不祥之兆。一位众议员就反对国家科学基金会（National Science Foundation）把社会科学列入资助对象，他说了下面这番话[2]：

> 我觉得除了我本人之外，人人都会认为自己是社会科学家。我确信，除我之外，我觉得人人似乎都相信自己有某种神赐的权利可以决定其他人应该做什么……普通美国人根本不想要什么专家跑前跑后地扫听自己的生活和私事，也不需要专家来为自己决定应该如何生活；想想这项法令就要建立这样一个组织，里面有一群短头发妇女和长毛汉子，他们把每个人的事务搅成乱麻，还问他们，你们爱自己老婆吗，爱还是不爱啊，等等等等；如果国会在座诸位都有这种印象的话，敦请你们不要通过这项法令。

从政治家的观点看，罗斯福时期的专家实在可气，因为他们能自由出入白宫，而总统却与政治家保持距离。在冷战时期，形势就更糟了，
36 此时，最高级的公共利益方面的事务都只允许专业人士做出判断，故而如爱德华·希尔斯[3]指出的，在这样一个推崇普通人执政、依靠常识判

1　爱德华·希尔斯（Edward Shils）的《机密的折磨》（*The Torment of Secrecy*，格伦科，伊利诺伊，1956年）讨论过民粹政治家与专家对抗时的氛围，颇有洞见。

2　第79届国会，第2次会议，众议院，州际及对外贸易委员会附属委员会证词，第11，13页（1946年5月28、29日）。

3　Edward Shils（1910—1995），美国著名社会学家，长年工作于芝加哥大学（转下页）

断、深信公意之神圣性的平民文化中，上述这些情况就更令人恼火了。在这一点上，政客们表达了公众的大部分感受。虽然公民不能不要专家，不能不受专家左右，但是他能以牙还牙，其手段就是嘲讽空想激进的教授、不负责任的智囊和疯疯癫癫的科学家，同时大赞那些政客：因为他们追查搞颠覆的教师、可疑的科学家和据称叛国的外交政策顾问。在我们国家的历史中，总是存在着一类人，他们会把仇恨抬举为信条；在其看来，群体的仇恨在政治领域中占有一席之地，它就类似其他某些现代社会里的阶级斗争。心怀不满的群体一肚子莫名其妙、不着边际的抱怨和沮丧，想出一堆复杂的、关于秘密活动和阴谋的幻觉，他们在不同时期都能找到替罪羊，如共济会员、废奴主义者、天主教徒、摩门教徒、犹太人、黑人、外国移民、酒业集团或国际银行家。而最终在我们这个时代，在这“一无所知主义”[1]传统的追随者所选出的一长串替罪羊里，知识分子也名列其中了。

如果说，我们时代的很大一部分反智主义都源自公众对身为专家的知识分子不断潜入公共事务的震惊，那么，知识分子之所以对自身阶层的名声颇为敏感，则是由于他们总在尴尬地同时扮演神圣和世俗两种角色。在他的神圣角色里，他是先知、学者或艺术家，尽管知识分子受某些约束所限——当然，他们并不完全被人注意和尊重——但也一直发挥着作用：在现代城市文明的夹缝中，他有隐私权，有匿名权；他

（接上页）社会思想委员会，精通韦伯，对知识分子问题研究颇多，他的作品《论传统》和《教师的道与德》均有中译本。他的《机密的折磨》从社会学的角度讨论了美国冷战时期国家以安全为目的对间谍和窃密活动的追踪和审查。——译注

1　Know-Nothingism，这里说的“一无所知主义”与美国19世纪中叶出现的政党“美国土著党”（The Native American Party，也称美国党）有关。该党奉行共和主义，政治上反对辉格党和民主党，宗教上反对天主教，支持蓄奴，反对外来移民。这一党党徒凡被外人问及党务时，均答“不知”（know nothing），故得名。此处列举的这些替罪羊，基本上都是一无所知主义的反对目标。但除了这一党之外，作者似乎也暗示了19世纪出现在美国的反共济会党和人民党（populist party）。——译注

要求人们尊重他的那些看起来忘我的品质；如果他是学院学者，那么，未建立完善却又行之有效的学术自由原则使他受益匪浅；他不但有大学，还有基金会、图书馆、出版社、博物馆，这些都为他提供服务。他的生活有一种稳重而文雅的高贵气质。而如果身为专家，当他介入公共事务之时，他就承担了世俗的角色，那么他或许会惊惶地认识到：一旦成为公众人物，那种在我们政界流行的低级的争辩伦理，那种控制了我们整个社会的、对隐私的轻视，同时也会很容易伤害到他。他甚至忘记
37 了：他所遭到的恶意和诽谤并不是专门针对他或他这一类人的，而几乎任何正在执政的著名政治家都要承受相同程度的对待；哪怕是我们的一些政治伟人——比如杰斐逊、林肯、富兰克林·D. 罗斯福——也难以幸免。正如爱默生曾经说过的："美国人的第一特点和特质不就是，只要他有点名气，就会受到同胞的辱骂和毁谤吗？"[1]

四

知识分子作为专家时，即使让人恐慌，但仍然被人接受，与之相比，身为意识形态家的知识分子却受到了人们无条件的怀疑、怨恨和不信任。专家的威胁似乎在于，他会控制并破坏普通个体，但与之相对，人们普遍相信，意识形态家破坏的是整个值得珍视的美国社会。为了理解这种信念的背景，我们有必要回忆一下知识分子如何在政治界持之以恒地反对右翼思潮。当然，这并非美国政治独有的特点。现代看法认为，知识分子构成了一个阶层，是一股独立的社会力量；甚至**知识分子**这个词本身就等同于政治抗议和道德抗议的意思。按照该词的最宽泛的含义来讲，知识分子总是存在，但是，在工业社会以及某种观念市

1 《爱默生日记》(*Journals*，波士顿，1909—1914年)，第IX卷(1862年7月)，第436页。

场出现之前，人们还感觉不到独立作为一项事业的理智生活；而且这时，相对而言，尚不需要知识分子团结一致，更不需要动员他们。因此，虽然在19世纪中叶，知识分子为1848年革命、俄国农奴解放、美国黑奴解放铺平了道路，但在那个时候，英语中并没有什么通用的表达方式可以把他们描述为一个群体。

知识分子这个词首先是在法国使用的。它很快就传播到国外——在德雷福斯（Dreyfus）案件时期，大部分知识界都被唤起，抗议针对德雷福斯的阴谋；他们都参与了向法国反动派开火的意识形态圣战。[1]当时，这个词被正反两派同时使用——右翼把它当成带有侮辱色彩的词， 38
而支持德雷福斯的知识分子却把它当作引以为豪的旗帜。1898年，有一位知识分子这样写道，“我们就用这个词吧，因为它变得如此崇高神圣”。次年，威廉·詹姆斯在一封信中谈及了法国知识分子在德雷福斯事件中发挥的作用，他写道：“我们这些美国‘知识分子’全都要努力捍卫珍贵的个人至上的天赋权利，努力捍卫摆脱体制[教会、军队、贵族、皇权]的自由。**每一种**强大的体制都必定是让人腐朽的工具——不论它做了什么样的好事。只有在自由的人际关系中，理想才能完全实现。”[2]这种对该词的早期用法——我发现，在美国，还是第一次有人这样做——竟然出现于这样的语境，即以“激进的”、乌托邦的、反体制的方式来表述意图；这样的做法在我们自己的历史中意义重大。至少从进

1　关于谁首先用到知识分子这个词以及它在法国的最初使用情况，见维克多·布隆贝尔：《智识的英雄》，第2章。俄语中对应的词是intelligentsia，它是19世纪中期以后开始使用的，原本指自由专业人士，但很快也具有了统治的反对者这一内涵。见休·塞顿—沃森（Hugh Seton-Watson）：《俄国知识分子》（“The Russian Intellectuals”），《文汇》（1955年9月），第43—50页。[Intelligentsia是俄语интеллигéнция在英语中的写法。——译注]

2　《威廉·詹姆斯书信集》（*The Letters of William James*，波士顿，1920年），第II卷，第100—101页。

步时代[1]开始，美国大多数知识分子领袖对政治事业的承担，可以用不同的方式来描述：或是自由的（liberal，按照美国人对这个词的用法），或是进步的，或是激进的。[2]（当然，美国的政治光谱相当狭窄，它的中心基本上位于法国政治光谱的右侧，但是，知识分子相对于中心的位置跟法国相似。）我不想否认，我们也有众多保守知识分子，有几个甚至还很反动；但是，如果说美国存在着所谓的知识分子建制派[3]，那么这一阶层，即使它不是十分激进（因为这与建制派不太相符），也是处于光谱中心的左侧。它招致了右翼持续不断、难以缓和的怨恨，右翼总喜欢抹平温和的进步派与革命派的区别。

只要知识界的进步主义或多或少与公众广泛具有的抗议精神相和谐，就像进步时代与新政时期的情况一样，那么极右翼就不太容易伤害到知识分子。但是，到了20世纪30年代，当大部分知识圈拥护共产
39 主义，甘当同路人[4]时，他们就受到了右翼敌人的牵制。在这一点上，反

1 Progressive era，指美国19世纪末到20世纪20年代这段时期，首要推动者就是总统西奥多·罗斯福，结束于威尔逊。这一段时期美国打击腐败，消除垄断，稳定经济，改善了女性和工人生活条件，新闻媒体也发挥了监督的功能，较之前的镀金时代取得了长足的发展，因此称为进步时代。——译注

2 关于这种承担及其结果，见西摩尔·M. 李普塞特（Seymour M. Lipset）：《美国知识分子：其政治与地位》（"American Intellectuals: Their Politics and Status"），《代达罗斯》（1959年，夏季号），第460—486页。李普塞特对于美国知识分子的立场有很多中肯的评论，但他主张，可以无条件地将知识分子的地位描述为处于上层，这一点我不能信服。

3 Establishment，这个词在社会学中表示在一个国家、阶层或群体内部存在的由精英控制的当权组织或集团，比如政府、教会、知识界等，这样的势力拥护现有体制，尊重传统，通常代表主流价值观。作者的意思就是，即便知识分子处于建制派的地位，但立场仍然不是偏右，而是偏左。这一概念在后面论及宗教时会频繁出现，有时也使用standing和settled。——译注

4 Fellow-traveling，这是20世纪40—50年代美国流行的词语，为右派和麦卡锡主义者所用，指在情感、观念和行为上同情共产主义或帮助共产主义。但这样的人并不是正式的共产党员。当时的知识分子有的是共产党成员，有的只是同情者。——译注

智者的理由中也有明显的现实成分，公正地对待这一成分是很重要的。尽管可以说，右翼宣传过分利用了知识分子的这个把柄；或者说，20世纪30年代的知识分子对共产主义的同情被夸大了；甚至于说，上一代人中，影响最为深远的那些知识分子并不是共产党员，也不是同路人；但是，这些说法于事无补。虽然上述主张都是正确的，然而在20世纪30年代，共产主义对知识分子的吸引力的确强于对其他阶层的群体；在若干轰动的案例中，共产主义信仰也确实导致了间谍活动。对知识分子的不断控诉，其理由恰恰都基于这样的事实。我相信，人们必定首先意识到：共产主义在思想和道德上的前后不一，以及知识分子充当同路人之举，都成了反智者手中强有力的武器，而且，曾经的轻信带来的羞耻感、以往介入政治造成的负罪感让许多知识分子陷入了瘫痪，这使得他们在面对20世纪50年代的大审查[1]时无依无靠，甚至有时还陷入了激烈的相互指责中。比如，有的知识分子会略带痛楚、不太情愿地回想起，[2]在1939年8月，纳粹—苏联签订条约[3]前夕，大约四百名自由知识分子还联合签署宣言，抨击所谓的“苏联基本上等同于极权主义国家”的说法，认为这是“荒诞不经的错误”；宣言还把苏联描绘为和平的“堡垒”。就在希特勒—斯大林条约签订的那一周，这份文件又重刊于《国家》[4]上。[5]就这样，被揪住短处的知识分子，无论是在历史事实、道德，还是心理上都并不处于最有利的位置，故而无法有力地回应麦卡锡主义。

但是，我相信，如果任何人想要理解美国反智主义背后的冲动，那

---

1 The Great Inquisition，inquisition原指罗马天主教的宗教法庭及其审查制度，这里指麦卡锡主义盛行时期美国对知识分子的审查。——译注

2 本书作者就在1938—1939年间参加过共产党，因为苏德签订条约，而对苏联失望。作者一直到第二次世界大战以后，仍然坚持左倾思想。——译注

3 指《苏德互不侵犯条约》，即莫洛托夫—里宾特洛甫条约或斯大林—希特勒条约，1939年8月23日在莫斯科签订。——译注

4 1865年创刊于美国的政治文化类周刊，立场偏左。——译注

5 《国家》(*Nation*)，第149卷(1939年8月19日)，第228页。

么有一点对他是重要的：这种针对身为意识形态家的知识分子的抱怨远远不止是在谴责实际中的共产思想和同路人行径。新政时期实干的知识分子——最优秀的代表就是雷克斯福特·居伊·特格韦尔[1]——都与共产主义毫无瓜葛，但仍然与共产党同路人一道遭受非议。今天，虽然共产思潮在美国内部生活中已经微乎其微，但在这片土地上，让知识分子重新成为替罪羊的呼声依然时常可以听到；而调查员们，尽管难以查出任何共产背景的存在，但还是采取手段，企图唤起那种只剩空壳的、有关同路人的回忆，或者尽可能完全抹平自由人士和共产党员之间
40 的差异。右派急需共产分子倒是真的，他们可怜兮兮地并不甘心放弃后者。[2] 20世纪50年代大审查的真实功能并不仅仅是合理地找出特务或防范间谍（有警察来干这些也许就足够了），或甚至揭发真正的共产分子，相反，它要释放怨恨和挫败感，要惩罚，要满足那种其根源并不在共产问题本身，而在其他方面的仇恨。这就是为什么大审查对受害者的迫害欲持续强烈又不分青红皂白，这就是为什么它更喜欢认准那些受到尊重、颇有影响的目标，而不是它所揭发的偶尔出现又少为人知的布尔什维克。有些麦卡锡主义的同路人宣称道，他们认可这位参议员的目的，但不认可他的方法，不过，这些人都没有抓住重点：因为对于麦卡锡的真正信徒来说，他吸引他们的地方实际上就是他的方法，而他的目标总是暧昧不清。对于他们而言，麦卡锡弄出的花样繁多的指控，才是积极有利的东西，因为他们可以广布怀疑之网，能让这张网捕获许许

---

1 Rexford Guy Tugwell（1891—1979），美国经济学家，罗斯福智囊团中的成员，为罗斯福的新政提供了很多关键的建议。——译注

2 1959年7月，参议员巴里·戈尔德沃特（Barry Goldwater）一番直白又逢迎的言论最能表达这种不甘心，他声称："我可不想承认，这个国家没留下一个共产分子；我认为，倘若我们能挖地三尺，我们就会找出来几个。"这段话由詹姆斯·韦克斯勒（James Wechsler）引用，见《一位愤怒的中年编辑的反思》（*Reflections of an Angry Middle-Aged Editor*，纽约，1960年），第44页。

多多不再是或不曾是共产分子的受害者；麦卡锡的霸凌做法之所以受到欢迎，因为它满足了复仇的渴念，满足了这样一种欲望：它想要败坏因新政而出名的那一类知识分子领袖。

倘若大审查仅仅针对共产党员，那么在搜罗这些人的同时，它本可以更精确，更明察秋毫：但事实上，带头审查的人似乎连共产分子和独角兽的区别也不关心。真正的共产党员通常无足轻重，根本不需要漫长的追捕；当陆军要晋升一位毫无名气、立场激进的牙医[1]时，麦卡锡之所以不厌其烦地关注他，是因为他能利用这一案件来打击陆军，进而打击艾森豪威尔政府的军方。审查者试图挑战自由派、新政派、改革派、国际主义者、知识分子，最后，甚至还会挑战没能撤销自由政策的共和党政府。此中包含的首要因素就是一系列政治敌意：它将新政联系福利国家，再把福利国家关联社会主义，最后将社会主义和共产主义牵扯到一起。在这场十字军圣战般的讨伐运动中，共产主义并非目标，而是武器；正是由于这个原因，许多最为狂热地猎捕国内无力的共产党的人，丝毫不关心如何试图抵抗国际共产主义势力，尽管实际上——在世 41
界政治环境中——这一势力才是最要紧的。

大审查的信徒还有其他狂热情绪，它们都可以充分揭示大审查更深刻的历史渊源，如：对富兰克林·D. 罗斯福的憎恨，与新政改革的难以缓和的对立感，意在驱逐或破坏联合国的欲望，反犹之心，对黑人的恐惧（Negrophobia），孤立主义[2]倾向，废除所得税的冲动，对供水系

1　大审查期间，陆军的一位牙医有晋升少校的机会，按照当时的规矩，他需要接受忠诚审查，也就是询问他对共产主义的看法，但牙医拒绝回答。麦卡锡知道后，大做文章。这件事引发了陆军—麦卡锡听证会。——译注

2　Isolationism，与当今的美国不同，美国早期奉行孤立主义外交政策，这是华盛顿最早制定的，即外交上不干涉他国内政，不介入世界争端，不结盟，不与他国敌对，孤守美洲大陆，以自保为目标。但自第一次世界大战开始，总统威尔逊打破了这一传统，美国越来越参与世界问题，成为最有国际影响的势力。——译注

统加氟造成毒害的恐惧，[1]教会对现代思潮的抵触。麦卡锡自己有个说法——“二十年的背叛”——它表明了这帮十字军战士孕育的抱怨之心存在已久；不过右翼代言人弗兰克·乔多洛夫的观点更充分，他认为从1913年所得税修正案通过起，这种对美国的叛变行为实际上就已经开始了。

显然，对于这样的人来说，还有某件事情比20世纪30年代的异端分子和冷战时期的安全问题更加攸关利害——这件事情甚至超过了朝鲜战争带来的严重的挫折感：麦卡锡主义时代正是几股长期反对现代性的力量达到高潮的时期。旧时的美国，直到19世纪80年代，或在某些方面到1914年为止，隐蔽于安全的大陆孤立、乡村社会、诸多新教教派并存、工业资本主义繁荣的环境之中。但是年复一年，之后的几十年间，它无可奈何地被拖入了20世纪，不得不应付令其讨厌的现实：首先就是世界主义（cosmopolitanism）和怀疑思潮的入侵；然后，美国的孤立状态和舒适的军事安全都不复存在，传统资本主义崩溃，取而代之的是中央集权的福利国家；最后，第二次世界大战、朝鲜战争和冷战造成了无休止的消耗和财政紧张。由此，美国的中心地带不断骚动着秘密的反动声音，充斥着这样的人士：他们通常在宗教上是基要主义者，在偏见上为本土主义者（nativist），在外交政策上是孤立主义者，在经济上是保守派，他们的矛头直指我们现代困境中的一切令人折磨的表现。

即使我们不喜欢他们的反应，但也不能完全不同情这些人的艰难处境，直到这时，他们仍然全身心地致力于国内的物质发展，在很多方面又都如此单纯，他们不得已远离了自己“通常”关心的事情，被推入了一个完全陌生、要求严格的世界，他们被迫要在如此短的时间内尝试学习那么多的东西。也许，一个极为普通的美国人，他对现代世界的反

---

1 1951年起，美国政府开始在饮用水中加氟，为了防止龋齿，但同时也受到了很多保守人士的反对，认为加氟会致病。——译注

应有两个地方的确值得注意，就是耐心和慷慨。仅仅两代人的时间，第一次世界大战前广为可见的、乡村的新教个人主义文化就一再经历变 42
革，遭受震动。它必须面对宗教、文学、艺术上的现代主义，面对道德的相对性，面对伦理学和公法原则里的种族平等，以及我们大众媒体中没完没了的性挑逗。很快，它又不得不面对达尔文主义（见斯科普斯审判[1]）、弗洛伊德主义、马克思主义、凯恩斯主义，它还得在政治、趣味、良知等事情上屈服于新型的、有教养的、世界性的美国人。

身为意识形态家的知识分子将各种新生事物带给美国，而且经常催促这个国家，让它尽快接受变革，在这两个方面，他都起到了领军作用；很自然可以感觉到，知识分子打破了将美国铸就而成的风格模式，他们在这一点上扮演了重要的角色，因此也受到了过分的责难。毕竟在早期阶段，我们的国家运命并不是建立种种意识形态，而是成为一个国家；随着18和19世纪，对欧洲的敌意在美国的土地上日渐消退，失去意义，那么可以认为：这个新国家放弃了源自这些敌意的意识形态，转而追求意识形态之外的其他选择，它表明，和解与坦率的天分，偏爱艰苦劳动和常识的倾向，都比追求种种宽泛和分化的抽象概念更具有实践意义。在这方面，美国曾经不得不屈从于彼此分化的信念，这是一次严重的失败，它导致了南北战争；这也由此印证了如下看法：不去过多地信仰政治的抽象概念和意识形态的一般观念，这样的生活才更佳。正如美国人总是庆贺自己能避免欧洲人的“腐朽”和“堕落”，他们也会不断庆贺：就算不借助通常所说的“外国的主义”，自己也仍然可以过得很好。

但是在过去的几十年里，美国公众已经痛苦地意识到：想要破除政

1　Scopes trial，美国著名审判案，也称“斯科普斯猴子审判”。1925年田纳西州代顿教师约翰·托马斯·斯科普斯违反了该州的《巴特勒法案》（1967年废除），因为他在一所州立学校的课堂上宣讲了与《圣经》冲突的进化论（私立学校可以自行安排）。斯科普斯在代顿的审判中败诉，后来上诉到田纳西州最高法院，依然判负。——译注

治和军事上的孤立就必须要破除思想上的孤立主义；他们也意识到：在世界之中，普遍存在着各种所谓的意识形态，它们是强大的力量，其后果令我们难以回避；他们还意识到：每个地方都有无数人受殖民主义、种族主义、民族主义、帝国主义、社会主义、共产主义和法西斯主义等信念驱动。在上述这一切情况之中，存在着某种我们没有办法理解的反讽。美国人原本对世界的希望（按照旧时代的美国对整个世界的
43 想法）是：世界能仿效美国的制度来拯救自己——也就是放弃刻板的意识形态，接受美国式的民主，并且投入劳动和对幸福的努力追求中，同时要听从常识的命令。但反讽的是，无论自己的这种志向是破灭，还是成功，美国人全都会承受伤害。能扎根于世界之中的，除了美国式的行动主义（activism）精神——就是这样一套信念：生活会更美好；殖民地的人民能够像美国人一样解放自己；不要忍受贫困和压迫；落后的国家也能实现工业化和享受到高标准的生活；追求幸福是每个人要做的事情——还会有别的吗？以挑衅来拒绝我们领导的那些受殖民国家恰恰在试图效仿我们的例子；即便是挑战美国势力的苏联人也仍然称赞美国的工业化。但是，这种模仿已经带有了我们并不承认的意识形态的色彩，它也导致了我们始料未及的后果。被模仿的，是美国的行动主义样板，而不是我们所谓的美国的生活方式。

在那一类最为奉行孤立的美国人看来，似乎只有那些因抽象概念而盲目、对常识无感的民族才会无法看到、无法借用美国制度的所有优越之处；而一些致命的道德弱点交织到一起，则让外国社会的制度运转失灵，尤其是这些制度还接受了阴险的意识形态。然而，苏联持续稳定的势力——以“伴侣号”卫星和太空领域的其他成就为上限——给了这种信心猛烈一击，因为美国现在面临的这个国家的物质实力，强大到足以能发起永久又无法克服的挑战。此外，毫无疑问，这样的物质实力恰恰是在某一个致命的外国“主义”的刺激下发展壮大。在这个奇特又危险、看似毫无必要的、意识形态的世界中，美国人如此坐立不安，故

而就会怀疑知识分子，因为后者在其中倒是安逸自在。知识分子甚至被想象成这一世界的创造者——在某种意义上，他们的确如此。当有些人相信，20世纪的变革仅仅由阴险的操纵和策划活动所致，或至少由一系列愚蠢透顶的错误所致时，知识分子不得不承受他们的一部分怒火，这难以避免。也许，正是知识分子让我们丧失了我们过去的强大所依赖的那些品质。恰恰在所有这些不幸的变革出现之时，他们也必定成为世界上的重要人物。即便他未必完全有罪，他也会始终受到监视。 44

五

有些人会质疑智识是一股颠覆社会的力量，即使我们回答他们说，智识实际上是安全、温和、柔顺的东西，那也毫无效果。在某种意义上，疑心重重的托利派[1]和好战的庸俗之徒都是正确的：智识就**是**危险的。因为它自由自在，没有任何东西不被它反思、分析和质疑。[2]约翰·杜威曾经写道："我们还是承认保守派反对的理由吧。一旦我们开始思考，那么谁也保证不了结果是什么，除非种种目标、目的和制度确实已然注定。每个思想家都让看似稳定的世界的某一部分陷入危险之中；没有人能充分预测出在这个地方会出现什么情况。"[3]此外，也无法保证知识分子阶层在使用自己的影响力时能谨慎克制；对于任何社会来说，唯一能确定的就是：禁止知识分子自由地运用智识的力量，比允许他们这样做，更会让社会恶化。还可以确信的是，知识分子并不像文化自卫队臆测的那样，会对整个社会构成颠覆。但是，智识又总在与什么东西针锋

1　Tories，17世纪英国形成的一个党派，英国保守党前身，作者在这里代指美国的保守人士。——译注

2　看起来，即便知识分子并非自由自在，情况也依然如此；证据就是，相当之多的地下知识分子组织似乎已经在苏联及其东欧卫星国中发展起来。

3　《人物与事件》（*Characters and Events*，纽约，1929年），第xi页。

相对：某种压迫、欺骗、幻象、教条或兴趣不断地受到知识阶层的审视，它们成为后者揭露、愤慨或嘲讽的对象。

一代又一代受到智识活动伤害的人，恐惧或怨恨它的人，敷衍出了一套与智识的本质及其社会角色有关的逆向神话。这一神话深深植根于我们的历史经验里，故而在我们这个时代，提出理由反对智识的人都认为没有必要创立什么新的论证，一个也不用。我会在后面的几章里略微详细地阐述这种神话是如何在美国发展、延续和自我表达的。但是在这里，我更愿意简单地概述下面这两点：反智主义的理由中一再出现的假设是什么；按照我的理解，应该从什么角度来看待它们。

反对智识的理由立足于一系列虚构和完全抽象的对立：首先，智识
45 对立于情感，根据就是，智识与温情有些矛盾。智识也与品格对立，因为普遍认为，智识仅仅代表聪明，而聪明轻易就会退变为狡猾或邪恶。[1]智识又与实践性对立，既然理论被认为与实践相反，而“纯粹的”理论精神是深受鄙视的。智识还跟民主对立，因为智识被视作一种藐视平等精神的特性。一旦人们认为这些对立是正确的，那么支持智识、进而支持知识分子的理由就都站不住脚了。谁会为了尊重那种往最好说也仅仅被认为是聪明、往最差说甚至是危险的人，而乐意冒险牺牲温暖的情感、可靠的品格，牺牲实践能力和民主情操呢？

---

1 “我们总是更喜欢无知的坏蛋，而不是天才，”关于早期印第安纳州的社会，B. R. 霍尔（Hall）这样写道，“因此，人们通常都试图败坏精明的候选人的品格；因为很不幸，精明与邪恶被认为总是一对，而无能和善良才是一对。”B. R. 霍尔：《新购之地，在中西部的七年半》（*The New Purchase, or Seven and a Half Years in the Far West*，1843年；普林斯顿版，1916年），第170页。甚至清教徒也是如此，尽管他们具有理性主义和理智精神。如约翰·科顿（John Cotton）所言：“你的学识和才智越高，你就越适合为撒旦代言……切勿再钟情于……耶稣会的知识、主教职位的荣耀，还有高僧显赫的地位。我的意思是，不要被那些在血肉之人的眼前出现的浮夸不实、空洞卖弄、华丽漂亮的表象欺骗；不要跟风为这些人喝彩。”《倒出七碗》（*The Powring Out of the Seven Vials*，伦敦，1642年），“第六碗”，第39—40页。

这些虚构的对立，其根本谬误当然在于：它们的立足点并不是尽力寻找智识在人类生活中的真实的限度，而是过分简单地将智识与人类其他所有素质分割开来，尽管智识或许与它们都是联系在一起的。按照这种简单或抽象的模式，问题既不是出在个人性格的发展中，也不是出现在历史进程里。同理，接受这种质疑的方式，承认智识**相反于**情感、品格或实践性，然后试图为其辩护，这也是毫无意义的。我们不要认为智识在向人类的其他优点索要什么，想让它们必须付出昂贵的代价，相反，我们要认为智识是对其他优点的补充，没有它，这些优点就不可能充分完善。理性者很少会否认理智力的运用是人类高贵性的基本表现之一，也很少会否认：最起码来说，与生活的其他合理目的一样，它也属于这样的目的。如果心智不被视为情感的威胁，而是视作对它的引导；如果智识既不被视为品格的保证，也不被视为对后者的难以避免的危险；如果认为理论是有用之物，而未必从属或低于实践；如果从 46
实事求是、正确合理的角度来定义民主愿望，使它可以容纳优点——那么，所有这些假想出来的对立就都会失去效力。关于上述事实，尽管泛泛而谈，但它还是显而易见；不过在历史上，很少有人能看得清楚。本书的目的就是追寻我们历史中的某些这样的社会思潮：它们将智识与其他人类的美德分离，使其不再享有同等的地位，而为它分配的位置，则是作为一种特殊的恶。

首先，在我们的宗教史范围内，必定可以找出反智主义。之所以如此，不仅是因为，理性主义与信仰需求之间始终存在着历史张力——虽然这并不是一个人类长期面对的问题；还因为，现代思想的模式，无论是宗教思想，还是世俗思想，都已经在我们之前的宗教史中有所预兆。在任何一种文化里，只要人们承认，宗教之事基本上关乎内心或关乎心灵的直觉性，而理性心智无关紧要或稍逊一筹，那么，他们就会相信，理性能力百无一用，也许还是危险的。只要社会怀疑知识型或专业型神职人员，那么它很容易就会抛弃或排斥社会中的知识阶层，无论这一阶层是宗教体制内的，还是世俗的。在现代文化中，福音派思潮已然成为这种宗教反智主义和唯信仰论冲动最为强悍的载体。当然，美国并非唯一一个其文化受到福音主义影响的社会。但是在美国，宗教文化的成型基本上得益于福音派精神，因为在宗教文化中，福音主义和正统宗教两股力量的天平，长久以来都压倒性地倾向于前者。要想看清这种情况的真实程度，我们只需要比较英国与美国各自宗教的历史发展：在英国，国教已经有条件去吸收和驯服大部分福音派思潮；而在美国，福音派却迅速推翻、超越和压制了那些旧有的礼仪教会。

其次，与福音主义精神在效果上类似，有一种原始主义（primitivism）在美国也出乎寻常地广受信任。我们同样需要在这里给予它特殊的关注，部分是因为，在本书中，我不会把它处理为一股独立存在的力量。原始主义一方面与基督教早有联系，另一方面与异教信仰也有牵涉；它之所以具有一些普遍的吸引力，或许是因为，通过原始主义，一个人既可以成为基督徒，又可以难得地享受到一点异教的信仰；或
47 者反过来说，也许是因为，那种根本上信奉异教的心灵可以在原始主义中找到几分信仰的慰藉。原始主义在某些地区既表现为对原始基督教精神的追寻，也表现为对恢复人类“自然”力量的要求；通过它，人们可以接近“大自然”（Nature）或神——这两者往往没有太明显的区别。但是，在原始主义中，又存在着一种对直觉“智慧”的执着偏爱，这一智慧被视为自然的或神赐的，它胜过了教化出来的、人为的理性。

在西方历史和我们国家的传统中，原始主义力量总是以各种各样的面目反复出现；只要知识阶层对人类建立的合乎理性秩序的生活感到失望、心生犹疑，只要他们试图脱离随文明出现的常规、冷漠或文雅的状态，那么原始主义就有可能浮现出来。在美国，虽然有许多人因为受过良好教育、太有文化而无法与边疆的信仰复兴者（revivalists）彼此交往，但他们又同情后者对种种文明方式的根本的不信任感，

原始主义恰恰影响了这些人的思想。首先，它在先验主义[1]中就可以看出——先验主义有时候会充当高知者的福音主义。[2]在从帕克 48

1　Transcendentalism，19世纪出现在美国的哲学思潮，著名思想家爱默生和下面提到的乔治·李普利都是先验论者。该思潮反对理智主义，认为社会会使个人丧失纯洁，彻底堕落。个人要自立（self-reliant），相信个人的力量，追求超越物理规律、来自内心精神和良知的先验的知识。这一派受康德先验哲学的间接影响（直接影响是英国浪漫派），而在康德的认识论哲学中，transcendental中译通常为先验的，所以此处中译为先验主义。之所以没有采用国内较为流行的超验主义，因为康德明确将先验区别于超验（transcendent），先验主义追求的并不是超验的知识。这种思潮还接受了下面提到的基督教神体一位论（Unitarianism）思想，但也有所区分；后面提到的哈佛大学神学系就是一位论的发源地。——译注

2　参见乔治·李普利（George Ripley）1839年对神体一位论和哈佛神学系的抨击："那些依靠灵魂的直觉力、信赖灵魂神性感知的诚挚之人，单纯地将《福音书》的真理呈现给内心和良知（conscience），这一做法产生了巨大而有益的效果，关于这一点，我已经有所了解……尽管我看重用在正道上的合理的逻辑，但是我确信，它并不是借助上帝、摧毁原罪坚固堡垒的有力的工具。它或许可以查明错误，但它不能瞥见基督的荣耀。它或许可以反驳谬误，但它不能让内心与对神圣的爱联系在一起……你们主张，如果一个人想在宗教问题上影响同伴，那么'博学'正是必要条件。但是，耶稣在从众门徒中选出十二人时肯定没有考虑这一点；他将传道的任务交托给了'没有学识和无知的'人；最崇高的真理交托给了最普通的心灵；以这种方式，'上帝让这个世界的智慧变得愚钝'［见《哥林多前书》1：20。——译注］……基督……看到了一系列书本传授的智慧在'照耀万人心灵的光'面前什么也不是［见《约翰福音》1：9。——译注］。他的民族历史的整个进程都在说明这一事实：'简陋的力学（mechanics）一直是上帝给人类派来的伟大使者'［'简陋的力学'这一句引文来自贵格会信徒威廉·佩恩（William Penn，1644—1718），佩恩认为普通人具有的简单和直接知识，如力学，才是最高的真理。——译注］……基督并未建立使徒学院；他也没有恢复已然消亡的先知的学校；他也没有特别看重学识带来的骄傲；他有时候倒会暗示，学识是感受真理的障碍；感谢上帝，他为有智慧者和明智之人隐藏了天国的秘密，却让无知者认识到了它，尽管这些人在学校的知识面前就像蒙童一样。"《新近的不信神现象之调查》（"The Latest Form of Infidelity Examined"），《论新近的不信神现象之书简》（*Letters on the Latest Form of Infidelity*，波士顿，1839年），第98—99，111，112—113页。

这一段的论证与福音派通常使用的论证相似。一上来都先摆出一个难以争辩的命题：总的来说，逻辑或学识无法传播宗教信仰。然后由这一点推进到下面这个观点：（按照基督的判断和历史证据）没有学识和无知的人才能最充分地传播宗教（转下页）

曼[1]和班克罗夫特[2]到特纳[3]的美国历史著作中，原始主义都是一股强劲的力量。[4]而在美国作家对印第安人和黑人的态度中，它也是持续出现的主题。从涉及丹尼尔·布恩[5]和大卫·克罗克特[6]等边疆人物的大众传奇，再到现代西部小说和侦探小说的男主角，全都带有原始色彩——所有孤身探险家也是如此，他们搜集的神话故事让D. H. 劳伦斯说出了一番严厉又绝妙的夸大之言，他认为美国人的灵魂从骨子里"冷酷、孤僻、漠然，是一个杀手"。原始主义还表现为性神秘，它在美国文学中成为强大的动力，近些年又以最为夸张的形式出现在那些青睐威廉·赖

（接上页）信仰。由此，似乎还可以再推导出如下看法：这样的人拥有的这种智慧和真理，高于有学识、有教养的心灵所拥有的智慧和真理。事实上，学习和教育在传播信仰上是不利因素。而既然传播信仰是人类眼前最重要的任务，那么，"像蒙童一样"的"无知者"就比沉迷于逻辑和学识的人具有更强的力量，这是他的最根本的优异之处。因此，结论是（虽然没有直截了当地说出）：卑微的无知，作为人类的品质，要优于有教养的心智。尽管这个结论问题不少，但从本质上来说，它显然与美国的福音主义和民主精神彼此契合。

1 Francis Parkman（1823—1893），美国历史学家，代表作为《俄勒冈小道》，有中译本。他的作品涉及了印第安人的生活。——译注

2 Hubert Howe Bancroft（1832—1918），美国历史学家，他的著作是一系列美国西部的州史，如《加利福尼亚州史》、《犹他州史》等。——译注

3 Frederick Jackson Turner（1861—1932），美国著名历史学家，他提出了著名的边疆论（Frontier Thesis），即美国的历史就是一部向西的边疆拓展史，向西的发展形成了美国人独有的民族性和美国精神。这个观点反驳了认为美国历史完全延续欧洲文化的说法。——译注

4 关于特纳的原始主义，见亨利·纳什·史密斯（Henry Nash Smith）的《处女地》（*Virgin Land*，剑桥，马萨诸塞，1950年）的最后一章，极富洞见；查尔斯·L. 桑福德（Charles L. Sanford）的《追寻天堂》（*The Quest for Paradise*，乌尔班纳，伊利诺伊，1961年）也汇集了一些颇有价值的内容。

5 Daniel Boone（1734—1820），美国著名拓荒者、探险家，开辟了肯塔基州，与印第安人多有往来。——译注

6 Davy Crockett（1786—1836），美国著名政治家，同情印第安人。死于得克萨斯州独立运动中著名的阿拉莫之战。本书第六章会介绍这位人物。——译注

希[1]理论的作家身上。它在美国政治界里也成为一股力量，在诸如安德鲁·杰克逊、约翰·C. 弗里蒙特[2]、西奥多·罗斯福和德怀特·D. 艾森豪威尔等公众人物身上清晰可见。

所有这些原始主义倾向都没什么可惊讶的，因为定居美国的男男女女都拒斥欧洲文明，最主要的理由就是它的压迫或其堕落；他们在美国的海岸发现了最令人瞩目的东西，但这种东西并非存在于美国形成的粗朴的社会形态中，而是存在于自然和蛮荒世界。不断从东部逃向西部，从定居的环境逃向边疆，这恰恰延续了从文明逃往阿卡狄亚[3]，从欧洲逃往自然的过程。美国精神一次又一次急不可耐地反对有序社会的侵蚀，它认为这种侵蚀是在试图复辟曾经被抛弃掉的东西；因为，尽管文明整体上难以拒斥，但始终可以相信，文明自身存在着有害因素。

如果福音主义和原始主义助长了反智主义扎根于美国人的意识中，那么商业社会则确保了反智主义存在于美国人思想的前台。从托
克维尔时代开始，美国的研究者都普遍认为，在这个国家，商业行动主 49
义压倒性地制衡了理性的沉思。托克维尔发现，美国生活的民主性和务实性（businesslike）需要那种不断行动和决策的生活，这样的生活看重粗朴简易的精神习惯，看重迅速做出决策和果断抓住机遇——他发现，所有这些活动都与思想上的筹划、打磨或精确格格不入。[4]

夺取这片大陆，建立自己的实业，这样的任务要求势在必行，所以，

1　Wilhelm Reich（1897—1957），20世纪奥地利精神分析学家，代表作为《性革命》、《法西斯主义的群众心理学》，他曾加入过共产党，试图将马克思主义与精神分析学结合起来。他流亡到美国之后，促进了美国的性解放，还发明过一种生命能量收集器，可以满足人的性欲。很多美国作家都使用过这一机器，也受过赖希的影响，如诺曼·梅勒、索尔·贝娄、塞林格、艾伦·金斯堡、凯鲁亚克、威廉·巴勒斯等。——译注

2　John Charles Frémont（1813—1890），美国政治家、军事家，1856年成为共和党第一位总统候选人。他还是一位拓荒者，著有很多记录开拓过程的作品。——译注

3　Arcadia，古希腊一山区，西方所谓的世外桃源。——译注

4　《论美国的民主》（*Democracy in America*），第II卷，第525—526页。

它迫使人们不去追求得不到利益和荣誉的事情。但除了这个原因之外，还有一点：处于最繁荣状态的美国商业不仅仅勾起了人们对权力的贪婪和欲望，还激发了想象；它吸引着建设工人、赌徒和男性统治者；比起狩猎，它为他们提供了更多的运动，比起政治，它提供了更多的权力。如托克维尔所言："在民主制中，没什么比商务更了不起、更辉煌的了"，热衷它的人，之所以从事它，"不仅是因为它给自己带来了利益，还因为他热爱这一事业带来的恒久的刺激"。[1]除了少数几个古老的社群之外，在美国其他地方，都不存在能与之抗衡的阶层或价值体系——这里没有可以嫁入的贵族豪门，除了商业志向，再也没有什么令人敬畏的民族志愿了。商业不但吸引着精力充沛、雄心勃勃的人，还为社会上的其他人确立了主流的标准，由此，各个专业的人士——法律、医学、学校教育，甚至牧师职务——都效仿商人，让自己的职业标准与商业标准看齐。实际上，美国知识分子频繁抱怨的事情之一就是，他们难以跟这些专业阶层相处融洽，因为后者都转向了商业的轨道。最终，正是商业，孤立了文化，使之变成了阴柔的一方，它的手段就是确立了这样的阳刚的神话：男人可不关心理智世界和文化世界的事情。这样的事情要留给女人——通常要留给伊迪丝·沃顿[2]所说的那种女人，她们生怕独自遇见文化，遇见就会蜂拥将它猎捕。

尽管在美国生活中处处流行、咄咄逼人的平等主义影响了我们的
50 宗教和商业，但是在政界和教育界，平等精神起到的效果要更强。[3]想当

1 《论美国的民主》(*Democracy in America*)，第II卷，第642—643页。

2 Edith Wharton（1862—1937），美国著名女作家，代表作为《纯真年代》。——译注

3 美国大学的观察家常常略带苦涩地问道：为什么运动方面的优异性几乎广受称赞和鼓励，而理智方面的优异性却遭到怨恨？我认为，这种怨恨事实上间接表明，民主制在称赞智识对我们事务的重要性。运动技能被认为是短暂的、专门性的，而且在严肃的生活事务中，它对我们大多数人来说并不重要；运动员受到称赞，因为人们认为这是他们靠娱乐别人挣得的。相反，智识（给大多数人）带不来娱乐，它也并不天真无邪；由于每个人都看到了，它是生活中重要、永久的优势，故而，它才让那些平凡的心灵同仇敌忾地反对它。

初，我们一般所说的杰克逊式的民主成功推翻了早已丧失控制力的贵族领导阶层。没多久，文学和学识就被污蔑成百无一用的贵族专有的特权——人们对这种论点的强调并没有因为大部分美国知识阶层实际上都支持民主事业而变得不再坚定。对于普通美国人来讲，他们的目标就是建立这样一个社会：它会证明即使没有文学和学识也能达到何等成就——或者，这个社会的文学和学识大体上仅限于普通人能掌握和使用的基础内容。因此，19世纪早期的美国，其最为出名之处，不是鼓励第一流的科学或文学、建立第一流大学等举措，而是语文素质的广泛普及，以及普通公民拥有的异常丰富的信息、独立性、自尊和对公共事务的关注。

一次又一次，尤其是近些年来，可以注意到：在美国，智识之所以遭到怨恨，原因在于，它是一种优点，它自认出类拔萃，它挑战平等主义，它是一种几乎肯定让男人或女人不再平易近人的素质。这种怨恨现象在教育界令人印象最为深刻。美国教育在很多方面，虽然说不上合理而且无可辩解，但还是值得称赞；不过，我还是相信，我们的教育体制是世界上唯一一个由这样的人把持着中枢的制度：他们欢欣雀跃、激进好斗地向智识宣布敌意，向缺乏理智潜质的儿童表明殷切的同情。本书最后一部分（尽管其历史叙述必定是片段性的）就会揭示这种教育势力如何建立于美国人广泛接受的种种思想前提之上——如，对理解狭隘的实用和“科学”的偏爱，各种错误的平等主义，以及原始主义的儿童观。 51

第二部分

内心的宗教

第三章

福音派精神

一

美国精神的成型以早期现代新教为模式。宗教是美国理智生活的第一个舞台，那么也就是反智冲动的第一个舞台。任何因素，只要它能严重削弱理性和学识在早期美国宗教中的地位，那么它后来也会削弱这两者在世俗文化中的地位。诸如“观念应该首先产生用途”这样的态度，对理论和改进观念的轻视，“让观念人（men of ideas）服从拥有情感力或操纵手段的人”这一做法，凡此种种都不是20世纪的创新；它们全部继承自美国新教。

心智和内心[1]之间、情感和智识之间存在的某种张力在所有地方都是基督教经验的稳固特征，因此，如果认为存在着一种独特的美国式的宗教反智主义，那这样的说法，并不正确。远在美洲被发现之前，基督教教会就永久地分为两派：一派相信智识在宗教中具有重

1　心智为mind，内心为heart。作者在本书中将heart区别于mind，中译分别为内心和心智，有的地方也把后者译为心灵或精神。心智对应了理智和理性，内心对应了情感和意志。——译注

要地位，另一派则相信，智识应该服从情感，或者实际上，它就是在听从情感的命令。我的意思不是说，在新大陆，我们可以发现一种全新的或更加恶毒的反智主义回应；相反，我认为，在美国的环境中，若干传统的建制派教会与种种信仰复兴思潮或狂热[1]思潮之间的平衡彻底倒向了后者。结果，知识型的专业神职人员失去了地位，而他们觉得适合自己的理性作风，也因此受到损害。在早期历史阶段，由于
55 美国继承了新教和反体制[2]传统，这种围绕宗教性展开的普遍历史纷争在此有了地方性的变体，而且异常激烈；在这里，狂热思潮和信仰复兴思潮取得了最为瞩目的胜利。美国反智主义之所以能获得力量而且流行开来，美国宗教生活中的某些独特性正是主要原因——尤其是亲知识分子的稳固制度性组织的缺乏，以及美国各种福音派竞争的宗派意识。

教会或宗派的作风在很大程度上是一种与社会阶层相关的活动方式；与某个社会群体相适合的崇拜形式和宗教教义，也许与另一个社会群体不再适合。有产阶层（possessing class）通常很喜欢理性化的宗教，他们很喜欢举行那种发展成熟的礼仪形式。被剥夺权利的阶层（disinherited class），特别是处于文盲状态时，则更容易受煽情式宗教的驱动；而有时候，对宗教风范、礼拜仪式、教会上层神职人员的反抗——

1 Enthusiastic，这里以及下面不是指一般意义上的宗教狂热。16和17世纪开始，英国的几个新教教派都被称为狂热派（Enthusiasts），这种叫法后来被沿用，指一些反对国教的群体，比如循道宗就被称为狂热派。——译注

2 Dissenting，字面意义指提出异见或异议，一般意义上指反对国教或建制宗教。反体制派反对国家专制的宗教制度，推行宗教自治。在英国语境中使用时，它指反对安立甘宗，即英国国教；这一派人也被称为反国教派，下文提到的清教派、贵格会等都是。但在北美殖民地时期，与国教一样，公理宗、长老派一开始也属于建制宗教，与更激进的反体制派（如浸礼宗和循道宗）形成对立，直到后者彻底影响前几派，形成大觉醒。——译注

同时也是对贵族礼节和道德的反抗——会激发煽情式宗教。[1]下层社会的宗教很有可能爆发出向往末世或千禧年的激情，很有可能反对知识型或正规化的宗教，而强调内心宗教体验的正确，很有可能简化礼仪形式，拒斥知识型神职人员这一观念，有时还会拒斥任何与专业性神职者有关的构想。

在早期阶段，当美国吸引了众多心怀不满、被剥夺权利的欧洲人时，它成了先知们的理想国度，如当时的批评者所知，这些先知都怀有宗教"狂热"。狂热中的主要冲动就是那种个人想直接接触上帝的感情。[2]虽然狂热派通常需要神学信仰，而且也离不开圣事，但是，他们首先寻找的是一种与上帝相通的内心确证，故而他们认为礼仪表达或宗教确证的理智基础都是不必要的。他们对理智工具的态度与对审美形式的态度一样：建制派教会认为艺术和音乐可以引导心灵，上通神明；但狂热派普遍认为，这两者往轻了说会干扰纯粹和直接的内心活动，往重了说则会对后者造成阻碍——尽管在这一点上循道宗信徒（Methodists）肯定是个 56
重要的例外，因为他们看到了诵唱赞美诗的价值。由于狂热派仰赖内在经验的正确性，故而在这种做法之中总是包含了无政府倾向的主观主义的危险，以及完全摧毁传统和外在宗教权威的隐患。

在一定程度上，这可以解释为什么狂热式宗教总是倾向于宗派分裂和再分裂。但是，与其说狂热派在消除权威，不如说他们在分化权威；因为总还是存在着某种权威，只要这样或那样的传道者掌握

1　参见H. 理查德·尼布尔（H. Richard Niebuhr）："受过理智训练、关注礼仪的神职者遭到排斥，得到支持的是平信徒读经师。后者更充分地满足了这种宗教生活（也就是没受过教育、经济上被剥夺权利的阶层的宗教生活）的情感需求；但是，他们在文化和兴趣上都与统治阶层并不契合，因为显而易见，统治阶层以穷人为代价来换取他们高级的生活方式。"《教派主义的社会根源》（*The Social Sources of Denominationalism*，默里迪安编，1957年），第30页。

2　我对这一问题的评述很多都来自R. A. 诺克斯蒙席（Msgr. R. A. Knox）的《狂热思潮》（*Enthusiasm*，牛津，1950年）一书。

了不同寻常的能力，从而唤起人们想要的内心确证的感觉，他就会赢得权威。那么，狂热派的权威就很容易变成个人式的、克里斯玛式的（charismatic），而非制度性的；如循道宗那种源自狂热之情的教会，它们的建立者都需要强大的组织才干，以使信徒只聚拢在某一个教会制度的屋檐下。可以肯定的是，若干更安定的福音教派都不支持肆无忌惮的主观主义，因为它们认为，真正的宗教权威来自正确阐释过的《圣经》。但是，在不同的福音派中，关于正确阐释的看法多有分歧。有些教派看到了学术和理性的专家知识起到的重要作用，有些派别则着眼于一系列狂热情绪和反智倾向，它们不断加剧，可以达到这样的程度：每个个体都能举手获得**他自己**的《圣经》，并且不理会那种主张学术的声音。随着高级考证[1]的出现，这种对待《圣经》的个体主义态度的正确性成了基要主义者生死攸关的问题。

美国一直都是英国的小前哨，处于西方文明的边缘，故而在英国出现的宗教抗议（protest）思潮也渐渐体现出了一些会在美国宗教中变得突出的特征。当英国的改革者相信，宗教改革远不能满足他们信徒的社会需求或精神需求时，千禧年派（Millennarians）、重浸派[2]、追求灵恩派[3]、喧嚣派[4]、贵格会（Quakers）一波又一波地向国教及其神职人员发起

1　Higher criticism，也叫历史批评法，是一种对《圣经》的高级阐释法，关注《圣经》的历史语境，用历史来阐释词义，这种方法在18世纪成为欧洲学术界主流。与之相对的是lower criticism，即针对《圣经》各种文本的字句进行校勘和矫正。高级考证讲求历史客观性，需要渊博的学术知识，这些都不利于个人解经法。——译注

2　Anabaptists，也称再洗礼派、再浸礼派，16世纪宗教改革时期出现于瑞士和德国的激进的基督教改革派，流行于底层，后来传到美国，在贵格会成员威廉·佩恩的帮助下定居于宾夕法尼亚州。重浸派也是西方现代无政府主义的源头。——译注

3　Seekers，17世纪出现于英国的宗教群体，其成员后来大多加入了贵格会，反对组织有序的教会，号召个人等待天启。——译注

4　Ranters，17世纪出现于英国的宗教群体，主张泛神论和唯信仰论，反抗束缚。该群体通常被人指责不守道德，裸露身体，喧闹吵嚷。——译注

攻击，他们宣扬穷人的宗教，主张直觉和灵感，反对学识和教义，他们将平信徒传道者推举为领袖，反对专业神职者，认为他“没有效力，并非权威”。在清教徒革命时，新模范军[1]的传道者用反专业、反智的口吻严厉抨击神职人员、大学教师和律师。诚然，大多数清教徒都由衷支持受过良好教育的教士；但是，左翼牧师沿着平均派和掘土派[2]的路线，以杰拉德・温斯坦莱为榜样，称大学是“臭死水塘”，说人文教育无法使人摆 57
脱原罪，同时还煽动穷人追求平等的情绪。[3]

在美国，由于安立甘宗、长老派（Presbyterians）、公理宗[4]奉行严格的教会组织标准，其神职人员也管理正规，通常受过高等教育，所以起初，这三派成功遏制住了这些平均化的趋势。但是，随着一些宗教反体制者开始非难它们，这些教会的组织就土崩瓦解了。尤其是在南部边疆，有许多这样的人士一度渐渐与教会脱离所有关系。其他人则纷纷发难、骚动不安，特别是在新英格兰，那里的宗教行动主义是生活的主要原则。例如，马萨诸塞湾[5]存活还没到二十年，对牧师知识分子、大学

1　New Model Army，1645年由英国议会建立的铁甲军，克伦威尔执掌。该军在英国内战中发挥了巨大的作用。——译注

2　平均派（Levellers）和掘土派（Diggers），都是17世纪英国主张绝对平均的政治派别，代表了穷人的利益。下面提到的温斯坦莱（Gerrard Winstanley）就是掘土派代表人物。温斯坦莱的作品有中译本。平均派思想对推翻王权起到了重要作用，但在推翻之后，该派受到了克伦威尔的镇压。——译注

3　关于被剥夺者的宗教的普遍特征，见尼布尔：前揭，第2，3章。见列奥・索尔特（Leo Solt）的《清教革命中的反智主义》（“Anti-Intellectualism in the Puritan Revolution”），《教会史》（*Church History*），第XXIV卷（1956年12月），第306—316页，他的描述很有启发；也见D. B. 罗伯森（Robertson）：《平均派民主的宗教基础》（*The Religious Foundations of Leveller Democracy*，纽约，1951年），尤其见第29—40页。

4　后两个都源自反国教的英国清教派。公理宗（Congregationalists）的名字来自会众（congregation）一词，主张由会众自行管理教会，不受中央建制教会的限制。这种会众制后来也成为新教很多教派的特征。——译注

5　指马萨诸塞湾殖民地，美国成立之前最早的殖民地之一，1628年由马萨诸塞湾公司建立。此前五年，该公司曾在马萨诸塞湾的安角建立殖民地，但夭折。——译注

教育都心存敌意的安妮·哈钦森夫人(Mistress Anne Hutchinson)[1]就用种种举动严重动摇了它,她让当局倍感焦虑。[2]这位不幸的女人后来遭到迫害,虽然一部分原因在于她本人的勇敢不屈,但主要还是因为,这个殖民地相信,她会把这里摧毁殆尽。到了18世纪大觉醒[3]时期,狂热派才扩展到了马萨诸塞湾殖民地之外,取得了全面重大的胜利。正是从那时起,他们在美国这片海岸不但为19世纪一再出现的福音派思潮,也为反智主义传统开了先河——反智主义传统就孕育在宗教信仰的母体之内。不过,为了理解大觉醒,我们必须看一看殖民地的建制派神职
58 者处于什么样的状况中,而在这方面,清教神职者的处境也特别值得关注,因为在美国历史上,清教神职人员颇为近似占据统治地位的知识阶层——或者更确切说,近似于密切联系统治权力的知识分子阶层。

---

1 哈钦森夫人1634年移居马萨诸塞,她的宗教立场比温和清教徒还要激进,反对清教徒建立的教会,提倡个人信仰,1637年受审被放逐。她凭借个人魅力,鼓动起了很多追随者,几乎让这个新生的殖民地崩溃。哈钦森夫人后来成为美国宗教自由的象征。——译注

2 如萨缪尔·艾略特·莫里森(Samuel Eliot Morison)所述,极端清教徒中这样的敌意"是一种信条(article of faith)。真诚的笃信者把大学称为'反基督的杂烩'、'瞎话之所','在上帝面前污秽恶臭,令人作呕'"。爱德华·约翰逊(Edward Johnson)认为安妮·哈钦森"和她的同伙都强烈谴责知识,逢人就劝,告诉人家提防着别被知识糟蹋了"。她的一名信徒跟约翰逊说:"随我来……我带你见位女士,她传的福音胜过你那帮'傻子大学'里穿黑袍的家伙;这位女士具有另一种不同的灵,她知道很多会降临的启示……你那伙有学问的'吵闹学者',虽然他们更通晓《圣经》的经文,但我还是愿意听听像这位女士那样的人说点什么,她纯粹是用灵的活动在宣讲,完全不是靠研究。"爱德华·约翰逊:《锡安山救世主在新英格兰的神迹》(*Wonder-Working Providence of Sions Saviour in New England*,J. F. 杰姆逊编,纽约,1910年),第127—128页。

3 Great Awakening,专指第一次大觉醒,即18世纪20年代开始的北美殖民地的宗教复兴运动,提倡宗教自由,反对圣公会和公理宗。这场运动削弱了北美与英国的宗教联系,为后来的美国独立奠定了宗教和思想基础。美国历史上的第二次大觉醒运动,开始于19世纪初,盛行于该世纪上半叶,为浸礼宗和循道宗发起。第三次发生于19世纪下半叶,盛行于20世纪初;第四次为20世纪60—70年代,本书提到的比利·格雷厄姆就是代表人物。——译注

二

像大多数知识分子群体一样，清教牧师身上也有严重的缺点；当牧师们运用权力时，他们也会带来危险。但是，对我们比较重要的一点在于——这一点也可以成为体现美国知识分子处境的范例——大众几乎只记住了清教牧师犯的错误，甚至他们记住的某些错误，其责任更应该由牧师生活的社群来承担。此外，还有一点也很重要，清教神职者的这种可憎面目（科顿·马瑟的名字就成了这种形象的代名词）不仅影响了我们历史中流行的对美国知识分子的传言，也影响了历史上对他们的看法。作为美国首次出现的知识阶层，清教牧师渐渐声名狼藉，之后一代又一代的知识分子时常也会向他们发起反对活动。

很难相信还有什么社群能比马萨诸塞湾更信任学识和智识的价值。摩西·科伊特·泰勒[1]在他的美国殖民地文学史中曾写过一段话，虽略带夸张，但情有可原：[2]

> 在新英格兰草创之时，它并非农业社会，也不是工业社会，更不是商业社会：它是有思想的社会；是观念的舞台和市场；它的独特器官，不是手、心、肚囊，而是头脑……开拓者建立的社群里，也许没有哪个曾如此尊重学问，如此敬重学习的符号和工具。他们的社会结构，其基石立足于书本之上……在约翰·温斯洛普[3]到达

1　Moses Coit Tyler（1835—1900），美国历史学家，也是新教徒，代表作为《美国文学史》，涉及了殖民地时期和独立战争时期。——译注

2　《美国文学史，1607—1765》（*A History of American Literature, 1607—1765*，伊萨卡，纽约，1949年），第85—87页。

3　John Winthrop（1587/1588—1649），英国清教徒、律师，马萨诸塞湾殖民地的主要建立者。1630年，他抵达塞勒姆港。1636年，殖民地建立了新学院或新市民（转下页）

> 塞勒姆港仅仅六年之后，马萨诸塞的民众就从他们的资金中拨出
> 经费建立了一所大学；这样，在他们最初丰收的田野里，树桩尚未
> 风化成褐色时，在他们村庄的边郊，夜晚仍有狼嚎时，他们就创造
> 了一些条件，让年轻人在野外就可以马上研习亚里士多德和修昔
> 59 底德，研习贺拉斯和塔西佗，以及《希伯来圣经》……知识阶层无
> 疑是他们当中的高贵一族。

在第一代美国清教徒中，知识分子人数众多，备受尊重。每四十到五十个家庭，就有一人是上过大学的学者，通常来自剑桥或牛津。清教徒希望他们的神职人员都能以学术著称；在整个殖民地时期，差不多5%的新英格兰公理宗教会的神职人员有大学学位。这些清教徒移民依靠《圣经》和他们人才济济的学者领袖建立了一脉思想和学术传统，它让新英格兰在长达三个世纪里，在教育成就和学术成就上都成为这个国家的领军者。

我们不能认为最早几届哈佛的毕业生接受的只是狭隘的神学教育。有一种流行的看法是，哈佛和其他殖民地学院在创建之初仅仅是神学院——当时的清教徒先辈都表达过担心培养出“文盲牧师”，这一担忧好像印证了上面那种看法。但事实上，建立哈佛学院的那些人都是在牛津和剑桥接受的培训，这两所大学长久以来都浸透在人文主义学术之中。殖民地教育的缔造者并不认为适于神职人员的基础教育与适于其他接受人文教育者的基础教育有什么差别。他们从未想过要建立独特的神学院，而这样的念头都源自现代专业划分、宗派之争以及对学院里世俗化威胁的反应。虽然缔造者们对知识型牧师的需要远比其他专业对知识人才的需要更为迫切，但是，他们打算让自己的牧师与其

（接上页）学院（下面提到的那所大学），也就是哈佛大学的前身，是美国第一所大学。温斯洛普曾担任过校长。——译注

他社会领导者和重要人物一起接受教育，学习一样的人文课程。而结果证明，他们恰恰就是这样做的；在哈佛前两届的毕业生里，只有约一半人成为牧师，其他人从事的都是世俗行业。

在有文化素养的知识阶层形成之后，清教社群给予了这一阶层巨大的空间，让他们实现自己的才华。社群厚待清教牧师，牧师就充分回报社群。随着这个国家越来越稳定，神职人员也有了充足的闲暇来写作、表达观点；其中一些人还颇为多产，令人惊叹。作为“《圣经》教”
的清教派大力强调释经和理性论述，不追求咆哮激昂的情感宣泄。清 60
教徒的布道文既加入了哲学，也有虔敬和学术；他们的大众教育的目标之一，就是训练能够理解这些文辞的平信徒。至少在早期，这个目标看起来得到了实现。

但是，成功实现的不止于此。在评价清教殖民者的精神成就时，我们必须记住：甚至在1700年，即殖民定居七十多年后，人口数也只有约106 000人，而且大多分布稀疏；最大的城镇波士顿在1699年仅有7 000人左右；在17世纪70年代，与印第安人的激烈战争让人们付出了昂贵代价，饱受蹂躏；战事中，每十六名达到兵役年龄的人里，就有一人牺牲；一半城镇遭到了破坏。尽管孤立无援，贫瘠困窘，再加上其他不利因素，他们仍然建立了一所学院，让众多社会领导者和牧师完成学业，而且在学院成立之后不久，他们的学位也被牛津大学和剑桥大学承认具有同等学力（*ad eundem gradem*）。在这所大学中，年轻人不仅仅学习阅读、解释《圣经》和神学著作，还学习阅读赫西俄德、荷马、索福克勒斯、阿里斯托芬以及其他古典作家的作品。有充分的证据证明，马萨诸塞湾的知识阶层都是受过充分教育的人，既对神学，也对人文学科感兴趣；他们成功地把大部分欧洲文明的最宝贵遗产带到了新大陆。除了哈佛学院之外，他们的领导者也建立了文法学校[1]和小学系统、出版社，

1　美国第一所文法学校就是1635年成立的波士顿拉丁语学校。——译注

以及一些高水平的图书馆。牧师写作了非凡的布道文、史书、诗篇；而且还适时地创作了思考和争论政治的作品，这些后来孕育出了美国革命时期的政治著作。他们不但奠定了教育系统的基础，而且还可以认为，他们在学术研究领域也为社会的精神面貌奠定了基础，让新英格兰和新英格兰的知识分子在之后三个世纪里成为美国文化史中的杰出典范。神职人员既传播宗教，也传播启蒙；既促进神学，也培养科学；他们在小村庄里树立了个人为心灵事业奉献的样板，若非如此，这样的榜
61 样在这里也许是看不到的。[1]

关于清教神职者，现代有一个最普遍的看法：他们不仅带有其社会的缺点，而且还在社会实施的迫害行为中起到了首要作用。这种判断需要严格的条件限定。的确，按照现代启蒙精神的标准，他们的时代并不宽容，而且神职人员也和时代一样毫不宽容。此外，神职者，尤其是第一代神职者也体现出了知识分子在政治事务中时常会暴露的弱点——这种弱点就是，他们会幻想自己能让整个公民社会实现超越的道德和宗教标准，并能在这个社会里维持一种统一、权威的信条。为了证明这是可以做到的，他们已然经受了大西洋和荒野上的危险；当然，在试图实现自己梦想的过程中，他们干出了许多过分之举，最后以失败告终。

然而，评价如清教牧师之类的知识分子群体，其最公平的方式并不是用宽容和启蒙这种最超前的标准来检验他们，相反，要把他们与其所处的时代、其生活的社会以及他们服务的平信徒进行对照来加以衡量。

1　如萨缪尔·艾略特·莫里森：《新英格兰殖民地的精神生活》(*The Intellectual Life of Colonial New England*，纽约，1956年)；托马斯·G. 赖特(Thomas G. Wright)：《早期新英格兰的文学文化》(*Literary Culture in Early New England*，剑桥，1920年)；肯尼斯·默多克(Kenneth Murdock)：《新英格兰殖民地的文学和神学》(*Literature and Theology in Colonial New England*，剑桥，1949年)，都热情维护和评价了这些早期的文化成就。

现代的自由人总是认为：在诸如塞勒姆巫术审判[1]这样让我们心灵极为不安的运动中，身为社会领袖的神职者正是这些行径的第一推手；而且，他们要为社会中的过火行为承担首要责任。

但真相更为复杂。神职者本身并不是同质的群体，因为随着第一代人逝去，社会规模扩大，他们已经变得多样化。[2]也许，多样化中的最关键因素就是代际和地区。老一代神职者，尤其还有偏远乡村的神职者，都恪守清教社会一开始的坚定的正统立场。但是到了17世纪末，又出现了一群年轻的神职者，他们着眼世界，宗教倾向相对自由，熟悉欧洲最新的思想影响。他们大多数都在日益发展的沿海城镇进行牧师工作。

有充分的证据证明：作为知识分子阶层，更有知识、更着眼世界的神职人员（包括英奎思·马瑟和科顿·马瑟）取得了特殊的地位。他们的领导权虽然没有完全发挥作用，也不具有控制力，但是，他们产生的 62
影响促进了更大的宽容和更全面的求知，促进了科学教育，也让领导国家的平信徒、公众和启蒙意识不强的神职者的某些顽固倾向得到了抑制。截止到17世纪末，比起老一代没受过教育、控制着大部分乡村会众的平信徒，或通常倡导宗教基要主义的地方政治家来说（因为人数日渐增长的选民都欢迎宗教基要主义），处于领导地位的神职者在思想上要更为自由。

1680年以后，较之波士顿的广大公众，清教牧师更为宽容，更能包

1　1692年，马萨诸塞殖民地塞勒姆的一名牧师女儿和其他女孩生病，当地人认为有女巫作祟，于是兴起了抓捕女巫的风潮。被捕女巫都要接受审判，而且审判中证明女巫的证据都非常荒唐。大审判持续了一年多，有约二十人被处死，处死的方式多为绞刑。——译注

2　关于1680—1725年这段时期的神职人员的状况，见克里夫德·K. 西普顿（Clifford K. Shipton）：《"冰河时期"的新英格兰神职者》（"The New England Clergy of the 'Glacial Age' "），《马萨诸塞殖民地协会辑刊》（*Colonial Society of Massachusetts Publications*），第XXXII卷（波士顿，1937年），第24—54页。

容浸礼宗（Baptists）和贵格会这样的反体制派；而颇有影响力的波士顿牧师——包括马瑟家族——在这方面又比乡村的老一代传道士更为自由。具有世界眼光的牧师从英国引入了最新的自由倾向的书籍，而且逐年远离加尔文主义的更严厉的传统，但处于领导地位的平信徒则往往抵制这种变革。就鼓励科学而言，在18世纪中叶左右之前，几乎完全是神职人员资助了这方面的事业（哈佛培养了自己的第一位平信徒科学家约翰·温斯洛普[1]，他1738年留校任教）。对于当时所有科学问题中最富争议、最有影响的问题（如采用天花接种的问题），杰出的神职知识分子再一次以身作则，捍卫创新。其中首推科顿·马瑟：即使鼓吹反接种之徒朝他的书房投掷炸弹[2]，他也仍然坚持自己的立场。甚至在颇有争议的巫术审判上，神职者的表现尽管好坏不一，但还是优于平信徒法官和公众。大多数神职人员恰恰都相信有关巫术的看法——这与西方世界的某些杰出的智者相同——但是，他们也强烈反对在可怕的塞勒姆审判中受到认可的那种极不严格的证据标准[3]；许多神职者都起到了约束的作用。[4]

63 到了17世纪末，在影响牧师生活和处境的、清教式的宗教感受力中，出现了一些已然明显的紧张情况。从前，清教主义总是需要智识和

1 这位约翰·温斯洛普是之前提到的同名人物的后代，18世纪的天文学家和数学家，哈佛大学教授。他1738年任教，直至1779年去世。——译注

2 发生于1721年11月14日。——译注

3 即下一注释说的“幽灵证据”。受害人在辨别女巫时，靠的都是幻觉和想象，但这些均可以当作证据。英奎思·马瑟和科顿·马瑟都反对审判中使用这种证据，但他们相信女巫的存在。——译注

4 绞死第一批人之后，在许多疑犯等候审判时，一群神职人员向总督和议会上书，指出“当须细心甄别，小心谨慎，以免过于轻信只有魔鬼权威才会接受的事情，从而造成一连串悲惨的结果”。由平信徒组成的当局无视这样的抗议，他们接受了指控疑犯的所谓的“幽灵证据”；而牧师领袖们仍然表示不满；其中有十四人向总督菲普斯（Phips）请愿。由于他们的一再坚持，菲普斯下令停止审判。西普顿：前揭，第42页。

情感之间存在某种微妙的平衡：智识被尊为新英格兰真正宗教的实质，而情感则是清教徒虔敬的力量和持久性的必要条件。这种平衡被证明是不稳定的，所以在宗教界内部出现了分裂的趋势。教会中的一派遵守社会规则，精于世故，思想自由宽容，在宗教上则冷静，讲究规范。另一派则容易受到信仰复兴思潮的影响，驱动他们的既有观念，也有宗教热情；但是，这一派的信徒，在自己的热情达到极端的时候，就会转向唯信仰论和反智倾向。在神职者领袖中，乔纳森·爱德华兹（Jonathan Edwards）几乎是唯一一个突出的例子，他既代表了新英格兰传统的理智精神和虔敬，又将这两者与创造性地处理新观念的能力结合起来。截止到18世纪中叶，新英格兰的宗教与其他殖民地一样，具备了觉醒的成熟条件：觉醒对神职知识分子的地位产生了深刻的影响。

三

受过良好教育的神职者遭到严厉批判的第一个重要阶段，就出现在18世纪中叶的大觉醒时期。诚然，这一时期的信仰复兴运动并未对智识和学术产生明显的不利影响；但是，它们为后来针对神职知识分子的攻击，以及让宗教摆脱规范、让领导阶层不再专业化等行径提供了先例。

美国的觉醒运动对应了与之相似的欧洲的宗教变革，尤其对应了德国虔敬派和英国循道宗的兴起，但不同的是，美国尤其具备了宗教再觉醒[1]的成熟条件。大多数美国人要么是反体制派——如浸礼宗，他们倔强地生存在建制的安立甘宗或公理宗教会之下——要么与教会没有联系，没有教会背景或去教堂礼拜的习惯。美国人口的迁移在地理或精神上都超出了牧师的能力所及。在某些地区，尤其是弗吉尼亚，大部

1　宗教改革是欧洲基督教的觉醒，美国的觉醒运动是再一次的觉醒。——译注

分安立甘宗神职者地处殊为偏远，发挥不出效果。甚至新英格兰的宗教活动也冷却下来。到了18世纪30和40年代，新英格兰的公理宗教会
64 （通常还有中部殖民地和其他地方的长老派教会）失去了原初的风貌，沦为了建制阶层正确信仰的乏味的仓库。由于这些教会在传统上追求抽象性和高级的理智性，故而都无力控制单纯的民众；它们在教义上投入的事业都源自宗教改革时期的争论，但如今，这些争论失去了大部分的意义。[1]第一代清教徒及其受过良好教育的子女，他们的狂热都熄灭已久。牧师早年间的动力丧失殆尽，因此也没有了那时的特殊地位。他们高度文明，通常还是全才者，但是，在某些情况下，他们文明程度太高，太过全才，太过世故，以至于不能发挥他们原来的功能。他们的布道文，让参加的会众昏昏欲睡，通常都在演绎教理争论，乏味又深奥。身为觉醒者的乔治·怀特腓德（George Whitefield）曾言，“会众之所以亡故，因为他们的布道者是死人”。[2]这样，从马萨诸塞向南到弗吉尼亚乃至更远，民众潜伏的宗教能量为那种善于打动他们的传道者创造了条件。

1720年，大觉醒开启。是年，新泽西的荷兰归正宗教会（Reformed Church）开始被一位年轻的传道者西奥多·弗灵海森（Theodore Frelinghuysen）的布道辞唤醒；弗灵海森是受到英国和荷兰清教派的鼓舞来到了新英格兰。然后，他在新泽西的复兴活动又带动了出现在中部殖民地的苏格兰—爱尔兰长老派的信仰复兴。1726年，长老派中的威廉·滕南特（William Tennent）在宾夕法尼亚的内沙米尼建立了一所“木屋学院”（Log College），这是一家神学基础学校；之后二十年，他培

1　佩里·米勒（Perry Miller）在《新英格兰的心灵：从殖民地到外省》（*The New England Mind: From Colony to Province*，剑桥，马萨诸塞，1953年）中精妙地论述了这种衰败在制度和教义方面的情况。

2　埃德温·斯科特·高斯塔德（Edwin Scott Gaustad）引用过这句话，见其《新英格兰的大觉醒》（*The Great Awakening in New England*，纽约，1957年），第27页。

养了二十几名年轻人，他们把信仰复兴的精神带入了长老派牧师之中。
1734年，信仰复兴思潮在新英格兰自发而起。觉醒的传道士里，作为
独特人物的乔纳森·爱德华兹，在旧式清教徒对教义的看重和清教式
布道文的写作习惯中，融入了复兴派的激情和宗教狂热。1734到1735
年，爱德华兹宣扬复兴的布道辞点燃了北安普顿及其周边乡村；虽然如
此，影响有限，相较而言，尚不及乔治·怀特腓德的布道文。怀特腓德
在英格兰时是卫斯理兄弟（the Wesleys）的同道，年轻有口才。1738和
1739年，他两次随传福音团来到美国。他的第二次传道活动开始于佐 65
治亚州，后来两次去往北部；最后在1740年秋，他来到了新英格兰。对
于怀特腓德，大卫·加里克[1]曾说，他讲一句“美索不达米亚”都能让听
众顿时轰动。于是，他在美国的传道遇到了狂热的反应。凡其愿意演
讲的乡村和城镇，都有成千上万的信徒麇集；许许多多的人都被感染，
认清了原罪，体验到精神的重生。怀特腓德初到新英格兰时，随行的有
威廉·滕南特的儿子吉尔伯特，后者让复兴活动达到了狂乱的地步，有
很多欢迎当初那种精神觉醒风格的人都对此感到不快。

信仰复兴思潮中，更为狂热古怪的代表就是长岛牧师詹姆斯·达文波特（James Davenport），他毕业于耶鲁，1742和1743年来到康涅狄格和马萨诸塞。他对建制派牧师出言谩骂，对于礼仪多有冒犯（如在去布道会的路上唱歌），这都导致他跟当权者产生冲突。1742年夏天，他在康涅狄格受审，罪名为打着召开宗教集会的旗号破坏治安，但他得到宽大处理，仅仅被认为“心智的理性能力紊乱不堪”而被驱逐出境，没有受到更严厉的处罚。几个月后，他又现身波士顿，因为诽谤牧师，锒铛入狱，不过再一次，他还是被认为精神失常（*non compos mentis*），旋

1　David Garrick（1717—1779），英国话剧演员，萨缪尔·约翰逊的学生。这里所引故事，可参维克利（Joseph Beaumont Wakeley）的《讲坛演说之王：乔治·怀特腓德之肖像》，第226页。——译注

即释放。之后他回到长岛，又因疏于管理自己的教区而受到审判。经过了在康涅狄格纽伦敦的一起更为招摇粗俗的事件之后，[1]他终于同意改正；1744年，他写了一份有点违背初衷的悔过证明。当初用布道煽动他的吉尔伯特·滕南特对他也是大加批判，严厉谴责。这就证明了，几乎与正规牧师一样，守中道的觉醒者也害怕那些狂呼乱号的觉醒人士。[2]

对于正规牧师来说，起初，他们绝大多数都欢迎巡回的信仰复兴者，认为他们能让自己教区的教民在宗教上具备更热情的精神；甚至如波士顿的本杰明·科尔曼[3]那样杰出的自由高知也采取了这种欢迎的态
66 度。但当觉醒运动顺利进行之后，正规牧师开始明白，觉醒者并不把他们当成从事共同精神工作的同事，相反，是当成对手——还是工作上的低劣的对手。

吉尔伯特·滕南特在布道文《顽固牧师之害》中表达了信仰复兴者对旧式牧师（是“正统的、有文化知识的、正规的法利赛人”）的看法。他攻击后者是狡猾、残忍、铁石心肠、顽固偏执、全无信仰又轻视民众的伪君子。滕南特认为，尚未觉醒的牧师，其动机和虔敬都是可疑的；他把他们视为敌人，而非同事。（“只要有办法，他们就决不会让有信仰的人成为牧师中的一员；所以，他们的敌对立场是一个鼓舞人心的标志。”）滕南特的方法并不讨好，但是他相信自己提出了一个实实在在的问题；而且难以否认，他主张的立场可以称作宗教民主。如果在现

1 指达文波特在纽伦敦的焚书事件，他号召信徒烧毁了很多被认为亵渎宗教的书籍。——译注

2 关于达文波特，见高斯塔德：前揭，第36—41页。爱德华兹本人在他的《论宗教情感》（*Treatise Concerning Religious Affections*，1746年）中用了很长的篇幅对这种表现提出了反对。

3 Benjamin Colman（1673—1747），神学家，科顿·马瑟的好友，曾就读于哈佛学院。——译注

存的教会组织中，会众的牧师冷酷又顽固；如果没有顽固牧师的认可，就不能接纳觉醒的牧师，那么，会众如何能得到“有信仰的牧师”呢？[1]与真正的新教徒一样，滕南特再次提出了一个重要的问题——在宗教垄断的环境下，信仰如何能够传播？对于当权牧师，这个问题可以用另一种方式提出：如果他们沿袭教会的原则而受到某些条件的束缚，那么在这样的条件下，当滕南特和怀特腓德这样雄心勃勃的传道者心血来潮地认定正规牧师就是敌人时，他们如何能与之竞争呢？

的确，建制派牧师认为很难对付觉醒者的挑战。正规牧师跟自己的会众年复一年地共同生活，处于毫无宗教激情的状态中，因此，摆在他们眼前的是这样一个任务：如何在冷静的日常环境里，让信徒的灵性意识保持活力。面对着热情似火、具有怀特腓德那般才干的传福音者，甚至面对着如吉尔伯特·滕南特和达文波特那样大呼小叫（tub-thumpers）、顿足跺脚（foot-stampers）的二流演说者，他们都有点处于不利的位置，仿佛一个上了年纪的家庭主妇，她的丈夫勾搭上了歌舞队头排的狐狸精一样。除了爱德华兹是个明显的例外（他是知识分子，与自己的会众没有太多往来），信仰复兴者都觉得没必要影响听众的理性，没必要论述复杂的教义问题。他们连写好的布道辞都不拿（爱德华兹 67
当然还是例外），自然地跟听众直接交流。他们直接处理宗教经验的终极现实——原罪感，救赎的渴望，对上帝的爱和仁慈的希望——毫不含糊地影响听众的感觉；后来复兴运动的种种特征此时都已出现，如抽风般的发作（fits and seizures），尖叫呻吟，匍匐在地，偶尔痴痴呆呆。例如滕南特，通常就来回跺脚，恐吓听众，使其皈依，他到最后完全陷入语无伦次的状态。滕南特的如此表演显然颇受青睐。在游历新英格兰的三

1　吉尔伯特·滕南特：《顽固牧师之害：〈马可福音〉6：34的布道之思》（*The Danger of an Unconverted Ministry Considered in a Sermon on Mark VI, 34*，波士顿，1742年），第2—3，5，7，11—13页。

个月里，他常常在一英尺深的雪中布道，说得皈依者拜倒于地。心存成见的安立甘宗的提摩太·卡特勒（Timothy Cutler）就可以证明此事，他这样描述："在他［怀特腓德］之后来的是滕南特——他是一头怪物！粗鲁，吵闹——只会跟他们说，你们全要**下地狱，下地狱，下地狱！**这就把他们蛊惑住了；在一个我见过的最恐怖的冬天，为了迎合他野兽一样的嘶喊，人们在雪里打滚，没日没夜；许多人活活累死。"[1]

之后不久，可以看出，信仰复兴运动的极端拥护者挑战的正是当权教会的所有设想，无论是公理宗、荷兰归正宗、长老派，还是安立甘宗。我曾说过，新英格兰的公理宗教徒和其他地方的长老派信徒都认为，牧师必须是知识型的专业人士。虽然传统上，他们的牧师都不仅因为学识，也因为虔敬和精神品质而受到尊重，但学识被视为核心，因为学识以及对教义的理性理解被认为是宗教生活的关键。此外，正规教会都循规蹈矩。牧师必须得到邀请和委任；他们与会众的关系如同稳定、郑重、有序的婚姻。未获许可的布道师不在考虑之列，未受邀请的布道不会进行。

而此时，所有这些设想都受到了挑战。最极端的信仰复兴者用个人行为破坏了这一专业的尊严；他们侵入并且离间了会众对建制派牧
68 师的拥戴；他们谴责当权牧师冷漠而不思悔改，以此败坏其名声；[2]大多

1 L. 泰尔曼（Tyerman）：《牧师大人乔治·怀特腓德传》（*The Life of the Rev. George Whitefield*，伦敦，1847年），第II卷，第125页。见尤金·E. 怀特（Eugene E. White）：《1741年至1746年新英格兰大觉醒之衰落》（"Decline of the Great Awakening in New England: 1741 to 1746"），《新英格兰季刊》（*New England Quarterly*），第XXIV卷（1951年3月），第37页。

2 吉尔伯特·滕南特曾用过一些修饰语反对建制派牧师，查尔斯·昌西有所列举："有奶就是娘的人；蝗虫（Caterpillar）；识文断字的法利赛人；奸猾如狐狸之徒；狼子野心之辈；油头粉面的伪君子；流氓；蛇子蛇孙；愚蠢的盖房人，受魔鬼驱使潜入牧师之中；保姆（dry Nurses）；叫不出声的死狗；瞎子；死人；魔鬼控制的人；上帝的叛徒和敌人；又聋又瞎的向导；撒旦之子……凶残的伪君子。"《对新英格兰宗教状况的及时思考》（*Seasonable Thoughts on the State of Religion in New England*，波士顿，1743年），第249页。这些例子中的大多数似乎取自滕南特的《顽固牧师之害》。

数信仰复兴者都宣扬：对于救赎来说，重要的是“灵”，而不是学识；最终（尽管某些觉醒者如滕南特不以为然），他们委派平信徒——他们称之为平信徒劝道者——承担劝人皈依的任务，故而威胁牧师的专业基础，将其削弱。此后不久，许多会众一分为二；如公理宗和长老会这样的大教派也形成分裂，陷入党争。显然，局势失控。差不多二十年后，埃兹拉·斯泰尔斯[1]回忆说：“那时的群众认真冷静地、郑重其事地失去理智了。”[2]

四

没多久，建制派牧师就不再欢迎觉醒者。到了1743年，这些牧师自己又陷入争执——争论的焦点不是委派平信徒或不受邀请侵入教区等放肆之举，因为没有一位显要人物维护这样的行为；相反，焦点是觉醒本身的意义。强硬的少数派（也许占三分之一多）主张，尽管有缺陷，但觉醒是“一次可喜的宗教复兴”；而多数派渐渐将之视为一时发作的迷信的狂热，它反对理智，是对传统和理性权威的反叛。流传最广的驳斥觉醒者的宣传册出自查尔斯·昌西[3]之手，他是觉醒者最为顽强的敌人之一；此人略微古板，但思想自由，是波士顿神职者的领袖。昌西的《对新英格兰宗教状况的及时思考》出版于1743年，它对这群新贵的**傲慢无礼**表达了愤慨：他们什么行业都有，鱼龙混杂，一步步向牧师挑战——他们毫无能力，但又狂妄自大，独断专横。昌西抱怨说，复兴活动给平信徒劝道者打开了大门：“这帮人来自各行各业，自以为是，觉得 69
自己能为人师；他们毫无学问，只有小聪明，却妄想自己不用学习也可

1　Ezra Stiles（1727—1795），美国公理宗牧师，布朗大学的建立者之一，曾担任过耶鲁大学校长。——译注

2　高斯塔德：前揭，第103页。

3　Charles Chauncy（1705—1787），新英格兰著名牧师，爱德华兹的劲敌。——译注

以有演说才能，能给那些愿意当听众的人带来精神上的益处。”[1]

“不用学习也可以”！在这里，我们接触到了大觉醒的核心议题之一。昌西断定：“以前时代”的错误，如今又死灰复燃，这样的错误来自那些声称“不要书本，只要《圣经》”的、受大众追捧的异端布道师。“他们的借口就是，布道时无须知识；依靠于‘灵’[2]，他们中的成员就能比靠知识的牧师做得更为出色。这就仿佛说，‘灵’与知识是对立的。”昌西认为，这就是信仰复兴者的根本错误：[3]

> 他们借助“灵”，以至于轻视知识。正因此，他们中的很多人对我们的学校和大学出言不逊；一旦发现了神的善意[4]，倘若有能力，他们就会摧毁它们，只剩地基。出于同样的原因，尽管这拨劝道者中很多人连常识都说不出来，但自出现在这片大陆之后，就颇受赞誉和追捧……仍然出于同样的原因，许多牧师不读经，也不学习就去布道；他们为这种做法辩解，因为预先的准备会对“灵”造成束缚。

支持以经文立教的人都主张正确阅读《圣经》才是要务，对他们来讲，下面这样的看法是最大的异端邪说，即附有“灵”、不学习、没知识的人，也能有效地阐释圣言，从而为其他人带来救赎。在这方面，我们已经看到了觉醒者和建制教会的代言人之间的关键分歧：是合乎历史地、理性地理解《圣经》（也就是理解圣言）更重要，还是激发正确的情感，也就是正确地感知内心的虔信，感知与上帝的联系更重要呢？

---

1 《对新英格兰宗教状况的及时思考》，第226页。

2 原文全部大写，为SPIRIT，指人的“灵”，它源自圣灵。——译注

3 《对新英格兰宗教状况的及时思考》，第256—258页。

4 Good-Will，指上帝的美意、善意或恩典，这是昌西经常提及的概念。另外，在基督教语境中，它还常常等同于God Will。——译注

有一个信仰复兴派的牧师组织提出了自己的理由如下：[1]

> 上帝让每位兄弟人人平等，他们均有权按照自己信心的程度来布道，布道的核心资格是由圣灵（the Spirit of God）确立的；语言 70
> 和人文科学的知识并不是绝对必要的；当然，正确使用它们，还是很方便的，毫无疑问也是有利的，然而，如果用它们来满足对圣灵的需要，那么，对于使用它们的人以及所有追求它们的人来说，最终可以证明，它们是陷阱。

对保守派人士来说，他们会发现这段话完全否认了知识在宗教中的作用；而在煽情的布道者用布道形成的煽情式宗教里，他们又会看到宗教生活中的一切合理性毁灭殆尽。"只有理性的造物才能有宗教"，一位南方的反福音主义者这样写道，[2]

> 所以，除非使用理性，否则没有真正的宗教；在后者中有两个因素必须要前者来判定，一个是**真理**，一个是**意义**。我们宗教的优势必定在于我们心灵之中的内在劝服，因为倘若我们把自己的宗教归于出身、性情、兴趣，或任何外部环境或动机，那么我们就让所有宗教没有高低之分了；由于教育，我们有幸信仰真正的宗教，但是，假若我们让它成为自己的宗教却并不理解其理由（reasons），那么这

1　莱昂纳德·W. 拉巴雷（Leonard W. Labaree）：《针对大觉醒的保守态度》（"The Conservative Attitude toward the Great Awakening"），《威廉和玛丽季刊》（*William and Mary Quarterly*），第3辑，第I卷（1944年10月），第339—340页，出自特雷西（Tracy）：《大觉醒》（*Great Awakening*），第319页。

2　引自拉巴雷：前揭，第345页，出自《南卡罗来纳公报》（*South Carolina Gazette*，1741年9月12—19日）。

对我们没有好处；我们给上帝供奉的，如果是**愚昧人的祭品**，[1]那么他不会开心。

可以理解，尽管在受到波及的殖民地，许多保守的牧师一开始还希望复兴活动能给宗教带来好的结果，但很快就以憎恨待之，将其视为对自己地位、对教会、对一切真正宗教的威胁。复兴者无视宗教的根本原理，不顾及而且还中伤牧师组织。即兴做出的布道威胁着宗教的一切理性成分，会将其消解，就连不少传福音者也承认：他们的布道来自“对圣灵（Holy Ghost）的直接印象，圣灵把一连串思想放入他们的心中，把一连串言词放进他们的嘴里”。虽然保守派认为，这种恶劣的做法也存在于接受过正规教育的牧师中，但它在平信徒劝道者里要更为危险，这些人“独立无组织，没教养，知识不足，对《福音书》的伟大教义掌握不够”。[2]最终，这些急剧增多的入侵者在众多会团中造
71 成了分化和争斗，同时，建制派牧师也担心起来，他们害怕传福音者绕开学院和常规的培养牧师的程序，从源头上打击受过充分教育的牧师。

担心虽然有所夸大，但信仰复兴者确实试图威吓学院，在少数过激情况下，他们还支持焚书。甚至温和的怀特腓德也怂恿人们烧毁部分书籍，他还成功地说服自己的某些信徒将书本投入火中。1743年3月，詹姆斯·达文波特不仅督促纽伦敦人焚烧图书以及英奎思·马瑟、本杰明·科尔曼、查尔斯·昌西等正规牧师写的布道文，还让他们将自己的珠宝和私人奢侈品收罗起来付之一炬。一个周日上午，在城市码头，随着大片柴堆燃起，达文波特和他的信徒唱起了《荣耀颂》和《哈利路亚》，他们还口颂祷词：“书在冒烟（smoak）……写这些书、为同一信仰

1 Sacrifice of Fools，典出《旧约·传道书》5：1。——译注

2 拉巴雷：前揭，第336页。

而死的作家们，折磨他们的烟雾也正从地狱升起。"[1]

大觉醒对教育的直接影响很复杂。比如在长老派这样的组织里，由于它的掌管者是很多在苏格兰的大学受过良好训练的牧师，因此，甚至其中的信仰复兴者也有可能介意别人指责他的作品对知识抱有敌意。威廉·滕南特在他的"木屋学院"就培养了大批有能力的学者；他的儿子吉尔伯特·滕南特也不是通常描绘的那种无知的粗人。更重要的是，长老会中的信仰复兴派还在1746年建立了新泽西学院（后来的普林斯顿大学），这使得他们拥有了自己的学习中心；后来，其他学院机构——布朗、罗格斯、达特茅斯——也由受复兴运动影响的人士一一建立。仅在这以后，信仰复兴传统才开始对教育怀有持久的敌意。不过，必须补充一点，大觉醒的作用结果就是，让教育从属于宗教派别，并且巩固宗派控制学院这一传统。搞宗教派别的狂热人士，他们最想要的并不是学习中心，而是**属于自己的**教育工具；他们积极推进的考虑因素是教义和虔敬，牺牲的则是人文知识。甚至博学的乔纳森·爱德华兹也一度攻击过哈佛和耶鲁，说它们没有成为"虔敬的温床"，说它们没有把力气花在对学者的宗教教育上，而是"教他们人文知识"去了。[2] 72

怀特腓德本人则是另一位有责任感的传福音者，他也对这两所新英格兰的学院不满。他抱怨说，这两所学院的光芒"已然黯淡，感觉得出来，都黯淡了"。他第一次造访新英格兰时，大多数牧师还邀请他布道，而当1744年他回到这里，他们却毅然决然地禁止他走上讲坛；耶鲁和哈佛的教学人员散发小册子抨击他，否认他对学院的指控；他们还递交了反诉书。有些怀特腓德的反对者更加疑心重重，他们认为怀特腓德想要"诋毁和颠覆"这两所新英格兰的学院，以便推翻建制派牧师，建立一套全新的培养自己传人的模式。虽然这种看法不足为信，但在

1　怀特：前揭，第44页。

2　《著作集》（*Works*，纽约，1830年），第IV卷，第264—265页。

那时，觉醒者们确实抨击了许多地方牧师，而且还当着他们会众的面，说他们毫无真正的虔敬，甚至是魔鬼的代理人。所以，有人担心觉醒者会造成彻底的颠覆，这种反应还是可以理解的。[1]

能肯定的是，焚书和欺侮学院的行径并不是觉醒者的本质表现，而是他们的过激之举。觉醒者起初并不打算分化教会、攻击学院，给智识和知识抹黑；而当他们这样做的时候，也仅仅是想有助于自己的基本目标，即复兴宗教，把灵魂交给上帝。尽管像昌西那样的人批评尖刻，但是，当新英格兰觉醒运动和中部殖民地觉醒运动发生时，它们都遵循了公理宗和长老派极为尊重知识和理性的准则，故而，其反智效果明显受到了限制。不过，在大觉醒运动时，甚至包括新英格兰，这样的复兴活动呈现出了不可控制的极端态势。昌西，还有其他反对者都表示，觉醒运动的狂热情绪和反智倾向就是其本质；但信仰复兴的支持者认为，这些方面仅仅是偶然瑕疵，运动基本上是良好的，它是为了让人们皈依基督教。短期来看，在新英格兰教会的约束氛围中，觉醒运动的支持者很可能是对的，但是，其反对者更为准确地预测了这些复兴活动的内在趋势和未来走向——尤其是当信仰复兴摆脱了新英格兰的传统和约束，
73 蔓延到美国广阔的内部地区。一位新近的叙述新英格兰觉醒运动的历史学家在写作时就明显带有同情，在结论处却说，它“证明了一种狂热、毫无理智训练的传福音活动是有可能出现的，它还让这种活动流行一时”，他评论说，“污蔑‘人类知识’的行为，只是觉醒运动中少数人的特点，后来却成了大多数新教教派的典型特征”。[2]

当然，有一个通常的判断是正确的，无可置疑，它认为：觉醒运动获得了一种与普通人契合的宗教风格，它在闲适阶层（the comfortable

---

1　关于新英格兰学院对觉醒运动的反应，见理查德·霍夫施塔特和沃尔特·P. 梅茨格（Walter P. Metzger）：《美国学术自由的发展》（*The Development of Academic Freedom in the United States*，纽约，1955年），第159—163页。

2　高斯塔德：前揭，第129，139页。

classes）控制的、主要为此阶层服务的建制教会之外给予了普通人另一种选择，由此，这场运动促进了美国的民主精神；信仰复兴者告诉人们，他们有权倾听他们喜欢和理解的布道者，甚至在某些环境下，他们还有权自己布道，借此，复兴者打破了建制派的控制，提升了自信心和自我满足感；之后从海外来的一批批游客都在美国人身上发现了这一特点。此外，对人道主义事业的推动——反奴隶制，让奴隶和印第安人皈依——也记在了大觉醒的名下；觉醒者中的高尚之人关心每一个心灵的福祉。尽管如此，宗教中的智识和知识事业付出的代价（虽然建立了新式的学院）也必须要考虑在内。觉醒者虽不是第一批蔑视心智美德的人，但他们加速了反智主义；他们让美国反智主义取得了第一次短暂的斗争上的胜利。伴随着觉醒运动，美国宗教上的清教时期也走到了尾声；福音派时代开始。随后的复兴活动也在更大的舞台上重复着18世纪复兴活动的优点和缺陷。

五

随着信仰复兴思潮从新英格兰和中部殖民地，从公理宗和长老会等教派传播到南方和西部的鞍囊与熊肉之地，这一思潮变得更为原始，更富激情，更易于做出种种“迷狂”的表现。传道者没受过什么教育，喜欢激起听众身体的反应，仅仅把这个当作使之皈依的工具；俯身于地，一惊一乍，号叫嘶喊，种种表现越来越频繁。从一开始，怀特腓德的工作在南部殖民地就已经取得了效果；而在18世纪40到50年代，他的 74
布道与无数中部殖民地的长老派复兴分子共同推动的福音运动蔓延至弗吉尼亚、北卡罗来纳和最南部地区。在这些地方，信仰复兴者发现了大批与教会没有联系的人；一些安立甘宗神职者只是有时会下乡，来到此处播种；比起北方来说，这里的土壤更适于批判建制派牧师。在这些地方，由于建制的安立甘宗与社会上层有所联系，故而信仰复兴思潮的民主和反体制的影响也更为深刻。在南方，尽管如萨缪尔·戴维斯(Samuel Davies)这样杰出的长老派布道者(后来成为普林斯顿的校长)也在开展活动，但是，起到主要作用的则是浸礼宗，还有后来的循道宗；较之长老派和公理宗，这些组织主要不是由知识型牧师来控制。不计报酬的巡回牧师、向民众布道的平信徒，以及对建制派神职者的声讨，这些复兴现象面前，虽然存在一些拦路的障碍，但障碍都是软弱无力的。

南方复兴者把福音之光带给了那些不仅与教会没有联系，而且通常来说还未曾开化的人。安立甘宗牧师查尔斯·伍德曼森(Reverend Charles Woodmason)在18世纪60至70年代，曾广泛游历卡罗来纳的穷乡僻壤，描绘过他在这些地方经历的原始生活，令人不寒而栗；其内容颇有启发，但也带有偏见地记录了“这些煽动民众心灵，使之反对国教及其牧师的流动教师——他们让所有绅士的处境变得极为不安，令其烦扰，使其不快”。

> 如此幅员辽阔之地，书籍却寥寥无几，无非是《威斯敏斯特会议文集》[1]、《教义问答》、瓦茨[2]的赞美诗、班扬的《天路历程》——罗素——怀特腓德和厄斯金[3]的布道文罢了。他们就像我们英格兰的匹夫俗汉一样，也不喜欢历史著作，不让教师们读给自己听，因为这些人轻视知识，不尊重有学问的人，不尊重任何在艺术、科学

1　指1643—1653年英国国会召开的威斯敏斯特宗教会议(Westminster Assembly of Divines)，该会议于1646年制定了著名的《威斯敏斯特信条》，此外还有《威斯敏斯特教义问答》(有长问答和短问答两种)。——译注

2　Isaac Watts(1674—1748)，英国牧师，创作了几百部赞美诗，流传甚广。——译注

3　Ebenezer Erskine(1680—1754)，英国牧师，苏格兰人。他反对苏格兰天主教，对苏格兰长老会建立起到了推动作用。他的著作多为布道辞，对美国长老会影响较大。美国的厄斯金神学院就因其而得名。——译注

> 或语言方面有才智或知识的人，他们轻视、亏待这样的人——这片地区的领导者甚至也普遍是这样的心态。

几年后，他又提到了浸礼会中的复兴者或新光派，[1]他说，这些人完全反对当权派，在成功地袭击了建制教会之后，现在又试图毁灭这个国家。“如今，法律界的绅士似乎引起了他们的注意：他们就像古代的**斯特劳**和**泰勒**［即1381年英国农民起义者约翰·莱克斯特劳（John 75
Rackstraw）和瓦特·泰勒（Wat Tyler）］一样，想要推翻所有知识型的专业，因为人类知识与圣灵背道而驰。”[2]

伍德曼森在18世纪的卡罗来纳边疆所观察到的现象，尽管略带夸张，但还是体现出了迁移人口不断增长的形势。美国革命之后，民众向西迁徙，他们永久地摆脱了固化社会的种种制度；制度不可能迅速或持续地随着人口移动。横穿阿勒格尼的人口在1790年约为100 000人，而三十年后，这一数字跃升至2 250 000。许多家庭在短短几年间迁移不止一次，有两三次之多。组织分散；约束消失。教会、社会纽带、文化制度通常都瓦解了；只有在新的边疆家庭陆续来到蛮荒或大草原之后，这些方面才能重建。1812至1815年，萨缪尔·J. 米尔斯（Samuel J. Mills）——后来成为美国《圣经》公会的首席组织者之一——曾与两位同伴西行；他们发现一个又一个社群虽然建立多年，但没有学校，没有教会，而且人们毫无建立两者的兴趣。在伊利诺伊领地的首府卡斯卡

1　New Light faction，第一次大觉醒运动时期出现的概念，美国新教用New Light和Old Light区分信仰复兴者和守旧派。爱德华兹较早地用“新光”称呼自己的会众和信仰。——译注

2　理查德·J. 胡克（Richard J. Hooker）编：《革命前夕的卡罗来纳偏僻地区》（*The Carolina Backcountry on the Eve of the Revolution*，教堂山，1953年），第42，52—53，113页，论及了南部偏僻地区的文化状况。也见卡尔·布里登堡（Carl Bridenbaugh）：《神话与现实：南方殖民地社会》（*Myths and Realities: Societies of the Colonial South*，巴吞鲁日，1952年），第3章。

斯基亚，米尔斯他们连一本完整的《圣经》也找不到。[1]

第一个在伊利诺伊和密苏里工作的浸礼会传教士约翰·曼森·派克（John Mason Peck）曾于1818年遇到过一个“居住在边疆深处的寮屋族（squatter race）的样本”，其条件极为原始；后来，他回忆道：[2]

> 九点左右，我发现了我要找的那种家庭。这个家庭正是早年间居住在边疆深处的寮屋族的样本。下面有些具体的描写也许会让读者觉得好玩，因为我想，如今［1864年］在密苏里边境，不可能再找到类似的家庭了。就在麦田深处，孤零零一个木屋坐落于那
> 76 里，结构特别原始。当家的和他老婆，两个已经嫁人的女儿及其丈夫，三四个小孩、一双成年的儿女，有的在屋里，有的在屋旁。老人说，他还有阅读能力，但“特别差劲”。老妇人想要一本**赞美诗集**，可是她不会读。这个怪诞家庭的其他成员都用不着书，用不着“这种垃圾”。我做了自我介绍，说自己是浸礼会布道的，游历美国向民众宣讲福音。老人和他妻子都算浸礼派，起码当他们生活在“定居地”时，他们还是某个浸礼派教会的成员。当时，“定居地”之类的词指的就是弗吉尼亚和卡罗来纳的偏远之地；某些使用中，还指肯塔基和田纳西老区，他们早年间就生活于那儿。但是，在他们居

1　科林·B. 古蒂孔茨（Colin B. Goodykoontz）：《美国边疆的国内传教团》（*Home Missions on the American Frontier*，考德威尔，爱达荷，1939年），第139—143页。不只是新教教派经受了移民过程中宗教生活的瓦解。1849年，一位印第安纳神父描述了自己身边的爱尔兰移民，他写道：“他们不知道有上帝；他们羞于参加教义问答；他们从一来就不明白这种教育。”修女玛丽·卡罗尔·施罗德（Sister Mary Carol Schroeder）：《1847年至1877年天主教教会文森教区》（*The Catholic Church in the Diocese of Vincennes, 1847—1877*，华盛顿，1946年），第58页。

2　鲁弗斯·巴布考克（Rufus Babcock）编：《拓荒四十年：神学博士约翰·曼森·派克回忆录》（*Forty Years of Pioneer Life: Memoir of John Mason Peck, D. D.*，费城，1864年），第101—103页。

住的地方，接受浸礼派布道的“机会，少得可怜”。老人跟我讲了他以前在圣弗朗索瓦参加过的浸礼派布道会，他也告诉了我法拉尔长老(Elder Farrar)在圣米迦勒附近的住处。那位老妇人和那些年轻人自打定居在这片领地，有八年到十年了，就没有见过浸礼会的布道师。有时，他们还会参加循道宗的布道会。这就是分散在密苏里边疆定居地的民众的状况。老人们接待“流动的传教士”都殷勤好客，他们有这个能力，也知道怎么做。年轻人却很害羞，都不进木屋；叫他们来听传教士朗读《圣经》、做祷告，也不答应。家里的一切布置，明显透着落后，还有其他不足……

看不见桌子、椅子，看不见任何家具。这些不足在边疆司空见惯。因为自“定居地”而来的移民通常都使用驮马，家里用的设施没法运输，能带的就是少不了的炊具、床具、一两件换洗衣物。但是，这位一家之主肯定是碌碌无为，他不懂拓荒的技能，也没有创业精神，连家里用的桌子都做不出来。在我所说的这个时代，有两种款式的必备的“桌子”。一种是一块厚板，当时叫“板子”(puncheon)，从一块大原木上劈下来，四英尺长，十五到十八英寸宽，砍成木板一般厚，上面安了四条腿，弄成合适的高度，像短凳 77
或长凳一样。另一个是粗制的架子，四根桩子当腿，上面盖着一块劈好的隔板，削得平整，架子用小木钉固定。在几百座全都干净整洁、充满劳动气氛的木屋里，这两种桌子，我们都能找到……

为了全面细致地描绘寮屋的真实生活，最后还要说一下食物。其中之一是臭腊肉，肉在煮熟时，满院都能闻到一股恶臭气。还有用来烩菜的豆角，煮得连半熟都不到。从奶牛挤出的牛奶，一整个季节都放在搅乳器里，取出来就是酸酪乳，“难以下咽”。上午十点以后，旅客享用到了丰盛的早餐：白水煮玉米。

有时候，传教士完全茫然无措。有人曾描写过1833年在印第安纳

的奇那遇到的麻烦：[1]

> 愚昧，还有它的肮脏不堪的一窝崽子。普遍欠缺理智。全都不看文学作品。除了怀尔德兄弟[2]和我之外，在边疆就找不出一位作家了。据我所知，这里没有文法或地理方面的学者，也没有**能教它们的老师**。有些街区**什么样的学校也没有**，父母和孩子就这样一直愚昧下去，毫无改变。至于其他街区，一年里倒是有几个月，有人教阅读、写作和算数，但教得太老套，稀里糊涂。“愚昧”老师就是这里的突出写照。他们从不教“学校教师该教的知识”，而且毫无愧疚。当然，他们也没有志向提高自己。男人、女人、小孩都觉得毫无阅读能力就跟长个长鼻子一样没有多丢人。我们的教会几天前就选了一个不会读《圣经》的人当了长老。我找不出十个家庭有订报纸的，无论是政治的，还是宗教类的；他们给邮政部贡献的收入还没我一个人多。我可不想再回忆这群让人作呕的爬虫了，这潭死水倒是适合养活他们！聒噪牢骚的嫉妒；趾高气扬的偏
> 78 执；乱七八糟的猜疑；蛆一样的盲目；鳄鱼一般的丑恶！……

但是，由于这里的男人和女人生活贫困，辛苦操劳，又面对着印第安人的袭击、热病、疟疾等危险，而且在威士忌和吵架中长大，故而，他们负担不起教育和文化；而他们也觉得，与其承认自身缺乏这两者，还不如否认自己有能力拥有它们，这样做要来得更容易。

差不多同时，在印第安纳州一个邻近市镇，还有一位传教者，他更为同情地写道，“民众贫瘠，与市场隔绝，他们艰苦劳作，提升和耕耘自

1　古蒂孔茨：前揭，第191页。

2　指摩西·怀尔德兄弟，长老会牧师，1830年来到奇那传道。这里的“我”是约翰·帕森斯（John Parsons），也是一位传道者。引文来自他的一封书信。——译注

己的新土地”。但是，他目睹的文化状况也如出一辙：[1]

> 这里的社会处于尚未成型的状态，由来自美国四面八方的人组成……宗派众多，都是瞎眼领路的，足以把阿拉伯的所有骆驼吞下去。[2]其中有些人不能读——有些人极力贬低安息日！还有些人偷走了**基督的神性**！他们竟然团结一致地联合起来诋毁教育学历——尽管这是公共教师必不可少的条件——他们还联合起来辱骂为宗教服务收取报酬的知识型神职者。这种愚昧和谬误盛行的局面何时能从西部消失呢？

毫无疑问，对美国状况的描述，恰恰为传福音者提供了最充分的辩解。可以肯定地说，他们并不是在拉低高等文化的水平，而是试图把文明社会的约束和制度带到一片全然没有文化的地区。其中的优秀之人，在他们所处的环境里，显然都是理智和文化方面的佼佼者，而其中的最庸劣之辈也不可能让情况变得更糟。各个宗教组织派遣的国内传教士都持之以恒地展开斗争，他们针对社会分崩离析的过程，抵制其中表现出来的这样或那样的迹象——他们遏制日益增长的与教会没有联系以及无宗教背景的人口数量，他们还反对没有被教会批准的“婚姻”，反对没有法度的生活，反对酗酒以及野蛮的斗殴。他们虽然通常受到欢迎，却不得不在敌对的环境中进行工作：这种敌对，往最轻了说，是质问，往最重了说，则实实在在地给他们带来了危险。最著名的循道宗巡回传道师彼得·卡特赖特（Peter Cartwright）曾描述说：参加野营布道会（camp meeting）的人，有些是暴徒，手里拿着刀子、棍棒、马鞭，

1　古蒂孔茨：前揭，第191—192页。关于早期印第安纳，也见贝纳德·R. 霍尔：《新购之地》，第120页，那里描述了相似的状况。

2　典出《马太福音》23：24，耶稣说假冒的文士，是瞎眼的领路人，把蠓虫滤出来，把骆驼吞了下去。——译注

一心要破坏集会。一个礼拜日上午，他的布道就被恶棍打断，卡特赖特
不得不率领会众发起反击。假如，那些（可以说）用鞍囊将宗教带向西
79 部、承担如此艰巨任务的人，是那种适合于东部建制派教会的牧师，那
么，他们就不会产生已有的效果；假如，他们不能发展出一种民间风格
的布道，假如，他们在某种程度上并未怀有或模仿听众的感觉和偏见
（反权威、反贵族、反东部、反知识），那么，他们就做不到有效地让流动
的信众皈依。各种各样的教派以不同的方式回应这种迫不得已：但是
一般来讲，可以认为，会众得到了提升，而布道者却降格了。简言之，文
化传播所依赖的精英，在未开化的社会秩序的要求下被拉低了。假使
我们的目的是对福音派牧师进行评判，那么可以按照真诚、勇敢、自我
牺牲、智慧等方面逐一为他们找到正面的依据。但是，既然我们的首要
目标是评价文明的传播和文化的发展，那么我们必须记住的却是那个
当时正在兴起的美国社会。它是一个勇敢、有个性、坚忍、务实机巧的
80 社会，然而，它并不是一个有可能诞生诗人、艺术家或大学者的社会。

第四章

福音主义和信仰复兴派

一

回顾往昔，有一点似乎很明显（在当时的某些人看来也是如此）：19世纪早期美国的历史条件衍生出了一种全新、独特的基督教，其中的教会组织和牧师标准都是独一无二的。几个世纪以来，基督教的首要传统并不是多种宗教“派别”并存的传统，而是**统一的**“教会”传统。但是对于美国殖民地来说，从一开始，它就有各种移民群体定居，它们代表了众多不同的信条，这些信仰都是宗教改革之后在欧洲出现的——既有“右翼”的宗教，也有“左翼”的宗教。之后不久，明显可以看到，在这片海岸上，维护一种垄断、强制的建制性宗教是极为困难的；再后来到了18世纪中叶，殖民地居民才渐渐明白了宗教和解的好处，也知道了宽容的法律政策会带来和平的可能。

宗教的不统一导致了宗教多元，在这个过程中，美国人根除了建制教会，拥护了宗教自由。18世纪末到19世纪初，广泛的自由成了美国各州的主流，在自由之中，一开始仅为反体制派别的宗教团体发展成了稳固的组织，虽然没有过去的教会那么正规，但它们特别稳定、组织

有序，难以再被认为是宗派[1]了。得到提升的各个宗派和降格的种种建
81 制派，现在差不多地位平等，共同生存在一个自愿和自由竞争的宗教环境中，这个固定下来的环境就是所谓的教派分立的局面。[2]美国教派分立的本质就是：教会成了**自愿的**组织。平信徒就生活在这样一个社会里：没有任何教会能奢侈地实行强制的会员制，甚至传统的、继承式的会员制往往都异乎寻常地软弱无力。在这个社会中，平信徒可以自由地在几个教派中**选择**一个自己应该奉行的教派。按照旧式的教会模式，平信徒生来就属于教会，国家通常强迫他在教会之中，他要按照教会的礼仪形式所决定的方式来获得自己的宗教经验。但是，美国平信徒并非生来就属于某个教派，他也不继承某些圣礼形式；教派是自愿的社团，通常来说，只要他经历了宗教经验的转变，他就会选择加入。

关于这种选择，上述所言不虚。直到18世纪末，美国的生活环境已经非常流动，而美国革命也造成了去组织化的结果，以至于在1790年，也许有90%的美国人都与教会没有联系。接下来的几十年里，这种惊人的宗教无序状态在相当大的程度上得到了缓和。信众们似乎自行解决了问题，大部分人各自站队，分别形成了这样或那样的教派。但是在这个过程中，一次又一次，加入教会的决定仍然是由不计其数的个人自

---

1 Sects，这里区分了sect和下面提到的denomination。前者相对于建制教派，是成员较少、制度不正规的分支宗派；后者指正规的教派。下面还会用到denominationalism，这个词表示一种观念或理念时，即教派主义；表示外部局面时，指教派并立的制度或状态。——译注

2 西德尼·E. 米德（Sidney E. Mead）曾有论述美国宗教史的出色文章，熟悉这些论文的读者会发现，我下面几页的文字着重参考了他的观点，尤其是米德的《教派分立：美国新教的形态》（"Denominationalism: The Shape of Protestantism in America"），《教会史》，第XXIII卷（1954年12月），第291—320页；《美国福音派牧师观的兴起》（"The Rise of the Evangelical Conception of the Ministry in America 1607—1850"），载于理查德·尼布尔和丹尼尔·D. 威廉斯编：《历史视角下的牧师》（*The Ministry in Historical Perspectives*，纽约，1956年），第207—249页。

己做出的。平信徒选择的宗教教派，都经过了前人选择的塑造，其中倾注了美国人想与过去决裂的渴望，也倾注了对将来的感情，以及愈加强烈的对历史的轻视。在美国的政治信条中，有一个主流观念就是：欧洲代表了必须克服的腐朽的过去。各个新教教派的基础是对基督教往昔的一种相似看法。[1]它们普遍相信：基督教的历史发展，并不是重要的制度规范和践行的积累，相反，它是一个腐朽和堕落的过程，在其中，原始基督教的纯洁已经丧失殆尽。所以，虔诚精神的目的并不是维系规 82
范，而是开辟新路，以能重新恢复那种纯洁。1844年，杰出的福音派长老会人士阿尔伯特·巴恩斯（Albert Barnes）曾这样写道："这是一个自由的时代，人们**想要**自由。规范化的宗教是老套的智慧，是过去时代的愚蠢，它适应不了这个时代的自由的思潮、开阔的视野和多元的规划。"[2]

这一目的也就是回到原始基督教的纯洁状态，而只有《圣经》提供了通向原始基督教的方法。对于美国宗教中的这种趋势，甚至那些不喜欢它的人，也能明白它有多么核心。在1849年，德国归正宗教会的代言人评论说：各个宗派诉诸私人判断和《圣经》的做法，[3]

> 势必包含了对之前所有历史权威的抗议，除非它同意由此发现的真理；当然在这种情况下，真理唯一而真正的尺度也完全不是这种历史权威，而仅仅是某个特殊宗派的思想……真正的宗派丝毫没有尴尬的时候，从开始就没有，以后也没有，因为它认为，过去的历史并没有适合

1　R. W. B. 刘易斯（Lewis）的《美国亚当》（*The American Adam*，芝加哥，1955年）引人入胜地探究了19世纪美国文学中这种想要超越过去的欲望。

2　《美国圣公会中的福音派地位》（"The Position of the Evangelical Party in the Episcopal Church"），《论文和评论合集》（*Miscellaneous Essays and Reviews*，纽约，1855年），第I卷，第371页。这篇论文全面攻击了与福音派精神不合的各种宗教形式。

3　约翰·W. 内文（John W. Nevin）：《宗派体系》（"The Sect System"），《摩尔西斯堡评论》（*Mercersburg Review*），第I卷（1849年9月），第499—500页。

于它的根基。而它的雄心就是在这方面展现出**原生态**(autochthonic)和原始性，自发地以《圣经》为源头，借助从天而降的《圣经》……教会生活中的历史连续性这一观念对任何宗派意识来说都毫无重要价值。

那么关键之处在于，将大多数教派连在一起的纽带不必是传统的、继承来的信仰纽带(也就是说，不是历史形成的教义信仰体系)，而是几乎全新确立、重新构思出的目标或动机。既然在各个教派中信仰的统一荡然无存，那么神学议题的理性讨论——以往是各个教会理智训练的重要来源——就被认为是不务正业，而且还是造成分裂的力量
83 了。所以，虽然理性讨论没有被废除，却从属于被视为更重要的实践目的。[1]任何教派的独特观点或践行，倘若被认为对一般的幸福或普遍的传教事业毫无益处，那么就可以为了传教事业牺牲掉它，而且不会觉得特别遗憾。[2]传教本身在本质上就是传福音。在一个如此易变、流动的

---

1 这个历史背景也许足以解释威尔·赫柏格(Will Herberg)发现的当代美国宗教的一个显著特点：坚定地相信一般意义上的宗教的重要性，丝毫不关心宗教的内容。(参见艾森豪威尔在1952年说过的话："只有立足于深切体会到的宗教信仰之上，我们的政府才能有意义——但我并不关心，这种信仰是什么。")这种对信仰的一般化信仰，主要归因于几个世纪的教派和解。见赫柏格：《新教徒，天主教徒，犹太教徒》(*Protestant*, *Catholic*, *Jew*，铁锚版，纽约，1960年)，第5章，尤见第84—90页。

2 甚至在1782年，克雷夫科尔(Crèvecoeur)就曾发现，在美国："如果各个宗派的成员住得不是那么近，如果它们与其他教派混居在一起，那么它们的狂热就会因为缺少燃料而冷却下来，很快就会熄灭。美国人在宗教方面，就跟在国家方面一样，他们彼此结盟……所有宗派像各个州一样联合在一起；这样，宗教上的不关心就不知不觉地传遍整个大陆；如今，它成为美国人的显著特点之一。谁也不知道它的影响范围是多少，也许它会留下一个真空，容纳其他的宗教体系。迫害、宗教傲慢、喜好反驳，这些都是世界上通常所谓的宗教的养分。但在这里，这些动机不复存在；在欧洲，狂热受到了限制；而在这里，它蒸发得要多远有多远。在欧洲，它是少许封存起来的火药；但在这里，它在户外就燃烧掉了，没有任何效果地烧光了。"《来自一位美国农场主的书简》(*Letters from an American Farmer*，纽约，1957年)，第44，47页。当然，1790年之后的几十年里，某些宗教狂热现象死灰复燃，可是，区分宗派差异的冲动虽然也重新出现，但其方式并不相同。

社会里，既然要为了信仰去争取这么多与教会没有联系的人，那么，各个教派的基本目标就是争取皈依，而其他所有目标和工作都从属于这一点。

所有教派都在试图赢得公众对教会的拥护，而无论出于何种原因，公众都**不再**受到传统宗教约束的控制，而且对礼仪的规范和复杂的信条感到生疏。用这样的规范和信条来吸引民众，再次争取他们，这不太可能。而看起来可行的就是恢复那种原始的诉诸情感的手段；在基督教信仰初期，第一批劝信者(proselytizers)也许就用过这种方法。当传统主义失利时，信仰复兴却成功了。煽动情感取代了建制宗教的强制约束。简单的人回到了信仰，让人不得不信的布道者传达着信仰中简单的思想，他们能摆脱复杂的内容，迫使人们面对一个最简单的选择：选天堂，还是地狱。救赎也被当作需要选择的问题：他们期望有罪者去"得到宗教"——而不认为宗教要"得到他"。能让人回到信众(fold)中的法子就是好法子。孜 84
孜不倦地拯救灵魂的德怀特·L. 慕迪[1]就曾经说过："用什么方法把一个人带给上帝，这不重要，只要把他带到那里就行。"[2]在实用主义还没有成为哲学信条之前，传福音者早就设想过它了，尽管其方式比较粗略。对于平信徒来说，检验宗教实用性的标准就是他经验到信仰转变；而对于神职者来说，这个标准就是引起这种经验的能力。牧师成功地夺取了灵魂，这就被视为他宣讲出真理的关键

1　Dwight L. Moody(1837—1899)，美国公理宗传道师，在民众中影响深远，芝加哥著名的慕迪圣经学院由他创建。——译注

2　转引自威廉·G. 麦克洛夫林：《他的大名是比利·桑迪》(*Billy Sunday Was His Real Name*，芝加哥，1955年)，第158页。如华盛顿·格拉登(Washington Gladden)那样更有经验的布道者也说过，"为了每天能用于布道坛"，他的神学"也需要细细打磨一番。'它有用吗？'这个实用问题才是检验神学的唯一标准"。《回忆录》(*Recollections*，波士顿，1909年)，第163页。

证据。[1]

教派分立的体系和流行的福音派精神改变了牧师。各个教会，不论其教派规范或组织规划如何，都在不同程度上向会众制（congregationalism）或本土化转变。当本土化和信仰复兴思潮联合在一起时，它们的力量既极大地加强了异端分子或分裂派的势力——只要他能带来结果，谁还能控制得了他呢？——也增强了平信徒的力量。牧师无法再作为一股势力，支撑强大的中央教会，他们大部分都不得不立足于自己的资源，同自己的会众建立联系。尽管他可以尽其所能地宣布和确立权威，但美国的生活环境特别有利于平信徒来控制。在南方，甚至在殖民地时期的安立甘宗教会，尽管其神职人员具有权威传统，但教会的控制权依然在极大程度上转移到了教区委员（vestryman）的手上。在所有地方，美国牧师似乎都要接受平信徒的**评判**，而且由他们说了算。甚至在18世纪，克雷夫科尔就评论过低地荷兰人的态度，他们“认为神职者只是雇员；他干得好，他们就给他规定金额的报酬；如果不好，就解雇他；没他的布道，一样过；直接把他的教堂关上
85 几年”。[2]

反过来，既然牧师不能像在旧大陆那样依赖他们教会的权威和自己地位的权威，那么，当他们最为成功之时，也就是成为教会事务方面的有才华的政治家，并精通世俗的管理技术。此外，在宗教和国家方面

1 查尔斯·G. 芬尼（Charles G. Finney）的《宗教复兴讲演录》（*Lectures on Revivals of Religion*，纽约，1835年）中，有一章的标题就是“智慧的牧师会成功”，同时还引用了《箴言》11：30的一句“智慧的人能夺取人心”。

2 克雷夫科尔：前揭，第45页。不应该认为这样做就表明了牧师没有受到尊重。他们不会因为自己的职务受到尊重，相反，他们有能力而且通常可以赢得尊重。提摩太·德怀特谈到早期康涅狄格神职人员时说，他们没有职务上的权力，但影响仍然不小。“在这里，神职者是因其本质而受到尊重，因其所作所为而受到尊重，他们不是因为偶然出现在身上的因素或其职务而受到尊重”。米德：《美国福音派牧师观的兴起》，第236页。

兼有治理才能的牧师，还格外受到重视，他们的目标就是改革国家，争取让西部人信仰基督教。1800到1850年，这样的目标开始出现，针对致力于它们的社会组织，一位牧师曾抱怨说："在大多数情况下，人们都希望牧师成为社会公共事业的管理者和慈善机构的控制人"，通常来说，其地位是由"他在社会改革的磨坊里完成的、看得见摸得着的研磨产量……来评价的"。[1]因此，西德尼·E. 米德指出："当时的'牧师观'实际上失去了传统理解的那种'教士'的维度，它认为牧师是蒙上帝召唤的神圣官员，上帝引导着'有形的教会'（visible church）完成这些有目的的活动。"[2]

到最后，衡量牧师工作只看他一个方面的成绩，除此无它——可以统计的拯救灵魂的数量。而地方牧师的衡量标准有两个：一个是其个人魅力，一个是他为会团安排巡回牧师布道的能力，这些巡回牧师都令人着迷，而且实际上正是他们让会团成员走向觉醒。[3]这样，在"明星"制度[4]还未进入剧场之前，它就已经在宗教中流行开来。随着福音派的冲击越来越广泛，越来越发挥主导作用，牧师的选拔和训练也日益

1　安德鲁·P. 皮博迪（Andrew P. Peabody）：《牧师的工作》（*The Work of the Ministry*，波士顿，1850年），第7页。正因为新教神职者以爱国之心和政治家般的才能关心西部地区的基督教传播，故而托克维尔评论说："如果我们和这些基督教文明的传教者对话一番，那么你会惊讶地听到他们频频谈起这片大陆的福利，你会惊讶地发现，本以为遇到的是一位教士，没想到却是政治家。"《论美国的民主》，菲利普斯·布拉德利编（纽约，1945年），第I卷，第306—307页。

2　《美国福音派牧师观的兴起》，第228页。

3　依靠牧师的个人魅力这一点，并非无足轻重。菲利普斯·布鲁克斯（Philips Brooks）说："按照我们的描述，真正的布道就是用个性来获得真理。"与他同时代的威廉·朱厄特·塔克（William Jewett Tucker）也表示赞同："规律就是，布道者的个性越强，他的个性的用处就越大，人们对真理的回应就越广泛、深刻。"见罗伯特·S. 迈克尔森（Robert S. Michaelsen）：《1850年至今的美国新教牧师》（"The Protestant Ministry in America：1850 to the Present"），载于尼布尔和威廉斯：前揭，第283页。

4　市场化的明星体制，按照演出效果和票房决定演员的地位。——译注

遵循信仰复兴派确立的优秀牧师的标准。清教徒的理想牧师是知识分子、受过充分教育的领导者，福音派的理想牧师则是大众化的改革斗士（crusader）和劝道者；前一种理想，当它遇到了后一种理想时，就彻底衰弱了下去。神学教育本身更加工具化。简单的教义陈述被认为足矣。
86 教会基本上退出了与世俗世界在理智上的交锋，它们不再认为宗教是理智经验生活整体的一部分，它们通常放弃了理性研究的领域，因为它们设想：理性研究仅仅是科学的天生之地。到了1853年，一位杰出的神职人员抱怨说，有这么“一种比较笼统的印象：理智型的神职人员在虔诚上不足，而虔诚出众的牧师却在智识上不足”。[1]

二

上述内容只是宽泛的概括，有鉴于美国宗教实践存在着地区差异和多样性，故而在涉及美国宗教时，这种做法总是有点不太稳妥。但是我认为，这些概括大体上描述了教派分立的美国宗教所具有的普遍模式，以及福音派产生的独特效果。当然，还有一些重要的保守的教会，它们或大多数或完全没有受到福音派分子的影响。其中有些教会，比如罗马天主教教会和路德宗，仅仅是在外部上受到了福音派思潮的影响；有些教会，比如美国圣公会（the Episcopalian），所受到的影响因地而异；另一些教会，如长老会和公理宗，则在内部被福音运动分成了若干派别。

如果我们把美国革命末期、主要以阿勒格尼山为边界的美国社会，

1　贝拉·贝茨·爱德华兹（Bela Bates Edwards）：《出众的虔敬对理智力的影响》（“Influence of Eminent Piety on the Intellectual Powers”），《著作集》（*Writings*，波士顿，1853年），第II卷，第497—498页。“我们难道不是很容易就把理智与内心分离，让知识与虔诚彼此对立，很容易拔高情感、牺牲判断力，很容易就产生这样一种普遍的印象：得到知识和得到恩典，这两方面的出众是不相容的？”尼布尔和威廉斯：前揭，第472—473页。

与1850年教派模式基本定型而且更广阔的美国社会做一个比较，那么，我们会注意到，福音派团体的力量明显得到了增强。在革命结束前，美国有三个最大、最强的教派，即安立甘宗、长老派和公理宗。其中两个曾经在其他地方建立过，最后一个则在美国有着深厚的传统。而截止到1850年，出现了惊人的变化。当时唯一一个最大的教派是罗马天主教。在新教团体里，前两个最大的教派是循道宗和浸礼宗，它们一度只是反体制的宗派。之后，按顺序则是长老派、公理宗和路德宗。圣公会[1] 87
降到了第八位——这是一个重要的标志，它表明上层保守教会在美国环境中已经没有能力维系自己的力量了。[2]

大体来说，在西部新兴乡村和不断增多的城市中，努力而且成功维系并扩张新教基督教的并不是礼仪教会，而是大众的福音派。循道宗和浸礼宗的蓬勃发展证明了它们具有适应美国生活环境的能力。福音派在一定程度上接管了如公理宗和长老派之类的教派，这也证明了福音派具备推动传统宗教结构转型的力量。

如果传福音者是新教基督教传播的主要推动者，那么宗教复兴运动则是新教发展到顶点的手段。从18世纪最后几年开始，进入19世纪，一波波复兴运动接连不断地席卷美国各地。第一波大约自1795年前后至1835年，它在田纳西和肯塔基的新西部地区以及纽约州西部和中西各州最为强烈。在新一波浪潮于1840年左右开始后不久，

1　Episcopal Church，直译就是主教教区教会，作为专有名词，指美国和苏格兰的圣公会。美国殖民地时期的安立甘宗属于英国安立甘宗的教区。美国独立后，当地的安立甘宗没有选择效忠英王，不服从英国国教，从原来的教区独立为教派。——译注

2　关于各个教派的人数、派系分化、神学主张以及教派间的相互关系，见提摩太·L.史密斯（Timothy L. Smith）：《信仰复兴和社会改革》（*Revivalism and Social Reform*，纽约和纳什维尔，1958年），第1章，“美国新教的内部结构”。1855年，所有循道宗团体（北部和南部全算）有150万人；所有浸礼宗团体有110万人；所有长老会组织有49万人；所有路德宗、德国归正宗和类似的组织，有35万人。公理宗人数有大约20万；圣公会仅仅有10万人左右。

第一波的狂热才算熄灭。而第二波则扫荡着各个城镇，这恰恰证明了（后来的信仰复兴者，如德怀特·L. 慕迪、比利·桑迪、比利·格雷厄姆也是这样理解的）：信仰复兴思潮绝不仅仅是出现在乡村中的现象。这次复兴运动在动荡的1857到1858年[1]达到高潮，圣灵的浇灌宏大广阔，影响了纽约、波士顿、费城、辛辛那提、匹兹堡、罗切斯特、宾厄姆顿（Binghamton）、福尔里弗（Fall River）以及一连串小型城镇。[2]

复兴运动并非福音派发展新教的唯一工具。截止到19世纪
88 30年代，福音派还建立了众多传教团、《圣经》书社（Bible and tract societies）、教育协会、主日学校联盟（Sunday-school unions）、禁酒组织，它们大多数都按照跨教派的方式组织起来。这些机构的设置都是为了协助这样一场运动：该运动的第一目标就是让密西西比河谷基督教化，把它从宗教冷漠、不信上帝或天主教中拯救出来；而它的最终目的则是让每一位美国人皈依，或者毫不夸张地说，让全世界皈依。很长时间，各个教派的分歧是次要的，首要的则是反击怀疑论、消极被动、天主教等共同的敌人。在教派之间未能达成合作的事务上，慈善社团则把发挥的空间提供给了那些有志于齐心协力的人；它们也让坚定自信的平信徒有机会去领导那些由教派联合进行的慈善事业，而神职人员对这些事业却是不情不愿。通过1795到1835年的巨大的复兴高峰，福音派团体维系住了彼此的协作。但是，到1837年左右，各个教派的齐心协力

1　1857年美国爆发了经济危机，这是几年后南北战争的直接经济原因。——译注

2　我对信仰复兴思潮的讨论多受益于威廉·G. 麦克洛夫林对整个运动的出色考察，见《现代信仰复兴思潮》（*Modern Revivalism*，纽约，1959年）；也受益于提摩太·L. 史密斯的《信仰复兴和社会改革》，前面曾有引用，这部著作对1840年之后的历史以及城市中的复兴运动论述得尤为精当；另外也受惠于查尔斯·A. 约翰逊的《边疆的野营布道会》（*The Frontier Camp Meeting*，达拉斯，1955年），其中的部分描述对理解1800—1820年边疆的原始状况特别有启发；最后，还得益于伯纳德·维斯伯格（Bernard Weisberger）的《他们聚集在河畔》（*They Gathered at the River*，波士顿，1958年）。

失掉了动力；这一部分是因为，福音派内部的宗派和派系之争死灰复燃，阻碍了这种努力；不过，它的衰落，也还有另一个原因，即这场传播福音的改革运动已经成功实现了自己的主要目的。[1]

这场运动，无论按照什么合理的标准来看，都是成功的。数字揭示了在极度困难的环境下，劝信运动依然如火如荼地开展着。在18世纪中期，美国的教会会员的人口比例是基督教世界里最小的。虽然美国在宗教统计方面是出了名的不靠谱，但据其估算，在1800年，每十五个美国人里有一个是教会会员；到了1850年，则是七个美国人里有一个教会会员。1855年，在两千七百多万人口中，教会会员就有四百万人出头。对于20世纪的美国人来讲，如此庞大的人口登记为教会会员，这司空见惯，那些数字并不起眼；不过，有一点需要记住：虽然在现在，教会会员制平淡无奇，往往并不重要，但在那时，它是非常严肃、要求严格的事情；所有传福音的宗派都要求相当严厉的宗教戒律，也要求个人的皈依体验。而且在那时，定期去教堂礼拜的人比教会会员还要多——据1860年的报道，当时的人口是三千一百万，而教堂的座席就有两千六百万，至少就此来判断，可以得出上面这个结论。[2]所有教派中， 89
功绩最卓著的就是循道宗和浸礼宗，它们的信徒加在一起占了所有新教教友的70%。

---

1 关于这段时期各个教派的齐心协力及其衰退，见查尔斯·I. 福斯特（Charles I. Foster）：《仁慈的使命：福音派联合战线，1790年至1837年》（*An Errand of Mercy: The Evangelical United Front, 1790—1837*，教堂山，1960年）。

2 1800年的估算来自温弗雷德·E. 加里森（Winfred E. Garrison）：《美国的组织化宗教的特点》（"Characteristics of American Organized Religion"），《美国政治与社会科学学院年刊》（*Annals of the American Academy of Political and Social Science*），第CCLVI卷（1948年3月），第20页。1855年和1860年的数字，见提摩太·L. 史密斯：前揭，第17，20—21页。粗略来看，1855年到1900年，教会会员的人口比例从15%左右上升到了36%；到了1926年，则为46%；1958年为63%。威尔·赫柏格：《新教徒，天主教徒，犹太教徒》，第47—48页。

三

福音派浪潮一开始向西部席卷，之后波及了越来越多的城市，在这个过程中可以清楚地看到：宗教征服美国，大体上是由三个教派主导的，即循道宗、浸礼宗和长老派。对它们做一番考察，我们就可以详细了解在这片大陆的文化中出现的传福音活动。

在福音派团体里，长老派体现出了最为强烈的理智倾向，它们把新英格兰的公理宗教义和殖民地的长老派精神带到了西部。通过1801年的《联合计划》的条款，长老派与公理宗协同活动，结果就是，公理宗基本上在新英格兰以外失掉了自己的身份。《联合计划》的基础就是两个教会共同奉行的加尔文主义神学；马萨诸塞州之外的大部分公理宗信徒并没有极力反对长老派的教会组织形式，故而，纽约和中西部的公理宗协会很容易地被长老派吸收。但是，公理宗把独特的文化因素和浓厚的新英格兰风格注入了中西部的长老派教会。

长老派信徒通常都特别爱谈教理。虽然他们吸引了企业家和商业家阶层，但他们也成了非传统教派中的精英教会。[1]长老派信徒非常关心把高等教育发展为工具，并用于自己的宗派利益。所以后来，他们对教义的热情损害了自己，内部出现了一次分裂。由于深受结盟和招募
90 进来的公理宗信徒的影响，一部分长老派牧师开始宣讲所谓的纽黑文神学[2]，这是相当自由化的加尔文主义，它把更大的神恩希望带给了更多的民众，同时很容易地顺应了福音派复兴运动的精神和践行标准。而

1 坊间有一些关于新教的传言，表明了不同教会的社会地位。按照这些说法，循道宗分子就是穿鞋的浸礼宗教徒，长老派人士是上过大学的循道宗教徒，圣公会信徒是靠投资为生的长老会分子。

2 New Haven theology，即新英格兰神学，就是新英格兰公理宗的神学体系，前面提到的乔纳森·爱德华兹是奠基者。——译注

旧派[1]中更严格的加尔文主义者，多奉行苏格兰和苏格兰—爱尔兰传统，以普林斯顿学院和普林斯顿神学院（Princeton Theological Seminary）为基础，他们难以接受新派的理念。从1828到1837年，这场争议以及诸多异端审判动摇了教会。如阿尔伯特·巴恩斯、莱曼·比彻[2]、阿萨·马汉（Asa Mahan）以及莱曼的儿子爱德华等长老派的传福音领袖，都在被指控的异端之列。最终，在1837年，旧派驱逐了新派；自此以后，全美长老派的所有宗教议会和教区会堂都分化为两个阵营。除了神学差异之外，旧派也认为新派过于同情跨教派的传教团，前者还有点反对同情和鼓吹废奴的人，而这样的人正是新派阶层中的活跃分子。耶鲁、奥柏林学院（Oberlin College）、辛辛那提的雷恩神学院（Lane Theological Seminary）都是新派福音传道的主要思想中心。新派的重要人物是查尔斯·格兰迪森·芬尼（Charles Grandison Finney），从爱德华兹和怀特腓德时代到德怀特·L. 慕迪的时代，这中间的杰出的信仰复兴者就是此人。

查尔斯·格兰迪森·芬尼是个很好的例子，他一方面体现出了所谓的“长老派—公理宗式”福音传道的模棱两可，另一方面也证明了，对宗教反智主义者进行分类是一件既容易但又很困难的事情。芬尼和他的同事继承了新英格兰的理智传统，他们通常很是关注学问的延续，甚至还有发展。诸如奥柏林学院、卡尔顿学院[3]这样出色的、移植过来的新英格兰式学院都是他们的遗产，证明了他们的传统具有绵延不绝的生命力。在其他福音派团体中，很难找到像芬尼、阿萨·马汉或莱

1　The Old School，区别于the New School。这是长老会历史上著名的新旧派之争，开始于1837年。——译注

2　Lyman Beecher（1775—1863），长老会牧师，斯陀夫人的父亲。——译注

3　奥柏林学院由长老会建立于俄亥俄州，阿萨·马汉就是第一任校长，芬尼继任此职。卡尔顿学院由公理宗建立于明尼苏达州。两所大学仿效了之前新英格兰地区的大学，因此说“移植”。——译注

曼·比彻这样有文化、有才华的人；人们完全有理由反问，自南北战争以来，有多少传福音的人能写出媲美芬尼的《回忆录》那样的自传。这些人的心灵由于反复咀嚼加尔文主义和新加尔文主义的神学而变得坚忍，因为必须要雕琢自己的神学纹饰而受到了锻炼。但是，他们的文化格外狭隘；他们对知识的看法极为工具至上；他们并未扩展自己的思想遗产，相反，却逐渐使之萎缩。

91 虽然如今，只有对美国宗教史或社会史抱有强烈兴趣的人才会记得芬尼，但是，他无疑应该算作我们的一位伟人。他生于康涅狄格，全家都参与了西进运动，童年时期先在纽约州中部的奥奈达县（Oneida），后来去到安大略湖畔附近。在他去新泽西担任教师一职后不久，他在离尤蒂卡不远的一个小镇取得了律师资格。在二十九岁时，他皈依了基督教。如他所说，他在黑暗的律师事务所祈祷精神指引，他“得到了圣灵的有力的洗礼”，这是他一生中遇到的第一个神秘事件，类似的情况以后还有好几起。第二天上午，他就跟委托人说：“主耶稣预付了我钱，我要为他申辩，不能为你辩护了。”[1]从那时开始，他彻底成为牧师。1824年，他得到长老会委任；1825到1835年，他进行了一系列复兴信仰的布道，这些让他在当时的福音派布道者中出类拔萃，也使他成为美国宗教史中最令人瞩目的人物之一。

芬尼生来嗓门洪亮，颇有在讲坛上表演的才华。但是他身上最了不起的优异之处就是他的那双眼睛；在美国19世纪的人物肖像画廊中，他的眼睛强劲、凝聚、如电、迷狂如有先知，让人印象最为深刻——也许不算约翰·C. 卡尔霍恩[2]。他的布道——说理与动情交替，既有责

1 《回忆录》（*Memoirs*，纽约，1876年），第20，24页；惠特尼·R. 克罗斯（Whitney R. Cross）：《烧焦的地区》（*The Burned-Over District*，伊萨卡，1950年）描述了芬尼以及纽约州西部的狂热，颇有启发。

2 John C. Calhoun（1782—1850），美国政治家，曾任美国副总统，魅力无穷，口才极佳，也有一双标志性的眼睛。1957年，他被评选为美国历史五大参议员之一。——译注

难，也有温词——对会众产生了难以抗拒的影响。他早年间举行过很多极为成功的复兴布道，关于其中一次，他写道："主让我用这种奇妙的方式尽情地影响他们，四面八方的会众都从座位上下来，哭求宽恕……差不多所有的会众不是双膝下跪，就是拜倒在地。"[1]

在神学方面，芬尼自学成才，他是那种我行我素的乡村哲学家；他的独立性给托克维尔留下了印象，也让他记住了美国人在追求未经检验的思想时展现的开创能力。身为长老会牧师的候选人，当一群对他有兴趣的牧师派他去普林斯顿研究神学时，他婉言谢绝："我很明白地告诉他们，我不会让自己像他们那样受到这样的控制；我相信，他们接受了错误的教育；他们并不符合我理想中的那种基督教牧师应有的样子。"虽然在神学上，可以承认他是新手，但当指导或纠正跟自己的观点 92
不符时，他绝不接受。"对于某个主题，我只看《圣经》，别的都不读；我在《圣经》中找到与主题有关的内容，然后像理解法律书中的某段文字一样来解释它。"他还说："我完全不能接受权威学说……我只能径直朝向《圣经》，朝向我自己内心的哲学或活动……"[2]

芬尼把旧式清教徒对理性和说服的重视从法律事业带到了讲坛上（他曾经说，他对会众演讲就像对陪审团演讲一样），尤其是当面对有教养的中产阶层会众时，他更会使用理性与说服。尽管芬尼一开始展现出了情感力，但很快，他的某些福音派同事就认为他过于理性。1830年，他们警告芬尼说，朋友都在打听他："变得太理智了，这不是很危险吗？"[3]但是，芬尼非常自豪，因为他的布道风格很契合公众的感受：他在

1　《回忆录》，第100，103页。

2　同上，第42，45—46，54页。虽然芬尼意识到了，他不具备独立解释《圣经》的学问，但他还是坚持了这种独立性。后来，他学习了拉丁文、希腊文、希伯来文，然而，"对这些古代语言知识的掌握还不足以让我自认为能独立地批评我们《圣经》的英译本"。同上，第5页。

3　麦克洛夫林：《现代信仰复兴思潮》，第55页。

小乡村，就侧重情感；而在罗切斯特这样发达的西部城镇，他就加入了理性说服的色彩。“经过我的布道，大批法官、律师、有教养的人都纷纷皈依。”[1]

无论如何，芬尼也不会变得“偏重理智”，不会有这样的危险。基本上，他在布道手法和牧师观上都恪守信仰复兴传统。虽然他没有赞扬布道师的无知，但他称赞了不择手段争取到灵魂这个**结果**。他轻视写好的布道辞，因为这不自然；他还认为世俗文化有可能威胁到救赎。

芬尼不接受牧师教育，不接受那种他认为是有文化的牧师才会使用的布道。他认为自己“并没有享受到高水平知识的学校带来的优势”；他清醒地意识到，在牧师眼里，他就是个业余的；他也明白，自己并不被尊重。在其事业初期，他知道，人们普遍相信，“倘若我在牧师这一行取得成功，那么学校的名声就臭了”。在积累了一些布道经验之
93 后，他相信，“学校在很大程度上败坏了牧师”，牧师们虽然获得了大量《圣经》知识和神学知识，但他们并不懂得如何使用它们。实践才是一切：“只有在布道中，才能学会布道。”受过学校训练的牧师，他们的布道辞“退化为文艺散文……宣读这种很高雅的文艺散文，这可不是布道。它能迎合文学口味，但在精神上并无教化之功”。[2]

芬尼反对一切形式的高雅、文学或其他之类的方式。在他看来，衣服的装饰、提升家居装潢、提升品味和生活格调，这些都跟抽烟、喝酒、玩牌、看戏一样，是恶趣味和臭讲究。对于文学，“我相信，知道上帝之爱的人不可能喜欢世俗的小说”。他威胁说，“来，让我参观参观你放书的房间和客厅，瞧瞧所有藏书的地方吧”，“都有谁的？拜伦、司各特、莎士比亚，一群不务正业、亵渎上帝的人”。甚至通常被认为牧师

1 《回忆录》，第84页；参见第365—369页。

2 这些看法均来自芬尼的《回忆录》，第7章，“论牧师教育”，第85—97页；参见芬尼的《宗教复兴讲演录》，第176—178页。

必学的古典语言，其是否有益也是可疑的。东部那些学院的学生“在学习**古典**上，花了四年……心中毫无上帝”；在毕业时，“这帮满腹经纶的学生对hic、haec、hoc[1]知道得清清楚楚，他们嘲笑谦卑的基督徒，认为他是无知的，但也许他才明白如何争取到比这五百名学生还要多的灵魂”。[2]在芬尼看来，虔敬和智识都带有公然的敌意，他认为年轻的牧师“从学院里出来，心肠就像学院的墙一样硬”。“学术神学院”的问题就在于，他们试图“赋予年轻人理智上的实力，但几乎完全忽视了培养他们的道德情操”。“他们是理智一族。兴奋，热情，全都倾注给了智识。年轻人……失去了灵性的坚定气……他们的智识提升了，内心却荒废了。”[3]

很难说芬尼对美国牧师教育的描述是不是确切，但有一点可以肯定，他的看法正是流行的福音派的观点。初出茅庐的牧师，无论他们的智识状态如何发达，芬尼都是一概否定。 94

四

我之所以用这么长的篇幅讲述芬尼，因为他是长老派福音运动的并不极端的代表：在长老派布道师里，他既不是最有文化之人，也不是极为缺乏教育之徒。长老派福音运动，以及那种寻求新型宗教方式影响民众、拯救灵魂的做法，都冲淡了长老派和公理宗强烈的理智和教育

1　拉丁文中三个常用的指示代词，分别为阳性、阴性和中性单数。——译注

2　麦克洛夫林：《现代信仰复兴思潮》，第118—120页。麦克洛夫林指出，芬尼对科学领域还是认可的。与老派清教徒一样，他认为科学对宗教没有威胁，相反，它是赞美上帝的手段。中西部的那些教会学院都秉承了他对科学的重视，培养了大批学院派科学家。关于这一点的种种原因，见R. H. 纳普（Knapp）和H. B. 古德里奇（Goodrich）的《美国科学家的涌现》（*Origins of American Scientists*，芝加哥，1952年），第19章，其论述很有启发。

3　《宗教复兴讲演录》，第435—436页。

传统。而有意思的是，美国最大的教会组织，在劝信蒙昧的美国人方面比长老派还要成功的循道宗，它的历史却与长老派截然相反。美国循道宗一开始并没有理智主义传统，而且很少关心教育和训练有素的牧师；但随着时代发展，循道宗失去了自己的宗派精神，成为建制教会，它还引入了会员制，自此，这项制度逐年看重教育。在19世纪中期之前，循道宗总是断断续续地被某种争论动摇，争论的双方，一方以怀旧情结回顾着属于无知但有效的巡回布道师的日子，另一方则憧憬着更有教养的神职者为体面的平信徒担任牧师的时代。循道宗以及浸礼宗的历史就内容丰富地体现了美国宗教的这种分裂的灵魂。一方面，许多教会会员都自由地表达出带有强烈反智倾向的福音精神；另一方面，在任何一个大教会里，又总有一派人大声宣扬对那种高雅、体面、大体上无可争议的学问的尊敬，并且为之思念神往。在这方面，美国宗教已经预先表现出了菲利普·拉夫[1]后来描绘的美国作家的红皮和白脸之别。

在牛津受过训练、求知欲强的约翰·卫斯理[2]曾以很不寻常的方式将非凡的理智力与一种坚定的执信结合在一起；他为循道宗确立了高水平的理智标准，但是，他的美国信徒对维系这些标准一点兴趣也没有。虽然毫无疑问，恰恰是福音派精神的本性让福音派的信仰复兴带
95 有了反智倾向，然而，正是美国的条件为福音派的反智冲动提供了特殊

---

1 Philip Rahv（1908—1973），文学评论家，出生于乌克兰，犹太人，后来移民美国，《党派评论》的创立者之一，最早向美国介绍卡夫卡。1939年，拉夫写过一篇散文《白脸和红皮》（“Paleface and Redskin”），把美国作家区分为这两类。红皮指北美的印第安人，它代表不开化和蛮荒，美国很多西部作家常常描写这样的野性生活；白脸指白人，代表文明和开化。如马克·吐温就属于“红皮”，亨利·詹姆斯和霍桑就属于“白脸”。——译注

2 他和兄弟查尔斯·卫斯理都是循道宗的创始人，因此该宗也称为卫斯理宗或卫理宗。——译注

的无拘无束的环境。[1]

卫斯理和美国循道宗的首任组织者弗兰西斯·阿斯伯里(Francis Asbury)都是巡回布道师,他们之所以投身巡回之中,并非出于便利,而是宗旨使然。他们相信,居所固定的神职者(定居于许多英式的牧师宅区)会渐渐消亡,不再能控制会众,相反,巡回者能为宗教带来新生。在美国的土壤中,巡回这一做法是具有优势的策略,它让循道宗特别善于争取到流动中的美国人,使之重归基督教。早期的美国循道宗的保障和骄傲就是这些著名的巡回布道师,他们用流动、灵活、勇气、刻苦和奉献创造出了他们在牧师的训练或尊贵中得不到的东西。这些巡回者恰恰自豪于他们在向民众传播福音时付出的辛劳和牺牲。虽然收入微薄、工作超负,但他们依然风雨无阻,在残酷的旅行条件中进行传道。

1　卫斯理曾这样回答一位循道宗的早期诋毁者:“我们有一个基本原则,即放弃理性就是放弃宗教;宗教和理性携手并进;所有无理性的宗教都是错误的宗教。”R. W. 伯特纳(Burtner)和R. E. 奇利斯(Chiles):《卫斯理神学概略》(*A Compend of Wesley's Theology*,纽约,1954年),第26页。但是,如诺曼·塞克斯(Norman Sykes)所论,福音派信仰复兴的影响仍然在理智方面有所减弱,这一部分是因为,源自神学自由思潮的理性主义倾向和苏西尼式(Socinian)倾向遭到了抵触。塞克斯说,比起主流的神学自由派,卫斯理“认为,即便是他的生活中最普通的琐事,也有特殊的天意相随,他对这样的想法几乎达到了迷信的程度”,“怀特腓德让情况变得更糟,他完全缺乏他的同事在教育和教养方面的影响力……”诺曼·塞克斯:《18世纪英格兰教会与国家》(*Church and State in England in the Eighteenth Century*,剑桥,1934年),第398—399页。

对于英格兰的福音派信仰复兴,A. C. 麦克吉福特(McGiffert)这样写道:“在解释人及其需要时,它有意转向了过去而不是将来。它加深了基督教与现代的争端;它推动了这样的观念:父辈们的信仰,并未给他们的孩子留下什么讯息。信仰复兴的狭隘、中世纪做派、煽情、没有理智、愚蠢的超自然主义和《圣经》原教旨主义、对人文和科学乃至整个世俗文化的毫无同情,就是这些,许多人在心中把它们与基督教画上了等号,从而让他们永远地反对宗教信仰。尽管福音派也完成了伟大的成就,但在许多地区,它的结果是灾难。”《康德之前的新教思想》(*Protestant Thought before Kant*,纽约,1911年),第175页。关于早期美国循道宗在理智上的局限,见S. M. 杜瓦尔(Duvall):《1869年之前的美以美会和教育》(*The Methodist Episcopal Church and Education up to 1869*,纽约,1928年),第5—8,12页。

（在异常凶猛的暴风雨时，就有常言说：“今晚只有乌鸦和循道宗布道师
96 还在外面。”）他们的艰苦足以证明他们的真诚，[1]而他们成功地让脱离教会的人重返教会，这样的成就也非比寻常。主要是通过他们的努力，自阿斯伯里到来四年后的1775至1855年，美国循道宗从一个三千会员的小宗派发展成了一百五十万会员的最大的新教教派。

无论人们把高格调的教派中更有教养的牧师说成如何，巡回牧师很清楚一点，他们自己的做事方式才是有效的。他们发展出了一种粗朴的宗教实用主义，它只具有一个核心原则，即他们的任务就是尽可能迅速、广泛地拯救灵魂。为了这个目的，受过良好教育的牧师具备的精致的神学工具，不仅是毫无必要的装饰，而且也完全有可能成为严重的阻碍；巡回布道师的知识量和思想是有限的，但为了证明这一点没什么不对，他们只需要举出自己能够劝人皈依、成绩显著就行了。这种证明之词，很可能让人无从回答。

循道宗领袖，就像他们的批评者通常注意到的那样，很清楚自己在发动穷人和没有教育背景的人，而且想要利用这些人。比如弗兰西斯·阿斯伯里，他因为耶鲁学生“斯斯文文”就感到不悦，甚至还觉得贵格会也太过“体面”——“啊，这个词里有一股死气”。[2]在美国，大体

1 这些早期牧师很清楚这一点：他们具有那么大的力量，是因为他们在文化或生活方式上并没有跟他们服务的平信徒格格不入。1825年，一位习惯于安立甘宗主教尊贵地位的英格兰游客初次见到一位印第安纳循道宗主教时，倍感惊讶。他吃惊地发现，这位主教的家只是普普通通的农舍。当他等着主教露面，有点不耐烦时，一位美国牧师告诉他，罗伯茨主教来了。他说：“我看见有个人在那儿，不是主教啊。”那位美国人说：“就是主教啊。”“不，不会吧，这人就穿着件衬衫。”罗伯茨主教工作时一向就是穿着他的这件家当。查尔斯·E. 艾略特（Charles E. Elliot）：《牧师大人罗伯特·R. 罗伯茨传》（*The Life of the Rev. Robert R. Roberts*，纽约，1844年），第299—300页。关于边疆地区的主教，见伊丽莎白·K. 诺丁汉（Elizabeth K. Nottingham）：《循道宗和边疆》（*Methodism and the Frontier*，纽约，1941年），第5章。

2 小乔治·C. 贝克（George C. Baker, Jr.）：《1789年至1839年早期新英格兰循道宗历史导论》（*An Introduction to the History of Early New England Methodism, 1789—1839*，杜伦，1941年），第18页。

来说，循道宗信徒轻易就能在劝人皈依的竞赛中战胜其他教派。当然，有一点很重要：对他们来说，新英格兰的土壤却格外坚硬，他们难以在这里取得进展，因为这里的民众生活稳定，多少要更熟悉有教养的牧师的种种标准。尽管如此，就算在这片地区，循道宗也在19世纪初开始渗入宗教生活之中。首先，他们高举大旗，其方式令人想起了新英格兰觉醒运动："我们总是迫切地想要维系**活着的**牧师，而不是**有知识的**牧师。"[1]当新英格兰循道宗领袖杰西·李(Jesse Lee)被人质疑自己的教育水平时(与知识型神职者竞争的循道宗人士对这样的经历司空见惯)，他简简单单地回答说：他受过的教育足以让他走遍全国。[2]不久，新英 97
格兰就检验了循道宗信徒的适应力，他们没有一点问题。他们适应了体面、文雅和教养，而这也预示了后来在其他地方的适应过程——但相对这里来说，都没有那么卓著。

以康涅狄格州诺维奇的循道宗信徒为例，1800年，一本小册子的作者把他们形容为"最虚弱、最文盲、最无知、最卑劣的人"。[3]但是到了19世纪中叶，情况不同了，一位公理宗教徒曾回忆里奇菲尔德附近的循道宗教会出现的种种转变，他的话很有普遍性，也可以用来描述

---

1 小乔治·C. 贝克(George C. Baker, Jr.)：《1789年至1839年早期新英格兰循道宗历史导论》(*An Introduction to the History of Early New England Methodism, 1789—1839*，杜伦，1941年)，第14页。

2 同上，第72页。参见下面一段话，它出自一篇据称在康涅狄格所做的循道宗布道辞："我的兄弟姐妹们，我所坚持的一点就是：学问不是宗教，教育不能给人圣灵的力量。是恩典和天赋带来了坛上的真正的红炭(live coals)。圣彼得是渔夫——你们觉得他上过耶鲁学院吗？他却是基督建立教会的基石。没有上过，没有，可爱的兄弟姐妹们。当主想要吹倒耶利哥之墙时，他没有用铜喇叭、没有用打磨得锃亮的法国号；没有这种玩意；他用羊角号——普普通通，自然的羊角号——它长得就是这样。所以，当他想要吹倒耶利哥之墙时……他没有用光鲜、文雅、学院里教出来的绅士，相反，他用的是普通的、自然的、像我这样的羊角号。" S. G. 古德里奇(Goodrich)：《一生回忆》(*Recollections of a Lifetime*，纽约，1856年)，第Ⅰ卷，第196—197页。

3 贝克：前揭，第16页。

其他地方。[1]

> 虽然一开始，社会弃儿让它不断壮大——但是如今，它的民众也跟镇上其他宗教社团一样，体面了起来。他们不再选择去谷仓、校舍、偏僻之处做礼拜，他们不再瘦弱、一张长脸、头发松散蓬乱；他们不再爱用错误的语法、低级的俗语，布道时也不会顺口发出鼻音了……布道师有文化、文雅、尊贵。

随着循道宗沿边疆至南方在这个国家蔓延，在对教育业绩要求较低的环境里，它原初对体面人士、有教养者和建制派的反抗重又出现，而成功的反抗再一次迫使循道宗与文质彬彬的入侵势力展开较量。在管理分散的教会中，它的每个地方组织都可以较为自由地确立自己的
98 个性，但在循道宗这样强势、集权的教派里，与教会文雅之气的斗争则成了总体趋势。通过一份循道宗高知的刊物《循道宗杂志和季刊评论》（*The Methodist Magazine and Quarterly Review*）及其接续者（1841年之后名为《循道宗季刊评论》），我们可以追寻到态度的变化。在19世纪30年代初，很显然，循道宗信徒一直敏锐地意识到，自己成了建制宗教团体攻击的对象；支持巡回者所代表的布道方式的人与想要改革的平信徒和有文化的布道师，这两派的分歧让循道宗信徒躁动不安。[2]1834年，牧师大人拉·罗伊·桑德兰[3]的一篇文章让争议变得尖锐化。他的文章要求所有循道宗布道师接受良好的教育，而其目的事实上是要削

---

1 古德里奇：前揭，第311页。

2 《循道宗杂志和季刊评论》，第XII卷（1830年1月），第16，29—68页；第XII卷（1830年4月），第162—197页；第XIII卷（1831年4月），第160—187页；第XIV卷（1832年7月），第377页以下。

3 Reverend La Roy Sunderland，他原本是美以美会牧师，1843年退出，成立了卫斯理循道宗会（Wesleyan Methodist Church）。——译注

弱巡回牧师。他很激昂地问道：

> 在循道宗教会的任何教内部门里，它有什么习惯或做法能让人们得出：在一个人有资格成为福音布道师之前，任何一种教育都是必不可少的呢？没有。它的许多习惯不正是最直接地给人留下了教育毫无必要的印象吗？在我们……不断举行的每次会议活动中，我们不都是说什么：一个人有天赋、恩典和正常的理解力，这就足够了？

一位旧派代表回答了桑德兰，他说，那些要求系统神学教育的人都错了，他们把布道“看成了‘生意’、行业，看成了需要相似‘训练’的世俗专业，比如‘**法学和医学**’”。现有的牧师事实上并不无知；说他们无知仅仅是在“肯定我们所有敌人说过的话罢了”。循道宗的信徒难道没有办他们自己的学校、学院，乃至大学吗？“我们所有的青年如今在接受教育的同时，就可以避免让腐败、叛道的教师危及他们的道德，避免让自己乃至让循道宗精神受到教授或大学校长的嘲笑。”[1]随着时 99
间的推进，这份刊物折射出了改革者对守旧派的胜利，因为它很少再刊登怀念巡回牧师的文字，尽管长期以来，它经常发表的内容都以这方面为主；更多的文章都涉及了普遍带有理智旨趣的、神学的基本主题和要务。

事实上，在19世纪30到40年代，循道宗教会都处于重要的变革中，它感受着阵痛。对体面的渴望战胜了前几代人留下的巡回式—福音派

1　拉·罗伊·桑德兰：《论神学教育》（“Essay on a Theological Education”），《循道宗杂志和季刊评论》，第XVI卷（1834年10月），第429页。大卫·M. 里斯（David M. Reese）：《简要批驳牧师大人桑德兰先生的〈论神学教育〉》（“Brief Strictures on the Rev. Mr. Sunderland's 'Essay on Theological Education'”），《循道宗杂志和季刊评论》，第XVII卷（1835年1月），第107，114，115页。

式的、反智主义的遗产，从而取得了重要的胜利。此外，针对平信徒和牧师的教育政策也成了焦点问题。早期循道宗信徒在教育方面付出的努力从整体上来说令人痛惜。[1]在最初阶段，教会投入教育的力量之所以受到阻碍，既是因为人少，也是因为下至底层平信徒、上至阿斯伯里似乎普遍对此不感兴趣。[2]无论如何，大多数循道宗平信徒并没有财力去充分接受普通教育，而对于牧师来说，神学教育看起来是在浪费时间，因为牧师的工作就是为简单的民众传播简单的福音。

100 这些最早兴起的旧派，到后来因为缺乏支持而日渐衰落。与之相对，在阿斯伯里1816年去世后，一群主要来自新英格兰的、意志坚定的教育改革者影响了越来越多、思想开放的平信徒。他们的努力在19世

---

1 循道宗的第一所“学院”是马里兰阿宾顿的寇克斯伯里学院（Cokesbury College），这所学院的命运或许可以当作一个例子。设立该学院的计划是卫斯理的特使托马斯·寇克（Thomas Coke）博士的主意，他将受牛津大学启发的外来的教育观带到了美国，而且成功说服循道宗信徒，让他们创立了学院，尽管阿斯伯里反对这个看法，因为他想效仿卫斯理在金斯伍德的做法，建立一家普通学校。从1787年该学院成立开始，它就与一所预备学校联合在一起（早期美国学院通常都是如此），而后者比前者还更为成功。建立一年之后，学院就有三个系的成员辞职离去。1794年，学院部门关闭，只留下那所低级别的普通学校。虽然之后还有重建学院的计划，但被1795年和1796年两场大火阻挠，计划完全搁浅。阿斯伯里认为这是浪费时间和金钱。“主并没有召唤怀特腓德先生和循道宗信徒建立学院。我想要的，只是学校……”《弗兰西斯·阿斯伯里日记和书信集》（*The Journal and Letters of Francis Asbury*，埃尔默·T. 克拉克等编，伦敦和纳什维尔，1958年），第II卷，第75页。也见S. M. 杜瓦尔：《1869年之前的美以美会和教育》（纽约，1928年），第31—36页。对安立甘宗牧师教育标准有一些了解的弗吉尼亚圣公会传福音师德弗罗·亚拉特（Devereux Jarratt），就对循道宗在阿宾顿的做法感到惊骇：“我真不知道任何考虑周密的人，如何能既让补锅匠、裁缝、织工、鞋匠等各种村里的技工控制和摆布，又对学术性的神学院期望颇高；那些人高高在上，他们就是一群文盲，完全不懂学院和它的意义。”《牧师大人德弗罗·亚拉特自传》（*The Life of the Reverend Devereux Jarratt Written by Himself*，巴尔的摩，1806年），第181页。

2 纳坦·邦斯（Nathan Bangs）是第一位著名的研究循道宗教会史的学者。他认为早期循道宗对知识的敌意众所周知，而且合情合理。《美以美会史》（*A History of the Methodist Episcopal Church*，纽约，1842年），第II卷，第318—321页。

纪20年代后期取得了成果；循道宗信徒也开始资助若干学校和几所相当不错的小型学院。自康涅狄格的卫斯理学院于1831年成立之后，很多学院相继建立，其中最突出的是：狄金森学院（Dickinson College，1833年从长老派那里接管）、阿勒格尼学院（1833年）、印第安纳阿斯伯里学院（1833年建立，之后改为德堡大学）和俄亥俄卫斯理学院（1842年）。从1835至1860年，循道宗教会开办了两百多所学校和学院。但和过去一样，许多学校都仅仅在苦苦支撑和维系。有一点毫无疑问，循道宗的普遍教育观基本上是工具性的——但是，这也代表了一种进步，毕竟按照过去的看法，知识对于宗教连工具的价值也没有。某些牧师领袖渴望成为更有教养的神职者，他们也更加需要维护自己的神学立场，抵御越来越狡猾的批评者，[1]最终，这些驱散了循道宗对知识型牧师的怀疑。但神学院还是可疑的，因为它是异端之源；所以，最初的两所循道宗神学院在建立的时候，都冠名为"《圣经》研究所"（Biblical Institutes）。此外，领导阶层都来自新英格兰——在这里，循道宗的势力不是最强，人数不是最多，但他们的教育标准在与其他派别竞争时最为强劲。[2]

对于以学校、学院、神学院、期刊为工具的新兴循道宗教会，保守派从未与它们握手言和。最著名的巡回牧师彼得·卡特赖特在他1856年撰写的自传中全面、直率地陈述了旧式福音派的牧师观。这段文字篇幅虽长，但值得引用，它充分而且具体地展现了反智主义的立场。[3]

1　纳坦·邦斯（Nathan Bangs）是第一位著名的研究循道宗教会史的学者。他认为早期循道宗对知识的敌意众所周知，而且合情合理。《美以美会史》（*A History of the Methodist Episcopal Church*，纽约，1842年），第III卷，第15—18页。

2　第一所这样的神学院直到1847年才建立：循道宗普通《圣经》研究所，成立于新罕布什尔的康科德；之后迁往波士顿，成为波士顿大学神学院。后来，1854年，在伊利诺伊的埃文斯顿又成立了加雷特《圣经》研究所。第三所类似的机构即德鲁神学院，建立于1867年，由著名的华尔街海盗丹尼尔·德鲁（Daniel Drew）慷慨资助。

3　查尔斯·L. 瓦利斯（Charles L. Wallis）编：《彼得·卡特赖特自传》（*Autobiography of Peter Cartwright*，纽约，1956年），第63—65，266—268页。

现在假设，如果卫斯理先生在从事他那个时代的光荣事业之
101 前，不得不等待一伙有文化、受过神学训练的布道师，那么在今天，循道宗还会跟卫斯理有关系吗？……如果阿斯伯里主教也等待着这伙上等的、有文化的布道师，那么背信叛道就会从这头到那头席卷美国……

长老会以及其他加尔文主义分支的新教教会一向都争夺受过充分教育的牧师，争夺教堂听众、器乐，争夺专属会众的或有固定薪水的牧师。循道宗则完全反对这样的想法；实际上，当循道宗的文盲布道师纷纷点着自己的火柴时，他们就点燃了世界(最起码点燃了美国)！……

我不想低估教育，但事实上，我看到过很多受过充分教育的布道师，他们让我不由得想起长在桃树阴影下的莴苣，或是劈着腿蹚过露水的小鹅，我克制着自己，以免恶心和难受。这种受过充分教育的牧师团和神学训练，不用再尝试了。其他教派早就试过，已经证明是彻头彻尾的失败……

我非常担心我们挚爱的循道宗。众多学院、大学、神学院、学校；众多行政部门和编辑岗位，在这些地方，到处都是我们最优秀、最有本事的布道师；你们把牧师圈在一个地方，让他们变得世俗；你们告别了巡回布道；如果没有巡回布道，我们就沦为了公理宗，恰恰停留在了其他所有教派一开始的地方……

难道还不清楚：我们之所以缺少干正常工作的布道师，一个重要的原因就是，我们这么多的布道师都被雇用到了这些机构和教职岗位上？此外，这些大学校长、教授、行政人员、编辑拿的薪酬无疑比流动的布道师更优厚，当然也更多，而后者却要挺胸面对一场场风暴，还没有纪律津贴。这对于有资格担任那些上等职位并谋求它们，从而放弃正常的布道工作且不再拯救灵魂的人来说，可是极大的诱惑。

也许，在数千名受雇和从事拯救灵魂并建立循道宗教会这一光荣工作的、流动和本土的布道师中，除了接受普通英语教育之外，还接受过其他教育的人，连五十名都找不出，少之又少；他们当中没有人在神学学校或《圣经》研究所培训过；但是，有好几 102
百人曾经成功地宣讲福音；较之现代所有精明狡猾的神学博士(D. D.)，他们更有资格担任牧师；那些博士手里拿着镰刀，却从不走进那片巨大辽阔的收获灵魂之地，相反，他们在学院、编辑部门和所有薪水丰厚的机构谋求校长或教授的职位，他们还试图弄出种种新奇的制度，来垄断舒舒服服的日子；而几百万穷人、垂死的原罪者正拥挤在通往地狱之路，他们没有上帝，没有福音……

我可不会屈尊俯就停下来，说自己是学问和高级牧师的支持者。对于这些博学、斯文的牧师来讲，这样说倒是最方便的法子，可以让他们去除顽强的真理，令他们掉转过头，把那些不赞成像现今这样责骂我们崇高使命的牧师都说成拥护无知，说什么无知成了信仰之母。知识型的牧师给这个世界做了什么呢？把神当作科学来研究？看看牧师的历史，检查检查吧。人心中生出骄傲，这非常容易；这种对教育的骄傲之情标志着许多受过优秀教育的福音牧师在堕落和毁灭。但是，我不会以恶报恶、以辱骂还辱骂，[1]相反，我会感激上帝带来的教育，感激他带来那些品性正直、精神端正、受过充分教育的福音牧师。然而，当成百上千受过普通教育的布道师为我们进行经常聆听的宗教演说时，那些拥护受过充分教育的牧师的人又会如何理解他们的感受呢？诚然，在这些拥护我们层次更高、受过充分教育的牧师的人里，很多人也会欢天喜地、兴高采烈地谈论在早期边疆时代建立循道宗和诸多教会的老派的文盲先驱；但是，那些油嘴滑舌的狡猾的神学博士勉强做出的让步、

1　语出《彼得前书》3：9。——译注

说出的虚情假意的奉承话，我不会往心里去；如果让他们挑明自己的真正感受，他们会认为，我们的成功恰恰得益于民众的无知。

毫无疑问，结尾这一句正是巡回布道师的批评者想要表达的感受；但是，卡特赖特很有可能会承认：就巡回布道师的情况而言，这样的感受还是有正确之处的。他的福音派兄弟也并不都会反对这样的观点。
103 有一群福音派工作者多年前就跟芬尼说过这样的话："作为工作对象，受过教育的人，以及有教养而且事先带着怀疑态度的智者，比起没受过教育的人要更难打交道。"[1]

五

在许多方面，浸礼宗的历史重复了循道宗的历史；但是，由于浸礼宗更不集中，更不妥协，更爱看重没有学历、甚至没有薪水的牧师，故而，它的变革比循道宗要晚，范围也不广。如威廉·瓦伦·斯威特（William Warren Sweet）所论："其他宗教团体都不像浸礼宗那样对受过充分教育又领薪水的牧师怀有如此强烈的偏见；这种偏见不仅在边疆的浸礼宗内部流行，而且在19世纪早期，它在整个教派中都极为普遍。"[2]

当然，受过充分教育的牧师和建制教会都让浸礼派有过惨痛的经

1 查尔斯·C. 科尔（Charles C. Cole）：《北方传福音者的社会思想，1826—1860》（*The Social Ideas of Northern Evangelists, 1826—1860*，纽约，1954年），第80页。山姆·琼斯是镀金时代最为成功的信仰复兴者之一，他后来曾说，他更喜欢在南方工作："我发现越是南边的人，就越容易受到感动。他们并未遇到折磨着美国其他地方的人的精神困境。"麦克洛夫林：《现代信仰复兴思潮》，第299—300页。

2 《美国文化发展中的宗教》（*Religion in the Development of American Culture*，纽约，1952年），第111页。

历；在公理宗的马萨诸塞和安立甘宗的弗吉尼亚，浸礼派遭到了严重的迫害。浸礼宗的独特之处在于，他们提供的牧师都是出身于自己阶层的民众。浸礼派的布道师可以是在自己土地上劳作的农民，可以是在工作台上劳动的木匠，也可以是其他任何一类平信徒。业余时间，放下工作，他们才在礼拜日或工作日，或在洗礼和葬礼上布道。他们没有工夫读书。这些辛苦劳碌的公民都不喜欢跟其他布道师竞争；甚至对于试图与他们联手，想将福音传播至腹地的国内传教团，他们也会极为猛烈地加以抵制。在抵制“外来”干扰和集权控制时，他们还会给自己的信徒洗脑。当时曾有说法，各个浸礼宗协会都不欢迎任何与传教团有关的人加入。肯塔基浸礼宗协会就声明：“凡教会或成员，若加入违背
《圣经》的社团，我们绝不接纳入会。”还有伊利诺伊的浸礼派团体，对权 104
威极度怀疑，近乎偏执，它在通知中宣布说：“我们还要告知各个教会，不要跟《圣经》公会[1]有任何瓜葛，因为我们认为，让一小撮阴谋者有权翻译《圣经》，是危险的。基督释放了我们，叫我们得自由，所以要站立得稳，不要再被奴仆的轭挟制。[2]”[3]在我看来，我们不必急着去问这是不是说，《圣经》要由全国教派大会来翻译，而是要记住：浸礼派之所以一直抱有怀疑态度，是因为他们牢记着早年间受到的迫害和无情的嘲笑。[4]

浸礼派欣然反对传教团，因为他们反对集权。他们觉得，对中央

1　The Bible Society，《圣经》公会是专门翻译和出版《圣经》的机构，美国的《圣经》公会建立于19世纪。之前，美国人一直使用的《圣经》是钦定本。公会后来推出了几种《圣经》译本。——译注

2　这一句基本上来自《新约·加拉太书》5：1。——译注

3　W. W. 斯威特（Sweet）编：《美国边疆的宗教——浸礼宗，1783—1830》（*Religion on the American Frontier—The Baptists*，*1783—1830*，纽约，1931年），第65页注释。

4　参见一段描述早期弗吉尼亚浸礼派的文字：“他们中有些人豁嘴龅牙，有些人是近视眼，有的驼背，有的弓形腿，有的畸形脚；随便哪个都跟正常人不一样。”沃尔特·B. 波西（Walter B. Posey）：《密西西比河谷下游的浸礼宗教会，1776—1845》（*The Baptist Church in the Lower Mississippi Valley*，*1776—1845*，列克星敦，肯塔基，1957年），第2页。

教会组织的让步就是走向“罗马教皇和淫妇之母”[1]。他们的没受过教育、没有薪水的牧师都必定讨厌教育水平更高、报酬更多的牧师的入侵。没有报酬的布道师很容易就相信：东部来的受过充分教育的传教团图的仅仅是靠工作赚到的钱。[2]当时有一位评论者得出一个结论：虽然没受过教育的布道师完全意识到了自己的局限，但是，他们“不会因为主赐予了其他人更好的天赋来推动事业而感到欣喜，相反，他们会很容易因自尊心的受伤而感到愤怒，狭隘和软弱的心灵都是如此”。一位浸礼宗布道师对一位主席的直言不讳的反驳证实了这种判断。后者先指出，毕竟，没有人是被逼着听传教团布道，被逼着给他们钱的，这都是自愿而为。布道师则回答：“主席兄弟，你肯定知道，林中大树会遮住小树；这些传教团可都是大人物；老百姓全去听他们布道，我们就被压制了。这就是我的反驳。”[3]

但是，像守旧的循道宗一样，浸礼宗也不可能绝对抵挡受过充分教
105 育的牧师所施加的压力。在这方面，对自尊的渴望与对他人尊重的渴望密切联系在了一起。弗吉尼亚浸礼宗协会早在1789年就试图建立一所神学院，它给出的理由如下：[4]

> 我们周边其他教派的兄弟就不会再因为我们不懂《摩西律法》而咒骂我们，不会因为自己不懂我们的母语（我们的土话就更不用说了）就抛弃和非难我们的教义；只要我们（不仅在这方面，

1 Mother of Harlots，语出《启示录》17：5。——译注

2 斯威特：《美国边疆的宗教》，第72页。“我们担心，如今，有太多的布道师把钱和神学知识当成了骄傲的资本。”同上，第65页。

3 同上，第73—74页。关于浸礼宗布道师的思想状况，以及浸礼宗布道师和平信徒对教育的抵制，见波西：前揭，第2章。

4 卫斯理·M. 格威尔（Wesley M. Gewehr）：《弗吉尼亚的大觉醒，1740—1790》（*The Great Awakening in Virginia, 1740—1790*，杜伦，北卡罗来纳，1930年），第256页。

在所有事情上都应该如此）在这样做的时候一心一意认准上帝的荣耀，推行救世主的旨意，那么，我们就可以满心期望自己能得到上天的褒扬。

浸礼宗平信徒分为两派，一派想要尊严，一派想要性格相投、花费不多的牧师。虽然截止到1830年，浸礼宗领袖取得了长足的进步：既提升了平信徒的教育水平，也培养出了受过充分教育、领取薪水的牧师，但是，改变浸礼宗教会固有的偏见是缓慢的工作；它需要与根深蒂固的信仰复兴派的影响展开一场长期的斗争。[1]

六

内战之后，各个教会的立场出现了重要的结构性转变。将基督教带给不断发展的城市成为越来越紧迫的任务；但这也越来越困难，因为教会必须找到安置乡村移民、适应城市工人情绪、解决贫困的手段。信仰复兴者对城市的兴趣在19世纪40到50年代就已经明显增强，如今，又平添了特殊的紧迫性。从德怀特·L. 慕迪时代到比利·格雷厄姆时代，能否在大城市成功劝人皈依——按照国际标准——已然成为检验传福音者重要性的最终标准。仅仅面向乡村和小城镇的劝道者最多是三流水平。

在时间上，慕迪是介于芬尼和比利·桑迪之间最为重要的人物。他的父亲是马萨诸塞州诺斯菲尔德（Northfield）的砖瓦匠。慕迪幼年失怙，十八岁在一位巡回传道的公理宗牧师的劝导下皈依。早在二十 106
岁时，慕迪就参与了宗教和福利事业，而这样的事业在内战之前的十年间就已于城市中展开。虽然慕迪在芝加哥的鞋品批发业务做得一

1　关于教育方面的努力，见波西：前揭，第8章。

帆风顺，但在1860年，他决定放弃生意，转而独立传教。战争期间，他在基督教青年会活动；战争之后不久，他成为青年会芝加哥分部的主席。从十三岁起，他就没上过学，他也不去谋求神职，也从来没有成为牧师。

1873年之前，慕迪的主要成就仅仅是在基督教青年会和主日学校的工作中取得的。但是，在两次英国旅行中，他考察了当地基督教领袖的方法手段，这又体现了他的进取心和好奇心。1873年，他在英国的熟人邀请他赴英，他主持了一系列福音传道会，由此，获得了第一次重要的成功。从1873年夏季开始，他带着自己的风琴师和歌手伊拉·D. 桑吉（Ira D. Sankey）举行了为期两年的系列会，他去了约克、爱丁堡、格拉斯哥、贝尔法斯特、都柏林、曼彻斯特、谢菲尔德、伯明翰、利物浦和伦敦。据估计，仅在伦敦，慕迪的听众就有大约两百五十万人。自卫斯理和怀特腓德时代以来，英国还从未有过如此令人印象深刻的布道。他离开美国时寂寂无闻，却是载誉而归；从1875年到他1899年去世，慕迪不仅是新时期美国福音传道界难以挑战的领袖，还是美国新教最伟大的人物。

慕迪与芬尼迥然不同。芬尼以近乎让人惊恐的力量制服听众，而慕迪则是和蔼可亲之人，他更乐于举出天堂的希望，而不是用地狱的折磨当作警戒。慕迪矮小、体胖、大胡子，颇像格兰特将军；但不只是身体外貌，他们还有其他相似之处。与格兰特一样，慕迪也非常简单，但意志坚强；他围攻灵魂就像围攻维克斯堡，体现了有些相似的果断的组织力。跟格兰特一样，他也在虚弱之处施加绝对优势的兵力，直至抵抗崩溃。与格兰特相同，他也把自己的强大隐藏在不起眼的外表之下。不过，两人的相似之处就这么多。格兰特是在尽其义务，但他内在缺乏信心；在其战争事业之前，他在商界一败涂地，而战后，又在政界再次败北。与之相反，慕迪却极为自信。自其年轻时放弃商业、投身宗教，他
107 就一步步走向成功；很难想象，在首先需要坚忍、精明、决策、单纯的男

人气、人情味的任何生活实践领域之中，慕迪能有失利之时。他无知到极点——批评其布道辞的人总说，他甚至不懂语法；但是，他懂《圣经》，他懂听众。在面对听众时，他并不煽情，他不知疲倦地重复着自己那句总挂在嘴边的问题："你是基督徒吗？"他说话滔滔不绝，言语的声音轻易就能充满他的成功之地——宏大的讲堂；就这样，他完全感染了听众，将之引向救赎。

慕迪的布道，内容广泛，不拘泥于一宗一派——重要的是，在一段时期，除了罗马天主教、神体一位论和普救派（Universalists）之外，他实际上赞同所有教派[1]——他毫不关心对神学问题的正规讨论。（"我的神学！我不知道我有没有神学。我倒希望你们告诉我，我的神学是什么。"）[2]他那个时代的知识、文化、科学对他来说毫无意义；当他谈到这些东西时，他的话一向尖酸刻薄。在这方面，他忠实于主流的福音派传统。虽然他不想削弱建制派牧师及其训练活动，但是，他又由衷地赞同平信徒参与宗教工作，而且认为，神学院培养出来的牧师"通常都受过充分教育，但脱离民众"。[3]他轻视一切不能用于宗教目的的教育——关于世俗教育，他说，这种教育并没有告诉人们他们都是没出息的家伙，相反，还奉承他们，说他们"都跟天使似的，就因为受过一些教育。有教养的流氓是最卑劣的流氓"。除了《圣经》，他什么也不读。"关于这些书，我有一个原则。除非它有助于我理解《圣经》这本书，否则我才不读。"小说？它们"都华而不实……我没有欣赏它们的品味，不想读；我不会读，没有如果"。剧院？"你们说看几场好戏是一个人教育的一部分。那还是把这种教育扔进四方的风[4]里吧。"文化？它"本身

1　麦克洛夫林：《现代信仰复兴思潮》，第219—220页。

2　迦玛列·布拉德福德（Gamaliel Bradford）：《D. L. 慕迪：灵魂工作者》（*D. L. Moody: A Worker in Souls*，纽约，1927年），第61页。

3　麦克洛夫林：《现代信仰复兴思潮》，第273页。

4　The four winds，见《撒迦利亚书》2：6。——译注

是好的”，但是，在一个人还未从神而生[1]之前，谈论文化就是“疯到了极点”。知识？它对有灵之人是妨碍：“没有知识，我也有热情；但存在着很多知识，它们没有热情。”科学？在慕迪的时代，它不是发现上帝、赞美上帝的手段，相反，它成了宗教的威胁。“‘人是按照上帝的形象
108 造出的’，这比现在教给一些青年男女的‘人是猴子的后代’的说法更可信。”[2]

在对待智识和文化的态度上，慕迪虽然忠于福音派传统，但是，他让他那一代人体现出了不同之处，慕迪在信仰复兴史上确立了新的起点；这个起点不在于目标或态度，而是方法上的。在乔纳森·爱德华兹及其同代人的时期，他们习惯于把信仰复兴看成神显（divine visitations）的结果。爱德华兹在他第一部重要作品的标题里把北安普顿的信仰复兴称为“上帝的惊人之作”；这个修饰语恰恰表明了：北安普顿的布道师认为复兴之事完全不由人类意志所控制。不过据猜测，怀特腓德更明白一些；身为经验丰富的复兴活动的推动者，他多少还是清楚：复兴跟人类意志有些关系。但尽管如此，他还是偏爱这样的理论：神的干预是本质性的主动之因，而人类意志相对被动。直到芬尼的时代，这种观念开始式微；美国福音派传统独特的唯意志论（voluntarism）占据优势。芬尼坚称，“**宗教是人的工作**”。他也承认，诚然，上帝让自己的灵干预进来，让人们服从他的禁令。但是，一方面，圣灵恒定产生作用——就像我们现在说的，它是常量；另一方面，人的回应却是变量；只有人类意志适时而动，方有信仰复兴。芬尼断言，宗教复兴“在任何意义上都不是奇迹，也不依赖奇迹。它是正确使用标准手段的结果，完全是哲学的结果”。因此，守株待兔地等待信仰复兴作为奇迹再次发生，这是错误的，也是偷懒。“你们明白了你们为什么没有复兴。原因仅仅是，你们

1 指信耶稣是基督，如《约翰一书》5：4。——译注

2 布拉德福德：《D. L. 慕迪：灵魂工作者》，第24，25—26，30，35，37，64，212页。

不想有复兴。”[1]

芬尼的《宗教复兴讲演录》一心要证明，正确的手段是什么，信仰复兴如何能产生——也就是说，如何随心所欲地产生。但值得注意的是，芬尼所说的手段并不是机械式的；它们不仅仅是技术；它们是一系列指导，指导内心、心灵、意志如何安排，以能达到复兴宗教这一伟大目标。在这方面，慕迪及其同代人让信仰复兴适应了新型工业时代的 109
精神，确立了自己的起点。如果说具有慕迪那样才智和诚挚之心的人缺乏必要的、内在的精神财富，那么这种说法并不中肯；而且值得注意的是，他还补充了其他条件——如商业组织使用的技术手段。芬尼的信仰复兴属于安德鲁·杰克逊和莱曼·比彻的时代；而慕迪属于安德鲁·卡内基和P. T. 巴纳姆[2]的时代。

芬尼的复兴运动虽然精心设计，但在运作时没有借助太多工具。而慕迪的信仰复兴却充分利用了一套规模可观的机制。[3]比如有先遣人员，他们被派去安排地方福音派牧师对慕迪的邀请。还有开展广告宣传活动，要求张贴海报，在报纸上刊登通知（后者放入了娱乐版块）。由于教堂——甚至是最大的教堂——很难容下那么多人，所以大型讲堂必须设立；哪个地方没有，就必须全新建造。如果是临时的，讲堂后来会被卖掉，废弃，换取收益。慕迪的波士顿集会大楼耗资32 000美元，而在一座城市召开一系列集会就需要30 000美元（纽约）到140 000美元（伦敦），故而为了支付不菲的开支，还设立了财政委员会；通过委

1　《宗教复兴讲演录》，第9，12，32页。芬尼对人类能动性在开展复兴活动中起到的作用这一问题的全部论证，我处理得并不充分；他的这部作品的第一章论述得要更为中肯。

2　P. T. Barnum（1810—1891），美国马戏团商人，他也是政治家，积极推动废奴的《美国宪法第13条修正案》。心理学的“巴纳姆效应”也是以他命名。——译注

3　见麦克洛夫林对慕迪复兴活动机制的出色论述，《现代信仰复兴思潮》，第5章，“旧式复兴与现代改良”。

员会，当地商人的资源得以利用。但是，慕迪并没有只靠小商人。塞卢斯·麦考密克和乔治·阿莫尔在芝加哥、杰伊·库克和约翰·沃纳梅克在费城、J. P. 摩根和康奈利尤斯·范德堡二世在纽约，都给予了慕迪帮助。集会要求当地的接待人员来安排群众；要求助手进行随访，“调查”慕迪的皈依者在布道之后的精神状态。此外，还有各种音乐设施——桑吉的演唱和他的风琴，每个城市都招募当地歌手组成唱诗班，人数600到1 000不等。与商业中的情况几乎一样，慕迪集会的业绩也成为考量目标。一开始，慕迪反对计算得到拯救的灵魂数量——据说，伦敦有3 000名，芝加哥有2 500名，纽约有3 500名——但是在他晚年，慕迪开始使用“决心卡片”系统记录咨询室访客的姓名和住址。

我们之前看到了，芬尼接受过的一些法律训练都保留在了他最理
110 性的布道中，他也为之骄傲。而对于慕迪来说，他的布道则体现了他早年间从商的经验，尽管有可能并不自觉。慕迪有时讲话就像一位救赎推销员。在“调查”会时，当他坐在椅子上说“谁要接受基督？你们只需要基督。信基督，你们就永生，要什么，有什么。不要基督，你们就完。他把自己给了你们。谁要接受他？”[1]的时候，总像是在卖东西。有时又会听见他说：“有人想要外套，他想要最好的外套，他付得起钱。这就是世界遵循的规律。如果我们给人们看看，宗教比任何东西都好，我们就能赢得世界。”人们必定同意迦玛列·布拉德福德的判断：这就是“卖鞋的套话”。[2]他的同时代人也看明白了这一点。莱曼·阿博特这样写慕迪：“他站在讲台上，看着就像商人；穿得像商人；开个会也像商人；说话也是一副商人范儿。”[3]

芬尼对于主要的社会问题，基本上立场极端，比如奴隶问题；而慕

1 伯纳德·维斯伯格：《他们聚集在河畔》，第212页。

2 同上，第243页。

3 《我的同时代人的剪影》(*Silhouettes of My Contemporaries*，纽约，1921年)，第200页。

迪一贯保守；他的作品在很大程度上把福音派思想和商业思想结合在一起，这也是后来受到欢迎的信仰复兴者具有的特征。他的政治观点总是与支持他的共和党商人相似；他很想搞清楚《福音书》对有产阶级会如何有用，对于这样的做法，他并无不屑。“我跟芝加哥的有钱人说，如果共产主义和不信上帝席卷美国，那他们的钞票就不值这么多了”。他又说：“对于芝加哥的资本家来说，最值的投资就是把《福音书》里储存的盐投入黑暗之家和救济中心……”但是，如果认为他在迎合富人，那就错了。他的保守倾向反映了他以前接受过的千禧年派的信念，这让他对社会充满悲观。人天生就坏到骨子里，人没有什么值得期望的。“我总听说改革，改革，我累了，对这些烦透了。我们需要圣灵的力量带来重生。”所以，慕迪厌烦任何针对社会的讨论。[1]在他的所有作品里，人过去是，而且一向是失败者。真正的任务就是让尽可能多的灵魂离开这艘正在下沉的船，也就是这个世界。 111

七

在一个重要的方面，慕迪时代的信仰复兴比前人的复兴活动不得不接受更强的控制。旧时代复兴集会中的种种“狂热”表现——尖叫、呻吟、昏厥、号叫、狂吼——如今都不被人接受。不仅仅是宗教行为越来越受到约束，而且城里的复兴活动都出现在城市新闻界挑剔的眼皮子底下；凡事如果失去了公众同情的关注，那它绝不允许发生。但是，在乡村教会和野营布道会中允许存在的失控状态，也有可能出现于主流复兴集会的大讲堂里，从而制造出一幕幕危险的场景。复兴运动的最明智的同情者总是觉得极端的狂热表现令人难堪。芬尼常常会勾起

1　麦克洛夫林：《现代信仰复兴思潮》，第167，269，278页；布拉德福德：前揭，第220—221页。

听众这样的表现，但他认为这些都是麻烦和恶行，只不过不可避免。慕迪则下决心解决它们，他会中断布道，让接待员把干扰的听众请出。甚至，只要“阿门”或“哈利路亚”喊得太多，他就会叫道：“别麻烦了，我的朋友，我自己就能喊。”[1]在他之后的比利·桑迪则会严厉地向听众抬手示意，让接待员把闹事者轰出去。他相信，“一个人不用大惊小怪，也能皈依”。他有一次还高叫：“兄弟，两人不能一起叨叨吧；还是我来吧。”还有一次，他说：“姊妹，再等一会儿，把打火器收起来，省点汽油吧。”[2]礼节——起码的礼节——还是要遵守的；必须专注表演的主角，不可分心。

虽然城市传福音的环境对听众有所约束，但似乎解放了布道师。在研究大众感受的历史学家看来，福音派发展中的一个最为引人瞩目的方面就是，布道辞的语言从白话（vernacular）降为了俗语（vulgar）。布道应该平白、自然、知识不深、朴实无华，方能接近并感动单纯的民众，一直以来，这样的观念都是宗教活动的核心。芬尼已经主张过：真正优质的布道辞就像真正优质的生活一样，要剔除高雅和做作。他还
112 令人触动地为布道辞的白话文风辩护；他更喜欢即兴布道，而不是预先写好文辞，之所以如此，因为这种自然话语更直接，更接近日常语言。他说，只要人们全然真诚，“他们的语言就得当，直接，简单。他们的句子就短小，可信，有力”。他们诉诸行动，就要结果。“这就是为什么以前无知的循道宗布道师和诚挚的浸礼宗布道师取得的效果，比最博学的神学家和神职者还要多。他们现在也做到了。”[3]

1 麦克洛夫林：《现代信仰复兴思潮》，第245页；布拉德福德：前揭，第223页。

2 麦克洛夫林：《现代信仰复兴思潮》，第433—434页；也见《他的大名是比利·桑迪》，第127—128页。

3 《回忆录》，第90—91页。芬尼在《宗教复兴讲演录》第12章中用了很长的篇幅解释他的布道观。他规定了牧师说话方式的若干准则，其中有：“应该以对话的方式”，“必须用日常生活语言”，“必须用比喻”——“从日常生活中实际出现或设想的事件”以及“社会司空见惯的事情”里“选取例子”。可以重复，但不要千篇一律。

芬尼为白话布道辞主张的理由，很有说服力，难以反驳。毕竟，在大多数优秀的布道辞中，不就是有白话成分吗？比如，人们会想到路德把基督诞生的场景最直接、最切近、形象化地展示给听众：[1]

> 真惨啊，年轻姑娘成婚才一年，她不能在拿撒勒自己的家里生孩子，还得长途跋涉三天[2]，怀着这么沉的孩子！……生产时就更可怜了。没人在意这位小媳妇生自己的第一胎。没人关心她的状况……她毫无准备：没灯，没火，死静的夜，伸手不见五指……我自己觉得，如果约瑟夫和玛利亚知道分娩快到了，她兴许就留在了拿撒勒……谁能告诉这个可怜的姑娘该做什么？她之前可没生过孩子。我倒是挺吃惊，这个小家伙居然不冷。

也许，芬尼本人平白的说话风格正是继承自清教徒最出色的布道。在美国布道史上，最棒的比喻就出自乔纳森·爱德华兹，他把灵魂比喻成在厨房火炉上取暖的蜘蛛，因为上帝的仁慈，它才能用丝线悬挂。美国文学的原创性和独特性不正是来自这种白话风格吗？

芬尼对布道辞的理念非常正确，而且也得到了足够证明。但后来的传福音者出现了问题：他们未能维持白话风格，以免它沦落到认可，甚至夸大流行感受中最粗俗的那一面。毫无疑问，芬尼同时代的雅比 113
斯·斯万[3]就一味添加生动的口语风格，比如他用下面这番话描述约拿

1　罗兰·H. 班顿（Roland H. Bainton）：《我在这里：马丁·路德传》（*Here I Stand: A Life of Martin Luther*，纽约和纳什维尔，1940年），第354页。

2　玛利亚是拿撒勒人，怀孕待产。当时赶上罗马皇帝普查人口，她必须回本家伯利恒报户籍，所以和丈夫约瑟夫长途至此，在伯利恒的马棚中诞下耶稣。——译注

3　Jabez Swan（1800—1884），著名循道宗布道师，第二次大觉醒运动的代表人物。——译注

遇到的鱼：[1]

> 这大鱼泼打水面，掀起泡沫，上下翻动，一会这儿，一会那儿，到处折腾，他想甩掉累赘。到最后，他越来越恶心，干脆上岸，把让他作呕的东西从嘴里吐了出来。[2]

慕迪的布道，一分钟能吐出220个词，也是口语，但并不粗俗；而且慕迪顺应时代，在布道中还加入了一股浓浓的、也许会让芬尼觉得奇怪的感伤气。像芬尼一样，慕迪不喜欢被别人说成是“散文布道”。他说，“想讲得跟雄辩一样，这就太蠢了”。[3]观念传统的听众很反感他的俚俗和不正式。（“每个人都会对这些集会感到失望，有些人还可能受到刺激。”）伦敦的《星期六评论》就认为他“纯属一个极为低俗，爱吵爱闹的家伙”。[4]但是大体来说，慕迪的布道辞并不是那么粗俗。倒是同时代年轻一些的山姆·琼斯[5]，口气更露骨，更带有攻击性：“镇上一半有文化的布道师都是文科学士、哲学博士、神学博士、法学博士和蠢货。”“要是有谁受不了真话讲得那么多、那么快，他就最好从这里滚出去。”[6]比利·桑迪模仿的就是这种风格，他模仿的并不是慕迪。

比利·桑迪的传道事业从1896年开始，至1935年结束，自他开始布道之后，人们会发现福音派的修辞品味降到了最低点。与之相比，

---

1 麦克洛夫林：《现代信仰复兴思潮》，第140页。

2 约拿的故事见于《约拿书》，原文并未写得那么生动，仅仅说大鱼吞了约拿，约拿在鱼腹中向上帝祷告，后来上帝让鱼把约拿吐到岸上。——译注

3 布拉德福德：前揭，第101页。关于他的布道风格，见麦克洛夫林：《现代信仰复兴思潮》，第239页以下；J. 威尔伯·查普曼（J. Wilbur Chapman）的《德怀特·L. 慕迪的生平和作品》（*The Life and Work of Dwight L. Moody*，波士顿，1900年）中有丰富的例子。

4 布拉德福德：前揭，第103页。

5 Sam Jones（1847—1906），美国循道宗布道师，曾经当过律师，口才极佳。——译注

6 麦克洛夫林：《现代信仰复兴思潮》，第288页。

我们时代的比利·格雷厄姆这样的布道师都令人惊讶地规矩和克制。桑迪的事业生涯在某些方面与慕迪类似。他的父亲是爱荷华的砖匠，1862年在北方军中去世。桑迪少年时代生活在乡村，极度贫穷；他高中休学，1883年被球探挖掘，加盟芝加哥白袜棒球队(Chicago White Stockings)。1883到1891年，桑迪都靠当棒球手为生。他后来的事业听上去就像林·拉德那[1]的小说，自大得难以形容的外野手信了宗教，转行传福音去了。与慕迪一样，比利·桑迪也是通过基督教青年会参加了福音派工作。他1886年皈依，开始为基督教青年会演说；在离开棒 114
球队之后，担任青年会秘书；1896年首次布道。与慕迪安于平信徒的地位不同，桑迪渴望神职。1903年，他接受了芝加哥长老会考官们的考试。虽然他的一连串回答大意都是"对我来说太深了"，但考试结果无效，因为桑迪劝服的皈依者比所有考官劝服的还要多。故而无须进一步考察，他就被提拔为牧师。

1906年之后，桑迪离开早年间让他取得成功的中西部小城镇，去往了规模中等的城市。1909年，他已经成了大城市里第一流的体制内的福音传道者，继承了慕迪的衣钵。如布莱恩、威尔逊、西奥多·罗斯福等政治领袖都以各种方式对桑迪表示祝福；企业大亨就像对待慕迪一样，为桑迪打开金库；体面的世界也认为桑迪是体面的；来听他布道的人有好几百万。1914年，《美国杂志》的读者们回答了一个调查问卷："谁是美国最伟大的人？"桑迪排名第八，与安德鲁·卡内基并列。他对福音派事业的运作，更看重最外部层面，其方式类似慕迪；但是，他们又有两点不同。慕迪需要当地牧师，并且寻求他们的邀请；而桑迪更进一步，往往胁迫不太情愿的神职者，到其同意为止。另外，慕迪生

1 Ring Lardner(1885—1933)，美国体育专栏作家，也写有体育题材的短篇小说。海明威受到过他的影响，曾取笔名，小林·拉德那。这里说的应该是他的小说集《艾尔，你懂我》(*You Know Me Al*)。——译注

活舒适，但无巨产；与之相反，桑迪却是百万富翁。当有人批评他的复兴布道活动收取的费用时，他回答说："我的工作让我赚到的也仅仅就是一个灵魂两美元而已；跟其他任何在世的传道者相比，我得到的很少，与我劝信的人数不成比例。"两人都极为务实，但慕迪的个人爱好仅仅是大餐，而桑迪喜欢衣着光鲜。他一身条纹西装，上面硬领、钻石别针和饰钉，脚下漆革鞋，还有鞋罩，桑迪就像出去泡妞的架子鼓鼓手。跟慕迪一样，他也有一位音乐伴奏者，霍默·A. 罗德希弗（Homer A. Rodeheaver）；不过桑吉歌喉甜美，罗德希弗却开始用爵士乐演奏赞美诗。[1]

如果芬尼能看到的话，他就会对桑迪的风格以及这位复兴者工作中的娱乐元素感到惊奇：桑迪曾雇用马戏团的巨人给他看门；他还动不动就模仿众多同时代人（芬尼严令禁止的事情中，有一项就是轻浮）；
115 布道热烈时，他还脱去外套和背心；在长篇大论之中，他还时不时在讲坛上显露自己身体敏捷的特长。桑迪对说俚语感到自豪。"因为我说的英语是大白话，所以，有些肿眼泡、个儿不大、愚蠢无用的布道师是不是在醉醺醺地四处乱晃，我会在意吗？我想让人民都明白我的意思；这就是为什么我要到人民住的地方去。"他说，有文化的布道师想着法"取悦高知，而取悦他们的同时，也失去了人民"。慕迪用的语言，虽然简单，但是对于桑迪来说，趣味不足。慕迪曾说："教会的标准如此之低，都没什么意义了。"桑迪则声称："教会的围栏太矮了，两三头穿着西服、拿着一卷票子的老公猪都爬了进来。"慕迪很喜欢这样说："我们不要智识和金权政治，我们要圣言的力量。"桑迪则加工一番："所有教会成员如果都是千万富翁和大学毕业生，那么美国教会就会活活枯死，掉进十八层地狱去了。"[2]

---

1 关于桑迪的生平，见麦克洛夫林的详尽透彻的传记：《他的大名是比利·桑迪》。

2 麦克洛夫林：《他的大名是比利·桑迪》，第164，169页。

经典的民间风格的布道都试图让《圣经》故事贴近现实。桑迪曾用流行的小镇俗语讲述黑暗权势和光明权势[1]。在他的布道辞中，魔鬼用这样的话试探耶稣："拿几块石头变成饼，弄一顿正经饭！做点东西出来吧！"[2]桑迪还这样描述饼的奇迹[3]：

> 耶稣看了看四周，找出了一个小男孩，他妈给过他五块饼和两条沙丁鱼当午餐。耶稣跟他说："孩子，到这来，主需要你。"然后他把主想要的东西告诉了这个小家伙；小男孩说："耶稣啊，是不太多，但有什么你就尽管拿吧。"

20世纪20年代，有些人对布鲁斯·巴顿[4]的《无人知晓之人》(*The Man Nobody Knows*)中的庸俗震惊不已，但他们也许不知：桑迪为巴顿做了何等充分的铺垫，才使得他将耶稣描绘为干大事的："耶稣可是有两下子；耶稣基督能像六缸引擎一样开动；你要是认为耶稣不行，就大错特错了。"他也认为有必要证明一点：耶稣"不是面团脸、溜须拍马的家伙。耶稣是有史以来最了不起的硬茬。"[5] 116

1 指魔鬼和耶稣，见《歌罗西书》1：12—13。——译注

2 故事见《马太福音》4：3，显然桑迪添油加醋，口语化还特别明显。——译注

3 故事来自《福音书》，即五饼二鱼的故事。四福音都提过门徒拿出五饼二鱼，而《约翰福音》6：9还提到过一个孩童有五饼二鱼，桑迪应该是根据这里杜撰出了很多细节。——译注

4 Bruce Fairchild Barton(1886—1967)，20世纪美国政治家、作家，共和党人。作者这里提到的是他的代表作，在书中，他把耶稣塑造成了世俗的、精明的现代商人。这本书有中译，加了个正标题"耶稣最伟大的CEO"。——译注

5 维斯伯格：《他们聚集在河畔》，第248页；麦克洛夫林：《他的大名是比利·桑迪》，第177，179页。桑迪这里的语言表现出了一种对话语表达的新式暴力，第一次世界大战时期的神职人员普遍如此。见雷伊·H. 艾布拉姆斯(Ray H. Abrams)：《举枪致敬的布道师》(*Preachers Present Arms*，纽约，1933年)。

第五章

反抗现代性

一

比利·桑迪在修辞上的粗俗只是表面现象，比这现象本身更重要的是，它揭示了桑迪那个时期福音传道的立场。俗话和粗俗源自一种芬尼或慕迪并不熟悉的精神，它绝望地陷入困扰之中。当然，这两位早期传道者也会感到困扰——困扰于地狱势力，以及参与拯救灵魂的好战分子。但是，困扰桑迪的因素还有一个，就是现代主义精神——人们有时候会觉得这是首要原因。他的风格之所以意义重大、广为流行，除了因为单纯的个人气质（这一点也很重要），还归因于基要主义在其历史衰退期中受到的阵痛。

当我们进入20世纪时，我们会发现福音派传统立刻迎来了一场危机。这场危机的第一个部分出现于内部：在旧式宗教模式与现代主义之间，必须要有所取舍，势不容缓，难以避免，因为这两者的冲突越发公开，渐趋普遍。平信徒和神职者里的基要主义者都非常苦恼地看到，福音派的主要教派——如浸礼宗和循道宗——中的大多数人至少在一定程度上屈从于现代主义思潮；对这些背叛者的怨恨又平添在痛苦之中。危机的第二个部分在外部：虽然早在美国建立之前，世俗对宗教正统的挑战就已经存在，但是，达尔文主义的势力，连同新潮的都市风格，都让这些挑战具备了史无前例的力量。此外，117 教育的普及，整个国家的流动性，全国思想市场的发展，都让世俗、自由的知识分子思想与基要主义者的《圣经》信仰越来越难以彼此独立，并行不悖。以往，只要各种形式的世俗主义都是精英式的，那么基要主义者要么无视它，要么就在好战的布道辞中将之当作随手可得的替罪羊。但是如今，两者立刻短兵相接，持续鏖战——这就是大众文化的发展以及它与高等文化相互接触对宗教造成的首要影响。

我无意表明，宗教就没有可能以某种方式安静地退出世俗文化的心理环境；但是，许多类型的好斗的宗教并不想退出。对于众多个体或团体来说，宗教也许表达了平和的信仰、个人的和平、心灵的慈善。但是，对于更好战的精神来说，它或许成了仇恨的来源或发泄手段。有一种好战的心灵，在它看来，种种敌意正是任何人类境遇中最值得关注、最有价值的方面；有些个体就靠仇恨而活，视之为一种信条；在我们自己的历史中，我们就能追寻到他们的脉络，比如各种好战的反天主教运动、反共济会运动，各种古怪的宗教狂热。基要主义者既有平和的，也有好战的；很难说哪个群体人数更多。我在本章关注的是好战的一方，他们投身于对宗教现代主义以及我们普遍文化的现代性的反抗中。这样，我们在本章要处理的是整个福音派传统中的一个规模略小，但并非微不足道的类型——这一类福音派认为自己能用不断激烈的热情来弥补人员数量的减少。

在比利·桑迪最突出的修辞手法中，有两个特征较为明显，一个是切性，一个是讥讽和谴责，它们可以视为新型群众心理的标志性表现。在桑迪那里，人们可以发现我所谓的“百分百心态”，即完全相信普遍流行的愚昧言行，而且断定任何人都没有权利挑战它们。这种心态是相对晚出的基要主义宗教和基要主义美国精神（Americanism）的融合，

118 通常带有浓厚的基要主义道德观。[1]“百分百者”不会包容歧义、两可、保留意见、批评态度，他认为自己的执着可以证明韧性和阳刚。有位评论者曾经这样说桑迪：当时已经没人“会如此坚持个人的、好战的阳刚气了，甚至罗斯福先生也不会这样”。耶稣是“硬茬”，他的门徒桑迪颠覆了这样的想法：基督徒肯定是“抹布一样的玩意儿，湿了吧唧，女里女气的白痴，谁都能拿他当受气包”。“主把我们从目中无人、大肥脸、软骨头、膝盖软、脸皮薄、墙头草、假惺惺、没脊梁骨、娘娘腔、顽固的三克拉基督教中拯救了出来。”桑迪也想推翻这样的观点：“成为基督徒会让人逃避世界的忙碌生活和活动，让他变成没脊梁骨、娘娘腔的玩意儿。”他表达过一个罗斯福式的看法：“道德斗争让人坚强。肤浅的和平让人多愁善感。”他坦言：“我对不杀戮的上帝毫无兴趣”，这正概括了他自己的性格。[2]

对于这种日益加剧的好战倾向，为了评价它的历史意义，我们还是要回到福音派运动的早期历史中。西德尼·E.米德曾评论说，在大约1800年之后，“美国人事实上面临着一个艰难的选择，一边是遵循各个思想中心里盛行的标准，变得理智；一边是按照种种教派里盛行的标准，虔诚于宗教”。[3]但是，在1800年之后，这个选择尚未完全浮现，问题也并不尖锐；而在1860年，尤其是1900年之后，情况就相反了。如米德指出的，截止到1800年左右，虔敬主义思想和理智主义思想以非正式的方式相互理解，这主要依托于普遍的博爱和

1　与基要主义宗教和基要主义美国精神联系在一起的，通常是性方面的基要主义态度，即专门恐惧正常的性和性异常。从后期的基要主义布道辞中，可以感觉到，这些布道辞的创作意图就是让听众害怕自己的性。关于这方面，查一查福音派文学中对跳舞和卖淫的态度会很有启发。桑迪认为，“方块舞的几个角摇来晃去，带动身体的位置，那姿势，正派社会容忍不了”；他提议立法禁止十二岁以上儿童去舞校；再立法严禁跳舞，直到婚后。麦克洛夫林：《他的大名是比利·桑迪》，第132，142页。

2　麦克洛夫林：《他的大名是比利·桑迪》，第141—142，175，179页。

3　《教派分立：美国新教的形态》，第314页。

对宗教自由的共同的热情。比如，可以想想本杰明·富兰克林[1]，他曾聆听怀特腓德在费城的布道，倾囊相助觉醒者支持的一家慈善机构；在正规神职人员不让怀特腓德上讲坛之后，富兰克林还资助建立了一所会堂，给他以及任何布道师使用。虔敬主义与理性主义[2]之间的和睦在杰斐逊[3]担任总统期间达到了顶峰，那时，反体制团体，尤其是浸礼宗，都欣然支持坚定拥护宗教自由的人，无论他是不是理性主义者。[4] 119

当然，毫无疑问，在18世纪90年代的美国，因为自然神论的影响处于顶峰，故而有很多言论都对不信上帝的入侵表示恐惧。这些恐慌主要影响了正统教派的成员，也影响了这些教派的学院和背叛的信仰者。[5]还有一点同样不假，在1795年之后，信仰复兴运动爆发时，伏尔泰和汤

1　富兰克林是自然神论者，主张神学理性主义。下面提到的杰斐逊、潘恩的宗教观都与之相同。——译注

2　这是神学中的理性主义，不同于哲学的理性主义。指凭借理性，而不是虔敬，就能认识上帝，以此反抗教会的训导。下面说的自然神论就是理性主义倾向，它志在消解宗教，往往被宗教人士定为无神论。——译注

3　杰斐逊主张自然神论和神学理性主义，这两者都是共和主义宗教的核心。所以作者后面会把这三者联系在一起。——译注

4　如见威廉·A. 罗宾逊（William A. Robinson）：《新英格兰的杰斐逊式民主》（*Jeffersonian Democracy in New England*，纽黑文，1916年），第128—141页，论述了新英格兰浸礼宗的共和主义倾向。

5　弗农·施托弗（Vernon Stauffer）在《新英格兰和巴伐利亚光明会》（*New England and the Bavarian Illuminati*，纽约，1918年）中，最为生动地描述了法国大革命后出现的、对革命和不信上帝的严重焦虑。虽然在18世纪末，美国精英中的确弥漫着种种温和的哲学怀疑论，但是，这主要是私人信条，并没有要劝人改变信仰。在法国大革命和杰斐逊式民主兴起之后，上层理性主义者很少再像以往一样对公众传播理性主义。像以利户·帕尔默（Elihu Palmer）那样志在变革的怀疑派，虽然想在中下层民众中将共和主义与怀疑论联合起来，但还是觉得寸步难行，尽管在纽约、费城、巴尔的摩、纽堡有若干自然神论派的社团。见G. 阿道夫·科赫（G. Adolph Koch）：《共和主义宗教》（*Republican Religion*，纽约，1933年）。

姆·潘恩都成了布道师的发泄对象，替人受过。[1]但尽管如此，大多数早期传福音者还是非常现实，他们不认为有知识的、理智自觉的怀疑论会真正威胁到自己接触的简单民众。他们明白，首要的敌人不是理性主义，而是宗教冷漠；他们最重要的工作，其对象不是那些受汤姆·潘恩攻击《圣经》之举所影响的人，而是从不读《圣经》之徒。随着福音派人士从1795到1835年取得了令人瞩目的成就，随着自然神论陷入了相对的沉寂，虔敬主义与理性主义的斗争逐渐消失。福音派信徒更关心
120 将广阔的美国内地从天主教和宗教冷漠中拯救出来，而不是关心驱散启蒙运动的微弱的余晖。

内战之后，一切全变，理性主义再一次成为福音派思想的劲敌。达尔文主义广泛而普遍地影响了每一个思想领域，它的到来让正统基督教处于防备状态；而在知识型的牧师和受过良好教育的平信徒中，现代学术性的《圣经》考证又增强了达尔文主义的影响。最终，在该世纪末，工业制度问题和城市教会催生了另一股现代主义倾向，即广泛的社会福音运动。此时，牧师和平信徒都必须在基要主义和现代主义之间，在保守的基督教和社会福音之间做出选择。

随着时间发展，大多数神职者——包括大批对福音派同情的神职者——都变得思想自由。[2]不得不与少数理性主义怀疑派生活在同一世界的人，看着背叛者不断背离正统基督教，走向现代主义：背离与救赎这一永恒问题必然联系的基督教，走向忙于世俗事务（如工会、社会服

---

1 凯瑟琳·C. 克利夫兰（Catherine C. Cleveland）：《西部的大复兴，1797—1805》（*The Great Revival in the West*, *1797—1805*，芝加哥，1916年），第111页。马丁·E. 马蒂（Martin E. Marty）在《不信上帝者》（*The Infidel*，克利夫兰，1961年）中主张：在美国，不信上帝的力量非常薄弱，所以它本身并不严重，但是，在正统布道辞里，在宗教团体针对神学问题的相互攻击中，它非常重要，是一个令人恐慌的词。

2 关于不同形式的牧师制度，见罗伯特·S. 迈克尔森：《1850年至今的美国新教牧师》，载于尼布尔和威廉斯：前揭，第250—288页。

务所，甚至推动社会主义）的基督教——他们觉得处境艰难，尽管以前并不是这样。截止到该世纪末，基要主义者痛苦地看到：他们的影响和地位大不如前。此时，在他们当中，人们可以看到某种宗教风格浮现出来，它的形成归因于基要主义者想要反击一切现代事物——高级考证、进化论、社会福音、任何方式的理性批评。这种社会方面与神学方面的联合反应为"百分百心态"奠定了基础。

把慕迪和他那位最杰出的后辈做一番比较，就可以看清这种顽固心态逐渐出现的过程。慕迪的观念与后世所谓的基要主义观念相同，但他的宗教风格属于19世纪70年代早期，那时，现代主义的入侵还主要限于高知的圈子。他曾谈到过基要主义和现代主义的冲突正在浮现，他的话一部分是出于他个人的宽容，一部分受到了在他思想形成时期这种冲突的普遍状态的影响。他坚称，《圣经》是上帝圣言；里面无 121
一不是明智之语，无一不好，妄图破坏其中任何内容的做法只有魔鬼才干得出来。"如果《圣经》中有一处不真，那么整部书就毫无意义。"完全抛弃科学解经，甚至抛弃以理性来解经，这都是可以做到的——"《圣经》不是用来理解的"谈论语言修辞和象征意义会让慕迪感到厌烦。"这就是当代人谈论和理解所有事情的方式。"[1]尽管如此，非常明显的是，慕迪的语言并不偏执，也没有好战色彩。他更爱与他尊重的宗教自由人士和谐相处；他乐意让他们参加自己的诺斯菲尔德会议，他不喜欢其他的保守人士说他们不信上帝。有两所他资助建立的教育中心继承了他的这种特征：一所是芝加哥的慕迪《圣经》研究所，后来属于基要主义派；一所是马萨诸塞的诺斯菲尔德神学院，具有现代主义色彩；两所教育中心都自称承续了慕迪的工作精神。

与之相比，桑迪就大不相同了。他决不允许人们说基要主义不彻底，不允许否认它坚不可摧、牢不可破。就像对待一切让他厌恶的东西

1　麦克洛夫林：《他的大名是比利·桑迪》，第125，132，138页。

一样，他的能耐都用在了毫不吝惜地谩骂高级考证和进化论上。“地狱是存在的，《圣经》就是这么说的，你可别不信，要是不信，你就是黑心肠，下流胚，你就堕落了，你个大傻瓜！”他还说：“成千上万的学院毕业生都飞快、径直地走向地狱。如果我有一百万，我就拿出999 999块给教会，1块给教育。”“圣言说的是一套，学术研究说的是另一套，学术还是下地狱吧！”[1]

二

这种蛮不讲理的怒气越来越强烈。因为针对正统的挑战变得太过强大，它渗透进了太多社会权力和社会声望集中的地方，以至于难以轻视。也许之前，基要主义者偶尔才会陷入苦恼，无非总有人怀疑是否有他们的信仰就足够了，但如今，他们在方方面面都受到质疑。如莱
122 茵霍尔德·尼布尔所论：“极端正统派就是这样狂躁地表明，怀疑论的毒药流进了教会的灵魂；因为，当人的稳定地位受到动摇，他们就会极为猛烈地坚持自己确定的事情。疯狂地主张正统，是一种打消疑虑的方法。”[2]

既然觉得在争论中难以应答理性主义和现代主义，那么就用纯粹的修辞暴力来疯狂地压制它们；而最后，还企图镇压和恐吓，这样的做法在20世纪20年代反进化论运动中达到了极致。在这十年间，桑迪

1 布拉德福德：前揭，第58—60页；麦克洛夫林：《现代信仰复兴思潮》，第213页；关于慕迪的这种注重实用的宽容，见第275—276页。

2 《文明需要宗教吗？》(*Does Civilization Need Religion?*，纽约，1927年)，第2—3页。我相信，读者会清楚，我的讨论对象是作为群体运动的基要主义，而不是那些思想更深刻的、现代主义的批评者。关于后者，见J. 格雷欣·梅琴(J. Gresham Machen)：《基督教与自由主义》(*Christianity and Liberalism*，纽约，1923年)。关于基要主义的思想发展，见斯图尔特·G. 科尔(Stewart G. Cole)的《基要主义史》(*The History of Fundamentalism*，纽约，1931年)。

在一篇布道辞中声称，时候已到，“美国不再是一个让异端生存的国家了”。[1]但是很不幸，基要主义者以前就当过异端；他们没有力量恐吓和压制自己的批评者；他们漂浮在历史的退潮中。甚至在大的福音派教派中，他们也失去了大部分控制力。至少南方的大多数循道宗和浸礼宗信徒都接受了宗教自由主义。许多基要主义者，当难以支配福音派的主要力量时，都开始感到绝望。

20世纪20年代是美国新教“文化斗争”[2]最集中的十年。广告、广播、大众期刊、国民教育的发展都让旧式的心态与新潮的心态展开了直接而且不可避免的冲突。此时，旧式的乡村和小城镇的美国面临着现代生活的入侵，四面楚歌，他们坚决抵抗世界主义、天主教、怀疑论和知识分子的道德实验主义。通过三K党活动、坚决维护禁酒令、斯科普斯进化论审判以及1928年反阿尔·史密斯[3]运动，旧式美国徒劳无功地企图重新树立自己的权威；但是，唯一的胜利也就是史密斯败选；甚至这场胜利也因为史密斯成功将民主党重塑为城市性和世界性的力量而黯然失色，史密斯的成功也为后来民主党获胜[4]奠定了基础。[5]

1　麦克洛夫林：《他的大名是比利·桑迪》，第278页。

2　Kulturkampf，德文，指现代的民主国家与天主教之间围绕着教权、经济、文化等问题展开的争端，它首先出现于德国。在美国，19世纪曾出现过天主教与路德宗的文化斗争，这同于德国。但这里说的20世纪的文化斗争为宗教保守派与世俗派之争，与德国不同。美国语境中，一提到文化斗争，一般即指文化自由派与文化保守派之争。——译注

3　Al Smith，民主党成员，美国第一位竞选总统的天主教徒，主张开放饮酒，受到了西部和南部保守派（尤其是三K党）的攻击。1928年美国大选，败于共和党胡佛。作者下面提到了自己的论文，他假设：如果不是史密斯这样的天主教徒与胡佛竞选，而是一位新教徒代替史密斯，民主党能否获胜？显然答案是肯定的，史密斯的天主教徒身份给他减票不少。——译注

4　指胡佛之后民主党罗斯福1933年当选总统，罗斯福为圣公会信徒。——译注

5　关于史密斯的成就，见我的论文《一位新教徒在1928年能否击败胡佛？》（“Could a Protestant Have Beaten Hoover in 1928？”），《记者杂志》（*The Reporter*），第22卷（1960年3月17日），第31—33页。

在20世纪20年代的痛苦呐喊中，我们能清楚地听到一个声音，它
123 意识到：旧式的美国一去不复返；我们也能听到有人控诉说：正是知识分子企图杀死它。1926年，三K党的“巫师帝”海勒姆·W. 埃文斯[1]写过一篇煽动性的文章，谈到了三K党的目的，他把那个时代的主要问题描述为“旧式先驱族的美国大众”与“理智上的杂种自由派”之间的斗争。他抱怨说，“北欧日耳曼血统的（Nordic）美国人”，他们的一切道德和宗教价值都被入侵这个国家的种族破坏了；他们受到了自由知识分子公然的嘲笑。埃文斯写道：[2]

> 我们是一场平民的运动，在文化、思想支持和领导层的训练上非常薄弱。我们要求，而且希望成功将权力返还到平凡、文化不高、不过分理智化、纯真无瑕、保留美国风格、属于古老一族的平民之手。我们的成员和领导全是这一阶层——它几乎自动地与知识分子和自由派对立，这些人掌握领导权、背叛美国精神，我们盼着

1 Hiram W. Evans（1881—1966），美国白人至上主义者、极端民族主义者，职业是牙医。——译注

2 《三K党为美国精神而斗争》（“The Klan’s Fight for Americanism”），《北美评论》（*North American Review*），第CCXXIII卷（1926年3月—4月—5月），第38页以下。参见杰拉德·L. K. 史密斯（Gerald L. K. Smith）1943年的一段话：“在这个时代，我们当中只有少数人尽情直言，所以我们的人民常常不会表达自己，但是，在我们人民的心中封存着情感，他们因为害怕词不尽意，故而没能表达出来。”列奥·洛文塔尔（Leo Lowenthal）和诺伯特·古特曼（Norbert Guterman）：《骗子先知》（*Prophets of Deceit*，纽约，1949年），第110页。

右翼常说的一个想法就是：美国公众内心明智，但是旧式美国价值的代言人没有方法与现代主义的自作聪明之徒竞争。参见参议员巴里·戈尔德沃特的一番话，《保守派的良知》（*The Conscience of a Conservative*，纽约，1960年），第4—5页：“我们的失败之处……就是，保守派的证明方法失败了。虽然我们保守派……很确定这个国家跟我们一致，但是我们似乎不能证明：保守派原则在实践上与今天的需要紧密相关……也许，对那些控制大众传媒的人的判断，我们过于敏感了。我们每天都被那些‘开明的’评论员说成是政治失败者。”

从他们手中夺取控制权。

毫无疑问，这是一个薄弱之处。它让我们很容易遭到“乡巴佬”、“土包子”、“二手福特司机”这样的指责。我们承认这一点。更糟的是，我们很难表达我们的理由，很难以最为有效的方式支持我们的运动，因为我们大多数人都不善言辞……

每一场平民运动都恰恰面临着这个不利之处……

具有情感和本能，而非冷漠的理智；三K党相信，这一点并非薄弱之处。所有行动都源自情感，而非源自推理。所有行动都以我们的情 124
感和本能为基础，这两者已经孕育在我们之中几千年了；在理性占据人的头脑之前，它们早就已经存在……它们是我们美国文明的基础，甚至在这一点上比我们伟大的历史文件还重要；没有自然本性的知识分子，他的金发的推理得不到信任时，情感和本能却值得信任。

这段话说得不着边际，语气还极端。但困难在于，除了这种极端的行动手段，别无他法。关于这一点，三K党卑劣的历史有着生动的描述。基要主义者的恐慌也是如此。有位佐治亚州州议员曾说：

读读《圣经》。它教你怎么行动。读读赞美诗。那里面写的诗歌最美。读读历书。它告你怎么看天气。除此之外，没有什么书必须一读了，因此，我反对所有图书馆。

这位州议员没什么名气，很难引人注意；但是，对于一位三次参选总统的国务卿，我们就不能这样认为了。此人就是布莱恩[1]，1924年，他在一

1　即威廉·詹宁斯·布莱恩，美国政治家，长老会信徒，民主党人士，但属于保守派，反对阿尔·史密斯，反对进化论。在斯科普斯审判中，他宁愿不收取报酬，也要成为原告中的一员。——译注

次对安息日复临派[1]信徒的演讲中声称:“美国遭受的一切不幸都源自教授进化论。最好只保留《创世记》前三句[2],把写成的其他每本书都毁掉。”[3]

正是在反进化论教育的运动中,基要主义思潮达到了顶点;而正是在斯科普斯审判中,它发起了最为坚决的斗争。这场审判把基要主义思想和现代主义思想对垒中的所有关键问题完美地渲染了出来。“进化论在公立高中是否有一席之地”的争议成为焦点,这证明了现代主义在一定程度上从精英意识的层次中降了下来,成了大众经验的一部分。之前在学院和大学里,曾出现过一场围绕教育中的进化论展开的
125 斗争。在1860年之后的三十年间,这些地方的保守派神职者试图阻挡达尔文主义浪潮。但是在学院和大学,斗争发生在精英阶层,而反进化论者遭受的失利并未伤及基要主义者的命脉。毕竟,真正的信仰者里,很少有人上大学,而其中能上大学的也可以寻找死水一潭的学校,因为那里永葆纯洁,不受《物种起源》的侵染。但是,截止到20世纪20年代,进化论教育走下教育阶梯,影响了高中,而高中也开始接触民众。第一次世界大战前十五年,高中的数量翻了一倍还要多;战后则继续迅速增长。高中文凭显然成了大多数美国儿童接受教育的重要环节——如果他们准备争取成功,他们就必须接受教育,以能达到这个水平。此时,那些虔诚、有志的美国群众开始意识到,他们的孩子应该上高中;他

1 Seventh-day Adventist,新教教派,复临派中的一支,该派19世纪40年代兴起于美国,以周六为一周第七天作为安息日。——译注

2 即讲述上帝创造世界的文字,进化论与这几句矛盾。——译注

3 这两处引文见梅纳德·希普利(Maynard Shipley):《现代科学战争》(*The War on Modern Science*,纽约,1927年),第130,254—255页。这样的言论属于福音派的主流传统,但是,它们也反映出在这一时期,这个传统变得越来越激烈。对比内战之前的一位循道宗布道师詹姆斯·B. 芬利(James B. Finley),他的说法就更温和:“我很想知道,这么多的书都没有害处吗,它们让心灵偏离了《圣经》。”《自传》(*Autobiography*,辛辛那提,1854年),第171页。

们也明白，这些孩子肯定会在那里受到进化论的威胁。约翰·T. 斯科普斯之所以在田纳西受到审判，正是因为使用了乔治·亨特的《大众生物学》作为教材。但在1919年，这本书就已经被国家教材委员会认可；而1909年，它就在美国学校中使用；当它被发现是危险品时，这已经是十五年后了。

对于田纳西以及其他地方的基要主义者来说，努力杜绝教授进化论也就意味着，从进化论者、知识分子、世界主义者的破坏中将儿童的宗教拯救出来——当然，也是拯救所有家庭的虔敬。[1]如果基要主义者应该得到同情——我认为他们应该得到——那么肯定是在这一点上。只要人们明白，他们把这场斗争视为（而且一直视为）维护家园和家庭之举，那么他们的诸多凶恶之处就是可以理解的了。属于原始浸礼宗[2]的田纳西州立法委员约翰·华盛顿·巴特勒就是如此。他在该州制定了反进化论教育的法律，正是因为他听说州里的一位年轻女性上了大学，回来就成了进化论者。这让他担心自己的五个孩子会面临何等处 126
境。最终，这促使他在1925年将自己的愿望成功地制定成该州的法律。在就巴特勒的提案争论时，一位田纳西州参议员疾呼："为了上帝，救救孩子！"当克拉伦斯·达罗[3]在斯科普斯审判上说，"每个孩子都应该比他的父母更明智"时，他就引发了让基要主义者极为恐慌的危险。如果更明智意味着希望孩子们抛弃父母的观念，废弃父母的方式，那么这是

1　布莱恩曾评论说，"今日公立学校系统的最大威胁便是……无神"。见《平民》（*The Commoner*），1920年2月，第11页。布莱恩焦虑不安，因为他从全美国的父母那里不断听说，"这个国家的学校都在破坏他们孩子的信仰"。《回忆录》（芝加哥，1925年），第459页。关于反进化论文献中的这一主题，见诺曼·F. 福尼斯（Norman F. Furniss）：《基要主义者的争论，1918—1931》（*The Fundamentalist Controversy, 1918—1931*，纽黑文，1954年），第44—45页。

2　Primitive Baptist，保守派浸礼宗，信奉加尔文主义。——译注

3　Clarence Darrow（1857—1938），美国著名律师，美国民权同盟领袖，曾在斯科普斯审判中担任辩护律师，反击布莱恩，而且不计报酬。——译注

他们断**不**想要的。威廉·詹宁斯·布莱恩在审判时说:“为什么啊,我的朋友,倘若他们信了[进化论],他们回去就会嘲笑父母的宗教。他们的父母有权利说:自己掏钱给老师,不是让老师抢走孩子们对上帝的信仰,把他们变成心存怀疑,不信上帝,相信不可知论和无神论的人,然后再送回家。”在审判开始前,他宣称:“我们的目的,我们唯一的目的,就是维护父母拥有的捍卫孩子宗教的权利……”[1]在布莱恩及其追随者看来,达罗显然妄图分裂宗教和家庭的忠诚。有个田纳西人就在达罗面前挥着拳头说:“该死的家伙,你不要怀疑**我妈妈的《圣经》**。你敢这么做,我就撕烂了你。”[2]

由布莱恩来领导全国反进化论运动,理所应当,再合适不过了。身为平信徒,他把体现民众恪敬先辈的两个主要方面——福音派信仰和民粹式民主——在自己身上结合了起来。在他的思想中,信仰和民主交会在一起成为普遍的反智主义式的原则。一边是民众的声音和内心的真理;另一边是知识分子,一小撮沉迷于错误的科学和机械性的理性主义的嚣张的精英——他从不同的角度把他们描绘为“科学界的苏维埃”和“不负责任的、自诩为‘知识分子’的寡头”。[3]他指出,宗教并不专属于精英:“基督教的目标是面向**所有人**,不是仅仅为了所谓的‘思想家’。”机械性的心智需要内心来引导自己。心智既能为社会谋利,也
127 能策划犯罪。“崇拜心智是今日知识分子界的大罪。”只有内心——是宗教的领域——能为心智思考的事情提供准则,使之笃行善道。

---

1 莱斯利·H. 阿伦(Leslie H. Allen)编:《布莱恩和达罗在代顿》(*Bryan and Darrow at Dayton*,纽约,1925年),第70页;这本著作编辑了这场审判的记录和其他材料。

2 黑体字为我所加;见雷·金杰(Ray Ginger)对斯科普斯审判的出色研究:《六天还是永远?》(*Six Days or Forever?*,波士顿,1958年),第2,17,64,134,181,206页。

3 金杰:前揭,第40,181页;参见布莱恩的《〈旧约〉名人录》(*Famous Figures of the Old Testament*),第195页;《七个争议问题》(*Seven Questions in Dispute*),第78,154页;《照着他的形象》(*In His Image*,纽约,1922年),第200—202页;《平民》,1921年8月,第3页;1922年11月,第3页。

这就是问题的关键所在：民粹式民主与旧式宗教的结合。既然内心的事务就是普通人的事务，既然在这样的事情上，普通人的直觉跟知识分子的直觉一样出色——肯定还更出色——那么他在宗教之事上的判断就应该占据主导地位。布莱恩相信，凡是在宗教和科学看起来出现冲突的地方，起决定作用的是公众，而不是“那些用文凭和大学学位来衡量人的人”。如沃尔特·李普曼所论，“上帝宝座前，人人终将平等”这样的宗教教理，在布莱恩的脑子里莫名其妙地转变为如下观念：在田纳西的投票箱前，人人都是优秀的生物学家。布莱恩确实曾提议，把进化论问题交由基督徒投票表决；这个议题变成了大多数人的权利问题。[1]

> 如果我们能信任基督徒对于《圣经》之意的判断，那么[可以相信]，《圣经》就是谴责进化论的，它既谴责唯物主义进化论，也谴责有神论的进化论。在承认《圣经》是圣言的人中，相信进化论假设适用于人类的人，连十分之一都不到。除非有某种规则，一小撮人能借助它，强行用自己的观点替换大多数人持有的观点，否则，进化论就必须受到谴责，因为它违反了上帝显明的旨意。

---

1 布莱恩：《正统基督教对垒现代主义》（*Orthodox Christianity versus Modernism*，纽约，1923年），第14，26，29—30，32，42页；参见金杰：前揭，第35，40，181页。布莱恩说：“圣言之美就在于，专家难以意会。”当有些大城市的报纸认为，代顿居民组成的陪审团没有能力判决这个关键议题时，布莱恩表示：“按照我们的政府体系，人民参与所有事情，可以信任他们，让他们决定一切，我们的陪审团也是如此。”在他看来，这起案件提出了这样一个问题：“少数人能利用法庭把自己的观念强加给学校吗？”在这场争议中，渴望胜利已久的、倒霉的布莱恩又出了一个大纰漏。他好像觉得稳操胜券了。在一次基要主义派会议上，他发言说：“这是我人生中第一次站在多数人这边。”金杰：前揭，第44，90页。在当时，关于布莱恩式民主、他对福音派的同情以及他的反智主义思想这三方面的联系，约翰·杜威的评述比较精妙，见《美国知识分子的前线》（“The American Intellectual Frontier”），《新共和》（*New Republic*），第XXX卷（1922年5月10日），第303—305页。

在布莱恩的脑子中，学校教授进化论这个问题对大众民主构成了挑战。“如果不允许正统基督徒教授对《圣经》的正统阐释，那么进化论
128 者——相对来说，在人口中占的百分比还很少——又有什么权利**用公费**来教授所谓的对《圣经》的科学阐释呢？”无论如何，布莱恩都不相信进化论者的科学是合理的；但即便如此，他说，这些人都无视“政治科学”，按照这门科学，“权利是由**多数人**决定的”，除非少数人的权利受到了宪法保护。阻止少数人在**公立**学校教授他们的理论，这是为了不损害多数人的权利。“他们教的东西，父母和纳税人都不想让他们教，所以他们无权索取报酬。掌管学校的是签支票的手。”基督徒必须建立自己的学校和学院，在里面教授基督教。“为什么不应该要求无神论者和不可知论者设立自己的学校，在里面教授他们的理论呢？”[1]所以，倘若布莱恩按他的想法去做，那么公立学校就会彻底禁止进化论生物学，现代科学教育也就只能出现在数量稀少的世俗论派的私立学校中了。这对于美国教育来说可是一场灾难。但是，布莱恩觉得合理的教育与正统信仰之间并无矛盾，故而，当必须做出选择时，他清楚自己的选项是什么。受过教育的人没有宗教就是没有舵手的船。“如果宗教和教育，我们不得不放弃一个，那我们应该放弃教育。”[2]

三

今天，进化论争议对于东部地区的知识分子来说，已经久远得就像荷马时期的事情一样；正反双方通常都采取礼让迁就的态度。但是在美国其他地方，在其他圈子里，这种争议还在继续。几年前，斯科普斯

1　《正统基督教对垒现代主义》，第29，45—46页；参见《公立学校中的达尔文主义》（“Darwinism in Public Schools”），《平民》，1923年1月，第1—2页。

2　金杰：前揭，第88页。

审判改编成了戏剧《承受清风》[1]，这出戏在百老汇上演时，看着不像是激动人心地为思想自由呐喊，倒更像是古怪的历史剧。但是，当巡回剧团在蒙大拿的一个小镇演出这部戏剧时，就在影射布莱恩的那个戏剧人物的某次演说当中，一位听众站了起来，高喊“阿门！”如今的知识分子面临着比学校里的基要主义者还要可怕的妖魔；但是，如果人们想不到20世纪20年代的知识分子有多么恐惧，那想象力就真是太匮乏了。也许当时的局面还不像20世纪50年代麦卡锡主义运动期间那样危急，129 但是让人压抑的危险感是实打实的。如果想重新体会那时的知识分子真实的恐慌感，我们只需要读读梅纳德·希普利（Maynard Shipley）在当时对反进化论运动做的调查《现代科学之战》就够了。斯科普斯审判就像三十年后的陆军—麦卡锡听证会一样，让恐慌感成为紧要问题，并且将之彻底打消，一扫而空。在审判结束之后，可以更明显地看到，反进化论运动得到了遏制，知识分子以前的担忧未免太过。但是在审判之前，这场运动在许多州，包括南方以外的几个州，都势头不小。在南方，W. J. 卡什曾有亲身观察，他评论说，就像三K党一样，这是名副其实的民间运动，它“积极地支持和同情广大的南方民众”，它不仅出现在大众之中，也出现在有影响的平信徒和神职领袖里。[2]就算高知身处更安全的知识中心，对自己没什么可担忧的，但他们也有理由担心美国的中等教育体系会遭到破坏。而他们又完全不能随心所欲地保护它。直到今日，大多数中学的生物学课本的用语还受到监视，在许多地方，进化论的内容只能间接地教授。就在几年前，一项针对美国青少年的民意测验中，只有大约三分之一的参与者同意“人是由低级动物

1　*Inherit the Wind*，这个题目来自《旧约·箴言》11：29。这部戏在1955年开始上演，针对的是当时盛行的麦卡锡主义。——译注

2　W. J. 卡什（Cash）：《南方的心智》（*The Mind of the South*，纽约，1941年），第337—338页。

进化而来”。[1]

进化论争议和斯科普斯审判都极大地加快了反智主义的节奏。知识分子和专家被广大公众的领袖斥为敌人，这在20世纪还是头一次。当然，好战的基要主义者在美国是少数派，但他们是举足轻重的少数派。他们的敌意明显反映出了大多数人的感受，虽然这些人不愿参加他们的反动运动，但也和他们一样担心时代的发展趋势；他们担心世界主义的心态，担心批判性的理智，担心道德和文学中的实验主义。[2]布
130 莱恩对“专家”的全力讨伐意味着双方分道扬镳。尽管情况并非一向如此，早在进步时代，知识分子就认为自己在根本上与人民的基本利益和愿望相和谐，但是现在，再一次明显的是，这种和谐既非前定，也一直没有保证。广大信仰宗教的公众越是在精神上热诚，就越是激烈地与知识分子的观点背道而驰。对于基要主义者，我们要正确地记住一点：在关键的竞争中吃了败仗，这并不会让他们认输或彻底消失。虽然他们闷闷不乐地退出，但其中有些人还在寻找别的能够让他们轻易攻击现代主义者的领域。在宗教争议中，他们不可能再让现代主义和世俗主义黯然失色，但他们可以找到其他地方，在那里东山再起，卷土重来。

大萧条中的种种事件没有给他们带来什么安慰。由于绝大多数福音派信徒在政治上都是自由派或左倾，所以基要主义者在神学上已经

1　在测验中，40%的人选“否”，30%的人选“是”，24%的人选“不清楚”。H. H. 雷默思（Remmers）和D. H. 雷德勒（Radler）:《美国青少年》(*The American Teenager*，印第安纳波利斯，1957年）。霍华德·K. 比尔（Howard K. Beale）论述过20世纪30年代进化论教育遭受的压力，见其《美国教师自由吗？》(*Are American Teachers Free ?* ，纽约，1936年），第296—297页。

2　他们对道德的忧虑并非经不起推敲。按照基要主义者的看法，儿童的信仰缺失恰恰预示着道德的缺失。他们常说，在人出自低等生命这种思想里，天然就包含了“肉欲的享受”；他们的说法意味着，除了其他方面的恐惧之外，进化论争议也激起了某种程度的性恐惧。

与大的福音派教会的主流疏离，这又给他们带来了第二重压力。[1]但是，平信徒与神职人员并非步调一致，许多保守的平信徒都觉得，新的社会—福音运动的发展已经产生出了一个新兴的“教士阶层”（按照右翼神职者的叫法），它与自己会团中的许多人的情感并不和谐。他们不断强烈的疏离感和无力感促使众多虽然规模缩小，但在数量上不可忽视的基要主义者成为狂热的反对新政的右翼阶层。“十字架”的基要主义现在又补充进了“国旗”的基要主义。从20世纪30年代以来，基要主义就成为美国政治中极右翼的重要组成，极右翼的思想模式通常都表现出与基要主义的密切的渊源关系。[2]政治基要主义中的这股趋势的代言人让进化论争议中的民间反智主义保持着生命力。代言人中的一位 131
领袖曾宣称：“我不懂政治科学，从学院派的角度说，我不是这方面的权威。我不熟悉欧洲的那些艺术杰作，但今天晚上，我可以说：我懂的是美国人民的心。”接着，他还声讨了背叛他们的人：“20世纪的文士和法利赛人……他们给国家宣传的都是什么一时一变的政治和宗教态度，标准低劣的伦理学和杂种式的道德，影响力可是不小。”另一位则用最简单的话重复了历史上不断重复的本土观点：“我们要从这些城里的骗

---

1 在这方面，我得益于保罗·卡特（Paul Carter）和罗伯茨·莫茨·米勒（Roberts Moats Miller）对美国宗教中的社会性逆流思潮的出色研究，前者见《社会福音的衰落与复兴》（*The Decline and Revival of the Social Gospel*，伊萨卡，1954年），后者见《美国新教与社会争议》（*American Protestantism and Social Issues*，教堂山，1958年）。

2 在丹尼尔·贝尔（Daniel Bell）编的评估新型美国右派的论文集《新型美国右派》（*The New American Right*，纽约，1955年）中，连同我在内，还有其他几位作者都忽视了极右翼的基要主义立场，或者仅仅偶做关注。但读者可以参考这本论文集的新版《激进右派》（*The Radical Right*，纽约，1963年）中的一些新文章。拉尔夫·洛德·罗伊（Ralph Lord Roy）的著作《不合的使徒》（*Apostles of Discord*，波士顿，1953年）对这个问题的讨论最为翔实。虽然作者写作时怀着揭丑和曝光的心态，但是引证广泛，文献颇丰。关于极右翼最近的发展，见大卫·但泽（David Danzig）的《激进右派与基要主义少数派的兴起》（“The Radical Right and the Rise of the Fundamentalist Minority”），《评论》（*Commentary*），第XXXIII卷（1962年4月），第291—298页。

子手中夺回这个政府，把它交还给那些一直相信‘二加二等于四’、相信‘天堂有上帝’、相信‘《圣经》是圣言’的人民。”[1]

尽管目前为止，还没有人试图细致地追寻萧条及其之后时期的激进右派与20世纪20年代的基要主义之间的历史联系，但在激进右派的领袖中，这种联系还是有迹可循。许多右翼团体的领导都是布道师，或曾经担任布道师，或是布道师的儿子，他们受过严格的教育。有些人在三十五岁左右时曾与比利·桑迪有交往，后来转变为右翼的或接近法西斯的煽动家。比如堪萨斯的杰拉德·温罗德（Gerald Winrod），他是当代最著名的右翼鼓吹者，他的煽动事业正是始于参加反进化论运动。另一位是杰拉德·L. K. 史密斯，他的父亲是牧师，他是基督门徒教会[2]的布道师。还有后来的J. 弗兰克·诺里斯，南浸礼会布道师，曾经在得克萨斯州反进化论运动中战斗在第一线，后来成了最为复杂而有争议的右翼弥赛亚之一。还有卡尔·麦金泰尔（Carl McIntire），他是当时反现代主义的右派的主要组织者，原来是高知型的基要主义者J. 格雷欣·梅琴的门徒。[3]还有最近出现的约翰·伯奇协会和种种“基督教十字军”，都代表了右翼的死灰复燃，他们让大部分右派的基要主义倾向体现得比以往任何时期都更为明显；在很大程度上，这场运动一直由布道师或曾经担任布道师的人领导。极右翼的文献也表明了两者在风格
132 道师或曾经担任布道师的人领导。极右翼的文献也表明了两者在风格上有着重要的连续性——这表明了基要主义的模式在一定程度上成了

1 列奥·洛文塔尔和诺伯特·古特曼：《骗子先知》（纽约，1949年），第109—110页；两段引文出自杰拉德·L. K. 史密斯和查尔斯·B. 哈德逊。

2 Disciples of Christ，美国传统新教之一，与长老会、公理宗、循道宗并列。教制采用会众制。——译注

3 关于温罗德、史密斯、诺里斯、麦金泰尔，见罗伊：前揭；卡特：前揭，第4章；米勒：前揭，第11章；麦克洛夫林：《他的大名是比利·桑迪》，第290，310页。关于基要主义和约翰·伯奇协会（John Birch Society），见《纽约时报》，1961年4月23日和10月29日；特里斯·科芬（Tris Coffin）：《雅虎回来了》（“The Yahoo Returns”），《新领袖》（*New Leader*），1961年4月17日。

好战的国家主义的模式（杰拉德·L. K. 史密斯正是合理地意识到了这种连续性，所以给自己的文章题名为《十字架与国旗》）。

促使有政治意识的基要主义者朝向极右立场的不仅仅是机会主义念头。与其他人一样，基要主义者也乐意认为自己具有综合的世界观；当宗教与政治上的反感联合在一起，他们的心灵就会得到满足。他们培养出了一种天赋，可以将看似毫不相干的种种仇恨综合在一起，使得它们彼此增强。例如，我们时代的基要主义者曾把自己的宗教情感与冷战结合在一起，而20世纪20年代的基要主义者也恰恰按照这种方式，应对第一次世界大战中的问题，响应残余的反德情绪。当时，反对现代主义的种种逻辑中，极为常见的一个就是：《圣经》的高级考证从德国学术中得到了最强劲的动力；由此，他们可以在德国人的毫无道德感（第一次世界大战时的暴行史有可能揭示出这一点）与《圣经》考证破坏道德的后果之间捏造出一种关系。这种理由曾被人以不同的熟练程度主张过，也许比利·桑迪的说法最直接、最通俗："1895年，德皇在波茨坦宫召见群臣，他勾画了自己统治世界的计划。有人跟他说德国百姓不会支持，不会同意，因为这不符合马丁·路德的教义。德皇叫道，'那样的话，我们就把德国的宗教改头换面'；于是，高级考证就出现了。"[1]

这样，那种普遍偏见的思想似乎是存在的。而且，对政治不宽容和种族偏见的研究已经表明：将政治仇恨和种族仇恨联合在一起的种种重要因素中，就有狂热的礼拜活动和严格的宗教信仰。[2]正是这种思想

1　麦克洛夫林：《他的大名是比利·桑迪》，第281页。

2　据我所知，在论及这种普遍偏见思想的作品中，最值得关注的是E. L. 哈特利（Hartley）的著作。他曾让他的大学学生按照自己的接受度来对各个国家和种族做出评价。在他的列表中，有三个虚构的种群，达尼埃尔人、皮仑人和瓦隆人。对真实存在的种群所表达出的偏见与对虚构种群的偏见呈正相关，这表明了存在着一种思想，它会针对任何事情做出带有某种敌意的反应。见哈特利：《偏见问题》（*Problems* （转下页）

133 的存在，让“百分百分子”有了出现的舞台，它也决定了现代右翼与基要主义者在风格上有所相似。持续不断的对世界共产主义的反动斗争导致了冷战的形势，培养了好战的精神，事实上，正是这两者让基要主义思想起死回生。与我们世界的所有事情一样，基要主义在本质上也是相当世俗化的；这种世俗过程产生了一种伪政治心态，只有将之放在信仰复兴派布道师和野营布道会的背景之中，方能充分理解它的思维方式。由于基要主义思想在道德和审查领域中，在进化论和禁酒问题上败下阵来，所以它有过痛苦的经历；在这个世界上，规模庞大、有头有脸的大众传媒伤害着或无视着它的情感，于是，它发现自己越来越沉沦。在崇尚实验、“精密复杂的”现代社会中，它被挤到了一边，变成了笑柄；我们时代的大部分宗教“复兴”都是斯斯文文，说话柔和，故而这种复兴方式不可能满足旧式的基要主义的狂热。但是在政治上，当代世俗化的基要主义找到了全新的力量，掌握了新型的惩罚权。战后时期的政治气氛赋予了基要主义若干强大的、并肩于“百分百分子”的新同盟，如：(1) 富人，有些富人始终奉行基要主义式的教育；他们为所得税感到头疼；他们也一直积极反对新政的社会改革；(2) 孤立主义群体和好战的国家主义者；(3) 天主教基要主义者，他们破天荒地与迫害过他们的人在“无神的共产主义”问题上沆瀣一气；(4) 南方的反动分子，因废除种族隔离之争而在最近活跃起来。

当右翼思想存在时，我们时代的政治智慧为什么还难以置信，如此茫然呢？一个原因就是，它没有充分考虑到右翼世界观背后的本质性的神学指向。政治智慧，就其独特性而言，如果它在运用时完全是一种公共力量，而不是仅仅为了促进这种利益或那种利益的策略，那么，

（接上页）*in Prejudice*，纽约，1946年）。关于宗教正统与种种不宽容的关系，见萨缪尔·A. 斯托弗（Samuel A. Stouffer）：《共产主义、服从与公民自由》（*Communism, Conformity, and Civil Liberties*，纽约，1955年），第140—155页；T. A. 阿多诺（Adorno）等：《专制人格》（*The Authoritarian Personality*，纽约，1950年），第6章和第18章。

它必定要按照自己的方式来处理生活事实并做出决策。它认为冲突是本质的、永恒的现实，它认为人类社会是一种基于永远妥协之过程的均衡。它躲避最后的决战；它把某一党派的全胜视为遥不可及的妄想，视为对它所熟悉的平衡的威胁。它敏感于细微差别，多角度看待事情。134
它在本质上是相对主义的、怀疑式的，但与此同时，它又慎重和讲人道。

基要主义思想与所有这些方面格格不入：它本质上是摩尼教[1]式的；它认为世界是绝对之善与绝对之恶的战场，因此，它轻视妥协（谁会跟撒旦妥协呢？），不能容忍两可。当它相信某些事情的差别微不足道时，它就会无视其重要性：自由主义者支持的举措实际上就是社会主义式的，社会主义又只能是共产主义的变体，而众所周知，共产主义是无神论。独特的政治智慧以政治世界为出发点，当既定的一组目标面对着反对势力的抗衡时，政治智慧试图评估这组目标在实际中的实现程度；与之相反，世俗化的基要主义思想以定义绝对正确为出发点，它认为政治就是必须实现这种正确的领域。例如，它不会认为冷战是与世俗政治有关的问题——即是两个势力体系的冲突，它们为了生存不得不在某种程度上彼此调和——相反，它认为冷战仅仅是信仰的冲突。冷战与力量的种种现实性无关——比如与苏联有炸弹这个事实无关——它相关的是与共产主义者（不如说是国内的共产主义者）的精神斗争。共产主义者的现实性不在于他做了什么，甚至也不在于他的存在，相反，他代表的是精神角斗中一位典型的对手。他具有现实性，是因为基要主义者从来不是在肉体上与他交锋。

这样，现实世界的问题转换为了精神的决战场（Armageddon），这是终极现实，在这里，日常的实际生活成为寓言性的实例，它们不再是普通人为了得出普通结论而使用的经验证据。由此，当右翼领袖控告德怀特·D. 艾森豪威尔在有意、虔诚地担当国际共产主义阴谋的代理

1 摩尼教强调世界善恶二元，常被用来形容非黑即白的伦理观。——译注

人时，这位领袖按照政治智慧的通常标准来看好像是精神错乱了。但是更确切来说，我相信，他只不过是超越了现实世界。他试图解释的不是艾森豪威尔的实际政治行为（像人们普遍理解的那样），而是艾森豪威尔在终极道德和精神价值领域中的立场，他就仿佛堕落的天使。在这位领袖看来，种种价值具有的现实性远远高于世俗政治。从这个角
135 度来看，他的指控并没有任性地违背常理，相反，它在以自己本来的特征示人，它就是崇高的荒唐之言。因其荒谬，所以可信。[1]

四

简论美国天主教

在本书中，我主要关注新教福音派与美国反智主义的关系，原因仅仅在于，美国是新教国家，它受到了新教制度的影响。但是，如果注意不到美国天主教的独特精神，那就会出现错误；因为美国天主教以强有力和决定性的方式推动了我们的反智主义。在过去的两三代人中，这个国家的天主教在教徒数量、政治权力和认可程度上都有所增强。之前在19世纪中期，虽然天主教是少数派的信仰，但它仍然是美国最大的单一教会；而且，尽管存在着反天主教情绪，它却依然稳步发展。今天，天主教会声称自己的教徒占美国人口的四分之一；但甚至在三十年前，它的认可度看上去就已经够惊人的了。

既然天主教曾经带来了不同的历史观和世界观，带来了一种不同的针对人类状况和制度强制力的意识，那么，人们兴许会期待天主教也

1 Credo quia absurdum est，古代神学家德尔图良在《论基督的肉身》中的名言，越是荒谬的东西（如基督的受刑和复活），越是超越人的理性局限，因此需要信仰来支撑人去接受荒谬的超验事物。——译注

能为美国的思想对话带来独特的影响。但事实上，它在这方面什么也没做到，因为它在美国形成不了一脉思想传统，它也培养不出既能在天主教中行使权力，也能在天主教精神与世俗或新教精神之间发挥斡旋作用的、属于自己的知识分子阶层。相反，美国天主教却沉浸于轮番谴责美国生活的方方面面，它没能认同和效仿那些更值得接受的面向，以便克服自己的少数派情结，并且将自身“美国化”。因此，美国天主教教会，虽然包含的教会会员比巴西和意大利之外的任何国家还要多，虽然它最为富庶，而且全国的部门组织也许还最为有序，但是，它缺少理智文化。D. W. 布罗根（Brogan）曾经说过：“在任何西方社会中，天主教在理智上的声望都比它在美国要高不少；而在美国，它的财富、教徒数量、组织力倒是特别强大。”在过去二十年里，随着天主教中产阶层和受 136
过良好教育的天主教民众显著增多，天主教领袖也意识到了上面说的缺陷；就在几年前，约翰·特雷西·艾利斯蒙席简要而透彻地调查了美国天主教在理智上的贫乏，他的调查在天主教媒体中广受赞誉。[1]

在早期美国天主教的发展中，有两个外部条件塑造了它，让它对理智生活漠不关心。首要的一个就是怀有强烈偏见的“一无所知心理”，美国天主教从19世纪开始就不得不尽力反抗这种心理。由于天主教被视为一个应该从国家体系中驱逐的外国组织，由于它是外来势力的代言人，因此，它必须竭力树立自己的美国精神。一向为自己

1　下面几段大部分来自艾利斯蒙席的文章《美国天主教和理智生活》（“American Catholics and the Intellectual Life”），《思想》（*Thought*），第XXX卷（1955年秋季号），第351—388页。如无特指，以下内容和引文均出自这篇论文。在天主教作家中，对相关问题的讨论，见托马斯·F. 奥迪亚（Thomas F. O'Dea）：《美国天主教的两难困境：理智生活研究》（*American Catholic Dilemma: An Inquiry Into Intellectual Life*，纽约，1958年）；耶稣会神父沃尔特·J. 昂格（Walter J. Ong）：《美国天主教的前线》（*Frontiers in American Catholicism*，纽约，1957年）；非天主教作家中，见罗伯特·D. 克罗斯（Robert D. Cross）：《美国的自由主义天主教》（*Liberal Catholicism in America*，剑桥，马萨诸塞，1958年），这本书用了很长的篇幅考察天主教教会内部出现的、因适应美国而导致的某些紧张感。

的宗教身份感到骄傲的天主教平信徒，要极尽所能地用好战的自信来适应美国的环境；教会的代言人似乎觉得需要的不是学术，而是有力的论辩。[1]这样，天主教采取了与沉思背道而驰的好战的立场；在我们的时代，当一开始出现的、针对天主教的偏见基本上被克服之后，天主教会员仍固守着艾利斯蒙席所说的“自我强加的隔都心态”。第二个决定性因素则在于，长时间以来，美国天主教必须建立一套用来吸纳大量移民——1820到1920年就有将近一千万人——的制度，并且为他们提供宗教方面的基础性指导，故而，这项紧迫的任务优先占用了天主教有限的资源。这样的迫切需要耗费得太多，所以留给高等文化——留给那些关注天主教文化的天主教会员——的资源也就
137 很少了。

另外还有一点，在当时，天主教是移民的宗教。[2]对于美国天主教徒来说，**真正的**教会似乎在欧洲；他们心安理得地把理智生活的教育遗

---

1 如神父昂格(前揭，第38页)指出的，美国天主教徒几乎难以理解，“既然[有教养的法国天主教徒]从不学习那种美国天主教的学院和大学独有，而巴黎和图卢兹等地的天主教研究机构(即天主教大学院校)完全不懂的护教学(apologetics)课程，那么法国天主教徒怎么会在20世纪培养出如此鲜明的虔诚之心呢？当美国天主教徒发现法国的护教学是在训练年轻的心灵以天主教的方式彻底思考现代问题时，他们自己却在迷失……”

2 美国天主教的移民性凸显出了一个问题，它存在于所有移民的信仰中，存在于一切向上层流动的美国群体中——无论是新教的，还是天主教的，是移民的，还是本土的群体。这个问题就是，教育过程并没有成为让前代人与后代人紧密联系的纽带，它反而在他们之间构筑起了额外的屏障，还给父母辈平添了强烈的痛苦。在稳定的社会阶级中，父母和孩子前后都在相同的学校里接受教育，这通常能给他们带来一致的经验。但是，在美国，有几百万上中学的孩子，他们的父母几近文盲；还有数百万乃至更多的上大学的孩子，他们的父母仅仅只有中等教育水平。在这样一个国家里，孩子的教育过程对于父母来说，与其说是希望，不如说是威胁。这就让人们迫切地想要给教育的质量和范围设置一个所谓的上限。父母通常都希望他们的孩子通过上大学能具备社会和职业方面的优势，但他们又希望，与此同时，大学给他们灌输的那些文化志向，不要远离生养他们的家庭环境。

弃给了更有社会经验的欧洲的天主教徒——他们一直对贝洛克[1]和切斯特顿这样的天主教作家怀有过分和不必要的崇敬。而对于非英语的移民来说，他们在美国的神职领导阶层面前，就像在整个美国社会面前一样，表现出了很高程度的顺从性。也许最重要的地方在于这样一个事实（虽然在美国，研究教会文化问题的天主教分析人士没有给予这个事实应有的关注）：爱尔兰人成了美国和其他移民群体之间首要的触媒。爱尔兰人利用自己的英语知识和先到美国的条件，建立起了政治集团和教会组织的网络；当大部分天主教徒到来后，他们可以借助这个网络为自己在美国生活中获得一席之地。比起其他群体，爱尔兰人给美国天主教打上了更深的印记；因此，美国天主教并没有从影响颇大的德国天主教的学术，或爱好探询的法国天主教的理智主义中吸取太多资源；相反，严格的清教主义和爱尔兰神职者激烈的战斗性都深刻地影响了他们。

由于语言和阶层所限，移民来的工人阶层的天主教徒很难进入新教的盎格鲁—撒克逊文化，他们没有能力培养出理智方面的代言人。重要的是，美国天主教的许多知识分子领袖，就其民族血统来说，都不具有大多数美国天主教徒的典型特征；相反，他们都是皈依天主教的本土的英裔美国人，比如奥瑞斯特斯·布朗森（Orestes Brownson）和以撒·赫克神父（Father Isaac Hecker）。1947年，大主教库辛（Archbishop Cushing）很贴切地描述了天主教职员的社会出身和文化条件，他说：
“在美国本土的天主教统治阶层中，我认识的主教、大主教或枢机主教，138
他们的父母都不是大学毕业。我们的每一位主教和大主教都是工人夫妇的儿子。”这样的统治阶层，其成员的文化背景很差，虽然他们也肯

1　Hilaire Belloc（1870—1953），出生在法国的英国作家。G. K. Chesterton（1874—1936）是他的好友，也是英国作家，写过散文和推理小说“布朗神父系列”。这两人曾经合作写过一些文章，激烈地为天主教辩护，所以受到天主教徒的追捧。但在文学史上，两人不算第一流的大作家。——译注

定受过教育，但是以职业教育为主。如主教斯伯丁（Bishop Spalding）在巴尔的摩的第三届全体会议上指出的：“教会的神学院不是理智文化的学校，不论是在美国也好，还是在其他地方；妄想让它变成理智文化的工具，这是痴人说梦。”所以，甚至在这种最为古老的基督教教会中，美国的本土环境依然占据上风；美国的问题也再一次尖锐地凸显出来：它在文化上又从头开始。由于学术水平并不突出，当美国天主教的统治阶层在1889年开办美国天主教大学（Catholic University of America），希望弥补这一状况时，原本八人制的教职人员中，有六位不得不从欧洲招聘；两位本土成员也是在天主教教会之外接受的教育，后来才转而皈依。

很长时间，比起其他教派，天主教平信徒拥有的财富比例很小，不足以为理智机构提供丰厚的资助。虽然在现代，天主教的富人涌现出来，这种状况也许会得到改变，但于事无补。艾利斯蒙席描述过一个例子，可以说明这一点：美国天主教大学在建校之初的六十六年里，仅仅获得过十笔超过十万美元的遗赠，其中，只有一笔还算丰厚，能与美国世俗私立大学所得的资助媲美。随着大部分天主教人口向上层不断流动，越来越多的天主教徒也像新教徒一样，让自己的孩子去上大学。但是天主教的教育者，以及非天主教的朋友——如罗伯特·M. 哈钦斯（Robert M. Hutchins）——都忧心忡忡地目睹天主教的学校普遍繁殖着以职业为中心的教育、竞技热和反智主义，它们在整个美国高等教育中广泛流行。让人惊心的是，天主教学院和大学在科学与人文学科中的理智成就持续走低。罗伯特·H. 纳普（Robert H. Knapp）和他的合作者在1952年调查了美国科学家的大学出身，他们评论说：天主教的各所大学“名列最为低产的那些机构之中，它们都是产出特别匮乏的例子”。这些大学在人文学科方面的成绩更为差劲，令人惊讶：“天主教的大学，尽管在所有学术
139 领域里都极为突出地产出贫乏，但是在科学领域中，其成绩还不是

最坏的。”[1]

人们也许会预料到，美国天主教的知识分子，他的道路面临着双重的困难。他不得不在新教和世俗的知识分子团体面前维护自己的天主教徒身份，还要在天主教的教友面前维护自己的知识分子地位——在整个美国社会中，他的教友最为质疑他的职业。天主教的学者和作家的同教教徒正是最晚才承认他们的人。[2]

当然，所有这些方面，与其说相关于美国天主教的反智主义，倒不如说与它的文化贫乏、它的无理智主义（non-intellectualism）有关。但是，它们可以当作背景来衬托一个更为核心的问题：众多天主教徒恰恰按照新教基要主义者的方式，来响应我之前所说的针对现代性的反抗；他们不只是培养了百分百心态，也许还有其他行动。这一点在很大程度上是成立的，因为天主教的知识分子代言人——如今在数量和影响力上都有提升——始终没有在天主教教会中充分掌权，以能遏制这种反抗的最为退步的那些方面：包括它对思想的普遍怀疑以及对知识分子的敌意。我们时代的神父，他们的大部分精力都花在了审查、离婚、避孕等问题上，这些问题常常让天主教教会陷入与世俗思想和新教思想的冲突中；有些精力也投入极端保守的政治运动里，而这样的运动正是知识分子群体的难以和解的敌人。整体来说，天主教知识分子反对这种敌意中的极端（从信仰的角度来看）和无根无据的那些方面，但是，他们没有能力约束它。[3]

1　R. H. 纳普和H. B. 古德里奇：《美国科学家的涌现》（芝加哥，1952年），第24页；R. H. 纳普和约瑟夫·J. 戈林鲍姆（Joseph J. Greenbaum）：《年轻一代的美国学者：他们的大学出身》（*The Younger American Scholar: His Collegiate Origins*，芝加哥，1953年），第99页。

2　哈利·西尔维斯特（Harry Sylvester）对这一主题也有相似的论述，见他的文章《天主教作家的问题》（“Problems of the Catholic Writer”），《大西洋月刊》（*Atlantic Monthly*），第CLXXXI卷（1948年1月），第109—113页。

3　见格哈特·伦斯基（Gerhardt Lenski）：《宗教因素》（*The Religious* （转下页）

的确，我们时代最为显著的发展之一就是，在新教基要主义者与天
主教基要主义者之间，达成了某种同盟关系，或者至少出现了合作的条
140 件。这两者都共同接受清教主义，都对他们想象出来的政治议题怀有
相同的毫无心智的战斗性；这些议题让他们联合起来，共同反对他们一
再指称的无神的共产主义。按照人们的想法，天主教徒天生就不愿意
跟那些曾经痛斥天主教徒先祖的顽固的新教徒联起手来，但是，许多天
主教徒似乎克服了这种情绪。看起来可悲而且具有讽刺意味的是：就
连作为共同纽带的基督徒的兄弟之爱都难以达到的同盟，却被普世的
仇恨缔造而成。在麦卡锡时代，这位威斯康星州参议员同时得到了右
翼新教群体和许多天主教徒的支持，看起来，后者几乎完全相信，他宣
传的不是他个人的政策，而正是天主教的政策。虽然天主教知识分子
的刊物，比如《共和国》与耶稣会的《美国》，都大力谴责他，但这无关
紧要。就在最近，尽管约翰·伯奇协会带有浓厚的新教基要主义色彩，
它却仍然吸引了天主教徒，至少让统治阶层的某位成员不得不警告教
徒小心提防。对于天主教徒来说，在美国当前这种不加区别的反共心
态中，有让他们满足的源泉，尽管这是危险的。在经受了一个多世纪的
迫害之后，如今，天主教徒必定倍感舒心：他们终于看到自己的美国精
神不再受到质疑，他们能与从前迫害他们的人联合起来，共同追击新一
拨有外国人效忠、心藏阴谋、反美的国际敌人——这一次，敌人不在罗
马，而在莫斯科。这样的追击令他们心满意足，尽管国内危险的共产主
义者已然成为虚幻之影，但这并不要紧。当这些天主教徒自以为打败
了克伦威尔的军队时，如果有任何人，哪怕是他们自己教内的思想家，
141 用这些无关紧要的事情干扰他们，他们绝不会表示谢意。

（接上页）*Factor*，纽约，1960年），尤其是第278页，他提供了证据，证明天主教神职者和平信徒都异乎寻常地敌视思想自由和批判自由；他还讨论了教义之外的问题。

第三部分

民主政治

第六章

绅士的衰落

一

在美国立国之初，智识与权力的关系并不算什么问题。当时，领导者**就是**知识分子。虽然国家推进了民主制的发展，但事务的掌控权主要还是在显贵的精英手中：凭借这一点，精英知识分子来去自由，其话语权也令人称羡。由于那时尚未专业化，是通才的时代，因此专家型知识分子的力量可以忽略不计；但尽管如此，处于统治阶层的绅士型知识分子，他们在社会的各个部分都是领军人物——如在法庭，在各个专业，在商业，在政治。美国国父既是贤哲，也是科学家，他们受教育面宽，很多人还精通古典学问；他们广泛阅读历史、政治和法律作品，以此来解决现时的紧要问题。在我们的历史中，后世没有任何时代能像那时一样，培养出如此之多的、身为政治领袖的知识分子，如约翰·亚当斯、约翰·狄金森、本杰明·富兰克林、亚历山大·汉密尔顿、托马斯·杰斐逊、詹姆斯·麦迪逊、乔治·曼森、詹姆斯·威尔逊、乔治·威思（George Wythe）。人们也许会期待，既然这样的人物取得的政治成就正是美国社会的一部分，那么，他们可以永远而且难以辩驳地证明一个真理：作为政治领袖的知识分子，未必就会百无一用、不切实际。

145 在我们政治史的大部分时间里，在大多数情况下，知识分子都是局外人、仆从或替罪羊，但讽刺的是，美国竟然是由知识分子建立的。美国人民总是珍视对历史的深切的虔敬感，这仅次于他们对林肯，对杜马·马龙[1]所说的实现革命、制定宪法的“伟大一代”的虔敬之情。那么，我们完全可以问问：拥有如此开国历史、如此虔敬感的人民，怎么就对政治中的心智不再怀有崇高的尊敬之情了？为什么当大多数国父还健在之时，智识带来的名气就已经成为政治上的劣势？

诚然，大众民主制取代显贵的精英统治，是后来早晚的事，但是，对于政治中的智识力量的衰弱，我们不能一味地把责任归咎给民主运动。在党派分野变得尖锐之后不久，精英分子内部就出现了争吵，他们不再看重政治规格。到了1796年，[2]那些在美国革命时期凭借出色的品质和勇气引领时代的人，那些在1787—1788年靠着非凡的预判和才能组建全新的国家政府的人，无可挽回地在旨趣上分化开来；法国革命激起的纠缠不清、狂乱不止的分歧[3]令人遗憾地影响了他们。[4]撰写《独立宣言》和《美国宪法》的那一代人也起草出了《客籍和煽动叛乱法案》[5]。那

1 Dumas Malone（1892—1986），美国著名历史学家，著有六卷本的《杰斐逊和他的时代》。——译注

2 这一年，华盛顿拒绝连任，美国进行了第三次总统大选，约翰·亚当斯当选。在当时，美国出现了两党对峙的局面，汉密尔顿领导联邦党，杰斐逊领导民主—共和党。亚当斯本是联邦党人，但是反对汉密尔顿。——译注

3 美国独立依靠了法国国王的资助，但是法国革命之后，国王被废，美国终止了偿债，而且与英国交好。因此美法之间爆发了海战。这场战争引起了美国国内的争论，杰斐逊领导的民主—共和党采取亲法立场，反对联邦党。——译注

4 见马绍尔·斯迈尔瑟（Marshall Smelser）：《联邦党人时期，一个情绪化的时代》（“The Federalist Period as an Age of Passion”），《美国季刊》（*American Quarterly*），第X卷（1958年冬季号），第391—419页。

5 The Alien and Sedition Acts，这是《归化法》、《客籍法》、《敌对外侨法》和《煽动叛乱法》四部法案的统称，1798年由联邦党人控制的国会制定。共和党人认为这四部法案违宪，干扰了言论自由。到杰斐逊当选总统时，法案废除，受罚者得到平反。——译注

一代人杰出的领袖不再团结，政治规格也降低了。尽管同属显贵的阶层，尽管在革命和建国中分享了共同的经验，其观念和学识在本质上也相通，但是，这些都没能阻止他们不顾体面、不顾常识地玩弄政治。政治上的争议，由于沾染了夸大其词的指控——如私通法国间谍，或密谋颠覆基督教，或策划复辟君主制、让国家被英国践踏——故而退变为煽动宣传。国父们并未理解政党的作用，也没有理解忠诚的反对派（loyal opposition）的功能，所以，他们听任政治情绪的控制，陷入了让修辞武器有用武之地的争斗中。

甚至是华盛顿，也未能免于毁谤和中伤；但是，托马斯·杰斐逊遭到的抨击才带有鲜明的反智主义特征，他是第一个受此伤害的著名人物；攻击他的人是联邦党党魁和新英格兰建制牧师集团的成员们。他们对杰斐逊的攻击意义深远，因为它表明了杰斐逊具有的、这些敌人相信能用来败坏其名誉的特质，它也为后来的反智主义塑造对手形 146
象提供了先例。1796年，看起来，杰斐逊会接替华盛顿，但是南卡罗来纳州联邦党众议员威廉·劳顿·史密斯出了一本小册子攻击杰斐逊，认为他没有当总统的资格。史密斯试图证明杰斐逊的“教条式的”（doctrinaire）领导方式会引发动荡，甚至有可能带来危险。史密斯指出，杰斐逊是哲学家，哲学家在政治上总是教条者——这方面的证据如，洛克为卡罗来纳人制定的迂阔的宪法；孔多塞“政治上的愚蠢”；里顿豪斯[1]想要以自己的名义支持费城的民主协会！[2]

1　David Rittenhouse（1732—1796），美国著名天文学家、哲学家，曾任美国哲学学会主席。杰斐逊对他的评价很高。下面说的民主协会，即里顿豪斯等人于1793年在费城建立的、隶属民主—共和党的宾夕法尼亚民主协会。类似的社团当时有很多，最先由德国移民在美国建立，里顿豪斯建立的协会影响最大。——译注

2　威廉·劳顿·史密斯（William Loughton Smith）：《托马斯·杰斐逊自认通过总统资格审查》（*The Pretensions of Thomas Jefferson to the Presidency Examined*，无出版社，1796年），第I部分，第14—15页。这并不是想说史密斯要跟“真”学问和“真”智慧作对，他反对的是低级、低劣的学问和智慧。史密斯认为杰斐逊是冒牌哲学家，并不（转下页）

> 哲学家成为政治家之后，他的独特特征就是胆怯、异想天开，爱用某些原则而非真实的人性来进行推理；喜欢把自己的一切措施都建立在某些书房中得来的抽象理论，而非事情和环境的现实状态上；心灵投入政治政策，就变得迟钝；当重大突然的紧急情况需要快速决断和行动力时，性子就摇摆不定。

智识还不是必需，必需的是品性；在这方面，杰斐逊也有缺陷：这位小册子的作者声称，哲学家都极易谄媚，贪求名声，杰斐逊的能力“都用来赢得文章虚名，而非追求国家的实质福利”。华盛顿——就是那位华盛顿，不用多言了：“感谢上帝，伟大的华盛顿不是哲学家；倘若**他**是，我们就目睹不了他的军功；我们就无法靠他睿智的治国理政繁荣昌盛了。”史密斯恰好发现了一种方法，它可以作为标准，用来批评从事政治的知识分子——即将积极的心灵具有的好奇心刻画为对重要事务微
147 不足道，滑稽可笑。他嘲笑杰斐逊的才能就是“钉个蝴蝶、昆虫，设计个转椅”；他还建议杰斐逊的真朋友，或这个国家的真朋友，都“不要阻止这位平静的哲学家全身心投入这些有用的追求”，不要让他介入政治热情。史密斯表明，杰斐逊的特长“兴许就是让自己在大学里得到一个教授职称，但要说担任总统职务，他也就干到像掌管西部军队那个水平”，[1]这样的话跟后来人反对约翰·昆西·亚当斯的话几乎如出一辙。

在史密斯的攻击中，还有其他一些关键之处预示了后来的政治文献带有的腔调。有一种看法是，军事能力可以检验出一个人是不是具有胜任政治领袖的品格。据认为，政治品格中的主要部分就在军事才

(接上页)“货真价实”。杰斐逊仅仅外表看着像哲学家，而且层次更低，因此，在政治中，“他缺乏定力，气质优柔，反复无常，弄出种种空想、狂热、投机的思想体系，种种缺陷，不一而足”。同上，第16页。想想阿德雷·史蒂文森竞选时的情况，就会发现在上面的引文中也有令人熟悉的论调。

1 同上，第4、6、16页；第II部分，第39页。

能上；甚至在今天，政界的知识分子有时还要提一下自己服兵役的履历，以能抵消掉智识造成的劣势。

到了1800年竞选，[1]反对者已经全无收敛。他们对杰斐逊的思想和品格展开了全面攻击，其用意就是证明：他是一个毫无信仰和道德的危险的煽动家——或者如批评者所言，他"没良心、不信教、无爱心"[2]——而试图以他是思想家和知识分子为借口来打垮他，这样的做法仅仅是冰山一角。有人还指控说：杰斐逊跟奴隶私通，生下了个黑白杂种[3]；在美国革命期间，他胆小如鼠；是他引起了法国大革命；他还诽谤华盛顿；他野心勃勃，想当独裁者，想当第二个拿破仑；他空想，爱做梦，不切实际，满口教条；更糟糕的是，他是一个法国式的教条者。[4]

与此同时，反杰斐逊运动还试图把思辨的心灵定性为邪恶和危险之物。据其所说，学问和思辨让杰斐逊成了无神论者。是它们，促使他跟神学家争吵地球的年龄，促使他反对学校里的孩子们阅读《圣经》。这样的反常之举，如果出现在一个躲在书斋里的哲学家身上，还算无害，但倘若让杰斐逊在担任总统职务时展现出这些心性，那么于宗教、

1　杰斐逊击败亚当斯成为美国总统，这一年也被认为是联邦主义衰败、共和主义开始盛行的标志。——译注

2　良心（conscience）和爱心（charity，即博爱、慈善）都是基督教的概念。杰斐逊是自然神论者，在当权基督徒眼中，他算无神论者，因此他受到攻击的主要理由就是不信教。——译注

3　这是美国历史上著名的公案。1802年，有人攻击杰斐逊跟自己的女奴萨利·海明斯私通，育有一子。后来杰斐逊的孙子声称，海明斯的孩子是跟杰斐逊的外甥彼得·卡尔所生。——译注

4　关于对杰斐逊的最为恶劣的攻击，见小查尔斯·O. 勒奇（Charles O. Lerche，Jr.）：《杰斐逊和1800年大选：一个政治抹黑的个案研究》（"Jefferson and the Election of 1800：A Case Study of the Political Smear"），《威廉和玛丽季刊》，第3辑，第V卷（1948年10月），第467—491页。

148 于社会，都是危险的。[1]他的心灵的抽象性和对文章写作的兴趣，都让他难以胜任实际性的工作。他总是动不动就对政制弄出一套理论："一切源自经验的思想都受到了斥责。"[2]一位联邦党人写了一本小册子，在里面，他说："我毫不否认，他如此杰出，因为他拥有耀眼的才华，拥有理论知识，他的**文风**还典雅精致。"但他接下来说：[3]

> 正是在法国住了差不多七年，到大革命为止，他就有点变了，他对理论的热衷，对宗教、道德和政治的怀疑，变得强劲、旺盛……杰斐逊先生不仅在哲学和道德领域，而且也在政界，成为著名的理论家。他就是现代法国人所说的"哲人"(*philosophe*)。

同时代的知名人物也都同意这话。费希尔·阿姆斯(Fisher Ames)[4]认为，杰斐逊"与大多数天才一样……陶醉于体系，对'一般化的处理'狂热不止，他在做事时，并不像具有实际头脑的普通人那样以层次低，但可靠的事实为基础"。[5]联邦党人作家约瑟夫·丹尼(Joseph Dennie)认为，杰斐逊是"危险的，崇尚自然神论、热衷乌托邦的"法国哲学学派的爱徒。丹尼坦承，"此人有才"，[6]

---

1 威廉·林(William Linn)：《总统选举中的危险因素》(*Serious Considerations on the Election of a President*，纽约，1800年)。

2 《康涅狄格报》(*Connecticut Courant*)，1800年7月12日，引文来自勒奇：前揭，第475页。

3 《值美国总统和副总统选举临近之时，致南卡罗来纳州公民》(*Address to the Citizens of South Carolina on the Approaching Election of a President and Vice-President of the United States*，查尔斯顿，1800年)，第9，10，15页。

4 阿姆斯是联邦党人领袖。——译注

5 赛斯·阿姆斯(Seth Ames)编：《费希尔·阿姆斯的生平和作品》(*The Life and Works of Fisher Ames*，波士顿，1854年)，第II卷，第134页。

6 《平信徒布道师》(*The Lay Preacher*，米尔顿·艾利斯编，纽约，1943年)，第174页；此文原刊于《公文夹》(*Port Folio*)，第I卷(1801年)。

> 但有的是那种危险、骗人的才华。他读得多,写东西也头头是道。他是文人,是离群索居的文人。他的地盘是他的书房,而不是政府内阁。在书房里,他查查不伦不类的动物的牙齿,再看看非洲人的分泌物,或是班纳克[1]的年历,但这些尚且无害……而在政府的位子上,他的抽象、不实用的玄学政治(metaphysicopolitics)就要么一文不值,要么毒害无穷了。此外,他的原则有一股浓烈的巴黎风味,还配有一堆法国大蒜,这就让整个美国生厌。对美国人来说,哪怕在广袤的平原上"长蒺藜代替麦子,长恶草代替大麦"[2],也比哲学家影响国家议会,比他赞颂伏尔泰和爱尔维修的作品、图谋跟法国人互通款曲要更好。 149

卡罗尔顿(Carrollton)的查尔斯·卡罗尔则认为,杰斐逊"是个太过理论化,太空想的政治家,故而,他难以明智地管理这个广阔而不断壮大的联邦的事务"。[3]其中的意思很清楚:年轻的联邦必须学着不要让天才知识分子介入实际事务。

建制派神职者也对杰斐逊发起了煽动性的攻击,原因在于,杰斐逊建立起了一个统一的、让他们感到憎恨的联盟。尽管杰斐逊是自然神论者,是一个世俗知识分子,但是,他在福音教派和虔敬主义教派,尤其是浸礼派中鼓动起了许多支持者。杰斐逊对民主的感情颇为知名,这

1　Benjamin Banneker(1731—1806),非裔美国天文学家、测绘家、博物学家,是美国第一个担任公职的黑人。他与杰斐逊多有往来。美国首都华盛顿就是班纳克设计的。这里提到的年历是班纳克测算的天文历法和美国地理书,每年一本,共计六册。丹尼这段话有明显的种族歧视倾向,将班纳克、非洲人、动物并列。——译注

2　《旧约·约伯记》31:40,这是约伯发的恶誓。——译注

3　致亚历山大·汉密尔顿的一封信,收入J. C. 汉密尔顿编:《亚历山大·汉密尔顿著作集》(*The Works of Alexander Hamilton*,纽约,1850—1851年),第VI卷,第434—435页。汉密尔顿本人认为,杰斐逊并非彻底的教条者,相反,他是一个见风使舵、投机取巧的政治家。

给他们留下了印象；此外，身为反体制派，他们也对杰斐逊主张宽容印象深刻。让他们感到不安的是建制派教会给他们施加的阻碍，而非对杰斐逊不信教的指控。就这样，杰斐逊以及其他世俗知识分子将虔敬主义教派团结在一起，结成了一个奇特的、对建制正统教会怀有共同敌意的政治同盟。世俗自由派和虔敬派都采取了不同于建制教会的权威标准，前者用的是理性主义批评，后者则是直觉。由于都对建制派教义感到厌恶，在这种压力下，自由派和虔敬派选择暂时忽略彼此的差异，不再看重这样一个事实：一方反对的是所有教义，另一方反对的却是所有建制派。[1]

为了破坏这个同盟，建制派神职者试图证明杰斐逊威胁到了所有基督徒——许多因为站队而感到苦恼的基督徒，毫无疑问都由衷地相信了这一指控。之后，虔敬派和启蒙自由主义者的同盟终于还是破裂了；普通人和知识分子之间出现鸿沟，自此以后，它就再也没有令人欣慰地得到弥补。但是，在杰斐逊当选时期，自由知识分子和福音派民主的同盟始终还是稳固的。当破裂最终出现时，当大众民主的力量急剧增强，不再受到启蒙派的显贵领袖约束之时，福音派的势力也制造出了
150 一种反智主义倾向，它所具有的恶意跟建制派神职者反对杰斐逊的那种倾向完全一样，而且其影响有过之而无不及。

二

先是反对杰斐逊的卑鄙的运动，然后是《客籍和煽动叛乱法案》，这些都表明许多有钱、受过良好教育的联邦党人背叛了宽容和自由这

1　关于这个同盟的性质以及最终破裂的结局，见西德尼·E. 米德的观点深刻的论文，《革命时期的美国新教》（“American Protestantism during the Revolutionary Epoch”），《教会史》，第XII卷（1953年12月），第279—297页。

两种文化价值。但很遗憾的是，我们不能认为，在杰斐逊或杰克逊领导时期，更平民化的党派就支持这些价值。平民式党派最终都成为一种原始主义和反智主义民粹思潮的工具，这种思潮对专业人士、专家、绅士、学者心存敌意。

甚至在美国早期，对平等的冲动与对所谓的政治专业化（原始形式）和专家知识（后来的形式）的怀疑就联系在了一起。平民派作家对自由人具备的政治能力感到自豪，这可以理解；而且总的来说，他们也有根有据地怀疑，受过良好教育的人和有钱人试图在政府中达到专断或过分主导的地位。但是，他们的怀疑不仅于此，其中的许多人还对各种形式的知识抱有敌意。在最早期的平民政治思想的某些言论中，反智主义思潮就有所体现。在美国革命时期，一些平民作家就认为，想要节制富人和出身名门者的权力，那么，他们的盟友——知识阶层——也不能放过。1788年，马萨诸塞召开会议决定批准宪法时，一位被推选参会的乡下代表，对宪法提出了反对意见，他的解释如下：[1]

> 这些律师、知识分子、有钱人，花言巧语，不说实话，哄我们这些没文化的穷人把药吃了；他们却盼着混入国会，盼着成为这部宪法的掌管；他们把权力和钱都攥在手里，然后就像庞然大物利维坦一样，吞噬我们这些小老百姓；主席先生，就是这样，就像鲸鱼吞下约拿。这正是我担心的。

很幸运，有一本政治小册子流传给了我们，它出自一位普通的新英格兰农民，马萨诸塞北比勒利卡（North Billerica）的威廉·曼宁（William Manning）之手。它体现出了，当一个精明激进的民主派美国 151

1　乔纳森·艾略特（Jonathan Elliot）：《争论》（*Debates*，费城，1863年），第II卷，第102页。

人将心灵转向政治哲学时,他会有什么样的想法。这本名为《自由的关键》的小册子,气势蓬勃,有着杰斐逊之风,写于1798年党派情绪高涨之时。在书中,值得注意的一点是,曼宁赋予了知识核心地位("我本人没什么知识,因为在我的一生中,我连六个月的学都没上过,毫无这方面的优势可言"),它是政治斗争中的力量。在原稿中,他开门见山地宣称:"学问和知识是维系自由的必要条件,而且,如果我们没有更多的知识,我们就不能长久地支持我们的自由。"[1]但是,对于曼宁来说,学问和知识之所以值得重视,主要是因为,它们可以成为阶级武器。

在曼宁的哲学的核心里,有着一股对知识阶层和有产阶层的深深的怀疑。他看到,商贾、律师、医生、神职人员、国家的行政官和司法官,他们接受的教育,他们拥有的自由时间,他们的职业性质,都让他们有可能团结一致地追求自己的目的,而劳动者却做不到。他认为,在这些阶层中,存在着普遍的对自由政府的厌恶:他们永远都试图破坏它,因为它阻碍了他们满足自己的利益。

> 他们不惜一切代价和辛苦也要做到这一点,他们首先自己联合,自己约定,自己呼应,制订统一的计划和方案。商人联合商人,医生联合医生,牧师联合牧师,司法官和行政官凭借各自的专业召集到一起,互相了解思想。所有受过良好教育的人和富豪,不劳动就能生存,他们空闲时就可以磋商筹划。所有这些人,因为共同的利益绑在一起,这是最强的团结纽带,他们在一起秘密通气,抵制多数人的利益,还偷他们的钱包。而多数人由于没有知识这一手段,故而只能听之任之。

1 萨缪尔·艾略特·莫里森编:《自由的关键》(*The Key of Libberty*,比勒利卡,马萨诸塞,1922年)。这部作品重刊于《威廉和玛丽季刊》,第3辑,第XIII卷(1956年4月),第202—254页;下面几段引文见于第221,222,226,231—232页。

既然知识是追求个人利益的工具，那么“少数人”自然钟爱为自己阶层服务的机构：“少数人总是推崇昂贵的大学、国家的学院和文法学校，这让他们不劳动就能活，还能巩固自己的群体。但是，与之相对的就是廉价的学校和女子学校，这是知识在多数人中得以传播的唯一 152
或主要手段。”在大学或学院里（曼宁想到的肯定是联邦党人的哈佛学院），共和主义原则受到批评，年轻人被灌输的都是帝王思想。曼宁也表示，“教给”这些机构的毕业生的东西“就是维持自己专业的尊贵”——他对此表示反对，因为这让他们太高估自己的服务了，也让宗教服务和教育服务对于多数人来说变得昂贵起来：“因为，当我们聘用布道师或教师时，我们就得到一个如此之高的价码；他们根本不落价，他们的想法都一样：如果少要钱，那就没面子了。”按照曼宁的看法，教师就应该是他在美国现实中的那个样子——成为一个社会地位很低的廉价的雇工。

曼宁教育策略的关键之处就在于此。给普通人的教育，要便宜；而在规划现有的高等教育时，其目的只能是服务基础教育——为普通学校提供廉价的教师。“应该以可行的最便宜、最妥善的方式来促进……教育”——也就是以如下方式：“我们应该尽快拥有大量便宜的男女教师，那种便宜的程度就像我们雇用其他劳动力一样。劳动和教育不应该分开，对于那些不劳动还能生存的人，要减少他们的数量。”必须说明一点，当曼宁提出这样的建议时，马萨诸塞一直忽视着他所推崇的普通学校教育系统，故而，他的建议还是有道理的。但是，既然他的兴趣在于教育系统的下游，因此，他的建议就是剥夺上游，以将其功能简化为生产廉价的学术劳动力。曼宁认为，高级知识毫无值得培养的内在价值。“教我们的孩子 abc”才是必要的，研究学院和古典研究都超出了这个范围，它们“仅仅供绅士的孩子使用，这些领域是给那些不劳动就能生存的人准备的。因为，掌握所有语言知识的人没必要去教孩子阅读、写作和算术，就像农民在犁地时没必要掌握水手的技术一样”。长时间以来，教育就成了少数人的工具；曼宁希望尽可能让它成为多数人的工具。教育具有工具性，因此也就具有从属性，对于这一点，曼宁毫不怀疑；他也并不担心他的高等文化政策会有什么后果——因为归根到底，高等文化都是那些不劳动就能生存者的特权。

教育在这场少数人和多数人的争论中所处的地位，可以作为一个
153 合适的例子体现出高等文化在美国政治中的地位。教育夹在了闲适阶层和大众之间：前者只能以有缺陷的方式培养它；而后者强大、不断崛起、崇尚平等，它首先感兴趣的是抹平阶层差异，从特权者身上剥夺掉特权工具。普通人想要保护自己的利益，使用教育来增加自己的社会机遇，这情有可原；但似乎没有人能向普通人证明，如何在实现这种做法的同时又不损害理智文化。

不可否认的是，曼宁的观点还是有公正之处的，尽管粗暴一些。联邦党人的确占据哈佛学院，专供私用；那么民主派以牙还牙，尽可能占据普通教育，使之作为专有工具，又有何不可？如果他们做成了，就没有更多的哈佛学院了。如果知识阶层只能巩固特权，那么知识阶层也就没有必要存在了。在曼宁写完这本小册子之后差不多一百年，贺拉斯·格里利（Horace Greeley）声称，其实，美国自耕农（yeoman）[1]还是欣赏而且尊重天才和知识的；但是，他常常发现，他们"关注的是获得财富和享受，而其手段却并不能给他们增加人所拥有的那种闲适，相反，还减少了他们自己专有的闲适"。[2]因此，随着普通人对权利的要求在19世纪美国形成，这种要求就包含了对自由基础教育的规划，但同时，它也伴随着一股针对高等文化的阴郁又阴沉的怀疑，在怀疑中，敌人被创造了出来。

1　美国18—19世纪形成的阶层，可以理解为自耕农、小地主、不受雇用的农场主。杰斐逊是这个阶层的代言人。——译注

2　汉密尔顿学院的致辞，1844年1月23日，引自摩尔·科蒂：《美国的吊诡》（新布伦斯维克，1956年），第20页；参见第19—24页。

三

在美国民粹式民主的逻辑中，有个方面是缺失的。阐释这种民主的人，意在缩小，或者尽可能消除美国生活中的阶层差异，让受过良好教育、有资产的领导层处于从属地位。如果由人民来统治，如果人民渴望在统治时让领导层尽可能少地来自受过良好教育和有资产的阶层，那么，他们的向导从何而来呢？当时有一个回答是，它可以来自内部。随着大众民主获得力量和信心，它也增强了这样一种广泛的信念：天生的、直觉的、民间的智慧，优于文人和富人具有的、由教育所得的、过分精细而又自私自利的知识。正如福音派否定知识型宗教和组织正式的神职集团，而支持内心的智慧和直接通达上帝，那么，平等主义政治的拥护者也提出，要放弃受过训练的领导者，而支持直接通达真理的普通 154
人所具有的天然的实际感。在民主派信条的最极端的陈述中，对普通人智慧的偏爱彻底演变为一种激进的平民式的反智主义。

杰斐逊既非反智人士，也不是独断的平等主义者，但甚至是他，似乎有时也支持上面所说的那种偏向。1787年，他在给自己的外甥彼得·卡尔（Peter Carr）写的信中说："跟一个农夫和一个教授讲一桩道德案例。前者反而判断得当，通常还比后者更好，因为他不会迷失于人为的准则，误入歧途。"[1]杰斐逊表达的仅仅是一个18世纪思想界的传统

---

1 《著作集》（*Writings*），A. E. 伯格编，第VI卷（华盛顿，1907年），第257—258页，1787年8月10日。杰斐逊是对外甥的教育行为提出了建议。他首要关心的就是证明这一点：大部分道德哲学研究都是"浪费时间"。他指出，如果道德行为是科学的事务，而非健全的冲动，那么，几百万没有受过正式教育的人，就会比少数受过这种教育的人更没有道德了。显然，上帝不会放任没有道德感的人存在。只有少量理性或常识是必需的，可以用来实现道德感。这当然是我们很熟悉的理论了。可以认为，杰斐逊是受凯姆斯勋爵（Lord Kames）的影响而得出这种理论的。但是，人们也许想知道：如果道德哲学研究百无一用，那为什么杰斐逊还要大量阅读这个领域的作品呢？关于这种理论（转下页）

观念，这个观念就是：上帝已经赐予了人类某些必然的**道德**情愫。他还不至于断言，农夫在理智上会更高。但是，有人只需要比杰斐逊再前进一步，就可以说，政治问题在本质上正是道德问题，[1]这就为全面批驳政治生活中由教育得来的知识奠定了基础。因为，如果农夫跟教授一样，也理解道德，那么，他同样也可以很好地理解政治；有人很可能得出一个结论（杰斐逊其实不会赞同）：既然不用从任何人那里学习什么，他就无须有知识的领导者。把这个论证再推进一点，就可以支持如下的论断：凡一个人向教授了解与自己有关的事情，这就会让他变成低层次的领导者；应该到那些在这方面好像未受教育的公民中去寻找政治领袖。讽刺的是，这种观念恰恰让杰斐逊深受其害。到后来，这个看法成了杰克逊式民主的战斗口号之一。

事实上，在美国政治中，真正有力、广泛地推动反智主义的第一波
155 力量正是杰克逊运动。它怀疑专家知识，厌恶中央集权，渴望根除固化的建制阶层，它还提出了“人人必有大用”的理论，这些都促使它否定了美国自18世纪以来继承的、绅士控制的政府体系，也否定了知识阶层在国家生活中具有的特殊价值。尽管如此，许多知识分子和文人，尤其是其中的年轻人都支持杰克逊的事业——无疑，这足以证明“知识阶层通常都不同情旨在有利于普通人的运动”这种常见的指责是错误的。诚然，主要的文学季刊都崇尚高雅，而且被控制在反对派辉格党手中。但是，当约翰·L. 奥沙利文创办了《民主党评论》后，他也能得到一连串不同政党的知名作家的撰稿。诚然，大部分新英格兰先验主义者的领袖都在政治上超然于外或心存敌意，但是，如奥瑞斯特斯·布

（接上页）在他的思想中引起的种种问题，参见阿德里安·科赫（Adrienne Koch）：《托马斯·杰斐逊的哲学》（*The Philosophy of Thomas Jefferson*，纽约，1943年），第3章。

1 杰斐逊之后，过了一个世纪，威廉·詹宁斯·布莱恩说得最明白：“重大的政治问题，归根到底是重大的道德问题。”帕克斯顿·西本（Paxton Hibben）：《无与伦比的领袖》（*The Peerless Leader*，纽约，1929年），第194页。

朗森、威廉·卡伦·布莱恩特(William Cullen Bryant)、乔治·班克罗夫特(George Bancroft)、詹姆斯·费尼莫尔·库珀(James Fenimore Cooper)、纳撒尼尔·霍桑、詹姆斯·柯尔克·鲍尔丁(James Kirke Paulding)和沃尔特·惠特曼,都以不同程度的诚意和坚定支持新的民主党。[1]

对于这些人的支持,杰克逊阵营表示欢迎,有时候还为之自豪。但是总体来说,知识分子并未得到太多赏识或美名。例外还是有的,最杰出的一个就是历史学家乔治·班克罗夫特。在马萨诸塞,由于民主党人觉得文人和知识分子担任领导还是必要的,他们可以抵挡反对派阵营中的杰出才俊,于是在班克罗夫特三十多岁时,他始终都是民主党中的显要人物。他被聘任为波士顿港的税官,在波尔克任总统时期,又成为海军部长(范·布伦也曾把这个位置授予过鲍尔丁);后来还担任了驻英大使。他的影响力让他能为霍桑在波士顿海关谋得职务,并委任布朗森担任海事医院(Marine Hospital)的管事(这却让班克罗夫特遗憾不已)。比起班克罗夫特,霍桑的处境则是另一个极端。他总是被大材小用,迫切的需要得不到满足。在海关,他只是一个司磅员和收税官。事实上,他要求的职务是作为历史学者去南极探险,换来的却是这个糟糕的岗位(他称之为"痛苦的奴役")。之后,他谋求塞勒姆邮政局长的职位,但他反倒成了塞勒姆港的商检员。最后,在写了一部他的朋友、学院同窗富兰克林·皮尔斯[2]的竞选传记后,他被授予了驻外领事之 156
职——却是在利物浦。大体上,就知识分子或文人与民心的融洽关系来讲,杰克逊民主时期达到的水平要低于后来的进步时代和新政时代。

1　关于杰克逊式民主与知识分子的关系,见小阿瑟·施莱辛格:《杰克逊时代》(*The Age of Jackson*,波士顿,1945年),尤见第29章。

2　美国第十四任总统,民主党,是霍桑的至交。这里提到的学院是鲍登学院。——译注

1824和1828年[1]，杰克逊与约翰·昆西·亚当斯进行了两次竞争，这为我们对比两派的政治理念提供了完美的研究对象。亚当斯政府恰恰是一个检验性的例子，它证明了在19世纪初期的美国，知识分子的性情已经不适合担任政治领袖。亚当斯是最后一位遵循绅士政府这条老路线的总统，他成为旧秩序的象征，也成为反对知识分子势力伤及的头号牺牲者。他曾在哈佛，以及巴黎、阿姆斯特丹、莱顿、海牙求学；还曾职掌哈佛的修辞术和演说术教席，并有志于撰写史诗；与杰斐逊一样，亚当斯对科学的兴趣非常出名；他还担任美国艺术与科学学院（American Academy of Arts and Sciences）负责人多年；在担任门罗[2]的国务卿期间，他准备了一份讨论度量衡系统的学术性的科学报告，这份报告一直都是经典之作。亚当斯相信，如果这个新的共和国无力发展艺术和科学，那么，它就会"将托付于我们的才华掩埋在地下——这就背叛了最神圣的委托"。他的希望——华盛顿、杰斐逊、麦迪逊都是这样希望的——恰恰就是，联邦政府要在教育和科学发展的国家规划中起到向导和核心的作用。但是，当他提议把华盛顿发展为文化首都时，他就激起了民众对中央集权的厌恶，并让这种厌恶指向了他自己。

在亚当斯向国会做的首次年度咨文中，他提出了一个有利于商业利益的、改善内部环境的网络体系（街道和运河网络），他还吁求了知识阶层首先需要的几项措施，如：一座位于华盛顿的国立大学；职业的海军学院；国家天文台；继刘易斯和克拉克[3]探险队之后，再开展一场西北部探索之旅；高效的专利局；联邦政府通过新型的行政部门扶助科学。

亚当斯的独特之处在于，他冒犯了那种傲慢的平民式的国家主义，

1　1824年美国大选，杰克逊在普选和选举人中票数更高，但未过半，后由众议院裁决，总统授予亚当斯（约翰·亚当斯长子）。1828年美国大选，杰克逊大胜。——译注

2　美国第五任总统。——译注

3　美国路易斯安那购地之后，总统杰斐逊就派遣两人率领远征军，进行探险、开发活动。——译注

而杰克逊对此却完全迎合。亚当斯指出，各个欧洲国家，虽然没有幸运地像美国一样拥有自由，却为科学贡献良多；他还斗胆建议，法国、英国、俄国政府的某些政策，在美国不妨都加以效仿。但在那时，就像今 157
天一样，这种知识分子的世界主义不受欢迎。在如此藐视了美国的自负之后，亚当斯接着敦促国会为科学大力拨款，慷慨解囊，这就又无视了民主派的感情；他甚至用刺激的话向国会领导者建议，可不要“让我们的胳膊直都直不起来，然后跟世界宣布：我们叫全国的选民弄得半身不遂了”。更糟的是，亚当斯还带有挑衅味道地把许多欧洲政府资助建立的天文台说成是“天空的灯塔”。对于这句话，国会一阵窃笑，“灯塔”这个词也一再当着亚当斯的面被人提起。亚当斯自己的内阁认为，总统的计划会震动全国——比如克莱[1]就觉得国立大学的计划“肯定是希望渺茫”，他怀疑亚当斯设立行政部门扶助科学的提议在国会连五票都未必能得到——最终，亚当斯还是放弃了。他代表的领导阶层是旧时代的遗老，早就该死。过往，汉密尔顿、华盛顿，甚至杰斐逊都对某些国家计划里采取的中央集权措施颇为关注，他们也曾代表东海岸绅士，表达过下令扩张美国的普遍愿望。但是，对于这些人来说，国家发展太快了，它变成了什么计划、什么命令也不接受。随着这种类型的人在政治上过时，知识分子的地位也恶化了。[2]亚当斯是19世纪最后一位知识渊博，同情科学目标和志向，相信培养艺术是联邦政府正确职能的白宫之主。

1　Henry Clay（1777—1852），约翰·昆西·亚当斯任总统期间，担任国务卿。——译注

2　对于亚当斯的计划，见J. R. 理查德森（Richardson）：《历任总统咨文和论文》（*Messages and Papers of the Presidents*，纽约，1897年），第II卷，第865—883页。也见A. 亨特·杜普雷（A. Hunter Dupree）：《联邦政府的科学》（*Science in the Federal Government*，剑桥，1957年），第39—43页；参见萨缪尔·弗拉格·贝米斯（Samuel Flagg Bemis）：《约翰·昆西·亚当斯与合众国》（*John Quincy Adams and the Union*，纽约，1956年），第65—70页。

既然亚当斯是旧派的化身，那么安德鲁·杰克逊就是新派的象征。两人在19世纪20年代政局中的对立体现出了美国曾经所是，以及将来会成为的样子。美国人头也不回地背离了欧洲的历史，他们认为“堕落的”欧洲比“天然的”美国更野蛮；他们担心自己先进的文明会“矫揉造作”，让自己与大自然疏远。杰克逊的拥趸就称赞他是自然之人的自然智慧的代表。他的才干尤其在于担任国家领袖，这位新奥尔良的英
158 雄[1]，战胜了有文化的“野蛮”英军，他能让人安心，因为他可以维系本土活力，保持住本土风格。据当时人说，杰克逊没有接受过正式训练，这恰恰是他的幸运之处，因为正式训练会损害“理解的活力和原创性”。在这方面，行动者“在大自然的学校中接受教育”，他“毫无矫揉造作”；值得庆幸的是，他“逃脱了学校里的训练和逻辑论辩”；他的“判断明晰，因为没有学院派空想的思辨”；他“出奇地具备心灵的原始力量；具备实践性的常识；拥有判断力和分辨力，就所有实用目的而言，这比智者学得的知识更有价值”；他的心灵并不随着“三段论的缓慢思路”前行，它“独辟蹊径，不走分析的寻常路，也不迈着逻辑归纳的老步伐”，因为它拥有自然的直觉力，它能“有闪电之光相随”，前行中“照亮自己的路途”。[2]

相信自己从事教师职业注定毫无一用的乔治·班克罗夫特，曾经为杰克逊没上过学的心灵大唱赞歌：[3]

> 看啊，这位来自西部的白丁，荒野哺育的孩子，隐庐的农夫，他

---

1 指1815年美英新奥尔良战役，领导者就是杰克逊，这一仗奠定了他的声望。——译注

2 引文来自杰克逊派的文献，录自约翰·威廉·沃德（John William Ward）：《安德鲁·杰克逊：时代的象征》（*Andrew Jackson: Symbol for an Age*，纽约，1955年），第31，49，52，53，68页。沃德教授对杰克逊形象的分析让我受益匪浅。

3 沃德：前揭，第73页。

> 读书不多，不靠科学就继承了过去的传统，被人民的意志推举到荣誉的极点，推举到共和国自由文明的中心……他追求的政策会是什么呢？他从林莽中带来的智慧又是什么？从他内心获得的神谕中，他会推测出什么样的义务准则呢？

这种原始主义英雄，他的智慧直接来自林莽；与之相反，亚当斯就矫揉造作，因为他的经验都得自外国法庭[1]和他完备的教育。甚至在1824年，当亚当斯赢下了奇特的四人竞选[2]后，杰克逊反倒是当时最得民心的候选人；而当杰克逊将军四年后反过来挑战亚当斯时，结果无可置疑。两派的这场战斗毫无道德可言，有人曾描绘斗争的双方是

> 能写能文的约翰·昆西·亚当斯
> 和能打能斗的安德鲁·杰克逊。

就在这样的局面中，除了新英格兰之外，亚当斯在全国各个地区一败涂地。 159

杰克逊的喉舌在攻击亚当斯时给出的主要理由就是：亚当斯任性放纵，一副贵族派头，生活奢靡。在这方面最为关键的是，他的学问和政治训练非但没有被他们算作能起到弥补作用的美德，相反，它们都被当成了新的劣性。一群杰克逊的支持者就宣称：亚当斯理智方面的成就并不会让这个国家变得更好：[3]

1　亚当斯担任过荷兰公使、俄国公使，擅长外交谈判。——译注

2　Four-way election，因为这四人都没有票数过半，所以作者说奇特。最后，众议院裁决亚当斯当选总统，而票数最多的其实是杰克逊。——译注

3　《在纽约城及纽约县青年共和会总务委员会上的发言》(*Address of the Republican General Committee of Young Men of the City and County of New York*，纽约，1828年)，第41页。

> 他是**博学**，我们乐意承认这一点；但是，对于他的**智慧**，恕我们要质疑一下了……我们坦诚地说，我们喜欢的是家常的道理：那位伟大的英国诗人就欣然表达过这样的看法：[1]
>
> 莫去知晓百无一用、
> 幽深、玄妙的事情，要明白
> 在日常生活中，摆在吾人面前之事，
> 这才是头等智慧。
>
> 我们相信，杰克逊将军就拥有这样的智慧，达到了杰出的程度。

另一位杰克逊党徒，在谈到这两位竞选者过去的成绩时说："杰克逊立法，亚当斯照搬。"[2]

杰克逊对亚当斯的胜利是压倒性的。如果说，摆在选民面前的问题基本上就是选贵族制，还是民主制，故而这场胜利就是行动派战胜了智识者，那么这种说法有点夸大其词。但是，按照竞选双方互相塑造的候选人的公众形象来看，贵族制与华而不实的智识恰是一双，民主制与
160 原始的直觉、行动力正是一对。[3]

---

1 诗人指的是约翰·弥尔顿，诗句出自《失乐园》第八卷，第191—194行。——译注

2 沃德：前揭，第63页。

3 竞选双方在选举时的宣传都缺少真实性和精确性。亚当斯从未批评过他的宣传队对杰克逊夫妇生活的恶意诽谤，似乎还相信这些话有理有据。1831年，他在日记中就写道："杰克逊跟他妻子公然通奸同居。"名门望族的大多数人都难以接受杰克逊担任总统。1833年哈佛学院在其毕业典礼上授予杰克逊荣誉法学博士学位，但是，亚当斯拒绝出席。他写道："我不会到场，不会看着我心爱的哈佛给一个连自己名字都拼不对的野蛮人授予博士学位，自取其辱。"贝米斯：前揭，第250页；也见亚当斯的《回忆录》，第VIII卷（费城，1876年），第546—547页。哈佛校长昆西曾跟亚当斯说，他心知肚明，"杰克逊根本配不上文化荣誉"，但是，既然之前已经授予了门罗学位，那么就不得不给杰克逊也来一个，以免暴露出"党派偏向"。在授予学位现场，杰克逊的魅力似乎吸引住了怀有敌意的观众。但流言还是四起，剑桥和波士顿的轻信之徒都普遍相信，在这场使用拉丁语的典礼上，杰克逊起身说的却是："Caveat emptor（顾客自慎）；（转下页）

四

虽然杰克逊派极力煽动平等主义和反智主义情绪，但是，这两种情绪并未被杰克逊派垄断。不只是杰克逊主义才是平等主义——整个国家都是如此。竞争的两党制确保了哪一方都不会长久地带给选民难以抗拒的影响力，因为这样的影响手段可以复制。无论在1828年，杰克逊支持者的招数让其对手有多么惊慌失措，后者终究会吞下对民主党修辞的厌恶，转而学着使用，这只是时间问题。没能力玩或不愿意玩这种游戏的党派领袖都会出局。

与企业家——运河、银行、收费公路、制造业的承办商——有联系的党派组织者，他们面对的一个永久的问题就是：如何让自己与民众打成一片，发现并利用各种稳妥而得民心的议题，同时又不会危及自己的利益。能与普通民众密切联系，但又能在政治管理和商业企业的世界行动自如、发挥智力功能的人，他就高胜一筹。[1]亨利·克莱如此天赋异禀，而他也具备了人民英雄该有的诸多品质；但是，到了19世纪30年代初，由于他在国家舞台上待得太久，由于他的观点太为人熟知，而且与

（接上页）corpus delicti（犯罪事体）；ex post facto（溯及既往）；dies irae（震怒之日）；e pluribus unum（合众为一）；usque ad nauseam（诉诸反复）；Ursa Major（大熊星座/北斗）；sic semper tyrannis（暴君总如此）；quid pro quo（以一偿一）；requiescat in pace（息止安所）。”见约西亚·昆西（Josiah Quincy）的回忆：《往昔人物》（*Figures of the Past*，波士顿，1926年），第304—307页。

［实际上，据H. W. 布兰茨（Brands）的杰克逊传记记载，杰克逊一上来说：“E pluribus unum, my friends. Sine qua non！（我的朋友们，合众归一，必不可少！）”“合众归一”相当于美国立国格言，1美元纸币后就写有这个短语。杰克逊当时就掏出了一美元纸币。他的这个举动和语言非常具有感染力，并非单摆浮搁的拉丁语。——译注］

1　参见格林顿·G. 范·多森（Glyndon G. Van Deusen）：《瑟洛·韦德：说客巫师》（*Thurlow Weed: Wizard of the Lobby*，波士顿，1947年），第42—44页；惠特尼·R. 克罗斯：《烧焦的地区》（伊萨卡，1950年），第114—117页。

名声败坏的亚当斯关系也太近，故而克莱变得一文不值。在这一新党[1]的大佬中，能充分把握该问题的最著名人物就是瑟洛·韦德。他曾靠激烈的反共济会的平等主义激情脱颖而出，并成为辉格党（后来的共和党）最为重要的党组织者之一。但是，尽管反杰克逊派在1828年得到了教训，却并未能找到一个带领他们走上正轨的人物，直到脱离杰克逊阵营的大卫·克罗克特（Davy Crockett）出现。

克罗克特是边疆住民、猎人、战士、贫穷的西部寮屋族的代言人，他是美国重要的民间象征；他的自传也是美国边疆幽默（frontier humor）的经典之作。克罗克特并未因财富或教育的缺乏而感到困窘，他凭借
161 着自己的魅力跻身政界。在克罗克特大约三十岁，刚刚来到田纳西沙洲溪（Shoal Creek）的小定居点时，他就受雇为治安官，很快又被选为该地区自组民兵团上校，之后，又被派往了州议会。1826年，偶然间有人建议他竞选众议员，他于是就去参选，成功选上，同时还留下了一些生动有趣的故事。自此，田纳西就拥有了一位这样的国会众议员：他能"蹚过密西西比河，背负汽船，披荆斩棘"，尽管天真单纯，但他在国会中毫无畏惧，侃侃而谈，因为他能"驾驭国会中的任何议员"。

克罗克特的自豪之处就在于，他代表了本土的原始风格和自然直觉。在1834年出版的自传中，克罗克特炫耀自己在田纳西法院颁布的种种决定，而那时，"他只能写出自己的名字"。"我的判决让人毫无上诉的可能；假如有，他们也会像蜡一样牢牢粘住，因为我的决定立足于普遍的正义原则和人际间的诚实，它依赖于自然天赋的感觉，而非依赖于通过学习来引导我的法律；我这辈子连一页法典也没读过。"[2]克罗克特对常识的充分性怀有淳朴的信心，他的法律决定也许能证明这种信

1 指国家共和党。——译注

2 汉姆林·加兰德（Hamlin Garland）编：《大卫·克罗克特自传》（*The Autobiography of Davy Crockett*，纽约，1923年），第90页。

心是理所应当的。但是，他还不满足于此：经过考虑之后，他对知识领域采取了轻视的态度。在国会生涯的某个阶段，克罗克特描述说：[1]

> 有些绅士邀请我去剑桥，那里有所挺大的学院，或者叫大学；他们给人们准备好了头衔或者绰号。我就没去，因为我知道他们也会把法学博士（LL. D.）贴在我身上，要不然他们不会放我走；我不懂，为什么要把“美国国会众议员”的称号换成“懒洋洋、混日子的白痴”（lazy lounging dunce）[2]，我确信，我的选民很有可能会把我的新头衔翻译成这样。我知道，我没拿过任何学位，我也不靠学位，我脑子还是有一点点明智的；我不是什么样子，我就不会冒充成那样……

在1813—1814年克里克战争（Creek War）期间，克罗克特曾在杰克逊麾下作战，当他首次参加国会时，他是田纳西杰克逊派的成员，同 162
时也是贫穷的美国西部寮屋族的代表——克罗克特以前的生活状态就跟寮屋族非常相像。不久以后，他发现，自己对这两派的忠诚出现了冲突。一群由詹姆斯·K. 波尔克领导的田纳西人试图让美国把西部的几片未被占用的土地让与田纳西州，作为捐赠，用于教育。在这个时候，教育的利益和赤贫阶层的利益很不幸地产生了矛盾。身为寮屋族代表的克罗克特自然会对波尔克的土地法案感到怀疑。之前，南卡罗来纳州大学得到的土地授权已经让克罗克特的某些选民无家可归。那么此时，克罗克特得出的结论是，既然这项建议会将一部分土地收益用于纳

1　汉姆林·加兰德（Hamlin Garland）编：《大卫·克罗克特自传》（*The Autobiography of Davy Crockett*，纽约，1923年），第180页。这段幽默，它的“梗”主要指接受了哈佛学位的安德鲁·杰克逊。克罗克特这样说道：“一位有头有脸的人物（digniterry），他来自田纳西。”

2　这三个词的首字母与法学博士的首字母一样，都是LLD。——译注

什维尔的学院，故而它也同样会伤及他人。他指出，建设种种学院的措施并未让他的选民得到补偿，因为选民都不能使用学院。他指出，如果“我们必须建立一个平民的国家，如果必须建立一个大学毕业生有时候会笑话的穷光蛋学校——这样的学校非常方便，它能让我们的大孩子冬季去上学，我们的小孩子全年都可以去——特别是，如果我们用筹集来的浣熊皮或者什么小玩意就足够在学期末当作学费支付给教师，那么，我们就自认为是幸运的了”。[1]

克罗克特在国会解释说，他并不反对教育，但是他指出，他感到自己有义务捍卫他所代表的那群民众的利益，这些人“额头的汗水浸入了他们居住的土地”，而如今，“田纳西州的州议会，为了给富家子弟修建学校”，就夺走了他们“简陋的农舍”。[2]

> 我再重复一遍，我全盘反对这项措施，并不是因为我是教育的敌人，而是因为教育方面的利益需要公平处理。这套学院制度的实施是为了在两个社会阶层之间画上鸿沟——它将富家子弟和穷
> 163 人子女分离开来。我的人民的孩子，一辈子都没见过学院里面是什么样，他们根本就不可能看到……测量员、学院、享有授权的土地所有者留给他们的东西本就不多，如果骗人的机器开动起来，连这些也剥夺走，那么可以说，我绝不会坐在这里保持沉默，就算是用低三下四的态度，我也要拒绝支持这项事业。

1　引自小查尔斯·格里尔·塞勒斯（Charles Grier Sellers, Jr.）:《詹姆斯·K. 波尔克，杰克逊派：1795—1843》(*James K. Polk, Jacksonian: 1795—1843*, 普林斯顿，1957年)，第123—124页。关于土地法案，见上，第122—128页；詹姆斯·A. 谢克福特（James A. Shackford）:《大卫·克罗克特，其人及其传奇》(*David Crockett, the Man and the Legand*, 教堂山，1956年)，第90—99页。

2　《辩论记录》，第20届国会，第2次会议，第162—163页（1829年1月5日）。为了安抚克罗克特，波尔克已经加入了一条规定，它要求土地出售的收益只能用于普通学校。既然如此，那么当克罗克特质疑资金挪用于学院时，他就找错了争议点。

在这段话里，我们又听到了曼宁的观点：普通学校服务民众，大学学院服务有钱人。对于美国社会来说，如果就这样听任高等教育的利益和普通民众的利益出现冲突，那么无疑是一个悲剧。但是，对于亚当斯—克莱一派人来说，他们总是处于杰克逊阵营严峻的压力之下，因此，田纳西杰克逊派的分裂就成了天赐良机。不久，机敏的反对派组织者发现，如果能将民主党的先锋收入账下，那么就给自己平添了强大的抗衡杰克逊的力量。于是，他们接近克罗克特，利用他在田纳西州与杰克逊派的疏远，以及他对杰克逊总统存在已久的怨恨，让他转向了反对派。可以清楚地看到，在美国银行行长尼克拉斯·比德尔（Nicholas Biddle）的朋友马修·圣·克莱尔·克拉克的接洽和促成下，克罗克特与美国反杰克逊势力的同盟，早在1829年就开始酝酿；而且很明显，到了1832年，同盟又得到巩固。这段时期，开始有人为克罗克特写好国会发言；在他著名的《自传》中，有很多地方，也都由别人捉刀，尽管这些内容都以克罗克特口述的语气写成。[1]1835年，克罗克特发表了一部攻击马丁·范·布伦的作品，这本书预示了辉格党在1840年竞选[2]中的成熟的煽动风格。

到了1840年，辉格党凭借民粹主义的修辞彻底取得了胜利。这之前，克罗克特由于太地方化，不太可靠，因此难以达到总统的位置，他遂去往得克萨斯，在保卫阿拉莫的战役中牺牲，从这时开始，他逐渐变成了神话人物。[3]不过，还有威廉·亨利·哈里森，他在1836年总统选举中展现出了与克罗克特相似的公众魅力，而且与杰克逊一样，他

1　关于克罗克特与东部保守派的友好关系，以及他的演说和自传作品的著作权问题，谢克福特的论述最为得当：前揭，第122—129页。

2　1840年美国大选，辉格党的威廉·亨利·哈里森击败范·布伦，当选美国总统。——译注

3　1836年美国大选，克罗克特反对的范·布伦获胜。前一年，克罗克特也失去了田纳西国会代表的职务，这些促使他去往得克萨斯。——译注

也在早期对印第安人的作战中成为英雄。虽然他1811年于蒂珀卡努(Tippecanoe)击败特库姆塞(Tecumseh)的经典之战在某种意义上算是一场惨败,[1]但这无关紧要;凭借巧妙的宣传和公众的健忘,这场战役竟然能被美化成一桩与“老胡桃木”[2]在新奥尔良的凯旋堪堪媲美的功绩。在1840年时,小木屋和浓苹果酒[3]这两个话题又给哈里森带来了平易近
164 人的特征——尽管哈里森住在俄亥俄州湖畔结结实实的大厦里。虽然事实上,经济萧条[4]似乎已经成为击败范·布伦的关键因素,但为了确保胜利,辉格党仍然试图采用十二年前杰克逊用来攻击约翰·昆西·亚当斯的宣传伎俩和歪曲手段来反对范·布伦。宾夕法尼亚州众议员查尔斯·奥格尔(Charles Ogle)就是这样在4月就奠定了4月大选的基调。在国会,他做了一番技法娴熟的演说,主题是论“总统宫室之帝王气象”。为了传播,这篇演说还做成了小册子,印了几千本。尽管改建和修葺白宫及其地基只花了区区3 600美元,但奥格尔在攻击这一点时天花乱坠地描述了马丁·范·布伦的奢侈生活,让国会享受了一番。他很轻易地就让1828年攻击亚当斯的那些相似的主张黯然失色。当奥格尔谴责范·布伦在白宫安装了几个浴缸时,这番激烈的长篇大论达到了高潮,在奥格尔繁华的辞藻中,浴缸俨然成了卡拉卡拉的浴场。[5]

---

1 这场战役,美军最终撤兵,而且死伤人数不亚于印第安人,故而有人认为不算胜利,甚至是大败。但到了几十年后哈里森竞选总统时,这次胜利被他反复提起,竟然帮助他当选总统。——译注

2 Old Hickory,指安德鲁·杰克逊。——译注

3 这两个本是民主党攻击哈里森碌碌无为的话题,但其实农民和工人才会住小木屋、喝苹果酒,因此反倒帮助了哈里森。辉格党为此还发放苹果酒,到处建小木屋,鼓吹自己的亲民,称自己是小木屋和浓苹果酒的党派,但其实辉格党代表了银行家和资本家。——译注

4 指1837年开始的美国经济大恐慌,范·布伦在经济方面束手无策,这为辉格党上台提供了绝佳的条件。——译注

5 查尔斯·奥格尔(Charles Ogle):《总统宫室之帝王气象》(*The Regal Splendor of the President's Palace*,无出版社,1840年),尤见第28页。

1840年辉格党的一幅标语说得再正确不过了，它宣布：“**我们忍辱取胜**”（WE STOOP TO CONQUER）。这帮受过良好教育、至今仍然挑剔苛刻、曾经反对男性公民选举权的人，此时，竟然宣称自己是人民的朋友，而且赞同那些最为露骨、最无理性的竞选伎俩。在之前略为节制的时代里，当时的论辩所培养的杰出政治家，如今也跟某份报纸所说的“大卫・克罗克特路线”相处融洽，但在以前，他们有可能给予打压。有位内敛、文质彬彬的南方贵族，休・斯文顿・勒加雷（Hugh Swinton Legaré）就吞下厌恶，做起了巡回演说。丹尼尔・韦伯斯特也受到启发，他表示：虽然他运气不好，没有生在小木屋，但“我兄长和姐妹生在那里……我每年都要去看看小屋，我还把我孩子带过去，在他们住的地方，存在着坚忍和单纯的美德，他们会学着看重并且仿效这样的美德……”只要有人称他是贵族，那么这个人就“不仅是**骗子**，还是**胆小鬼**”，如果韦伯斯特碰到他，那人就得准备好干上一架。亨利・克莱曾从他个人的角度，私下里说，“国人诉诸情感和感情，而非诉诸理性和判断的做法……是不得已而为之，无论这种迫不得已是实际状况，还是想当然，我都觉得难过”，但之后，他恰恰就是这么做的。

辉格党阵营中一些敏锐的人也许会避免使用这场“小木屋、浓苹果酒”竞选中的修辞，但是，如果他们还想在政界待下去的话，他们就不可能长时间地避免下去。而在美国政界里作为一股势力的绅士，他们选择自杀。约翰・昆西・亚当斯在华盛顿注视着令人沮丧的景象，他从 165
这场嘈杂的选举中发现，“人民的习惯和生活方式发生了变革”。[1]这个过程其实几十年前就开始了，亚当斯1829年被逐出白宫，就是辛酸的象征，而此时，变革已经完成。摩根・迪克斯（Morgan Dix）评论说：“为了

1　关于这次竞选以及这里的引文，见罗伯特・G. 冈德森（Robert G. Gunderson）：《小木屋竞选》（*The Log-Cabin Campaign*，列克星敦，1957年），尤见第3，7，101—107，134，162，179—186，201—218页。

直接煽动下层社会，就刺激他们的好奇心，满足他们的娱乐欲，用下流、粗俗的内容引诱他们支持，这样的做法看上去还是有史以来头一遭。从那时起，这种情形就发展开来，如今，一个人要是拥有好的出身，继承了‘绅士古老的显赫之名’，那这实际上算是劣势了。”[1]

五

更为清醒的阶层继续退出政界，蓄奴制和地域仇恨引起的新一波热潮又加剧了这种状况。早在1835年，托克维尔就谈到了国会成员的“粗俗的举止”和身份的低微；假如他在19世纪50年代能回来一趟的话，他就会发现形势已经更为恶化。19世纪50年代，海军部长约翰·彭德尔顿·肯尼迪（John Pendleton Kennedy）给他的叔父这样写道：“你注意到没有，真是可悲，这个国家连一个值得我们骄傲而谈的政治人物也没有了？……民众已经从脑子里彻底抹去了绅士这个观念，对他不做评价了！我们拥有的所有这样的人物，几乎都被赶下了政治舞台。”[2]1850年，弗兰西斯·鲍文（Francis Bowen）在《北美评论》的一篇文章中写道，他发现，国会的参众两院都已然“变成了喧嚣、吵嚷的辩论会”。[3]

怒不可遏的威胁恐吓，声嘶力竭的虚张声势，取代了原本平

---

1 《约翰·A. 迪克斯回忆录》(*Memoirs of John A. Dix*，纽约，1883年)，第I卷，第165页。

2 亨利·T. 塔克曼(Henry T. Tuckerman)：《约翰·彭德尔顿·肯尼迪传》(*Life of John Pendleton Kennedy*，纽约，1871年)，第187页。

3 《国会就加利福尼亚和领土问题的决议》(“The Action of Congress on the California and Territorial Questions”)，《北美评论》，第LXXI卷(1850年7月)，第224—264页。

> 静、庄严的辩论；国会大厦的大厅上演的场景，往往丑陋得还不如斗熊场；国会的名声变得不再令人称羡，它成了文明世界里最没用、最无序、最无效的立法机关。 166

佐治亚州众议员罗伯特·图姆斯(Robert Toombs)也表示赞同。他在写给朋友的信里说，眼下的国会"弄了一帮我见过的最差劲的立法员……这里面充斥着飞黄腾达的批发商、走了大运的男佣、没有教区的牧师和巡回演说家，他们不仅没有智慧和知识，还毫无礼数，所以，我们没法指望能有什么好的法可立"。[1]到了1853年，国会又不得不立法禁止检举政府的众议员得到报偿，还禁止针对行贿受贿收罚金。[2]1859年，形势恶化到了无可救药的地步，此时，国会对于议长人选都几乎达不成共识。年轻的查尔斯·弗兰西斯·亚当斯那一年正好去华盛顿看望时任众议员的父亲。他后来回忆说：[3]

---

1 U. B. 菲利普斯(Phillips)编：《罗伯特·图姆斯、亚历山大·H. 斯蒂文斯与豪威尔·科布通信》(*The Correspondence of Robert Toombs, Alexander H. Stephens, and Howell Cobb*)，美国历史协会，《年报》(*Annual Report*)，1911年，第II卷，第188页。

2 莱昂纳德·D. 怀特(Leonard D. White)：《杰克逊派》(*The Jacksonians*)，第27页。关于国会和行政部门的恶化，见第25—27，325—332，343—346，398—399，411—420页。

3 《自传》(*An Autobiography*，波士顿，1916年)，第43—44页。当然，这段文字写于布鲁克斯袭击萨姆纳之后没几年；而在同一年的华盛顿，一位众议员由于对一家旅店的餐厅服务不满，开枪射杀了侍者。关于19世纪50年代国会的状况，见罗伊·F. 尼克尔斯(Roy F. Nichols)：《美国民主的破裂》(*The Disruption of American Democracy*，纽约，1948年)，第2—3，68，188—191，273—276，284—287，331—332页。关于政府衰落的背景，大卫·唐纳德(David Donald)的哈姆斯沃思教席就职演讲最有启发，见《民主的过度：美国内战和社会进程》("An Excess of Democracy: The American Civil War and the Social Process"，牛津，1960年)。关于南方政治领导层的衰落，克莱门特·伊顿(Clement Eaton)考索甚精：《老南方的思想自由》(*Freedom of Thought in the Old South*，杜伦，1940年)；也见查尔斯·S. 西德诺尔(Charles S. Sydnor)：《南部地方主义的发展，1819—1848》(*The Development of Southern Sectionalism, 1819—1848*，巴吞鲁日，1948年)，尤见第12章。

[布鲁克斯袭击萨姆纳：1856年，堪萨斯因蓄奴问题引发内战，5月19—(转下页)

那时的参议院和众议院，我记忆犹新。两个机构都没给我留下什么好印象。众议院像一座国家的斗熊场；因为那是一个属于画风丑陋的边疆佬和包工头的时代，比现在尤甚。地域情绪高涨，种种恶习昭彰；威士忌，吐痰，博伊刀成了那时的风气。当时在国会中，也只能看到这样的“风气”。而主持国会的人是又穷又老的新泽西的潘宁顿，因为实在无人可选，就让他当了议长，他很可能是有史以来无能到极点的议长。

在美国早期，地位高的人很可能会颇有信心地将具备才华和声望
167 的人招入帐下，由于他所团结的这些人，通常都在出身和财富方面并无优势，故而这种做法不可谓不民主。比如，1808年，总统杰斐逊就给杰出的律师兼散文家威廉·沃特（William Wirt）写过一封信，沃特是移民之子，父亲只是客栈掌柜：[1]

写此信的目的……是建议你加入国会。这是美国重要又权威的剧场；不论一个人有资格进入哪个部门或哪个机关，国会都是他的大门。凭借你的名望、才华和端正的思想，再用上必要的智慧，**你就会立刻在众议院中成为这所国家机关的首脑**；你很快就会得到这样的地位，之后，你就可以随心所欲地考察军事、司法、外交或其他内政部门，**你喜欢在哪里就一定能去哪里**。你现在就是人们所说的我们国家的杰出才俊，可以保证，你这一生都可以从事最为光荣的工作。

（接上页）20日，参议员查尔斯·萨姆纳在国会进行了长篇演说，抨击堪萨斯的蓄奴制，他演说谴责的一个对象是参议员安德鲁·巴特勒。萨姆纳言辞激烈，引起了南方各州议员的不满。巴特勒的堂兄弟众议员普莱斯顿·布鲁克斯为了泄愤，公然在5月22日进入参议院用手杖将萨姆纳殴打重伤。这次袭击，博得了南方各州的赞扬。——译注]

1 《著作集》，伯格编，第XI卷（华盛顿，1904年），第423—424页；黑体字为我所加。

杰斐逊去世后没几年，这封信里的那种信心满满的设想已经遥不可及。晋升的技巧出现了转变；那些能让雄心勃勃的政治家跟公众打成一片的品质，比那些给同级或上级留下好印象的品质还要重要。从底层被推举上来的人，比由顶层选出的人还要多。

与人事选拔标准的改变相对应的是行政制度的命运。美国行政事业的首要传统是由华盛顿代表联邦党人确立的，之后的联邦党人和杰斐逊派都萧规曹随，直到1829年。这是一条绅士治国的传统。[1]按照当时欧洲的行政标准，华盛顿对联邦机关人员的聘任条件一开始就设定得很高，尽管这带有党派性质。他要求能力，而且既强调公众声望，又看重被聘任者的正直人品；他希望，通过任命“那种我认为能给我们国家品质带来尊严和光彩的人”，这个新政府可以得到巩固。从一上来就能观察到，聘任人员的分布，都按照了地域这个与个人无关的原则，裙带关系被杜绝。虽然到了1792年，政治立场逐渐成为聘任人员的更重要的因素，但是，其影响并不是绝对的，用华盛顿的继任者约翰·亚当斯的话说：这位第一任总统还聘用了“众多民主派和最激进的雅各宾党”。[2]当时，在招募行政人员上，影响最大的障碍是联邦政府的薪资水平不高，这是受了乡村舆论的控制；此外从一开始，行政岗位的威望就低，不足以带来持久的吸引力，甚至对于选入内阁任职的人也是如 168

1　关于行政部门的历史，我的结论遵循了莱昂纳德·D. 怀特一系列珍贵的史学作品：《联邦党人》(*The Federalists*，纽约，1948年)，《杰斐逊派》(*The Jeffersonians*，纽约，1951年)，我引用过的《杰克逊派》，以及《共和党时代：1869—1901》(*The Republican Era 1869—1901*，纽约，1958年)。保罗·P. 范·里佩尔(Paul P. Van Riper)在他的《美国行政事业史》(*History of the United States Civil Service*，埃文斯顿，伊利诺伊，1958年)，第11页中说：“在美国国家政府的形成期，它的行政部门是世界上最有能力，当然也是最能够避免腐败的行政部门之一。”

2　约翰·亚当斯：《作品集》(波士顿，1854年)，第IX卷，第87页。亚当斯说这话，并不是表示彻底反对。他本人并没有提议排除异己，因为这样一来，就会排挤掉“国内某些最有能耐、最有影响的优秀人物”。

此。随着杰斐逊派取代了联邦党人，杰斐逊并没有仅仅出于政治原因而大规模地撤换行政职务，他的部分目的是为了试图平息之前时期的政治狂热；联邦党官员中，最直率、最固执、最活跃的人遭到解雇，而相对更安静的那些保留住了自己的职位。尽管杰斐逊推行了“行政岗位基本上应该两党各半”这样的理念，但是，公务员的才干还是保持住了原有水平。旧时的正直和体面这样的标准依然盛行；尽管关于杰斐逊的“1800年改革”说法纷纭，但是它并未给行政运转带来变革。在这方面，最明显的特征就是，人事选拔标准依然延续前例。[1]

但是与此同时，在某些州，尤其是宾夕法尼亚州和纽约州，使用党派庇护[2]成了常规做法。行政轮换的观念蔓延开来，无论是选任职位，还是聘任职位。19世纪20年代，随着普选的发展和平等主义情绪的高涨，为了党派目的，明目张胆使用庇护的做法，取代了旧式的行政传统。职位轮换被认为是标准的民主信条，而在杰克逊派看来，这非但没有可能造成行政人员的退化，相反它还是社会改革。杰克逊派将得到公职
169 的机会视为开放社会里普通人能够获得的又一种机会。他们主张，岗位人员轮换会杜绝那种不民主、永远占有公职的阶层。轻易的解职，轻易的补缺，这都没有被当作行政上的缺陷，而是被视为民主的优点。在1829年12月杰克逊致国会的年度咨文中，他以最具权威性的方式表达了这种观念。

杰克逊主张，即使正直的人品让腐败变得想象不到，但长期享有公

1　范·里佩尔评论说，就党派而言，杰斐逊剥夺了太多公务员的职务，这足以让他像杰克逊一样，被认为是美国分赃制（spoils system）的始作俑者；但是，就官员的才干和社会类型来说，杰斐逊和他的领导层“实际上”并没有“破坏联邦行政部门以社会上层人士为主体的本质”。前揭，第23页。

2　Patronage，与分赃制相联系，在多党制下，某党总是庇护该党的官僚，把自己党派的官员送入国会，撤换前党的官员。这种庇护制产生了下面说的行政人员轮换制，但其实换汤不换药，依然都是该党执政，看似民主，实则是一党专制。——译注

职的人也会养成不利于公众利益的精神习惯。在长期任职的人中,“公职被视为一种财产,政府却被视为推动个人利益的手段,而不是创造出来为人民服务的工具”。或早或晚,无论是因为彻底的腐败,还是因为“正确的观念和原则的颠覆”,政府都会背离它的正当目的,转而成为“一台牺牲多数人、支持少数人的引擎”。职位轮换会定期带来多少没有经验的生手,总统并不觉得这算什么问题。“所有公务员的职责都明白、简单——否则的话,职责就完成不了了——以至于,一个人只要有智力,就能很容易地履行职责”;公务员长期任职,虽然他的经验能带来好处,但得不偿失。在这一段,还有其他几段文字里,我们看到了杰克逊下定决心要让新人担任公职——这属于民主式机会的一部分——并且要打破公职是某种财产的观念。杰克逊认为,公职岗位轮换的思想是“共和国信条的主导原则”。[1]

显然,争议出现了:虽然事实上,所有人都认为行政职位是一种财产,但是杰克逊派相信这样的财产是可以**共享的**。他们对待行政职务的方法完全相似于他们在经济事务上的反垄断立场。如果一个社会,它的能力和活力主要源自政治机会和经济机会的扩散,那么这个社会就很可能具备更有潜力的智慧,尽管杰克逊的反对者不愿意承认这一点。杰克逊相信,政府的职责简单到几乎任何人都能执行,但是,当政 170
府的功能变得复杂之时,这种看法却又贬低专家和受过训练的人,认为他们在暗中作恶。[2]正如美国的选举以平常不过的必然性排挤掉了绅

---

1 J. D. 理查德森编:《历任总统咨文和论文》(纽约,1897年),第III卷,第1011—1012页。有若干历史学家已经指出,杰克逊撤换的职位,其实际数量并不巨大。杰克逊政府的最著名之处也许就是为后人撤换职位提供了一套可以依据的理由。在之后的时代,人们对分赃制的痴迷越来越重,它甚至侵入了一党的不同派系之中。19世纪50年代,布坎南系的民主党就清除了皮尔斯系的民主党。

2 事实上,轮换原则不可能像杰克逊派宣称的那样充分实现。其所产生的局面就是莱昂纳德·D. 怀特所说的“二元制”,其中,庇护制和职业制彼此依存。受庇护的员工进进出出,而持久存在的岗位,它的某种本质却不变。见《杰克逊派》,第347—362页。

士，专家，甚至单纯有能力的人，也都因政党制度的要求和轮换制的信条，而被局限在美国政治体系中的极为有限的空间内。教育和智识已然彻底疏远了起决策和管理作用的权力。智识在公众生活中的地位始终很不幸地依赖于绅士对教育和培训的重视，它与绅士的政治命运联
171 系得始终都太过紧密。在19世纪的美国，这正是智识失败的原因。

第七章

改革者的命运

一

到19世纪中叶为止，在美国行政部门的选任岗位和聘任岗位中，绅士都已经退化为边缘人物。他们基本上疏离了美国政界。一度，内战淹没了他们的不满。这场战争是搁置文化批判的重要危机之一。它是必须紧急处理的一项事业，一次干扰，一个任务。总体上，北方的显贵阶层都团结一致支持国家，他们并不考虑自己建议拯救的政治文化是否值得拯救。因为他们清楚，林肯让他们安心；他任命了很多知识分子和文人担任外交官——查尔斯·弗兰西斯·亚当斯、约翰·毕格罗（John Bigelow）、乔治·威廉·库尔蒂斯、威廉·迪恩·豪威尔斯，以及约翰·洛思罗普·莫特利（John Lothrop Motley）——这使他们颇为满意。如果美国的民主文化能创造出这样的人物，那么说到底，他们要对它刮目相看了。

但是战争一结束，这套制度的失灵似乎只能用戏剧化来形容。尽管牺牲了成百上千的生命，战前一代人的政治失败得以拯救，但在南方重建[1]（Reconstruction）彻底破产时，有一点显而易见：除了拯救联邦这

1　指美国内战后的重新建设南方的运动，大规模重建始于安德鲁·约翰逊（转下页）

个最低的目标，人们什么也没有做到，什么也没有学到。那时，新一代企业家比老一代更加贪婪；政治也看起来沦陷在了挑唆斗争的煽动中，它将公共领域分配给了铁路大亨和关税欺诈。1856年时那个充满理想
172 的共和党，已变为本杰明 · F. 巴特勒[1]和本 · 韦德[2]的政党，变成了格兰特政府的那群丑闻缠身者的工具。

起初，当1868年理查德 · 亨利 · 达纳[3]试图剥夺本杰明 · F. 巴特勒的马萨诸塞州议会议员职位时，许多改革者就看到了局势的走向。两人的争端尖锐地展开：在海湾州，在这个属于婆罗门阶层的心脏和中心、属于显贵群体的道德与理智的源泉，这个阶层中的一员试图将那位在政界之中口无遮拦、愤世怀疑的突出代表赶出政治舞台。《纽约时报》认为，这是“当地的理智、清醒、反思者与这一社会的不智、鲁莽、狂躁、肆无忌惮的分子之间的斗争”。[4]它也是少数派与移民、工人组成的压倒性多数派之间的争斗，其特点在于，达纳使用的仍然是近乎传统笨拙风格的竞选技巧。[5]这场选举残酷地揭示出了达纳一派惨淡的前景；他

（接上页）就任总统之后，后来由于南北方妥协，重建运动失败。作者在本章中说的改革者就是以知识分子为代表的试图重建南方、恢复联邦秩序的政治家。——译注

1　Benjamin F. Butler（1818—1893），内战时期的著名将军，对待南方军颇为残酷，在重建时期成为共和党激进派，积极弹劾安德鲁 · 约翰逊，主持了美国历史第一次弹劾总统案。——译注

2　Ben Wade（1800—1878），重建时期的共和党激进派，主张赋予黑人和女性平等权利，反对本党总统约翰逊。——译注

3　Richard Henry Dana, Jr.（1815—1882），美国政治家，当过水手，毕业于哈佛学院，后来担任马萨诸塞州州议员。他著名的作品是《两年水手》。——译注

4　《纽约时报》，1868年10月24日。多年来，巴特勒利用了名门望族对他的怨恨，将之作为政治筹码。1884年，他的一位支持者宣称，巴特勒赢得选举，是因为“所有势利鬼和半吊子都恨他，因为哈佛学院不想让他得到法学博士学位”。H. C. 托马斯（Thomas）：《民主党1884年重返权力之路》（*Return of the Democratic Party to Power in 1884*，纽约，1919年），第139页。

5　正是在这次竞选中，巴特勒离间了达纳和工人阶级选民，他指责达纳戴着一副白手套。达纳承认，他有时会戴白手套，穿整洁的衣服，但他向他的听众——（转下页）

得的选票连10%都不到。

达纳的蒙羞只是一系列震动的开始。改革派的友人同样状况不佳。幽默十足的莫特利就被安德鲁·约翰逊剥夺了外交官职务；虽然格兰特重新起用了他，但后来，由于格兰特想用他来打击萨姆纳，故而再次将之抛弃。由于政治家们不喜欢法官埃比尼泽·R. 霍尔（Ebenezer R. Hoar），因此提名他进入最高法院的提议被否决。[1]（西蒙·卡梅隆问道："一个把七十位参议员都不放在眼里的人，还能指望他做什么？"）担任专项税务员的大卫·A. 威尔斯，尽管是有能力的经济学家，但因为他的自由贸易主张而被撤职。支持行政改革的领袖雅各·多尔森·考克斯，由于缺少总统的支持，被迫辞去了格兰特政府内政部长的职务。1870年，亨利·亚当斯解释了自己为何离开华盛顿去往哈佛教书，他写道："我的所有朋友都已经或正处在被逐出政府的边 173
缘，我将孤立无援，消息闭塞。"[2]

那些曾经相信林肯和格兰特的共和党会带来一场改革的年轻人，如今不再抱什么幻想。从战争的硝烟中，走出了一个全新的令人灰心丧气的美国；文人改革派成了美国奇特的异端，这些失意的贵族，他们的存在恰恰凸显出了教育和智识已经不再是政治和经济中的力量。这些文人改革派，他们的主要理念都针对行政部门；他们的首要议题就是行政改革；他们的理论代言人是《国家》杂志的E. L. 葛德金[3]；他们最

（接上页）林恩的工人——保证，他年轻时当过两年水手，"我和你们一样脏兮兮的"。本杰明·F. 巴特勒：《巴特勒自传》（*Butler's Book*，波士顿，1892年），第921—922页。

1　1869年，格兰特提名他进入最高法院，但参议院否决了这一提议，共和党保守派参议员指责同为共和党党员的霍尔没有按照庇护原则选拔本党官员。霍尔不分党派，唯贤是举，因此得罪了这些党员。——译注

2　亚当斯致C. M. 盖斯凯尔的信，1870年10月25日，收入W. C. 福特（Ford）编：《亨利·亚当斯书信集》（*Letters of Henry Adams*，波士顿，1930年），第196页。

3　Edwin Lawrence Godkin（1831—1902），《国家》杂志的创刊人，爱尔兰后裔。《国家》奉行思想独立，因此比较小众，深受知识分子的喜爱。——译注

为成功的政治英雄是格罗弗·克利夫兰[1]。他们卓越的文学丰碑就是亨利·亚当斯[2]以艺术性的自怜为特色的杰作:《教育》。

这位历史学家回顾了文人改革派,他认识到,这些改革者很少或完全没有触及诸多严重的社会问题;他感到改革者的血液变得稀薄,他欢迎他们之中大胆、狂暴的人物,比如后来出现的约翰·杰伊·查普曼[3]。但是,这一阶层代表的是社会中大多数政治积极的知识分子;如果心智有地位的话,那么它在美国政治中的地位主要取决于这些人的命运。他们对这一点心知肚明;当洛威尔请求葛德金在《国家》上抗议"共和党所谓的'没脑子一样过得好'这个奇怪的看法"时,当查尔斯·艾略特·诺顿悲叹,甚至有点偏狭地发牢骚说,"在我看来,也只有《国家》、哈佛学院、耶鲁学院算是坚固的壁垒能阻挡现代的野蛮和粗俗的入侵"时,[4]他们要说的都是这个意思。

这样的改革型知识分子,他们不是全国性的,也代表不了所有民众。一般来说,文人改革派都生于东北部——主要在马萨诸塞、康涅狄

1 Grover Cleveland(1837—1908),美国第二十二和二十四任总统,美国历史上唯一一位在不同选举期两度当选的总统,民主党人士。——译注

2 Henry Brooks Adams(1838—1918),毕业于哈佛,著名文学家、史学家,曾祖和祖父是美国总统约翰·亚当斯和约翰·昆西·亚当斯。《教育》是亚当斯的自传,1919年获普利策奖。亚当斯在书中反思了美国的教育方式,流露出了自怜和自我反省的味道。——译注

3 John Jay Chapman(1862—1933),美国作家,当过律师,政治上拥护激进改革,反对蓄奴,主张改革者要奋起斗争,不要妥协。有一个故事可以体现他为人的大胆和狂乱,他曾袭击过一个侮辱他女友的人,之后为了惩罚自己,把左臂放入火中,造成截肢。——译注

4 J. R. 洛威尔致葛德金的信,1871年12月20日,收入罗洛·奥格登(Rollo Ogden)编:《埃德温·劳伦斯·葛德金传记和书信》(*Life and Letters of Edwin Lawrence Godkin*,纽约,1907年),第II卷,第87页;C. E. 诺顿致葛德金的信,1871年11月3日,收入阿里·胡根布姆(Ari Hoogenboom):《禁除分脏》(*Outlawing the Spoils*,乌尔班纳,伊利诺伊,1961年),第99页。

格、纽约和宾夕法尼亚州——尽管有少数人散居在北方佬和纽约人开拓的中西部。在道德和思想上，这些人都是新英格兰的继承者，而且大部分都是新英格兰人的后裔。他们奉行神体一位论和先验主义的哲学 174
取向，履行清教主义的道德意图，承续自由土壤运动[1]的改革遗产，秉承新英格兰对教育和理智主义的敬畏，保持着北方佬对公共职务和行政改革的热情。

还有一点必须补充，他们充满着北方佬的自信和自命清高；大多数文人改革者都确信自己在道德上是纯洁的。出版家乔治·黑文·普特南在他的自传中描述了改革者，他宣称："每一代公民都培养了一群不自私不自利的人，他们认识到了自己对社会的责任，他们准备着把自己的劳动和能力投入他们力所能及为同胞带来的服务中。"[2]这种无私的服务能力立足于财务上的保障和稳固的家族传统。虽然文人改革者通常不算富人，但他们几乎都达到了稳定的小康水平。他们都不是那种出自寻常人家或贫穷人家的自我奋斗之人；他们的父亲都是建制阶层，有商贾和制造业主，有律师、牧师、医生、教师、编辑、记者和出版家；他们循着父辈的足迹进入商业和各个专业领域。他们的受教育程度远远高于普通人：当大学文凭还很稀少时，他们当中就有数量可观的人获得了文学学士学位，而大部分没有得到该学位的人也都拥有了法学学位。一部分人是史学家、古董家和收藏家，其余一部分人则写作诗歌、小说或文学批评文章。很高比例的大学生都来自哈佛或耶鲁，或新英格兰教育传统的前哨，如阿默斯特、布朗、威廉姆斯、达特茅斯和奥柏林

1　指1848—1854年存在于美国的自由土壤党发起的运动。该党的成员来自辉格党和民主党，支持该党的主要是纽约州人。党员反对蓄奴，后来被共和党吸收。1848年和1852年，该党曾提名范·布伦和党魁约翰·黑尔参加竞选。1848年时也提名了查尔斯·弗兰西斯·亚当斯为副总统。——译注

2　乔治·黑文·普特南（George Haven Putnam）：《一位出版家的回忆》（*Memoirs of a Publisher*，纽约，1915年），第112页。

学院。可以确定，其中有宗教背景的人都属于上层教派（除去几个独立人士和怀疑派人士不论），尤其是那些深受新英格兰传统影响的教派，或吸引商界显贵的教派——如公理宗、神体一位论派、圣公会。[1]

175 按照亨利·亚当斯的辛酸描述，文人改革派在政治和道德上都是无家可归之人。他们很少有朋友，没有同盟。而在美国生活中的几乎所有地方——政界和商界，把持着种种事务的是那种朴实但又粗俗、冷酷的人。内战后，亚当斯从英国一回到华盛顿，就发现这样的人在掌权：[2]

> 人们迟早会认识到，[格兰特以及]其他人都是这样一类人，只不过各有不同，各有差别，这很正常。这样的人，精力旺盛，但很少用在思想上；他们生于土壤，然后走向权力；动不动就怀疑自己和其他人；畏葸犹疑；嫉妒，有时还记仇；他们外表多少有点迟钝，总得需要点刺激的东西；但是，最大的刺激莫过于行动——就是战斗的本能。这样的人是自然之力，原始的活力，就像鳍甲鱼，但他们迅速就干掉了学者。他们指挥着成千上万这样的人，他们只看重这样的人。事实如此；逻辑和智识一下子就被压制住了。

1 我对改革者的这些概述基于詹姆斯·斯图尔特·麦克拉克兰（James Stuart McLachlan）未出版的哥伦比亚大学硕士论文：《文人改革派：1865—1884》（*The Genteel Reformers: 1865—1884*, 1958年）。他在论文中分析了191人的就业因素。他的结论与阿里·胡根布姆对行政改革者的分析如出一辙，前揭，第190—197页。参见后者的论文，《对行政改革者的分析》（"An Analysis of Civil Service Reformers"），《历史学家》（*The Historian*），第XXIII卷（1960年11月），第54—78页。保罗·P. 范·里佩尔突出了这些改革者对废奴主义的天然的同情，以及他们对个体自由和政治道德的关注；前揭，第78—86页。

2 《亨利·亚当斯的教育》（纽约：现代文库版；1931年），第265页。

有文化的人无论往哪里看，都会发现自己四面受敌，面对着一种令他们陌生的心态。他们怨恨那些在商界和公共事务上让自己相形见绌的新兴富豪——他们认为这样的富豪为人粗俗，招摇，会危害社会。其中就有小查尔斯·弗兰西斯·亚当斯[1]描述的那种大亨。他说，在自己多年的交往中，他就没遇到过像他们那样，让他再也不想多看一眼的人；"在我的脑海中"，他们"很难跟幽默、思想、优雅这样的概念联系到一起"。[2]政治家也是一样粗俗——葛德金称他们是"下流的贱货"[3]——他们把自己的粗俗跟低效、无知和腐败混合在了一起。亨利·亚当斯回到华盛顿没多久，一位内阁官员就对他说，跟众议员可别讲耐心，那毫无意义："你跟他们不要讲策略！众议员就是猪！你得拿根棍儿，敲他们的猪嘴！"波士顿、新英格兰、纽约的所有人都异口同声地警告亚当斯，"体面的年轻人在华盛顿毫无立锥之地"；他自己也会发现，这里并没有让敏锐、优雅之人得以影响事务的氛围、社会环境和社会媒介。[4] 176

> 看起来，社会跟他一样都不自在。行政机构和国会都远离社会。社会中人在政府里也没有耳目。政府里也没人懂得凭什么要咨询社会中人。社会完全与政治绝缘，政治与社会脱节。内战的幸存者——像乔治·班克罗夫特或约翰·海伊（John Hay）——

1　这是查尔斯·弗兰西斯·亚当斯的儿子，亨利·布鲁克斯·亚当斯的哥哥。他参加过美国内战。——译注

2　查尔斯·弗兰西斯·亚当斯：《自传》（波士顿，1916年），第190页。

3　E. L. 葛德金：《大问题》（"The Main Question"），《国家》，第IX卷（1869年10月14日），第308页。

4　《亨利·亚当斯的教育》（纽约：现代文库版；1931年），第261，296，320页。参见詹姆斯·布莱斯（James Bryce）：《最优秀的人为何不从政》（"Why the Best Men Do Not Go into Politics"），《美国共和国》（*The American Commonwealth*，纽约，1897年），第II卷，第57章。

> 努力站稳脚跟，但难有卓越成就。他们可以做自己想做，说自己想说，但是，没有人太在意他们的所说和所做。

文人改革派不但疏远了商业公司和政治集团的权力中心，也与公众疏离。由于在社会中处于风口浪尖，因此他们并不努力寻求激烈变革；由于他们太轻视其他类型的改革派，故而他们没有发展出政治同盟。农民对他们古怪的热情和拿货币当万能药的做法并不满意，这只会激起他们对农民的厌恶。恃才傲物、斯文风雅和阶级利益，都让他们疏远了工人阶级和移民群体。小查尔斯·弗兰西斯·亚当斯表达过他这个阶级的普遍感受，他说，"我的地位，让我跟劳动者毫无交往"；他又补充说，如果交往，那么"我们彼此都觉得无趣"。毋庸置疑，这两句话都是对的。[1]对于移民群体，改革派认为他们在恶政中发挥的作用成为政治大佬的力量源泉之一。有时候，改革派还怀疑自由式民主和男性公民选举权的好处，他们还轻率地想用教育水平测试或人头税来剥夺选区中最愚昧的选民的选举权。[2]

就这样，文人改革派远离了与自己有着不同需求的主流的社会利益，由此，他们失去了有用的政治同盟，也被宣判为对政治毫无一用。
177 他们不得不满足于这样的憧憬：希望靠影响"数量有限的有文化的心

---

1 《自传》，第15—16页。

2 见《我们大城市的政府》（"The Government of Our Great Cities"），《国家》，第III卷（1866年10月18日），第312—313页；《北美评论》，第CIII卷（1866年10月），第413—465页；阿瑟·F. 贝林高斯（Arthur F. Beringause）：《布鲁克斯·亚当斯》（纽约，1955年），第60，67页；巴巴拉·M. 所罗门（Barbara M. Solomon）：《先辈和移民》（*Ancestors and Immigrants*，剑桥，马萨诸塞，1956年）。关于改革派的态度，见杰弗里·T. 布罗德盖特（Geoffrey T. Blodgett）的敏锐描述，《波士顿头领派的心态》（"The Mind of the Boston Mugwump"），《密西西比河谷历史评论》（*Mississippi Valley Historical Review*），第XLVIII卷（1962年3月），第614—634页。

灵”[1]、发动——如詹姆斯·福特·罗兹[2]所言——“有资产、有理智”的人来偶尔实现自己的目的。卡尔·舒尔茨[3]在1874年时曾言：“我们想要一个令这个国家的优秀之人感到自豪的政府。”[4]他们实际上想要的就是由受过良好教育、有公德心的精英担任领导阶层——就在这个让精英和受过良好教育的人百无一用的国家里。“优秀之人”是局外人。他们的社会地位成了累赘；他们受过的良好教育当然也是如此。1888年詹姆斯·罗素·洛威尔抱怨说：“按照我们的一些政治领导人和许多报纸的看法，知识分子事实上不允许评判公共事务；或者说，不允许他们这样肆无忌惮地评判……最起码，他们无法把自己的评判传达给同胞。”[5]

文人改革派意识到了自己不受欢迎，因此无法向政治或行政中心发起正面进攻，故而，他们不得不采取独立的策略。由于两个大党之间的实力差距总是非常微弱，因此力量较强的独立派系以脱党（bolt）相威

1　亚当斯致盖斯凯尔，引自欧内斯特·萨缪尔斯（Ernest Samuels）：《青年亨利·亚当斯》（*The Young Henry Adams*，剑桥，马萨诸塞，1948年），第182页。参见普特南的观点：“我们的希望就是，随着年轻人掌握了诸如耶鲁的威廉·格雷厄姆·萨姆纳那样的教授传授给他们的经济史知识，年复一年地从大学毕业，我们就会渐渐占领公众意见，再通过领袖的影响，让选民群体理解他们自己的商业利益。”普特南：前揭，第42—43页。

2　James Ford Rhodes，美国历史学家，代表作为《内战史》。他本人反对绝对的、不讲资格的普选权。——译注

3　Carl Christian Schurz，美国政治家、改革家，共和党人。出生于普鲁士，后移民美国，参加了美国内战，担任过内务部长，是第一位担任美国参议员的德裔美国人。这里提到1874年，在这一年，舒尔茨参加参议员竞选失利。——译注

4　引自埃里克·戈德曼（Eric Goldman）：《与命运相会》（*Rendezvous with Destiny*，纽约，1952年），第24页。行政改革的一位支持者曾指出，在“美国早年间”，所有从内阁部门到下属机构的公务员，“都普遍选自名门”；他还主张，行政改革要重新确立这一习惯。尤里乌斯·宾（Julius Bing）：《美国行政》（“Civil Service of the United States”），《北美评论》，第CV卷（1867年10月），第480—481页。

5　《独立派在政治中的地位》（“The Place of the Independent in Politics”），《著作集》，第VI卷（剑桥，马萨诸塞，1890年），第190页。

胁,来产生与自己的规模并不相符的影响力。[1]短时间内,改革派似乎稳坐钓鱼台,让人难以忽视,他们几乎施加着真正的影响。一开始,他们自认为能在格兰特政府里有些话语权;而当格兰特对他们失望之后,大多数改革者都加入了1872年自由共和派[2]那次命运不佳的脱党。之后,虽然海斯[3]小心迎合他们,他们的期望燃起,但还是以失望告终。在大多
178 数情况下,改革派不得不满足于有限的胜利,比如,邮政部改革,纽约海关改革,或时不时地任命汉密尔顿·费什(Hamilton Fish)、E. R. 霍尔、威廉·M. 埃瓦茨(William M. Evarts)、卡尔·舒尔茨、韦恩·麦克维(Wayne MacVeagh)这样的人进入内阁。1884年大选,他们最幸福的时刻来到了,他们相信,退出共和党的头领派[4]会让纽约州不支持布莱因[5],而倾向克利夫兰,由此让后者在竞选中胜出。不过,他们在立法上的杰出成就是《1883年彭德尔顿法案》[6]通过后带来的行政改革。这一点值得特别关注,因为行政改革这一属于绅士阶层的议题正是美国政治文

---

1 关于独立策略,见詹姆斯·罗素·洛威尔:《独立派在政治中的地位》,第190页以下;E. 麦克朗·弗莱明(E. McClung Fleming):《R. R. 鲍克,激进自由派》(*R. R. Bowker, Militant Liberal*,纽约,1952年),第103—108页。

2 Liberal Republican Party,1870年形成,成员是共和党中的反格兰特派系,1872年召开党组会议,正式组建,卡尔·舒尔茨是领导人。这一党在1872年大选中推出了自己的竞选人,即创建了《纽约论坛报》的贺拉斯·格里利,但他在普选中惨败于格兰特。之后,在选举人投票尚未开始之前,格里利去世,该党旋即解散,大部分党员后来转入民主党。——译注

3 Rutherford Birchard Hayes,美国第十九任总统,第一位没有赢得普选,依靠选举人投票获胜的总统。——译注

4 Mugwump,这个词来自印第安语,意思是大人物、头目、老大。它专指1884年大选时脱党后支持民主党候选人克利夫兰的共和党人,反对派用来表达讽刺。——译注

5 James G. Blaine,1884年大选时共和党推出的候选人,是头领派反对的对象。——译注

6 Pendleton Civil Service Reform Act,由俄亥俄州参议员民主党人G. H. 彭德尔顿起草的美国行政人员管理法,这一法案破除了美国官员任免中的分赃制,确立了绩效考核制,影响深远。——译注

化的试金石。

二

改革派的核心思想——他们全都认同这一思想，而且它激起了他们最深刻的关注——就是行政事业的改进。他们相信，不改革这一点，其他改革是不会成功实现的。[1]行政改革的理想与专业政治家的信条针锋相对：后者信仰政党组织、党派回报，以及岗位轮换的做法；而要求能力、效率以及行政精简化的改革派，他们的理想则是凭实力公开竞争上岗，保障职位的稳定。改革派参考了各种模式用于自己的方案——如美国军役制度，普鲁士甚至中国的官僚系统；但是，这个以英语为中心的知识分子阶层主要还是受到了英国的启发：自1854年《诺斯科特—崔维廉报告》[2]出版以来，英国的行政转型就一直在进行之中。

英国的行政改革家在设计方案时充分意识到了行政部门与阶层结构和教育体系的有机联系。按照格莱斯顿[3]的观察，他们计划的行政制度赋予了绅士阶层“对所有高级职位的控制权”；而那些接受过实用又廉价的培训的人所能担任的岗位，他们都分配给了社会下层人。[4]这一规划深受麦考利勋爵（Lord Macaulay）的影响，他认为“行政部门的上层只能由文化竞赛筛选出的有教养、有文化的绅士来负责”。在历史 179

1　关于行政改革的核心地位，见保罗·P. 范·里佩尔：前揭，第83—84页。

2　Northcote-Trevelyan Report，1854年由英国财政大臣斯塔福特·亨利·诺斯科特和官员查尔斯·爱德华·崔维廉起草的报告。该报告确立了系统科学的英国文官制度。——译注

3　William Ewart Gladstone（1809—1898），曾四次担任英国首相，多次担任财政大臣。——译注

4　见J. 唐纳德·金斯利（J. Donald Kingsley）：《代表性官僚制：对英国行政制度的阐释》（*Representative Bureaucracy: An Interpretation of the British Civil Service*，黄泉，俄亥俄，1944年），第68—71页以及全书。

悠久的大学中接受过严格古典训练的绅士担任高级职位，而底层职位的候选者是受教育程度不高的人——每一类在招募人员时，都通过竞争考试，这保证了所选拔人才的实力。1877年，改革派领袖之一查尔斯·崔维廉爵士跟美国朋友描述说，英国的变革不仅成功，还得民心。“虽然受益于旧式庇护制的人数量不小，但是”，他评论说：

> 被冷落的人要更多；这些人是忙碌的各种专业人士、律师、各个教派的牧师、教师、农民、店主，其中还包括了我们国人中的精英阶层。他们很快就领会了新制度的理念，他们欣然接受了它，认为它是宝贵的、额外平添的权利。

此外，查尔斯爵士还评论说，这场提升了行政部门和军事部门效率的变革，也“为教育带来了不可思议的推动”。从前，想要投身行政工作的社会的上层子弟，都缺乏前进动力，因为任职是板上钉钉的事。如今，他们明白了，自己的未来在一定程度上取决于个人的能力；“新的行动精神随之出现。行政部门和军事部门的开放，影响了全国教育，它们抵得上十万项最有价值的奖学金和优胜奖……”[1]

英国改革派对美国改革派的吸引是可以理解的。大多数美国改革派领袖关心的并不是为自己牟利，因为，如果美国行政部门中的大部分开放的职位都采取竞争考试，那么这对他们并没有足够的吸引力。[2]但

1　查尔斯·崔维廉爵士致多尔曼·B. 伊顿，1877年8月20日，收入多尔曼·B. 伊顿(Dorman B. Eaton)：《英国行政史：关于它的运行不当、改革和对美国政治的影响》(*Civil Service in Great Britain: A History of Abuses and Reforms and Their Bearing upon American Politics*，纽约，1880年)，第430—432页。

2　毋庸置疑，许多改革者留恋不舍地渴望当初林肯对文人的那份赏识，但是，那样得到的职位都超出而且不在行政体系之内。改革派的典型特征恰恰是，他们想要选任职位，而非聘任职位。大约有一半改革派领袖曾经担任过职务，但主要是选任岗。其中有一些人进入了国会，不过大多数人的选任岗位都在州议会。麦克拉克兰：前揭，第25页。

是，当他们明白，按照他们生存的社会所具有的标准，他们并非职位的首选，而且自己也没法帮助朋友，他们就有了蒙羞之感。[1]对于他们来 180
说，主要的分歧涉及了他们的文化和政治理想，也就是将自己的纯洁和优秀这两个标准投射入政治实践。“国家的品格”是最要紧的。他们在大学古典经济学课程里学到的自由和竞争优势这样的原则，既然能用于关税问题，那么也应该用于行政事业：行政部门中凭实力的开放竞争就相似于实业中的公平竞争。[2]但是，对于专业政治家来说，决定实力的手段——竞争考试——似乎笼罩着学校的光环，它立刻就激起了他们对智识、教育和培训的敌意。他们一上来就会说，这是“老师的考试”。当这个分歧涉及职业时，就直接触及了敏感的神经，引发了激烈的反应，从而打开了煽动反智主义的闸门。专业政治家谴责以考试为基础的行政制度观：说它提供稳定的职位，这是贵族风气，效仿了英国、普鲁士和中国的官僚制；说它顺从了君主制度，威胁到了共和主义；还说它是军国主义，因为考试要求本是军队的制度，却被他们当作了模式之一。从一开始，受过训练的智识就遭到了怀疑。1868年，当罗得岛州众议员托马斯·A. 詹克斯（Thomas A. Jenckes）提出行政改革的提案时，伊利诺伊州众议员约翰·A. 罗根（John A. Logan）在国会中用下面的话做了一番抨击：[3]

1　可以看看1869年4月29日亨利·亚当斯致小查尔斯·弗兰西斯·亚当斯的信，体会一下其中的含义：“我没法给你谋得职位。在这个政府里，我所结识的成员也只能算熟人，不是朋友；我想，我的要求得不到一丝同情。[大卫·埃姆斯·]威尔斯跟我的势力差不多。他连自己的书记员都难保。霍尔法官忙得不可开交，也没法干涉他的同事……”《书信集》，第157页。

2　但是，按有些人的看法，社会地位也会在职位竞争中起到作用。卡尔·舒尔茨曾经提议：“要用正规的考试来取代只考察[候选人]品德、出身、社会地位和一般能力的做法。”胡根布姆：前揭，第115页。

3　《国会议事录》，第40届国会，第3次会议，第265页（1869年1月8日）。有意思的是，竞争式的行政制度，在美国往往被批评为不民主，而在英国有时却被指责（转下页）

> 这项提案是要在这个国家搞贵族制……它会让我们得到两种
181 国家学校——一种是军校，一种是公民教育学校。这两种学校垄断了所有通向政府的渠道。除非一个人能考上其中一种学校，在它们那里登记在册，否则，他难以在这个政府里得到职位，无论他的能力有多大，无论他的资格是多么无可争议。一旦他考上学校，人生就搞定了，下面关心的就是让孩子也去上学。在这两种学校里，学生很快就会明白，他们是管理政府的不二人选；他们很快就会做出决定：政府只能由他们而非别人来管理。

针对行政制度展开的争论表明：专业政治家担心，对能力、文化、智力的要求会威胁到政治机器依赖的分赃原则；面对着这种威胁，为了维护这一原则，他们会毫无节制地煽风点火。一位印第安纳州众议员就描述了这样可怕的前景：比如说，在竞争考试中，弗吉尼亚华盛顿学院——罗伯特·李曾担任校长——的一个毕业生，会比一名“西部普通学校或讲习班里出来，但在奇克莫加河[1]上失去一条胳膊”的残疾士兵发挥得更为出色。他说，人民“可不愿意让叛军学院的学生凭借竞争考试和学业成绩，来取代残疾、爱国的共和国士兵。虽然他们在教育水平上毫无优势，但实践经验更丰富，更适合这个岗位”。[2]

（接上页）为太过民主，因为在岗位竞争中，贵族制受到了威胁。金斯利：前揭，第62页。与之相反，其他人认为，这只会提升绅士阶层的斗志和心气。参见阿萨·布里格斯（Asa Briggs）：《维多利亚时代的人民》（*Victorian People*，伦敦，1954年），第116—121，170—171页。

1 Chickamauga，这指南北战争时期的一次著名战役，发生于1863年9月19—20日，南军获胜。罗伯特·李是南军总司令，战争结束后担任华盛顿学院校长。由于北方获胜，因此南军和罗伯特·李都是叛乱派，所以下面说华盛顿学院是叛军学院。这位议员的意思是，政治如果不正确，空有智商和学历，对政府无益。——译注

2 《国会议事录》，第42届国会，第2次会议，第1103页（1872年2月17日）。这种与接受过学院训练的人的竞争，也困扰着退伍军人的组织。见华莱士·E. 戴维斯（Wallace E. Davies）：《爱国游行》（*Patriotism on Parade*，剑桥，马萨诸塞，1955年），第247，285—286，311页。

威斯康星州参议员马修·H. 卡朋特的话如出一辙，他斥责道，在内战时，[1] 182

> 国家的命运处在千钧一发之际，我们英勇的年轻人与战争的风暴搏斗，而没有爱国心的公民，他们的儿子却享受着大学课程的好处。如今，我们伤残的士兵返乡，申请联邦政府的岗位，他们完全有能力履行职务，却遭到拒绝，就因为他们不知道好望角潮汐的波动，不知道月球离地球有多近，不知道流入里海的主要河流都叫什么名字，他们就要让位给那些满脑子书本知识和原理的人。他们可是为自己的国家流过血啊。

这位参议员指出，“进天堂的资格可并不取决于竞争考试的结果”；然后，他又重提了正规教育和实践智慧的对立，只不过换了套说法：“填鸭式教学弄出来的傻瓜，在耶鲁拿了文凭，刚刚摆脱填鸭不久，他就在所有行政岗位上成为首选，胜过了最有能力、最成功、最正直的美国商人；而后者并没有很早接受教育，从中获益，他们的头脑也长期致力于实用性的追求，使得学院知识的细枝末节随着海岬的消失，通通退去，此时，水手就能跟自己的祖国道声晚安了。”

这样的评论并非那些煽动仇恨的北方人所独有。密西西比州众议

1　《国会议事录》，第42届国会，第2次会议，第458页（1872年1月18日）。当然，和国会一样，许多地方大佬也担心竞争考试影响了他们现有的规矩。波士顿大佬帕特里克·麦奎尔（Patrick Macguire）在谈到马萨诸塞行政法时，反对说：“我认为，如果我的孩子想要在波士顿的部门里有个职位，那么首先，我必须把他送进哈佛学院。他必定会带着最高的荣誉毕业。我认为，目前在那里学习的年轻人都能憧憬着在我们的大都市里等待着他们的辉煌的事业，尽管他们接受的教育让他们会用个镐和铲子就不错了；而其他人就没有接受良好教育的福气了，他们只能靠边站，到其他地方去找工作。”引自卢西尤斯·B. 斯威夫特（Lucius B. Swift）：《行政改革》（*Civil Service Reform*，无出版社，1885年），第10页。

员麦基（McKee）也提出了反对，他认为教育程度这个标准让美国教育贫乏地区几乎不再能享有旧式的、按地域标准任命职务的权利。他直言不讳地抱怨说，如果要求能力，那么他就没法再为密西西比州选民工作了。他说："假设，几个小妞从新墨西哥州来到这里求职，也许，她并不知道墨西哥湾暖流向北，还是向南流，她或许认为是竖着流；她也许回答说，'日本洋流'跟英国醋栗是一类东西。但是，虽然她具备了寻找小工作的能力，却还是被遣送回家；这个地方留给了一些戴着眼镜的太太，她们很可能跟
183 新墨西哥人一样，连一半的本土意识也没有。"[1]麦基又抱怨说：

> 这里就有我的一位选民，他比你们整个行政班子懂得还要多。他在密西西比长大，然后到了这里。他们觉得他连级别最低的文书都干不了。但是如今，他在太平洋沿岸地区最大的一家银行里当上了收银员或出纳。他们把他的岗位给了一位缅因州来的戴眼镜的学究。就这位学究的业务能力和常识来说，他连给擦皮鞋的当文书也不适合。[笑声。]这就是现状。

很长时间以来，批评行政制度的人成功地在公众的头脑中制造出了这样一种针对行政改革的看法：它不但脱离现实，而且可怕，所以才激起了平等主义情绪、政治机器的贪婪和反智主义思潮。E. L. 葛德金曾经评论说，当改革引起的纷扰第一次出现时，产生的反应就是，把它完全当成"一连串空想的努力，它想复兴一个让文人阶层可以打发闲工夫的社会"。1868到1878年，在政治圈子内部，它既遭人厌恶，又被带调侃地理解为"哭鼻子的行政改革"。"改革派有时被说成是一种幻想太平盛世的人，有时候说成优柔寡断之徒，他们把政治社会视为用温和的劝道、廉价的奖励就能管理的主日学校；对于他们，务实者不会跟他

1 《国会议事录》，第42届国会，第3次会议，第1631页（1873年2月22日）。

们理论,迁就一下就行了,因为这样并不会伤害到他们。”[1]专业政治家顺利地让自己相信:行政改革是在偏袒受过大学教育的人;它会把职位仅仅留给大学毕业的世袭贵族;行政考试中问的全都是毫无道理、只有圈内人才懂的问题。(对此,R. R. 鲍克[2]反对说:“好多人都说或者写道,‘[考试时]会问一个扫大街的有关古代史、天文学和梵语的问题’,这都是胡说八道。”)文化竞争考试的观念给反改革派造成了恐慌,而且毫无疑问,恐慌也蔓延到了许多潜在的求职者当中。一位明确反对改革的人士宣称:“因此,”[3]

> 想进行政机构,就要去过竞争考试的窄门,实际上,入口仅仅留给了大学毕业生,这样,它就接纳了皮尔斯,拒绝了林肯[4];受到偏袒的少数人由此就可以维持生计;也可以不再动荡;就可以正常地稳步晋升;这个阶层与社会的其他阶层脱离开来;他们有着共同的利益,共同听从一个人,因此团结在一起;这个人就是美国总统,也是三军统帅。 184

改革派抗议说:考试并没有不民主之处,它对所有求职者一视同仁,因为美国教育体系本身就是民主的,连高等教育都是如此。[5]他们还

1 E. L. 葛德金:《行政改革的争议》,《北美评论》,第CXXXIV卷(1882年4月),第382—383页。

2 Richard Rogers Bowker(1848—1933),报人,《出版人周刊》和《哈泼氏》主笔,知识分子,头领派和改革派。——译注

3 威廉·M. 迪克逊(William M. Dickson):《新型政治机器》(“The New Political Machine”),《北美评论》,第CXXXIV卷(1882年1月1日),第42页。

4 皮尔斯和林肯都是美国总统,前者支持南方,后者支持北方,前者有大学学历,后者自学成才。显然,没有大学学历的林肯对美国更有益。——译注

5 安德鲁·D. 怀特(Andrew D. White):《分赃属于胜者?》(“Do the Spoils Belong to the Victor?”),《北美评论》,第CXXXIV卷(1882年2月),第129—130页。

重印了用过的试卷，为了证明未来的员工并非像人们想的那样，是美国哲学协会成员，或是常春藤大学联盟的毕业生。他们又做了统计，想要证明，比如在1881年之前就使用竞争考试的纽约海关，在接受考试或受到聘任的求职者中，大学毕业生的比例并不大。然而，这一切都是白费力气。[1]受过良好教育的公务员成了恐怖的幽灵，至死都困扰着专业政治家。甚至在加菲尔德总统[2]遇刺后，民众对行政改革的情绪日益高涨之时，他的继任者切斯特·A. 阿瑟仍然向国会表达了自己的焦虑，他说行政考试只会让"理智的熟练"凌驾于其他品质之上；当与不成熟的青年大学生竞争时，经验丰富的人会处于劣势。[3]通过国会指挥行政改革提案的参议员乔治·H. 彭德尔顿则觉得有必要让参议院放心，相信考试系统不会仅仅提供那种不公平地偏袒大学毕业生的"经院式考试"。[4]要不是因为加菲尔德遭到意外枪击，《彭德尔顿法案》提出的改革也许就会延后几乎一代人的时间了。

三

在改革者对专业政治家的攻击中，我们可以发现一些核心用语：**无**
185 **知**、**粗俗**、**自私**、**腐败**。为了反击这些语言，专业政治家不得不做出充分的、具有号召力的回答。公开辩论成为关键的行动；不仅如此，他们还需要安慰自己实实在在的愤怒之情，这也很重要。与公众的良好关系当然让他们获得了明显的优势。然而，如果他们按照改革派设定的条

1　葛德金：《行政改革的争议》，第393页。

2　美国第二十任总统，共和党人，也是数学家，提出了勾股定理的"总统证法"。上任半年遇刺身亡，凶手是一位失意的求职者。共和党人切斯特·阿瑟继任总统。加菲尔德的遇刺加速了美国的行政改革。——译注

3　J. R. 理查德森：《历任总统咨文和论文》，第X卷，第46，48—49页。

4　《国会记录》，第47届国会，第2次会议，第207—208页（1882年12月12日）。

件来进行辩论，那么就苦不堪言了。与所有处在政治边缘，因而不用承担决策和责任的人一样，改革派可以比专业政治家更游刃有余地保持他们自诩的纯洁。大部分改革派领袖都来自建制阶层的家庭，至少财富小康，有稳定的职业，他们并不直接靠政治谋生；比起专业政治家，他们更容易维持无私的氛围，他们认为这是行政事业的关键。除此之外，他们**的确**受过更良好的教育，更有文化。

在回应的时候，政治家和大佬将批评他们的人具有的更高的教育和文化水平，贬低为政治上的累赘，他们质疑这些人难以胜任日常政治中的脏活和累活。如政治家所言，大佬和党务工作者都必须在普通人生存和谋生的烦恼的尘世中发挥作用。这不是道德和理想的世界，也不是教育和文化的世界：这是艰难的、属于男人的商业和政治领域。他们说，虽然改革派自称无私，但如果这是真的，那么也仅仅是因为他们可以在这个生活领域之外发表意见，却不用在这里工作，也不适合于这里。在努力奋斗、竞争、无情、崇尚物质的镀金时代的世界里，无私并不意味着纯洁，而是丧失自我，没有处理现实的能力，缺乏决断，全无阳刚气。

这样的政治家利用了美国男性刻板的偏见，他们主张：文化教养是不实用的，所以有文化的人毫无用处；文化教养是阴柔的，因此有文化的人女里女气。由于改革派对职位和权力有着隐秘的渴望，但对实用的必然性缺乏必要的理解，故而，他们把怨恨发泄到了成功者身上。他们对掌握职务和行使权力的人一味地吹毛求疵，虚伪地审查他们。詹姆斯·G. 布莱因[1]曾说道，他们“是自满、愚蠢、自负、无知……之徒……他们吵闹，但人不多，满口仁义道德，却不实用，野心勃勃，但不明智，自 186

1　布莱因属于共和党杂种派（half-breed），实际上拥护改革，反对庇护制，但也有反智倾向。——译注命不凡，势力又不够”。[1]

改革派和政治家的冲突，让专业从政者在内心里，对政界中从未消失的受过良好教育之人产生了一种刻板印象。在大都会明目张胆操作政治的、坦慕尼协会[2]的乔治·华盛顿·普兰基特（George Washington Plunkitt）有一番话就非常生动地体现出了这一点。他宣称，假如坦慕尼协会的领袖“都是书呆子和大学教授”，那么，[3]

> 坦慕尼协会只能在四千年的选举中赢下一次而已。实际上，协会的大部分领导人都是美国平民，他们来自人民，靠近人民；他们掌握了必需的教育，可以驱使那些有中间名字的花枝招展的男人……对于本地区的老百姓来说，我每时每刻都和他们相处融洽。当我走到他们当中，我从不炫耀我的语法，也不谈论宪法，不谈论电压有多少伏，我不会想方设法地把自己弄成一副比他们教育水

1　盖尔·汉密尔顿（Gail Hamilton）：《詹姆斯·G. 布莱因传》（*Biography of James G. Blaine*，诺维奇，1895年），第491页。对政界文人和改革者以及他们在专业政治家面前高高在上、故作迁就的态度，参议员约瑟夫·R. 霍利有一番粗暴的攻击，见《国会记录》，第47届国会，第2次会议，第242页（1882年12月13日）。

2　坦慕尼协会，也叫哥伦比亚社团，1789年成立于纽约。18世纪末开始成为政治团体，一开始属于民主—共和党，后属于民主党。在改革年代，坦慕尼协会是改革派的死敌。——译注

3　威廉·L. 里奥顿（William L. Riordon）：《坦慕尼协会的普兰基特》（*Plunkitt of Tammany Hall*，1905年；纽约版，1948年），第60—61页。在这方面，人们会想到讨人喜欢的布鲁克林民主党领袖彼得·麦克吉尼斯（Peter McGuiness）。20世纪20年代初，他在该地区的领导权受到了一些大学毕业生的挑战，后者认为，社会应该让有文化的高雅人士担任领袖。对这些新手，麦克吉尼斯采取了“熟谙政治之术的人喜欢的法子。在随后的集会上，麦克吉尼斯在发言之前，沉默了一会儿，然后盯着衣着朴素的工人和穿着胡佛围裙的家庭主妇，等到他们的注意力都集中到他身上时，他喊道：‘所有上过耶鲁或康奈尔的，举起右手……耶鲁和康奈尔的，投他票。你们剩下的投我吧。’”理查德·洛弗尔（Richard Rovere）：《深深的问候》（“The Big Hello”），《美国建制派》（*The American Establishment*，纽约，1962年），第36页。

平高的样子，因为他们受不了这样的行为。

他又说：[1]

> 有些年轻人认为，他们可以从书本里学到政治成功之道，他们脑子里塞满了大学中的各种陈腐玩意。他们错得不可能再离谱了。听清楚，我可不反对大学。我觉得，只要有书呆子，大学就得办下去；我想，大学还是在某些方面办了些好事，但是，它们在政治方面毫无价值。事实上，去大学上课的年轻人一开始就陷入不利。187
> 他也许会在政治中取得成功，但机会是一百比一。

对于这样的政治家来讲，把改革派说成虚伪和迂阔，还不够。他们的文化教养和挑剔的风格又证明了，这些“娘娘们们（namby-pamby），充当好好先生，小口嘬凉茶的绅士”[2]都缺乏阳刚气。他们有时还被人骂成“政治上的太监”（他们的政党背景并不确定，所以很容易被人转移到性别的不确定上）。尖刻的堪萨斯州参议员英格尔斯[3]曾经就因为他们缺乏党派忠诚而勃然大怒，指责他们是“第三性”——“不男不女的娘们；当爹生不了，当妈怀不上；不孕不育；让男人鄙视，被女人笑话，注定绝后，光棍，灭亡”。[4]

自从改革派在1872年自由共和党运动中浮现出来，成为一股有

1　同上，第10页。

2　致《纽约时报》的信，1880年6月17日，引自R. R. 鲍克：《国家》，第XXXI卷（1880年7月1日），第10页。

3　John James Ingalls，美国19世纪政治家，共和党。他以讽刺尖刻著称。但他支持彭德尔顿的法案，并不是完全反对改革的人。——译注

4　《国会记录》，第49届国会，第1次会议，第2786页（1886年3月26日）。在谈到第三性时，这位参议员说：“他们有两个功能受人肯定，一个是唱假声（falsetto），另一个是，他们总被选入东方帝王的后宫，充当护卫。”

组织的力量，他们就被分赃派中最为耀眼的一位人物，罗斯科·康克林[1]，斥责为“理想主义者、教授学究、牢骚满腹之徒的聚会”。[2]康克林也发明了一套经典的美国式的骂人话，他清清楚楚地表明了缺乏阳刚气这种指责的含义。被他骂的人是乔治·威廉·库尔蒂斯。库尔蒂斯曾在德国的大学就读，当时为《哈泼氏》编辑，改革派之翘楚，诸如布莱恩特、洛威尔、萨姆纳，都是他的好友；他也是主张知识分子要在政界中主动出击的代表人物之一。这次事件发生于1877年的纽约州共和党大会，在这次会议上，该党的大佬和改革派之争变得尖锐起来。轮到康克林发言时，他问道：“这些在报纸上和别的地方教训共和党人，在共和党和它的良知、信仰面前扮演老师的都是何许人也？”他接着答道：“其中有些是卖女帽的男人，有些是半吊子，有些是政治中
188 的尸位素餐之徒。”——“卖女帽的男人”一词引起了哄堂的嘲笑，它影射的是库尔蒂斯的杂志新近发表的时尚文章。在批评了改革者炫耀“自己纯洁无瑕的薄薄的外表”之后，他又嘲笑了他们所谓的变节和虚伪，以及他们“令人作呕、满口仁义的自命清高”；最后，他说：“他们忘记了，党可不是靠风度举止、女士杂志、滔滔不绝的讲话建立起来的……”[3]

在这里，康克林已经再清楚不过地揭示了普兰基特后来说“有中间名字的花枝招展的男人”时想要表达的看法。改革派有教养的品性和

1 Roscoe Conkling，共和党坚定派（Stalwart）的头目。这一派共和党人较为传统，支持格兰特，拥护分赃制，反对改革。——译注

2 马修·约瑟夫森（Matthew Josephson）：《政客》（*The Politicos*，纽约，1938年），第163页。康克林的话让人想起了那些反对经济改革者的商人的言论，他们说改革派是“慈善家、教授、百万富婆”。爱德华·C. 柯克兰（Edward C. Kirkland）：《商业界的梦与思》（*Dream and Thought in the Business Community*，伊萨卡，1956年），第26页。

3 阿尔弗雷德·R. 康克林（Alfred R. Conkling）：《罗斯科·康克林的生平和书信》（*Life and Letters of Roscoe Conkling*，纽约，1889年），第540—541页；关于这次事件的详细描述，见第538—549页。

彬彬有礼的举止都暗示着他们的阴柔之气。文化就意味着阴性；女士杂志的编辑身份也证明了库尔蒂斯就是如此。与之相比，参议员麦卡锡等人前不久攻击美国国务院中来自东部地区，在英语为中心的预科学校学习的工作人员，指责他们是同性恋，这在美国的骂人历史中已经不算新鲜话了。当时的许多人都从这个角度来理解“卖女鞋的男人”，有一个事实表明了这一点：虽然纽约的《论坛报》全文刊载了康克林的讲话，记录了这个不敬的词，但是，当康克林的侄子在他叔叔的传记中描述此次事件时，却用星号代替，似乎这是一个明显的不雅之词，所以他把它删掉。[1]

政治家们对改革派的不正常性格达成了不言而喻的共识，其基础就是这样一种看法，它后来被几乎所有男性和大部分女性所接受：从事政治生活是男性的特权，因为女性被排除，那么可以推出，在政治中发挥有效作用的能力实际上是检验男性气概的标准。政治活动是男人的事，而从事改革运动（至少是美国的改革运动）就意味着永远与好斗、挑错（reforming）、讲道德的（moralizing）女人有瓜葛——看看废奴主义者的例子。[2]在围绕女性选举权进行的争论中，通常的男性看法就是，如果女人进入了必然肮脏的男人的政治世界，那么她们会玷污自己，而且搞 189
乱自己的性别；参议员英格尔斯就曾说过，政治世界的纯洁只是“彩虹色的梦”而已。

如果女人入侵政治，她们就会男性化，正如男人支持改革，他们就

1　也见1877年10月6日埃尔迈拉（Elmira）的杂志《广告主》（*Advertiser*）上对库尔蒂斯的攻击，托马斯·柯立业·普拉特（Thomas Collier Platt）的《自传》中有所描述（纽约，1910年），第93—95页。有位“叫库尔蒂斯的精明小鬼，他的头发中分，像个小妞”；他生活在完全充满女人味的环境里，跟阳刚的红发康克林发生了冲突，康克林对他一顿暴打，让库尔蒂斯没结婚的姑妈和所有女邻居愤慨不已。

2　废奴运动的主力之一就是女性，斯陀夫人、塔布曼都是代表。按照一般看法，女性情感丰富，多发怜悯，爱信仰宗教，往往拥护道德，反对蓄奴。但在拥护奴隶制的人看来，废奴是妇人之仁。此外，废奴运动实际上也推动了美国的女权运动。——译注

会女性化。贺拉斯·布什奈尔[1]曾建议，如果女人能投票，而且就这样进行几百年，那么“女人的面貌和气质都会改变”。女人的外表会变得有棱角，身体变得结实，嗓音变得锐利，行动生硬、唐突，她们会自作主张，充满意志力和胆气，极为渴望地位和权力。可以料想，女人在政治中做出决断，那就是一场噩梦，因为她们实际上会“改变生理结构，变得又高，又壮，大手，大脚，脑袋都会更重”，很可能，她们会“瘦削，棱角分明，又细，又干，具备所有令人失望、过分激发出来的性情”。[2]

为了弥补政治上的限制，女人总是不得不体现出比男人还要强烈的道德纯洁（虽然这种纯洁被认为是一种脆弱）；[3]人们习惯上说，通过扮演妻子和母亲的角色，她们才在世界上发挥作用。只要她们远离政治，理想和纯洁的王国就属于她们。同理，现实和肮脏交易的王国如果必定存在，则它们属于男人；改革派自认为将更加纯洁、无私的个人理想带入政治，而他们的对手却指责他们试图将政治女性化，并混淆性别领域。正如女人进入政治，就弄乱了自己的性别，改革派将女性的标准——道德性——引入政治生活，他们也搞乱了自己的性别。有一句老话，说改革派是“长发的男人，短发的女人”，就非常贴切地表达了这种流行的意见。

---

1 Horace Bushnell（1802—1876），美国公理会牧师，神学家，曾在耶鲁大学任教。——译注

2 贺拉斯·布什奈尔：《女性选举权：违反自然的改革》（*Women's Suffrage: The Reform against Nature*，纽约，1869年），第135—136页。参见第56页：“要求有胡子，这并不太违反自然。”

3 参见布什奈尔：“我们也知道，当女人让步，表示同意时，她们通常都非常奇怪地容易放低自己，听从道德。男人因屈尊而降格——往下走很容易（facilis descencus）——女人因莽撞而降格。之所以如此，也许部分原因在于，人们对女人比对男人期望更高；也就是说，人们更期望在近似基督、处于受支配地位的女性身上发现真理和牺牲之举，而不是到勇往直前、自作主张、处于领导地位的男人那里寻找这些。”同上，第142页。

在亨利·詹姆斯的《波士顿人》[1]中，其中心主题之一就是这样一种观念：要求女性选举权是有悖常理地搞乱性别，甚至是丧失人性。与布什奈尔一样，詹姆斯也担心女人违反常情的好斗和女性原则会毁掉男人的世界。他的主人公，南方人巴西尔·兰索姆（Basil Ransom）大声疾呼：[2] 190

> 整整一代人都成了女人；世界上听不到男人的声音；这是一个女里女气、神经兮兮、歇斯底里、唠唠叨叨、满口说教的时代，空话连篇，故作柔弱，夸大焦虑，过分敏感；如果我们不多加小心，那么它就变成了曾经出现过的最低能、最肤浅、最狂妄、由平庸主宰的时代。我想要维持的，或者可以说，我想要复兴的，正是阳刚气，它是一种勇敢坚忍、了解现实、毫无畏惧、直面世界，并把它视为奇怪而且有些卑贱的混合物的能力……

詹姆斯认为这个世界已然失去了男人气，当然，它并不是吉姆·菲斯克[3]、卡内基、洛克菲勒或铁路大亨们的世界，也不是特威德帮[4]、罗斯科·康克林的世界；相反，它是有文化之人的世界，是东部社会。波士顿就是缩影，放眼整个美国，没有人比詹姆斯更熟悉了，在那里，这些人的学问曾经与生活中男性在行动和决断上的坚定相提并论。似乎在这

1　*The Bostonians*，亨利·詹姆斯的涉及政治的小说，塑造了奥利弗·钱瑟勒和魏伦娜·塔兰特这两位志在政治的女性主义者——两人还有疑似的女同倾向——以及其他女性政治活动家。男主人公兰索姆后来诱劝魏伦娜跟他私奔，象征了男性的胜利。詹姆斯在小说中并不拥护女性从政，而且讽刺了改革派。——译注

2　《波士顿人》（1886年；伦敦版，1952年），第289页。

3　James Fisk, Jr.（1835—1872），美国19世纪镀金时代的金融家、股票经纪人。——译注

4　Tweed Ring，1860—1871年活跃的一个民主党帮派，领头人物是1867年担任国会参议员的威廉·M.特威德，他也是坦慕尼协会的头目。这一派控制了纽约市和纽约州的政界。——译注

个社会中，还是需要有一些人将思想领域和道德顾虑与行动和决断中的男性气质联系在一起，尽管这差不多是一种痛苦的需要。

四

“女人气”和“无能”这两个污名，成了改革派的不利因素，无论改革派是不是充分认识到了这一点，它们都标志着改革派与美国主流政界彻底绝缘。在第一拨遭遇到这种质疑的人中，西奥多·罗斯福就是一例。罗斯福也是从改革派领袖那个社会和教育阶层中选拔上来的，他年轻时就坚决认为，改革派身上受到指责的缺陷都的确存在，如果改革想搞出点成就，那么在他们的阶层中，必须出现一种新型的更有力的人来担任他们的领袖。在他的《自传》中，他回忆道，那时的改革派[1]

191 是很亲切、优雅的绅士，他们不满政治腐败，会在客厅和会客室议论一番，但是，对于实际生活中的实际人物，他们束手无策。他们善于大呼小叫地要求“改革”，就好像它是蛋糕一样，是可以随心所欲地在现实里的群众中施舍的具体物件，只要要求得紧迫，就可以如此。这些会客室里的改革者热衷批评，他们以此来弥补行动中的无能。

当西奥多·罗斯福写下这些话时，他已经怀着强烈、难以遏制的恨意与葛德金之流的改革者分道扬镳。之所以如此，对前者而言，是因为他们认为罗斯福背叛道德，这让他感到愤怒；而对后者而言，是因为他们全然不解有如此出身的人竟然在道德上妥协。但是，罗斯福在整个美国深得民心，其主要原因恰恰在于，虽然他被描绘为东部人、作家、小

1 《自传》(纽约，1920年)，第86—87页。

康阶层的哈佛人，但是，他懂得如何与牛仔和硬汉骑兵[1]相处融洽。

尽管罗斯福的家族和友人并不赞同，但他还是在1880年加入了离家不远的杰克·赫斯[2]共和党俱乐部，从而投身政界，从基层干起。虽然在起初，他厌恶环境，拒绝充当马仔，但还是坚持不懈地玩起了政治游戏。次年，他在这家政治集团中赢得了充分的支持，被派往奥尔巴尼的州议会。从罗斯福二十三岁首次踏入纽约州议会开始，他就一直承受着当时流行的污名。如亨利·F. 普林格尔[3]所写："他不但出自纽约的小康之家，还是一位哈佛人。他的眼镜末端系着一条女里女气的黑丝带。一句话，他是个纨绔子弟；他是比英国劣质的美国生出来的又一块笑料。甚至同为新议员，与罗斯福有过多次并肩作战的以撒·L. 亨特也这样回忆：他就是'一个笑话……像纨绔子弟一样梳头发、说话——所有方面都是'。"按照普林格尔所论，罗斯福的举止、合乎语法的英语、对衣着的品味都成了不利因素；此外，按照当时人所说，面对着"说方言的纽约第一批移民后代"的主席，他却用着滑稽的高嗓门发言，这也给他带来了麻烦。就这样，罗斯福在不祥的气氛中开始了事业。[4]他的对手很快给他贴上标签，说他是大学养出来的娘炮。当纽约的《世界 192
报》[5]得知美国的大学兄弟会阿尔法·德塔·斐有四名成员在州议会选举委员会（Assembly Elections Committee）任职时，报纸写道："哎呀！

1　Rough Riders，专指19世纪美西战争时期，美国组建的第一志愿骑兵团。出身知识阶层的时任海军副部长罗斯福毅然辞职，率领骑兵团参战，经典战役就是圣地亚哥之战。罗斯福在战争中成了民族英雄。——译注

2　Jake Hess，当时是纽约市21区共和党政治集团的大佬。这家俱乐部就是一台政治机器，拥护庇护制和分赃制。——译注

3　Henry F. Pringle（1897—1958），美国知名作家，他撰写的《西奥多·罗斯福》在1932年获得了普利策奖。——译注

4　亨利·F. 普林格尔：《西奥多·罗斯福》（纽约，1931年），第65—67页。

5　1860—1931年在纽约市发行的报纸，是民主党的喉舌。约瑟夫·普利策曾掌管过。——译注

哎呀！罗斯福老弟卖起了议会委员会的官职了。让阿尔法·德塔人给老妈的标志蒙上绉纱吧。”“手上长茧的（horny-handed）纽约州选民会惊讶又恶心地得知，某些头上长角（horny-headed）的议员和律师正在把‘大学政治’引入议会竞选。毫无疑问，阿尔法·德塔·斐兄弟会给大学毕业生提供了无忧无虑、开心愉快的消遣，但它恰恰不是培养成熟的领导才干的可靠向导。”[1]

不过很快，罗斯福设法塑造的鲜明的个人形象开始占据报纸。他的活力和真诚也开始赢得热情的回应；他的教育和背景并未妨碍他得到支持和关注。一位北部的主笔就觉得“很欣慰，能看到一位少见的、有钱、有文化的年轻人，不关心怎么在社会中享乐——而是想把好运带给公共事业”。一家波士顿报纸认为，尽管他“讲究文采”，但他还是做了一番“睿智、冷静的共和党人式的演说”。另一家报纸认为，虽然他“从旧大陆和新大陆的名牌大学趸来了……一大堆理论”，不过，他“的确是一位出色的、具有实践思想的青年”。斯普林菲尔德的《共和党人报》担心理智训练会妨碍年轻人理解普通公民的问题，但是，它也承认，罗斯福具备的“文化，并未让他脱离人民的事业”。随着罗斯福担任了行政委员，有位主笔终于可以说：“他的改革不会沦为文章消遣，也不会用来掩饰自己对党派的屈服从而变成虚伪的托词。”

罗斯福对西部地区的熟悉以及他经营大牧场的经历，为他树立男性气概提供了不小的帮助。他被描绘成“有男人味、体格健壮、充满

1　此处还有下面关于罗斯福的报刊评论，都出自哥伦比亚大学1947年的两部硕士论文中的大量引文，它们都立足于对罗斯福的剪贴簿（scrapbooks）的考察——安·德拉·维尔涅（Anne de la Vergne）：《西奥多·罗斯福的公共声誉，1881—1897》（*The Public Reputation of Theodore Roosevelt, 1881—1897*），第9—16，45—46页；理查德·D. 赫夫纳（Richard D. Heffner）：《西奥多·罗斯福的公共声誉：新型国家主义，1890—1901》（*The Public Reputation of Theodore Roosevelt: The New Nationalism, 1890—1901*），第21—24，41—45，53—54页。

活力的人……他喜欢在中西部地区搞大型狩猎，他在那里还拥有大牧场”，“他早年间在西部**摸爬滚打时**就学会了自我保护的本事”。他接触印第安人时留下的英雄般的传奇，被人们一再讲述。他的狩猎技巧也成了政治资本：“在追踪分赃者时，他同样能把真正的运动精神展现出来，就像他在落基山追捕灰熊；在向行政腐败开火时，他就如同拿着装弹匣的来复枪近距离射击一样。”在改革者中，只有罗斯福的生涯体现出了，行政改革与危险的狩猎有相似之处。 193

与城市、商业、愤世、阴柔的世界不同，西奥多·罗斯福代表的是西部、户外、有活力、精力充沛、有男人气的生活方式和“真诚”、有理想的态度。罗斯福心里清楚，他成功地凸显出了教育、改革与活力、男人气的兼容；他还主动地将这一关键思想传达给年轻一代。1894年，他受邀为哈佛毕业生讲演，他选择的主题是“政治中的考绩制（merit system）和男性气概”；他鼓励听众，不仅仅要当“好人，还要当有阳刚之气的人，不要让坏人具备了男人的品质”。在19世纪90年代，他尤为突出地大声呼吁，激励美国人承担起积极、艰难、实践，但又有理想的政治斗争。他常常说，“奋斗的生活[1]并不仅仅是为了国家主义和帝国主张，除此之外，它还是为了国内的政治改革”。他一再表明，好的美国人不会一味地批评；他会行动。他会让自己投身于“粗俗喧嚣的党团会议”，他会参与进去，该怎么样就怎么样，他不会拒绝跟“有时粗鲁、粗鄙，有时理想不够，但又有能力、老练、有效的人”打交道。他应该培养“更粗犷、更有男人气的美德，尤其是那种在道德和身体方面的个人的勇敢美德”。他必须“在身心上都充满活力”，拥有那种士兵具备的、受人赞颂的“强健的美德”，“这是男性的战斗品质，没有它，国家……就什么也不是”。“因为一上来遇到挫折，因为工作太难、太讨厌就回避斗争，这是没有男人气、胆小如鼠的表现。”受过良好教育、有文化的阶层

1　The strenuous life，罗斯福1899年曾做过一次著名讲演《奋斗的生活》。——译注

更应该去除“虚弱的温良性格”，不要“逃避必须去干的艰苦的粗活”，
194 不要“浅尝辄止”，那样就成了“有文化但无能，喜欢小玩意儿的人”，而非真正的能手。[1]

19世纪90年代严重的经济萧条加剧了人们的焦虑，在这样的焦虑中，罗斯福的这种态度广受欢迎。有家加利福尼亚的报纸写道：“成熟男人的热情和力量是美国政府现在需要的品质，尤其是在这个政治和社会的所有方面都处于过渡之中的时期。”

罗斯福对激进国家主义和奋斗生活的宣传有助于充分塑造自己的进取形象。美国出现了这样一位从政的知识分子：他具备杰克逊的斗争和决断的品质，他不像杰斐逊或约翰·昆西·亚当斯之流的学院派那样胆小如鼠，他也没有库尔蒂斯太监一般的优柔寡断。他是明白无误的“斗士”。“他热爱斗争，但是，他的所有斗争都是为了好的政府。罗斯福就是‘进取’的代名词。”1896年，当美国的帝国主义倾向受到了西奥多·伍尔西（Theodore Woolsey）和赫尔曼·冯·豪斯特（Hermann von Holst）这样的学者的抨击时，克利夫兰的《世界报》在罗斯福那里找到了克服这种胆怯学问的完美解药。西奥多·罗斯福的影响犹如“爱国的和风……吹过没有爱国心的盐碱地，伍尔西、冯·豪斯特之流的教授都在那里蒸发殆尽；这股受人欢迎的新鲜空气恰恰来自一位跟他们一样有学问的人”。如果男人气的爱国心和好斗精神还不够的话，罗斯福在西班牙战争中随硬汉骑兵团服役的事情也可以补充进来，这段广为人知的经历，毫无疑问，让他成为国家英雄。1899年，《哈泼氏周刊》断言：“他深得民心，这源自他身上具有的、大部分男人都喜欢的阳刚之气。”“他们喜欢这位马背上的男人，喜欢这样的形象——无论他骑

1 《哈佛绯红报》（*Harvard Crimson*），1894年11月10日；尤见《男性美德和实用政治》（“The Manly Virtues and Practical Politics”，1894年）、《大学毕业生和公共生活》（“The College Graduate and Public Life”，1894年），引文均来自于此，载于《美国理想》（*American Ideal*，纽约，1897年），第51—77页。

马时,追的是西班牙人,是熊,还是犍牛;无论他是战士,是猎人,还是牧场主。”1900年[1],底特律的《新闻报》描述了群众为罗斯福欢呼的场面,然后说:“正是此人,他将大学生和牛仔团结成了一个反差明显的整体,他带着他们,席卷了当今的历史;男人声嘶力竭地为他喝彩,女人奉上甜美的赞颂之辞。”第二年,芝加哥的《日报》又说:“难以料想,贫血虚弱、城里长大、总在剧院后台转悠、耽于享乐的青年会同情西奥多·罗 195
斯福这种真正的男儿。但是……精力充沛、活力四射、血管里流淌着鲜红之血的美国人,却懂得如何欣赏他。”

当城市化的商业文明,被严重的萧条困扰,并且第一次因为担心衰落而感到焦虑时,它也欢迎起了罗斯福,认为他预示着,一代更有活力和阳刚气的人出现了。在罗斯福的帮助下,志在改革、受过良好教育的显贵一族的声望得以恢复,他还给他们重新注入了男性美德,这些都为进步主义铺平了道路。倍感艰辛困苦的美国男人,能在响应这种理想主义和改革时,毫不担忧自己会失去阳刚之气。在罗斯福这里,有人找到了那种美国流行的政治偶像的原型:这样的政治家,他雄心勃勃,怀疑自己受到的教育太过文雅,怀疑自己太过理想主义,有过多理智方面的旨趣,但如果他拿得出军队服役的记录,那么他就能符合要求;如果没有,那么加入一支橄榄球队[2]也是可以的。

罗斯福从反面破除了绅士学者在政治中的女性化和无能的形象,但他的成就不止于此。他还开始证明,这一类人是可以发挥作用的。在罗斯福及其同时代人所接替的上一代人中,知识分子在要求领导权时提出的理由是,他们的社会地位、智力和道德品质让他们有资格这样

1　这一年美国大选,罗斯福凭借自己的人气帮助威廉·麦金利竞选成功,担任副总统,次年麦金利遇刺身亡,罗斯福就任总统。——译注

2　美国总统艾森豪威尔、肯尼迪和尼克松都喜欢橄榄球,艾森豪威尔和尼克松还当过球队队员,非常出色。此外还有极具橄榄球天赋的G. R. 福特、里根。特朗普也擅长棒球、橄榄球等,在竞选时,刻意强调了这一点。——译注

做。而西奥多·罗斯福这一代人却更愿意把这种要求建立在这样的理
由上：他们在美国的国家格局中发挥着独特而且必要的功能。在他们
看来，学者在政治中的地位立足于他们掌握的某种有用的技术，而这样
的技术，对于政府发挥积极的功能有着越来越重要的意义。由此，这段
让绅士—改革者失意的时期行将结束。随着进步一代的涌现，专家学
196 者的时代开始了。

第八章

专家的兴起

一

在镀金年代，知识分子与权力的隔阂一直都让改革派垂头丧气，但在进步时代，这种情况戛然而止。在经济和社会发展上，美国进入了一个全新的阶段；旧时代关心的是发展工业、占领大陆、发财致富，新时代关心的则是驯服和控制之前几十年确立起来的庞大的权力。这个国家似乎受到了某种精神饥饿的影响，它渴望将基督教的道德原则用到社会问题上。以往，这种原则会体现在基督教的信条中，但并未付诸行动。而此时，这个国家觉得，自我批评和自我剖析都是势在必行。改革者曾经白费力气大声呼吁的种种良好政府的原则，到现在，似乎快要实现了。

不过，这些原则也起了变化：以往，对于良好政府的实际功能，行政改革者的观念一直很狭隘；而且他们的追随者不多，其中一个原因就在于，他们没有能力动人地表述良好政府的优点。而现在，明智的美国人越来越多，他们开始觉得自己明白了这些道理。为了控制、驯服、教化积攒在实业家和政治大佬手中的强权，势在必行的举措就是净化政治，建立一个让美国经济接受控制措施约束的行政国家。必然

地，政府的功能变得更为复杂；既然如此，专家的需求量也就更高。为
197 了民主自身的利益，以前的杰克逊派对专家的怀疑必须清除。此时，民主和受过良好教育者之间的紧张关系，似乎烟消云散——因为那种一贯看重专家知识的人，现在也学着看重民主，而民主也学着看重专家。

新的社会秩序也需要人们加以研究和解释：差不多所有人都意识到，美国正处在新时代的开端。国家对自我批评的迫切要求促使思想进入了生活。此时，一部分作为专家，一部分作为社会批评家的知识分子，重又回到了核心地位，他们已然有一个世纪之久没有在美国政治中占据过这样的位置了。不过，虽然智识在国家事务里得到了重视，但所看重之处并不在之前几十年的文人改革派的预料之中。在他们看来，智识主张的权利，主要以社会层次和高贵出身为基础：他们之所以为它的弃用感到悲哀，部分原因在于，他们认为智识有权得到更大的尊重；但是，对于它应该如何使用，这些人的看法十分保守。如今，智识主张的权利并不立足于代表智识的人具有的社会地位，相反，它立足于这些人的一种用途，即他们可以动员并主导这个国家中急切不安的批评和改革的活力。智识被重新赋予地位，并不是因为所谓的保守性的影响，而应归因于它的变革作用。就这方面来说，进步时代在社会批评和行政组织上的转变并不是回看海斯和加菲尔德时代设想的保守的行政制度，相反，是向前，它最终会发展出新政时期的福利国家和富兰克林·D. 罗斯福的智囊团。

毋庸置疑，进步派发挥作用之处，与其说是实现全新的行政体制，不如说是创造出一个崭新的道德环境。正是这一时期的道德和理智要求，让该时期的知识分子不仅与美国民众，而且还跟国家政治领袖相处融洽，这史无前例。有些知识分子从外部被引入政界；而另一些则直接在政治团体内部走上台来，他们的地位，比起前人，要更安稳，更有尊严。对思想和学术感兴趣的人在政治生活中占据了显赫的地位——

如西奥多·罗斯福、伍德罗·威尔逊、亨利·卡波特·洛奇[1]、阿尔伯特·J. 贝弗里奇[2]、罗伯特·M. 拉·福莱特[3]。在当时杰出的进步运动的政治领袖里，只有布莱恩维系着大众民主中的反智主义的命脉。[4]而拉·福莱特，他的地位则很特殊；虽然他不像一些同时代人那样，是学 198
者或知识分子，但是，智囊团思想的起源必定要归功于他。这既是由于，身为威斯康星州州长，他有效地促成了威斯康星大学和州政府的联合；又是因为，在担任参议员时期，他将富有效率、有研究头脑的团队带到了华盛顿。从其政治事业一开始，拉·福莱特就证明，乔治·华盛顿·普兰基特断定的“学院出身在政治实践中百无一用”的说法是错误的。他团结了从前的同窗，来支持自己的第一次竞选，并且让他们成为牢固的政治机器的核心。如果罗斯福证明了，智识与男人气完全相容，那么拉·福莱特则证明了，智识能在政治上发挥效力。

二

进步主义先是出现在地方和州这一级，之后才转移到了国家层面的政治领域。正是在州政府中，新的管理机构开始运行，专家们首先在立法方面开辟了自己实质性的地位。令专家在政治生活中发挥作用的试验场，不是华盛顿，而是各州的首府，尤其是威斯康星州的麦迪逊，那

1　Henry Cabot Lodge（1850—1924），共和党人，哈佛大学博士，马萨诸塞州参议员，西奥多·罗斯福的好友和得力助手。——译注

2　Albert Jeremiah Beveridge（1862—1927），共和党人，后来加入了老罗斯福创建的进步党，印第安纳州参议员，擅长演说，是著名的进步时代的知识型政治领袖。他还是历史学家，写过林肯的传记。——译注

3　Robert Marion La Follette, Sr.（1855—1925），共和党人，威斯康星州州长，威斯康星州参议员。1957年被评选为美国历史五大杰出参议员之一。——译注

4　在当时的一次会面中，他曾袒露真言，见约翰·里德（John Reed）公布的对布莱恩的访谈，见《科利尔》（*Collier's*），第LVII卷（1916年5月20日），第11页以下。

里提供了第一批为"人民"和全州服务的专家的样板。拉·福莱特在威斯康星的试验,有成功,有失败,也招致了敌意,但它引导了国家层面的进步主义的政治活动,同时也是新政时期智囊团的历史原型。威斯康星的试验尤为具有指导性,是因为它预示了如今已经司空见惯的、政治领域的专家和知识分子之角色的完整周期:首先,是变革和不满的时代,它需要这样的人才;接着,知识分子和专家等同于了他们规划并协助管理的改革;之后,却出现了渐趋强烈的对改革的厌恶,这通常是对改革效率的直接反应。感觉到此种厌恶的,主要是企业界,它们指责政府的干预,抱怨改革的代价;它们试图利用各种诉求,尤其是反智主义,来煽动公众反对改革派。最终,改革人士遭到驱逐,但他们的改革并未完全废止。

首先推动所谓的"威斯康星理念"的力量出现在1892年,这一年,
199 一个新的经济学、政治科学和历史学院,在年轻的经济学家理查德·T.伊利(Richard T. Ely)[1]的指导下,于威斯康星大学成立。这场运动的领袖弗雷德里克·杰克逊·特纳(Frederick Jackson Turner)和校长托马斯·C.张伯伦(Thomas C. Chamberlain)都希望威斯康星在推动社会科学发展上成为中西部各州的领军者。他们觉得,对于在过去的二十多年间形成的复杂的工业界来说,社会科学可以提供实践性的指导,它在这方面拥有巨大的潜力。按照他们的规划,大学将会成为行政训练和公民培养的中心,它会发展成颇有效率、富于实用的国家的仆人。

必须强调的是,在那时,大学的功能完全是超越党派的;它在政党间保持中立,而且在更大的程度上,它被期待着服务于全体"人民",而非某个特殊阶层的利益。它提供的,不是宣传或意识形态,而是信息、统计的数据、建议、技能与培训。同理,按照希望,大学的有用性会提

1 美国第二十八任总统伍德罗·威尔逊的老师。著名制度经济学学者康芒斯也是他的学生。——译注

升它的声誉。大学的领导者并不期盼着会对既得利益者展开巨大的挑战。在早年的一封信里，特纳要求伊利“简单地跟我说一下，在你看来，这样一所学校能够以哪些实用的方式，服务于威斯康星的人民……在这所学校的这些实用方面中，有什么新颖之处能够让我们争取到那些头脑实际的威斯康星的资本家——如果可以做到的话”。[1]后来，特纳更为鲜明地表达了这种中立科学观：

> 通过科学、法律、政治、经济和历史的训练，大学可以从民主的队伍中提供出行政人员、立法者、法官、担任要员的专家，**他们会无私、明智地在竞争的利益者中斡旋**。当“资产阶级”和“无产阶级”这样的词在美国使用而且人们都明白的时候，的确，是时候要培养这样的人了，他们怀着报效国家的理想，可以**有助于摧毁冲突倾轧的力量**，发现竞争者之间的共同基础，可以从一切真正忠于美国之最佳理想的党派那里获得尊重与信任。这种发展的迹象已经显而易见，如在某些州的专家委员会；在立法机构中比例日益增长的、出身大学的人；在联邦部门和委员会中，大学学历者带来的 200
> 影响上。毫不过分地说，对于经济、社会法律和行政，让它们出现明智而合乎原则之进步的最佳希望，就在于美国大学愈加提升的影响上。

特纳接着指出，他能够看到大学在所有这些地方遇到的危险。“先辈的民主制”一贯地对专家不够尊重，而专家不得不继续与针对自己群体的“传承而来的怀疑”抗争；但是，凭着“创造性的想象力与个性”，专家

1　摩尔·科蒂和韦尔农·卡尔斯滕森（Vernon Carstensen）：《威斯康星大学》（*The University of Wisconsin*，麦迪逊，1949年），第I卷，第632页。这部作品全面阐述了“威斯康星理念”下的大学的功能。

就能将之克服。[1]

截止到这个世纪末，这所大学汇集了一批优秀的学者，他们着眼于社会和经济问题，尤其是那些与该州和市政当局有关的问题；它产出了大量卓越的专著和论文。借助自己的推广体系，它促进了本州民众的教育。通过它的农学研究机构，它接触到了农民这个利益阶层，为提升威斯康星的农业技术水平做出了诸多贡献。但是，在1900年罗伯特·M. 拉·福莱特当选州长之后，它的规划受到了实在的争议。不过，拉·福莱特正是从这所大学毕业，对于它的理想主义领导者的志向，他全然同情，很快就运用了大学的专家，在他自己的税务改革、铁路控制、直接的基本立法等计划中，都召集了专家提供建议。

这所大学的努力，很快就得到了另一所独立机构的补充，即立法参考服务部（Legislative Reference Service），它的组织者也是威斯康星新近的毕业生，积极活跃的查尔斯·麦卡锡。麦卡锡对这个参考资料库的志向，与特纳对大学的雄心一样：让它成为一家中立的服务组织。他指出，在这个拥有铁路、电话、电报、保险公司的时代，州中的种种问题变得如此多样、繁杂，以至于立法者需要丰富的信息来明智地处理它们。“唯一要做的合理之事，就是让专家收集这方面的材料。”而不用去管在立法辩论中，投身于哪一方：[2]

> 对于我们在威斯康星的这个部门来说，我们并非试图以某种方式影响我们的立法议员，我们在任何问题中都不会站在某一派

---

1 F. J. 特纳：《先驱的理想与这所州立大学》（“Pioneer Ideals and the State University”），1910年印第安纳大学毕业典礼演讲，重印于《美国历史中的边疆》（*The Frontier in American History*，纽约，1920年），第285—286页；黑体字为我所加。

2 查尔斯·麦卡锡（Charles McCarthy）：《威斯康星理念》（*The Wisconsin Idea*，纽约，1912年），第228—229页。

那边，我们不会支持或反对任何人或任何事情；我们仅仅是政府的 201
事业性的分支机构。我们并未操控立法，而只是成为我们州中能干而诚信的立法者的仆从；我们是员工，为这些劳碌的人收集、编引、汇总他们想要的信息；我们就是做事。

这种理想，现在看来，依然诚挚，但又似乎天真幼稚。拉·福莱特担任州长这件事，在很多问题上，就已然站在了“某一派那边”，并且挑战了“头脑实际的威斯康星的资本家”的利益，而这些人正是特纳希望争取的对象。此外，在1903年，当拉·福莱特的朋友，志在让这所大学成为州的左膀右臂的查尔斯·P. 范·海斯（Charles P. Van Hise）担任校长之时，保守派的怒火变得剧烈起来。新闻记者（大部分心存同情）在全国范围内对“威斯康星理念”的宣扬并未让事情有所缓解。记者们来到威斯康星，考察一番，视之为发挥作用的进步州的样板，去时，则用渲染的文笔，描绘“这所统治全州的大学”。[1]

记者鼓动起的宣传，有可能促使其他州的进步派考虑全面地模仿威斯康星样板，但是在州内，这让保守派有理由坚信，大学成了反对他们的阴谋的一部分。事实上，大学专家并不认为自己是激进分子，他们甚至没有考虑要以极大的积极性参与政府之中。有一项人事调查，针对的是在州务部门中最为活跃的大学人士，其表明：服务于该州的，主要是技术人员（工程师、地质学家、科学家、各类农学专家），而不是政策顾问；大学提供的，更多的是技术性信息，而非意识形态。身为威斯康星最为杰出的社会科学家之一，约翰·R. 康芒斯认为大学院系本身就极为保守，他回忆道：“没有人找过我，除了进步派之外，但他们也仅仅

1 关于范·海斯时期的政治紧张形势，见科蒂和卡尔斯滕森：前揭，第II卷，尤见第4，10—11，19—21，26，40—41，87—90，97，100—107，550—552，587—592页。

是在需要我时。没什么事情是我主动发起的。”[1]

尽管如此，在征税和铁路运营上，大学人士还是得到了咨询；而在
202 其他事务里，他们的影响力却遭受了怨恨。对于拉·福莱特来说，他感到自豪的是，他用周六午餐俱乐部取代了旧式的密室会议。后者属于大老板，在威斯康星州的运转是为了私人公司利益的时代，他们占据主流；而在前者中，拉·福莱特可以同麦卡锡、范·海斯校长、康芒斯、爱德华·A. 罗斯[2]、伊利和其他大学教授促膝而谈，讨论州中的问题。[3]饱受进步主义政策之苦的商业利益阶层——其实，许多人承受的仅仅是对干预过度的恐惧——开始相信，大学和立法参考服务部必须算入他们的敌人之列，与它们一起的，还有铁路委员会、税收委员会、工业委员会。

1914年，威斯康星的共和党进步派受到了打击，这源自全国范围内的党的分裂，保守派看到了自己的机会。他们击败拉·福莱特的进步派的继任者，跟随铁路和木材商以马内利·L. 菲利普(Emanuel L. Philipp)，再度执政。在竞选中，菲利普斥责了大学专家，体现了反智主义的倾向；他主张税收减免，缩减大学开支，结束它对政治的“插手”。他说，大学必须来一场全面的整肃；社会主义在那里已然蔓延开来，“许多毕业生离开时，都带着反美的思想”。他说，专家的聘任会导致大学不断地侵入政治。在任何情况下，将政府移交给专家，就等于是承认，正式选出的官员不胜其职。如果整个州都承认，一切政治智慧全部封

1 约翰·R. 康芒斯(John R. Commons)：《我自己》(*Myself*，纽约，1934年)，第110页。参麦卡锡：“通常来说，教授先要等待，自询问之后，方可斗胆针对公共问题提出意见。”前揭，第137页；关于州务部门中大学人士的名单，见第313—317页。

2 Edward A. Ross(1866—1951)，伊利的学生，社会学家、经济学家、犯罪学家，曾在威斯康星大学担任社会学教授。——译注

3 《自传》(麦迪逊，威斯康星，1913年)，第32页；关于他对大学人员的使用，见第26，30—31，310—311，348—350页。

藏大学之中，那么其余的民众也不如承认“精神的破产”。菲利普在攻击时，还要求废除麦卡锡的“议案工厂”，即立法参考资料库。

而一经当选，对于上述这些机构，较之竞选时的承诺，菲利普体现了更为和蔼的态度。虽然他的确要求立法机关废除麦卡锡的资料库，要求大学节省开支，合并精简，但是，随着时间的推移，他变得越加慎重。尽管大学的发展受到抑制，影响被削弱，不过，当菲利普面对着全国之内、大学朋友之中，令人敬畏、极受尊重的反对派时，他与范·海斯还是达成了和解。甚至麦卡锡也逃过一劫：当保守提案的起草者开始使用立法参考服务部时，这位州长发现，麦卡锡对中立性的主张还是有 203
一定根据的。[1]

在这所机构之内，大学投身于进步主义的做法，也并未完全获得接受。按照康芒斯的说法，该大学的许多员工都是彻头彻尾的守旧派。不仅如此，很多人又觉得，这所大学参与实用，而不顾及严格的政治背景，这本身就背叛了旧式的、纯粹而无功利的理智主义理想。1920年，J. F. A. 派厄[2]描绘威斯康星大学时，与范·海斯的一个观点展开了争论，后者认为，大学应该被设想成“国家的资产”。派厄说，这种对大学功能的看法，过分地注重物质，贬低了无功利、自律的学习传统，最终是以整个大学作为代价。[3]不过毫无疑问，这所大学中的大多数专家，都基

1　见罗伯特·S. 麦克斯韦（Robert S. Maxwell）：《以马内利·L. 菲利普：威斯康星的坚定派》（*Emanuel L. Philipp: Wisconsin Stalwart*，麦迪逊，1959年），第7和8章，尤见第74，76—79，82，91，92，96—104页。在对大学的攻击中，这个国家懂得了美国反智主义方面的令人沮丧的教训。“在民众和教授之间，”它哀叹，“自从阿里斯托芬的时代开始，就存在着一道难以跨越的、误解和无知的鸿沟。”《民众和教授》（“Demos and the Professor”），第C卷（1915年5月27日），第596页。

2　James Francis Augustin Pyre（1871—1934），美国文学理论家、批评家，精英人士，著有英诗方面的作品，还有下面提到的《威斯康星》一书，涉及了该州的文化历史。——译注

3　J. F. A. 派厄：《威斯康星》（纽约，1920年），第347—351，364—365页。

本认同了麦卡锡在他的《威斯康星理念》一书中表达的实用主义观点。他主张说，在诸如经济学这样的领域里，老派思想家已然是“掌握理论教条之徒，他们从不直接去研究政府的实际难题”。而直面经济问题的常识专家取代了他们，前者可以“通过实际情况中的铁的事实”来检验自己的理论。[1]因此，当学院外的社会争论着应该接受，抑或拒绝专家时，学院内部却辩论着，是有用的专家，还是具备纯学问的人，掌握着大学未来的关键。

三

虽然进步派在权力场上的成就，很可能受到了限制，但是，进步倾向的氛围似乎还是无限地扩展开来；这极大地鼓舞了那些对美国社会中的精神领域颇为关切的人士。智识的地平线越加辽阔，它自由而生
204 意盎然，此时，它似乎不仅触及了国民的情绪，也接触到了更高层次的权力。玛布尔·道奇·卢翰[2]有个说法，虽然主要考虑的是艺术和文学，但也适用于美国生活的各个领域：“障碍倾覆，之前从未有过接触的人，彼此相近；各种新颖的交流方式，新的沟通，全都有了。”[3]在这段“小文艺复兴”时期，艺术和文学的基调就是解放；对于学术来说，它有了扩大影响力的可能。在每个地方，都有令人陶醉的新的旨趣，新的自由。没有什么不被重新审视，从铁路专营权、托拉斯的不端，到性生活、

---

1 《威斯康星理念》，第188—189页；参见第138页。可以通过实用主义的发展，以及对老一代学者的反叛这样的背景，来充分理解麦卡锡的观点，对这一背景的描绘见默顿·G. 怀特的《美国的社会思想：反对形式主义》(*Social Thought in America: The Revolt against Formalism*，纽约，1949年)。

2 Mabel Dodge Luhan（1879—1962），美国女富豪，以支持艺术家和文学家著称，受资助的名家如薇拉·凯瑟、A. 赫胥黎、乔治亚·欧姬芙等。——译注

3 《呼风唤雨的人》(*Movers and Shakers*，纽约，1936年)，第39页。

教育的实行。颇受欢迎的，有揭丑的记者，恰恰需要他们告诉公众不轨之事如何存在；还有宣传家，他们诠释事件的含义；有牧师和主笔，指明道德的内涵；有学者，在哲学、法律、历史、政治科学上，为进步主义制定出理论性的原则；还有各行技术人员，从学院中涌现，针对社会和经济问题，进行详尽的事实性的研究，甚至还担任新型的管理委员会的成员。

但是，这种思想的酝酿并未带来社会革命；旧式的主控美国的人，在这一时期之末又浮现出来，几乎完全处于掌控的地位，就像这段时期开始之前的那个样子。但是，在语气和风格方面，还是出现了有力的提升；语气和风格不仅对学者和文人来说，头等重要，而且对于政治家，也是如此。但没有人能比知识分子更为受益，无论是像沃尔特·李普曼[1]和赫伯特·克罗利[2]这样的宣传家，还是约翰·杜威和查尔斯·A. 比尔德[3]之类的学院中的学者。为他们的所有工作带来活力的，就是这样一种振奋人心的感觉，即理论世界和实践世界的鸿沟终于得到了跨越。在1914年出版的《偏离与掌控》(*Drift and Mastery*)一书中，李普曼捕捉到了这种感觉的实质。书中写道，按照他的发现，新型的控制力和掌控力成为他这一代人的希望之关键。就算对此最为无动于衷的学者，也能意识到，属于这样一个学术界，是多么重要，因为比它更为辽阔的世界，为了探索控制社会的充分手段，也不得不向它咨询。不再可能将思想称为“学院派的”而对其不予理会，因为没有人能看到学院和社会

1　Walter Lippmann（1889—1974），美国传播学的理论大师，也是著名的社论撰写人。——译注

2　Herbert Croly（1869—1930），美国著名哲学家，专研政治哲学，共和党人士，《新共和》的创立者，社论撰稿人，影响了老罗斯福等多位美国政治家。代表作《美国生活的希望》，有中译本。——译注

3　Charles A. Beard（1874—1948），美国著名历史学家、政治学家，侧重从经济来研究历史。代表作《美国文明的兴起》，有中译本。——译注

之间的清楚界限。“一种更新型的大学教授……无处不在，显而易见”，
205 有一位观察者这样写道：[1]

> 他是这样的专家，对铁路、桥梁、地铁，对汽油委员会、电力供应，对货币和银行业，对菲律宾的关税、委内瑞拉的国界，对波多黎各的工业，对公务的分类，对托拉斯的控制，都无所不知。

也许最重要的是，这种学院专家的技能，不仅是必需的，而且还受到了赞誉。或许有几位评论员担忧专家和民主的关系，[2]偶尔也有商人，害怕管控造成的代价，强烈斥责理论家的提升的影响力；[3]但是总体上，新型的专家颇受舆论的好评，被公众广为接受。1909年，布兰德·马修斯[4]认为，这证明了“美国人民的如下常识：对大学教授的偏见，就像对文人的偏见一样，正迅速地烟消云散，对于他们为合众国提供的服务，公众开始认可和欣赏……这一部分要归因于，对专家和理论者之真正

---

1 B. P.:《大学教授和公众》(“College Professors and the Public”)，《大西洋月刊》，第LXXXIX卷(1902年2月)，第284—285页。

2 见约瑟夫·李(Joseph Lee):《民主和专家》(“Democracy and the Expert”)，《大西洋月刊》，第CII卷(1908年11月)，第611—620页。

3 例如，1906年，芝加哥肉联厂主托马斯·E. 威尔逊在国会委员会上请求说：“我们反对的，也是吁求你们抵御的，是这样的议案，即要将我们的事务交到理论家、化学家、社会学家之流的手中；而不让那些将毕生奉献于建立和完善这一伟大的美国产业的人来管理和控制。”需要解释的是，不要设想威尔逊对抗的是将肉类加工业国有化的提议，他反对的是纯净食品和药品方面的措施。众议员农业委员会，第59届国会，第1次会议，《所称“贝弗里奇修正案”之听证会》(*Hearings on the So-Called “Beveridge Amendment”*，华盛顿，1906年)，第5页。关于专家在为食品和药品控制所做的斗争中起到的作用，见小奥斯卡·E. 安德森(Oscar E. Anderson, Jr.)为哈维·W. 韦利(Harvey W. Wiley)所写的传记：《国之健康》(*The Health of a Nation*，芝加哥，1958年)。

4 Brander Matthews(1852—1929)，美国文学理论家、戏剧研究者，老罗斯福的朋友。——译注

价值的理解在增强”。[1]

此外，就在政治领导人中，也出现了颇有意义的赞许。如以撒·马可松（Isaac Marcosson）这样的记者，可以给西奥多·罗斯福呈上厄普顿·辛克莱[2]之类的揭丑小说家的书籍校样，他之所以这样做，是为了加速纯净食品议案的通过。这样的做法，正是这个时代的典型特征。而除了贝弗里奇和洛奇这样的参议员以自己的“学术”为傲之外，从立国以来，还是第一次有美国总统被描绘为知识分子。 206

若对西奥多·罗斯福和威尔逊两人更加细致地观察一番，就能看出，他们都以各自的方式，用自己生动的经历，提供了一种对智识和权力之关系的注解。他们就任总统这一点，恰恰鼓舞了思想在政府中具有关键作用这一信念；但是，这两人又并不完全同情他们同时代的知识分子，对于后者，他们也都不是完全信任。必须指出，西奥多·罗斯福对思想有着浓厚而广泛的兴趣，也喜欢与克罗利、李普曼、斯蒂芬斯[3]等人为友；他还为埃德温·阿灵顿·罗宾逊[4]提供了政府职位；并将那种精力充沛、甘于奉献的人吸收进来，从事公务，这样的人，在过去的一代中并不多见——人们可以想到罗伯特·培根（Robert Bacon）、查尔斯·波拿巴（Charles Bonaparte）、菲利克斯·富兰克弗特（Felix Frankfurter）、詹姆斯·加菲尔德（James Garfield）、富兰克林·K. 莱恩

1　《文人和公共事务》（“Literary Men and Public Affairs”），《北美评论》，第CLXXXIX卷（1909年4月），第536页。

2　Upton Sinclair（1878—1968），美国左翼作家，获得过普利策奖。这里指的是他的代表作《屠场》（1906），这本小说的出版，推动了美国1906年的《纯净食品和药品法》。——译注

3　Lincoln Steffens（1866—1936），美国记者，李普曼的伯乐，揭丑运动中的代表人物。——译注

4　Edwin Arlington Robinson（1869—1935），美国著名诗人，获得过普利策奖。老罗斯福任命他在美国海关中工作。——译注

（Franklin K. Lane）、吉福特·平肖特（Gifford Pinchot）[1]；他还召集了学院专家为铁路控制、移民、肉品监督等议题给予建议。在这方面，他让智识和人才重新回到了公共事务，他的作为超过了自林肯以来，甚至自杰斐逊以来的任何一位总统。布莱斯勋爵[2]评论过罗斯福这方面的成就，他认为自己"在任何国家都未曾目睹过会有一批公务员能比华盛顿、比这个地方的美国政府的工作者还要热诚、高尚、富有效率"。[3]这听起来就像是镀金时代的绅士改革派所需要的那种体制。

不过，罗斯福很快就对自己的知识分子友人发起了攻击，据认为，原因有可能是意见上的细微分歧；面对着异端的思想，他迅速地将自己打扮成一本正经的拥护美国的人。他错误地判定了许多温和抗议的重要性——例如，他猜想，揭丑记者是危险分子，正在大肆鼓吹"革命的情绪"。尽管20世纪之中，除了罗斯福之外，没有哪位总统更强烈地要求被视为知识分子，但是，对于智识在生活中的地位，他的态度就像景仰他的受过教育的中产阶层一样，充满矛盾。他像赞美商业能力那样，称赞智识的能力，而且甚至，他对于智识的赞扬还要更坚定。[4]然而，

1　这些人大部分都在老罗斯福的政府担任要职，如培根是国务卿，波拿巴是司法部长，加菲尔德任内务部长，平肖特负责林业等。——译注

2　Lord Bryce，即詹姆斯·布莱斯（1838—1922），英国子爵，曾任驻美大使，是老罗斯福的好友，也是历史学家，撰写过《神圣罗马帝国史》。——译注

3　引自保罗·P. 范·里佩尔：《美国行政事业史》，第206页；参见第189—207页；约翰·布卢姆（John Blum）：《西奥多·罗斯福的总统领导》（"The Presidential Leadership of Theodore Roosevelt"），《密歇根校友季刊评论》（*Michigan Alumnus Quarterly Review*），第LXV卷（1958年12月），第1—9页。

4　参见1908年的一封著名的书信："我完全不能让自己对富人怀有尊敬的态度，尽管如此之多的人实际上会心存这样的感受。我很乐意对皮尔彭特·摩根、安德鲁·卡内基或詹姆斯·J. 希尔以礼相待；但是为什么，一说到尊重他们中的哪一位，比如就像我尊重伯里教授、北极探险家皮尔里、海军上将伊文思、史学家罗兹或巨兽猎手塞卢斯那样……我竟没法强迫自己做到，即使我想，但还是没有。"艾尔汀·莫里森（Elting Morison）编：《西奥多·罗斯福书信集》（*The Letters of Theodore Roosevelt*），第VI卷（剑桥，1952年），第1002页。

他不断地将自己所谓的“品格”之类凌驾于这两者之上。诚然，他代表了美国人在政治和生活中偏爱品格、胜过智识的倾向，也代表了认为这两者在某种程度上彼此对立的普遍趋势。他的作品总是不断地回到这一对比上：“就像对于个人一样，对于民族来说，品格也比智识更为重要。”“恰如力量在美之前，品格也必定高于智识，高于天才。”“哦，我多么希望能提醒我的所有同胞……不要陷入那种最为堕落的过程中，就是一味地神化敏锐却丝毫没有道德责任心的智识……”[1]这些一再反对无品格之智识的严令之辞，似乎颇为可疑：这并不是说，它们是错的，相反，问题在于，它们无的放矢，除非他确实相信，美国生活中存在着一种牺牲道德、拔高智识的倾向——但在道德风气高涨的进步时代，这是奇怪的判断。 207

而对于威尔逊，有人说过，他将学者的脾气，连同缺点和美德，一并带进了总统的职位里；他的研究者中，很少有人相信，威尔逊的个人品质最适合有效地在政治上领导美国。他精神中罕见的刚硬以及缺乏和蔼这一点，似乎源自他的长老派信仰，而非学者的职业，[2]很可能也归因于独特形成的个人品性。身为学者和批判性知识分子，他是昔日时代的产物。他的创造性的知识分子生涯，在19世纪80年代末几乎走到了尽头，就在那十年间，他撰写了论述《议会制政府》(*Congressional Government*)的作品，还有更为简明的成果《国家》。按照他的品味、思想和阅读来看，他有点像是偏狭的、南方版的、维多利亚时代的绅士，他

1　《作品集》，纪念版，第XIV卷，第128页；《观点》(*Outlook*)(1913年11月8日)，第527页；《作品集》，第XVI卷，第484页；参见其他意思相同的说法：《观点》(1910年4月23日)，第880页；1897年10月11日《睡谷旧荷兰归正宗教堂二百周年纪念演讲》(*Two Hundredth Anniversary of the Old Dutch Reformed Church of Sleepy Hollow*，纽约，1898年)；《作品集》，第XVII卷，第3页；第XII卷，第623页。

2　威尔逊在美国总统中是唯一一个拥有博士头衔的人，而且在大学担任过学术职务。——译注

的心灵惬意地安定在美国已然成为复杂的现代社会之前的时代。他信任小型商业、竞争经济、殖民主义、盎格鲁—撒克逊人和白人至上，以及专属男性的选举权，但这个时代，如此的信念在很久之前就早已成为尖锐的批评分析的目标。他的首要理念来自白芝浩[1]和柏克；而他恰恰错
208 过了置身于世纪末闪现的批判性思想的阳光下，这种思想的影响一直持续到了进步时期。在19世纪90年代，他作为担负重任的学术人物，联通了学术圈和学院外世界的鸿沟；他的许多同时代学者都抛弃了镀金时代的、扬扬自得的傲慢，而威尔逊，也向圈外人进行演讲，将大学校长提供的、那种令银行家和实业家颇为青睐的精神食粮一一呈上。从1902年担任普林斯顿大学校长开始，他就不再试图与思想界的发展保持接触。1916年，他坦率地承认："十四年了，我没有通读过一本严肃的书。"[2]可以理解，在他活跃的公共生涯里，美国精神生活的最有创造性的那一面，并没有对他的思想风格产生太多的影响，同时代的知识分子也未曾对他的心智不吝其词地加以赞美。

的确，当威尔逊1912年当选总统之时，他受到了许多当时因西奥多·罗斯福而幻灭的知识分子的支持，他们响应了威尔逊身上再明显不过的高贵气质。然而，在第一次世界大战前，威尔逊并没有在政治上广泛地利用知识分子作为顾问，尽管他的学术背景，似乎给人以这样的希望。此外，他对于自己所说的"专家"一直都缺乏信任。与西奥多·罗斯福和拉·福莱特不同，他不认为专家有可能成为改革的推动者或管理者；相反，在他看来，专家只是供大企业和特殊利益阶层所用的雇员。最为进步的思想家们对比过大企业政府与平民政府，后者会使用专家来管控难以接受的商业行为，但威尔逊认为大企业、既得利益

---

1 Walter Bagehot（1826—1877），英国商人、政论家，曾任《经济学人》杂志主编。——译注

2 阿瑟·林克（Arthur Link）：《威尔逊：新自由》（*Wilson: The New Freedom*，普林斯顿，1956年），第63页；参见林克对威尔逊精神世界的讨论，第62—70页。

者和专家是牢不可破的联盟，只有当政府回归“人民”时，才会被击败。与西奥多·罗斯福形成对照，他主张，任何致力于管控大企业的专家，都会被大企业控制。1912年，他在竞选时说，“我担忧的是”，[1]

> 一个专家组成的政府。上帝禁止我们，在一个民主国家里放弃任务，将政府转交给专家。如果我们被一小撮绅士来科学地照料，而且只有他们才理解这份工作，那我们图什么呢？因为，如果我们不 209
> 理解这工作，那么我们就不是自由人。我们倒应该放弃我们的自由制度，去学校找什么人，搞清楚我们关心的事情究竟是什么。我想说，在工人俱乐部里，我有时候会很荣幸地听到针对公共问题的争论，我从未听到过比这更具有穿透力的论争；因为，沉浸在日常生活问题中的人，是不会用花言巧语来谈事情的；他会按事实来说话。而我唯一感兴趣的就是事实。

时常出入工人俱乐部，鄙视花言巧语，威尔逊的这一形象，新奇而又新异。不过整体上，当威尔逊阐述自己的国内政策时，他并没有辜负这些论调的承诺。不可避免，专家在政府的地位于他执政期间还是有相当地提升，[2]就像过去十几年的情况一样。而且当然，这位总统在经济

---

1 《自由的十字路口：伍德罗·威尔逊1912年竞选演讲》(*A Crossroads of Freedom: The 1912 Campaign Speeches of Woodrow Wilson*)，约翰·W. 戴维斯编（纽黑文，1956年），第83—84页。在某种程度上，专家在关税争论中所起到的作用，以及西奥多·罗斯福执政期间关于纯净食品举措的斗争，都影响了威尔逊对专家的看法。同上，第113，160—161页；也见《新民主：总统的训令、演说和其他文件》(*New Democracy: Presidential Messages, Addresses, and Other Papers*)中对专家的评论，R. S. 贝克和W. E. 多德编，第I卷（纽约，1926），第10，16页。

2 大卫·F. 豪斯顿（David F. Houston）任部长时期的农业部尤其如此，此人是华盛顿大学前任、得克萨斯大学时任校长，威尔逊按照众议院的提议将他任命。在豪斯顿任期内，市场营销和分销问题得到了比以往更有力的关注；农业部也吸引了种种有才能的农业（转下页）

政策上从路易斯·D. 布兰戴斯[1]那里征求了不少意见，后者关于商业竞争的思想与前者自己的偏好如出一辙。不过，威尔逊还是向后湾区的敌意低下了头，商业界始终不让布兰戴斯进入他的内阁。大体上，他寻求建议的对象，有不同类型——这些人如，他那受人尊敬的秘书，善于把控政治机器和媒体关系的乔·图穆迪（Joe Tumulty）；又如威尔逊的女婿威廉·吉布斯·麦卡杜（William Gibbs McAdoo），此人头脑足够进步，反思力却不强；尤其还有敏锐、聪明的豪斯上校，[2]但他的才华之中，
210 并没有那种可以满足威尔逊的虚荣心的能力。豪斯的主要作用，是成为富人和有权者的观点的渠道；他极大地弥补了威尔逊圈子中的进步派人物的影响，如布兰戴斯、布莱恩和麦卡杜。

威尔逊政府在执政的头几年，不太受知识分子的欢迎——尤其是

（接上页）经济学家。

关于政府中专家知识的增强，莱昂纳德·D. 怀特的《公共管理》（"Public Administration"），《美国近来的社会趋势》（*Recent Social Trends in the United States*，纽约，1934年），第II卷，第1414页以下，提供了颇有启示的内容。

应该补充的是，威尔逊并未脱离从学者和文人阶层中聘任外交人员这一宝贵的传统。他向哈佛校长查尔斯·威廉·艾略特（Charles William Eliot）颁布过两次任命，虽然都被谢绝；他还派国家事务专家保罗·莱茵施（Paul Reinsch）教授去往中国，遣沃尔特·海因斯·佩奇（Walter Hines Page）赴英（却是很遗憾的选择），派托马斯·纳尔逊·佩奇（Thomas Nelson Page）去意大利（政治上颇合时宜的任命），让非凡而难以言喻的、普林斯顿的亨利·范·戴克（Henry Van Dyke）到荷兰，将布兰德·惠特洛克（Brand Whitlock）派往比利时。威尔逊任命的大使，其水平总体来说还是令人满意的，不过，这一切都被布莱恩（Bryan）的所作所为抵消掉了：因为他攻击了颇为称职的，由约翰·海伊（John Hay）、罗斯福和塔夫脱建立的，专业的外交使团。他还代表"当之无愧的民主党"的利益，攻击了公使的任命，威尔逊对这一点是赞同的；阿瑟·林克将此事描绘为"20世纪对外事务中最为败坏之举"，见《威尔逊：新自由》，第106页。

1 Louis D. Brandeis（1856—1941），从威尔逊政府开始，担任最高法院的副大法官。——译注

2 Edward House（1858—1938），美国著名政治家，威尔逊的幕僚。第一次世界大战时期，在外交方面发挥了很重要的作用。他没有任过军职，上校是绰号。——译注

在这样的人中，他们认为进步运动不应该满足于实现旧式的小商人竞争的理想，还必须为童工、黑人的地位、工人的状况、女性选举权的需求做点事情。[1]对改革抱有兴趣的知识分子，对威尔逊太过怀疑，因此，他们不会毫无保留地欢迎他铿锵的演讲之声，在他们看来，其中暗示的似乎是充满道德说教，并不进步的往昔；而进行改革的蹒跚的方式，看起来也证实了他们的犹疑。赫伯特·克罗利就观察到，威尔逊的内心“完全相信自己的表现永远是正直的，在这一确信的周围，又环绕着一圈微微闪烁的修辞的光晕”；克罗利还批评说，总统的思想“甚至”将“最为具象的事情也看成了抽象……他的心灵如同一道光，破坏了它照射的事物的轮廓；光照虽强，但让人一无所见”。[2]

直到1916年，鉴于“新自由”[3]的最新成就以及威尔逊不介入第一次世界大战的成功之举，自由知识分子才全心全意地对他表示支持。然而反讽的是，恰恰是战争，提升了许多知识分子的影响力，这是国内问题难以做到的。史学家与作家都被动员起来，投身宣传，各种专家也招募到一起，担任顾问。军事情报、化学战、战时产业局中满是学院的科研者，华盛顿的宇宙俱乐部[4]也被称作“俨然如同各个大学的教员的

1　林克：《威尔逊：新自由》，第8章。沃尔特·李普曼在《偏离与掌控》（*Drift and Mastery*）中对这一观点做出了经典的表述，尤见第7章。

2　《总统的自满》（“Presidential Complacency”），《新共和》，第I卷（1914年11月21日），第7页；《威尔逊的精神世界》（“The Other-Worldliness of Wilson”），《新共和》，第II卷（1915年3月27日），第195页。对于《新共和》组织与罗斯福和威尔逊的关系，查尔斯·福尔塞（Charles Forcey）的《自由主义的十字路口，克罗利、威尔、李普曼和进步时代，1900—1925》（*The Crossroads of Liberalism*, *Croly*, *Weyl*, *Lippmann and the Progressive Era*, *1900—1925*，纽约，1961年），在这方面颇为有益。关于新自由在1914年时陷入的僵局，以及自由知识分子的挫折，见阿瑟·林克：《伍德罗·威尔逊》以及他的《进步时代，1910—1917》（*The Progressive Era*, *1910—1917*，纽约，1954年），尤见第66—80页。

3　New Freedom，威尔逊的竞选纲领和核心，也是他执政第一届任期的基本理念。——译注

4　Cosmos Club，波士顿社交场所，成员多为政法界和学术界人士。——译注

211 会所”。[1]在1919年9月，豪斯上校为威尔逊组织起了一群学者，号称“研究团”（在英国和法国都有相似的组织）。一度，“研究团”的专家人员达到了150人——有史学家、地理学家、统计学家、民族学家、经济学家、政治科学家——这些人，再加上他们的助手和员工，整个组织的人数达到了好几百。在第一次世界大战停战之前，“研究团”都处于保密之中；之后，被改组为美国和平谈判委员会情报处（Intelligence Division of the American Commission to Negotiate Peace）；它的全体成员随威尔逊奔赴巴黎，而且在那里，还发挥了颇为重要的作用。媒体上，关于这个团队，存在着一些有趣的评论；而老派的外交官则对这群政治业余人士颇为怀疑，尽管后者的文件装满了三辆军用卡车。[2]不过整体上，就战争、和平谈判、围绕协议和盟约的争论所引发的种种情绪来说，最值得关注的则是公众对学者担任顾问角色的普遍接纳。只有伊利诺伊州参议员劳伦斯·谢尔曼（Lawrence Sherman）这样的政治家，因为充满仇恨的反智主义而凸显出来，成为例外；他针对战时政府权力的扩张

1 戈登·霍尔·格鲁德（Gordon Hall Gerould）：《教授与广阔的世界》（“The Professor and the Wide, Wide World”），《斯克里布纳氏》（*Scribner's*），第LXV卷（1919年4月），第466页。格鲁德认为，这段经历之后，对教授的态度不再可能是高高在上了。另有人写道：“以往，都说教授……有学问，如今，令所有人惊讶的是，他们变得**睿智**起来了。”《遣散的教授》（“The Demobilized Professor”），《大西洋月刊》，第CXXIII卷（1919年4月），第539页。保罗·范·戴克认为，大学人士在第一次世界大战时期成功地证明了，他们有阳刚之气，并且实用，并非阴柔而无能。《行动中的大学人士》（“The College Man in Action”），《斯克里布纳氏》，第LXV卷（1919年5月），第560—563页。若将这一观点与西奥多·罗斯福之前的说法加以比较，还是颇为令人启发的。

2 关于研究团及其人员，见其领导者西德尼·E. 梅泽斯（Sidney E. Mezes）的文章，载于E. M. 豪斯（House）和查尔斯·西摩尔（Charles Seymour）编：《巴黎真相》（*What Really Happened at Paris*，纽约，1921年）；《美国外交关系相关论文》（*Papers Relating to the Foreign Relations of the United States*），1919年，第I卷，《巴黎和会》（*The Paris Peace Conference*，华盛顿，1942年）；J. T. 肖特维尔（Shotwell）：《在巴黎和会》（*At the Paris Peace Conference*），第15—16页。关于战时对科学的动员，见A. 亨特·杜普雷：《联邦政府中的科学》，第16章。

做出了长篇大论的猛烈抨击，尤其还反对"教授和知识分子掌管的政府"。[1]不过，他预见了未来，因为对战争的抵触清算了进步的精神。 212

公众的情绪突然间发生了惊人的转变。威廉·阿伦·怀特[2]在1919年时还向共和党全国委员会主席说，本党中"生着硬壳的老反动派"全都不中用了；但一年后，他却哀叹道，"法利赛人在控制着圣殿"，人民甚至都懒得表示反对。1920年，他在致雷·斯坦纳德·贝克[3]的信中说："这该死的世道！""如果十年前有人跟我说，我们国家会是今天这般模样……那我肯定会质疑他的理由。"[4]对于知识分子的地位来说，结果是致命的：一旦将自己与威尔逊和战争行为绑在一起，他们就注定要承受公众对威尔逊的抵触，以及一切与之有关的事情。不过，更为关键的是，当大部分知识分子进入了战时气氛，他们的热情就丧失了批判

1　这篇值得关注的演说充斥着反智主义的陈词滥调；尽管现在难以想象它在当时造成了不小的影响，但是，必须认为，这是反智主义演讲的里程碑："……这样一小撮政客，被一群高讲理论、心态偏狭、百无一用、生造术语一贯空谈的知识分子镀上了一层金……他们求助于这些破坏传统、古怪堕落、马力无限、在太阳底下论说一切的写文章的人……一波社会主义者……事事都要探究……心理学家带着X光的透视眼，将不同颜色的方巾丢到桌上，撒出半品脱的海军豆，用阴森森的腔调问你，沃尔特·罗利（Walter Raleigh）死于什么疾病；他们查问豆类的数量，自己却不去数。你的记忆、感知力、集中力，还有其他精神里的内脏杂碎，都贴上了标签；你被分门别类，以备将来参考。我在自己的时代已经见识过这些心理学家了，我对付过他们。如果他们被放进森林，或是一小块土豆地里，那他们可不太懂得怎么猎兔子或挖土豆来将自己从饥饿的剧痛中解救出来。这就是教授和知识分子掌管的政府。我再重申一下，知识分子在自己的领域里还是足够好的，但是，一个靠教授来运行的国家，最终注定要沦为布尔什维克主义，并且爆发混乱。"《国会记录》，第65届国会，第2次会议，第9875，9877页（1918年9月3日）。

2　William Allen White（1868—1944），美国政治家、媒体人，罗斯福的好友和支持者，进步运动的代表人物。也支持过威尔逊，写过威尔逊的传记。——译注

3　Ray Stannard Baker（1870—1946），美国记者，威尔逊的支持者和重要幕僚，也是威尔逊的研究专家。——译注

4　沃尔特·约翰逊（Walter Johnson）编：《威廉·阿伦·怀特书信选》（*Selected Letters of William Allen White*，纽约，1947年），第199—200，208，213页。

力，这种热情挫伤了自己的士气。除了一些社会主义者和少数如兰道夫·伯恩[1]这样的思想家，以及《七艺》(*Seven Arts*)杂志[2]之外，知识分子要么参与战争，要么全心全意地支持它。对于进步运动，他们心存期待，期待胜利，以及胜利的结果，改革。和平却让他们失望，惭愧，负罪。“如果让我从头再来一遍的话，”沃尔特·李普曼说，“我会选择另一派……我们为死人营提供了太多的弹药。”赫伯特·克罗利坦承，他并不清楚，“在进行第一次世界大战的压力下，美国人民的心理会变成什么样”。[3]知识分子与民众的友好关系土崩瓦解，甚至比以往还要迅速。公众向知识分子发起袭击，视之为种种错误和多余之改革的倡导者，是行政国家[4]的设计师，战争的支持者，甚至是原始的布尔什维克；知识分子则攻击美国，认为它是蠢货、巴比特[5]、狂热之徒的国度。足够自由的年轻人移居海外；其他人则待在国内，读读曼肯。需要度过一段经济萧
213 条期和另一场改革时代，这样的疏远才会克服。

四

新政时代，知识分子与公众的和睦关系得到了修复。政治中的民众事业与知识分子的主导情绪之间，从未有过如此完满的和谐。在进步时代，知识分子与公众，大体上都支持相同的事业。而在新政时代，

---

1 Randolph Bourne(1886—1918)，美国著名左翼知识分子，反对第一次世界大战，提倡跨民族的美国。——译注

2 1916—1917年发行的美国艺术性杂志，伯恩是主要撰稿人，发表了很多反战文章。——译注

3 福尔塞：前揭，第292，301页。

4 The administrative state，指行政官僚机构和文官体系作为管理中心的国家。这里暗含负面的意义，强调了这种管理方式约束民众自由，干预经济。——译注

5 Babbitts，来自辛克莱·刘易斯的同名小说，指一类偏狭、守旧、功利的中产阶级和商人。——译注

这样的事业则更加地吸引人；对知识分子发挥实际作用的需要越发迫切，这在威尔逊和西奥多·罗斯福时期，没有人能预见到。不过，反对新政的少数派预料到了；他们心怀着狂热的、在美国政治中颇为罕见的敌意。虽然知识分子春风自得，但反对他们的仇恨之情也在形成，而且在第二次世界大战后惊人地爆发。

长远来看，这些毫不妥协的少数派让知识分子承受的损害，几乎与后者在短期内从新政的庇护中获得的利益程度相当。不过在初期阶段，那真是庇护！与其他所有人一样，知识分子也饱受萧条之苦，承担失业和对斗志的打击。新政为年轻律师和经济学家提供了数千岗位，他们聚集到华盛顿，在新设立的监管机构担任职务；公共事业振兴署（WPA）和国家青年管理署（NYA）的科研、艺术和戏剧计划，都扶助了失业的艺术家、知识分子和大学生。比这种实际帮助更重要的是一种无处不在的、无形的帮助：通过将理论人士与教授用作顾问和意识形态思想家，新政让心灵之力与权力的关系更为紧密，在当世者的记忆中，这样的关系绝无仅有——自立国之父的时代以来，这也是最为紧密的一次。向大学和法律院校毕业的青年提供重要的工作，本身来说，就是引人瞩目的崭新之处。对于学院来的顾问，新政给予了他们这样的重视，这提升了每位教授和每个思辨或异见的心灵所具有的作用。思想、理论、批评都获得了全新的价值；到那些在理智上受过训练的人那里，就能找到它们。[1]经济的崩溃证明了这样的人是必需的，不过，正是新政揭示了，他们如何让自己具有存在感。毫不惊讶的是，新政唤起了所有人的热情，除了少数保守的知识分子，还有一小群激进人士。（甚至从 214
1933到1935年激烈反抗新政的共产主义者，据我们现在所知，在那时，也能够渗透入新政的队伍中，对新政激发的公众情绪加以利用。）

1　如保罗·P. 范·里佩尔指出的，这促成了某种影响新型政策的特权地位，他将之描述为“意识形态上的庇护”。前揭，第324—328页。

知识分子地位变化的第一个表现就是智囊团的创立，在新政头几年里，它几乎不断地见于新闻之中。显要的智囊，如雷蒙德·莫里（Raymond Moley）、莱克斯福特·盖伊·特格韦尔（Rexford Guy Tugwell）、阿道夫·A. 伯利（Berle），通常都遭到攻击；他们代表了数百位在联邦政府机构中任职的、不太出名的员工，尤其是菲利克斯·富兰克弗特的那些得意门生，他们从哈佛来到了华盛顿。在新政初期的日子里，正因为罗斯福总统享有着威望，故而，这让他的对手可以从心理上更加自然，从策略上更加容易地通过他身边的这些人来攻击他。为此，他们会指出，他的理念都从种种阴险或不负责任的顾问那里接受而来。此外，智囊团对于总统来说，还起到了某种避雷针的作用。大部分本来会直接朝向总统那里的谩骂，都落在了他周围这些人身上，尽管总统是新政的核心人物——当形势变得艰难时，这些人会迁移到更不显眼的职位。

在初期雷蒙德·莫里失势之后，[1]莱克斯福特·盖伊·特格韦尔教授成为批评新政的保守人士最为中意的目标。特格韦尔信任某些形式的计划，而且撰写了若干阐述自己思想的作品，这都成了他的祸患。1934年6月，他受任为农业部副部长，这引发了一波抗议，抗议这位得意扬扬的、阴险的理论家。南卡罗来纳的"棉花艾德"史密斯[2]，是参议院里恨意最深的大家伙之一。他坚持不懈地证明这样一个观点：特格韦尔"并不是上帝的伟大大学的毕业生"。为此，他让这位哥伦比亚大学的经济学家必须不遗余力地证明自己是真正的自耕农，少年时期，靴子上就得满是泥土。（富兰克林·德拉诺·罗斯福对亨利·A. 华莱士[3]说："告诉莱克斯，知道史密斯如此下作，我真是惊讶。"）史密斯告诉参

1　莫里本来是罗斯福的支持者，但后来渐趋保守，与之决裂。——译注

2　"Cotton Ed" Smith，即E. D. 史密斯，南方棉花协会的主要领导，所以被称为"棉花艾德"。此人体形硕大，颇为强硬。——译注

3　Henry A. Wallace（1888—1965），1941—1945年任美国副总统。——译注

议院，农业需要的文凭，“是艰苦的经验获得的，只有踹过酒醡[1]、具备这方面经验的人，才能解决美国的农业问题”。（在以往的农业部长中，哪怕是一个满足这种要求的人，他也说不出。）罗斯福为了平息史密斯，遂任命后者支持的一位选民担任美国法警，此人还有过杀人罪史，总统当着内阁将之描绘为史密斯“青睐的杀人犯”。凭借这一交易——教授换凶杀犯——特格韦尔才最终以53对24票赢得了参议院的批准。 215

特格韦尔热衷支持纯净食品和药品的立法，从而促使专卖药房这样颇有影响的广告客户发动媒体反对他，此时他所受到的负面报道就变得更糟了。甚至既不激进，也非知识分子的詹姆斯·A. 法利[2]，也在“没有掩饰、全无道理”的宣传面前畏缩不前。最为激烈的批评者，将特格韦尔的形象描述成如下两面：一方面，他是完全软弱、学究式的、不切实际的理论家（曼肯说，一半是劣质的人师，一半是“被收买的《新共和》的空想家”）；另一方面，他是充满效率、阴险狡诈的颠覆势力，完全能给社会的结构造成巨大的破坏。抨击之下，特格韦尔的耐心却意味着，招募进政界的学院中人，未必就需要多么敏感。[3]

1　Trodden the wine press，史密斯用了《旧约·以赛亚书》63：3（《新约·启示录》14：20）的典故。踹酒醡指上帝的惩罚和末日审判，也可指人对上帝的信仰，这里也联系了农事。——译注

2　James A. Farley（1888—1976），美国政治家，爱尔兰裔天主教徒，担任过民主党全国委员会主席、邮政总长，是小罗斯福竞选成功的有力支持者。法利中学毕业，在商科学校学习，擅长实业，所以不属于知识分子。——译注

3　伯纳德·斯特恩谢尔（Bernard Sternsher）未刊的博士论文《莱克斯福特·盖伊·特格韦尔与新政》（*Rexford Guy Tugwell and the New Deal*），波士顿大学，1957年，充分阐释了特格韦尔的声誉以及他在新政中的作用。关于其任命的争论颇有启示：《国会记录》，第73届国会，第2次会议，第11156—11160，11334—11342，11427—11462页（1934年6月12，13，14日）。也见小阿瑟·施莱辛格：《新政的到来》（*The Coming of the New Deal*，波士顿，1958年），第21章；詹姆斯·A. 法利：《选票背后》（*Behind the Ballots*，纽约，1938年），第219—220页；H. L. 曼肯：《罗斯福博士的三年》（“Three Years of Dr. Roosevelt”），《美国信使》（*American Mercury*，1936年3月），第264页。对于（转下页）

如果智囊团被反对派用作合适的替罪羊，那么必然，其作为权力中心的重要性，也会被大肆渲染。芝加哥《论坛报》的一位作者说："智囊团让内阁黯然失色。可以认为，它在总统那里的影响力更强……它从各个大学里带来教授，最后再安排内阁成员的职位——仅仅是部门主管，文员头目。在例行的行政事务上，你可以找内阁成员，但对于政策之事以及与更高层次的政治才能有关的事项，你要咨询教授。"[1]的确，在新政之始——最初的一百日里——紧张的国会迅速而且顺从地通过了大量法令；国会没有时间，也没有意向，用通常的细心，对这些法令加以审查。这就在法律起草，甚至在政策制定上，为新政内部的规划圈子，留下了不同寻常的自由裁量权；在圈子中，专家顾问虽然没有控制
216 力，却毫无疑问地产生了影响。不过，美国的权力结构长久以来都造成了，在任何基础利益阶层或政治选民中没有根基的一小群教授，不可能让诸多关键的决定得以实行。随着紧张情绪过去，国会审查的常规流程重又回归，限制了技术专家的影响力。很大程度上，新政采取的让知识分子和实验者满意的种种步骤，之所以能进行，并不是因为专家支持它们，而是由于一些主要的选民希望如此。智囊们服务公众——通常都非常顺利——但并没有掌控后者。文人智囊的更理想、更有实验精神的规划，受到围困，约束，或阻挠。诚然，新政尝试了一些少数学院理论家拥护的、通货膨胀的货币实验。然而，参议院中主张通胀的、强大的压力，也支持了这些实验，罗斯福的大多数专家顾问对之并不满意。在关键议题上，自由专家几乎总是失利。如很快出局的杰罗姆·弗兰

（接上页）新政专家的地位，更深入的见解，见理查德·S. 柯肯德尔（Richard S. Kirkendall）未刊的博士论文：《新政专家与农业政治》（*The New Deal Professors and the Politics of Agriculture*），威斯康星大学，1958年。

1 《文学文摘》（*Literary Digest*），第CXV卷（1933年6月3日），第8页。事实上，作为确定的组织，智囊团是为了1932年竞选而成立的，竞选结束，它就不存在了。我是在更宽泛的意义上来论述它，遵循了当代人的用法。

克[1]，他在国家复兴署（NRA）中试图代表消费者的利益，在农业调整署（AAA）里代表佃农的利益。而莱克斯福特·特格韦尔的富有想象力的、农村移民安置的理念，也一瘸一拐，面目全非。最终，特格韦尔本人也被打发到边缘部门。与国务卿柯德尔·赫尔[2]因伦敦经济会议陷入冲突的雷蒙德·莫里，则输给了这位内阁成员。[3]

尽管如此，教授操纵一切的观念广为流行，名副其实的智囊团战争开启，这唤醒、加速了旧时的反智主义传统。教授并未操纵一切——但是，在这个大众观念里，也有真实的要点：在美国的权力场中，他们的确代表了某种新兴的事物。他们本身并没有运用太多的权力，因为核心决定都不是出自他们之手。不过，对于那些行使权力的教授来说，他们发挥了广泛而重要的影响，因为，为理解议题创造条件、勾画经济和社会论题，这些举措已经成了专家的特权。这样，谴责教授和智囊的右翼分子，无论他们对于权力世界的设想有多么古怪，他们的本能还是健全的。如果说他们没有让大众听从自己，那么在他们这一边，至少还有一 217
些老式的武器，就是民众的偏见，他们很快就会开始挥舞。此外，在一段时间内，教授享有的名声让他们能够盖过守旧的政治家和商人；而令后者气恼的是，这样一帮此前默默无名、不受重视的人，却让他们在公众的眼中失色，并且使他们的社会作用看起来是那么无足轻重。H. L. 曼肯看到了改革中的讽刺味道，他的说法还是一贯的赤裸裸的夸张："几年前，所有新政的以赛亚，还没什么名气，都是无能的家伙，街角的警察朝他们点个头，他们就得意得脸都红了；如今，他们位列亲王，拥有

1　Jerome Frank（1889—1957），美国法学家，法律现实主义的代表人物，新政中并未发挥才干。——译注

2　Cordell Hull（1871—1955），美国著名政治家，长期担任国务卿，因为推动联合国的成立，1945年获诺贝尔和平奖。——译注

3　关于企业势力如何在一个领域中对教授提议产生削弱，这方面详细的信息，见前引的柯肯德尔的著述。

了红衣大主教的可怕的权能。”他接着说，智囊们都如此成功，以至于他们开始相信自己的灵丹妙药。他问道：“你会怎么办呢？”[1]

> 如果突然间，你被拽出空荡、酸臭的教室，那里面，大二学生咂舌的嘘声是你仅有的乐曲；然后，你被丢进适合卡里古拉、拿破仑一世或J. 皮尔彭特·摩根的、权力与荣耀之地，整群整群的华盛顿记者蜂拥上前，记下你的每一次喘息，而他们报纸的第一版，为你全部的玄学开放？

新政的批评者对知识分子的权力夸大其词，还将后者描绘为毫不实用、不负责任、心存阴谋的实验派，从无名突然发迹，因而变得自满，刻意曝光。从《星期六晚邮报》——毋庸置疑，这是反智主义的材料——中随手选些评论，就可以发现，知识分子的特点是：[2]

> 一群从教室里拽出来的教授，突然扔进新政的乱局里。刻意、
> 218 得意地寻求宣传自己，现在，他们有机会做到了；他们是渴望自我表现的人，在自己新的荣誉里取暖，就像猫在壁炉跟前……他

1 H. L. 曼肯：《新政的心态》（“The New Deal Mentality”），《美国信使》，第XXXVIII卷（1936年5月），第4页。

2 萨缪尔·G. 布莱斯（Samuel G. Blythe）：《万花筒》（“Kaleidoscope”），《星期六晚邮报》（*Saturday Evening Post*），第CCVI卷（1933年9月2日），第7页；布莱斯：《波托马克河上前行》（“Progress on the Potomac”），《星期六晚邮报》，1933年12月2日，第10页；社论，《星期六晚邮报》，1933年12月9日，第22页；1934年4月7日，第24—25页；威廉·V. 霍奇斯（William V. Hodges）：《现实临近》（“Realities Are Coming”），《星期六晚邮报》，1934年4月21日，第22页。也见玛格利特·卡尔金·班宁（Margaret Culkin Banning）：《业余之年》（“Amateur Year”），《星期六晚邮报》，1934年4月28日；凯瑟琳·代顿（Katherine Dayton）：《国会山的惩罚》（“Capitol Punishments”），《星期六晚邮报》，1933年12月23日。

们到处乱闯，兴奋地询问："美元能干什么？"就好像，对于他们来说，美元可以做什么，这无关紧要——他们之中，连一百块，都没有人能攒出来……教授的法律制定出来，当然，这里，还有那里，都由国会大厅中爱管闲事的、不是教授的人来修正，但是，他们心里也是教授的思想……思虑缜密的人，难以回避这个结论：智囊团的许多观念和计划都立足于苏联的意识形态……应该有人把商业生活的事实告诉这帮聪明年轻的知识分子还有教授。鹳带不来利益和繁荣，卷心菜的下面生不出稳健的货币……最终，只有自然扶助、政府英明支持的农民和工业家，才能治愈自己的疾病……

我们是不是太蠢，太懒散了，以至于，竟然允许业余的、自认是搞实验的人来拆散我们的社会和商业结构，就为了看看他们能不能按照他们更中意的模式来将之重新建起？……实验室的实验，针对了生活、自由和美国的工业……试管里做的实验与鲜活的国家中做的实验，有着巨大的差别。这完全意味着活体解剖，太过了……没有任何实践经验的人……业余人士——大学生，无论什么年龄——控制的政府，他们也许痛饮过皮埃里亚的泉水，最近还大口大口地狂喝了苏联的伏特加……理论家，做着政治梦的梦想家，祈雨的法师，变戏法的……务实的参议员和众议员无处可躲，只有退隐到更衣的休息室里……

知识分子的捍卫者试图做到更为合理地评估他们的实际能力，而且指出，他们做得再差，也不会比他们取代的那些"实干的"人更糟。奥斯瓦尔德·加里森·维拉德[1]在《国家》杂志中写道，他欢迎"实干家

1 Oswald Garrison Villard（1872—1949），美国记者，《纽约晚邮报》主笔。——译注

的全部路线"；他指出，整个世界里，"实干家完全是茫然无措"。[1]当时的一位自由记者，也是从前的新政顾问乔纳森·米切尔，按照一种最为
219 深刻的对问题的分析，试图证明，罗斯福对学院专家的使用是美国行政生活的危机和独特性的自然结果。他写道，事实上，主要的政策并非教授制定，他们只是针对手段提供意见。既然缺少一群为了这一目的而经受训练的公务员，故而，罗斯福总统会迅速地到政治或行政圈子之外向人求助，这几乎是不可避免的。[2]在这方面，米切尔完全正确。政治家不可能处理经济萧条所引起的种种问题；解决它们的、正确类型的公务员并不存在；大部分商业领袖似乎比无用还要糟。就如萨缪尔·I. 罗森曼[3]向罗斯福总统建议的那样："通常在这样的形势下，竞选人会在身边聚集起一群人，其成员有一些成功的工业家，一些大金融家，一些国家的政治领袖。我认为，我们应该避开所有这样的人。他们似乎全都难以创造出建设性的东西，来解决我们今天陷入的困局……为什么不去国内的大学呢？"[4]

但是，米切尔的分析，很可能被新政敌人视作煽动性的：

> 罗斯福先生需要的是中立者，一个没有华尔街气味的人，但他也不会吓跑富人。此外，他还需要一个有脑子、有能力的人，他愿

---

1 《议题与人，理想主义者走到前排》("Issues and Men, the Idealist Comes to the Front")，《国家》，第CXXXVII卷（1933年10月4日），第371页。参见《新共和》中的相同观点：《智囊团》("The Brain Trust"，1933年6月7日)，第85—86页。

2 乔纳森·米切尔(Jonathan Mitchell)：《别朝教授开枪！为什么政府需要他们》("Don't Shoot the Professors！ Why the Government Needs Them")，《哈泼氏》，第CLXVIII卷（1934年5月），第743，749页。

3 Samuel I. Rosenman（1896—1973），美国政治家、律师，为总统撰写演说辞，"新政"一词的提出者。——译注

4 萨缪尔·I. 罗森曼：《与罗斯福工作》(*Working with Roosevelt*，纽约，1952年)，第57页。

> 意贯彻他所决定的任何政策。罗斯福先生选择了大学教授；国家之中，再无其他群体符合这些具体的要求……
>
> 在美国，我们没有世袭的地主阶层，可以从中招募出我们新政的公务员。我们拥有的，最接近的相当者就是大学教授，华盛顿的中立的教授就是决定新政成功或失败的要素……从前，我们留出过一个阶层以供使用，但其他阶层都毫无疑问地向它提出了争议。这个阶层就是殖民地大臣，尤其是新英格兰的大臣。他们通常并不关心世间的俗事；他们管理自己的社会，其手腕要比罗斯福先生的新政有可能使用的手腕还要严厉，他们按照自己的观点做出判断……新英格兰大臣很久之前都已逝去，但大学教授是他们旁系的继承人……在将来，我们会成功地为自己建立一套专业的美国 220
> 的公务员制度，支持它的，是它的忠诚与传统。

不可能期待这段话安抚或安慰这样一些商人、被取代的政治家，以及保守阶层的其他成员：他们觉得专业的公务员毫无必要；可以理解，他们难以相信教授是“中立的”；他们认为，教授的确威慑到富人；而且仅仅是想到有某个阶层，会“毫无疑问”地受到争议，他们就感到恐慌。没有什么答案，甚至没有一个回答能比米切尔的答复表达得更中肯了，但没有什么答案能平息他们根本的恐惧。他们恐惧的，不是智囊团或专家，而是他们信仰的那个世界的崩溃。处于这样的敌人之中，新政为知识分子和专家带来的特权，仅仅有助于证实那些古老的反智主义传统，并且随着新生的怀疑和怨恨，它们变得更为强烈。

与第一次世界大战一样，第二次世界大战也增强了对专家的需要；这样的专家，不仅属于新政使用的那种，而且还来自以前尚未开辟的学术领域——甚至一些古典学家和考古学家也因为具备了地中海地区的知识而突然得到了重视。但是，甫一停战，新政的经历和战争本身所导致的、延迟已久的厌恶，席卷了全国。反对智囊团的斗争早已为这种反应奠定了基础。由此,知识分子与大众民主的和睦关系再一次走到了尽头。

五

1952年,对知识分子和智囊的不满,让阿德雷·史蒂文森成了牺牲品;而从1933年开始,这种不满就已经在美国右翼之中日益加深。很遗憾,史蒂文森的政治命运被视作一种准绳,自由知识分子通过它来衡量智识在美国政治生活中的地位。这种做法虽然有误,但很自然:因为史蒂文森在某些方面如同悲剧主人公,并且拥有后者的吸引力,而知识分子也将他的事业等同于自己的事业。经历过杜鲁门在任期间的种种难堪,史蒂文森的言论风格,令人耳目一新。但是,更为关键的,则是史蒂文森的风范与艾森豪威尔—尼克松的竞选方式之间的绝对差异。史
221 蒂文森的语言机敏的天分(还有他显而易见的、与竞选顾问的合作能力,而顾问也具备这样的能力),与艾森豪威尔早期政治风格的拙嘴笨舌、语无伦次形成了鲜明的反差;但是,这样的差别又在尼克松那里得到了加强,这靠的就是,恶名昭彰的"跳棋"演说[1],对俗气的陈腔滥调的稳健发挥,对自己年长搭档的粗鄙的歌颂。最终,麦卡锡的丑陋形象出现了,他的党派太过露骨地欢迎着他对竞选的贡献。人们并不期待美国总统大选能达到多高的格调,但是,共和党1952年的竞选基调——比较来看,似乎是在杜鲁门对华尔街无耻的引诱中加入了老式的高贵——更凸显出了史蒂文森的每一个富有魅力的品质。

---

1 "Checkers" speech,也叫Fund Speech,是尼克松1952年的经典电视演讲。这次演说时长三十分钟,尼克松批驳了关于他在使用政治基金上的不轨行为的看法。其中,他论证了自己的两袖清风,列举了家庭财产,提到了自己只想留下支持者赠送的小狗,他的孩子称之为"跳棋"。这次演说是美国历史上成功地利用电视媒体进行政治活动的范例,但也毁誉参半。尼克松口若悬河,赢得了美国公众的好感,有力地帮助了艾森豪威尔在大选中获胜。——译注

知识分子全体一致，欣然拥护史蒂文森，这在美国历史上似乎绝无先例。虽然西奥多·罗斯福在长期的公共事业中赢得了同时代知识分子的欢迎，但毕竟，这是不得已而为之；当他担任总统之时，有许多知识分子都带着怀疑和消遣的态度来看待他；罗斯福与他们的关系，也只是在他离开白宫之后，才真正地达到了最密切的程度；在1912年公麋党[1]竞选时达到高峰，之后，却因他战时的沙文主义而渐渐衰退。至于伍德罗·威尔逊，尽管风度翩翩、学院出身，但知识分子界的大部分人都冷眼相待，态度保留，这与他自己的方式也正匹配；许多知识分子都同意沃尔特·李普曼在当时对“新自由”的诊断，即这是一场计划不周、守旧不前的运动，其设计主要是为了小企业的利益阶层；最后，对战争年代的群氓思维的抵触情绪，也损害了威尔逊的名声，而总统本人其实也并没有摆脱这样的思维。至于富兰克林·D. 罗斯福，尽管他的智囊团对其广为宣传，但他在第一次总统竞选时，也让大多数知识分子颇为失望，而在新政的头几年里，他依然是左翼怀疑和尖锐批评的目标。知识分子并没有对他报以太大的热情，这直到1936年竞选前夕才有所改观，但就算在那时，他们也主要是因为罗斯福树立的敌人才似乎对他热爱起来。史蒂文森则截然不同：在他任伊利诺伊州州长时，有些人从未听说过他，对他们来说，当他在1952年被提名竞选时，是上层政坛的冉冉新星，但一听到他的候选演说，他们就立刻对他报以关注。他似乎太过优秀而不真实。

当蜂拥的麦卡锡主义之徒全力追击时，人们很难抗拒这样的结论：史蒂文森的脆败，也是公民用投票来抛弃美国知识分子和智识本身。 222
做出这一结论的知识分子，也在他们的批评者那里得到了确认，因为其中，不少人严肃地摇首反对：据其所言，美国知识分子并没有体谅或理

1 Bull Moose，指西奥多·罗斯福组建的进步党，它是从共和党中分裂出来的，标志是一头公麋鹿。该党1912年参加了总统竞选（威尔逊在那一年胜出），失利后在1918年解散。——译注

解自己的国家；他们变得不负责任，骄傲自满；对他们的惩戒是必须的。毋庸置疑，许多知识分子都受到了伤害；但是，如果认为，公众是因为史蒂文森的才智和智识上的声誉才排斥他，那么这一看法经不起分析；而他失利的含义，也有可能在这方面被夸大了。1952年，他毫无希望地一败涂地。这一年，任何具有吸引力的共和党人都有可能击败任何一个民主党人，而艾森豪威尔的魅力则更强：他是民族英雄，有着难以抗拒的磁性，在政治舞台，他的欢迎度不仅盖过了史蒂文森，也压过了其他所有人。民主党执政二十年后，党派变更的时候早就该到了，如果两党制的体系还有意义的话。仅靠朝鲜战争和对其的不满，共和党就得到了充分的议题；他们也能够利用一些次要的争议，如希斯案，以及其他披露的共产主义渗透入联邦政府的真相，还有揭发出来的杜鲁门政府中微不足道但又令人亢奋的腐败。在共和党的竞选中，尼克松和麦卡锡比艾森豪威尔更加瞩目，而竞选又给人留下了不小的印象，促使人们愿意相信：史蒂文森这样的人必定会被公众拒斥。故而，史蒂文森的绝望处境，也许还是不难接受的。

然而，回顾往昔，似乎没有理由认为，史蒂文森的风度、才干和正直就并非是竞选中的优势；也没有理由认为，假如他在这些方面没有为自己赢得声望，那么他的失败本有可能会更加彻底。若认为大部分公众对他品质的价值完全无动于衷，那么这种看法甚至都经不起随意的推敲。如果他的个人品质毫无魅力，就像某些赞美者和诋毁者相信的那样，那么很难理解，他如何能在1948年赢得伊利诺伊州的州长之职，而且在伊州的历史上，票数最多；也很难理解，为什么民主党大会要在四年后，当他仅仅简短但又雄辩地做了欢迎致辞，就将他作为人选，尽管广为宣传的是，他对于提名并不情愿。（从1916年休斯[1]被推选以来，这

1 Charles Evans Hughes（1862—1948），共和党政治家，1916年大选被民主党推选，但他一上来表示拒绝，最后在大选中败于威尔逊。——译注

还是第一次有人如此；也许在我们的政治历史中，这还是仅有的一次，候选者完全不情愿的推选。）

甚至史蒂文森失利的种种方面，也被他的竞选与民主党的竞选之 223
间戏剧性的反差放大了。早在十二年前，温德尔·威尔基[1]，也是与当时的政治英雄展开竞逐，公民普选中，他获得的百分比与史蒂文森几乎相同——44.4%和44.3%——而威尔基也被认为是具备非凡活力品质的领袖。真相似乎是，1952年，两位竞选者都在个人方面具有强劲实力，随着政治热潮不断走高，他们都从选民那里获得了大量的票数。在公民普选中，失败的史蒂文森所得到的票数，其实高于1948年胜出的杜鲁门，或1944和1940年的罗斯福。大选后，他收到的邮件里，大量信函都来自艾森豪威尔的支持者，但他们表达了对史蒂文森竞选的赞扬，还有期待，期待在以后不同的形势下，可以证明他们对他的支持。

这不是否认史蒂文森投射出的"形象"——按照现在流行的术语——欠缺了什么。在民主党执政二十年后接受该党的领袖之职，其中的困难，他再清楚不过。但是，他对于掌权的不情愿——尽管从某个角度来看，这可以认为值得称赞——太过真切，这就引发了不满。"我接受你们的任命和方案，"他对民主党大会这样说，"但我更愿意这些话出自一位比我自己更强大、更聪明、更优秀者之口。"对于那个时代来说，这不是恰当的方式；它导致了不安，而且许多人觉得，比起艾森豪威尔的温和的自信，这种做法的魅力不足。史蒂文森的谦逊似乎是真心的，但它表现得太过孤傲。人们能够欣赏他正直、不趋从于老套空谈的分析公共问题的能力，但又依然怀疑他是否能颇有想象力地把控权力的运用和可能，就在不久之前的时代，两位罗斯福以最为有效的力量展现出了这样的手腕。（不过，人们不可能不去评论艾森豪威尔和史蒂文森

1　Wendell Willkie（1892—1944），先入民主党，后转为共和党，1940年被推选竞争总统，败于小罗斯福。——译注

留下的截然不同的印象之中，一个让人产生错觉的特征：艾森豪威尔的执政自有其优点，但是，掌权的这位将军，并没有统一或提升自己的党派；与之相对，在野的史蒂文森，却做出了大量工作，革新和振作了民主党。）

如果我们将史蒂文森的失利归因于他在智识上的名声，或者甚至于去设想，这种名声是不利之处，而非优势，那我们才是有了错觉。但是，对于很大一部分公众来讲，这种品质恰恰就是劣势；我们必须考察
224 这群人的规模或影响，因为对于反智主义者形象的研究，这些人都是首先需要关注的，但我们并不想夸大其词。

史蒂文森身上那个频繁激起攻击的品质并不是智识本身，而是他的风趣。[1]在这个国家，政治领袖身上的风趣从来不会受到欢迎。公众欣赏和接受的，是幽默——如林肯、西奥多·罗斯福就利用它达到了某种效果——但幽默是通俗的，通常十分简单，很容易做到。而风趣，是理智化的幽默；它更犀利；它与风度和高雅有关，有贵族之风味。一而再，再而三，史蒂文森都被称为“滑稽优伶”或“小丑”，他被描绘为卡通形象，画成弄臣，戴着傻瓜的铃铛帽。在朝鲜战争的阴郁、愤怒、沮丧的背景下，抨击者认为，他的风趣似乎并不得当；艾森豪威尔的冷静话语，虽然迟钝，却可靠，似乎更合时宜。史蒂文森的支持者没有充分指出，他并未揶揄朝鲜战争本身，或其他对于选民来说的庄严之事。他的风趣没有克服他公众形象中的其他不利因素，相反，似乎扩大了他本人与重要选民的距离。（“他对英语流

1 关于下面几段里的信息和所引之事，均取自社论和给报纸的书信，我利用了乔治·A. 哈格（George A. Hage）的给人启发的未刊的研究：《评论1828年和1952年大选的报纸之中的反智主义》（*Anti-intellectualism in Newspaper Comment on the Elections of 1828 and 1952*），明尼苏达大学博士论文，1958年；见同一作者的《报刊评论中的反智主义——1828年和1952年》（“Anti-intellectualism in Press Comment—1828 and 1952”），《新闻业季刊》（*Journalism Quarterly*），第XXXVI卷（1959年秋季号），第439—446页。

利的掌握，远远超过了一般美国人的理解程度。”）关于竞选，有一个评论透露了内情，一位女性在给底特律的《新闻报》去信时说：“我们应该与总统竞选人有些共同点，这就是为什么我选艾森豪威尔将军。”

史蒂文森曾经是阿尔杰·希斯的品德证人（character witness），由于这一原因，将智识与激进主义、激进主义与不忠串联在一起的常见联想尤其会影响到他。他的知识分子支持者无疑也是一丘之貉；他们中的许多人都来自东部，尤其来自哈佛，正是这一事实在很多批评者心里有着重要的意义。“**哈佛告诉印第安纳如何投票**”，芝加哥《论坛报》社论的头版标题这样写道；社论的观点就是，史蒂文森在施莱辛格父子和阿奇鲍德·麦克利什[1]的手中，这些人被认为建立了最为阴险的关联。没有忘记菲利克斯·富兰克弗特对新政之影响的维斯布鲁克·佩格勒[2]，就极力提醒读者记住，与富兰克林·德拉诺·罗斯福一样，史蒂文 225
森也与哈佛有牵连。他曾在哈佛大学法学院就读过几年，按照佩格勒的看法，他肯定在那里中了富兰克弗特的花招；佩格勒认为，“从1933年开始”，史蒂文森就“断断续续地”成为“最危险的那一类新政官僚”。佩格勒臆测说，他已经注意到了史蒂文森拥趸和立传者的企图，他们想要淡化史蒂文森的哈佛背景，及其与左派的关系；但是，警惕的佩格勒仍然察觉到：“这个斯普林菲尔德的奇才在为一种炒冷饭的左翼政治路线卖命。”史蒂文森与哈佛有着邪恶的联系，因此，富兰克弗特、希斯、施莱辛格父子，还有史蒂文森，全都在右翼的幻想中融合成了一个不祥的形象。

其他大学背景也同样不妙。哥伦比亚大学的众多教员发布了赞美

1　Archibald MacLeish（1892—1982），美国著名诗人、文学家，小罗斯福的朋友，曾在哈佛任教。——译注

2　Westbrook Pegler（1894—1969），美国记者，反对新政，批评过多位总统。——译注

史蒂文森、批评艾森豪威尔——也是哥大校长[1]——的声明，纽约《每日新闻报》的回击则是，曝光了签名者中所谓的“粉红[2]教授”。一份来自中西部的报纸更为温和地指出，哥大学生和教员的抗议反而会帮助艾森豪威尔，因为众所周知，大学之人的“脑子里都渗透着强烈的左翼社会主义思想，还有明确的对共产主义的忠诚”。这样的支持只会毁了史蒂文森。“知识分子史蒂文森，必定与自己的顾问观点一致，否则的话，他根本不会选用他们。美国的平民啊，投艾森豪威尔一票，就是投给民主。”在重视这种不忠逻辑的作家那里，反对新政的旧恨无处不在，显而易见：“我们误入歧途，远离了让这个国家变得伟大的、正确古老的美国之路。我们的大学满是左派分子，而这些‘聪明的小伙子’想让这个国家跃进‘美妙的新世界’。保佑我们吧，远离又一个四年的新政和公政[3]。”

之前在关于镀金时代改革者的语境中，我论述过理智性与风度同阴柔气的联系，这在1952年竞选里死灰复燃。竞选中，史蒂文森令人遗憾地受到了挫折。在两场世界大战中，他都以非军方的身份参与工作，因此，他抵不过艾森豪威尔担任将军的履历。倘若他像西奥多·罗斯福一样是拳手、猎人或士兵，或是橄榄球手（艾森豪威尔在这方面也值得称道），或像哈里·杜鲁门一样是炮兵，或如肯尼迪是战斗英雄，那
226 么，他与刚强的男性世界格格不入的印象就有可能减弱了。然而，他只不过是一位有常春藤联盟背景的绅士，他的生涯里，没什么事情能让他摆脱这段历史在美国心灵的黑暗角落里激起的负面效应。纽约的《每日新闻报》如此下作，竟叫他阿德蕾德，批评说，他嗓音“柔润”，话语

1　艾森豪威尔1948—1953年任哥大校长，中间离任过一段时间，任北约最高指挥官。——译注

2　Pinko，美国反共的贬义词，来源于粉色，因为粉色弱于红色，所以它指倾向共产主义的人，温和左派。——译注

3　Fair Deal，公平政策，杜鲁门1949年开始实行的政策计划。——译注

"啼哮"。他的声音和措辞都成了质疑的对象——按其所说,"一茶盅的词",让人想起了"温文尔雅的老处女,她难忘的是,自己曾在史密斯小姐的淑女学校朗诵得了A"。他的支持者呢?他们是"典型的袖口纹着花边的哈佛自由派","穿蕾丝裤的外交官","蓬巴杜头的哈巴狗",他们在麦卡锡的控诉下号啕不已,"沉浸在透着香气的痛苦中",时不时,还冲着指控中对共产主义的批判"吃吃傻笑"。史蒂文森的批评者动不动就说,政治是凶狠的男人游戏。这位州长及其追随者应该准备好一决雌雄。理查德·尼克松"对财政的、男人气的解释"会好好地教训他们一顿。

甚至在没有恨意和粗鄙之气的地区,也频繁有人说,比起透着"象牙塔"味道的史蒂文森,他们更喜欢艾森豪威尔的"已经证明过的能力"。"基于过去的表现,我觉得,我们需要艾森豪威尔这位成就杰出的人,而不是思想家、演说家史蒂文森。"在下面一段表达拥护的言论中,杰斐逊和约翰·昆西·亚当斯很可能会发现熟悉的论调:"比起国内的另外两个人来说,艾森豪威尔对世界局势的了解要更多,他不是靠报纸和书本获得的知识。"这一论点不会失去自己的用途。八年后,在为尼克松和洛奇助选时,艾森豪威尔这样说他们:"这两位可不是仅仅从书本里学东西——他们连书也不写。他们迎接着我们多变世界中的、日复一日的问题,就靠这个,他们得到了自己的经验。"[1]

但是,恰恰在这次竞选中,约翰·F.肯尼迪证明了也许无须再证明的一点——读书,甚至写书,对于有志于总统,将智力上的名气与其他必要的品质结合在一起的人来说,并不是严重的阻碍。肯尼迪似乎将西奥多·罗斯福在20世纪初期展现出的智识与品格的融合重新带回了总统的政治活动中——通过这种融合,对智识优异和文化深厚的尊重,对公务中智力和专家知识的热爱之情,都与进取、实干的美德联合在了

1　《纽约时报》,1960年11月3日。

227 一起。身为竞选者的史蒂文森，似乎太敏感，太羞怯；他诉诸的，是知识分子钟爱的，对自我疏离、自暴自弃的迷恋之情；相反，肯尼迪却极具威信，充满信心，他利用了知识分子想让智识与文化同权力和责任联合在一起的渴望。他完全拥有艾森豪威尔的那种自信，却不像他那么被动；尽管提名时，存在着宗教[1]、资历浅、名气相对过小等问题，但他还是战胜了尼克松；这次获胜大部分可以归因于他在电视辩论中明显展现出的、过人的进取心和自信——或者西奥多·罗斯福可能说，归因于他所表现的男性的卓越。

在大多数知识分子，甚至在许多对权力的宣示天生怀疑的知识分子看来，这位新总统的心灵，就算不深刻，似乎也至少机警又宽宏，老成且雄猜；他迅速传达了他的这样一个信念：在这个国家的各种利益的合作中，对智识和文化的主张应有一席之地。在肯尼迪之前，有些颇具智慧的总统——如胡佛——对于这一职位在仪式方面的职能全无耐心，在他们看来，这仅仅是在琐事上浪费宝贵的时间。但立国之父们对总统之职看法不同。他们大多认为，首先按照共和的政治秩序，国家的首脑应该是**名士**(personage)，而公众则是政府组织中的一条重要的主线。对于华盛顿来说，他的风采就为新政府的成功做出了贡献，他恰恰是展现这一职能的完美典范。在20世纪，美国人热衷宣传，大众媒体的发展为总统职位的仪式和公开性这一面带来了极大的压力。而富兰克林·D.罗斯福，通过对广播和新闻发布会的巧妙运用，成为第一位将现代宣传的要求转化为一大优势的总统。肯尼迪则第一个认识到：如今，知识分子和艺术家是公众中极为重要的群体，他们决定了，不仅需要将他们纳入各方面的政府的仪式活动，也应该做出某种特殊的努力，给予他们官方的认可来博取他们的忠诚。由此，修复的总统官邸成为象征：

1 肯尼迪是美国历史上唯一一位天主教信仰的总统，在新教盛行的美国，这是消极因素。——译注它的翻新通过电视展现给了庞大的观众；[1]对于部分数量更少，但又关键的受众，它再一次成为接受文化的中心——罗伯特·弗罗斯特、e. e. 卡明斯、帕布罗·卡萨尔斯[2]，都在那里受到了迎接。权力要对智识报以尊重的观念，也一再得到重申——这方面也许最令人印象深刻的体现，就是1962年春举办的诺贝尔获奖者纪念晚宴，肯尼迪总统在席上，以 228 其独特的风格发言指出：此刻的白宫，桌前的人才之众，超过了从托马斯·杰斐逊在这里单独用餐以来的所有时代。

当然，所有这些还仅仅是认可特殊利益阶层之合法地位的仪式性手段——这种礼仪的功能，长久以来都得到了认识，如参加意大利裔节庆的爱尔兰裔政治家，或参加爱尔兰人守灵的犹太政要。与少数族裔一样，知识分子也在官方的承纳方案中有其地位。不过，新政府通过仪式来承认文化，这方面的兴趣和欲望，相比持久地谋求人才，让专家知识在美国政府中达到崭新高度来说，还不算特别要紧。通常，智识在政治中的名声和认可也许多有变动，但是，对专业技术的需求似乎不断地增强。例如艾森豪威尔政府，尽管表达了对蛋头的轻视，表达了后者抗议时自己的恼怒，但是，在使用专家上，还是相当有策略的；对于亲共和党的学者，该党党魁也表现出了他们所谓的“利用”的兴趣。在我的最后一章里，我还会回到一个更大的问题上来，它关涉了同样身为知识分子，而且人数众多的专家与知识分子界其他成员的关系；它也论及了当知识分子发现自己处于权力边缘时，他们是何种状况。在智识同权力的关系上，一个问题在于：普遍认为，智识的某些首要功能，不仅在受到

1　指肯尼迪妻子杰奎琳·肯尼迪主持的白宫翻新工程，她聘请了很多艺术家，如著名的工艺美术家弗兰西斯·杜邦（Francis du Pont）负责布置室内工艺品，室内设计大师斯蒂凡·布丹（Stéphane Boudin）负责屋中的装潢。1962年，新修的白宫通过电视进行了宣传。——译注

2　Pablo Casals，西班牙著名大提琴师，肯尼迪曾邀请他在新修的白宫演出，授以总统自由勋章。——译注

贬抑、处于无权的地位时会受到威胁，而且在它们与权力建立关联时，情况亦然。作为现代社会的一股力量，智识面临的这样一个尖锐又吊诡的难题，源于如下事实：它不可能轻易就甘心自己与权力牵扯在一
229 起，但也不甘于从关键的政治地位中被驱逐出去。

第四部分

实干文化

第九章

商业与智识

一

至少经过了四分之三个世纪，商业被大多数知识分子污名化为智识的典型敌人；商人则长久以来接受了这样的角色，以至于迄今为止，对他们的敌意似乎成了顺理成章的事情。毫无疑问，商业事业与理智事业之间，存在着一定程度的不和：既然致力于不同类型的价值观，因此它们必定会产生冲突；智识总是潜在地威胁着任何制度组织或固定的权力中心。但是，这种敌对也受到了某种相互依存的限制，从而，它不必采取持续的公开斗争的形式。与导致敌意的普遍基础同样非常重要的，是抑制它或加重它的历史环境。美国工业时代的境况让商人位列于智识与文化的敌人之内，如此居中，如此强大，使得其他对手都拥挤在视野之外。

几年前，商业记者约翰·张伯伦(John Chamberlain)在《财富》杂志上抱怨说，美国小说家对待美国商人一贯是极不公正。他指出，在所有现代美国小说里，商人几乎总是被刻画成愚钝、庸俗、腐朽、贪掠、跋扈、反动、缺德。在张伯伦列举出的一长串商业小说——从德莱塞(Dreiser)的柯帕乌(Cowperwood)三部曲[1]至今——中,他只能发现三本书,是以赞同的态度描绘了商人:一本的作者是并不重要的流行小说家;另外两本是威廉·迪恩·豪威尔斯[2]的《塞拉斯·拉帕姆的发迹》(*The Rise of Silas Lapham*)和辛克莱·刘易斯的《孔雀夫人》
233 (*Dodsworth*)。[3]但是,后两个例外只是暂时如此,这也证实了张伯伦的抱怨。《塞拉斯·拉帕姆的发迹》写于1885年,这时,小说家和商人尚未彼此彻底疏远;五年后,豪威尔斯出版了《暴富的危险》(*A Hazard of New Fortunes*),书中就出现了一位典型的蜥蜴般的商人;之后,他又写了一些带有暧昧的社会主义倾向的社会批评。而辛克莱·刘易斯,最终还是在《巴比特》里为世界提供了一个典型的、出身小城、从事小本生意的市侩。

张伯伦评论说,大体上,小说家对商人形象的描绘都出于教条(他称之为"干巴巴、教条气的态度"),而非源于对商业的直接观察或对商人的切身体会。这种指责中暗示的有悖常理的意图也许主要源自张伯伦的臆断。我们社会的精英阶层并不统一,其中的作家和商人不会很容易地彼此相处;如果现实生活的商人没有出现在美国小说里,那么这部分是因为,美国作家很少出现在商人社会中:密切观察的机会微乎其微。敌视并非总是来自一边,而是相互为之;试图证明商人缺少自卫或反击的手段,或者,他们从未对之加以利用,这样的任务,可并不值得羡慕。

但是,张伯伦的主要观点还是站得住的:美国社会小说提供的商

1 德莱塞的欲望三部曲:《金融家》、《巨人》、《斯多噶》,主人公是商人柯帕乌。——译注

2 William Dean Howells(1837—1920),美国著名现实主义作家,奠定了美国现实主义文学传统。——译注

3 《小说里的商人》("The Businessman in Fiction"),《财富》(*Fortune*),第XXXVIII卷(1948年11月),第134—148页。

人形象传达出了知识分子界的普遍态度——在不同时期，这种态度，要么是平民论的，要么带有进步倾向，要么是马克思主义，抑或，往往是三种混合。自南北战争之后工业体系发展以来，商人与文人的疏远就变得既深刻，又持久；而从进步主义兴起，新政开始之后，商人同自由知识分子的紧张关系，在社会科学里也严重起来。繁荣时期，知识分子圈并未深入地牵涉政治冲突，将商人描绘为市侩，这就足够了。而在政治或经济不满的时代，冲突加深，商人也变成了无情的剥削者。商业和智识各自的价值观，永远而且必然地被视为彼此不合：一方面，存在着钱本位或权本位的人，他们只关心做大和美元，关心高涨又空洞的乐观；另一方面，有些批判性知识分子，则怀疑美国文明，关注品质和道德价值。234
知识分子充分意识到了商人用来塑造我们文明，使之符合自己目的，适应自己标准的种种复杂的工具。商人无处不在；他们填满了政党的金库；他们拥有或掌控影响巨大的新闻界和大众文化机构；他们是大学董事会和地方校委会的成员；他们动员并且资助文化自卫队；他们的声音主导着做出真正决定的房间。

当代的商人总认为自己做出了实际的成就，是国家的恩主，肩负巨大的责任，还要承担那些不用发工资的轻率之徒的敌视；他觉得所谓商人一贯为所欲为的看法，根本不用当真。他自视陷入了福利国家的官僚干预中，这当然不是**他**所创造的；他觉得，强大的工会挫败了自己，被知识分子不断激怒的公众，对自己投以怀疑的眼光。他也意识到，在从前的时代——如安德鲁·卡内基的时代[1]——豪商巨贾，尽管受到敌意，但依然是文化英雄。在那些日子里，商人凭借自己的本事成为国家的显赫人物，几乎在生活的方方面面，他们都是需要征询的智者。但是，从亨利·福特时代[2]开始，这种英雄形象——福特是这方面的最后

1　生卒年为1835—1919年，工业兴盛，进步主义开启的时期。——译注

2　生卒年为1863—1947年，这里指19世纪末至第一次世界大战后。——译注

一个例子——渐渐黯然失色。仅仅当商人进入政界或公共行政领域，他们才登上头条。例如，许多人注意到，查尔斯·E. 威尔逊这样的人，1953年担当国防部长时，《纽约时报》上对他的评论，是他三年前任通用汽车总裁时的十倍多。[1]政界仍旧接纳富人——约翰·F. 肯尼迪、纳尔逊·洛克菲勒、艾夫里尔·哈里曼[2]、赫伯特·雷曼[3]、G. 门南·威廉姆斯[4]——不过，他们都不是真正意义上的商人：他们是财富的继承者，使其闻名的，是自己的自由政治观点。

通常来说，商人也许会认为，在一个充满敌意、由知识分子创造出的环境中，知识分子及其盟友剥夺了他们的威望。倘若如此，他就高估了知识分子的能力。事实上，破坏商人威望的，主要是他们自己的成就：是他，创立了巨型公司，这样的非个人机构，就像束缚住了他的事业一样，也夺去了他的名声；正是他对美式生活和自由企业的不停的鼓
235 吹，让这些海绵般的抽象观念进入了公众的一般理念，吸收和同化了个体企业者的声誉。曾经，大人物创造了财富；今日，庞大的体系创造了富豪。

但是，在智识和商业的张力周围，还存在着尴尬的亲密联系；如此之多的知识分子背叛了培养自己的商业家庭，这一事实恰恰就体现了这一点。实际上，一种令人不安的共栖关系，在商业与智识之间衍生出来。在美国，政府为艺术和学术的付出，远不如欧洲那样多，文化总是依赖于私人的资助；近几十年来，尽管对商业的批评成为知识分子尤为

---

1 马布尔·纽克默（Mabel Newcomer）：《大企业高管》（*The Big Business Executive*，纽约，1955年），第7页；关于高管声望的衰落，见第131页。

2 Averell Harriman（1891—1986），杜鲁门时期任商业部长，也担任过驻英大使、驻苏联大使，他出身著名的铁路巨头哈里曼家族。——译注

3 Herbert Lehman（1878—1963），出身著名的犹太金融巨头雷曼家族。——译注

4 G. Mennen Williams（1911—1988），肯尼迪总统时期任助理国务卿，负责非洲事务。他的父亲是德国移民，创立了个人护理品牌门南，现属于高露洁—棕榄公司。——译注

关心的事情，但文化的依赖并未减少。由此，批判性知识分子的地位异常不安：当为了工作和生活的利益时，他一只手伸向了去世商人的捐赠机构——古根海姆、卡内基、洛克菲勒、福特等家族，还有次要的捐助人；但是，在关注高尚原则和价值时，他的另一只手通常又握成了拳头。必然地，智识与艺术的自由就是批评和谤议的自由，既破又立的自由；但是，知识分子与艺术家的日用之处，在于他们是雇员、受助人、受益者——或者，生意人（a man of business）。这种两可的关系也影响了商人。对自身名誉的敏感，对批评的恐惧和怨恨，对自己能力的通常的自傲，都让他们不得不意识到，对学术和艺术的资助会为自己的声望增光添彩。不愤世嫉俗地说，他们也是理财方面的传统道德准则的继承者；他们常常觉得有责任用金钱来行善。对于智识，他们并非全无尊重；在现代技术条件下，无论如何，他们必定会或多或少经常要求智识提供实用的建议。最后，比起其他方面更具有人性的是，他们也天生渴望不是靠收买来的尊重。

商人的反智主义，若狭义地解释为对知识分子的敌视，那它主要是一种政治现象。但是，如果广义地解释成对智识本身的怀疑，那它也属于广泛存在的、美国人对实践性和直接经验的热爱，这样的精神，几乎蔓延于美国生活的各个领域。尽管社会阶层和种种历史环境，在相应的细节上多有不同，但通常仅仅归因于商业的、对实践的偏爱，差不多存在于美国的所有地方。就实践本身来说，对这方面需要的健全的重视，无须辩护，也不该得到轻视，只要它并不渴求排他，只要人类经验的 236
其他方面没有遭受诋毁和嘲讽。实践上的活力是一种美德；而在我们历史之中，始终对精神造成伤害的，则是将实践性神秘化的倾向。

二

尽管我将商业作为我们文化中反智主义的先锋，但我并不是想要将它的作用夸大而言。当然，美国文化从一小群资助过学术和艺术的富人那里颇为受益，这其实立刻就足以抵消掉那方面的影响。强调商业中的反智主义，其主要原因并不是说，商业必然地最为反智、极为庸俗，超过了美国社会中的其他主要群体；而仅仅是在于，美国生活里，商业利益阶层最为强大、最为普遍。在两个意义上，这一看法都是成立的：一是，对实践性的要求在美国生活中是一股过分自负的影响力；二是，从19世纪中期开始，商人就为反智主义思潮提供了最强的力量，远胜于社会中的其他任何势力。“这里本质上还是商业之国”，1920年，沃伦·G. 哈定[1]如是说；他的话得到了加尔文·柯立芝[2]的一句名言的响应：“美国的事就是生意（The business of America is business）。”[3]至少在1929年之前，正是商业的这一社会优势，让它要求获得特殊的关注。

美国的商业能成功地反对智识，一个原因就是，在许多地方，它与传统的民间智慧相符合。例如，当商人谈起高等教育和高等职业培训时，其中对于智识的感受也就是民众的感觉，如爱德华·柯克兰[4]指出的，人们让自己的孩子退学，或者不让他们上高校，从而不断对教育制度做出表决。当我们发现亨利·乔治[5]这样“激进”的劳工改革派给自己的儿子提出如下建议，我们无须惊讶：既然大学给你脑袋里塞满了没

---

1 Warren G. Harding（1865—1923），美国第二十九任总统，共和党人，1921年当选，死于任上。在任以懒政，重视商业著称。——译注

2 Calvin Coolidge（1872—1933），美国第三十任总统，哈定去世后，柯立芝递补为总统。本人也极为重视商业，在任期间是美国商业大步向前的时代。——译注

3 沃伦·G. 哈定：《政府的商业感》（“Business Sense in Government”），《国家商业》（*Nation's Business*），第VIII卷（1920年11月），第13页。引用柯立芝的话，来自1923年12月美国报业编辑协会集会上的讲演，见威廉·阿伦·怀特：《巴比伦的清教徒》（*A Puritan in Babylon*，纽约，1938年），第253页。

4 Edward Kirkland（1894—1975），美国著名历史学家，也研究经济史，曾就读于剑桥大学、哈佛大学。——译注

5 Henry George（1839—1897），进步时代的经济学家，代表作为《进步与贫困》，其主张的经济学观点被称为乔治主义。——译注

必要学的东西，你就应该直接去从事新闻工作，让自己接触接触实际的世界；一位商业大亨很可能也会给出同样的意见。[1] 237

凡在涉及商业的文本中，只要极力主张实践性，那么对智识的恐惧，对文化的轻蔑，就会迅速地凸显出来，成为无处不在的主题。它们依赖于美国人针对文明和个人宗教的两种流行的态度——第一，人们对过去的普遍轻视；第二，自助和个人提升的精神，在这方面，甚至宗教信仰也仅仅是实践性的推动因。

我们首先看一看美国人对过去的态度，我们的技术文化已经深深地将它塑造。如通常所言，美国是一个没有古迹和遗迹的国家，即它没有那些摆脱不了的祖辈精神的踪迹，而所有欧洲人都与这样的精神共同生活，它的意义，至少就其大致的轮廓而言，连最朴实的农民或工人也难以躲避。美国是一群逃离过去者的国度。从那些最为坚决地将历史与自己的生活斩断的人里，迁徙之旅挑选出了美国人。[2]他们的心灵着眼于未来，美国人觉得自己被充裕的土地和资源环绕，却受困于劳力和技术的匮乏。他们重视技术知识和创造性，因为它们可以开辟国家的财富，开启一道门，通往丰饶的未来。需要的，是技术，是技艺——这就是重要的美国精神提倡的一切，“专门知识”(know-how)。过去遭到鄙视，被视为不切实际，毫无创造能力，完全而且仅仅是需要超越的东西。应该承认，当美国人对过去的轻视出现于18世纪末到19世纪初时，它的某些方面往最差了说，也是合乎情理的，而往最好了说，则值得赞扬。危险之事并不完全是这样一个重视技术或追求物欲，仅仅着眼

1 爱德华·柯克兰：《商业界的梦与思，1860—1900》(伊萨卡，纽约，1956年)，第81—82，87页。

2 “乘船来到此处的，”爱默生认为，“并不是随便什么一群欧洲人；相反，大西洋是筛子，透过它，每座城市、每个宗族、每个家庭中，自由、喜欢冒险、灵敏、热爱美国的人，只有他们，或主要是他们，被带到这里。来到此处的，是肤白碧眼的欧洲人：留下的则是乌目黑泪的欧洲人。”《日记》(1851年；波士顿，河畔版，1912年)，第VIII卷，第226页。

于丢弃一切历史负担的野蛮社会。其他方面暂且不论，美国人的这种态度，代表了一种拥护共和、追求平等，对君主制和贵族制、对无情剥削人民之举的反抗；它代表了对迷信的理性主义的抗争；对旧世界的被动和悲观的充满活力、积极进取的抵抗；它体现了一种精力充沛、生机
238 勃勃、独具创新的精神性。

但是，这种态度，当然就其结果来说，是反文化的，即使本意并非如此。它刺激了一种理智风格的发展，而按照这种风格，过去往往仅仅被视为一座陈列混乱、腐败、剥削的博物馆；这导致了一种轻蔑的态度，轻视一切难以转变为实践理智的思辨，轻视一切被调动起来却不是为了发展进步的情感。这种对人事的看法轻易就会认同这样的主张：生活的要旨就在提升实际的商业中。它激发起了一种自满的观念：只有一种生活方式是值得拥护的，就是美式生活，而且这一方式被其他地方的民族刻意地冷落和摒弃。[1]许多美国人在专利局发现了文明的真正秘密。一位演讲者1844年在耶鲁这样告诉本科生，他们在这里读不懂未来：[2]

> **哲学**的时代已过，关于它的存在，只剩下少数的记录。**荣耀**的哲学逝去，除了人类受难的痛苦传统，没什么存留。但**实用**的哲学

1　参见托马斯·潘恩在《人的权利》(*The Rights of Man*)中的说法："美国在每个方面的革新上都取得了迅猛的进步，从其中可以合理地得出，如果亚洲、非洲和欧洲的各个政府也从美国式的原则开始，或者不曾在当初就因此而腐坏堕落，那么到这个时代，这些国家就必定会比现在处于更为优越的状况之中。"《著作集》，蒙丘尔·D. 康威编(纽约，1894年)，第II卷，第402页。

2　阿瑟·A. 艾克奇(Arthur A. Ekirch):《美国的进步观，1815—1860》(*The Idea of Progress in America*, *1815—1860*，纽约，1944年)，第126页。我得益于第4章中有关美国人对技术的信仰的文献资料，尽管我觉得，作者将这一信仰完全视作对科学的信仰，略有不确，因为所涉及的主要是**应用**科学。整部作品对于南北战争之前的美国精神性的讨论，还是很有启发的。

> 开始了，它不需要温暖的想象来为自己预测能随着时间统治多久，它放射着显现出来的自然奇迹。

随着机械工业的崛起，在每个地方，实用派和传统者之间都划出了界限。大体来讲，美国站在了实用、革新、发明、金钱和舒适这边。明白易懂的是，机器的发展摧毁了陈旧的惰性、不适和残酷，但是，人们普遍不知，机器也在制造新的不适和残酷，它削弱了传统和理想，情操与忠诚，还有对美的敏感。在这方面，欧洲和美洲的标志性差异也许就是，在欧洲，总是存在着一脉强大的反抗性传统，既浪漫又注重道德，它反
对工业制度的丑陋——不同的人物都参与其中，如歌德和布莱克、莫里 239
斯与卡莱尔、雨果和夏多布里昂、罗斯金与司各特。这样的人用激情对抗机械，那是对语言和地域、对古物和古迹、对自然之美的激情；他们维系了这样一条传统，它抵制着资本主义的工业制度，怀疑人类工业进步的结果，是合乎道德、注重美感、遵循人道的反叛。

我并不打算表明，在美国就没有对应的传统。有些作家确实反抗了对革新的自满的信仰，尽管人们可以发觉，他们深刻地意识到了自己的徒劳和孤立，意识到，他们在对抗主流。纳撒尼尔·霍桑很可能就抱怨过在美国的写作之难，如其《大理石牧神》（*The Marble Faun*）绪言所说，这里“没有阴翳、没有古风、没有神秘、没有如画且幽暗的错误，只有平庸的繁荣，就在辽阔、简单的白昼下”；而赫尔曼·梅尔维尔或许是在提醒——如《克拉瑞尔》（*Clarel*）中所言——那种

> 被流俗的科学
> 弄得不再高贵——沦为野蛮的人；

他还这样回应了科学的进步主义：“你们完全是在训练新的匈人（Hun）”；在其之后，亨利·亚当斯带着讽刺的漠然、漠然的无奈旁观着

美国的景象——但这些人并没有自视为某种传统的代言人。此外，梭罗的《瓦尔登湖》则陈述了人道的抗议，想象了那些埋葬在铁路束缚之下的死人和亡灵。那种对未来的、美国式的激情，丝毫没有感染他；他反对美国偏爱的运动、扩张、技术和实用。1853年，他这样写道："这个国度的整个事业"[1]

> 并不是向上，而是向西，向俄勒冈、加利福尼亚、日本等，完全让我提不起兴趣，无论我是步行，还是乘着太平洋铁路。这事业不是靠思想来说明，也并未被情操赋予温暖；其中没有任何东西，值得人们为之抛下生命，甚至抛下手套——因为没有什么东西，值得人们为它拿起报纸。完全是未开化的异教——用庞大的西部铁路，掠夺**到了**天堂。不；他们就走自己的路，直达自己的天命[2]，但我相信，这并不属于我。

凭着与之有几分相似的精神，保守派古典学家和东方学学者泰勒·刘
240 易斯则反对美国一方面以个人主义为荣，另一方面让实用教育鼓励"平庸的趋同"。他问道："还有哪个时代能像现在这个时候，我们可以寻觅的真正的原创微乎其微？所有孩子都被教导去重复空洞的自我颂扬，个体思想的一切特异尽皆丧失，因为人们只能接受贫瘠的进步观，轻视过去，盲目地尊崇未知的将来。"[3]但是，只有喧嚣的少数派与这些抗议之言意见一致。至于安德鲁·卡内基，他说"愚昧的过去，它的主要领域教给我们的，都是不可采纳，而要避开的内容"；这位石油大王觉得，让高校生"钻研发霉的死语言，学习令人作呕的神话故事，还有一切死

1 《著作集》(波士顿，1906年)，第VI卷，第210页(1853年2月27日)。

2 Manifest destiny，19世纪美国的著名概念，指美洲为天选命定之地，美国应该不断扩张，满足这一命运。——译注

3 艾克奇：前揭，第175页。

历史的材料”，这毫无价值。詹姆斯·A. 加菲尔德则并不想鼓励美国青年“用死去的岁月，而非我们时代的令人振奋的生活与活力来滋养自己的精神”。亨利·福特告诉记者，“历史差不多算是空话。这就是传统”——上述这些人，才是主流。[1]

当美国人中有代表性的声音响起时，这种对待没有机器的过去的傲慢感，这种对技术进步的希望论调，就有了合适的机会表现自己。马克·吐温正是典型的例子，他的声音就是最真实的一种。多年前，范·维克·布鲁克斯（Van Wyck Brooks）在他卓越的《马克·吐温的考验》（*The Ordeal of Mark Twain*）一书中令人难忘的一段里，批评了马克·吐温，因为“他对文学的热情恰恰就是对机器的热情，除此无他：他完全接受了同时代人的幻觉，以为机器的进步就等同于人性的进步”。布鲁克斯引述了吐温对于佩奇排字机[2]的狂喜，这位作家认为它超越了人脑创造出来的任何东西；他又进一步引用了吐温致惠特曼的书信，诗人正值古稀之年，信中，这位作者恭贺惠特曼一直活到了这样一个物质的恩惠如此丰富的时代，包括“惊人的、变化无穷、不可胜数的煤焦油的产品”，但是，他并没有认识到，这个时代之所以非凡，也是因为它创造出了惠特曼。[3]

在这一点上，就像许许多多他对马克·吐温的理解一样，布鲁克斯 241
似乎本质上是正确的。不过，这封信看起来并没有引起惠特曼本人的

1 柯克兰：前揭，第86，106页；欧文·G. 怀利（Irvin G. Wyllie）：《美国的自我奋斗者》（*The Self-Made Man in America*，新布伦斯维克，新泽西，1954年），第104页。对于自己这番话，福特的解释还是做了说明：“我并不是说，它就是空话。它对于我才是空话……是我，根本不需要它。”阿兰·内文斯（Allan Nevins）：《福特：扩张和挑战，1915—1933》（*Ford: Expansion and Challenge*，*1915—1933*，纽约，1957年），第138页。

2 Paige typesetting machine，马克·吐温迷信科技，喜欢发明，他资助佩奇发明了机械的自动排字机，但最终失败。——译注

3 《马克·吐温的考验》（纽约，1920年），第146—147页。

反感。早在三十年前，惠特曼就以相同的口吻这样写道：[1]

> 想想过去六年里做出的不计其数的发明创造，为了让我们既舒适又享受——我们的浴缸，冰库，冰桶——我们的捕蝇器和蚊帐——门铃和大理石壁炉，还有滑动桌——专利墨水台，婴儿跳跳椅——自动服务机，扫路机——总之，扫一眼卷帙厚重的专利局报告，你真是吉星高照，命运垂青，就在我们主的这一年，1857。

在这方面，马克·吐温尤其值得关注，是因为，他格外真实地折射出了主张技术治国的心灵所关心的事情。我说折射，而不是呈现，是因为，他又太过提倡道德，太过悲观，难以想象机械进步就是完全自足的目的。他是个矛盾人物，很少有人能如此，既是热情地支持商业工业的价值，同时又轻蔑地将其否定。他对技术进步的最为全面的评述，见《康州的美国佬在亚瑟王朝》(*A Connecticut Yankee in King Arthur's Court*)，该书将19世纪掌握科技的美国佬的心智同6世纪的社会并列在一起，同时讽刺了这两种文明。这一传奇的道德忧虑就在于，人的卑劣和轻信甚至会战胜机械技术的进步；但是，在这个故事的辩证逻辑里，所有优势都在康州美国佬这边，他凭借蒸汽动力和电力确立了仁慈的独裁。“在我的统治下，我做过的第一件正式的事情——就在执政的第一天——正是建立一家专利局；因为我知道，没有专利局和正规专利法的国家就是只螃蟹，根本走不了路，只能往侧面翻，或是向后退。”[2]当然，吐温对于自己的主人公、这位美国佬，态度有点两可；虽然如亨利·詹姆斯辛辣指出的，吐温有可能还是一位心智不全的作家，但是，他的不

---

1 爱默里·霍洛威(Emory Holloway)和弗诺利安·施瓦茨(Vernolian Schwarz)编：《我坐而眺望：〈布鲁克林每日时报〉社论选》(*I Sit and Look Out: Editorials from the Brooklyn Daily Times*，纽约，1932年)，第133页。

2 《康州的美国佬在亚瑟王朝》(1889年；口袋书版，1948年)，第56页。

健全至少还没有让他意识不到这种工匠的某些局限。[1]不过，尽管如此，康州美国佬还是享受着精神和道德上的优越性；吐温也希望我们对他报以同情。马克·吐温的民族自尊也在书中有所涉及——他给自己的英国出版方这样写道：这部作品的创作，不是为了美国，而是为了英国，它是为了回答英国人对美国的批评（尤其是回应马修·阿诺德的批评，尽管吐温没有提及），它也试图"撬起英国民族，使其人性的水准稍微提高一点"。事实上，他在普遍的意义上讽刺人类，从更特殊的角度讽刺美国佬的工业主义，如此的意图却被这样的冲动吞噬，即他想要证明后来所谓的美式生活是合理的。尽管这本书对于现代美国的弊病旁敲侧击，但它主要还是回应了欧洲和过去，回应了一个以肮脏、迷信、残忍、愚昧、剥削为全部特征的社会。如果马克·吐温的意图是以同等的程度讽刺6世纪的社会和19世纪的社会，那么，他的实际做法出了差错。但是更容易相信，他的敌意在大多数情况下还是朝向了一个方向；这一解释更为贴切，符合了他对佩奇排字机的狂喜，尽管他希望这种机器能赚个几百万，他却赔了好几千。此外，它也符合《傻瓜出国记》（*The Innocents Abroad*）的论调，吐温在书中承认，他关心的，是欧洲的铁路、车站、收费公路，而不是意大利的各种艺术，"因为我能理解前者，而没有本事欣赏后者"。[2]这也许有助于解释《哈克贝利·费恩历险记》（*Huckleberry Finn*）中临近结局，长长的一系列虎头蛇尾的情节的一个方面，其中，痴迷于欧洲冒险史里陈腐英雄事迹的汤姆·索亚，坚持要 242

1　在跟丹·比尔德（Dan Beard）谈论这本书的插图时，他说："你懂的，我的这个美国佬没接受过大学教育的完善，但也没有那种教育的缺陷；他完全是无知的人；他是机械厂老板；他能造出火车头或是柯尔特式的左轮手枪，他还能搭起电报线，让它运行，但就算这样，他还是无知之徒。"格拉迪斯·嘉尔曼·贝拉米（Gladys Carmen Bellamy）：《文学艺术家马克·吐温》（*Mark Twain as a Literary Artist*，诺曼，俄克拉荷马，1950年），第314页。

2　《傻瓜出国记》（1869年；纽约版，1906年），第325—326页。

求必须按照他所认为的唯一正确的方法，将黑鬼吉姆从囚禁中营救出来，尽管它的程序累赘不堪，他拒绝了哈克·费恩自己摸索出来的常识建议。这一出过分的滑稽戏饱受批评，因为它偏离了书中基本的道德剧，但是，在马克·吐温看来，它至关重要。汤姆·索亚代表了传统文化的不实用，而哈克则象征了美国人土生土长的应对现实的天赋。

三

马克·吐温表达了一种毫无疑问极为普遍的、美国式的矛盾心理。
243 它的主要原则是对专利局和未来的强烈信仰；但是，许多美国人都与马克·吐温一样，对于主要在东部繁荣兴盛的高雅文化，存有某种尊重和渴念。（克莱门斯，即马克·吐温既想用这种文化“来弥补”，但又莫名其妙地要去蔑视它，这酿成了我们整个历史中最令人不快的一次对峙——他的惠蒂埃生日致辞，惨不忍睹的窘况。[1]）这种文化自有其局限，然而，在马克·吐温的大部分生涯里，它是这个国家所知道的、仅有的高等文化。在相当大的程度上，它依赖于商业阶层的支持。

在美国，艺术和学术的状况既缺少强劲的世袭的贵族制度，也缺乏国家的资助，它们倚靠商业的财富；在这一方面，美国商业阶层的个人文化总是对理智生活具有特殊的重要性。从建国开始，美国就必然地是一个离不开劳动的社会，但甚至早在18世纪中期，艺术和学术的物质基础就已经在沿海城市建立起来；一种对文化具有兴趣的商贾社会，其根基也得以奠定。早在1743年，本杰明·富兰克林就勾画了殖民地之间发展科学的合作计划，他观察到：“建立新殖民地的第一拨苦差已经

1　美国诗人惠蒂埃七十大寿，宴请了很多文学名流，完全是雅集，席中有爱默生、朗费罗、霍尔姆斯。吐温却讲了一个故事，其中有四个醉酒老矿工，分别影射了这三位高雅人士还有惠蒂埃，言辞中对这几位多有调侃，引发了争议。而现场情形颇为尴尬，听众难以回应吐温的幽默。——译注

大功告成，它让人民的注意力都集中在不可或缺的事情上；而在每个地方，种种环境下，许多人都安居下来，有闲暇培养更为高雅的艺术，提升积累的常识。”[1]在当时的英帝国最大的一些海滨城市里，商贾和专业人士阶层对于学问、科学和艺术的促进有着严肃的兴趣；正是这一阶层，建立了新世界的资助模式。

这个阶层的支柱就是贸易财富——必须指出，它们掌握在这样的人手中：他们并非一成不变地将追求商业和积累金钱视为生活的充分目的。按照一些生意人的看法，商业是一种生活的方式（a way of life）；而在其他商人看来，它是生活的**途径**（a way *to* life），是多面存在的一个方面而已，有可能只是这种存在的手段。后者中，在积聚大量财富之后过上退休生活，至少是可以设想的目标。对于这种理想，安德鲁·卡内基，在他那一代巨富里，算是个例外，因为他口头上还是表示了赞同，但并没有履行过。三十三岁时，卡内基一年能赚50 000美金，他这样 244
写道：[2]

> 对商业的照理让我长久以来应接不暇，我的大部分思想都完全集中于如何最短时间内赚到更多的钱，这必定让我失去了永久复原的希望。我会在三十五岁退出商界。

有强烈生意头脑的人一向存在于美国，对他们而言，退休毫无意义。但是，卡内基表达的理想具有不小的力量。波士顿、纽约、费城或

1　史密斯编：《著作集》（纽约，1905—1907年），第II卷，第228页。

2　伯顿·J. 亨德里克（Burton J. Hendrick）：《安德鲁·卡内基传》（*The Life of Andrew Carnegie*，纽约，1932年），第I卷，第146—147页。对此，可以比较美国商人对于欧洲同行频繁表达出的惊讶，因为后者希望在财富积累充足后尽快隐退。弗兰西斯·X. 萨顿（Francis X. Sutton）等：《美国商业信条》（*The American Business Creed*，剑桥，马萨诸塞，1956年），第102页。

查尔斯顿的旧派商人都是多才多艺，通常也是见过世面的国际性人物。与欧洲和东方的贸易往来，让他们的心灵对外开放。航海时代的商业交易，速率缓慢，但随着19世纪中叶通讯的不断迅猛发展，速度很快得到了提升，这就让成功的经商与体面的悠闲生活毫无冲突。在18世纪晚期的相对分层的社会里，上层商业阶级中相当一部分人都是财富和地位的继承者，他们让自己的商贾角色在教养、闲暇、教育方面发挥了优势。此外，18世纪的商人通常还积极参与政治；除了商业，他们也关心做官、立法、行政，这有助于让人在行动中全面多用，在思想上具备反思倾向。

19世纪初期承袭了这一理想——它所属的商人，既是文明人，也是文明的推动者。这种理想的代言人并不觉得传布清教徒献身工作、节俭、节制的价值观与绅士悠闲、文化、全才的理想有什么矛盾。有一份一流的商业刊物，其专栏里也表达了这种生活态度，即《亨特商贾杂志》(*Hunt's Merchants' Magazine*)。[1]它的发行人和主编弗里曼·亨特
245 (Freeman Hunt)是马萨诸塞州一位造船师的儿子，与19世纪其他许多发行人一样，都是从印刷业开始了自己的事务。在他个人之中，他将新英格兰的理智主义和经商思想的遗产同自我奋斗者的实践经验结合在了一起；亨特幼时失怙，这让他不得不自谋生路。1839年，亨特这份月刊的创刊号将商务描绘为提升心灵的崇高职业，它扩展理解力，为“常识的储备”带来增益。“我们最为突出的目标之一，”他写道，“就是提

1　在检读弗里曼·亨特的《价值与财富：商贾和生意人格言、品行、杂记汇编》(*Worth and Wealth: A Collection of Maxims, Morals, and Miscellanies for Merchants and Men of Business*，纽约，1856年)时，深深打动我的，是在良好商人中寻觅到的广泛的品质，还有三组共存的美德。第一组是传统的清教徒美德，与个体的培养和训练有关，可以用如下词汇来表达：雄心、节俭、节约、勤勉、坚忍、守纪、远虑、勤奋、朴实。第二组是商贾—贵族美德，与商业和社会的提升有关，表达为如下词汇：正直、慷慨、高贵、文明、人道、慈善、诚实、负责、自由、温和、绅士、适度。第三组在种类上可以视为属于几乎任何事业的品质：清晰、明确、决断、谨慎、专注、活跃、坚定。

高和增进商业品格。”他强调了“正派”的重要性,“这是崇高意义上的荣耀,无论在其他东西上有多么充裕,一旦缺少它,一个人也许就徒有其名,完全缺少高尚又高贵的商人的所有特质”。商业也是“包含和要求知识的专业,如其他国家的土壤、气候、生产、消费——如全世界的历史、政治色彩、法律、语言、习俗等方面的一般信息;比起其他任何专业的必要知识,商业的这些更为多样……”他承担了维持交易的理智和道德水平的责任。“当年轻人的心智成熟时[取代老派商人],他们会发现我们……在尽全力协助初出茅庐的商贾,就在他的崇高又高贵的职业里。”[1]他的著作之一《价值与财富》,起了一个意味深长的题目。后来的作家则频繁地重申“商业与文明携手前行”的观念。许多年以后,亨特的杂志还设立了一个包罗万象的“文学栏目”,论及了知识分子普遍感兴趣的书籍。其中也报道了纽约商业图书馆协会(New York Mercantile 246 Library Association)主办的讲座。有一位牧师的文章《闲暇——其正用与误用》(“Leisure—Its Uses and Abuses”)还被认为非常重要,予以发表。另有一篇文章《商业的优势与利益》(“Advantages and Benefits of Commerce”)则指出,“在每一个其商业的发展都基于伟大而开明之原则的国家,其自由研究和事业都已然达到了相当高超的水平”。此中的

1　《商贾杂志和商务评论》(*The Merchants' Magazine and Commercial Review*),第I卷(1839年7月),第1—3页;在1850—1860年,这份期刊的刊名变为《亨特商贾杂志》。关于其他几段值得关注的文字,见第I卷,第200—202,289—302,303—314,399—413页。杰罗姆·托马斯(Jerome Thomases)撰写的《弗里曼·亨特的美国》(“Freeman Hunt's America”),《密西西比河谷历史评论》,第XXX卷(1943年12月),第395—407页,试图评估杂志具有的相当强劲的影响力。他触及了我强调过的那个主题,但也指出了杂志如何广泛地传布了劳动、实用、自力的原则。似乎有一个重要的标志,体现了商人(merchant)形象在什么程度上被树立为理想的生意人(businessmen):在纽约,到1850年为止,“银行家、资本家、经纪人、商业律师、铁路投机商、制造商都自认为是商人”。菲利普·S. 方纳(Philip S. Foner):《商业与奴隶》(*Business and Slavery*,教堂山,1941年),第vii页。

本质在于，商贾的作用之所以得到了证实，不仅仅是因为他在物质上是有用的，甚至也不只是因为他追求事业时的荣誉和正派，而是归因于，他是商业之外的更为普遍的文化的推动者。[1]

旧式的从商理想，有着一套强制的实践、道德、文化上的责任，它似乎很难做到；不过，还是有很多人，尤其在海滨的大城市，他们能够履行这一理想，并使其具有活力，成为现实。比如，不妨考虑富可敌国、实力强劲的波士顿的阿普尔顿兄弟（Appleton brothers），萨缪尔（Samuel，1776—1853）和纳坦（Nathan，1779—1861）。除了商业，萨缪尔也活跃于政治领域，他六十岁选择退出商界，将余生奉献于慈善。他慷慨解囊，资助大学和研究院、学术社团、医院、博物院。他的弟弟纳坦则对科学、政治、神学都怀有积极的兴趣，他助建了波士顿图书馆（Boston Athenaeum）、马萨诸塞历史协会（Massachusetts Historical Society），还有其他文化机构；他曾说，倘若不是偶入棉花业，他靠贸易赚的200 000美金就足够花了。亨利·亚当斯和布鲁克斯·亚当斯的外祖父彼得·查顿·布鲁克斯（Peter Chardon Brooks，1767—1849）——他有三女，嫁与爱德华·埃弗雷特[2]、纳撒尼尔·福兴汉姆[3]，还有老查尔斯·弗兰西斯·亚当斯——在三十六岁时就充分脱离商业，隐退而去（数年后，他又重返而来）；他将自己的时间投入公职、慈善，还有两位女婿的政治事业。诸如此类之人，尽管在商务中兢兢业业，但也能够超然于其外。建立文明成就的理想依然在他们的心灵中闪现。爱默生为约

1　西格蒙德·戴蒙德（Sigmund Diamond）观察到，19世纪早期，对于企业家，社会的评价基础通常都是他个人可以利用的财富，无论他是慈善的，还是节俭的。在20世纪，更为通行的，则是将工商企业视作一套制度，而非用它慈善的副产品来评断它。《美国商人的名声》（*The Reputation of the American Businessman*，剑桥，马萨诸塞，1955年），第178—179页。

2　Edward Everett（1794—1865），美国政治家，曾任马萨诸塞州州长、参议员、国务卿等职。——译注

3　Nathaniel Frothingham（1793—1870），一位论派牧师，曾执教于哈佛。——译注

翰·穆雷·福布斯(John Murray Forbes, 1813—1898)——全才、富有教养的商人和铁路企业家——所做的动人的悼词,就标志着:在知识分 247
子与商贾理想的最佳楷模之间,有可能建立和谐关系:[1]

> 无论他到何处,都是乐善好施的人。当然,他善骑马,精于射击,驾一手好船,会当家,能理政;此外,在公司里,他还是一流的演说家……不过,我对自己说,此公对人有同情之心,敬重文士与科学家,人们不必怀疑,在任何公司里,他都遇不到一位比他本人还要上佳的人。我认为,这真是优秀之国,能诞下像他这样的造物。

在纽约,商贾理想的杰出典范是著名的日记作家菲利普·霍恩(Philip Hone, 1780—1851)。霍恩的经历证明了,一个牢不可破的地方贵族社会如何能吸收具有天分的新来者,因为没有人能比这位新贵更充分地体会文明商人的生活了。他是细木工之子,父亲的经济手段有限,十九岁那年,霍恩与兄长涉足进口贸易。四十岁时,他带着500 000美元的财产,退出事业,出国而去,壮游欧洲。霍恩十六岁之后就再也没有上过学,但与典型的自食其力的人不同,他并未发挥这种条件的优势。"我非常清楚自己的缺陷,"1832年,他这样写道,"我会用我在世界上拥有的一半财富来享受古典教育的便利。"[2]但是,就他的情况而言,对经验的强烈渴求平衡了正规教育的欠缺。数年间,他的书室,网罗典籍,其阅读广泛而精心,他还得到了数量不多,却颇为优良的艺术作品集;他成为歌剧团与剧院的资助人,还是纽约社会界的专业导师,哥伦

1　《文学与社会目标》(*Letters and Social Aims*,河畔版),第201页。关于福布斯有许多趣闻,见托马斯·C. 科克伦(Thomas C. Cochran):《铁路领袖,1845—1890》(*Railroad Leaders, 1845—1890*,剑桥,马萨诸塞,1953年)。

2　阿兰·内文斯所引,见《菲利普·霍恩日记》(*The Diary of Philip Hone*,纽约,1936年),引言,第x页。

比亚大学董事，不计其数的慈善事业的赞助者。他的家成为政治领袖、作家、演员、外交官的会所。他积极参政；还担任市议员助理，短时期内任职过纽约市长；与韦伯斯特、克莱、苏厄德一样，在主持辉格党和作为党顾问方面，发挥了重要的作用。他的文化，就如许多他的同类人一
248 样，是附庸风雅，故作斯文；但是，倘若没有这些人的资助和兴趣，美国文化和理智生活就会变得贫瘠不堪。

四

可以认为，像福布斯和霍恩这样的商贾，他们的生涯让托克维尔的一个说法打了折扣："美国并没有这样的阶层……其中，对理智愉悦的趣味靠世袭的财富与闲暇来传递，而且智识的劳动会受到尊崇。"[1]但是，对于托克维尔来说，"世袭"毫无疑问才是关键词；结果就是，霍恩家族和福布斯家族基本上不可能推广他们的社会类型。甚至从19世纪30年代起，这一点就开始变得显著起来——托克维尔那时正游历美国，写下了伟大的评论——而在之后几十年里，又越发明显。随着商业的重要性相对衰落，制造业兴起，商业界内，只有较少一部分人面临着海外贸易的渐渐扩大的国际性影响。美国的经济和美国的精神开始向内调转，更为独立。当商业在内陆迅速蔓延，跨越阿勒格尼地区，延伸至中西部，文化制度和悠闲的精神习惯被抛在了后面。人力和物质快速迁移，超过了制度和文化。阶级壁垒崩溃，新的商机为普通人开启，这意味着，商业和社会的各个等级之中，满是暴发的新贵，他们的品味与习惯渐渐主导了社会。初期阶段，尤其在沿海城市，建制性的地方贵族社会足够强大，可以吸收、塑造、规训霍恩之类的新贵。而对于内地的新城市，早在繁荣的文化以波士顿、纽约、费城为中心时，这些新城尚是荒

1 《论美国的民主》(1835年；纽约，1898年)，第I卷，第66页。

野；如今，新人和贵族的后裔却能会聚于此，彼此颉颃；在他们中间的许多人里，正是新贵让绅士的地位降低。当然，某些内地城市，如辛辛那提和列克星敦，则设法按照自己的方式成为文化中心，但是，它们的努力相对虚弱无力。在内陆社会，新近成功的商人毫无必要，也没有机会磨炼自己，并且让他们的子女通过婚姻进入建制的专业和商业贵族阶层，就像波士顿那里的显贵。万象更新，万象原始。 249

不仅新鲜，原始，而且渐渐不安，危机四伏。甚至如霍恩这样的人，也受到了动荡时代的伤害。在19世纪30年代，他失去了可能有三分之二的财富，当逆境让他重返商界之后，他却无力重现之前的成功。按照美国商业中异常投机的习气，财富会轻易地得而复失。交易的步伐加快；商业在持续地专业化。对于过去的进口商来说，当他们的业务与跨大西洋的贸易速度保持一致时，他们常常能够获得偶尔的闲暇，但对于那些面临着新的威胁或新的机遇的人来讲，他们在每个方面都遇到了变局，因而，这样的闲暇就不复存在了。商业需要更多的照料。在一定程度上，商人不再像以往那样直接参与政治，担任公职；而在更大的程度上，他们也退出了文化生活。1859年，英国游客托马斯·科里·格拉坦（Thomas Colley Grattan）观察了年轻的美国商人：[1]

> 他们就像苦力一样从事商务，强烈狂热地参与政治。他们已婚。他们不参加宴席。他们不喜欢炫耀服饰。他们难以阻挡脸上的褶皱和鱼尾纹，但他们呈现出，而且很快得到了一副缩拢、敏锐、瘦削的面容。他们的气质、举止、交谈也同样是收缩的。他们没有宽度，无论是肩膀，还是信息、志向。他们的体力被打垮，他们的精神力拘禁在狭小的界限里。他们大脑中的很小一个部分，在持续

1　《文明的美国》（*Civilized America*，伦敦，1859年），第II卷，第320页；但也见该作者在同一段里表达的疑虑。

> 地运转；其他所有部分，都停滞了。只有赚钱的能力得到了培养。他们能学会范围广阔而普遍的常识。但一切仅限于贸易、金融、法律，窄小、局部、偏狭的信息。艺术、科学、文学对于他们而言，几乎就是死去的文字。

与此同时，商业出版物的文化格调也衰落了。之前，亨特杂志的文学栏目相当鲜明，而又严肃，但此时，这份刊物也任由这种特征渐渐减弱。在1849年及之后，曾经每期八页的图书评论，缩减至四或五页，然后变为两页半敷衍了事的书籍评介，最终在1870年倒数第二期时彻底消失。在这一年年末，杂志与《商业金融时报》（*Commercial and Financial Chronicle*）合并。《亨特商贾杂志》曾经是月刊；而它的继任
250 者则是周报。在老版刊物的最后一期里，出版商解释了商业通讯日渐增长的速度，它让那种商业月刊不再合乎时宜。[1]接续它的刊物也是精心编辑，但那种对文学的认同已经寥寥无几，零零星星。

---

1 《亨特商贾杂志》，第LXIII卷，第401—403页。这份商业杂志的文化史或许会给人启发。《亨特商贾杂志》第一期的第一篇文章，题为《与文明进步相关联的商业》（"Commerce as Connected with the Progress of Civilization"），第I卷（1839年7月），第3—20页；其作者为丹尼尔·D. 巴纳德（Daniel D. Barnard），阿尔巴尼律师和政治家，也撰写过一些历史手册，之后担任了驻普鲁士公使。巴纳德的文章研讨了"发展和扩张的商业之中促进人性的优势"。参见菲利普·霍恩：《商业与商业品格》（"Commerce and Commercial Character"），第IV卷（1841年2月），第129—146页。另一位作者在创刊卷中明确指出了"一种在今日商贾阶层中普遍流行的意见，即商业与文学彼此争锋；而从事其中一项的人，就必须完全放弃另一项"。这位作者也声称，他想要反驳这种观点，他自信"更自由的观点……很快就会在公众的心灵中发展起来"。《商业与文学》（"Commerce and Literature"），第I卷（1839年12月），第537页。但《亨特商贾杂志》的文化内容在19世纪50年代日渐贫瘠，这似乎并没有证实他的信心。当然，人们必须慎重，不要因为这个证据就轻易设想：商人的文化兴趣正在减退。然而，似乎正确的是，对于这些人来说，就其商人特征而言，文化兴趣看起来不再关键；它也看起来不再重要，以至于不必为了维护它而提及它促进文明的影响力。

商业对美国社会的主导越是彻底，它就越是觉得不再需要用自身领域之外的价值观来证明它的存在是合理的。在之前的时代，为了寻求支持，它会宣称，全力经商就是服侍上帝；后来又说，这也是服务于道德与文化。尽管这种逻辑并未消逝，但在商业原则里，还是渐趋式微。随着商务成为美国生活里的主要基调，随着庞大的物质帝国在新大陆蓬勃兴起，为了寻觅合法性，商业慢慢地采取了纯粹物质性和内在性的标准——也就是它创造出的财富。曾经，捍卫美国商业的理由，就是它所建立的高度的文化标准，但如今，维护的依据主要是它造就的高级的生活标准。[1]大部分商人都会毫不犹豫地说，物质繁荣，就算不是一种 251
道德理想，也至少是其他一切道德理想的前提。1888年，铁路经理查尔斯·艾略特·珀金斯（Charles Elliott Perkins）问道：[2]

> 比起布道家和慈善家，巨商豪贾、制造大王、大发明家，他们为这个世界的贡献难道不是更多？……让生活的必需物和便利品的成本变得低廉，此乃文明和进步的最有力的动因，这一点可还有疑问？其他条件不变，饱暖之人会成为比冷饿之徒更优秀的公民，这个事实难道没有回答问题？贫穷是世界上大多数罪行和不幸的原

1　弗兰西斯·X. 萨顿等，在其《美国商业信条》的研究中认为，物质生产是关键的主题；见第2章，第255—256页。就商业促进非物质价值而言，后者是这样的价值："服务"、个人机遇、政治和经济自由。有些商人倾向主张，即使或多或少地完全忽视"自我提升"，但成功就可以作为合理的借口。同上，第276页。小商人，尽管对自由和民主表达了特殊的拥有权，而且对大商人不满，但似乎也吸取了商业普遍强调物质生产的看法，同样将之作为维护商业的核心理由。见约翰·H. 本泽尔（John H. Bunzel）：《美国小商人》（*The American Small Businessman*，纽约，1962年），第3章。

2　爱德华·C. 柯克兰：《商业界的梦与思，1860—1900》，第164—165页。这种保守的经济物质主义，在今日的落后国家里也有古怪的对应，出现于为极端独裁辩护的思维中。据其认为，只要克服贫穷、不幸、文盲，充分良好的政治自由和文化发展很快就会随之而来。在为斯大林时期的苏联辩护时，这套逻辑通常会被搬出；而今天，在维护菲德尔·卡斯特罗和其他人时，人们也会再次听到这样的论调。

> 因——让生活的必需物和便利品的成本变得低廉就是减少贫困，再也没有其他办法可以将之减轻，绝对没有。历史和经验证明，随着财富的积累，东西变得便宜，人类才会……在思维习惯、对他人的同情心、正义观和仁慈观上有所提升……物质进步必须首先实现……而其他进步都立足于此。

几乎一个半世纪之前，富兰克林就认为文化进步的物质基础已然建立起来，但如今还是有人，凭着超过以往的强烈信心，断定物质先决条件
252 是必不可少的。

第十章

自立和信仰科技

一

随着商贾理想的减弱，成为自我奋斗者这一理想取而代之；这样的理想反映了不计其数的，即使没有当上富豪，也至少变为大商人的乡村青年的经历与雄心。研究现代流动性的学者已经无可置疑地揭示：传奇般脱贫致富的美国故事，作为神话和象征，要比作为统计事实更为重要，尽管商业年鉴上装点着可观的范例。[1]美国实业界的最高地位，甚至在19世纪扩张的最为狂热的时期，也被那些从生涯一开始就具备了决定优势的人，占据了大部分位置。不过，还是有足够的奋斗者，他们的崛起也足够戏剧性、足够吸引人，他们让神话有了实质内容。除了最高阶层，还有中间位置，那也代表了可观的成功；只有少数人能切合实际

1 关于美国历史中的社会流动性，对这方面重要文献的概述和评价，见伯纳德·巴伯尔（Bernard Barber）：《社会分层》（*Social Stratification*，纽约，1957年），第16章；约瑟夫·A. 卡尔（Joseph A. Kahl）：《美国阶级结构》（*The American Class Structure*，纽约，1957年），第9章；西摩尔·M. 李普塞特和莱茵哈德·本迪克斯（Reinhard Bendix）：《工业社会的社会流动性》（*Social Mobility in Industrial Society*，伯克利，1959年），第3章。

地希望自己成为范德堡[1]或洛克菲勒，但许多人可以以更小的规模效仿他们的成功。就算生活不是从贫到富的变迁，它至少也能是从穷困到体面的过程；人们热切地检视经验的视野，搜寻那些暗示出这种转变如
253 何可以成功的线索。

此外，美国的自我奋斗者之所以是自我奋斗，并非因为其中的大多数人都从贫穷起步；他们的自我奋斗主要在于，他们并不是利用正规的学习或精心的培养才取得了事业成功。在理想上，自我奋斗者是这样的人：其成功并不取决于正式教育，而除了自己的事业素质之外，个人的文化无足轻重。到19世纪中叶为止，这样的人渐渐明显地主导了美国社会，以至于他们的生活方式迫切地需要代言人。费城小作家提摩太·谢伊·阿瑟（Timothy Shay Arthur），因其为《酒吧十夜及我之见闻》(*Ten Nights in a Barroom and What I Saw There*)[2]的作者而闻名于史，但是，他在当时声名大噪，是因为他是一位鼓吹道德、自立成功的作家。1856年，他指出："在这个国家，最杰出、最有效率者，不是那些生来就有财富、有显赫社会地位的人，而是那些依靠不屈不挠的个人活力赢得这两者的人。"阿瑟坚称，国家的繁荣得益于他们。[3]

> 因此，这样的人，他们的生平对于新兴的一代人价值无量……迄今为止，美国人的传记太过密切地专注于种种获得政治或文学殊荣的人……我们的青年仅仅熟读这样的传记，他们必定接受了

---

1 Vanderbilt，指美国富商科内利尤斯·范德堡（1794—1877），他就是白手起家。他的绰号是"海军准将"，因为干过船运。——译注

2 美国历史上相当有影响力的小说，书中宣扬了妇女在家庭中的作用，以及饮酒的危害，因而推动了美国的家政崇拜思潮（Cult of Domesticity）和禁酒令。——译注

3 引自弗里曼·亨特：《价值与财富》（纽约，1856年），第350—351页。仅仅几年前，伦敦的《每日新闻报》(*Daily News*)评论说："是时候了，富豪不该再因为获取财富而觉得可耻了。是时候了，暴发户这个词应该视作荣誉。"西格蒙德·戴蒙德：《美国商人的名声》（剑桥，马萨诸塞，1955年），第2页。

> 有关我们社会的真实结构的错误印象，他们没有明白国家的进步活力在于何处……我们需要的，是在我们眼前铺开的、我们的自我奋斗者的历史，因为我们可以知道他们是如何从各类人中脱颖而出的。

自我奋斗者的观念并不新鲜。它是清教徒的布道和新教的天职说的自然结果。本杰明·富兰克林就传布过它，但值得注意的是，在后来的生涯，他并没有遵循自己的这些廉价的准则。赚取了适当的财富以后，他就专注于费城、伦敦和巴黎的理智生活与社会生活；比起商业，他更感兴趣政治、外交和科学。作为典型的一类美国人，自我奋斗者在19世纪初期成为显著的形象。据说，这个词是亨利·克莱首先于1832年 254
在有关保护性关税的参议院演讲中使用的。他否认了关税可以造成世袭的实业贵族，他主张，相反，没什么能比它更民主了；它为人们提供了更充分的机会，可以从无名到富贵。“在肯塔基，几乎每个我所知道的工厂，都掌握在有事业心、自我奋斗的人手中，他们获得了一切他们凭借耐心与勤勉的劳动才会拥有的财富。”[1]直到三十年后克莱去世，这一类人更加知名，在信仰方面[2]，也成为主流。

我所谓的信仰方面，毫无反话之意。欧文·G. 怀利（Irvin G. Wyllie）在他的颇有启发性的研究《美国的自我奋斗者》（*The Self-Made Man in America*）中指出：自立的文学，并非商业方法或技巧的文学；它并不处理生产、会计、工程、广告或投资；它处理人物的成长，只有在这里，它的新教源头才最为显著。并不令人惊讶的是，牧师在自立作家中

---

1 丹尼尔·马洛里（Daniel Mallory）编：《亨利·克莱阁下的生平与演说》（*The Life and Speeches of the Hon. Henry Clay*，纽约，1844年），第II卷，第31页。

2 Spiritually，本章的关键词，不是指一般的精神，而是指新教意义上的属灵的、灵性的、信仰的。——译注

颇为突出，尤其是公理会牧师。[1]自立是品格上的磨炼。自立的文学说明了如何收集**意志**的资源——如何培养节俭与艰苦劳作的习惯，如何培养坚忍和冷静的美德。自立之书的作者设想，早年生活的穷困实际上是一种优势，因为它的磨炼有助于创造出那一类将会成功的品格。

自立作家和自我奋斗者提倡的品格观明确排除了他们笼统而言的天才。毋庸置疑，在这方面，存在着某种根本的矛盾心理——有谁会不渴望或羡慕“天才”呢？但是，自立文学中的主流假设是，品格才是必需，而非凡的才能却并非如此；而且，那些一开始就具有这种才能的人都失去了培养品格的动机或能力。平凡之人，通过强化自己的优良品质，通过高度地使用常识，有可能具备与天赋一样，甚至还要优秀的才能。“不需要天才，”一位纽约商人说，“就算需要，有些大人物已经说过了，天才仅仅是加强的常识。”依赖杰出的天分，这导致了懒惰，缺乏纪律，缺乏责任心。“天才”无用，毫无意义。1844年，在向听众谈论这一
255 问题时，亨利·沃德·比彻指出：[2]

> 据我对这一类人的观察可以确定，他们遍布学院、大学和戏剧社团；在乡村的辩论会；在年轻艺术家和有志的职业青年的小圈子里。令他们闻名的，是矜持的气质，过分的敏感，十足的懒惰，长长的头发，敞开的领口，读了太多糟糕的诗，写了太多还要糟糕的东西，趾高气扬，矫揉造作，令人生厌，百无一用：这帮家伙，没人想当他们的朋友、学生或伙伴。

几十年间，对天赋或才华的怀疑都植根于商业的原则中。在比彻对天才做了描述之后的第八年，一篇文章发表于《美国杂志》，题为《为

1 怀利：《美国的自我奋斗者》（新布伦斯维克，新泽西，1954年），第3和4章。

2 同上，第35—36页。

什么我从不雇用有才之人》(“Why I Never Hire Brilliant Men”)。作者将商业上的才华等同于性格反复、神经过敏、不负责任;身为企业家,他与这种人为伍,其经历是灾难性的。“就算是上佳之材,草草拼凑,也不会做出精美的鞋子,”他说,“但是,即使材质平常,细心、专心打造,也会做出卓越的精品。”“所以,大部分原材料,我都是从运货车或其他手边的地方取来的。通过这种肌肉强健、头脑坚硬的素材,我筑就了商业,由此,按照我们当地的标准,我算是富有了。”这位作者多少是在辩护,他预见到了,他有可能被视为全然平庸之徒,毫无能力欣赏那些比自己优秀的人。他坦率地说,这一判断可以证明是合理的,[1]

> 因为我**就是**平庸。但是……商业与生活都建立于成功的平庸上;胜利之所以降临公司,并不是因为雇用了有才华的人,而是由于认识到了如何最大程度地利用平常之众……
>
> 很遗憾,在杂货批发区,在我这相当邋遢的大楼里,我放弃了与[有才华]之人交往。不过,一想到克伦威尔,我就很欣慰,就靠愚钝而热情的自耕农,他在欧洲建立了最为精良的军队;而人类历史上最伟大的组织由十二位微贱之人组成,他们是在内陆之湖的 256
> 岸边拣选的。

由于上述这一切,对正规教育的顽固敌意,以及与之抗衡的对经验的崇拜,就出现了。崇拜经验的原则要求有志青年尽早,而且尽可能地接受一位作家所说的“日常劳苦生活的磨炼”。正规教育只会耽误这种经历,尤其是教育时间拖延太久。木材大亨弗雷德里克·威尔豪瑟(Frederick Weyerhaeuser)得出这样的结论:大学之人“习惯于认为,由

1 匿名:《为什么我从不雇用有才之人》,《美国杂志》(*American Magazine*),第XCVII卷(1924年2月),第12,118,122页。

于自己是大学毕业生，他就没有义务从梯子的底层开始干起，而勤杂的童工，十四岁就进办公室了”。[1]必须指出，在这一点上，自立之书的作者并不同意商人：他们通常都提倡更正规的教育，但是，这方面的要求对于商业中的自我奋斗者毫无说服力。商人队伍里，对免费公共学校的看法，分成了两派：一派认为，这样的学校创造了更有效率、训练更加有素的劳动阶层；而另一派对于相关的税务迟疑不决，或者，他们相信，教育只能让工人不再安分知足。[2]

有两个方面，几乎意见一致：教育应该更“实用”；高等教育——至少是旧时的美国传统大学理解的高等教育——作为从商背景来说，是无用的。在高中这一级别上，商业界推行了长期而且整体上颇为成功的职业与行业教育计划，但这大大削弱了作为人文教育中心的中等学校。有位马萨诸塞羊毛制造商，他的立场并不罕见，也并不极端，其认为，自己更喜欢只有公共小学（common-school）学历的工人，因为他觉得，更有学问的人，都只是为了进国会而做准备；他反对受过教育的工人，理由是，他没法用代数来经营工厂。而实业出版家亨利·凯雷·贝尔德（Henry Carey Baird）的逻辑也颇为常见，并不激进，他建立了美国第一家致力于技术图书与实业书籍的出版公司。1885年，他反对说，
257 “有种类型的教育太多了”，[3]

> 如希腊语、拉丁语、法语、德语，尤其还有记账，对于出身低微的人来说，它们十有八九会令其完全丧失斗志，会创造出一批心胸狭窄

1　查尔斯·F. 瑟温（Charles F. Thwing）：《大学训练与商人》（“College Training and the Business Man”），《北美评论》，第CLXVII卷（1903年10月），第599页。

2　关于针对教育的态度，见怀利：前揭，第6章；柯克兰：《商业界的梦与思，1860—1900》（伊萨卡，纽约，1956年），第3和4章；摩尔·科蒂：《美国教育者的社会思想》（*The Social Ideas of American Educators*，纽约，1935年），第6章。

3　柯克兰：前揭，第69—70页。

> 的绅士，他们不屑于所谓的“买卖”，仅仅满足于从事这样的工作：比如在柜台后，卖绸缎、手套、线筒或蕾丝，或者“记账”……我们的教育制度，按照法律来安排，在宾夕法尼亚，它超出了所谓的文法学校，邪恶至极——弄出了太多的坏事，比好事还多。若我大权在手，就只让男孩或女孩用公费在文法学校接受教育，一些有用的职业教育除外。我认为，今日的“高中”必须在开明的制度下，由**技校**，很可能还有相关的“工厂”取而代之……我们在制造太多的所谓的“绅士”和“女士”，这个结果令人沮丧。

数年大学期间的范围拓展的古典学习和人文学习，通常都被视为比高中学校教育还要恶劣，因为它拖住了青年，让他们长久地经受无用的学习，加重了他们对优雅的闲暇的欲望。商人高兴的是，他的儿子没有通过大学入学考试，这让孩子省去了所有的麻烦。“无论何时，当我发现富人去世，留下大量财富去建立大学，我就跟自己说，‘可惜啊，他还不如穷的时候死掉’。”[1]

幸运的是，许多有影响力的商人并没有完全认同这样的态度。老科内利尤斯·范德堡通常被视为不学无术的极致，而且还自鸣得意；有个故事是讲，一位朋友跟他说了巴麦尊勋爵（Lord Palmerston）的一个观点：有能力的人如果不具备正规教育方面的优势，那太糟糕了。范德堡答道：“你告诉巴麦尊勋爵，我认为，如果我接受了学术教育，我就没有时间再学其他的东西了。”范德堡的财富还是让社会接纳了他，但他缺乏文化，这成了举步维艰的障碍（据说，他一生中只读过一本书，《天路历程》，而且还是在晚年）。“民众会说，我不关心教育，”他向自己的牧师忏悔说，“但是，我关心。我去过英国，看见种种贵族还有其他同类人物，我清楚，我所拥有的脑力是他们有可能具有的两倍之多，但是，因 258

1　柯克兰：前揭，第101页。

为害怕暴露这一点，我不得不一声不吭，一语不发。”此时，他的女婿进屋，听到了这番话，责备海军准将（Commodore）最后竟如此坦白，范德堡打了退堂鼓：“看起来，还是有一半像你们这样受过教育的人，能跟我相处融洽。”不过，他对自己的牧师说：“大博士，我要是能有你的学历，我今天就掏他个一百万”；最后，这笔巨款恰恰还是从他那里支取出来，资助了范德堡大学。[1]

据说，安德鲁·卡内基曾经在第五大道看见马路对面比他年长、更为富有的范德堡，他跟自己的同伴小声嘟囔：“我可不会用自己的莎士比亚的知识换他的好几百万美金。”[2]不过，卡内基在更高的层面上，依然具有范德堡表现出来的、针对教育的态度。他曾经写道：“人文教育培养出了这样的人，他实际上吸收了更高级的品味和目标，超过了获取财富，它也提供了一个仅仅是富豪却还难以进入的、可以享受的世界；因此，一旦发现，对于商业来说，它不是最佳的训练，这也就证明了它要求的是更高的领域。”[3]卡内基对教育的慷慨馈赠，他与知识分子为伴时明显的快乐，都让人无法指责他的上述说法只是虚伪之词。但是，在证明高等教育对于商业毫无用处时，他又沾沾自喜；尽管高度赞扬“人文教育”，他却对美国大学的人文教育一味轻视。他很喜欢列举其他成功人士的名字，这些人都跟他一样经历过艰苦的学徒生涯；他也很乐意记下商业界里没有读过大学的人比大学人士更加优秀的证据。他写道：“看起来，大学教育的存在对于商业领域的成功几乎是毁灭性的。”[4]关于大学的古典课程，他毫不客气。这样的东西，人们“将宝贵的光阴虚度在那上面，试图从愚昧的过去选取知识，它的主要领域教给我们的，

1 W. A. 克罗夫特（Croffut）：《范德堡家族及其财富史》（*The Vanderbilts and the Story of Their Fortune*，芝加哥和纽约，1886年），第137—138页。

2 伯顿·J. 亨德里克：《安德鲁·卡内基传》（纽约，1932年），第I卷，第60页。

3 《商业帝国》（*The Empire of Business*，纽约，1902年），第113页。

4 怀利：前揭，第96—104页。

都是不可采纳，而要避开的内容”。人们将自己的儿子送进大学，“把精力都浪费在学习希腊语和拉丁语这样的语言知识上，这些东西就像乔克托语[1]一样，对于他们毫无实际的用处”；在大学里，他们“塞满了各种琐碎、无聊的有关野蛮人厮斗的细节”。他们的教育只会给他们灌输错 259
误的思想，给予他们“对实际生活的厌恶”。“假如他们在大学的几年里投身积极的劳动，他们本来会成为更有‘教养’的人——在这个词的每一个真正的意义上。”[2]利兰·斯坦福（Leland Stanford）是另一位不信任现存教育制度的教育慈善家。他说，在所有从东部来到他这里求职的人中，最没用的就是大学生。当他们被问到能做什么时，他们会说“什么都行”，但事实上，对于任何事情，他们都不具备“任何确定的技术知识”，他们没有清楚的目的或目标。他希望，自己捐助的大学能克服这一点，为此，可以提供“实践性，而非理论性的教育”。[3]

虽然有人厌恶按照旧式大学的教导方式进行的古典课程，但对于由此得出的结论，我们还要多加谨慎；许多在智识方面水平较高、颇为优异的人也具有这样的态度。旧式大学试图保存西方的文化遗产，传授高贵形式的精神训练，但是，它对于批判性智识的强劲发展毫无助益。迅速提升的科学知识，在最坚定的守护者的手中依然顽固不化的老式课程，古典学院里通常占据主流的沉闷的教学方法，都比商人的鄙视更为强烈地削弱了古典学的教育。诸如卡内基、洛克菲勒、斯坦福、范德堡、约翰·霍普金斯还有其他富豪，他们的功绩中，必须补上这样一点：他们的资助让旧式大学得以翻新，创建了美国的新型大学。但是，如果仔细地观察商业对教育的主张，那么可以发现，有一套修辞表明了对反思性精神、对文化、对过去的轻蔑。

1　乔克托人是印第安人的一支。卡内基认为，古典知识关乎希腊人和罗马人，他们也是外族，其语言文化对于美国人毫无用处。——译注

2　《商业帝国》，第79—81页；参见第145—147页。

3　柯克兰：前揭，第93—94页。

二

在世纪之交的前后，对于正规教育作为商业成功的条件背景，商人的态度出现了明显的转变。19世纪最后二十年里，大规模商业的迅速发展让典型的大企业的工作变成了官僚制下的事业。自我奋斗者，恰
260 恰通过自身的成功，很快就让自己这一类人变得过时。无论多么不情愿，他们都开始明白，没受过教育而成为自我奋斗者这一理想，越来越难以实现，尤其是达到最为想要的商业地位。不得不承认，对于如今在官僚体制的商业中进行的、更为稳定的事业来说，正规教育才是独特的优势：对工程学、会计学、经济学、法学的需要随着商业组织的变化增长起来。因此，尽管“经验当学校”和“吃苦头就是大学”仍然吸引着商业代言人，令其有怀旧之感，但是，对正规培养成的技术的需求，人们必须要认识到。《商业金融时报》在1916年就认清了这一点：“从前，年轻人只要从底层干起，仅仅在日常工作里积累锻炼的经验，成长为比现实企业的经理略高那么一点，为了能同外国培养的专业型青年商人一争高下，接受必要的广阔知识和完备的训练，这就够了；但如今，那样的时代无影无踪。”钢铁大亨艾伯特·H. 加里（Elbert H. Gary）也认为，商人对于“一般学校、学院和大学教育的知识”学习得越多，“这对他着手商业，就越为有利”。[1]

这种重新接纳教育的态度，反映在了那些掌控大企业之人的条件背景中。1900到1910年发迹的那一代企业高管，其教育程度，仅仅比19世纪70年代那一批略胜一筹。[2]不过，新世纪头十年崛起的年轻高

1　怀利：前揭，第113页；见第107—115页，很出色地简述了1890年之后商业界对教育的态度转变。

2　见法兰西斯·W. 格里高利（Frances W. Gregory）与艾琳·D. 诺伊（Irene D. Neu）：《19世纪70年代美国实业精英：其社会出身》（“The American Industrial（转下页）

管都是从大学中招聘而来。在马布尔·纽克默(Mabel Newcomer)对企业高层主管的抽样调查中,1900年抽选的人员里,有39.4%具有大学学历;但是在1925年,这一数字上升至51.4%,1950年为75.6%。[1]1950年,还有大约五分之一的高管在研究生院接受过某些培训(主要是法学和工程学)。 261

尽管这些数字表明了,曾经受到钟爱的自我奋斗者这一典范,正在遭到抛弃,但很难认为,它们表明了,商人对于人文学科的尊重会有所提升。在选课制度下,大学本身更加与职业接轨。19世纪,当富裕家庭将子弟送入大学时,可以合理地认为,他们让孩子上学,不是为了职业培训,而是出于对理智教育和社会优势的重视(这两点并不总是能轻易地区分开来)。在20世纪,他们之所以如此,是为了金钱上的显著的收益,这有可能通过职业培训加以获得。(在1954—1955年的男性大学毕业生里,最大的一个群体主修商学和贸易;他们在数量上压过了基础科

(接上页)Elite in the 1870's: Their Social Origins"),载威廉·米勒(William Miller)编:《企业人》(*Men in Business*,剑桥,马萨诸塞,1952年),第203页;可比较19世纪70年代一批人与1901—1910年一代,后者见于威廉·米勒的《美国史学家与商业精英》("American Historians and the Business Elite"),《经济史杂志》(*The Journal of Economic History*),第IX卷(1949年11月),第184—208页。在19世纪70年代,37%的高管接受过大学教育;在1901—1910年,数字为41%。关于官僚制企业的职业经历的出现,见米勒的论文:《企业官僚制中的企业精英》("The Business Elite in Business Bureaucracies"),载《企业人》,第286—305页。

1　马布尔·纽克默:《大企业高管》(纽约,1955年),第69页。在1950年,作者得出结论(第77页):"公认的是,大学学位是在大公司取得事业成功的入场券,即使大学毕业生的初次就业也许是体力劳动。"约瑟夫·A.卡尔在其《美国阶级结构》(纽约,1957年),第93页的研究中颇有启发地指出:"对于当代美国,如果要用唯一一种极为简化的、作为阶级差异基础的区分,来取代马克思的过时的划分,那么回答就是:拥有大学学位。"

雇主有时会对成为自我奋斗者这一理想表达某种仪式般的忠诚,为此,会让明显注定成为高管的新雇员,从次要岗位上接连迅速晋升。这美其名曰从基层学习业务,但这一做法主要是推荐给高管的儿子或女婿。

学与人文学科的学生总和。)[1]

美国高等教育不断加强的、以职业为方向的特征,其标志之一就是本科商学院和研究生商学院的出现。第一所这样的院校是宾夕法尼亚大学1881年成立的沃顿商学院;第二所则在十八年后建立于芝加哥大学。这以后,1900到1914年,类似的学院如雨后春笋。早期的商学院受到了大学教师的敌意,以及商人们迟迟不去的怀疑,因为后者有时候依然不愿意相信,任何学术训练,甚至是商学院里接受的培训,会有实际的用处。种种商学院,几乎与美国其他各色教育机构一样,很快就在师生素质以及包含人文课程的程度上变得参差不一。托斯丹·凡勃仑曾辛辣地将它们称为"高等商业精神(animus)的守护者";他调侃地指出,它们跟神学院不相上下,因为这两者都同样跟智识事业毫不相干,
262 但智识事业才是大学的真正目的。亚伯拉罕·弗莱克斯纳[2]在他对大学的著名调查中承认,商科院校有时候也招聘了杰出的人才,但他认为,过重的职业课程大体上失却了学术事业的尊严。[3]大学内部,商学院通常都是反智的,有时还是反智的中心,信奉严格保守的理念。哈佛商学院研究生院的华莱士·多纳姆院长(Dean Wallace Donham)曾向中西部一所类似院校提议,开设有关工会制度问题的课程,而答复却是:"我们可不想让自己的学生关注任何让他们在头脑中质疑管理或商业政策的东西。"[4]

1 小威廉·H. 怀特:《组织人》(铁锚版,1956年),第88页。

2 Abraham Flexner(1866—1959),美国教育家,推动了美国高等教育的改革。——译注

3 托斯丹·凡勃仑:《美国的高等教育》(*The Higher Learning in America*,纽约,1918年),第204页;亚伯拉罕·弗莱克斯纳:《美国、英国、德国的大学》(*Universities: American, English, German*,纽约,1930年),第162—172页。

4 彼得·F. 德鲁克(Peter F. Drucker):《商科研究生院》("The Graduate Business School"),《财富》,第XLII卷(1950年8月),第116页。对于这些院校及其问题的概述,见L. C. 马绍尔(Marshall)编:《大学的商学院》(*The Collegiate School of* (转下页)

正如威廉·H. 怀特（William H. Whyte）在其知名的对大企业组织的社会与文化方面的研究中所反映的，今日美国商业的状况表现出了一种与过去类似的模式，这一点很容易认清。自我奋斗者当然已去。他们可以受到珍视，作为神话人物，在粗暴的政治宣传战里发挥作用；然而，所有明白事理的商人都清楚，在大企业实际的人事聘任和培训中，至关重要的则是官僚制下的职业经历。不过，在这样的招聘与训练中，自我奋斗这一理想催动的商业反智主义传统依然活跃不已。它的表现形式，不再是嘲讽大学或其他正规的商业预备教育的价值观，而是受狭隘的职业原则控制，有选择地进行招聘。在这方面，需要指出的是，按照怀特的看法，企业高层主管并未特别维护这些职业原则。在接见新人的典礼，还有其他场合，他们都针对这一问题做出了声明，但他们通常谈及商业界中人文教育、广泛技能的培训、富有创意的政治手腕的重要性。没有理由怀疑他们的诚意。他们的大多数人，尽管工作极为勤奋，过于专心，没有让自己的整体文化素养保持生机，但是，他们受过的教育优于自己的下属；他们往往会委婉地哀叹自己的理智水平停滞不前。他们早已着手为下级主管组织了艺术课程，发起了知识分子 263
与商人的聚会。以这种方式，商贾重视文化，视之鼓励了商业生活这一旧有的看法，重又复苏。不过，虽然他们对于接受过人文教育的人有所关注，但这方面的消息并没有向下扩散到那些每一年都会在校园露面、招募人才的人事部门的员工中。正是立足于这样的支点，商业对美国高等教育的势不可挡的压力严重地倒向了职业。

对职业教育论的偏爱联系了偏好品格——或个人魅力——胜过理智，偏好顺从和易于操控，胜过个性和才干的倾向。“我们从前总是习

（接上页）*Business*，芝加哥，1928年）；弗兰克·C. 比尔森（Frank C. Pierson）等编：《美国商人教育：大学—学院商业管理项目研究》（*The Education of American Businessmen: A Study of University-College Programs in Business Administration*，纽约，1959年）。

惯于首先寻找才华”，一位总裁如是说，他必定是在谈论一家公司的过往史，一个奇异又反常的公司。“如今，‘品格’这一滥用太多的词变得至关重要。我们并不关心你是不是斐·贝塔·卡帕或涛·贝塔·斐的成员。我们想要的，是多面手，他能应付其他全才的人。”一名人事经理描述说：“任何进步的雇主都看不惯个人主义者，他们可不想将这样的思想灌输在实习生的脑子里。”有位实习生也表示赞同：“我愿意牺牲才华，换来每一次对人的理解。”怀特先生在题为“反对天才”（“The Fight against Genius”）的一章中告诉我们，即使在产业科学的领域里，这一准则也是颇为盛行；产业科学家要研究应用知识，这对他们造成了束缚；有家知名的化学公司，拍了部纪录片，用来为本企业招聘科学家，它展示了三位研究人员在实验室中讨论意见，而旁边解说道：“这里没有天才；只有一群平凡的美国人在合作”；比起大学同行来说，产业科学家的创造力低得可怜；当**才华横溢**这个词出现时，它通常都搭配着**古怪**、**反常**、**内向**和**乖僻**。[1]

三

随着19世纪后期美国变得越发世俗，传统宗教之中充满了对宗教实用性的奇特的崇拜，而最终在某种程度上，它被这种崇拜取而代之。如果我们承认畅销手册的漫长历史可以作为证据——从罗素·H. 康维尔的《钻石田》[2]到诺曼·文森特·皮尔[3]——那么，这种崇拜拥有几百万

1　同上，第150，152，227—228，233，235页；第16章全章。

2　康维尔是浸礼会牧师，《钻石田》是他著名的演说，围绕着一个故事展开：有人卖掉了房产去寻找钻石，但钻石矿其实就在自己的家里，被买主获得。因此主题就是，人应该在自己的社会中寻找财富，不必外求。——译注

3　Norman Vincent Peale（1898—1993），荷兰归正宗牧师，影响了总统特朗普，代表作是励志书《积极的思维力》。——译注

的信徒。通过所有内部证据以及关于读者我们知道的一切来看，这一崇拜成了美国中产阶级的主流信仰之一。正如我希望揭示的，它是旧 264 式的自立文学的后代，而且改头换面；但是不管怎样，它又提供了显著的证据，证明了美国社会中广泛传播的实用性动机。现代的信仰励志文学（inspirational literature）坚定地与俗世站在了一起：它必须提供实用的东西。诺曼·文森特·皮尔写道：“**基督教完全是实用的**。当失败之徒在现实中利用自己的宗教信仰作为可行的工具，从而变成胜利者时，这样的方式是令人惊奇的。”[1]

毋庸置疑，信仰励志读物并非仅限于美国；凡当对个人进步的欲望如此强烈，以至于这一动机和宗教信仰之间的差异变得模糊，那么这样的文学就会繁荣。在基督教文明中，总是存在一种确信：商业界和宗教界必定以某种方式相关，即使是通过彼此的敌意或紧张关系建立的，因为此两者都关联了道德、品格和规训。首先，负面的关系是最为明显的：中世纪对高利贷的禁令或限制都表达了如下信念，抑制经济剥削是普世教会之任务的一部分。而之后，清教徒的天职说则表明了另一种关系，但更为正面：勤勉经商是侍奉上帝的方式之一。另外，商业的成败可以作为标志，表明个人的信仰状况。但是，经历了多年之后，这一关系又渐渐地颠倒过来。侍奉上帝与自我侍奉的区别瓦解了。从前，商业成为宗教规训的工具，但如今，宗教规训，作为各种侍奉上帝的手段之一，又变为商业的工具：一种利用上帝达到世俗目的的方法。尽管曾经，人们能从商业成功中汲取信心，将之作为受到拯救的奇迹，然而现在，他们将救赎作为此世之中，通过自愿的努力可以获得的东西，它会在追求俗世的目标时带来成功。宗教是某种可以**利用**的事情。皮尔先生告诉自己的读者：他的作品证明了“一种简单可行的思考与行动的技术”。它“强调了在个人经历这一实验室中已然得到证明的、科

1 《自信生活指南》（*A Guide to Confident Living*，纽约，1948年），第55页。

学的信仰原则”。“要想为你的商业获得全新可行的思想，那么最佳的地方就在这一章描述的那种教堂的礼拜中。”“如果你会践行信仰，那么你就能治愈恶念、自卑、恐惧、内疚，或其他任何阻止流动的精力重新
265 恢复的障碍。能力和功力可以供你使用，只要你愿意信仰。”[1]正如H. 理查德·尼布尔[2]指出的，现代美国神学中，有一种倾向，“它在界定宗教时，往往以获得能力为目标，随神性现实进行调整，而非按照启示，因为启示会让获得启示的人遭受批评，批评的对象就是被启示的内容”。结果就是，“人依然是宗教的中心，上帝是他的帮助人，而非审判者和救世主”。[3]

旧有的自立文学，无论有什么缺陷，都与俗世凡尘和宗教生活建立着某种有机的联系。它假设，商业成功在很大程度上是品格的结果，品格由虔诚形成。按照这种方式，它就自然地回应了——即使在理智上是单纯的——新教的道德律令、古典经济学学说、流动开放的社会这三者的历史交会。对于美国社会来说，正如大多数针对这一主题的现代研究所表明的，它始终是流动的；但是如今，成功的条件发生了变化：虽然它也联系了那种在老的自立读物中如此突出、类型独特的品格特征，但成功似乎更密切地联系了采用正规训练的能力。对于一位19世纪早期的商人，如果有人询问他，促进成功的“磨炼”是什么，那么他有可能会回答：“贫穷是磨炼，吃苦头就是学校”或“勤俭就是磨炼”。而现代商人，面对同样的问题，他有可能如此答复：“嗯，法学最棒，不过工

1 《自信生活指南》(*A Guide to Confident Living*，纽约，1948年)，第viii，14，108，148，165页。

2 H. Richard Niebuhr（1894—1962），美国著名神学家，深受卡尔·巴特的影响，代表作《基督与文化》。——译注

3 《20世纪的宗教实利主义》(“Religious Realism in the Twentieth Century”)，收入D. C. 麦金托什（Macintosh）编：《宗教实利主义》(*Religious Realism*，纽约，1931年)，第425—426页。

程学也很好啊。”

现代信仰励志文学建立于旧式的自立传统，它大体上与后者相似，但也具有一些重要的差异。在老套的自立方法中，信仰影响品格，品格促成对俗世的成功掌控；而在新的方法体系里，信仰直接产生了自我掌控的能力，人们相信，它是健康、财富、名气或内心平和的关键。表面看去，这也许表明，它摆脱了老派自立书籍的世俗目标；然而实际上这标志着，它脱离了那些读物对现实的把握，因为它体现了对世俗界和信仰界之差异的抹除。在旧的自立文学里，这些领域是相互作用的；而在新的文学中，它们暧昧不分。我相信，这一过程所表现的，不是宗教的胜利，而是美国中产阶级心灵的根本性的世俗化，即使这大体上是不自觉 266
的。毫无疑问，取代宗教的，不是自觉的世俗哲学，而是精神上的自我掌控，某种对魔力的信仰。宗教和对世俗现实的认识都变得糟糕不堪。很容易相信，曾经，成长起来的青年商人之所以在现实中转向旧式的自立文学，是为了一种粗略的指导，可使他们获得商业界的必要条件，无论他们得到的实际帮助有多么微小。今天，阅读信仰励志文学的人，用皮尔的话来说，主要是“失败之徒”，还有妇女，而非男性，因为他们尽管受到了商业的实用原则的影响，却并未在现实中进入商业生活。

成功学作家有意提供的，正是雷蒙德·福斯迪克[1]所谓的“日常生活的力量”。在19世纪，成功学作家的首要承诺，就是宗教会带来财富。从20世纪30年代初期开始，对于精神或身体健康的重视，渐渐增强；信仰励志作品之中，灌输了从精神病学里借来的稳妥的思想，而过去二十年来对存在的焦虑也轻微地感染了它。尽管成功文学让位于信仰励志读物，但后者的目标主要还是日常的实践目的。经过不止一代的时间，取自商业、技术和广告的表达，渗入了这一类作品的隐喻语言，

1　Raymond Fosdick（1883—1972），美国著名律师，洛克菲勒基金会的代理人，为小约翰·洛克菲勒撰写了传记。——译注

并使之变得粗糙；人们通常会觉得，良好复制的思想可以推动信仰生活，系统的进步手段也可以实现它，就像实现技术进步。路易斯·施耐德（Louis Schneider）和桑福德·M. 多恩布什（Sanford M. Dornbusch）在他们对信仰励志书籍之主题的、给人启迪的研究中，称这一看法为“信仰科技”（spiritual technology）。[1]一名成功学作家告诉我们：“上帝是二十四小时的电站。你需要做的一切就是接上插头。”另一位则讲：“宗教实践是精确的科学……遵循信仰的律法，忠实得就像广播遵循自己的规律。”还有一人说，“高辛烷（high octane）的思想意味着力量和性能”，读者应该“接通发电站”。还有一位说道，“身体是……从上帝的广播台获取消息的接收机”，“最伟大的工程师……就是你的这位默契的合伙人”。还有人说，铁路“将基督的手，放在节流阀上，节省财富”。又有一人劝告读者“张开你的存在的每个孔隙，朝向上帝的健康”。还有一位描述说，辛克莱汽油的广告“为布道”提供了“思想，关
267 于灵魂中未曾开发的力量”。布鲁斯·巴顿[2]在其难以言喻的作品《无人知晓的人》（*The Man Nobody Knows*）中评述说，耶稣“从底层商人里拣选了十二人，将之铸就成一个征服世界的组织”。埃米特·福克斯[3]则督促说：“就用商业一样的方式处理你灵魂的事务吧。”祈祷被视为一种可用的工具。“一个人，”格伦·克拉克[4]讲道，“如果正确学习和实践祈祷的准则，他就会高尔夫球打得更好，更善于经商，工作更出色，更会爱，更会服务。”诺曼·文森特·皮尔则命令说：“要正确、科学地学习祈

1 《大众宗教：美国的信仰励志书籍》（*Popular Religion: Inspirational Books in America*，芝加哥，1958年），第161—164页；本段中的引文见于第1，6，7，44，51n.，58，61n.，63，90，91n.，106，107页。

2 Bruce Barton（1886—1967），美国政治家、广告商人，他的作品典型地用基督教教义支持商业和财富。——译注

3 Emmet Fox（1886—1951），美国神学家，新思想运动的代表人物。——译注

4 Glenn Clark（1882—1956），美国宗教励志作家，代表作如《探寻宇宙奥秘的人》。——译注

祷。”“使用检验过和证明过的方法。祈祷时不要敷衍。”

在信仰励志文学中出现的一个值得注意之处就是，我在评论美国新教精神发展时曾提到的种种唯意志论和主观的冲动，都似乎为人们广泛拥有，蔓延开来。宗教的成分一直都在渐进地减弱。早期阶段的新教精神免去了宗教的繁文缛节，在19和20世纪的发展过程中，又进一步简化了教义。而对信仰励志的崇拜则完成了这一过程，因为它基本上清除了教义——至少，它清除了大部分可以称之为属于基督教的教义。于是，什么也没有留下，除了个人的主观经验，甚至，就连这种经验也基本上被简化为对个体意志的坚持。当信仰励志作家说，你靠意图就能实现你想要的一切时，他们的意思是，你能够希求目标，然后动员上帝来协助你释放惊人的能量。确乎惊人：“你的体内有着足够的力量，”诺曼·文森特·皮尔在一段令人震惊的文字里这样说道，“它足以摧毁纽约城，将之化为瓦砾。先进的物理学告诉我们的不外乎是这些。”信仰能释放这些力量，然后，人就能克服任何障碍。信仰不是让人顺从自己命运的方式：它“将斗争注入一个人的体内，让他培养出强烈的抵抗失败的力量”[1]。

霍拉修·W. 德雷瑟[2]曾经讨论过信仰励志思想的一个较早的外在表现，即新思想运动，他评论说：“新思想思潮……轻视智识，轻视‘客观的心智’，就仿佛变得有理智是不可取的，就仿佛只要‘将要求发送到强大的潜意识中’，人就能拥有他想要的一切。”[3]但是，总体来说，信仰励志崇拜的反智主义还是间接的；它代表了从现实中抽身而退，拒斥一
268
切以处理现实问题为任务的哲学。与此同时，它还体现出了吊诡的世俗化。尽管自命为基督徒和牧师的福音派人士自豪于创作了种种成功

---

1 《自信生活指南》，第46，55页。

2 Horatio W. Dresser（1866—1954），也是新思想运动的代表人物，写过《新思想运动史》。——译注

3 《新思想手册》（*Handbook of the New Thought*，纽约，1917年），第122—123页。

的励志读物，但是，这些作品本身有可能让世俗知识分子觉得它们在亵渎上帝。看起来，守护西方宗教遗产的，更应该是这样的知识分子，而非那些衷心拥护宗教“实用性”的人。

宗教与自我提升的混淆，或许最为恰切地体现在亨利·C. 林克[1]的值得关注的作品《重返宗教》(*The Return to Religion*)的标题上，该书在1936到1941年尤为畅销。我认为，仅就这一部著作而言，还不能视之为代表了所有信仰励志文学；但是，在这里应该给予其重视，因为它很可能是美国历史上创作出来的，在庸俗和从众方面都达到极致的手册。尽管有这样的书名，但它并非宗教性或表达虔敬的作品。它的作者是心理咨询师和人事顾问，按其描述所说，他发现了自己重回宗教的道路，仰仗的就是科学；这本书视宗教为“积极进取的生活方式，通过它，个体会成为自己境遇的主人，而非沦为环境的自满的牺牲品”。[2]这位作者觉得有义务为了从众的意志打一场持久战，反对个性和理智。

但问题并未以这样的方式提出。林克的基本对立概念是内向性和外向性(introversion and extroversion，在通俗的意义，而非荣格的意义上使用)。内向性是坏的，它包含孤僻、自省、个性和反思。事实上，它仅仅就是自私。对于苏格拉底的名言“认识你自己”，林克会用“做好你自己”(Behave yourself)这句命令取而代之，因为“良好的人格或品格要靠实践，而非靠内省来获得”。与之相对，外向性是无私的，是好的，包含社交性、和蔼可亲、服务他人。耶稣是伟大的外向者。宗教的功能之一——林克似乎认为这也是主要功能——就是发展外向性，从而磨炼人格。林克说，他去教堂做礼拜，“因为虽然我讨厌去，但我知道，这对我有好处”。参加礼拜建构了更优秀的人格。而打桥牌、跳舞、

---

1 Henry C. Link(1889—1952)，美国信仰励志作家，写过《就业心理学》等。——译注

2 这一段还有下面一段的引文，出自《重返宗教》(1936年；口袋书版，1943年)，第9，12，14，17，19，35，44—45，54—61，67，69，71，73，78—79，115—116，147—149，157页。

推销也是如此——它们让一个个体与他必须取悦的别的个体彼此交 269
往。对于个体来说，重要之事就是避免自我分析，而去处理工作，因为工作会赋予他支配事情的能力。随后，也产生了支配他人的能力，这会提升自信心。

尽管有这些目的，但批判性的心智是不利因素。在大学里，正是知识分子，善于分析的研究者，丧失了自己的宗教；而在晚年的生活里，有思想的人，又过分离群。在题为“理性愚人”的一章中，林克主张说，智识和理性通常都被高估了。

> 理性不是目的本身，而是个人使用的工具，用来调整自己，适应生活的、超越理性的价值与目标。**正如牙齿意在用来咀嚼，而不是让它咀嚼自己，因此，心智也是意在用来思考，而非让它自寻烦恼。心智是生活使用的工具，不是生活的目的。**

笃信和按照信仰行动是中心。虽然宗教已然被称作软弱心智的避难所，但是，真正的弱点“在于心智没有认识到所有心智的弱点”。“不可知论是理智的疾病，对谬论的信仰也比毫无信仰要更佳……愚蠢的信仰也胜过信仰全无。”甚至手相术也会促成握住其他人的手，颅相学则促成研究他人的头颅——“所有这样的信仰都让个体走出自我，驱动他走入利益更大的世界。”无论如何，“对理性的偶像崇拜，理智对宗教的轻蔑”，都让庸医之术、伪科学和政治万灵药伤害了人们。在美国，国民有一个不幸的内向的趋势，它尤其会促使人们对失业者推卸责任，设想联邦政府应该为他们做点什么。

心智也威胁到了婚姻，因为内向削弱了夫妻间的幸福。可以证明，离婚者比婚姻幸福的人对理智怀有更大的兴趣。喜好哲学、心理学、激进政治，喜欢阅读《新共和》，这对于夫妇的快乐来说，并非吉兆，倒不如喜欢基督教青年会的作品、《圣经》研究和《美国杂志》。在题为“教育之恶”的一章里，林克攻击了“自由心智的创造”，“这很可能是教育之中最为有害的一个方面”——他发现，教育的教义与教会的任何教义一样，都是神秘和无理性的。这样的教育导致了“破除崇拜的无情之举”，为了自己创造出文化，为了自己创造出对知识的需求。自由主义
270 将人从传统、从过去的束缚中解放出来，而用虚无取代它们。接受自由教育的年轻人，总喜欢将父母视作古董，挥霍时间，对长辈的虔诚抱以理智的蔑视，谋求知识型的职务，而非父辈的工作，抨击从商，否认它是事业。对于丰裕的生活，更充分的洞见存在于陆军和海军的兵营，那里
271 的人们面向着真实的价值，必定会变得更加外向。

第十一章

主题的变奏

一

对于实践的优越性，商人所表达的口头禅，轻而易举就可以从美国生活的民间俗语中学得；并非总能确定，是谁在回应谁。口头禅的表达因时而异，因阶级而有别，但它的主旋律通常都能分辨出来，它在广泛的职业，在极为对立的政治阵营中都回响不断。这方面的证据颇为充分，而大众文化方面的证言则几乎达成了一致，它骄傲地确信，不利用正规知识，而且就算没有应用科学，它自己也有能力生活下去——甚至活得更好。正规知识的拥有和运用一向被认为具有可疑的价值；在任何情况中，它都被视作专业人群的特权，而他们的殊荣和优雅为自己招来了怨恨。

我们可以首先对农民方面的主题予以关注，这完全是因为，美国很长时间以来都主要是农人之国。18世纪末，大约十分之九的美国人都以务农为生；1820年为十分之七；1880年之前，非农业人口与农民数量相当。在许多方面，美国农民都基本上是商人。通常来说，他们很可能认为务农就是生活方式，但是，这种生活方式很快就令人惊讶地在志向上如同商业一样，即使在行为模式方面并非总是如此。美国幅员辽阔，

美国乡村生活的流动和非传统性，美国社会的新教动力，都促成了农事
272 中的商业精神和投机作风。农民往往按捺不住占有更多的土地，这超出了他们在经济上能够耕种的范围；他们出于投机，持有土地，为了升值；他们从事大规模的粗耕，而非面积集中的精耕细作；他们着眼于种植单一、大型的经济作物；开发土壤，使之枯竭，然后售出，迁徙。早在1813年，卡罗林的约翰·泰勒[1]在其《耕者》(*Arator*)中指出，他发现，弗吉尼亚因为缺乏精耕而"毁坏殆尽"，他敦请同乡："住手吧，啊，住手，切勿弑母，不为将来，不为上帝，也为了你们自己。"在19世纪30年代，托克维尔做出结论说："美国人将商业般的特征引入了农业，他们做生意的激情也体现其中，就像体现在其他事业里一样。"[2]

对于何为实用性，农民自有其看法，这大部分都表达在他们对农业的科学发展与农业教育的态度中。在繁忙、艰苦劳作、不太富庶的农村社会，人们很难期待找到资助艺术和学术的人；但至少，接纳应用科学的心态，对农民自身来讲，本来会有巨大的用处，然而，就连这也被认为是无用的。当然，还是有一些违反潮流的少数派；不过，自耕农对自己产业发展的主流态度是一种愚钝、作茧自缚的实用主义。

与美国生活中的其他所有方面几乎一样，农业也是规模庞大，有着形色各异的组成。但是，农业之内也曾经存在着一个单一的基本的阶层划分，它与哲学观的分裂合乎一致——此即19世纪自耕农与少数的绅士农民阶层的区分。绅士农是大农户，专业人士，学院或大学的科学家，商人，或是农业刊物的编委，他们通常从农业之外的资源里获取收入；他们对农学实验怀有兴趣，阅读而且偶尔还著述这一主题的书

1 John Taylor of Caroline（1753—1824），美国政治家，也写过农业方面的作品，出生地在弗吉尼亚的卡罗林。——译注

2 约翰·泰勒：《耕者》（乔治敦，1813年），第76—77页；托克维尔：《论美国的民主》（纽约，1945年），第II卷，第157页；在《改革时代》（*The Age of Reform*，纽约，1955年），第2章里，我试图评价美国农业中的商业元素。

籍；他们希望用科学知识来发展农业；他们结成了农业社团，参加或领导提升农业教育的运动。一些在其他领域里因成就而知名的、杰出的名字，也可以在绅士农中一一发现。其中包括的人物，如康涅狄格布道师雅列·艾略特；1748到1759年，他撰写了经典的《论新英格兰农耕》(*Essay on Field Husbandry in New England*)。与其有过一段时间通信往来的本杰明·富兰克林在新泽西布灵顿(Burlington)附近经营了 273
一座农场，他希望从中获利，但他也利用它作为满足科学好奇心的场所。华盛顿、杰斐逊、麦迪逊和卡罗林的约翰·泰勒，也都属于开明农业家这条传统，他们试图将18世纪英国农耕改革的成效引入弗吉尼亚农业的实践中。他们之后，还有埃德蒙·鲁芬(Edmund Ruffin)，因钙肥方面的试验而闻名；他是《农人记录》(*Farmer's Register*)的编委，后来成为好战的南方分离分子，在桑特堡[1]打响了第一枪。弗吉尼亚之外，最为积极、让人印象极为深刻的推动农业发展的中心，并不在典型的农村社会，而是在耶鲁学院；那里，对农业需求的理解联系了先进的化学研究，而学院科学家，从小本杰明·西里曼[2]开始，都致力于土壤化学、农作物、科学农业；西里曼之后，有约翰·P. 诺顿(John P. Norton)、约翰·艾迪逊·波特(John Addison Porter)、萨缪尔·W. 约翰逊(Samuel W. Johnson)。其他方面不论，这些人主要试图将尤斯图斯·李比希[3]的土壤化学的著作加以普及。伊利诺伊的乔纳森·B. 特纳(Jonathan B. Turner)也在耶鲁受过教育，他是推动农业教育发展的领军人物；有可

1　Fort Sumter，南卡罗来纳查尔斯顿的防御工事，由北方军把守。1861年4月12日，南方军突然袭击，引发了南北战争。——译注

2　Benjamin Silliman(1816—1885)，美国化学家，任教于耶鲁，推动了美国的石油产业。——译注

3　Justus Liebig(1803—1873)，德国著名化学家，有机化学之父，对于农业化学有着巨大的贡献。——译注

能是他催动了《莫里尔法案》[1]，尽管尚不确定。在纽约，自学成才、出身农家的刊物编辑杰西·布尔（Jesse Buel）一贯宣传农业标准的提升。在宾夕法尼亚，杰出的植物生长和植物化学的研究家埃文·皮尤（Evan Pugh）成为宾夕法尼亚农学院的校长，在三十六岁英年早逝之前，他协助促进了《莫里尔法案》。

这些人将科学好奇心同农业实践，将公民责任感与追求农业收益结合在一起，故而他们作为范例，表现了知识分子和实干家的完美统一。他们总是有志趣相同的人。他们的工作影响了相当广泛的绅士农阶层——他们是农事社团与农业博览会的骨干，是农务期刊的读者，农学院校的倡议人。一本优秀的农业实用书籍，如果销售成功，可以卖上一万到两万册。或许，十个农民里就有一个订阅农业刊物；在南北战争
274 前夕，这样的期刊有五十多种，其成功或失败的阶段，各有不同。[2]

但是，农业发展的支持者和绅士农，都受到了自耕农的怨恨。这种恨意之中有一种阶级情感：绅士举办而且推动了农业活动，他们的风头盖过了小农。在县城的农业博览会，他们很可能会露面，带着有希望获奖的标本，那是不计成本通过实验制作出来的；普通农民难以跟他们竞争。[3]他们的宣传也遭遇了保守、封闭、怀疑创新，通常还迷信的心态。

---

1 Morrill Act，指1862年的《莫里尔赠地法案》（Morrill Land-Grant Act），意在推动各州的农业技术教育，建设农学院。该法案名字来自发起者J. S. 莫里尔。1890年继续推行了同名法案。——译注

2 关于农业刊物的数量，见阿尔伯特·L. 德玛里（Albert L. Demaree）：《美国农业报刊，1819—1860》（*The American Agricultural Press*，*1819—1860*，纽约，1941年），第17—19页；关于图书和刊物，见保罗·W. 盖茨（Paul W. Gates）：《农人时代：农业，1815—1860》（*The Farmer's Age: Agriculture*，*1815—1860*，纽约，1960年），第343，356页。

3 关于集市的这个方面，见盖茨：前揭，第312—315页；参见W. C. 尼利（Neely）：《农业博览会》（*The Agricultural Fair*，纽约，1935年），第30，35，42—45，71，183页；P. W. 比德维尔（Bidwell）和J. I. 法尔科纳（Falconer）：《美国北方农业史》（*History of Agriculture in the Northern United States*，华盛顿，1925年），第186—193页。

美国农民，虽然在土地投机、各处迁移、采用新机器等方面，丝毫不保守，然而，对于农业教育或农事上的科学应用，还是保守至极。因此，职业农学家和农业刊物的编委都觉得，他们在一种充满怀疑，甚至敌意的环境中工作。“如果你的农民邻居，”本杰明·富兰克林给雅列·艾略特写道，“就像我身边的农夫一样，不愿意离开先辈走惯的老路，那么很难说服他们尝试任何改进的措施。”乔治·华盛顿在给阿瑟·扬[1]的信中致歉说，美国农民更渴望利用廉价的土地，而不是付出昂贵的劳动；故而，“大部分土地被**搜刮**一通，本应该培育出的东西或得到的提升，什么也没有”。埃德蒙·鲁芬在邻居嘲弄的目光下进行了他较早的实验，他得出结论说：“大部分农夫都坚决**不**想理解任何与化学有关的事情，无论多么简单。”“我们的农民，”杰西·布尔抱怨说，“对我们农业的普遍发展，似乎总体上漠不关心，毫不积极，这要么是因为，他们误解了自己的义务和真正的兴趣，要么是因为，在怪异的愚昧的影响下，他们担心，随着其他人崛起，自己会沉落。”1831年《美国农民》的主笔说，农民“既不会订农业报，给他们也不会读，他们不相信里面的内容，即使碰巧听见有人在读”。二十年后，杰出的英国农业科学家詹姆斯·F. W. 约翰斯顿在美国结束讲座之旅后说，那里的农民“反感变革，更反感这样的看法，即他们对自己必须要做的一切，还不够聪明”。他发现，在纽 275
约，他们反对农业大学，“理由是，学校教的知识毫无必要，那种知识用在土地上是否有收益，很值得怀疑”。[2]

---

1 Arthur Young（1741—1820），英国学者，写过很多讨论农事的文章。——译注

2 卡尔·范·多伦（Carl Van Doren）：《本杰明·富兰克林》（纽约，1938年），第178页；比德维尔和法尔科纳：前揭，第119页；艾弗里·O. 克拉文（Avery O. Craven）：《南方人埃德蒙·鲁芬》（*Edmund Ruffin, Southerner*，纽约，1932年），第58页；哈里·J. 卡尔曼（Harry J. Carman）编：《杰西·布尔：农业改革者》（*Jesse Buel: Agricultural Reformer*，纽约，1947年），第10页；德玛里：前揭，第38页；詹姆斯·F. W. 约翰斯顿（James F. W. Johnston）：《北美札记：农业、经济、社会》（*Notes on North America: Agricultural, Economic, and Social*，爱丁堡，1851年），第II卷，第281页。

事实上，农民从农业改革者那里要学习的还有很多。即使是头脑开明的农夫也有可能对动植物的培育、植物营养、合理耕作、土壤化学等方面的原则一无所知。许多农人都深陷对月耕的迷信中——随月相播种、收割、刈草。他们的做法并不经济，造成了损耗。[1]针对改革者在教育上的努力，他们以"实干家"对待理论家的轻视，用轻蔑的**书耕**（book farming）一词表达了鄙夷。"靠书本务农的人，在我看来，可不是农家，"有人这样说，"还是给我喜欢双手，胜过书本的人吧……让那些拿务农当消遣的家伙搞他的实验去……让学究们钻研变格、性、语气和时态吧：你和我要去照料畜群、乳厂、农田和篱笆。"[2]为了反对这种势不可挡的偏见，改革家与农业刊物编委勇敢地展开了艰难的斗争。杰西·布尔批评说，在其他各种领域——在战争和航海，法律与医学——中，美国人都认为正规教育是有意义的帮助，甚至是必不可少的：[3]

> 对于农业，凭着上天保佑，我们实际上"生活、动作、存留"[4]都依靠于它，它的确包含了更为广泛的有用的科学，超过了法律、医学、战争或航海；但是在这个领域，我们没有学校，我们给不出指导，我们没有政府的资助可用。可以认为，在生活的许多次要的职业里，科学知识都是不可或缺的；但是，在这个影响力最为强劲和最为有用的、重要的行业里，我们却通过自己的习惯来判断，认为

1　德玛里：前揭，第4—6，10，48—49页。关于不经济的耕作，见盖茨：前揭，他在地域和种族上做出了必要的限定。

2　理查德·巴尔多夫（Richard Bardolph）：《农事文学与早期伊利诺伊农民》（*Agricultural Literature and the Early Illinois Farmer*，厄巴纳，伊利诺伊，1948年），第14页；参见第13，103页。

3　卡尔曼：前揭，第249—250页。这些论述见于一篇颇有意义的论文，第234—254页；以及布尔的论述《论提高我们耕作的必要性和手段》（"On the Necessity and Means of Improving Our Hunsbandry"），第8—21页。

4　语出《新约·使徒行传》17：28。——译注

> 它就像小说家杜撰的作品一样毫不重要。我们认为，心智是有效的力量，可用于大多数其他的追求；我们忘记了，在农业里，它就是阿基米德杠杆，虽然不动，却会让世界满是富足，充满道德活力，处处人类幸福。在这些严重忽视的情况下，按照大众的评价，农业居然应该是我们之中的滑稽低贱的职业，这难道不让人惊讶吗？ 276

但是，布尔认为："农业发展的巨大障碍，正是这样一种太多人都持有的、可耻的看法：冠名科学的所有东西，要么对农耕无用，要么超出了农民的理解。"[1]这位农业刊物主笔连续不断地劝告，坚持不懈地努力克服那种反对书耕的情绪，这些做法都证实了他自己的话。并非所有农业刊物都毫无瑕疵；有一些就兜售自己的庸医之术。不过，无论如何，它们总是觉得有必要以致歉的方式做出如下解释：它们并不支持任何极端理论化的东西，它们的大多数稿件都由实践的农民写成。当1841年李比希的论化学的巨著发行美国版时——必须指出，它在改革者中，甚至在少数自耕农里找到了愿意接受的热切的读者——他的种种发现被《南方种植主》(*Southern Planter*)描绘为"精心编造的新理论"。[2]

> 毋庸置疑，尤斯图斯·李比希先生是聪明的绅士，最为深刻的化学家，但是，按照我们的看法，他对大部分农业的知识，就像耕地

1　卡尔曼：前揭，第53页。另一位主笔温和地回应了从事体力劳动的农民对实用性的极端偏爱，见《向"好农民"道歉》("An Apology for 'Book Farmers'")，《农人记录》，第II卷(1834年6月)，第16—19页；参见《书耕》("Book Farming")，《农人记录》，第I卷(1834年5月)，第743页。

2　德玛里：前揭，第67页。关于自耕农与农业刊物，见第113—116页；参见西德尼·L.杰克逊(Sidney L. Jackson)：《美国为免费学校的斗争》(*America's Struggle for Free Schools*，华盛顿，1940年)，第111—114，142—144页。农民喜爱的世俗读物似乎就是他们的黄历；老农民的黄历时常会迎合反智主义的情绪，为此，会使用生动的趣闻，或一些与学究的不切实际、愚蠢透顶有关的诗句。杰克逊：前揭，第12—13页。

的马；弗吉尼亚的每一位踩着犁梢的老者，都能告诉他种种与他精心编造的理论完全不符的事实。

二

按照前述的对科学和书耕的反对态度来看，丝毫不令人惊讶的
277 是，农民们极为不愿意接受这样的看法：教育（除了高度实践的农场培训之外）可以给他们的孩子带来很大的帮助。对于农业教育，农民有可能心存这样的希望，但他们似乎也被自己的恐惧压制了，他们害怕的就是，越来越多的学校仅仅意味着越来越多的税。1827年，《美国农民》上，一位支持农学校的人发现，农民恰恰都对"它们表达了最为温和的异议"。[1]1852年，一位给《新英格兰农民》去信的人，反对建立马萨诸塞农学院的提议，他认为，该州里，90%的实干的农民都认同自己的观点。无论如何，针对这所学校，他都足够明确地提出了自己的反对主张：农民不会利用它；他们会认为这是"豪华又昂贵的实验"，保证不了相应的回馈；它只会给"少数人一个肥得流油、赚大钱的部门"，这些人并没有胜任它的经验；提倡这个计划的人都希望富家子弟还有文雅之士的孩子研究农耕的知识。对此，"**只有实践才能教会技艺**"。[2]

这仅仅是乡村人表达出来的、更一般的对支持教育事业的不情不愿。在分析对普通学校运动的态度时，西德尼·L.杰克逊描述说，农民"在改善学校的斗争中，更像是阻碍，而不是帮手"。[3]在1862年《莫里尔法案》通过之前，美国农学院中的各种实验主要是一小群有奉献精神的

---

1 盖茨：前揭，第358—360页。

2 《农学院》（"Agricultural Colleges"），重印自《新英格兰农民》（*New England Farmer*），新辑，第IV卷（1852年6月），第267—268页，载德玛里：前揭，第250—252页。

3 杰克逊：前揭，第172页；参见第113，127页，以及各处。

农业改革家在进行——毫无疑问，在某种程度上，这解释了如下事实：在一个农业占据主导地位又迫切需要农业技术的国家中，[1]联邦政府出手干预之前，农业方面的实验居然微乎其微。1862年《莫里尔法案》的 278
通过，并不归因于大众的热心；再一次，它的成功源自一群坚定的游说者。厄尔·D. 罗斯（Earle D. Ross）在其对赠地运动的出色研究中评述说："毫无迹象表明这来自公众自发的兴趣。"《莫里尔法案》在战争新闻中并未受到新闻界的普遍关注；农业报纸没有表现出太多的热情，有一些甚至都没有注意到它的存在。[2]

首先，这项法令本身只是初衷甚佳的期许；接下来的三十年里，改革者会发现，在舆论面前，很难按照意图深远地实施改革。参议员莫里尔的看法足够明智。他认识到，美国的土壤耕种恶劣，浪费颇多；在农业教育和机械教育上，其他国家比美国的投入要更多；需要的是实验和勘查；农民必须接受指导，学习新的科学发现；在公共用地收益的支持下，健全的农业和机械院校得以设立，它们合乎从前的美国先辈扶助教育的做法；这不会干预各州的自治权，也不会妨碍古典学院提供的那种教育。一段时间里，莫里尔的提议与分离倾向的政治观点发生了碰撞；赠地农学院的设想也于1859年让布坎南否决。但是三年后，林肯签署

1　1852年耶鲁的约翰·P. 诺顿（John P. Norton）教授写道："即使今年之内，美国的任何六个州在自己的境内为建立该州的农学校或农学院做好准备——基本上为每个院系提供资助，为之配备图书馆、器械、博物馆、仪器、大楼、土地，但是在这片大陆上，它们也找不到合适的担任学校职务的教授和老师团队。" 事实上，他在怀疑，纽约的唯一一所机构是否能有 "完全胜任的教师"。德玛里：前揭，第245页。

对于努力改进农业教育的做法，这方面的简史，见A. C. 特鲁（True）：《美国农业教育史，1785—1925》(*A History of Agricultural Education in the United States, 1785—1925*，华盛顿，1929年)。1851年，爱德华·希区柯克（Edward Hitchcock）代表马萨诸塞州立法机关考察了欧洲的农业教育；按照考察所述，美国各州的工作，较之大陆国家，尤其是德国和法国而言，似乎处于很大的下风。

2　厄尔·D. 罗斯：《民主制的大学》(*Democracy's College*，艾姆斯，衣阿华)，第66页。

了类似的法案。比起大多数农民来说，国会似乎更被说服，相信需要改革。[1]但是很遗憾，如罗斯所述，对这项措施的讨论，并非围绕着它在教育方面的价值。反对它的看法，主要立足于它所谓的违宪，还有细枝末节——因此，当这项法律在国会上确立出来时，它还不足以实现其制定者的意图。

赠地学院一经建立，就面临着各种困难，尤其如现存学院的妒忌之心，以及美国人不喜欢集中精力，而偏爱教育的扩散和分散的倾向。
279 招聘能干的员工也非常之难。古典学院传统培养出的老资格的教育家，其实通常都不能接受农业和机械教育的合法性；有时，他们还从内部破坏新的学院。与之相对，那种旧式的、心胸狭隘的异议，则来自农民和民间领袖，他们一贯认为，科学给农民带不来什么"实用"的东西。正如罗斯指出的，"农民最难相信，职业训练是必需和可行的"。他们就算不抗拒这种教育的理念，也会抵制让它隶属大学或与实验科学建立联系的提议。一些独立开设的农学院就会这样抵制，它们在目的上极为追求实用。威斯康星的格兰奇组织[2]主张，每种职业都应该由从业者教授。"牧师应该教牧师，律师教律师，机械师教机械师，农民教农民。"有些州长想要尽可能摆脱由古典学院代表的人文教育的传统。俄亥俄州州长就希望教育是"浅显、实用的，没有理论科学和技术科学的特征"；得克萨斯州州长设想，农学院"以训练和教导农工为目的"；印第安纳州州长则认为，任何种类的高等教育都是对正直劳工的

1 在国会对赠地学院原则的辩论中，相当例外的回应，来自明尼苏达参议员莱斯(Rice)表达出的对书耕的感受："要是你想建立农学院，那就给每个人一座属于他自己的、占地160亩的大学……不要把地给州里，让它能教育富家子弟，牺牲民众为代价。我们不想要阔里阔气的农民，我们不想要阔里阔气的机械学……" I. L. 坎德尔(Kandel)：《联邦政府对职业教育的扶助》(*Federal Aid for Vocational Education*，纽约，1917年)，第10页。

2 Grange，意为农庄，这是1867年建立的全国性农民组织，旨在推动农业发展。——译注

威慑。[1]

比任何论证都更为关键的，是这一事实：并没有许多农民送子弟进入农学院；当他们这样做了，孩子们就利用自己的教育机会摆脱了务农——通常从事工程技术。数年间，农学院的学生相对寥寥——其中，"机械技术"，即工程学的学生在数量上逐年高过了农学学生，从二比一、三比一、四比一，到五比一。农业科学的状况随1887年《哈奇法案》[2]而得到改善，该法案建立了联邦实验站制度，实验站与农学院紧密合作，还提供了越来越多可供使用的研究设备。到了19世纪90年代，农学院才最终在科学训练方面提供了相当重要的价值。 280

赠地制度的另一个缺陷在于，它的建设是由上至下，倒置而成。对于充分发展乡村中学制度，使毕业生可以进入农学院这方面，国会并未做任何准备。这一缺点在1917年通过《史密斯—休斯法案》[3]得到了弥补，它为农业方面的中等职业教育提供了可用的补贴。经过1873至1897年漫长的通货紧缩时期，农业繁荣的复苏让农业教育的命运出现了转折。更为丰厚的利益促使农民考虑商业管理、动物饲养、土壤科学、农业经济。机械化的发展也让他们更容易将自己的孩子从农事中解脱出来。1905年之后，农学学生的数量不断增长，而且速度迅猛；第一次世界大战前夕，其数量几乎与工程师的人数相当。按照富兰克林·D. 罗斯福时期的农业副部长M. L. 威尔逊的回忆，他所在的衣阿华社会之中，对书耕的轻视几乎无处不在，直到世纪之交；仅仅在其青年

---

1 罗斯：前揭，第5，6，7章，第66，72，80，87，89—90，96—97，108—109页。一篇文章称农学院是"古典学白痴和政治学教授的收容所"；另一篇则指出，必不可少的任务是"清洗掉自以为是的神学博士、疙瘩脸的'教授'，让那些强烈感到自己缺乏学问的人占据他们的位置，这些男男女女在这个忙碌的时代，不得不处理日常的劳动"。同上，第119—120页。参见詹姆斯·B. 安格尔（James B. Angell）：《回忆录》（*Reminiscences*，纽约，1912年），第123页："农民……这个阶层最难相信，我们可以给他们带来什么帮助。"

2 该法案允许政府赠地，建立农业实验站。——译注

3 该法案旨在加强职业教育，政府提供资助。——译注

时期，这种轻蔑方被克服：[1]

> 20世纪开始之后不久，科学在农民群体中实现了革命。当1902年我去艾姆斯研究农学时，在衣阿华的街坊里，我并不是第一个上大学的小伙子，然而，我是街坊中第一个去**农业**大学的年轻人。十年或十五年之后，所有能够攻读大学的人才都接受了它。

I. L. 坎德尔1917年研究了这个问题，他充分合理地指出，“为了让科学在准备农事上发挥首要的功能，参议员莫里尔及其支持者计划了”赠地学院，但它们“在建立五十多年以后，才刚刚开始实现他们制定的这种功能”。[2]

有的读者可能不认为农业学院和机械学院是理智主义的大本营，他们可能会质疑我在这里所做的、所主张的东西。在这个方面，我并不
281 想虚报农学院的如下特征：它们的意图仅仅是让职业教育和应用科学达成某种富有成效的统合，我认为这是颇为有用的目的。此处的关键点在于：这种急需的融合仅仅是在农业改革者的一个世纪的活动之后才得以实现；这一百年里，他们对抗着农民之中存在的一个无处不在、极端顽固的信念：理论对实践毫无贡献。

三

农耕，可以貌似合理地被描绘为生活的“自然”方式；它的从业者，

1　米尔本·L. 威尔逊(Milburn L. Wilson)，见于O. E. 贝克(Baker)，R. 波索迪(Borsodi)，M. L. 威尔逊：《现代生活的农业》(*Agriculture in Modern Life*，纽约，1939年)，第223—224页。

2　坎德尔：前揭，第103页；参见第106页。关于这些学院的农业与机械课程的学生人数，见第102页。

如果倾听世故的批评，采信书本或科学的思想，就会极为得不偿失。产业工人阶层则情况不同，其生活方式被认为是不自然的，他们需要达到某种水平的自我意识和组织形式，这之后，才能表达有关自身命运的态度。从一开始，知识分子的批评与工人运动的关系就体现出了比在农民当中的情况还要复杂的特征。在《社会主义心理学》中对书名这一主题的卓越研究里，亨利·德·曼评述说："工人运动并未受到知识分子及其动机（Intelligenzlermotives）的影响，它仅仅是这样一种利益代表，它想让无产阶级转变为新的布尔乔亚。"[1]这一观察中存在的某种讽刺，也适用于美国的工人运动，较之其他国家来说，它的目的更是在于让无产阶级成为新的布尔乔亚。就像其他地方一样，美国之中，工人运动也在确乎真正的意义上是知识分子发起的。然而这个孩子，对自己的父亲反戈一击，就为了铸造自己独特的性格。它不可能培养出那一类最终可以在美国成功建立永久组织的工人领袖，除非某种奇异的辩证法得到了仔细的审视：首先，知识分子的影响及其对资本主义的系统批评，创造出了对工人运动的必然性和可行性的意识；但是之后，一系列阶段之中，这一影响不得不被丢弃，只有如此，工人运动才可以消除分心和累赘，献身于组织有工作意识的工会，并立足于持久而成功的基础上。

历史上，美国的工人运动在开始时，并没有专注于工作、薪资议价，以及最终成为工人运动本质特征的罢工。它总是在很大程度上渗透 282
进了资产阶级领袖，这些人受到了改革理论家的目标的影响，受到了运动成员的兴趣的感染，要么想在资产阶级社会获得稳固的地位，要么想要彻底变革社会。运动的早期历史联系了这种或那种一刀切的政

1　亨利·德·曼（Henri de Man）：《社会主义心理学》（*Zur Psychologie des Sozialismus*，耶拿，1926年），第307页。

治万灵药——土地改革、反垄断、绿钞主义[1]、生产合作社、马克思主义、亨利·乔治的单一税[2]。这样的实验持续了四分之三个世纪还要多的时间，它让美国工人运动在建立牢固永久的组织方面毫无作为；仅当萨缪尔·贡珀斯[3]和阿道夫·施特拉瑟[4]这样务实的领袖先后接管，运动才发展出了效果，他们让运动集中于工作和薪资议价，集中于足够强大而希望凭借自己的技能垄断劳动市场的技术行业组织。

毫无疑问，已然成为社会主义者的阿道夫·施特拉瑟与美国劳工联盟（A. F. of L.）第一代的精神领袖萨缪尔·贡珀斯，都从他们年轻时与社会主义者的对话中受益良多。对于自传中提及的早年接受过的理智训练，贡珀斯给予的也许只是勉为其难的赞颂，他指出：

> 帮助工会运动奠定基础的人中，有许多都借助了社会主义的经验，他们找到了制定合理政策的途径……他们总都是远见卓识之士……如果个体的发展能够超越社会主义的方案，社会主义的经验就起到了建设性的作用，因为这样就为方案的实际义务带来了活跃的洞见和理解力，使得有形之物仅仅是达到更高的精神目的的工具。

社会主义会将工人运动的可行性教给这样的人，不过，工人运动本身一旦建立，就将社会主义在美国的不可行教与了他们。从工人运动

1　Greenbackism，美国南北战争期间发行的流通券，用来筹集资金。为此，有人还成立了绿钞党，反对垄断，支持通货膨胀，为工人争取权利。——译注

2　美国土地改革家亨利·乔治的著名政策，旨在仅仅向土地所有者征收单一的土地税。——译注

3　Samuel Gompers（1850—1924），生于英国的美国工会领袖，对于美国工人运动的发展起到了至关重要的作用，建立了美国劳工联盟。——译注

4　Adolph Strasser（1843—1939），生于奥匈帝国的美国工会领袖，建立了雪茄制造工联盟。——译注

的最早时期开始，贡珀斯就必须同“跟风派、改革分子、爱看热闹的人”展开斗争——他用这些词描绘在工人运动周边徘徊的意识形态家；有时，这样的意识形态学者还属于他们的强敌之列。正是在这些社会主义者的作
用下，1894年，他落选了美国劳工联盟的主席之职，只有在这一年，他没有 283
连选。他深信，领导权可以“仅仅”委托“给那些为生计每日劳动，其心灵和思想由这方面的经验编织而成的人”。“我认识到了同知识分子纠缠、结盟的危险，他们并不理解，工人运动的实验就是人的生活的实验。”[1]

知识分子与贡珀斯这样的工人领袖疏远，是因为他们对工人运动的期待完全不同。知识分子倾向于将工人运动视为实现更大目标的手段——社会主义或其他某种类型的社会重建。他们来自工人运动的外部，他们很少是从工人阶级内部吸收而来。一般说来，他们轻视大多数工人领袖，事实上还有大多数底层技术工人所向往的那份中产阶级的体面。美国劳工联盟之类的务实的组织，从来不诉诸知识分子的理想；而知识分子也固执地轻视组织的领导层。我相信，最合适的理解也许是，工人领袖是一群自我奋斗者，在这一方面，他们同产业公司中大量这样的奋斗者相比，并没有什么迥然的差别。如施特拉瑟在一次典型的交锋中所说：“我们全是实干家。”[2]这些人大部分来自工人阶级队伍，他们从来都希望，工人及其领导者会得到商人所享有的体面。他们接触了反资本主义和反垄断的思想，但与知识分子不同，他们并不了解资

1　萨缪尔·贡珀斯：《七十年生涯与劳动》(*Seventy Years of Life and Labor*, 1925年；纽约版，1943年)，第I卷，第55，57，97—98，180，382页。知识分子对工人运动的这种不信任，在一位早期工人知识分子那里，也同样存在。此人即约翰·R. 康芒斯，他认为，工人运动吸引了一类难以胜任领袖的知识分子。见约翰·R. 康芒斯：《我自己》(纽约，1934年)，第86—89页；也见其《产业信誉》(*Industrial Goodwill*，纽约，1919年)，第176—179页。

2　参议院教育和劳动委员会，《劳方与资方关系》(*Relations between Labor and Capital*)，第I卷(华盛顿，1885年)，第460页。参见贡珀斯1896年同样典型的说法：“工会是工薪族的商业组织。”《美国劳工联盟第十六次年会报告》(*Report of the Sixteenth Annual Convention of the American Federation of Labor*)，1896年，第12页。

产阶级文明的全面衰败，而这种败象弥漫于政治和审美的先锋思想之中。他们是出色的爱国者，相当顾家的人，早晚也会是优秀的共和党人或民主党徒。[1]他们与知识分子——或他们视作知识分子的人——早年间的接触引起了他们的怀疑。首先，在工人运动的内部，就出现了与
284 社会主义理论家的斗争。工人领袖总是因为学院经济学家的批评而懊恼，[2]长时间以来，后者都是一队摆开阵势、几乎团结一致、反对工人的

---

1 我在此处的论述一部分受到了塞里格·帕尔曼（Selig Perlman）的《工人运动理论》（*A Theory of the Labor Movement*, 1928年；纽约版，1949年）的影响，见第viii—ix，154，176，182页，还有第5章全章。见C. 赖特·米尔斯（C. Wright Mills）将工人领袖视为自我奋斗者的争议性论述，《新权贵》（*The New Men of Power*，纽约，1948年），第5章。

2 虽然美国工人运动总是赞成公共基础学校制度的发展，但是长期以来，它怀疑高等文化和高等教育制度。对于富豪捐助博物馆、图书馆、大学，工人刊物时常做出尖刻的评论。他们指出，这些资助都是从工人的薪水里榨取出来的——“劳动者的收入里，拿出了几百万元，都给了这些单位，但是工人及其子女从来都不会进去和享受”。特殊的敌意也针对大学和学院表达了出来，与穷人子弟不可能进入的那些地方一样，大学和学院里，“每一年都有几百万元花在了将橄榄球的新式的粗野教给富家子弟上”。非常可以理解，工人刊物主笔都担心，大学会受到富人捐款的束缚，从而去教导，现状无可非议，而学院和大学会变成工贼（scabs）和罢工破坏分子的“暖箱”。在洛克菲勒捐助的大学里，还能期待教导什么样的东西呢？教的是人权，还是富人的特权？1905年，一位作家甚至提出，实业的领导层中，新的“好谈理论的大学人士”正在取代旧的实干家，而他们远离了工人，因为他们并不出身于这一阶层。大学出身的人“跟普通的工人并没有共同语言，他们轻蔑地俯视他们，就像老派的贵族轻视平民，或南方奴隶主鄙视黑人”。1914年，《美国联邦党人》（*American Federationist*）指出，私人捐款与追求真知并不相配，前者是“公立教育机构的威胁”。如果它不能更充分地奉献于真知，“那它就必须让位于由公共资金支持的州立学校”。《美国联邦党人》，第XXI卷（1914年2月），第120—121页。见《铁路乘务员》（*Rail Road Conductor*, 1895年11月），第613页；《印刷业杂志》（*Typographical Journal*, 1896年6月15日），第484页；《锅炉制造业杂志》（*Boilermakers' Journal*, 1899年3月），第71页；《铁路乘务员》（1901年8月），第639—640页；《美国联邦党人》，第X卷（1903年10月），第1033页；《电工》（*The Electrical Worker*, 1905年5月），第40页；《铁路乘务员杂志》（*Railroad Trainmen's Journal*），第XXIV卷（1907年），第264—265页；（1907年4月），第368页；《火车司炉杂志》（*Locomotive Firemen's Magazine*），第XLIV卷（1908年1月），第86—87页。

毫无疑问，社会上日益增长的、对美国大学的同情，多少克服了这种情绪。（转下页）

队伍——“教授”群体，按照贡珀斯贴的标签，是“工人的又明又暗的敌人”，“跟风之徒，空谈理论的人，娘炮”。最后，大约在世纪之交，“科学管理”运动又被工人视为严重的威胁；贡珀斯认为运动的领导者是“学院观察家”和“知识分子”，他们只想充分利用工人的力量，然后送他们去垃圾堆。这些都不是增强信心的经验。[1]事实上，工人运动是尽力在 285
并不友好的环境中立足；1900年之前，总的来说，是官方知识分子为这种不友好推波助澜。在任何情况下，那些友善的知识分子，都被视作愚蠢、讨厌的工人盟友。直到进步运动来临以后，不计其数的中产阶级知识分子才对工人事业明显友好起来；直到新政时代，强大的同盟才铸就而成，即使并不完全持久。[2]

自贡珀斯时代以来，数年之间，种种工会的成长、成功和稳定，让这些庞大、具备官僚等级制的组织越来越必须雇用专家，他们有的负责法律、保险、经济方面的建议，有的负责调查和新闻业，有的负责宣传和游说，有的负责大型的教育部门。以这样的方式，对于美国1 800万有组织的工人来说，他们的领袖成了数量可观的知识分子员工的雇主。但是，相较于工会支部组织的知识分子来讲，工会总部的知识分子并没有

(接上页)1913年《美国联邦党人》认为，学院和大学事实上都“有助于树立一种更有同情心的、更民主的对社会和实业问题的理解”。第XX卷(1913年2月)，第129页。贡珀斯也认为自己颇受大学欢迎，请他演讲；他花了相当长的时间培养了良好的关系。《七十年生涯与劳动》，第I卷，第437页以下。

1　见贡珀斯：《有组织工人：其斗争、敌人和愚友》(*Organized Labor: Its Struggles, Its Enemies and Fool Friends*，华盛顿，1901年)，第3，4页；贡珀斯：《让活机器完善的机制》(“Machinery to Perfect the Living Machine”)，《美国联邦党人》，第XVIII卷(1911年2月)，第116—117页；参见米尔顿·J. 纳德沃尼(Milton J. Nadworny)：《科学管理与工会》(*Scientific Management and the Unions*，剑桥，马萨诸塞，1955年)，尤见第4章。

2　关于最近这种同盟在局部上的破裂，见詹姆斯·R. 施莱辛格(James R. Schlesinger)：《组织化的工人与知识分子》(“Organized Labor and the Intellectuals”)，《弗吉尼亚季刊评论》(*Virginia Quarterly Review*)，第XXXVI卷(1960年冬季号)，第36—45页。

找到舒适的家园——事实上，他们与工会领导人的关系并未完全相似于企业知识分子同公司负责人的关系。

总的来说，有三种压力似乎让知识分子与工会环境疏离开来。第一种仅仅对一些人产生作用，它是对改革的热情，对意识形态的担当，它有可能让知识分子一上来就想为工会服务。迟早，他将看到，自己阻止了工人运动变得激进——然而，他还会看见，他本人被吸入了这个巩固领袖权力和威信的机器。无可避免，工会专家的理想主义不再锋锐，他发觉自己卷入了一个乐意使用他，却不愿顺从其意志的持续运行的机构。（以传教士般的热情从事这份工作的工会专家，其所得报酬要略少于更重视自我、有事业野心的人。）第二种疏离的根源是知识分子对科研的职业感情，对真理的无私的欲望，这有时就与工会作为激进组织的必然性或领导者个人的命令相抵触。“他们在使用数据上马马

286 虎”，一位专家这样批评自己的工会同事。[1]

> 他们可不管这一套。他们是哲学上的相对主义者，对真理或科学的客观性，并没有真正的信仰；或者至少，他们认为，对真理的探求太困难了，所以，他们就放弃了，为拒绝真理给自己开脱。他们说：“总之，谁会喜欢真理呢？——管理层吗？”基本上，这是因为，他们具有马克思主义或社会改革的态度。一切都与党派利益有关……他们想做的全部事情就是激化领导者的偏见……我有时候真希望自己可以进大学教书。

---

1 关于我此处的论证，以及来自工人领袖和工会专家的引文，我均得益于哈罗德·L. 维兰斯基（Harold L. Wilensky）：《工会中的知识分子》（*Intellectuals in Labor Unions*，格伦科，伊利诺伊，1956年），全书，也尤见第55，57，68，88—90，93，106，116—120，132，260—265，266n.，267，273—276页。关于工会知识分子的权力局限，也见C. 赖特·米尔斯：前揭，第281—287页。

专家时常都在探寻不受欢迎的真理，或是成为工会领袖的中介，通过他们，领导人可以面对某种不受欢迎的现实，比如法律界或经济界。因为这一能力，尽管对他们的需要非常迫切，但他们还是遭到了怨恨。工人刊物的编辑也许有志于经营一种理智的期刊，致力于舆论批评；他的工会领导者也许更关心：工会的刊物在派系纷争中是否采取了右倾的立场。工会的教育主管或许希望为工人提供某种与人文教育相近的东西；而领导人却仅仅寻求简单的灌输和意识形态上的安稳。

最后，还有一类疏离，它完全是个人性的，源自教育，在某些情况中，还是因为专家的个人文化。如果他的工作不再必需，他就失去其位，不再是合适的人选，不会被青睐，作为同伴。工会的办公室中，一句句嘀嘀咕咕的抱怨尾随着他，就好像他实际上在流水线里——或者还有这样的情况，在扶轮社[1]集会时抱怨说，他们"恃才傲物……根本没法与他们合作……他们不受欢迎……他们不是普通的男人。他们也不喜欢普通的女人……"

工人领袖对待工会知识分子的态度体现出了某种矛盾心理，而类似的心理在商业界和整个社会中也能发现。哈罗德·维兰斯基在他对工会专家的研究中发现，知识分子的专家知识有时候威胁或威慑到了工人领袖，但通常，后者又会称赞前者。不过，他轻视专家的迂阔，甚至其古怪的言论却可以让自己安下心来。一位工会的高级官员夸口说："我上过吃苦头的学校。"当他以同样的骄傲说出如下这番话时，上述复杂的感受又表达了出来："我跟自己的儿子说了，在学院学劳动法！"在一些部门，对专家职位的埋怨又羡慕，困扰着非知识分子："那个婊子养的，为什么他能有这么舒服的活……我就得在底层费死劲听他胡说八道，我连着几夜都得出去参加当地的集会，他却坐在桌子后面，写着各 287

1 Rotary Club，1905年成立于美国伊利诺伊州埃文斯顿的民间社团，旨在促进各行各业的交流和社会服务。——译注种材料。”与商人一样，工会领导人都高声称颂实践经验——对工作台或工会组织活动的直接认识。“从书本里，你学不到这些。经验无可替代。”从一开始，**他**就在斗争中；而专家在局外，是后来入行的，他不可能理解工人斗争或工人心理，因为他没有直接处理过这样的事情。“在这方面，你的整个思维……都是异想天开。你有法律思想；你来自哈佛或耶鲁，或其他地方，跟那里的其他家伙都是一个样；你不懂工人的思想。”在这样的环境中，毫不惊讶的是，畏缩自疑的感觉时时让专家退却，采取了缄默的姿态或试图掩饰自己。他们工作的氛围也许在诸多方面都是振奋人心、宽厚和善的，但是，研究工会官僚制之专家的学者认为，该体制的一个方面正是“无处不在的反智主义”。[1]

四

没什么可吃惊的是，以“布尔乔亚”为目标指向的、组织化的美国工人运动，为知识分子提供了一种并不完全合乎志趣的环境。相反，令人更为吃惊的却是，在不搞共产主义的左翼里也会发现有相似的问题产生，尤其是在社会党[2]中，因为知识分子其实让他们受益匪浅。不过，如果说在当时，社会党是一股反智的势力，它对知识分子颇为冷淡，那么这一看法，完全会具有误导性。1900到1914年，美国社会党吸引了大批知识分子，他们的支持难以估量，他们的著作给自己带来了威望，极大地扩展了自己的影响力。在他们之中，不仅有厄普顿·辛克莱和约翰·斯帕戈[3]这样的揭丑人士，还有撰写批判作品的作者，这样的著

1　维兰斯基：前揭，第269，276页。

2　Socialist Party，美国第一个社会主义政党，1901年成立。该党并不激进，主张改良，积极参政为工人争取权利。其左翼成员后来分裂出去，建立了美国共产党。——译注

3　John Spargo（1876—1966），生于英国，后来赴美，参加社会主义运动，是著名的左翼知识分子，写过马克思的传记。——译注

作刺激人心，关注的是社会主义以及美国生活中一向值得解读的各种方面——这一类的人物有路易斯·B. 布丁(Louis B. Boudin)、W. J. 根特(W. J. Ghent)、罗伯特·亨特(Robert Hunter)、阿尔杰·M. 西蒙斯(Algie M. Simons)、威廉·英格利什·华灵(William English Walling)。与后来的共产党不同，社会党维护了远非整齐划一的思想氛围，它还出版了并未完全被马克思主义经院派束缚的理论文献。在社会上招募人才时，美国社会主义运动以多元为特征，始终不拘一格，甚至在思想上颇有胆略，它的一些支持者还让它具有了神气轻灵的波希米亚风格。“《群 288
众》，”一份社会党期刊这样宣传自己，“是懂幽默的……享受革命吧。”

但是在一些地区，甚至社会党也承受了无产阶级崇拜之苦。在党内频繁的派系斗争里，知识分子代言人通常都被打上中产阶级学院派的标签，他们还被不公平地类比成作为运动堡垒的、真正的无产阶级。(当革命热情受到质疑时，知识分子其实通常都在左派之中，而非右翼。)社会主义倾向的知识分子，尽管通常来自稳固的中产阶级，有时还是富家出身，[1]但都在精神上努力脱离自己的阶级，尽力适应无产阶级的马克思主义理想，因此不可避免的是，这产生了某种自我贬抑和自我疏离。故而，党内的反智主义派系也依然拥有知识分子代言人。[2]其中之

1　芬利·彼得·但恩(Finley Peter Dunne)就对社会主义运动中的少数富人颇有兴趣，他也以此调侃。“范德汉克比尔克夫人，”杜力先生说，“为太太们配乐吧，亿万富婆工会的太太们……集会的演说者是著名的社会主义领袖J. 克拉伦斯·拉姆利，他继承了拉姆利家的几百万遗产。这位知名的无产阶级说，他通过学习自己的父亲，成了社会主义者。他难以相信，允许这样的人积累三千万美元的制度竟然是正确的……在座的太太们，都能明白工业领袖有多么愚蠢，因为她们都嫁给了他们，而且知道他们在白天是什么样子……通过决议后，集会就散了，那决议要求女主人的丈夫去跳河。”芬利·彼得·但恩：《杜力先生：现在和永远》(*Mr. Dooley: Now and Forever*，斯坦福，加利福尼亚，1954年)，第252—253页。

2　查尔斯·多比斯(Charles Dobbs)在《国际社会主义评论》(*International Socialist Review*)，第VIII卷(1908年3月)，第533页中写到了“头脑”，他注意到，“正是‘知识分子’在攻击那些对‘领导层’发出最强袭击的‘知识分子’和‘领袖’”。

一就是W. J. 根特，他认为，《群众》的热情放纵无拘，太过轻率，难以严肃地致力于让工人信奉社会主义这一基本事业：

> 《群众》轻易就会将社会主义、无政府主义、共产主义、新芬主义[1]、立体主义、男性至上、直接行动、破坏怠工混合成一团差不多和谐的整体。它尤其产生于一个个焦躁不安的都会里的团体，它们心有旁骛；它们总是在疯人院的门口寻求泡影般的新奇。

另一位知识分子罗伯特·李维斯·拉·蒙特（Robert Rives La Monte）认为，尽管本党需要充足的头脑，但是，头脑不应该等同于拥有
289 "传统的布尔乔亚教育"；他得出的结论是："适度的对知识分子和空谈社会主义者（parlor socialist）的怀疑"，它的存在是"最令人安心的标志，意味着无产者作为阶级正在接近成熟"。[2]对此，右翼党派的应声虫，如乔治·H. 戈贝尔（George H. Goebel）就会表示赞同。当知识分子、传道者或教授同工人之间需要做出选择时，戈贝尔说，"工人阶级队伍里培养的新人，在日常生活中与劳动和斗争实际接触的人"，这样的

1 Sinn Feinism，北爱尔兰和爱尔兰的新芬党的思想，该党奉行社会主义，主张爱尔兰统一全岛。——译注

2 大卫·香农（David Shannon）：《美国社会党》（*The Socialist Party of America*，纽约，1955年），第57页；罗伯特·R. 拉·蒙特（Robert R. La Monte）：《有效率的头脑对抗混账文化》（"Efficient Brains versus Bastard Culture"），《国际社会主义评论》，第VIII卷（1908年4月），第634，636页。关于社会主义运动中的知识分子，见香农：前揭，第8，12，19，53—58，281—282页；丹尼尔·贝尔：《美国马克思主义社会主义的背景与发展》（"The Background and Development of Marxian Socialism in the United States"），收入唐纳德·德鲁·埃戈伯特（Donald Drew Egbert）与斯托·波尔森斯（Stow Persons）编：《社会主义和美国生活》（*Socialism and American Life*，普林斯顿，1952年），第I卷，第294—298页；伊拉·基普尼斯（Ira Kipnis）：《美国社会主义运动，1897—1912》（*The American Socialist Movement, 1897—1912*，纽约，1952年），第307—311页；贝尔对这部作品的评论载于《新领袖》（*The New Leader*），1953年12月7日。

人才总是代表着工人阶级。[1]

在党内，采取最极端的反智主义立场——名副其实的流氓无产者的风格——的人，并不是右派，也非自我疏离的知识分子，而是受世界产业工人联盟（I. W. W.）之精神影响的西部的党员。充分体现这种精神的，是俄勒冈系，它是西部地区强大的派系之一。有一个故事说，1912年印第安纳波利斯召开该党大会，俄勒冈代表拒绝出席晚餐，就因为饭馆有桌布。该州书记托马斯·斯拉登（Thomas Sladden），曾经取消了俄勒冈各个总部的痰盂，因为他觉得，嚼烟叶的无产阶级硬汉用不着这种斯文的器具。还是斯拉登，在《国际社会主义评论》上写下了对知识分子的、不可调和的挑衅。如他所见，运动属于工人，而不属于其他任何人。社会党和工会"都必须要么让位于'用胃口思考的人'，要么拿起武器反击他们"。斯拉登用如下的话描述了无产阶级社会主义者：[2]

> 他有自己的语言，不同于公认的文明语言；他外表没有教养，粗野无礼；他有着道德和伦理准则，但不被社会承认；他信奉的宗 290
> 教，不会传布，无论在正统，还是不正统的教会，那是恨的宗教……他拥有的智慧，超过了在他的世界之外出生、成长和生活的知识分子的理解。
>
> 与森林中野兽的本能一样，他的视野清晰，他总是警惕，他听

1　贝尔：《美国马克思主义社会主义的背景与发展》，第294页。也见右翼领袖马克斯·海耶斯（Max Hayes）在1912年全党大会上对空谈社会主义者和理论家的攻击。美国社会党，《大会记录》，1912年（芝加哥，1912年），第124页。

2　《革命者》（"The Revolutionist"），《国际社会主义评论》，第IX卷（1908年12月），第429—430页。关于斯拉登，见香农：前揭，第40页；有一位社会主义者认为，无产阶级拥护知识分子，他回应了斯拉登，关于此，见卡尔·D. 汤普森（Carl D. Thompson）：《谁组成了无产者？》（"Who Constitute the Proletariat？"），《国际社会主义评论》，第IX卷（1909年2月），第603—612页。

> 觉敏锐,他生性多疑,他的精神不可征服……他会猛扑,撕碎你那孱弱的理智,还有你的伪造的体面;他巡视众人,他是众人之主,他会决定什么是对,什么是错。
>
> 这就是无产者……他没有学历,没有礼貌,不关心人们怎么想他。他的学校就是人间经历的艰苦学校。

这里,对无产者的崇拜似乎掺杂了种种原始主义精神,而另一位西部人杰克·伦敦也试图将这种精神嫁接到社会主义运动上,尽管并不成功。社会党内非知识分子的更典型的态度,还是温和的立场,如其领导人尤金·V. 德波斯(Eugene V. Debs)。他观察到,有许多社会主义者"蔑视知识分子,仿佛他们是入侵者,在社会主义者中不伦不类";于是他反对说,**知识分子**不应该成为骂人的词。运动需要头脑;党应该争取吸引他们。对于德波斯来说,重要的事情就是,通常,"官员和代表、公职的候选人,都应该从工人队伍中选拔。知识分子应该是例外,可以在基层任职"。工人组织不应该由知识分子来管理,正如知识分子的组织不应该由工人来管控。德波斯认为,工人有充分的胜任职位的能力。他担心知识分子任职,这与他担心社会主义运动内部出现分层和官僚制是一致的。与标准的杰克逊派人士一样,他承认自己信任"职位轮换"。"我坦承,"他说,"我对官僚作风有偏见,我害怕官僚制。"[1]

五

虽然社会党容许某些多元的措施,共产党却是整齐划一:它不需要

---

1 《合理的社会主义策略》("Sound Socialist Tactics"),《国际社会主义评论》,第XII卷(1912年2月),第483—484页。在这些言论的三年后,罗伯特·迈克尔斯(Robert Michels)出版了自己的《政党》(*Political Parties*)一书,它分析了欧洲左翼党派中的寡头倾向。

那些不服从该党典型的严格规章纪律的作家。此外，第一次世界大战 291
之前，在社会党最为关键的时期，它吸收的知识分子主要是独立了解马克思主义的思想家，他们作为理论家接管了党内各级的领导权。而共产党则吸引了更大比例的、有创造力的作家和文学批评者，但他们对马克思主义或正规的社会科学所知寥寥，或者一无所知；但至少在一段时间里，他们愿意听从党内机器的监护和规训。随着20世纪30年代，共产党在思想上的影响渐渐扩展，某些反智主义倾向，尤其是在社会党里不甚显著的对无产者的崇拜，在现实中于该党内部占据了主导地位。道德力量的平衡上出现的转变是戏剧性的：在社会党的圈子内，可以感觉到真无产者的不安，他们一想起自己当中的知识分子发挥着如此之大的影响，就会如此；而在共产党的团体里，人们能意识到党内的或同路的知识分子的苦恼，因为他们从职业或出身上，皆非工人群众。

之前的美国激进人士，如爱德华·贝拉米（Edward Bellamy）和亨利·德玛雷斯特·劳埃德（Henry Demarest Lloyd）有时还对工人阶级心存轻微的高傲和监护的态度；但是在20世纪30年代，许多美国作家都不得不接受这样一个极为伤感的看法：工人阶级的苦难和"历史使命"赋予了他们巨大的、固有的、高于中产阶级知识分子的道德优越性。为了补偿自己的污损的阶级出身以及自身的中产阶级特征，许多这样的知识分子都认为，他们必须为本党做出这样或那样的奉献，从而将自己献祭于工人阶级的圣坛上。共产党本身，敏锐地意识到了这些思想皈依者的用处，但同时也意识到了危险：川流般涌来的独立的心灵危及了它的纪律。所以，党采取了这样的策略：利用知识分子的内疚和自恨作为使之顺服的手段。一方面，党为知识分子提供了信条，给了他们数量不多却在增长的听众；但另一方面，它试图影响知识分子的心埋弱点，避免他们迷失方向。这一政策混合了各种结果；那些最为杰出的作家——德莱塞、辛克莱、斯坦贝克、海明威、麦克利什、多斯·帕索斯，对于他们的声望，共产党尤其梦寐以求——也证明是最难管教的，他们极为不愿意温顺地遵从无名党徒的政令。次要的作家，自信心更低，更依赖于党给他们的群众。他们更为顺从，即使往往来看，服从得还不够，
292 不足以满足党的意图。保罗·罗森菲尔德[1]就曾想起过这样的人，1933年他抱怨说，他们放弃了自己作为艺术家的责任，他们争的是，“什么能最快速地让自己顺应那种共产党还有其他所有政党都具有的庸俗”。[2]

如果布尔什维克纪律的真正精神会灌输给激进的美国作家，那么《群众》时期繁荣的波希米亚风格却必须要加以毁弃。作家不得不认识到，波希米亚风格以及一切形式的唯个人的叛逆都是轻浮、琐碎、神经质的。曾经是波希米亚派的约翰·里德[3]就是领路人。“这场阶级斗争”，他说，“消灭了你们的诗情”；如果是这样，毫无疑问，诗必须滚开。“布尔什维克主义，”在另一个地方，他宣称，“不是为了知识分子；它是为了人民。”“你们这群家伙，”他对孟什维克理论家说，“根本不是生灵；充其量是书虫，总是思考马克思说什么或想要说什么。而我们想要的是革命，我们要去干革命——不是用书，而是用步枪。”里德生命太短，没有来得及证明他能将这种信念的影响承载多久。他去世后，向知识分子挑衅的角色由迈克尔·戈尔德[4]接手，此人长年是共产党在批判活动方面的马前卒。在降低阶级、放低理智上，戈尔德的成功更加彻

---

1 Paul Rosenfeld（1890—1946），美国专栏作家，知识分子，擅长评论音乐，写过《音乐肖像》一书。——译注

2 引自丹尼尔·亚伦（Daniel Aaron）：《左翼作家》（*Writers on the Left*，纽约，1961年），第254—255页。在论证和例子方面，我对这一全面而有洞见的研究多有引述；下面几段的引文和事件均来自第25，41，65，93—94，132n.，162，163—164，168，209，210—212，216，227，240—242，254，308，337—338，346，409，410，417，425页。在1935年接受“统一战线”之前，共产党对知识分子的态度比后来更为严厉。

3 John Reed（1887—1920），美国共产党的建立者，创作了著名的描述十月革命的《震撼世界的十天》。——译注

4 Michael Gold（1894—1967），犹太人，文学家，美国普罗文学的代表人物。——译注

底，超过了大多数左翼知识分子。[1]支持共产党却又无可救药地具有波希米亚作风的弗洛伊德·戴尔（Floyd Dell）觉得，作为文学家，戈尔德“出于朦胧的原因，因为自己不是工人而羞耻……所以，一遇见工人，他就表示敬畏，为了赞美他们，他就夸大其词”。对于比戴尔年轻的一代作家来说，这种羞耻和敬畏的缘由并没有那么朦胧。

共产主义者对知识分子功能的观点，在全面贯穿美国国家道德准则的实践性、阳刚气和原始主义等主题上，产生了反讽的变奏；看一下共产党的行为准则如何相似于商人表达的某些态度——尽管在措辞上有些许变化——那还是很有意思的。至关重要的任务仍然是粗暴的实 293
干——闹革命。其他一切都是次要；艺术和智识毫无用处，如果它们不能发挥效果。对革命无用的作家会受到谴责，按照共产党使用的标准形象来说，他们是资产阶级的文艺妓女：他们是“最古老、最高贵的妓女”，（用一位年轻作家的话来说，毫无疑问，他出身无产阶级）“文坛寄生虫……举止就像香气扑鼻的婊子，为了三十块银币，就能跳肚皮舞，也就是摹仿传说的东方女人，扭动自己的肚子”。

干革命是这样的任务：它不仅需要更强烈的道德纯洁，还需要一种有力的男人气，而太多的作家在这方面都是欠缺的。此外，政治对实践和阳刚的要求都相反于唯美主义的无用。当共产党领袖认为一位作家的诗歌和短篇小说都是业余活动的“嗜好”时，这名作家大吃一惊——这个例子透露出了共产党认为文学从根本上并不严肃。最糟糕的是作家身上缺乏阳刚，他们不会处理阶级斗争的残酷现实。党内知识分子对于这件事有不同看法，但是，他们之中的最粗暴者，在讨伐文坛的人道主义者时，对于自己鞭挞的东西大加斥责，毫不吝惜：“基佬的文艺。”

1　毋庸置疑，戈尔德就像20世纪50年代的麦卡锡信徒一样反对哈佛，他不得不否认自己在那里短期求学。“有些敌人散布流言，说我曾经上过哈佛学院。这是撒谎。我在哈佛所在的城市波士顿的垃圾场劳动过。就这些。”

迈克尔·戈尔德曾经告诉辛克莱·刘易斯，这样的作家哺育了“疯狂的争风吃醋”，因为他们“没有经历过男人的体验”。戈尔德与桑顿·怀尔德[1]在文学上积怨已久，这众所周知，他指责这位小说家，散布“柔弱无力、东拼西凑、一知半解的宗教，故作神经质，毫无血与火”，还散布“白日梦，那属于种种同性恋人物，穿着优雅的袍子，在百合花丛带着古风移动”。

在最极端的时候，试图表述共产主义文学准则的人，会对工人阶级作家发起号召，后者可以提供“无产阶级现实主义”(用戈尔德的词)，而据称，布尔乔亚作家难以创作出这样的文学。就让“伐木工、流动工、矿工、店员、护路工、机械工、收割工、招待”读读党媒《新群众》吧，还可以为它写稿——“这些人对我们才是至关重要的，胜过要笔杆子的有偿文人”，一位工人阶级作家这样督促。“也许是粗糙的文字——但是，我们几乎受够了在镜子前精心打扮，为闪亮的鼻子撒上粉。我们怕谁？害怕批评家？怕他们会说，《新群众》刊登的东西全是语法错误？该死，老兄，我们怕的是，报亭上摆满了一包包整齐干净、语法都对的废纸。”
294 这样的言论倾向于将作家赶出共产主义运动。让他们疏离的，正是一位作家所说的“理想主义无产阶级性的矫揉造作，单调地拨弄毫无情感的弦，对不同于自己阶层的人心存敌意，轻视受到把控的作品和批评，回避讨论”。

这些差异表明了，共产党在处理作家和其他知识分子时，面临着一个重要的难题：一方面是迫切想要使用他们，另一方面又无力维系某种将他们控制住的氛围，这两个方面存在着冲突。甚至迈克尔·戈尔德，尽管他挑衅、放肆的言辞做到了让有可能表示同情的知识分子与共产党划清界限，然而有时，党内领导人对待作家的态度，也会让他变

1 Thornton Wilder(1897—1975)，美国著名文学家，精英知识分子，凭借小说和戏剧三获普利策奖。——译注

得不安。他曾经承认，通常来说，知识分子不得不感到自己是局外人："从前，'知识分子'这个词成了'王八蛋'的代名词，而如今，就在美国共产运动中，某种这样的看法也存在了。"这一对待知识分子的态度，党员也会利用它作为内部斗争的武器：约瑟夫·弗里曼[1]回忆，在20世纪20年代的宗派斗争中，福斯特派[2]与洛夫斯通派[3]打起了嘴仗，前者攻击后者的主要依据就是，他们是大学生、布尔乔亚和犹太人。这种态度产生了惊人的后果。莫斯科审判期间，马尔康姆·考利[4]是共产党的同路人，也是一家大城市无党派周刊[5]的主笔，在撰稿中，他绝对严肃地谈到了托洛茨基："我从不喜欢他这一类大都市的知识分子，他们把每一件人的问题都简化为单调的推理，这让他们在每一点上都是正确的……"

一度——即使在大部分激进作家的一生中，仅仅是短时间里——共产党的准则都得到了认同；以此为标准，知识分子连同哺育他们的制度，都非常糟糕。"我认为我们所有人都是奶里奶气的家伙，"约翰·多斯·帕索斯在第一次世界大战时这样写道，"我们的信仰就是喝茶聊天，我们的激进主义一向在礼貌的限度内……我愿意消灭我们的这些愚蠢的大学、大学里所有的帅小伙，还有灌输着乏味东西的人——各种

1　Joseph Freeman（1897—1965），美国左翼作家，《新群众》的主笔，著名的《党派评论》的创始人。——译注

2　Foster group，美国工人运动领袖威廉·福斯特（1881—1961）的宗派。——译注

3　Lovestone group，美国共产党员杰伊·洛夫斯通（1897—1990）领导的宗派，但后来与共产党决裂，福斯特是他的竞争对手。——译注

4　Malcolm Cowley（1898—1989），美国著名作家、诗人，交往甚广，海明威、庞德、帕索斯、菲茨杰拉德都是他的朋友。他受到过马克思主义的影响，推动建立了左翼倾向的美国作家联盟。莫斯科审判期间，考利支持斯大林，之后苏德结盟，他对苏联大为失望，才转变了立场。——译注

5　指倾向左翼的《新共和》，总部在华盛顿，当时为周刊。考利1929年任该刊文学主笔。——译注

混蛋文化，中产阶级的势利习气。”杰娜薇芙·塔格德[1]遵从革命的紧迫、“实际”的任务，她觉得，作家毫无用处：

> 实干者闹革命，而最令人气恼的却是这种人：当你努力将一支队伍打造成形，或是要将新经济政策解释清楚，他们就目光四
> 295 顾，长久茫然。我要是负责革命，我就立刻撵走所有艺术家，一个不剩；幸运的是，大地的丰饶会生出另一种作物，依赖这样的运气，我就做成了某些艰苦的任务。身为艺术家，我有一种在妈妈干家务时小孩子的感觉。我不想碍手碍脚，我希望自己有个烦恼全无的地方，万事平静。

还有许多作家参加了这场运动，是因为相信，至少在他们看来，反对资产阶级的世界也就是反抗它对文化的无礼。但是，无论选择两个世界中的哪一个，总是会有一项实际的工作，需要优先完成——是资产阶级的工业化，还是新经济政策（New Economic Policy）；是寻求个人的成
296 功，还是需要将一支队伍“打造”成形。

1 Genevieve Taggard（1894—1948），美国女诗人，信奉社会主义，她也撰写过狄金森的传记。——译注

第五部分

民主制的教育

第十二章

学校和教师

一

如果有人将反智主义说成是美国生活的特征，那么他必须考虑我们民族经验中这样一个标志性的事实——我们执着、强烈，有时还颇为感人地信仰着大众教育的效果。无论过去还是现在，很少有观察者怀疑这一信仰的普遍或诚意。亨利·斯蒂尔·康马杰[1]在评价19世纪美国的种种首要特性时说，“教育是我们的宗教”——虽然他很快补充道，美国人对教育的期待也就是对宗教的期待，即它“要实用，还要带来红利”。[2]现代历史中，以普鲁士为榜样，美国人也是第一批建立免费公共基础学校[3]制度的民族。在他们最早的一批章程中，就有拨出一部分公

1 Henry Steele Commager（1902—1998），美国著名自由知识分子，史蒂文森和肯尼迪的支持者。代表作《美国精神》，有中译本。——译注

2 亨利·斯蒂尔·康马杰：《美国精神》（*The American Mind*，纽黑文，1950年），第10页；参见第37—38页。拉什·维尔特（Rush Welter）：《美国的大众教育与民主思想》（*Popular Education and Democratic Thought in America*，纽约，1962年），翔实地研究了美国人对教育的期待。

3 Common-school，19世纪美国发起了公共基础学校运动。这种学校属于公立，旨在发展普及教育，不分种族（南方隔离黑人和白人）、出身、性别；年龄方面也比（转下页）

共用地、支持学校系统的土地法。他们的校舍和图书馆迅速增多，这证明了他们对知识传播的关心；他们的吕克昂[1]和肖托夸[2]也体现出，这种关心并未随着学校生涯而结束，它扩展到了成人教育。

从一开始，美国政治家就坚持认为教育对共和之国必不可少。乔治·华盛顿在其临别演说中就督促民众推动"普及知识的制度"。华盛顿主张，只要政体赋予民意以力量，"启蒙民意就是不可或缺的"。1816
299 年，高龄的杰斐逊也提醒说："如果一个国家希望在文明状态上变得自由，但又愚昧，那么这种希望从来而且将来也不会实现。"1832年，年轻的林肯，在第一次面向选区呼吁时，跟桑加蒙县（Sangamon County）的选民说，教育"是我们这个民族能够从事的最重要的方面"。[3]青年林肯在篝火前，借着闪烁的光，仰卧读书的形象已经在几百万学龄儿童的心中固定为理想（我相信，他们会自发地猜想他在读的是什么书）。对于经历理想主义的漫长飞行之后想要着陆的主笔或演说家来说，借助通俗的修辞赞颂教育，这总是不错的做法。"如果那个时候会来临"，1836

（接上页）较宽松，四岁到二十多岁的学生均可学习；生源主要是穷人。公共基础学校主要起到小学的功能。这种小学与当时的精英大学和学院构成了对比，公共基础学校的学生很少去大学就读。——译注

1 Lyceum，是雅典的一座健身馆，亚里士多德在这里设立了学园，这个词后来泛指学校或文化站；也可以指公立性学校，如法文指公立中学（Lycée）。美国19—20世纪开展过吕克昂运动，致力于为学校外的成人普及文化艺术和知识，形式有演说、论辩、节目表演、讲座等。爱默生就支持过吕克昂。——译注

2 Chautauqua，是纽约的湖名，1874年循道宗牧师约翰·文森特和商人刘易斯·米勒在湖畔设营，将之作为教育站点，后来形成模式加以推广，形成了肖托夸运动，接续了吕克昂运动。各地的肖托夸多固定在乡村，或多处流动，旨在普及教育，为美国民众提供科学文化知识、宗教布道、文艺娱乐。——译注

3 华盛顿，载于理查德森编：《历任总统咨文和论文》，第I卷，第220页；杰斐逊：《著作集》，P. L. 福特编，第X卷（纽约，1899年），第4页；林肯：《著作集》，罗伊·P. 巴斯勒编，第I卷（新布伦斯维克，新泽西，1953年），第8页。

年,一位中西部小城的主笔这样写道:[1]

> 到时,这巨大的建筑会摇摇欲坠;此时随着火柱升起的快乐的灯塔……会渐渐黯淡,那么这事业就会存在于无知的民众中。如果我们的联邦继续存在……如果你的田地上不再有专制统治下的雇工;如果漫长的幸福日子凭着荣耀的国家事业跟随着我们的国度;如果你让阳光继续散发它未被云朵遮蔽的光芒,照在自由民的脸上,那么,**务必要教育这片土地上所有的儿童**(EDUCATE ALL THE CHILDREN OF THE LAND)。只有这样,才会从权力的梦中惊醒暴君,唤起受压迫之民的麻木的活力。是理智竖立了一根根国家荣誉的巨柱;只有这样,还有良好的道德,才能避免它们粉碎成灰。

但是,如果我们从过去的修辞转向眼前的现实,那么让我们印象最深的却是众多这样的批评,它们表明,美国人的教育热情中某个重要的东西缺失了。大量教育问题出现,都源自漠不关心——欠薪的老师、拥挤的课堂、说一套做一套的学校计划、破败的校舍、不足的设备;还有其他许多缺陷,来自别的方面——对竞技的崇拜,游行乐队,高中鼓队的女领队,种族隔离学校,欠缺理智的课程,缺乏严肃学科的教育,忽视学 300
习上天资优异的儿童。美国的小学和中学似乎时常被竞技运动、商业精神、大众媒体的标准所主导;这些还向上蔓延到了高等教育体系之中,那里的种种最糟糕的缺点,突出体现在了一位俄克拉荷马大学的无畏的校长身上,因为他希望建成一所让橄榄球队引以为傲的大学。[2]当

1　R. 卡莱尔·布利(R. Carlyle Buley):《早年的西北拓荒,1815—1840》(*The Old Northwest Pioneer Period*,*1815—1840*,印第安纳波利斯,1950年),第II卷,第416页。

2　对这些缺陷的简要又令人印象深刻的批评,见罗伯特·M. 哈钦斯(Robert M. Hutchins):《对美国教育的某些观察》(*Some Observations on American Education*,剑桥,1956年)。

然，美国人忽视了一些教育方面的根本价值。他们付出极大的力气和费用，将数量惊人的青年送进学院和大学；但是他们的年轻子弟，一旦入学，竟然看起来无心读书。[1]

二

尽管我们用措辞表达了强烈的承诺，但在我们的教育表现中，总是有某个方面严重缺漏；对于这一点，那些严肃对待我们希望的教育工作者都看得非常清楚。有一些现代的教育批评者，太过轻易地怀念美好但从来没有那么美妙的旧日，而我们历史上的教育著作就向他们发出了巨大的挑战。留给我们的这些教育作品，其作者的大名都博得了我们的尊重，在很大的程度上，它们都是尖锐批评、气愤指摘的文学。的确，美国人创建了公共基础学校系统，但是，他们并不出手给予其充分的支持。他们会向世界上的先驱国家看齐，试图在民众中传播知识，但然后，就聘用流浪汉和不合群的人当老师，给他们马车夫一样的薪水。

看起来，美国教育改革者的历史通常是一段与紧张环境斗争的历史。对教育的哀痛是我们文学的特征之一，就如清教徒布道中的哀诉一样。这类文学本就应该是抱怨，没什么可惊讶的，因为只要有人以提升为目标，抱怨就是责任；但同时，也存在着某种持续的、近乎绝望的、暗涌的情绪。此
301 外，人们会发现，这样的情绪，不仅存在于西部的教育边疆，或最黑暗的密西西比州，它也出现在马萨诸塞，尽管这样的州首先发展了公共基础学校制度，而且始终都在引领教育的州中占有一席之地。在马萨诸塞，1826年

---

1 关于学院内和学院外的美国人的阅读，见莱斯特·阿谢姆（Lester Asheim）：《最近的研究调查》（"A Survey of Recent Research"），载雅各布·M. 普莱斯（Jacob M. Price）编：《终生阅读》（*Reading for Life*，安娜堡，密歇根，1959年）；戈登·杜比（Gordon Dupee）：《强尼的父母能阅读吗？》（"Can Johnny's Parents Read？"），《星期六评论》（*Saturday Review*），1956年6月2日。

教育改革家詹姆斯·戈登·卡特(James Gordon Carter)警告说,如果立法机关不改变政策,那么公共基础学校二十年内就会消亡。[1]

马萨诸塞州的学校系统在美国算是最佳之一,但贺拉斯·曼[2],在1837年担任马萨诸塞教育局局长之后的数年间,针对它提出了一系列很有启发的批评。他说,校舍太小,位置糟糕;为了省钱,学校委员会忽视了保持教材的统一,结果就是,同一班级竟然在一门科目上使用八或十种学习手册;学校委员会的薪资不高,也没有获得社会的认可;社会上的一部分人对教育也是无动于衷,因而对学校系统无所贡献,而富人阶层则对公共基础学校不抱希望,将子女送入了私立机构;许多城市都无视而且没有遵守本州对学校的要求;"称职的公共基础学校教师普遍缺乏",尽管现有的教师,"还算合格,符合舆论的要求",但人员配备并不如意;"阅读课上明显欠缺智力";"之前一代或半代人的时间里,学校在正字法方面都退步了";"我们学校的阅读课上,11/12还要多的孩子根本不理解自己读的词句是什么意思"。他担心"疏忽的学校委员会、不称职的老师、漠不关心的公众,会继续让彼此退化",直到整个免费学校的理念都被抛弃。[3] 302

1　《论大众教育》(*Essays upon Popular Education*,波士顿,1826年),第41页。

2　Horace Mann(1796—1859),美国教育改革家,在19世纪发起了公共基础学校运动,是美国公立教育之父。他是马萨诸塞州人,出身贫寒,但有志于学,成为政治家和教育家。——译注

3　贺拉斯·曼:《教育演讲和年度报告》(*Lectures and Annual Reports on Education*),第I卷(剑桥,1867年),第396,403—404,408,413,422,506—507,532,539页。曼的1843年的报告也值得关注,其中,他广泛比较了普鲁士的教育。其指出:"教师职业在公众评价里有着很高的地位,在别的工作或事业部门中不成功的人士,人们也不会鼓励他们将经营学校视为根本的资源。"《生平与著作》(*Life and Works*),第III卷(波士顿,1891年),第266页以下,尤见第346—348页。哈佛道德哲学教授弗兰西斯·鲍文(Francis Bowen)也认可曼的观点;他说,新英格兰学校系统在1857年开始,"沦落为例行公事,悭吝而忍饥。任何茅屋都可以充当校舍,任何识字课本都可以当作教材,任何农夫的学徒都可以胜任'教书'"。《美国教育学刊》(*American Journal of Education*),第IV卷(1857年9月),第14页。

抱怨继续,哀怨的气氛从新英格兰扩散到全国。1870年,中等教育上,向前涌动的巨流在美国即将到来,明尼苏达州威诺纳(Winona)的威廉·富兰克林·菲尔普斯(William Franklin Phelps)——时为一所师范学校的校长,后来成为国家教育协会会长——声称:[1]

> 它们[小学]主要掌握在愚昧、缺乏技能的教师手里。哺育孩子们的,只是知识的麸皮。他们把学校留给了广阔的生活舞台,那里不用训练;不用智力,也没有道德活力……整个国家里,大量的破学校、破老师。众多学校如此之破,以至于就算关张,对国家来说也是好事……它们用公共的开支,一贯行惊人的舞弊之举,呈现出了愚昧而令人痛心的景象……我们美国的几百所学校差不多全是没接受过训练的、年轻的乌合之众。

1892年约瑟夫·M. 莱斯[2]游历美国时考察了学校系统,他按照一座又一座城市,讲述了相同的令人沮丧的画面,只有几个还算是满意的例外:教育是选区政治的产物;无知的政客雇用无知的教师;教学是重复乏味的练习,毫无创意。[3]十年之后,进步运动刚刚开始,纽约《太阳报》表达了另一种抱怨:[4]

---

1 全国教育协会,《会议记录》,1870年,第13,17页。关于1865年到1915年蔓延的、类似的一系列抱怨,见埃德加·B. 卫斯理(Edgar B. Wesley):《全国教育协会:第一个百年》(*N. E. A.: The First Hundred Years*,纽约,1957年),第138—143页。

2 Joseph M. Rice(1857—1934),美国教育改革家,推动了进步教育运动,曾经在德国进行过学术活动,受到了赫巴特教育理念的影响。他的兄弟掌管《论坛》月刊,他也担任了主笔。——译注

3 《美国公共教育系统》(*The Public School System of the United States*,纽约,1893年)。

4 马里安·G. 瓦伦汀(Marian G. Valentine):《威廉·H. 麦克斯韦和进步教育》(“William H. Maxwell and Progressive Education”),《学校与社会》(*School and Society*),第LXXV卷(1952年6月7日),第354页。对这种秩序的抱怨在这一时期开(转下页)

> 当我们还是少年时，男孩子必须在学校做一点功课。他们不用哄；会得到锤炼。拼写、写作、算术都不是选修的；必须得学。如今，在这更加幸运的时代，小学教育在许多地方都成了杂耍秀。孩子必须开心，学自己喜欢的东西。许多聪明的教师都嘲笑旧有的基础知识，孩子学习阅读，似乎被视作介乎灾难和犯罪之间。 303

一代人过去，当国家发展出了庞大的中等大众教育体系，教育本身得到了高度的职业化以后，教师学院（Teachers College）的托马斯·H. 布里格斯[1]在哈佛英格利斯讲座（Inglis Lecture）演讲时，评价了美国在中等教育方面的“巨大投入”；他的结论是，很不幸，这完全失败了。他评论说：“甚至在中学课程提供的科目上也没有可观的成就。”他还认为，所教授的那种数学，如果应用于商业，有可能会导致破产或犯罪。只有一半的中学生能算出圆的面积，即使给了 π 的值和其他必要的数据。外语院校的学生掌握不了阅读能力，也掌握不了交际能力。完成高中法语一年制学习的学生，只有一半人能翻译出Je n'ai parlé à personne；仅有五分之一的选修法语的学生用了两个学年学习这门语言。拉丁文方面，结果一样糟糕。一年制古代史的学习，培养出来的学生，都说不出梭伦是谁；经过一年的美国史学习，学生都不能描述门罗主义（Monroe Doctrine）——即使在这些课程中，这两门学科都是重点。英语课程并未在大多数人中培养出任何“对所谓经典文学的永久的品味”，相反，在英文写作方面却产生了种种“在大部分情况中都令人震

（接上页）始浮现，它回应了新式教育。见R. 弗里曼·巴茨（R. Freeman Butts）和劳伦斯·克雷明（Lawrence Cremin）引用利斯·达美（Lys D'Aimee）的论述：《美国文化的教育史》（*A History of Education in American Culture*，纽约，1953年），第385—386页。

1　Thomas H. Briggs（1887—1971），美国教育家，推动了美国初中制度的发展。此处提到的演讲进行于1920年，后来以《初中》为题出版。——译注

惊的”结果，它们“证明了当前的成绩有所不足”。[1]

今天，我们生活在系统调查的时代，证明我们教育缺陷的调查证据已经积累到无须赘述。[2]最广泛的分歧与这种证据的实用意义有关。许多专业教育学家对此都欣然接受，将之作为进一步的证据，证明自己如下的观点：传统学习课程并不适合于大众教育制度中的许多儿童。而教育制度的批评者则主张，这些结果完全证明了，需要重新返回更高的标准，提升我们的教育斗志。关于教育失败这一核心事实，也有相对轻
304 微的争议；失败本身凸显了美国生活的一个悖论：尽管在社会中，人们如此热情地关心教育，但我们教育系统的产出如此令人失望，持续而无改观。

三

当然，我们或许会生发出这样一种疑虑：关于这些数据和批评，有些地方是不是具有误导性？学校官方和教育改革者不断抱怨的历史过程，难道不完完全全是一个标志，意味着健康的自我批评？种种改革难道不是在许多批评之后出现的吗？如果对美国公立教育系统的衡量，不是按照某些抽象的完美标准，而是根据一开始就设立的目标，那么难道不可以认为，它已经成功了？在这方面，毫无疑问，有很多东西要讲。美国公共基础学校制度的用意，是要利用庞大、多样、流动的人口——招收的来源形形色色，他们从事方方面面的工作——要将他们铸就成一个民族，使之具备文化素质，至少赋予其最低限度的、为共和制度的

1 托马斯·H. 布里格斯：《大投入：民主制的中等教育》(*The Great Investment: Secondary Education in a Democracy*，剑桥，马萨诸塞，1930年)，第124—128页。

2 这方面调查中，我最青睐的是洛杉矶1951年对30 000名学龄儿童的调查。它主要证明了，每七位八年级生中，几乎就有一个在地图上找不到大西洋；十一级生里，也有大约相同比例的人算不出来36的50%是多少。《时代》，1951年12月10日，第93—94页。

运转所必需的公民能力。意图就这些；即使19世纪大部分时间里，美国并没有凭借高等文化方面的成就震惊世界，但最起码来说，它的学校有助于培养一般水平的观点和能力；而正是这一点，一再受到外国观察者的注意和赞扬。

在这方面，毫无疑问，美国教育事业本身还需要更深入的考察。对大众教育的执信，并非首先立足于对培养心智的热情，或对学术和文化这两者本身的骄傲，而是建基于教育对政治和经济的假定的利益。毋庸置疑，贺拉斯·曼这样的领军学者和教育改革者都关注心智的内在价值。但是，在试图说服颇有影响力的人物或一般公众，使之相信教育的重要性时，他们大体上都在小心地指出教育对公共秩序、政治民主、经济发展的可能贡献。他们明白，最难抗拒的“推销”教育的方式，就是强调它在塑造令人满意的民主社会上发挥的功能，而不是强调它在建立高等文化上起到的作用。他们采纳而且让美国人的心中确立了这样的观念：在大众政府中，大众教育是绝对必需的。针对通常留意自己成本的富人，他们将大众教育描述为替代社会失序的唯一选项；对于没有技能、无知的劳动力，则陈述为替换恶政、犯罪和激进主义的仅有选择。对于中层和底层阶级的人，他们将之表达为大众权力的基础，通向 305
机遇的大门，成功竞赛中的巨大的平衡器。[1]

庞大、不善表达的美国公众不太可能精确地确定，他们对学校系统的期待，除了作为子女发迹的机遇之外，还会是什么。似乎很清楚，理智力的培养并不是主要关注点，而且，也有某些证据表明，我已经描

1 以下文献讨论了教育改革家的论证，劳伦斯·克雷明：《美国公共基础学校》(*The American Common School*，纽约，1951年)；摩尔·科蒂：《美国教育者的社会思想》(纽约，1935年)；西德尼·L.杰克逊：《美国为免费学校的斗争》(华盛顿，1940年)。关于美国社会史，最令人启发的文献就是罗伯特·卡尔顿(Robert Carlton)[贝纳德·拉什·霍尔]：《新购之地，在中西部的七年半》(1843年；印第安纳百年版，普林斯顿，1916年)；关于过去中西部民间针对教育的态度，它提供了全面的信息。

述过的宗教、政治、商业里的反智主义，也进入了学校的实践中。看起来，已然存在一种流行的担忧：孩子不应该过高看重对心智的运用。露丝·米勒·埃尔森（Ruth Miller Elson）在最近对19世纪教材内容的研究中指出：学校读本的编写者试图给孩子灌输种种如我们之前所见的，在成人社会中流行的，针对理智、艺术和学术的态度。[1]虽然这些以前的学校读本包含了比例相当之多的优秀文学，但是，即便在最好的情况中，选文被挑选也不是因为它们传授了创造性智识的价值。

如埃尔森夫人论述的，这些书所体现的首要的智力价值是实用。就像一部早期读本所言："我们全是研究有用知识的学者。"耶底底亚·摩尔斯[2]的著名地理学教材曾夸口说："其他许多国家都将卓越的天才力浪费在独创却华而不实的遗迹上，为了让自己的骄傲永垂不朽；与之相反，按照共和主义的真正精神，美国人则几乎完全致力于对公对私都有用处的工作。"学校教材的作者都自豪于知识以民主的方式在美国传播，他们非常满意付出的成本没有花在培养如此之多的高级或渊博的学者上。"这里没有牛津和剑桥那样显赫的学校，在那里，丰厚的薪水养着文学教授，像在修道院一样悠闲……这个国家的民众从来不想过
306 多地展示什么文学——相反，他们着眼于普遍实用的工作。"还有一种说法也表达了类似的骄傲，即美国的学院和大学，与欧洲的不同，并非完全致力于获取知识，而是投身于对学生的道德培养。人们扬扬自得地将美国的学院描绘为意在培养品格和教授合理原则，而非引人追求真理的地方。

---

1 埃尔森夫人的文章对我启发良多，见《19世纪的美国教材与"文化"》（"American Schoolbooks and 'Culture' in the Nineteenth Century"），《密西西比河谷历史评论》，第XLVI卷（1959年12月），第411—434页；下面引用的几段文字，均来自这篇论文，第413，414，417，419，421，422，425，434页。

2 Jedidiah Morse（1761—1826），美国地理学家，他编写的地理教材在美国曾颇为流行。——译注

公共基础学校也被认为是按照相似的目的加以规划的。1882年，有三分之一的读本都使用了爱丽丝·卡里[1]的作品，其中说："小孩子啊，你们必须追求当好人，而不是聪明人。""人的智识，"另一位作家说，"并非人的唯一和最佳的光彩之处。"内心的优良美德始终受到推崇，胜过了头脑的优秀之处；这种偏好也进入了学校读本中的英雄文学。欧洲的英雄也许是高傲的贵族，战场上具有毁灭力的士兵，或是"接受酬金、奉迎权力的大学者，以及滥用卓越的天分、纵容腐朽宫廷之恶的诗人"。与之相反，美国的英雄以单纯、真挚、品格高尚著称。这种文学中的核心人物就是华盛顿，在一些书里，他是自我奋斗者和对理智生活无用的实干家的样板。"他坚实可靠，而不是有才气，他具有更多的判断力，而非天才。他强烈地敬畏社会生活，不关心书本，也没有书房"，一本19世纪80—90年代的历史书这样说。甚至富兰克林也没有被描绘为18世纪的知识分子领袖，或在世界的各个首都城市中、在世界的种种上流社会里的出类拔萃而且属于美国的科学家；相反，他被形容为自我奋斗者的典范，创作了廉价的、讲述勤俭的格言。

这些读本当中选入的高知方面的文本，也包含了印证上述情绪的材料。引自华兹华斯的反智倾向的内容在19世纪上半叶颇为突出，而下半叶，则以爱默生较为显著。1884年，有五分之一的读本都引用了爱默生的《别了》(*Goodbye*)：

> 我嘲笑学问和人的骄狂，
> 嘲笑诡辩家的校堂，还有学术的门派；
> 当人在荆棘中与上帝相逢，[2]

1　Alice Cary(1820—1871)，美国女诗人，与她的姐姐菲比·卡里都是诗人，两人出身农家，自学写诗。——译注

2　用《出埃及记》3：2的典故，耶和华在燃烧的荆棘中向摩西显现。——译注

他们所有的高傲自满又有何用。

对于理智快乐的看法，也存在着某种偏见；禁止读小说这一常规
307 要求，一再重申；为快乐而阅读完全是恶劣的事情，这种观点偶尔被提出："把书撕坏，这是滥用，而仅仅图个快乐才读书，这是谬用。"通过深入地分析这些读本，埃尔森夫人得出结论："反智主义在美国文明里不仅毫不新鲜，而且还完全嵌入了自建国以来一代代学生阅读的教材中。"这种对智识的贬低并没有被任何对艺术的重视所弥补。当音乐和美术被提到时，主要是在讨论自我奋斗的艺术家或民族杰作，或赞颂美国艺术的语境中。对于学校读本的编者来说，重要的事情不是艺术家作品的审美内容，而是他的事业生涯，这证明了勤勉用功的美德。按照描绘，本杰明·韦斯特[1]少年时贫穷至极，买不起画笔，遂从猫尾上摘毛，方能作画："由此，我们明白，通过勤奋、独创和坚持，一位美洲的少年成了他那个时代英国的最杰出之画家。"但是，尽管艺术生涯能够作为磨炼品格的手段，它也具有危险。一段出自18世纪英国道德家汉娜·摩尔（Hannah More）的选文就被挖掘出来，为了表明"在所有优雅的国家，完全献身于美术，这是女人败坏的重要根源……当过分培养艺术所导致的一切败坏推动了国家的衰退，那么，败坏总是为即将来临的国家的堕落展示出了绝对正确的征兆"。而通常举出意大利人时，则是为了表明，一个具有杰出艺术成就的民族，会伴随着不健全的民族性格。应该指出，随着时代发展，学校读本越来越体现了这样一种倾向，即在举出美国的艺术和文学时，是为了回应批评美国文化的欧洲人。当艺术与民族自豪相联系，当艺术被视为工具时，它至少还是可以接受的。

1 Benjamin West（1738—1820），美国著名历史画家，画作中展现了美国的历史文化，如经典的巴黎和约的场景、富兰克林取电的故事等。他从小没有接受过正规教育，自学成才。——译注

当然，我们不可能知道，学校读本的内容对于儿童的心灵产生了多大的影响。但是，如果孩子接受了这些书中通行的态度，那么，他就会认为学术和美术都只是装饰，体现了不如美国的欧洲社会；他在思考艺术时，会首先着眼于它对国家的用途；他判断艺术时，几乎会完全参照它对品格的贡献。如埃尔森夫人所言，孩子会成长为“诚实、勤勉、虔信、守德的人。他会成为有用的公民；阴柔气，甚至艺术或学术的危险 308
影响也不会侵染他”。他的读本中呈现的文化观，为之准备了“一种献身于追求物质成功和完美品格的生活，但是，在这样的生活中，理智和艺术上的成就似乎仅当它们能促进某种实用目的时才是重要的”。

从学校读本间搜集的这些内容，更为清楚地解释了19世纪中呈现出来的美国人对教育的信念。也许，这一信念最令人触动的方面就是这样的善意的决心：教育不应该成为专利，它应该普遍开放。这种决心在实行时，取得了令人印象深刻的成功：学校成了强大的传播社会和经济机遇的机构。对于教育应有的内在和性质上的标准，美国人多少有点不太确定；就他们能够确定的这些标准来看，他们也很难将之贯彻下去，达到当初设想自己教育计划时的实现规模。尽管教育在传授实用技能、扩展社会机遇上的功能总是明白易懂，然而，为了理智或想象力上的成就，甚至为了思辨上的乐趣而培养心灵，这一做法的价值就远没有那么容易理解了，也不太能得到普遍的认同。许多美国人困扰于这样的怀疑：这一类教育仅仅适合于有闲阶级，适合于贵族、过去的欧洲人；它的用途并没有它的可能的危险那么明显；对心智培养的过度关注形成了某种自大或自恋，而可以预料，基本上在道德败坏的人中，就会发现这样的心态。

四

美国人不情愿接受理智在教育过程中的价值，这一点几乎不会被有影响力、受尊重的教师职业所克服，因为在那时，这样的职业并不存在。大众的态度是不需要发展这一职业，但是，即使他们需要，美国生活的状况也让招聘和培训第一流的教师群体变得颇为困难。

可以认为，学校教师的数字是任何现代社会的核心标志。教师是，或者至少能是，最首要的、代表心灵生活的、大体全职的专业人士，他们进入了大多数儿童的体验之内；在儿童早期基础学习观的形成中，他们
309 对教师存有的态度，对社会尊重教师的意识，都是关键的要点。当然，比起中学，这一点在小学还不是太重要，因为那里的核心任务是传授基本技能；而在中学，儿童迅速觉醒的精神开始接触观念世界。但是，在任何教育水平上，无论从小学低年级，还是到大学，教师都不仅是指导者，而且也是他（或她）学生的潜在的个人榜样，他们鲜活地提示着种种在成人世界中流行的态度。从教师那里，儿童获得了他们对心智培养方式的认知；通过观察自己的老师如何受到尊敬和褒奖，他们很快意识到了社会如何看待教师的角色。

在一些国家，知识分子的教育功能受到了高度的重视，比如法国、德国和斯堪的纳维亚国家。那里的老师，尤其是中学教员，有可能是当地的重要人物，相当于是个人和职业方面的典范，而且值得效仿。在这些国家，值得成为教师，似乎是因为他的工作值得去做，他受到了极度的认可。理智上机敏而有教养的老师，有可能对聪慧但家庭环境没有过多教养的儿童具有特殊的重要意义；这样的孩子在精神的激励上并没有其他可选的来源。不过，在美国历史上，时常的情况是，学校教师没有能力担任榜样，从而让人进入理智生活。通常来说，他不仅对自己的理智生活全无要求，而且甚至，在本应该传授的技能上，他也不具备充分娴熟的能力。先不论其品质如何，美国教师的低收入和普遍缺乏个人自由的状态，都导致他们的角色与被剥削和胁迫联系在了一起。

美国教师缺乏奖励和尊重，这一点几乎在当代的评论中得到了

普遍的承认。几年前，时为卫生教育福利部（Health，Education，and Welfare）部长的马里昂·福尔松（Marion Folsom）观察到，我们教师的薪水是“国家的耻辱”，它反映了“公众对教师工作缺乏尊重”。[1]对于这种状况，新闻界也不断提醒人们注意。有一天，公众会知道，密歇根州某市一年才给教师400美元，比垃圾清理工还要少；公众也会知道，佛罗里达州的一群教师发现，州长一年给厨子竟然有3 600块，他们来信指出，厨师的收入比佛州有大学学历的老师还要多。[2]与其他美国人 310
一样，在绝对意义上，美国教师的生活还是比欧洲同行要更优越，但是，他们的年薪，相对于本国人均收入来说，其比例还是低于西方世界各个国家的教师，除了加拿大之外。1949年，美国教师的平均年薪与人均收入的比例为1.9；同一数字在英国是2.5，法国为5.1，西德共和国是4.7，意大利为3.1，丹麦是3.2，瑞典为3.6。[3]

学校教师这一工作（occupation）的地位在美国也比在其他地方要更低，而且远远低于美国的种种职业（professions）。如迈伦·利博曼[4]所言，非常典型的是，教师都招聘“自人口的中下层”。上层和上中层阶级几乎普遍否认教师是行业（vocation）。在学年或夏季“假期”期间，教师频繁地从事底层工作，来补充自己的教学收入；他们可以当女招待、调酒师、女管家、看门人、农场工、物品寄存处的服务员、送奶工、普通工人等。他们来自文化有限的底层或中层家庭，在那里，《星期六

1　《纽约时报》，1957年11月3日。

2　同上，1957年3月24日。

3　迈伦·利博曼：《作为职业的教育》（*Education as a Profession*，纽约，1956年），第383页；对于美国教师的经济地位，这部作品的第12章提供了有用的信息。这些数据中记录的美国教师的相对劣势，没有包括其他方面可以获得的、各种重要的、薪酬外的补助形式，如退休津贴和免费医疗。

4　Myron Lieberman（1919—　），美国教育家，对于维护美国教师地位起到了重要的作用。——译注

晚邮报》或《读者文摘》很可能是典型的读物。[1]对于大部分教师，他们的工作尽管有所不足，但还是体现出了某种提升，超过了自己父母的经济地位。反过来，他们对待自己的子女会更好，子女接受的教育也比他们要更佳。

虽然《黑板丛林》[2]骇人听闻，许多城市贫民区学校的状况也确实混乱，但是有理由相信，师生之间的个人关系还是融洽的；在中层和上层儿童里，这种关系尤其和谐，因为这样的孩子积极响应学校的教育目
311 标，往往受到老师的青睐，他们在这方面胜过了底层的儿童，即使后者也表现出相等的能力。不过，重要的事实原因在于，美国青少年对自己的老师，与其说是钦佩，不如说是心存同情。他们清楚，老师收入低微；他们很快就会达成共识：教师应该得到优厚的报酬。但他们之中更有雄心、更有才能的人则会得出这样的结论：教师工作不是自己的目标。[3]按照这种方式，教师职业的平庸趋向于永久不变。当教师站在学生面前，作为理智生活及其回报的代表，他不知不觉中让这种生活表现得完全没有吸引力。

教师的处境并不值得羡慕，这一情况可以追溯到我们最早期的历史。美国人对教育的热情从来没有强烈到让自己倾向于充分支持教

1 关于教师职业地位的最佳的扼要讨论来自利博曼：前揭，第14页。有些研究表明，教师享有的社会地位比我所说的要更高，但是，这些研究基于的是民意调查，在我看来，这一手段关于地位问题得出的结果并不充分。关于教师地位，也见维拉尔·沃勒（Willard Waller）的出色但被忽视的作品：《教师的社会学》（*The Sociology of Teaching*，纽约，1932年）。

2 *The Blackboard Jungle*，1955年理查德·布鲁克斯导演的电影，反映了校园暴力和师生对立的社会问题，其中也加入了摇滚乐的元素。——译注

3 关于青少年对自己老师的态度，见H. H. 雷默思和D. H. 雷德勒：《美国青少年》（印第安纳波利斯，1957年）；关于师生关系中的阶级因素，见奥古斯特·B. 霍灵斯黑德（August B. Hollingshead）：《榆树镇的青年》（*Elmtown's Youth*，纽约，1949年）；W. 劳埃德·华纳（W. Lloyd Warner），罗伯特·J. 哈威格斯特（Robert J. Havighurst）和马丁·B. 洛布（Martin B. Loeb）：《谁会上学？》（*Who Shall Be Educated？*，纽约，1944年）。

师。在某种程度上，这似乎反映了英裔美国人对教师功能的普遍态度，这迥然不同于欧洲大陆流行的观点。[1]当然无论如何，合格劳动力的市场总是美国的一个问题；早期美国的各个社群极难发现并且供养合适的男教员。殖民地时期，受过教育的人，其储量有限，而且，他们有幸获得了太多的机会，因此，对于普通社群愿意为男教师提供的报酬，他们难以满足，不想将就。各种解决方案都被加以尝试。有些初等教育工作由女性在“妇女学校”（dame schools）进行，这样的学校通常是私人的，但有时，也会在一定或很大程度上接受公共资金；不过，直到19世纪，美国的各个社群才普遍求助女性，将她们作为教师人选。在某些城 312 市，牧师也兼任教师；教师则兼职当地的杂役，完成各种市政和教会方面的任务，从给教堂敲钟，到担任本地的书吏、市里的公告员或城中的书记。其他城市则接受了这样的事实，专职教师几乎不可能存在；它们只能暂时而且接连聘用有志于其他事业的青年——也许当牧师，也许从事法律。这样，许多社群都能临时找到品格良好、具有才能的教师，但是，他们角色任务的短暂，似乎证明了这样一点：对于具备真正能力和品格的人来说，教师工作只不过是生涯中的一小站。

而永久固定在教师角色上的人，似乎通常来说，都对这一工作漠不

---

1 19世纪早期的英国劳动市场也许略有不同，但是，公共教育中，教师的社会和经济地位似乎还不如美国同行值得称羡。见阿瑟·特洛普（Asher Tropp）：《学校教师》（*The School Teachers*，伦敦，1957年）。这方面略有启发的论述来自一位女王督学，H. S. 特莱门赫尔（Tremenheere），他19世纪50年代曾经造访美国。其写道：“**有鉴于这些男老师和女老师的职业性质**，任何从英国来参观这些学校的人，都会对如此之高的社会地位留下深刻的印象……”《美国和加拿大游历期间对一些公共问题的札记》（*Notes on Public Subjects Made during a Tour in the United States and Canada*，伦敦，1852年），第57—58页。我相信，我标明黑体字的这一句对于当时的英国和美国读者来说会很好理解，但对于欧洲大陆的读者来说就看不明白了。还有另一位英国观察者，他也发现美国教师的地位很高，尽管其收入与英国同行一样差，见弗兰西斯·亚当斯（Francis Adams）：《美国免费学校系统》（*The Free School System of the United States*，伦敦，1875年），尤见第176—178，181—182，194—195，197—198，238页。

关心，而且尤为不能胜任。也许，正是某个情况的病态方面通常会成为历史奇闻，故而，维拉尔·S. 埃尔斯布利（Willard S. Elsbree）在自己的史书《美国教师》中记录殖民地教师的特征时，告诉我们的基本上都是醉酒、诽谤、亵渎、诉讼和诱奸。[1]不过，还有一点也值得注意，即殖民地的社群有时候不得不借助于契约仆役作为教师。大约1725年，一位特拉华州牧师观察到，“当船在河上一靠岸，需要给孩子找教师的人，通常说的话就是，**咱们走，买老师去啊**”。1776年，《马里兰日报》（*Maryland Journal*）先是发布广告说：贝尔法斯特和科克来的船，刚到巴尔的摩；然后，又列举待售的产品，“各种爱尔兰来的商货，老师、牛肉、猪肉、土豆”。差不多同时期，康涅狄格的报社也刊登了一则广告，为一个逃走的人开悬赏，此人被描述为“教师，白色皮肤，留有短发。疥疮严重，双腿疼痛”。残疾人也频繁被用作教师，因为他们没有什么更好的用处了。1673年奥尔巴尼市将一位当地的面包师补充进现有的三名教师中，因为据说，“他手上没劲”。[2]虽然这样的选择，其动机有可能是善意，尽管并不合适，但它们也反映出，找到合格的教师总是一件困难的事情。只有马萨诸塞州是例外，因为它有充足的、受过教育的人，故而，
313 相当一部分大学毕业生都担任了教师。

虽然有能力、会奉献的教师可以时常觅得，但是，不合群的人如此显眼，以至于他们树立了教师职业不爱奉迎的形象。“事实就是，”一位观察者1725年这样写道，“在这里，此类人的职务和性格一般来看都非常平庸，令人鄙视，除非公众能审慎地考虑儿童教育，否则情况不会有改观。”[3]这种传统似乎一直持续到19世纪，那时，我们发现，有人悲哀地承认：“对于那种没有能力，就连手工业也难以从事的人——比如瘸子，

---

1 《美国教师》（*The American Teachers*，纽约，1939年），第2章。

2 霍华德·K. 比尔：《美国学校教师自由史》（*A History of Freedom of Teaching in American Schools*，纽约，1941年），第11—12页；埃尔斯布利：前揭，第26—27，34页。

3 比尔：前揭，第13页。

太胖，太羸弱，有肺结核或癫痫，或太懒干不下去——他们通常会从中选人作为教师，而如此，他们能得到的也就是这种人能胜任的工作。”对于这一阶层，有一系列刻板印象：老师独眼或是一条腿；老师是嗜酒被开除的牧师；瘸子老师；不合时宜、游手好闲的人；“老师就是礼拜六酩酊大醉，周一再鞭打全校”。[1]

严肃的教育工作者普遍关心老师的才干，这方面不分地域。詹姆斯·戈登·卡特描述过1824年马萨诸塞州的学校，他声称，[2]男性教师可以分为三类：(1) 认为教学比普通劳动更容易，而且有可能报酬更高。(2) 接受过良好教育，将教学作为临时工作，要么为了赚钱，获得必需品，要么为了让自己有空选择正式的职业。(3) 意识到缺陷，对荣誉已经绝望，甚至借助其他工作来维持生计：“如果年轻人品行足够端正，不会关进本州的监狱，那么，他会觉得得到批准担任老师，并非难事。”

几年后，北卡罗来纳大学校长约瑟夫·考德威尔（Joseph Caldwell）对于本州招募学校老师的做法表示了愤慨：[3] 314

> 一个天生和习惯懒惰的人，对于他的所有支持者来说，是不是一种负担？那么有一种方式可以摆脱他，我们让他当老师。按照许多人的看法，在学校任教无非就是呆坐着，无所事事。有谁已经浪费了所有的财产，或者因为轻率和行为不端落了个负债累累？

---

1 R. 卡莱尔·布利：前揭，第II卷，第370—371页。

2 詹姆斯·G. 卡特：《1824年的马萨诸塞州的学校》(*The Schools of Massachusetts in 1824*)，“旧南方小册子丛书”(Old South Leaflets)，第135册，第15—16，19，21页。

3 比尔：前揭，第93页；参见关于教育的早期论述，萨缪尔·霍尔(Samuel Hall)的《办学讲座》(*Lectures on School-Keeping*，波士顿，1829年)，尤见第26—28页。关于西南地区教师业的状况（“我们绝大部分老师仅仅是投机分子”），见菲利普·林斯利(Philip Lindsley)，载理查德·霍夫施塔特和威尔逊·史密斯编：《美国高等教育：文献史》(*American Higher Education: A Documentary History*，芝加哥，1961年)，第I卷，第332—333页。

> 那么开学校这一行，为他开放，供他接受；在这里，他沉入了底部，因为他没有自谋生计的能力。有谁已经毁了自己，也做尽一切让其他人败坏的事情，放荡、酗酒、诱奸，某种不法行径？不仅如此，他是不是刚从监狱出来，为违法之行接受了可耻的惩罚？他全无品节，不可信赖，但是现在，他开了学校，眼见着孩子们蜂拥而入。之所以能如此，是因为，如果他想按照这种身份来做事，那么我们承认，只要他能读，能写，能算平方根，他就会成为出色的教师。

当然，在美国文学里，教师最流行的刻板形象，莫过于华盛顿·欧文的伊卡博德·克兰[1]了。

> 克兰（鹳）这一姓氏很适合他这个人。他个高，但太瘦，窄肩，长臂长腿，双手悬垂，离袖口足有一英里，脚可以当铲子，整副身板极为松垮，凑成一体。他的头小，脑顶扁平，大耳朵，大绿眼睛就像玻璃，鼻子长长如同鹬鸟的嘴，这让脑袋看起来仿佛一只风信鸡落在纺锤般的脖子上，报告着风向。如果在刮风天看见他沿着山边跨步而行，他的衣服吹得鼓起，在身子周围飘飘荡荡，那么就会误认为，他是饿鬼下凡，或是什么稻草人从麦田里跑了出来。

如欧文的描绘，伊卡博德·克兰并不完全是坏家伙。在各家蹭饭时，他尽可能让农民之家欢迎自己，他从事各种各样的杂工，还把小孩子抱在膝上摇逗和爱抚。在当地的女性之中，他算是大名人，他比女人们平时遇见的乡巴佬要更有文化。但是，这个“混合了小聪明和单纯的轻信”

---

1 Ichabod Crane，欧文小说《睡谷传奇》（也作《无头骑士》，收入《见闻札记》）中的人物，典型的美国早期教师，瘦弱、穷困，但也具备一定知识，喜欢讲鬼怪故事。最后被情敌布鲁姆伪装的无头黑森士兵追赶，布鲁姆用南瓜假装骑士的头，砸向了克兰，后者不知所踪。——译注

的人，并不是男性眼中的英雄；骨头布鲁姆（Brom Bones）用可怕的伪装把伊卡博德吓出了城镇，拿南瓜砸中了他轻信的脑袋；他代表的正是 315 美国男人世界对旧时代的男教师做出的象征性判断。

五

诸如考德威尔和卡特等人，都希望实现某种教育改革，但他们的抱怨有可能夸大了事实；不过，即使有所夸张，它们倒也反映出了固定在美国人头脑中的、针对教师的刻板印象。恶性循环已然出现。美国的各个社群都认为，很难觅得或培训出优秀的教师，也很难为之提供报酬。他们仅仅满足于自己能找到的人，而他们找到的，却大部分都是不合群、不称职的人。他们倾向于得出这样的结论：教学是吸引流氓的行当；在做出这样的结论之后，他们不再愿意给流氓更多的、超出其本来价值的薪水。诚然，有证据表明，品格良好、能干的教师当被发现时，会受到热烈的欢迎，而且很快就在社群中得到很高的地位，超过了其他地方的同行；但是，在普遍提升教师才干这方面，要到很久之后，才会投入相当多的努力。

帮助美国教育打破这一恶性循环的，就是分级制小学的发展与女性教师的出现。分级学校在19世纪20年代开始形成，它是对大城市教育问题的回应，截止到1860年，它已然广为通行。在这一年，大多数城市都拥有了这样的学校，学生大约六岁入学，十四岁即可毕业。这种分级学校主要以德国体系为模板；它让更小的教室可以容纳更为同质的学生群体；它让美国的教师工作有了体面的基础，这方面贡献良多。它还提升了对教师的需要，将这一职业向女性开放。直到1830年，大多数老师还只是男性，女人主要负责小孩子和夏季班。有一个看法颇为流行：女人不足以应付课堂纪律问题，尤其是“大班”和更高年级的群体。针对这样的异议，分级学校提供了一部分答案。虽然在许多社群都可以听到女教师的反对者的声音，但是，一旦指出，女教师的薪水可以为男性的三分之一或一半，他们通常就很容易不再作声。对于全民教育这一美国式的伟大追求，此正是方案之一，而且还节约成本。截止
316 到1860年，在一些州，女教师在数量上超过了男性；而内战也加速了女人对男人取而代之。到了1870年，据估计，女性在师资力量中占到了几乎60%；她们的数量还在飞速上升。到1900年，大约70%的教师都是女性；二十五年后，这一数字达到了峰值，将近83%。[1]

对女教师的接纳，不仅解决了成本问题，还解决了品格问题，因为完全可以找到大量低薪工作而且值得称赞的年轻女孩，只要她们的个人品行符合学校董事会设立的、严格有时还极为严苛的标准，她们就可以作为教师进行从业。不过，这并没有完全解决教师能力的问题。新教师的典型特征就是年轻，准备不足。长时间以来，实际上并没有公共设施为她们提供专业的培训；为了这一目的开设的私立女中，数量也不是很多。欧洲国家在教师培训方面已经实验了一百多年，而美国对此还没有太多的考虑。在贺拉斯·曼的推动下，第一所公立师范学校1839年在马萨诸塞州成立；但是在内战之初，也只有十几所这样的机构。1862年之后，它们才迅速增多；但是在19世纪末，它们依然没有满足日益剧增的对教师的需求。1898年，只有很少的新教师——也许大约五分之一——来自公立或私立的师范学校。

此外，这些学校提供的训练并未达到多高的水平。它们的入学标准杂乱无章；甚至都到了1900年，高中文凭还很少被认为是准入条件。两年高中学习或是同等经历，通常就成了两年制或三年制师范学校的前奏。四年制师范学校只是在1920年之后才成为主流，到那时，它也

1 埃尔斯布利：前揭，第194—208，553—554页。截止到1956年，这一数字降为73%。在乡村地区，女性学校教师的薪水是男性的三分之二。在城市，男女的工资更高，但女性的薪水往往只有男性的三分之一多。

开始被师范大学取代。甚至在1930年，美国教育署（United States Office of Education）[1]的调查表明：当时美国师范大学和师范学校的毕业生里，只有18%的人完成了四年制学业。三分之二的人接受了一年或两年的课程。[2]

尽管在19世纪末以及之后，美国的各个社群投入了巨大的努力，满 317
足了对合格教师的需求，但是，学校人口的猛增让它们吃力地追赶；教师市场的供不应求也不利于预备培训标准的提高。1919—1920年最佳的估计数字表明，半数美国教师在二十五岁以下；有一半教师在学校工作不超过四五年，有一半人在八年制学习之后，没有接受过四年以上的教育。接下来的几年，是师范教育在人员数量方面不断飞速增长的时期。但是1933年，美国教育署发布了《全国师范教育调查》，其中表明，在美国，只有10%的小学老师，56%的初中教师，85%的高中教师具有学士学位。学士以上的教育程度几乎是可以忽略的，除了高中教师之外，但其中，也只有六分之一多的人获得了硕士学位。调查还针对师范教育，比较了美国与挑选出的西欧国家，它表明，美国处于相当程度的劣势地位，明显落后于英国，远逊于法国、德国和瑞典。"令人深为忧虑的，" 调查的作者写道，"是这一事实，一般师范生，尤其还有重要的教师群体，在人口整体的横断面上并不具有更多的智力优势。"[3]

1　美国国家教育部门变动频繁，本书中对其各个阶段均有涉及，这里做一概述：1867年美国成立教育部；1869年改为教育署，隶属内政部；1870—1929年改为教育局；新政时期并入联邦安全局，称教育署；1972年撤销，并入卫生教育福利部；1980年独立，改称教育部至今。——译注

2　埃尔斯布利：前揭，第311—334页。

3　E. S. 易文顿（Evenden）：《概述和解释》（"Summary and Interpretation"），《全国师范教育调查》（*National Survey of the Education of Teachers*），第VI卷（华盛顿，1935年），第32，49，89页。之后时期，关于进入教育界的人员水准的信息，见亨利·昌西（Henry Chauncey）：《义务征兵大学资格考试在大学生缓服兵役中的使用》（"The Use of Selective Service College Qualification Test in the Deferment of College Students"），《科学》（*Science*），第CXVI卷（1952年7月25日），第73—79页。也见利博曼：前揭，第227—231页。

有才能的大学生没有从事教师工作,在什么程度上,是由于回报不足,又在什么程度上,是因为师范教育中凸显出来的废话连篇,这很难说清。非常明显,在有意教授的学科上,教师受到的训练并不充分;然而,还要惊人的是这样一个事实:无论在方向领域的准备如何,他们从事该领域教学的机会几乎是均等的。调查整理了现有的研究,它表明,在某学科上准备充分的高中教师,几乎只有50%的机会被分配到这一科目从事教学。在一部分程度上,这有可能是行政疏忽的结果,但
318 主要原因归咎于大量不赢利的小型高中。詹姆斯·布莱恩特·柯南特(James Bryant Conant)在1959年不断抱怨的,就是这样的学校。[1]

只要看一看美国教师培训的历史,人们就没法回避埃尔斯布利的这一结论:"当我们尽力为公立学校提供充足的教师时,我们为了数量牺牲了质量。"[2]有一个主流的设想就是,每个人都应该接受公立学校教育,而整体上,除了南方之外,这一想法业已实现。尽管为了全民教育这一目标需要提供训练有素的教师,但是,国家不可能,也不会在这方面付出巨大的努力。寻求廉价教师才是常年的任务。教师也被认为是公职人员,公职人员的薪金不应该过高,这正是美国平等哲学的一部分。在殖民地时期,教师的薪资尽管参差不齐,但似乎整体上大致与技术劳工的工资持平或更低,明显不如专业人士的薪酬。1843年,贺拉斯·曼在调查了马萨诸塞州各行业群体的薪水之后,报告说,同一城市中,较之地方教师的收入,技术工人的薪资要高出一半或一倍。他还发

1 基于自己的观察,柯南特得出结论:"只有当毕业班至少达到一百名学生,才有可能设立高级科目的课程,并在所有课程中独立开课,要不然,投入的成本就会过高。"他的调查显示,美国73.9%的高中都只有不足一百名十二级学生在册;31.8%的十二级学生都在这样的学校中。《今日美国高中》(*The American High School Today*,纽约,1959年),第37—38,77—85,132—133页。当然,之所以没有充分利用老师的学术专长,其重要原因就是,教育课程中规定需要教师资格凭证,而没有充分关注学术方面的要求。

2 前揭,第334页。

现，女性教师比工厂女工的收入要更低。1855年，新泽西一所学校的管理者认为，尽管教师一般来说“资质严重低下，难以胜任工作”，但是，他们“接受的良好的预备培训，还是超出了对他们的要求”。他指出，期待有才能、有前途的人为了老师的收入去工作，这太荒唐了；首要原因就是，“老师这个名字，曾经而且目前差不多依然是骂人的词”。许多农民会出好价钱给马修蹄子，而不是“找个合适的人塑造和培养自己孩子的品格”。[1]

当然，薪水方面的缺陷并没有在尊严或地位方面得到弥补。此外， 319
女性教师在数量上不断增长的优势地位，虽然杜绝了劣性品格对教师职业的玷污，但也产生了严重的新问题。在世界的其他地方，有一种理想颇为流行——教师招聘的实际情况大体上也遵循了这一理想——男人应该在教育中普遍发挥关键的功能，而且在中等教育里起到突出的作用。西方世界里，美国是唯一一个这样的国家：它几乎将初级教育完全交给女性，而且中等教育大部分也由女教师负责。1953年，在教育女性化这方面，美国成了全世界绝无仅有的国家：小学教师里，女性占到93%；中学老师中，占到60%。西欧地区，只有一个国家在中学教员里聘用了超过一半的女性（即意大利，52%）。[2]

当然，重点并不在于，教师中男尊女卑（事实上，在某些教育层次中，尤其在小学低年级里，有理由认为，女性教师更胜一筹）；而是，在美国，教师工作等同于女性的职业，它并未给男人提供那种由完全合法的男性角色所带来的声望。由此，学校里男生的体验，助长而且毫无疑问在一部分程度上塑造出了教育和文化都是女人关心的事情这一美国式的男性信念。他们的老师中，通常并没有充分的男性榜样或偶像，来用

---

1 前揭，第273页；关于曼，见第279—280页。

2 利博曼：前揭，第244页，给出了二十五个国家的数字。四个西方国家中，英国、法国、西德和加拿大，女性中学教师的比例最低为34%，最高为45%，平均值为41%。在苏联，女性教师在小学为60%，中学为45%。见上，第241—255页，讨论了这一问题。

自己的表现传达出这样的认识：精神世界理所应当是阳性的；这样的男人，才能为男生提供理智研究或文化生活上的阳刚的典范，才能被视为在世界上足够成功和重要，从而让朝气蓬勃的男孩会考虑从事教师工作，以此谋生。因而，男孩在成长中，会认为男教师有点女里女气，他们对待后者的态度非常奇怪，混合了礼貌的顺从（这种顺从归因于女性）和直率的男性的倨傲。[1]在某种严格的意义上，男教师可以受到尊
320 重，但他不是“男生的一员”。

但是，教师角色的男性问题仅仅是一个大问题的很小的一部分。在19世纪，通常来说，男性之所以进入教师业，要么是暂时如此——在通往律师、牧师、政治家或大学教授的道路上迈出的一步而已——要么

1 如见沃勒讲述的一起事件：前揭，第49—50页。沃勒论述道：“据说，女人和黑人并没有完全受到白种男人的认可，进入不了后者的世界。或许，我们还应该将男教师也加入受排斥者之列。”在教师业的公众形象的周围，笼罩着“中性”（sexlessness）的特征，还有长久以来流行的、对已婚女教师的偏见，又让问题变得有点复杂了。19世纪的美国受到一种奇特信念的影响，它很可能在晚近时期才算烟消云散，即教师在个人生活中应该是怪人——这种看法在小城市很容易加剧。毋庸置疑，男教师和顽童之间的不愉快的经历让这一观念变得强烈，但是，想让‘无性人’（sexual ciphers）来教育孩子的愿望，似乎才是令它形成的原因。这一意愿徘徊不去，甚至还在折磨着我们这个时代的许多完全纯真的女孩；当它强加于人时，就给良善的男教师的生活带来了种种糟糕透顶的限制。参见1852年一位男老师的令人触动的抗议信，他反对那种禁止自己同女助教往来学校的做法。埃尔斯布利：前揭，第300—302页。关于给教师强加的个人限制，霍华德·比尔的《美国教师自由吗？》有着充分的论述。我尤其想提一下1927年某南方地区强迫所有教师宣誓的誓词，在众多的承诺中，有一个是：“我承诺不谈恋爱，不订婚，不搞地下婚姻。”沃勒：前揭，第43页。甚至在今日，马丁·迈耶尔（Martin Mayer）观察到：“有一个有趣的事实，大多数欧洲的学校，无论是男校，还是女校，教师都是自由混合，无分性别；大部分美国的学校则是男女合校，但老师在空闲时间，按照性别严格地隔离开来。”《学校》（*The Schools*，纽约，1961年），第4页。最后，针对已婚女教师的流行又陈旧的偏见——这一偏见往往达到了将成家的老师通通强制解雇的程度——在许多地方都让女性教师的工作仅限于老处女和极为年轻的少女。对于排斥已婚妇女这一做法，通常有种种理由会被提出，关于这方面见D. W. 彼得斯（Peters）：《已婚女教师的地位》（*The Status of the Married Woman Teacher*，纽约，1934年）。

是因为，他最终承认在更值得从事的职业上一无所成。甚至今日，据调查显示，最有才干的男性在任教时，往往期待着会成为教育界的管理者，否则就彻底离开这一行业。最近几十年，一个全新的领域已经打开，它或许造成了公立中学的男女人才的流失：这就是大量涌现、人数众多的大专（junior colleges）或社区学院（community colleges），它们让有事业心的教师可以通过额外地提高能力和加强训练来脱离高中，向上跃升，他们青睐这样的单位：它可以带来较为容易的生活手段，以及更丰厚的薪水，更高的声望。但是，在这类学院，他们给予的教育，在第一流的高效的中学里也可以获得。这样的独立机构，提供了第十三和第十四年的公立教育，这可能带来各种优势，但就其本身而言，它们对于美国教师人才的整体储备，毫无助益。在致力于供应充分的、受训良好的教师上，美国陷入了某种教育怪圈中。上层教育职位——如大学
和大专——的回报越是充足，在这种机构入职的青年，其比例就越高， 321
而他们也就更不可能让才华留在低级的教育制度中。在一个没有让教师工作具备吸引力的社会，找到足够的受过培训的人才来教育大众，这
依然很难。 322

第十三章

适应生活之路

一

在职业教育中显现出来的、具有影响力的反智思潮是美国思想中的一个惊人特征。这一思潮对于青少年教育产生了至关重要的后果，为了理解它，我们必须考察1870年以来公立教育中的重大变革。正是在19世纪70年代，美国开始大规模地发展免费的公立中等教育，而仅在20世纪，公立高中就成为大众机构。

在这方面，美国教育的某些独特之处具有首要的意义——尤其是它对民主制教育的设想，还有教育目标的普及性。美国之外，人们不会设想，所有儿童接受的中小学教育，都应该需要如此之多的年份，而且这样整齐划一。从前，大部分欧洲国家的教育体制，在设计时都明确地专门配合了自己的阶级制度，尽管如今，它们的体制不再如此。在那时的欧洲，儿童接受的普通教育，仅仅截止到十岁或十一岁；这之后，他们各行其路，进入专科学校，或是至少学习专科课程。十四岁以后，大约80%的儿童都结束了正规教育，余者则进入学术性的大学预科学校。在美国，儿童在中小学的学习必须持续到十六岁以上；之后，大部分人进入大学学院，而欧洲这边，则进入学术性的中学，但前者的人数超过

了后者。美国人也更喜欢让自己的中学生进入同一类学校的屋檐下接 323
受教育，通常是综合性的社区高中，让他们沿着唯一一条教育轨道（即使课程方面并不统一）。按照人们的理想，他们不应该随着自己的社会阶级彼此分离，无论是社交上，还是学习上；但贫穷和种族偏见这样无情的社会现实从中作梗，固化了阶级的筛选，尽管我们的民主教育哲学对此并不认可。无论如何，在美国，对于儿童最终的职业未来，无须像其他国家那样过早地做出决定，但这仅仅是因为，早期各级教育的要求并没有让这方面形成制度。在美国，以专业为取向的专门性预备培训会延后到研究生教育阶段，或者充其量在大学最后两年进行。相较欧洲而言，美国教育在更长的时间里都是服务大众。它更为普及，尤为民主，步伐愈加缓慢，没有那么严格。但它又更为暴殄天物：阶级指向的制度挥霍掉的，是贫困阶层中的天才；美国教育则往往挥霍掉了所有的天才。

美国和欧洲教育在结构上的差异并非总是如此巨大，尤其在中等教育方面。在大众公立高中出现以前，美国在中等教育上的做法并没有遵循我们的民主理论，而是呼应了筛选阶级的欧洲理念。19世纪时，为大多数美国人服务的公立教育，均截止于分级制小学的最后几个学年，甚至还要更早。小学学年以上的免费教育只是在1870年之后的三十年间才得以设立。1870年之前，美国就像欧洲一样，阶级制度首先决定了大约十三或十四岁之后儿童可以获得的学校教育。能够承担学费、对子女的智力或职业方面抱有期望的、小康之家的父母会将孩子送入私立学府，那通常是寄宿学校。从富兰克林的时代开始，这样的学府提供传统和“实用”兼备的知识：一方面，有人文、古典课程，立足于拉丁文、希腊文和数学，往往还补充科学和历史；但另一方面，在许多学校，除了“拉丁语课”，学生还可以选修“英语课”，后者是更为“实用”、更为现代的课程，它所强调的主题被认为有益于商业。私立高中在质量上参差不齐；就最低的程度而言，有些照搬了公共基础学校的某些做

法；在最高的水平上，有些则效仿了大学的一些手段。最好的私立高中
324 达到了这样的程度：继续攻读大学的毕业生很可能会厌烦大学第一学年，甚至第二学年内容重复的课程。[1]

美国在道义上承担着教育上的民主，但又在中等教育上严重依赖私立学校，这两个方面的矛盾并未逃过教育批评家的注意。一边是普遍存在的可以使用的公立小学；另一边，却是数量激增的学院和大学——当然并不免费，但便宜，而且一视同仁。在它们之间，有着巨大的鸿沟，填补其中的，虽然有少数率先建立的公立高中，但主要是私立高中——据估计，1850年，有大约六千所。早在19世纪30年代，私立高中受到指责，说它们排外、有贵族气、没有美国精神。对于一个已经致力于建设免费公共基础学校制度的国家来说，将这一体制延伸至中等教育，似乎是合乎逻辑、势在必行的一步。实业在发展；职业生涯变得更为复杂。技能更加必需；看起来，在中学阶段，免费公立教育会充分地服务于实用和平等。

公立高中的支持者提出了有力的道德和职业方面的主张；其提议的法律基础已然存在于公共基础学校的制度中。目光短浅、心态偏狭的赋税意识虽也阻碍了他们，但时间并不长。1860年之后，公立高中的数量开始以迅猛、不断提升的速率增长起来。从1890年（可以开始查到注册人数）到1940年，高中的整体注册人数几乎每十年增加一倍。到了1910年，十七岁的孩子中有35%都在上学；今日，这个数字已经超

1　没有必要为了准备大学而去私立高中；也可以注册许多大学开设的“预备部”，这是为了向有志于大学的申请者提供古典学、数学和英语方面的充分的基础训练，使他们足以能进入大学的标准课程。这种预备部大量存在——直到1889年时，400所学院里，有335所都设有预备部——它证明了中等学校不足以为那些想要就读大学的人提供准备，使之满足学院的要求。埃德加·B. 卫斯理：《全国教育协会：第一个百年》（纽约，1957年），第95页。关于私立高中，见E. E. 布朗（Brown）：《我们初中的建立》（*The Making of Our Middle Schools*，纽约，1903年）。

过了70%。按照这个速度，高中已然成为几乎所有美国青年都要参与的机构，而其中，大约三分之二的人都从高中毕业。

关于美国高中在质量上的表现——因地而异，差别极大——无论如何评论，人们都不会否认，对年轻人的免费中等教育是教育史上的重 325
大成就，是一个显著的标志，体现了我们想让学校教育成为大众机遇和社会流动之手段的愿望。下面，关于高中课程问题，我有不少内容要讲，那么这里，似乎应该强调一下这一成就的积极价值；同时也应该指出，就在上一代，在某种程度上，欧洲的学校制度已然效法了美国高中的民主特征，甚至还有教育标准。

高中发展成大众机构，这彻底改变了其特征。在世纪之交，高中的学生相对较少，而且还经过了严格筛选。学生就读于此，大体上是因为他们就想来到这里，也是因为他们及其父母都把握住了高中提供的罕有的机会。通常有一个错误的说法：六十或七十年前，上高中的人主要都在为大学做准备。在过去的十五年里，这样的言论尤为不确。今天，大约有一半的高中毕业生进入大学——这是一个惊人的比例。我并不清楚世纪之交时有多少比例的高中毕业生实际上就读大学，但是，关于他们有多少人为此**做了准备**，还是有据可查。1891年，是29%的毕业生；到了1910年，准备进入大学和其他高等学府的人，其比例为49%。这之后，数字一直上下波动。[1]

对高中产生影响的巨大变化在于，曾经，上高中完全自愿，因此也的确是可选的，但现在，至少对于十六岁及其以下的儿童来说，它是义

1　见约翰·F. 拉铁摩尔（John F. Latimer）：《我们的高中是何情况？》（*What's Happened to Our High Schools?*，华盛顿，1958年），第75—78页。关于1870年以来中等教育在美国社会里的地位，见马丁·特罗（Martin Trow）的透彻而简要的论述：《美国中等教育的第二次转型》（"The Second Transformation of American Secondary Education"），《国际比较社会学期刊》（*International Journal of Comparative Sociology*），第II卷（1961年9月），第144—166页。

务的，而且不容选择。就在高中开始显著发展的这些年，进步人士和工会主义者抨击了旧有产业使用童工的恶行。最为有效地抵制这一做法的手段之一就是提高义务教育的结束年龄。1890年，二十七个州要求接受义务教育；截止到1918年，所有州都设立了这样的法律。立法议员也更为紧迫地确定了毕业的法定年龄。1900年，在具备这种法律的州里，平均年龄设定为十四岁五个月。到了20世纪20年代，数字接
326 近了今日的水平——平均年龄为十六岁三个月。另外，福利制度和强大的工会也确保了这些法律的实施力度不断增强。年轻人必须得到保护，免于剥削；而年轻人也不得进入劳动市场，由此才能保障他们的前辈。

如今，按照逐渐提升的标准，中学生不仅不是遴选上来的，而且还不是自愿的；他们就读高中，并非因为他们想要学习，而是法律强制他们上学。义务的责任也因此而转移：曾经，免费高中为那些选择就读的人提供了无价的机会，而现在，高中掌握了忠实的听众，而其管理者则觉得有义务满足他们。1940年，美国青年委员会（American Youth Commission）下设的一个专项委员会这样写道："甚至在学生能力不足的地方，也要记住：他们就读中学，其原因并非由其自主；这是为他们做出的妥善的准备，这是一项他们可以正当地向社会索求的权利。"[1]

随着时间流逝，这些学校中充满了比例越来越多的疑虑、厌烦或者实际上心存敌意的学生。有一个猜想貌似是合理的：学生能力和兴趣的平均水平都下降了。显然，旧式的私立高中的课程不再可能提供给现在的数百万的高中人口，学生比例不再像1890年时那样，当时，学习这种课程的人数为359 000。只要公立教育主要意味着小学各年级的培养，那么人人都能而且应该接受教育这一美国式的信念，就可以较为

1 《高中应该教育什么》（*What the High Schools Ought to Teach*，华盛顿，1940年），第11—12页。

容易地付诸实施。但是，一旦公立教育包含了中等教育，那么全民教育就开始变得更为可疑，而同时，并非人人都能接受教育这一看法却让人颇为确定。毋庸置疑，变革已经就绪。

学校管理者的形势当然会博得我们的同情。甚至20世纪20年代，在很大的程度上，社会的法令都委托他们来管理类似教管所（custodial institutions）的机构。学校也会收容那些不爱学习，但被法律强制上学的学生，因而，它也可以作为教管所。此外，学校面临的压力不仅是要履行法律，而且，它还必须让自己有足够的吸引力，以能得到大多数年轻人尽可能长久的拥护。[1]教育者果断地着手于自己的任务，他们开始 327
寻觅越来越多让年轻人感兴趣、吸引他们的课程，无论按照传统教育标准来看，这些课程的价值有多么可疑。他们很适时地不再关心高中应该培养的那一类心灵，也不再关心课程的学术方面。（无论如何，想读大学的男生和女生还是会坚守下去；这是教师们必须满足的另一群人。）关于中等教育的讨论越来越频繁地加入了这样的说法：它们提到了一种新型的、决定性的、衡量教育成就的标准——“学校的吸引力”。

既然需要接受大量目标各异、能力有别的人，需要为了许多学生锻炼教管的职能，那么学校就必须将多样性引入自己的课程。中学课程的确定方式不可能像1890年或1910年那样了。但是，对于领导公立教育的人来说，摆在他们面前的争议在于：学校的学术内容和理智标准应不应该为了每个孩子，按照其意愿和能力，而尽可能制定得越高越好？或者，是否存在着充分的理由可以放弃这样的目标？如果想要认真地努力维持课程的理智内容，那么就需要一种致力于理智价值的、公共的教育职业；它要求很大程度的行政管理方面的独创性；在许多社群，它

1　当然，大萧条的影响和工会日益增强的力量都加重了这一点。但是，即使在1918年，全国教育协会还在主张，正常儿童接受的教育要到十八岁。《中等教育之核心原则》（*Cardinal Principles of Secondary Education*，华盛顿，1918年），第30页。

需要大力的财政支持,比学校实际上获得的还要多。

但是,所有这些还只是在想象中运作。当看重数量胜过质量,推崇所谓对实用性的要求超过理智培养的运动在职业教育中开始之前,数量问题并没有浮现出来。虽然学校系统致力于教育那些对学习感兴趣、有能力、有天赋的学生,但当美国教育者不再将平庸、厌烦或无能的学生视作其中的阻碍或特殊问题时,他们发起了一场运动,它褒扬厌学或毫无天分的儿童,称之为某种文化英雄。他们已经不满足于去说,美国社会生活的现实不得不与培养正规知识和理智能力的教育理想相妥协。相反,他们以斗争地姿态宣称,这种教育既过时又毫无用处,真正的民主教育制度,其最为崇高的目的就是为儿童提供一系列即时的
328 实用知识,以满足其即时的兴趣。这场运动的历史,在20世纪40年代和50年代注定失败的适应生活运动中达到了高潮,它需要我们加以关注;因为运动中展现出了某些广泛存在的态度,它们针对的是儿童时期和学校教育,品格和志向,还有理智的生活地位。

二

这种对中等教育的新解释,如果要追溯它的起源,可以借助全国教育协会和美国教育署下设的种种专项委员会提出的若干准官方的声明作为例子。当然,这些声明对于地方学校董事会或负责人来说并非具有强制性。它们代表了教育思想的主旨,尽管并不意味着精确反映出了课程政策中实际操作的变化。

临近19世纪末,关于公立高中的目标,有两个相反的观点已然在一争高下。[1]原有的观点,到了1910年方兴未艾,至少在下一个十年还继

1 关于这场争论的大致情形,见卫斯理的概述:《全国教育协会:第一个百年》,第66—77页。

续产生了巨大的影响，但它被称作老套，或是理智而一本正经，离不开人们的同情。持此看法的人相信，高中应该首先通过学术课题的学习来训练和培养学生的心智。其颇有见识的支持者完全意识到，大多数学生所受的教育仅限于高中；但他们又主张，高中教育既是为大学提供充分的预备，它也同样是在充分地为生活做出准备。职此之故，即使大学不是儿童考虑的最终目标，中等教育的目的也应该是威廉·T. 哈里斯[1]所说的"理智文化"——此人是学术课程的主要支持者之一。为这种学校代言的人都强烈地看重这一点：无论课程的确切内容是什么，学生都应该钻研每一门学科，通过充分的长期学习，从而真正掌握相关的内容。（在接下来的教育争论中，"精通"学习科目这一理想主导了理智至上者的思维，与之相反，满足儿童"需求"的理想则成为其对手的核心观念。）

最不能遗忘的、从学术角度对中等教育表达观点的文献，就是全国 329
教育协会的十人委员会在1893年制定的报告。这个委员会的创立是为了考察大学和中学的关系中存在的混乱情况，同时也为高中课程提供建议。其人员反映出了大学教育的主导地位，如果将其成员与一些后来设立的意图相似的委员会加以对比，则颇为有趣。其主席是哈佛校长查尔斯·威廉·艾略特（Charles William Eliot），成员有教育委员威廉·T. 哈里斯，还有四位学院或大学校长，两名杰出的私立中学校长，一位大学教授；只有一个是公立高中校长。委员会举办了一系列附属的研讨会，来考察主要的学术科目在高中课程方案中的地位，这些会议也体现出了大学权威具有绝对的控制权。尽管许多公立中学校长和私立中学校长都参与其中，但这里有的是在美国思想史上颇为知名的大学教授——本杰明·I. 惠勒、乔治·莱曼·吉特里奇、福洛里安·卡约

1　William T. Harris（1835—1909），美国教育家、词典编纂家，《韦氏新国际英语词典》的主编。他也是哲学家，写过论黑格尔逻辑学的作品。——译注

里、西蒙·纽科姆、伊拉·雷姆森、查尔斯·K. 亚当斯、爱德华·G. 伯恩、阿尔伯特·B. 哈特、詹姆斯·哈维·罗宾逊[1]和伍德罗·威尔逊。

十人委员会向中学建议了一套课程，含有四种备选——古典课程、拉丁语—科学课程、现代语言课程、英语课程。这些课彼此不同，主要是按照它们相对强调的重点——古典学、现代语言和英语——而有别。但是，所有这些，都在最低限度上要求学习四年英语、四年外语、三年历史、三年数学和三年科学。在这方面，当代的读者会注意到，这份计划与詹姆斯·布莱恩特·柯南特最近提出的一项方案非常近似，在他对高中的调查里，该方案作为最低限度的要求，提供给“有学术才能的男生和女生”。[2]

十人委员会设计的课程表明，他们认为中学是学术训练的机构。但是，他们并没有错误地以为，这些学校完全是为大学做准备的组织。
330 恰恰相反，委员会几乎放大了相反的观点，他们说，高中毕业生里，继续攻读大学或科学院校的人数，“只占很小的百分比”。委员会还说，高中

1 Benjamin I. Wheeler（1854—1927），美国古典语文学家，专研希腊文学，曾任加利福尼亚大学校长。George Lyman Kittredge（1860—1941），美国著名乔叟和莎士比亚研究专家，精研英国文学，曾任教于哈佛。Florian Cajori（1859—1930），瑞士裔美国数学家，研究数学思想史，曾任教于加州大学伯克利分校。Simon Newcomb（1835—1909），美国知名的通才型学者，天文学家、数学家、物理学家，还研究统计学和经济学。Ira Remsen（1846—1927），美国化学家，曾任约翰·霍普金斯大学校长。Charles K. Adams（1835—1902），美国历史学家，写过哥伦布的传记，曾任康奈尔大学和威斯康星大学校长。Edward G. Bourne（1860—1908），美国历史学家，专研拉美史以及西班牙美洲殖民史，曾任教于耶鲁。Albert B. Hart（1854—1943），美国历史学家，西奥多·罗斯福的好友、追崇者和研究者。James Harvey Robinson（1863—1936），美国历史学家，提出了“新史学”，主张关注人类全方面的历史，而不是着眼于政治变革。——译注

2 柯南特提议学习四年数学、四年外语、三年科学、四年英语、三年历史和社会研究。此外，他认为，许多具有学术才能的学生或许还想掌握第二外语或社会研究方面的补充课程。《今日美国高中》（纽约，1959年），第57页。柯南特认为，对于**所有**学生来说，最低程度的毕业要求应该至少包括一年科学、四年英语、三年或四年社会研究。

的主要功能是“为生活的责任做准备”，而不是为大学；但是，如果主要的科目全都“连续和彻底地加以教授，而且……全部以相同的精神来开展……全都用来锻炼观察、记忆、表达和推理等能力”，那么，学生所获得的，就是理智上的训练，这或是有利于为大学，或是有利于为生活做准备：“中学里教授每一门学科时，其教学方式和程度都应该对每一个孩子一视同仁，只要他一直钻研，无论学生的未来有可能是什么，无论他的学历停在什么阶段。”[1]

委员会认识到，在高中为音乐和艺术觅得更广阔的空间，这是可取的；但是显然，他们认为，这些只具有次要的意义，于是建议，这方面的决定权留给地方自主。其成员还尤其提议，语言教学在小学的最后四年就应该开始，但很遗憾，这项意见被无视了。他们认识到，中学教员能力的提高是有效执行委员会建议的必要条件；他们督促，师范学校的低劣标准应该提升；他们还提出，大学可以更深入地对教师的充分培训予以关注。

事实上，高中的发展并没有完全遵照委员会保守的理想。甚至在19世纪80年代，注重实用、以职业为取向的训练计划就层出不穷，势头凶猛——如手工培训，车间作业，还有其他这样的学习。那些主要从事高中管理和课程设置的人也对学术理想持续的主导地位越发不满，他们认为这样的理想源于大学对高中的“奴役”和“压制”。他们坚持认为，高中的目标是对公民的公共责任的教育，为实业训练工人，而不是 331

1　关于相关的文段，见《1892年7月9日全国教育协会会议，针对中学指定学习内容的报告》(*Report of the Committee on Secondary School Studies Appointed at the Meeting of the National Education Association, July 9, 1892*)，第8—11，16—17，34—47，51—55页。委员会相信，如果学生在高中阶段之后做出决定要上大学，那么他们所学到的内容应该能让自己有资格如此。大学和科学学校应能准许任何学习过良好中学课程的学生入学，无论其课程计划如何。但在当时，委员会发现，这不可能实现，因为学生很可能学习了这样的高中课程，它“薄弱而且支离破碎——众多科目，学习不过一二，对于任何一门，所学寥寥；也许他们对于种种领域还是掌握了一点信息，但没有什么可以称作彻底的训练”。

给大学提供新生。高中应该被看作“人民的大学”，不应该被视为大学的预备学校。他们认为，民主原则要求更为重视那些不上大学的儿童的需要。对这些需要的看重，对儿童成长原则的尊重，都要求应该放弃“精通”这一理想，要求青年应该自由地尝试、体验和选择学科，从一些科目之中获得他们能够掌握和使用的东西，然后再传播给其他人。严格地让儿童钻研特殊的学科，这只会加剧他们退学的危险。

以往就存在的诸多势力都纷纷支持新式教育家。如商业，当它支持教育时，它往往会称赞和鼓励这些教育家的所作所为。学生的数量渐多，这本身就绝对强劲地提升了他们主张的号召力。1890年之后，民主原则经历了复苏，他们对这些原则的利用在公众之中产生了共鸣。大学如此之多，如此具有竞争性，质量又参差不一，以至于当渴求更多的学生时，在坚持过去的招生标准上，它们丧失了警惕。此外，它们依旧怀疑自己继承下来的经典课程有何种价值；从大约1870年开始，它们实验了选修制度和更广泛的学习计划。学院和大学的教育者不再强烈地关注中等教育的问题；后一领域的改革者也不再得到权威性的批评或反对。高中的管理人员由新建的州立教师学院提供；高中教材，虽然曾经由相关领域的大学权威撰写，但如今，其作者则是公立中学的主管、高中校长和监督人员，或教育方法的研究者。

三

十人委员会在思想上对新式中学的轻微让步不足以平息不满。委员会没能预见到不久就会出现的高中人数的惊人增长，还有日渐加剧的学生整体的多样不均。很快就会看到，十人委员会对课程的构想节
332 节败退。到了1908年，全国教育协会在规模和影响上都迅速扩张，它采纳了一项决议，否定了如下观念：公立高中应该首先成为“适合”大学的“学校”（无疑，这从来都不是十人委员会的观点）。它督促高中“要

适应其学生的普遍需求，既有理智上的，也有产业方面的需求”。它提议，学院和大学也应该让自己的课程适应这样的需要。[1]平衡在倾斜：高中不再被期待着适合大学；相反，大学应该试图与高中相仿或顺应后者。

1911年，全国教育协会新成立了一个专项委员会，即针对高中和大学衔接之问题的九人委员会，它呈交了另一份报告，其中表明，教育思想的革命正在到来。委员会人事方面的变动很能说明问题。1893年报告的杰出的大学校长和出色的教授均不在列；中学名校的校长也未出现。九人委员会的主席是布鲁克林手工培训中学的教师；他的委员会里，有学校主管、专员、公立中学校长，还有一位教育学教授和大学的某位系主任，其中并没有什么与任何基础学术问题有关的权威。十人委员会是一群大学人士，试图为中学设计课程；但新的九人委员会是一组来自公立中学的人员，通过全国教育协会向大学施压：“要求用四年时间学习任何一门特殊学科，并将之作为高等院校的准入条件，如果这并不是一种可以合理地要求所有高中生都必须学习的科目，那么这样的要求就是荒唐的，按照本委员会的判断，它应该立即中止。”

九人委员会主张，高中的任务，“是为良好的公民资质奠定基础，并有助于明智地选择职业”；当然，它也应该培养独特而特殊的个人天赋，这“与发展普遍的文化性同样重要”。它督促学校去开发“当时的每名男生和女生都具有的”主要兴趣。委员会质疑了人文教育应该先于职业教育的观点：“自然的教育观要求尽早开展对个人实用性的训练，从而兼顾人文教育和职业教育……”它力主，在所有男女生的教育中，要更为密切地关注机械学、农学、“家政学”的作用，它们是合理的要素。333
正是出于为大学做准备这一传统观念，公立高中[2]

1　全国教育协会，《会议记录》，1908年，第39页。

2　《九人委员会关于高中和大学衔接的报告》（“Report of the Committee of Nine on the Articulation of High School and College”），全国教育协会，《会议记录》，1911年，第559—561页。

> 发挥作用，带领上万的男生和女生，使之离开了他们所适应并且需要他们的事业，将其领向了他们并不适应而且不需要他们的其他职业。借助那些仅仅依靠书本的课程，错误的文化理想得以滋生。物质财富的生产者与财富的分配者和消费者之间的隔阂由此出现。

到了1918年，中等教育的“解放”似乎达到了顶点，已然摆脱了学院的理想与大学的控制，这一结果即使尚未出现在全国的高中课程里，但至少在理论层面上，情况就是这样。在这一年，全国教育协会针对中等教育整顿设立的委员会在一份文件中构想了美国中学的目标，埃德加·B. 卫斯理（Edgar B. Wesley）教授对这一文件评论说：“在教育史上，很可能所有出版物的重要性，都不会超过这本五美分、三十二页的小册子。”[1]此份声明即《中学教育之核心原则》，美国教育署在一个版次就印发了130 000册，这赋予了它某种官方的认可。以它为契机，全国范围内对教育政策展开了讨论，一些师范培训机构对其高度重视，还要求其学员牢记关键部分的内容（从而违反了新教育理论的核心准则）。

新的委员会指出，就读四年高中的学生里，超过三分之二的人没有毕业；毕业生中，大部分都没有去读大学。这些学生的需求都被漠视了。将普遍的理智训练作为教育目标的旧观念必须要重新审视。个体在能力和态度上的差异需要予以更多的关注。种种新的学习法则必须用来检验课题和教学方法；不能“首先按照任何一门具有逻辑体系的
334 科学学科的要求”来评判它们。[2]简言之，各种学科的内在结构作为教育标准时会被降格，取代其原有地位的，是更为严格遵守的、彼时据称正被发现的学习法则。

另外，在这一时期，儿童不再被视为需要学校培养的理智者，而是

1 卫斯理：前揭，第75页。

2 这一段和下面一段的引文来自《中等教育之核心原则》，见全书。

由其训练的公民。新式教育家相信，人们不应该满足于先培养出更为博学、智力更强的公民，然后期待这样就能促成良好的公民资质，相反，必须直接去教导公民资质、民主和公民道德。委员会拟定了一套教育目标，其中甚至提也没有提及培养理智能力和精通中学的学术课题。委员会说，学校的事务就是为每一名学生培养种种让他胜任公民的能力，以此来服务民主。“因而可以得出，需要关注的是，做合格的家庭成员、职业和公民资质，这三个才是主要的目标。”委员会继续说：“职此之故，本委员会将如下几点视作教育的重要目的：（1）健康。（2）基本功的要求。[按照语境，很清楚，这指的是读、写、算（three R）这几项初级技能；毫无疑问，委员会在这里的看法是非常正确的，在中学阶段这方面的继续教育也是必需的。]（3）做合格的家庭成员。（4）职业。（5）公民资质。（6）珍贵的对闲暇的利用。（7）道德品格。”

委员会正确地主张：传统高中在鼓励音乐、艺术和戏剧方面的兴趣上毫无作为；因而，委员会不再将这些作为可取的、对那种具有理性架构的课程的补充，相反，它把它们作为可以替代的选择。委员会认为，高中“如此专注地探求理性学科，以至于它很少研究文学、艺术和音乐，难以唤起正确的情感反应，难以产生积极的乐趣”。另外，高中过分强调了对大多数学科的集中学习。学业应该重新安排，使得一门科目就用一年，这“对于那些不会深造的人来说具有确定无疑的价值”。这让课程“可以更充分地同时适应那些继续读书的人和辍学者的需求”。

委员会进一步主张，学院和大学应该以中学为样板，像它们一样，
认为自己有义务成为大众的机构，依此来安排自己提供的教育。“高等 335
教育应该仅限于少数人的观念，注定会让民主制不屑一顾”，委员会预言说。这尤其意味着，高中毕业生不仅能凭着人文方面的兴趣，而且也能以职业为取向继续攻读大学；一旦入学，他们依然能接受任何形式的可以获得的教育，这些会“为他们自己，也为社会”带来“好处”。为了适应大多数人，学院和大学应该在一定程度上用高级职业教育替代

学术研究。委员会主张，要鼓励所有正常的儿童都去上学，尽可能全日制，直到十八岁。

委员会非常合理地要求，高中课程应该有所分化，以能提供广泛的选择；但是，它表达这一目标的方式令人深思：

> 分化的基础应该是广义上的职业课程，它可以解释通常举出的种种名称，如农业、商业、牧师工作、工业、美术、家政业等课程。对于那些怀有独特学术兴趣和需要的人，也应该为之有所准备。

也应该为之有所准备。这里提到了高中的学术方面，但它仅仅是主旨之外的次要部分，就在这一句中，展现了自十人委员会报告以来的二十五年里，关于这一问题的主导思想在多大程度上消失殆尽。

委员会报告的措辞清楚地表明，成员们认为自己所推荐的，不是在教育上撤退，而是前进，奔向民主理想的实现。报告扣人心弦，带有进步时代和战时的理想主义——它希望教育世界对于民主制来说是安全的，同时，也想为每一个儿童带来充分的机遇。委员会主张，我们的中等教育“必须旨在完全而且有价值地为一切青年而生，除此无他”——到此为止，教育已经超出了如培养心智能力这样有限的目标。中学教师受到敦促，要“努力探索伟大民主运动的内在意义，这一运动如今在争取至高无上的地位”。当高中试图培养个人和不同群体的独特优点时，它“必须也同样积极地发展那些共同的观念、共同的理想和共同的
336 思维模式、情感和行动，借此，通过丰富、统一、共同的生活，美国才会最为坚定地致力于建设一个在人类和诸国之中寻求民主的世界”。

四

《中等教育之核心原则》确立了基调，表达了随后直到适应生活运

动这一期间里，在中等教育政策的准官方声明中流行的观念，这份报告出现于高中人口的规模发生焦点性转变的时期。1910年，人数保持在1 100 000，而到1930年就迅猛增长至4 800 000。当这份文件发布时，各个州都已然采纳了义务教育法——1918年，密西西比是最后加入大部队的州。

此外，对于1880年到第一次世界大战期间流入美国的移民潮之中的儿童，学校已经用了几年的工夫，而且还会继续用更多年的时间来解决他们的教育任务。例如，截止到1911年，三十七座大城市公立学校里的57.5%的孩子都是由外国裔父母所生。[1]此时进入中学的移民儿童，带来了阶级、语言和美国化方面的问题；同样的问题，他们也曾给小学造成过。对于许多学校主管来说，较之按照旧式教育传统来培养他们的心智，更重要的事情似乎是为这些孩子提供美国生活的指引，通常还有基础卫生上的指导；不难理解，比如，对于布法罗的波兰移民的孩子，拉丁语方面的全面基础训练并非其首先所需。不熟悉美国习惯的移民父母都不足以教导他们的孩子所必需的知识；而这时，学校就扮演了父母的角色。除此之外，对于儿童来讲，他们白天接触严厉古板的美国女教师，到了下午就被期待着充当美国化的工具，他们将行为和卫生方面的指导带回家，他们的父母将之牢记于心。正是在这种背景下，人们也许能更清楚地理解《中等教育之核心原则》对“做合格的家庭成员”、“健康”和“公民资质”的强调。一个普遍的批评是，现代学校试图承担了太多其他社会组织——包括家庭——的职能，对于这个问题，教育者给出了充分的回应。 337

职业教育中的变革也支持了新式的中等教育观。一直以来，师范

1　关于这个一般问题，见小阿兰・M. 托马斯（Alan M. Thomas, Jr.）：《美国教育和移民》（“American Education and Immigrant”），《教师学院报告》（*Teachers College Record*），第LV卷（1953年10月—1954年5月），第253—267页。

学校充其量是教师的权宜之所，但如今，教师学院和教育系取而代之。教师培训之事与对教育过程的学习都变得专业化和职业化。不过很遗憾，就如劳伦斯·克雷明观察到的，教育学校和教师学院在发展中具有了高度的自主权。[1]就精神世界而言，职业教育家与学术学者渐行渐远。哥伦比亚大学的教师学院与其他学院的裂痕——引出了一句讥语：120街是世上最宽的马路——象征了美国教育结构中更大的分裂。留给职业教育家的任务，是发展自己的观念，但不用服从那种通过与大学学者的交流才有可能促成的、理智方面的规训。与艾略特的时代形成鲜明对比的是，大学学者都轻蔑地远离了小学和中学教育问题，如今的他们将其视为蠢人的职业；太多的教育家非常开心地目睹他们退去，而由这些教育人士自由地将自己的信条付诸实现，为中级和更低年级的学校制订计划。

此时，《中等教育之核心原则》的理念正取代十人委员会的思想，一种新型的正统观就在形成之中，它在很大程度上立足于对“民主”和“科学”的诉求。对于一些人来说，教育的民主就是核心议题，而约翰·杜威则是他们的导师；对于另一些人，将“科学告诉我们的东西”应用于教育，这就是教育的民主，而爱德华·李·桑代克[2]则是他们的名师。人们通常都相信，在民主与科学的这种结合之中，没有丝毫问题，因为存在着一种广泛流行的信念（必须指出，桑代克并不持有这一信念）：由于这两者都有利，故而，它们必定服务于相同的目的，而得出相同的结果；事实上，存在着一种民主科学。[3]

---

1 《学校的转型》（*The Transformation of the School*，纽约，1961年），第176页。

2 Edward Lee Thorndike（1874—1949），美国著名心理学家，行为主义代表人物。他也是教育家，研究教育心理学，长年任教于哥伦比亚大学教师学院。——译注

3 对于最近美国政治思想中，同样将科学与民主混合在一起的做法，伯纳德·克里克（Bernard Crick）做了巧妙而风趣的分析：《美国政治科学》（*The American Science of Politics*，伦敦，1959年）。

关于对杜威思想的正用或误用，我会在下一章加以说明。而这里， 338
更应该谈谈测验技术，以及各种类型的心理学和教育学研究。当然，大部分这样的研究还是有价值的，尽管都必定带有尝试性。不过问题在于，本应该纯粹作为持续性研究的事情，却在职业教育的狂热氛围里，总是被设法推举到信仰的地位——推举它的人，并不是实际中的研究者，而是那些汲汲于寻觅实践应用的人，他们迫切地想让科学成为权威，来代表自己的各种运动。美国人的心灵极容易接受这样的看法，即任何可以用数字来表达的、所谓的知识，事实上都与表达它的数字一样，是定论性的，而且也是精确的。第一次世界大战时的陆军测验就是典型的例子。很快，人们广泛相信：陆军甲种测验[1]的的确确衡量出了智力；测验可以做到确定智力年龄；智力年龄或智力，就如测验汇报的那样，是既定不变的；大量美国人的智力年龄只有十四岁；因此，教育制度必须处理一群群差不多算是后进的学生。[2]对于测验来说，这样的解释过分自信，虽然它们不乏尖锐的批评者——其中就有约翰·杜威——但是，对测验的误用，似乎是美国教育中反复出现的因素。因为这些测验，有些人就轻视人的智力，如果相信这样的态度，当然就会得出截然不同的结论。对于那些并未受到民主制信条诱惑的人来说——爱德华·李·桑代克本人就是其中之一——智力测验的结果会鼓励精英式的思想。[3]然而，对那些泰然自若地致力于“民主”价值的人来讲，这种所谓的对大众智力限度的揭示，只能促进对某种教育方法和内容的探寻：这样的教育会符合智力平庸者

1　Army Alpha tests，第一次世界大战时期在陆军实行的智力测验，与之配合，还有陆军乙种测验（Army Beta tests）。所使用的是法国心理学家A. 比奈（Binet）发明，美国斯坦福大学心理学家刘易斯·特曼（Lewis Terman）改进的智力测验方法，即斯坦福—比奈测验，其所测结果为个人的智商。——译注

2　见克雷明对测验的初期影响的充分又简明的阐述：《学校的转型》，第185—192页。

3　如见摩尔·科蒂对桑代克观点的讨论，《美国教育者的社会思想》（纽约，1935年），第14章。

或对理智毫无兴趣之人的需要。化用林肯的话，为民主的教育家有可能说，上帝必定爱护那些迟钝的学习者，因为他创造出的这样的人如此之多。精英主义者也许会冷冰冰地对这些大众不屑一顾，但民主教育家会拥抱他们，就像慈母拥抱自己的有智力缺陷的孩子，这样的教育者
339 会试图让自己的课程立足于所设想的大众的需求。

在这里，尤为显著的是进步主义道德环境为新式教育信念提供的动力，因为如此的信念是在一种温暖的博爱和令人激动的理想主义的氛围中发展而成，这样的气氛里，天资不高者与贫困之人的需要应该得到慷慨的回应。教育者花费了多年的时间来探索标准和信条，而如今，这两者的正确性似乎比从前更为确定，因为看起来，民主的需要在道德上，科学的发现在理智上都证明了这一点。超乎以往的是，在这片土地，可以越来越频繁地听到为这种信念呐喊的口号：为民主而教育，为公民素质、为儿童的需要和兴趣而教育，为一切青年而教育。美国教育家中存在着一丝对道德过分操心的紧张感和古怪的缺乏幽默的特点，对于那些更加世俗、与精神世界隔绝开来的心灵来说，他们也许总是神秘难解。教育家必须承担的任务越是单调，他们的旋律就变得更加高贵和高尚。当他们看到了可以在家庭生活或家政经济中引入新课程的机会，他们就开始给自己的理想主义小提琴调音。当他们觉得眼看就要为校工确立那种受到尊重对待的权利时，他们就变得盲目乐观，加快自己的节拍。当他们试图确保，学校厕所的位置标示得如此明显，让最愚钝的孩子也能找到时，他们又越来越欢喜而飘飘然，投入狂野的民主和自我实现的华彩乐章。

此时，教育著作的荒季已然开始。教育的职业化看重对每一个现实问题的冷静处理，教育家则渐渐沉迷于一本正经、令人可悲地拙劣模仿那种卖弄学问的做派。他们并不乐意将自己仅仅视为低级实用性的倡导者，于是，他们着手发展了这样的技艺：将高贵至极的社会或教育目标作为服饰，穿在每种意见的身上，将之展现出来，无论它们有多

么简单，多么属于常识，再合理不过。例如，学校应不应该给孩子教育一些安全知识？如果应该，校长会给全国教育协会宣读一篇言过其实的文章，其所涉及的，并不是教导孩子谨慎小心这一重要但也许常规的做法，而是论述这样一个宏大的主题：《事故预防教育作为让课程完整之因子的价值》（"The Value of Instruction in Accident Prevention as a Factor in Unifying the Curriculum"）。[1]于是，就可以声称，关键之事并非让孩子不要烧伤、不要被车撞到，相反，对他们的这方面教育，是用更高层次的价值来传授一切学问——尽管在这个例子里，至少发言者在 340
结尾承认："私以为，事故预防教育不仅仅有助于让课程完整，还有助于减少事故。"[2]

五

如果一位外国游客，他对美国教育的认识仅限于教育改革家的著作，那么他眼前浮现出的，很可能是一个严格不变的、服从学院和大学要求的中学制度，它固着于旧有的学术研究的观念，却并不为其所负责的各色学生欣然接受。1920年全国教育协会会议上的这位发言者还哀叹说，高中仍然"充斥着大学的要求规则和标准"，装满了"接受过学术知识的训练，仅仅拥有学术观点的"校长和教师。[3]这听上去带有抱怨的口气，这种腔调在新派教育家的作品中一直都在回响，从未停息。但事实上，创新者在废除高中旧有的学术课程上取得了巨大的成功。对于业外人士，甚至也许对于职业教育者来说，很难知道，成功之中有多少算是正当合理的。但是有两点似乎可以断定：第一，1910年之后课

1　作者是E. 乔治·佩恩（E. George Payne），时任圣路易斯哈里斯教师学院的院长。——译注

2　全国教育协会，《会议记录》，1920年，第204—205页。

3　同上，1920年，第73—75页。

程的变化几乎是革命性的；第二，到了20世纪40—50年代，适应生活派教育家对破除学术课程的要求已然在现实中变得难以满足。

十人委员会赞同的旧式学术课程曾经在1910年左右达到了顶峰。那一年，学习外语、数学、科学或英语——其中任何一门——的学生，超过了**所有**非学术性科目的人数总和。接下来四十年的跨度里，高中学术科目提供的课程从四分之三降至五分之一左右。1910年49%的九到十二年级的公立高中生都会选修拉丁语，这个数字到了1949年降为7.8%。所有现代语言的在册学生从84.1%减至22%。代数从56.9%降到26.8%；几何从30.9%降至12.8%；数学整体的在读人数从89.7%减为55%。各门科学的选修人数——如果忽略冠名为“普通科学”的这门新开的笼统课程——从81.7%下降为33.3%；如果普通科学也包括进
341 来，那么就降为54.1%。至于英语，虽然在纯粹的量上几乎保持不变，但在许多学校的体制中都被大幅度地稀释了。历史和社会学习方面的情形过于复杂，难以用数字体现，不过，就读人数的变动令它在空间和时间上越发偏狭，即更强调近代史和美国史，轻视古代史和欧洲史。[1]

1 约翰·F. 拉铁摩尔在《我们的高中是何情况？》中汇编了教育署的统计，颇为有用；我参照了他展示的数据；尤见第4和7章。应该指出，以这样的百分比呈现出的在册人数，并不意味着要掩饰如下事实：随着高中人口的猛增，**全国**有大量青年都有可能在学习上述某些学术科目，即使**高中生**里只有更少一部分人选修它们。但是，从1933—1939年，不仅是学习这些学科的学生百分比首次出现滑坡，而**绝对的**高中注册人数也是如此。

有一门科目恰好得到了充分的调查，这方面的结果不妨做一检视。第二次世界大战期间，中学数学教育问题受到了官方的关注。1941年，海军军官训练团报告说，在4 200名身为大一新生的应征人员中，62%的人没有通过算术推理测验。只有23%的人在高中学习过一年半的数学。后来，1954年的一项调查报告说，62%的美国大学都认为不得不给大一新生再教一遍高中代数。见I. L. 坎德尔：《20世纪美国教育》(*American Education in the Twentieth Century*，剑桥，马萨诸塞，1957年)，第62页；H. S. 戴尔(Dyer)，R. 卡林(Kalin)和F. M. 洛德(Lord)：《数学教育中的问题》(*Problems in Mathematical Education*，普林斯顿，1956年)，第23页。许多高中似乎都在考虑这样一个观点，它广泛流行于适应生活理论家之中，即外语、代数、几何、三角学都“相对毫无价值，除非用来为(转下页)

十人委员会1893年考察了高中课程后发现，所教授的科目有四十门，但是，在这之中，有十三门仅仅由少数学校提供，故而，基础课程立足于二十七门学科。截止到1941年，提供的科目多达二百七十四门，其中只有五十九门可以划入学术学习这一类。或许最为特别的地方，并不在于科目增加至十倍，也不是学术学习的数目降至五分之一左右，而是教育理论家的如下回应：他们相信，学术学习依然在挤压中等教育。于是，20世纪40年代后期至20世纪50年代，在美国教育署的推动下，如火如荼的适应生活运动开展起来，人们试图调动美国公立中学的干劲，从而使教育体制更为密切地贴合这样一类孩子的需求，他们在某种意义上都被视为"不可教育"。[1] 342

在某种程度上，适应生活运动源于第二次世界大战以来就可以觉察到的美国青年的精神危机。但是，又不止于此：它还是教育领袖和美国教育署所做出的一种尝试，他们试图全面控制从1910年就开始持续进行的那场反智主义运动的价值观。在考察第二次世界大战之后不久的美国中等教育时，时任教育委员的约翰·W. 斯图贝克（John W. Studebaker）注意到，只有约十分之七的青年就读了高中（十到十二年级）；而不足十分之四的人继续在读，直到毕业。[2]尽管在之前的四十年

（接上页）大学做准备，或是对一些大学课程才有价值"，"因此，对这些学科的大部分教育应该延后到大学阶段"。哈尔·R. 道格拉斯（Harl R. Douglass）：《为了让美国青年适应生活的中等教育》（*Secondary Education for Life Adjustment of American Youth*，纽约，1952年），第598页。

1　适应生活派教育家当然没有使用"不可教育"这个词。我用它来表示，当他们说某个中学生既接受不了学术教育，又学不会必要的行业时所做出的评断。

2　《为每一位青年的适应生活教育》（*Life Adjustment Education for Every Youth*，华盛顿，无日期［1948年？］），第iii页。这本出版物由联邦安全局的教育署发行，由中等教育科和职业教育科制定。下面几段会反复引用这份文档，关于其中的普洛瑟尔决议，还有其他目标性声明，见第2—5，15n.，18n.，22，48—52，88—90页，以及全书。

就在教育署支持适应生活运动的同时，总统的高等教育委员会在其1947年报告中也主张说，大学不应该再"将那些拥有语言才质、具备理解抽象概念能力的人（转下页）

里，人们努力提升学校的“吸引力”，但是，大量年轻人依然对完成中等教育毫无兴趣。曾经，试图让学术课程丰富的做法，似乎并没有实现其任何一个主要的目的；而如今，人们提出的建议仍然是，课程丰富得还不够。

适应生活运动提出要补救现状，为此，它要推动“种种教育计划的发展，它们都更为符合所有青年对适应生活的需要”。为了做到这一点，就要设计这样的教育：它“更为充分地为所有美国青年提供准备，让他们以民主的方式生活，作为家庭成员、工人和公民，从而对自己满意，而且有利于社会”。在1947年5月于芝加哥举行的全国会议上，与会者采纳了查尔斯·A. 普洛瑟尔博士（Dr. Charles A. Prosser）拟就的决议——此人为一家产业教育机构明尼阿波利斯邓伍迪技术学院（Dunwoody Institute of Minneapolis）的主任。在原版中（后来做了些微的改写，“为了避免误解和
343 误会”），这份决议文件表达了会议成员们的一个看法：中学并没有充分满足大多数美国青年的需要。它还说，20%的年轻人为大学做准备；还有20%的青年在准备技术职业。但是，按照这场运动的代言人的看法，余下的60%并不适合上述两种规划，应该为他们提供适应生活的教育。对于60%被忽视的、需要适应生活教育的学生，适应生活的理论家明确描述了他们的特征。这些孩子大体上都出身于没有技能或技能不熟练的家庭，其收入低，所提供的是文化贫乏的环境。他们上学要晚于其他人，在学校里依然发育迟缓，评分级别低，在智力和成绩测验中分数更差，对学校的作业缺乏兴趣，“情感上不成熟——神经质，没有安全感”。

在汇总了他们学生具有的这一长串令人压抑的特点之后，这位撰写了教育署第一本适应生活手册的作者继续说，“这些特征的用意并不是给这个群体贴上任何带有低等意味的标签”。这些教育家所考虑的

（接上页）选为特殊的主顾”，它们应该更关注培养其他才质——“如社会敏感性和社会通才性、艺术能力、运动技能和灵活性、机械方面的才干和独创性”。《为美国民主的高等教育：总统高等教育委员会报告》（*Higher Education for American Democracy: A Report of the President's Commission on Higher Education*），第I卷（华盛顿，1947年），第32页。

这种奇特的、故步自封的“民主”，在某种程度上令他们可以断定：不成熟、不安全、神经质、发育迟缓、出身环境文化贫乏的学生，都“丝毫也不低”于更成熟、感到安全、自信、有天赋、来自良好文化环境的儿童。[1]在“民主”面前的这种口头上的膜拜，似乎能让他们无视这样一点：他们正在以惊人的确定不疑的态度，放弃大多数的美国儿童，视之为或多或少不可教育——按照普洛瑟尔的决议，意思就是，既不适合为大学做准备的学术学习，甚至也不适合于能促进“必要的技术工作”的职业教育计划。什么样的教育才适合这些不幸的大多数呢？当然不是理智方面的培养，也不是积累知识，而是担任家庭成员、消费者和公民的实践训练。必须教授的是这些内容——下面这些概念，对于《中等教育之核心原则》的读者来说 344
会非常熟悉——“伦理和道德生活”；家庭和居家生活；公民资质；闲暇的使用；如何照顾自己的健康；“适应职业”。就如《为每一位青年的适应生活教育》的作者所言，这就是“将生活价值凌驾于知识获取之上的教育哲学”。上述观察隐含着这一观念，知识与“生活价值”关系寥寥或毫无关联，它是整个运动的核心前提。反反复复，适应生活派教育家会不断强调，理智训练百无一用，没法解决普通青年的“现实生活问题”。

六

对于适应生活运动背后的思维，很难从那些由华盛顿的教育署编

1　以“民主”的名义，摒弃如此大比例的美国青年的能力，正是这场运动的令人难解的特征之一。但是，至少还有一位支持者敢于面对其中的影响，他说，这个被忽视的群体缺乏“被唤起的兴趣，还有明显的才质”；不过，这一事实，“很可能对于社会来说是幸运的，因为社会具有大量并不需要什么非凡才干和兴趣就可以从事的工作”。爱德华・K. 汉金（Edward K. Hankin）：《适应生活教育的关键》（“The Crux of Life Adjustment Education”），全国中学校长协会，《公报》（*Bulletin*，1953年11月），第72页。对于适应生活教育的影响，这是一个可能的观点，也是更能反映现实的评价。但它并不“代表民主”。

成的、与这一主题有关的、内容重复的快报中发掘出来。但是，在这场运动如此命名之前，身为经验丰富的职业教育的管理者，普洛瑟尔博士在1939年哈佛大学英格利斯讲座中已然提出了它的种种基本观念。[1]虽然在出版的讲座文稿中，偶尔可见一些痕迹，体现了约翰·杜威对教育民主的热情，但普洛瑟尔主要依靠的，是心理学研究；他表达了对“科学”发现的更为由衷的虔敬。（适应生活派教育家会以科学名义做任何事情，但就是不会以此来鼓励儿童学习科学。）普洛瑟尔认为，桑代克及其信徒已经证明，并不存在这样的理智训练：它的益处可以从一种学习、情境或问题迁移到另一种。“科学已经证实了通识教育说及其基本理论的错误，没什么比这一点更确定，这样的理论认为，记忆力、想象力，理性或意志，作为能力是可以训练的。”当这种旧观念被抛弃，那么必然地，存留下来的就只有各种专门性教育了。并不存在一般性的机械技能这种东西；只存在专门的、由实践和运用发展出的技能。精神方面也是如此。例如，没有记忆力这样的东西；只有种种由于我们发现它们有用，因而就可以供回忆来使用的专门的事实和观念。

345 旧观念的支持者相信，教育是理智训练的发展过程。与之相反，现在人们认为，并不存在可以培养的一般性的智力品质；只有专门性的东西可以认知。这些东西的有用性和可教性如影随形；一项知识越是即时可用，它就越是容易教授。衡量学校科目价值的，是科目可以直接应用的、即时又实际的生活情境的数量。这样，重要的事情就不是教学生如何概括出一般原理，而是为之直接提供他们日常生活所需的信息——例如，不教他们生理学，而是教之如何保持身体健康。传统课程仅仅包含了那些在这个方面曾经有用，但已然无用的学习项目。“通常的情况似

1 《中等教育和生活》（*Secondary Education and Life*，剑桥，马萨诸塞，1939年）。这一段还有下面几页概述的观点，基本上来自第1—49页；尤见第7—10，15—16，19—21，31—35，47—49页。

乎就是，任何学校的学习项目越新，对于教室之外的事务就会用处更大，学习项目越旧，其内容在满足生活现实需要时就越是无用。”如果学校教的内容立即而且直接可以转换到生活中，那么学生就更容易学习，更能牢牢记住所学的东西。事实上，一门学科对头脑的价值，就取决于它的实用性。“在所有这些方面，商业算术优于平面或立体几何；学习保持健康的方法，强于学习法语；学习择业技巧，比学代数更佳；简单的日常学问，好于地质学；简单的商务英语，优于伊丽莎白时代的古典文学。”

普洛瑟尔说，从科学研究中得出了一个难以否认的结论：最佳的教学内容就是“适应生活的学习，而不是为了更多的教育而教育的学习”。那么，为什么学院和大学都坚持不懈地将没法应用、不适合教授的传统学科强加给中学呢？除了这些学科的教师的既得利益之外，他认为主要原因在于，过去的高等教育机构需要某种手段来选拔更有才能的学生，从而将其他人淘汰。（必须相信，诸如语言和代数这样的学科，其教学的功能不是教育人，而完全是充当障碍，绊倒那些更差的学生，不让他们进入大学。）这种过时的伎俩，需要浪费时间、花费昂贵的四年来徒劳地学习所谓的“训练性”学科。普洛瑟尔认为，如今，几个小时的智力测验就能极为经济又精确地选出适合大学的学生。那么，“不妨当个任务赌一把”，因循守旧的人或许也可以被说服，从而让他们为所有学生至少减掉一半的学术课程，并且只保留少数旧的学习科目，只要它们还残存着用途。按照这一标准，“在一系列为大学预备的必要课程中，346
所有外语和所有数学都应该去掉”，从而支持更实用的科目——身体科学，英语，还有社会学习。

许多具有直接应用价值的科目，也应该补充进课程：提供“交流能力”的严格实用的英语；研究现代生活的文学；为年轻人带来“日常生活的简单科学”的科学（仅仅“在特征上”类似科学）课程，告诉他们“科学如何提升我们的舒适……促进我们对生活的享受……帮助人类完成工作……增加财富”；实用的商业指导和“为年轻人准备的简单的经济学”，也许再补充“美国青年的经济史”方面的材料；公民教育，着眼于“青年公民问题”，以及地方社会；数学，仅仅包括各种应用算术；社会学习，关注“社会的健康休闲”，举止礼仪，闲暇的利用，青年的社会和家庭问题，“美国青年的社会史”；最后，当然还有“艺术的体验”，“实用技术的经验”和职业教育。以这种方式，课程的制定可以符合现代心理学发现的学习法则，而所有孩子会在更大程度上从中等教育里受益。[1]

在这里，普洛瑟尔以相当粗糙的形式表达了许多教育学者从实验心理学这门“科学”中得出的结论，为此，他们破坏了心智训练这一思想的有效性；普洛瑟尔也破除了人文教育理想所立足的基本假设，当他如此自信地断言，科学证明了通识教育的设想是错误的，“**没什么比这一点更确定**”时，他就是这样想的。在这明显的独断论背后，存在着思想史上一段有趣的篇章。就像19世纪美国和其他地方表现出来的那样，古典人文教育的旧式理想始终立足于两个假设。第一个就是所谓的官能心理学。这种心理学认为心灵是实体性存在，由若干诸如理性、想象、记忆之类的“官能”构成。按照假设，这些官能就像身体官能一
347 样，可以通过锻炼来强化；而在人文教育中，通过持久的心智训练，它们就如此渐渐增强。这种心理学通常还认为，某些学科具有既定的优越性，因为它们是心智训练的推动因——最重要的就是拉丁语、希腊语和数学。这些学科培养能力的目的，不仅为继续深入地学习拉丁语、希腊语或数学奠定基础，而且更为重要的是，还训练了心灵的种种力量，使得它们可以更为胜任自身所面对的各种任务。[2]

1　关于这一学派对课程内容的观点，后来还有一个既全面又权威的陈述，见哈罗德·阿尔伯蒂(Harold Alberty)：《重组高中课程》(*Reorganizing the High School Curriculum*，纽约，1953年)。

2　关于这种心智训练观，美国有一份经典的陈述，即1829年耶鲁报告，它原载于《美国科学和艺术学刊》(*The American Journal of Science and Arts*)，第297—351页。它的主要部分重刊于霍夫施塔特和史密斯编：《美国高等教育：文献史》，第I卷，第275—291页。

很自然就可以发现，官能心理学并没有以哲学的方式，也没有从科学的角度研究心灵的机能。此外，随着知识量的巨大增加，以及相应的课程的扩展，古典语言和数学在心智训练中具有得天独厚的荣耀地位这一旧有的自信，似乎越来越成为古怪而狭隘的自负。[1]

但是，大多数现代心理学家和教育理论家都意识到，官能心理学和古典—数学课程自身的衰落并没有终结如下问题：心智训练之类的东西是不是可以实现教育的目的？如果心智训练终究是毫无意义的，那么，几个世纪以来，以人文教育为名义所做的一切，就似乎立足于错误的计划上了。心灵是否能训练或普遍地得到锻炼？这一未定的问题让官能心理学可以继续存在下去，而且，该问题又呈现为另一个全新的、更为具体的形态：在一项精神活动中得到锻炼和发展的训练，是否能培养出一种可以迁移给另一项精神活动的心理官能？当然，这个一般性问题可以分解为无穷无尽的特殊问题：记忆活动能否（如威廉·詹姆斯在早期对自己做的基础实验中所询问的）促进其他记忆？对一种感觉分辨的训练能否巩固其他分辨活动？拉丁语学习能不能进一步推进 348
法语的学习？如果训练的迁移可以发生，那么经过数年严格的人文教育之后，这种迁移过程的累积也许会培养出一个**在通识层面上**获得更充分锻炼的心灵。不过，如果这种训练的迁移没有出现，那么大部分积累性的学术学习，一旦离开了自身之中包含的知识内容，就会毫无意义。

不管怎样，对于实验心理学家来说，他们还是颇有信心地认为自己可以廓清这个至关重要的问题；在桑代克的鼓舞下，从20世纪初，他们

1　这样的自负也有助于证明教育在很大程度上是低劣的。例如，有非常明确的证据表明，旧式大学教授古典语言时，带有狭隘的语法家的心态，并非将之作为引导学生进入古代文化生活的手段。见理查德·霍夫施塔特和沃尔特·P. 梅茨格：《美国学术自由的发展》（纽约，1955年）；理查德·霍夫施塔特和C. 德威特·哈代（C. DeWitt Hardy）：《美国高等教育的发展和范围》（*The Development and Scope of Higher Education in the United States*，纽约，1952年），第1章和第53—56页。

着手寻求与训练迁移有关的实验证据。只要读过这些实验的描述，人们就可以充分得出这样的结论：对于这一问题，实验着眼的方面如此有限，使得它们都令人遗憾地并不充分；无论是个别，还是整体上，这些实验都没有阐明那个它们最终指向的重大问题。但是，众多独创而且通常颇为有趣的实验，恰恰让某种证据开始积累起来。而其中有一些，特别是桑代克1901年和1924年发表的两篇论文，[1]均被部分教育思想家视为决定性的证据，它们可以证明，不存在程度高到足以支持心智训练说的训练迁移。这种以及来自其他研究者的类似证据都被某些教育理论家不分情况地加以利用。如W. C. 巴格利[2]曾经指出的："只要一种理论证明或回护了放宽教育标准，它就必然会被赞同和接受"，接受者是那些为了重组高中使之适应大众这一任务而曲解实验结果的人，尽管并非故意。[3]

事实上，逐渐积累的实验证据最终体现出了矛盾和含混。但有些教育家依然坚称，这些证据提供的经验全然清楚，其所得出的结果至为确定，他们完全无视了各种并没有证明自己观点的发现。事实上，他们对于实验证据的误用是教育思想史中的一段重要的不光彩之事。如果实验的定量分析是有意义的，那么，这些教育家都忽视了材料的主体，因为有五分之四的实验研究证明了，在某些条件下存在着迁移。杰出的实验心理学家所表达的主流意见似乎并没有在任何地方支持那种反

1 1901年的论文即与R. S. 伍德沃斯（Woodworth）合写的著名的《一种精神机能的提升对其他机能之效力的影响》（"The Influence of Improvement in One Mental Function Upon the Efficiency of Other Functions"），其中通过实验表明了，学习迁移取决于迁移前后的不同情境的相同因素。——译注

2 W. C. Bagley（1874—1946），美国教育家，曾任教于哥伦比亚大学教师学院，强调学术科目，反对实用主义教育观。——译注

3 W. C. 巴格利：《教育理论中精粹主义运动的意义》（"The Significance of the Essentialist Movement in Educational Theory"），《古典学刊》（*Classical Journal*），第XXXIV卷（1939年），第336页。

迁移的观点，尽管普洛瑟尔这样的教育家都曾引用过这样的看法，将之作为“科学已经证明”的定论。今天，实验心理学并没有给他们带来 349 安慰。如杰罗姆·布鲁纳[1]在非凡的小书《教育过程》(*The Process of Education*)中的概述：“事实上，关于学习和迁移的本性，过去二十年间的所有证据都已然表明……大量普遍的迁移可以通过正确的学习获得，甚至可以达到这样的程度：在最优条件下的正确学习能让一个人‘学习如何学习’，这些无疑都是事实。”[2]也许，人文教育的理想依然可以用人类的教育经验来充分证明，而不是靠实验心理学；但是，既然这种科学研究被视为上诉法庭之一，那么它的裁定，也更有利于那些相信心智训练之可能性的人，而不是像适应生活的教育倡导者所展现的那样。

七

适应生活运动曾经以极端的形式表达了职业教育在四十多年的时间里始终要求的主张：在大众的中等教育系统里，严格的学术训练对于远非少数的学生来说是不可行的。当这场运动的代言人们将不可教育的人数以独断的确信态度设定在60%时，其立场如此强硬，以至于他们的某些批评者认为这个数字全然武断。再一次，数字的来源似乎还是某种对“科学”的感人的信仰。1940年，作为全国青年总署(National Youth Administration)的成员，普洛瑟尔博士正密切接触华盛顿对于

1　Jerome Bruner(1915—2016)，美国著名心理学家，专研教育心理学和认知心理学。——译注

2　杰罗姆·S. 布鲁纳：《教育过程》(剑桥，马萨诸塞，1960年)，第6页。如布鲁纳指出的，重要的因素在于，学习者对于所学的内容具有结构性的把握。关于心智训练的现代讨论，以及对实验证据史的简明考察，见沃尔特·B. 科勒斯尼克(Walter B. Kolesnik)：《现代教育中的心智训练》(*Mental Discipline in Modern Education*，麦迪逊，1958年)，尤见第3章。

青年问题的观点；而此时，以智力测验方面的作品闻名的心理学家刘易斯·M. 特尔曼（Lewis M. Terman）在美国青年委员会的一份出版物《美国青年如何成功？》中评估说，110是顺利学习传统经典高中课程所必需的智商数，而60%的美国青年都低于这一智商水平。但无论如何，这一数字同上述适应生活派教育家的算法还是有很大出入的。[1]不过
350 更关键的，却是这一做法：试图不负责任地让全国教育政策立足于任何这样的结果上。心理学家意见不一（1939年时还在热烈地争论这个问题），个体的智商是否就是永恒确定的成因属性；目前，已有令人印象深刻的实验证据表明：对于个体智商，如果给予合适的照料和教育，那么它通常可以提高15—20分值，或者还要多。（当对贫困儿童施与特殊照管时，结果尤为令人难忘。许多贫民窟的孩子，初中阶段时，智商还略低于正常水平或几乎发展迟缓，但通过纽约市的"高水平"计划，他们的智商和学术成绩都得到了提升，以至于被大学接受，甚至有些人还获得了奖学金。）此外，单有智商，这并不是衡量一个人潜在学习成绩的绝对可靠的标准；还有其他变量，也遵从变化，智商并没有考虑到，比如教师水平、课业量、学生的精神面貌和积极性。心理学家和教育家对我们高中里，甚至在今天的教学和低落的教育士气下，可以从学术课程中有所获益的学生比例的看法也不完全一致。[2]

1　也就是说，如果接受特尔曼的结果，那么60%的美国青年也许不适合学术型的高中课程；但是这其中，确实有相当一部分人适合于普洛瑟尔决议中提到的必要的行业。

2　关于学术能力的分布及其对教育政策的影响，有着不同的评价，见总统高等教育委员会报告：《为美国民主的高等教育》，第I卷，第41页；拜伦·S.霍林斯海德（Byron S. Hollinshead）：《谁该上大学》（*Who Should Go to College*，纽约，1952年），尤见第39—40页；戴尔·沃尔夫（Dael Wolfle）：《美国专业人才的资源》（*America's Resources of Specialized Talent*，纽约，1954年）；小查尔斯·C. 科尔（Charles C. Cole, Jr.）：《鼓励科学人才》（*Encouraging Scientific Talent*，纽约，1956年）。一位教育心理学家写道："我确信，通过更优质的教育……我们高中里一半或更多的学生……可以从［古典课程］中受益。"保罗·伍德林（Paul Woodring）：《一国的四分之一》（*A Fourth of a Nation*，纽约，1957年），第49页。

最后，对于美国青年的可教性，适应生活运动的观点貌似有理，是因为它忽视了其他国家在中等教育方面的成绩。有一个观点在新式教育家那里已然是老生常谈，即西欧的中学课程是“贵族气的”，受制于阶级，有筛选性，传统老套，对于民主的、普及的、高瞻远瞩的美国中等教育来说，毫无效仿价值。因此，美国教育家愿意无视欧洲的教育史，不将其当作教育政策的启示来源；他们关注“现代科学”，以之为实践指导，着眼“民主”，用它来激励道德。欧洲教育朝向了落伍的过去；科学和民主展望未来。但是，与苏联的科学竞赛，震动了这种思路。苏联的中等教育既不普及，也不像我们这般人人平 351
等。然而，它提供了一种既难以轻视为贵族气或传统守旧，但又基本上以西欧的中学制度为模板的教育体制；它以不可能随随便便被忽视的方式，示范了严格要求的学术课程如何对大多数人来说都是可以掌握的。

绝不应该认为，适应生活派的教育家会心满意足地停步在这样的主张上，即他们的教育目标只应该实行于那些被忽视的、处在社会底层的60%的青年。在这方面，如果低估了这场运动的志在改革的理想主义，就会犯下错误；没有哪个地方能像普洛瑟尔博士在1947年适应生活会议上的闭幕致辞那样，充分阐明了这种理想主义。“整个教育史中，”他说，“从来没有如此的盛会……在这会议上，人们那么诚挚地相信，这是黄金般的机遇，可以做一些事情，从而把他们长久以来受到拒绝的教育遗产赠给**所有**美国青年。你们制订的计划，”普洛瑟尔向与会成员保证，“值得奋斗——值得牺牲……上帝保佑你们所有人。”

因此，适应生活派的教育家很快就相信，他们崇高的教育理想不仅仅要实施于被漠视的60%的青年：对他们有益的事情，也就会对**所有**美国青年有益，无论他们如何有才华。有一本适应生活的手册，其作者们直言不讳地承认，自己在设计的，无外乎是“一张乌托邦中学的蓝图”——他们还补充说，这样的学校“只能由具备稀有才华的教师来管理”。[1]如I. L. 坎德尔以讽刺的口吻所言，对适应生活的确信看法就是，“60%上高中的学生，按照报告，在就读中毫无获益，但如果一件事对他们有利，那么它也就有利于所有的中学生”。[2]就这样，这些改革者成功地将古典课程的支持者曾经做出的假设改头换面。从前的看法是，人文
352 学术教育有利于所有的学生。如今的主张却为，所有学生应该在很大的程度上接受那种原本被认为适合于低层次学习者的训练。现在，美国的实用和美国的民主会在**所有**青年的教育中得到实现。适应生活运动一劳永逸地确立这样的观念：学习迟钝者“绝不”低于有天赋之人；以及这样的原则：一切学科课程，就像一切儿童一样，都是平等的。“‘学科’里没有贵族制，”全国教育协会的教育政策委员会在1952年描述理想的乡村学校时这样说道，“数学和机械学，艺术和农业，历史和家政都是同等的。”[3]

以实用、民主和科学的名义，许多教育者都渐渐支持将所谓不可教育或难以教育的儿童作为中学界的核心，把天才儿童降格到边缘。有一群教育家，期待着有一天“贵族式的、讲究文化的教育传统最终[会]彻底被抛弃”，他们对那些展现了非凡求知欲的学生这样说道：“我们能给他们的任何帮助都应该归他们所有，但是，这样有天赋的人，会直接向自己的环境学习。我们虽然努力教育他们，但这只在他们的成长中起到非常次要的作用。因此，学校没有必要试图让自己的课程符合非凡之人的需要，这样做也徒劳无益。”[4]在这种氛围里，如杰罗姆·布鲁纳

---

1 《中等教育前瞻》(*A Look Ahead in Secondary Education*)，美国教育署(华盛顿，1954年)，第76页。

2 《20世纪美国教育》，第156页；参见第173—181页。关于适应生活运动对普及的愿望，见莫蒂默·史密斯(Mortimer Smith)：《削弱的心灵》(*The Diminished Mind*，芝加哥，1954年)，第46页。

3 《为所有美国青年的教育，深入考察》(*Education for All American Youth, A Further Look*，华盛顿，1952年)，第140页。

4 查尔斯·M. 麦康奈尔(Charles M. MacConnell)，欧内斯特·O. (转下页)

所言:“对于顶尖的四分之一的公立校生,我们必须从中汲取下一代人的思想领袖,但在最近的过去,他们是被我们的学校最为忽视的群体。”[1]
这一群人的确受到了许多教育人士的漠视,而且在一些人看来,他们并 353
不是教育体系的希望、挑战或期待的标准;相反,他们是不正常的人,是细枝末节,属于特殊的问题,甚至有时还是某种病态现象。我有可能夸大其词;但如果不这样讲,就很难理解教育署的一位官员如何能写出下面这段漠不关心的文字:[2]

> 相当多的儿童,据估计有大约四百万,在很大程度上没有达到精神、身体和行为方面的标准,他们需要提供特殊的教育。这其

(接上页)梅尔比(Ernest O. Melby),克里斯蒂安·O. 阿伦特(Christian O. Arndt)和莱斯利·J. 毕肖普(Leslee J. Bishop):《为新文化的新学校》(*New Schools for a New Culture*,纽约,1953年),第154—155页。对于这种奇特的评论,也可以做部分的辩解,应该指出,我们的中学,**以现在的状态**,通常来说相对很难为天赋异禀、具有求知欲的学生提供太多的帮助。

1 布鲁纳:前揭,第10页。参见詹姆斯·B. 柯南特:“尤其来说,我们往往忽略了具有特殊才华的年轻人。我们没有尽早发掘他们,也没有对之正确引导,更没有在我们的高中里充分教育他。”《一个分裂世界中的教育》(*Education in a Divided World*,剑桥,马萨诸塞,1948年),第65页;参见第228页。关于天才教育的问题,见弗兰克·O. 科普利(Frank O. Copley):《美国高中和天才学生》(*The American High School and the Talented Student*,安娜堡,1961年)。

在20世纪50年代中期,美国学校里,大约5%的天才学生得到了特殊和严肃的关注。一项之前的调查(1948年)显示,约20 000名学生就读了为天才设立的特殊学校或班级;约87 000名进入了为心智缺陷者准备的特殊学校或班级。关于天才项目上的这些以及其他数字,见科尔:《鼓励科学人才》,第116—119页。

2 作者为美国教育署高等教育委员会助理委员劳埃德·E. 布劳克(Lloyd E. Blauch),见玛丽·欧文(Mary Irwin)编:《美国的学院和大学》(*American Universities and Colleges*),美国教育理事会(American Council on Education)出版(华盛顿,1956年),第8页;黑体字为我所加。已经指出,毕竟,这位作者还是在建议尤其为天才儿童提供特殊的教育计划,但是,这种考虑似乎并没有减弱在这个怪异的、对一类类群体的列举之中的言外之意。

中，有人目盲和弱视，有的耳聋、听觉困难，有人言语障碍，有的跛瘸，有人纤弱，有的癫痫，有人智力缺陷，有的不适应社会环境，还有些人**天赋异禀**。

八

种种这些观念，尤其是它们的鼓吹者对普及的主张，在美国许多地区总是受到父母、校董和教师的强烈抵制。尽管如此，为了配合新教育观，不少初中和高中的课程还是“丰富起来”，充斥着管乐、合唱、驾驶训练、人际关系、家与家庭生活、“家政”、消费教育等方面的新型课程。对于某些地区的美国儿童来说，他有可能到了长大成人之际，却还是没有机会明白，公立高中里可以学到的种种课程并非在所有地方都被视为教育，而且或许完全不适合他自己的志愿。几年前，耶鲁校长A. 惠特尼·格里斯沃尔德（A. Whitney Griswold）提到了一件事，而大学招生办的工作人员对这一类情况十分熟悉。有一位来自中西部某个城市的青年，才华外露，本来颇具前途，他向耶鲁提交了入学申请，却未被理会，因为他高中最后两年的学术方面仅仅包含了两年英语和一年美国
354 史；其余的则包括了两年合唱，两年演讲，一年打字、体育、新闻、婚姻与家庭、个性气质问题。[1]

如果考察一下引入公立高中的新课程的特征和内容，以及新旧两派教育人士在争论时的措辞，那么可以看出，与适应生活有关的争议焦点，事实上恰恰属于论争更为广泛的文化普及这一议题的教育方面。因为毫无疑问，学校内的争议之一就是，对于大多数高中生，人们能够并且应该培养他们什么样的品格和文化。曾经的传统教育建

---

1 《人文教育和民主理想》(*Liberal Education and the Democratic Ideal*，纽黑文，1959年)，第29页；这一事件由格里斯沃尔德1954年首先披露。

立于对各种学科训练之价值的基本确信，以及如下这个假设，即通过达到对学术科目的某种程度的精通，儿童会扩展自己的心智，为了普遍的生活目的，还会为各种职业、商业或其他可取的事业做准备。(按照设想，职业教育可以提供给那些不能或无法参与这种竞争的人。)与新派教育家断定的恰恰相反，传统教育并没有对孩子漠不关心，而是整体上认为，当通过学术训练的教育为儿童提供智力活动时，他会发现某种程度的快乐，而且，随着各个阶段的发展，他会从自己的成就感中得到满足。如果学习过程令其厌倦，那么传统教育设想，通过克服厌烦，从而做到自律，这最起码会带来益处，而无害。(的确，有些人甚至于提出，厌学中有着不小的内在价值。他们所基于的假设受到了如下言论的嘲讽：只要孩子不喜欢，学什么都没用；对这种观点的极端表述，有助于新派教育者以无趣的方式丑化传统教育的形象。)从政治角度说，旧式教育立场保守，因为它接受了既存的社会秩序，号召儿童在教育的准则——大体上是19世纪的个人主义——内展现自己。但它也是民主的，因为它通常并不认为，而且也不青睐如下观点：来自任何社会阶级的多数民众，由于先天禀赋而注定毫无希望，难以进入那个展开学术竞争、需要精通学科、训练心智与性格的世界。 355

新式教育在根本上也具有政治保守倾向，但是，至少在它的支持者看来，它对民主的温和的修辞，对儿童的慈爱的接触(更不要说新式教育已然成为右翼怪人烦恼的对象)，都是“进步的”，或甚至是激进的。它承认而且接受了民众在理智上的局限，对于这种务实作风，它自豪不已；它也接纳、鼓励全体学生中最没有能力的人，为之提供教育，对于这样的理想主义，它也是颇为骄傲。它立足于对儿童的最基本的尊重，避免对他们的能力做太高的要求。对于孩子在理智活动中——至少在困难的理智活动中——的快乐，对于他们在这方面的成绩上获得的满意度，它的看法均是不做希望。与之相反，它认定，儿童在接受学校教育时的快乐，作为首要目标，来自让他们的需要和兴趣得到满足；它甘愿将这些兴趣作为教育过程的基础。它的代言人们相信，自己并没有忽视教育孩子进行思考；相反，对于应该鼓励儿童思考什么内容，可以为儿童的有效思索提供多少积累性的知识、投入多少精力，他们采取了完全不同于传统教育者的观点。他们认为，对于自己而言，儿童的世界从一开始就大体上定型了；所以，他们就安于仅仅在孩子的世界范围内对其思想加以引导，无论这一范围在空间和时间上多么狭隘，在深度上多么肤浅。他们并不承认自己放弃了培养品格的任务——而是坚信，他们在鼓励具有更充分社会性、社交性和民主性的品质。

对于新派教育家要求的新课程——他们实际上在某种程度已经成功地设置了这样的课程——如果人们考察其范围和内容，那么就会意识到，新教育确实是在试图教导“全体儿童”，它设法要塑造所负责对象的品格和气质；它的首要目标不是培养他们，使之在那个具有产出和竞争、志向与事业、创造力以及分析思想的世界中成为受过训练的一部分，而是要帮助他们认识另一个世界的种种道理，一个与消费和爱好、享受和顺应社会有关的世界——简言之，可以优雅地适合于那种被动、享乐的方式，用那个重要的词来概括，就是**适应**。对于这一世界，学生被认为必须要学习的，不是化学，而是检测洗涤剂；不是物理学，而是如何驾驶和维修轿车；不是历史，而是地方煤气厂的运营；不是生物学，而是去动物园的路；不是莎士比亚和狄更斯，而是如何写一封商务
356 信函。新式教育并不是将消费和个人气质方面的事情留给家庭和其他组织，而是将家和家庭本身转变为细致学习的目标，有时还是咄咄逼人的重新评估的对象（“我的家如何能变得民主？”）。一位适应生活派教育家解释说，他想让孩子在学校学着这样质问（按他的说法，质问某些“非常明确地倾向学术”、顽固反抗的老师）：“我怎样才能保持健康？怎样才能表现出魅力？如何能跟其他人更为融洽相处？我的兴趣如何

有助于自己在社会上成长？”[1]学校教诲的志向意在符合成人的旨趣，包括大众媒体广告里宣传的那些。这方面的例子，不妨看一看纽约州的某个地区一再要求七到十的**所有**年级开设的“家与家庭生活”这门课。所涉及的话题有：“培养学校精神”，“我的职责是代看小孩”，“与群众合拍”，“如何讨人喜欢”，“长了粉刺怎么办？”，“学着收拾我的卧室”，“让我的房间更迷人”。在判断题测验中，给八年级学生的问题是：“只有女孩需要使用香体剂”，“块皂可以用来洗发”。[2]

作为美国教育中的一股力量，在今天，适应生活运动声势式微，已然衰落。这一部分也许归因于，中学在美国社会体制内的功能出现了某种长期的变化。如马丁·特罗（Martin Trow）所观察到的，我们的中等教育“从一开始是供精英准备大学的预科制度；而在它发展的辉煌岁月里，它成了大众的最终教育体系；如今，它不得不经历第二次艰苦的转变，它变为大众的预科制度”。[3]新教育在设计原初计划时所针对的形势不复存在，认可其观点的大部分受众也荡然无存。曾经，从1900年到20世纪30年代，高中生的父母中，大部分都不曾读过高中；其中许多人初来乍到，对这个国家及其语言颇为陌生。他们往往被动地接受新兴教育专家的调查结果和计划安排。而如今，高中儿童的父母，至少通常来说，都是高中毕业；而一大批具有大学学历、对教育问题格外警惕的中产一代，也加入他们之中。这一波公众，对于高中教育的本质有着自己的看法，他们也有着属于自己的文化兴趣，他们不愿意将新式教 357

1　理查德·A. 穆玛（Richard A. Mumma）：《较为务实的课程在现实中的阻碍：教师》（“The Real Barrier to a More Realistic Curriculum: The Teacher”），《教育管理和监督》（*Educational Administration and Supervision*），第XXXVI卷（1950年1月），第41—42页。

2　基础教育理事会，《公报》（1957年4月），第11页。学校中对这些科目的实际研究异乎寻常，但是，它们在核心课程教育者的计划中的地位并非如此。如见阿尔伯蒂推荐的学生兴趣列表，他将之视为课程的基础：《重组高中课程》，第15章。

3　《美国中等教育的第二次转型》，第154页。

育学说作为定论；他们之中，有众多的人接受了日益增多的、反击新派教育理念的文献，这方面的代表作出自如阿瑟·贝斯托（Arthur Bestor）和莫蒂默·史密斯（Mortimer Smith）。此外，高中不再像对于之前一代人那样是最终的教育机构。高中的哲学和计划必须合乎如下事实：如今，有一半的高中毕业生都继续攻读某种类型的高等教育机构；他们正在接受培训，要求他们掌握的技能和专长比旧式高中通常为之准备的普通白领工作还要复杂。父母们越来越意识到这样的危险：教育不足的地方学校会危及自己的子女在学院和大学教育中获得优势地位的机会；他们越来越倾向于给学校官方施加压力，使之提升教育标准。最终，“伴侣号”卫星发射之后的教育氛围，让那些要求教育更加严格的人变得愈发活跃；此时，他们可以主张，我们正在与苏联展开着性命攸关的教育战争。近些年来，这些反抗的压力开始产生效果。不过，导致适应生活运动的那些态度一点也没有从教育职业或公众中淡出。在职业教育里，其管理层面和教育核心部门的人员，依然不热衷于新出现的对优异学术的要求。美国教育所处的状态，有点类似于某种新型的政体，为了行使自己获得的授权，它必须依赖于一套被顽固的反对者弄得千
358 疮百孔的行政系统。

第十四章

儿童与世界

一

新式教育仰仗两座思想支柱：正用或误用科学；诉诸约翰·杜威的教育哲学。这两者之中，杜威的哲学更加重要，因为，对于相信科学有能力启发教育思想这一信念，它正是其内部的支撑；而且除此之外，它还为教育者提供了一种包容而慷慨的世界观，满足了教育者仁慈的情操，以及他们促使教育有用于民主的要求。杜威的贡献是带来了某些在19世纪末产生影响的儿童观，而且将之联系了实用主义哲学以及不断增强的对社会改革的要求。由此，他在新的儿童观和新的世界观之间确立了令人满意的联系。

任何关注新式教育的人都必定要仔细考虑这种教育对杜威思想的使用。很遗憾，在反智主义的研究中考察这一点，或许会被认为是试图将杜威仅仅描述为反智者——对于一个如此专心于教导儿童如何思考的人，这种做法似乎并不公平。这样做也会被视为是企图为美国教育的失败追“责”——必然会带有这方面的色彩——但是，我的目的截然不同：我要审视杜威以迄今为止最有影响力的程度表达出的某些观念的趋势和后果。

尝试考虑这些思想的局限和误用的做法，不应被解读为不分青红皂白地指责进步式的教育，因为按照劳伦斯·克雷明的历史著作所做
359 的区分，这样的教育包含了若干思潮，还有各种不同的趋向。尽管进步主义的名声受到了外围极端人士的不合理的伤害，但是，它在本质上依然具有某种正确和重要的成分。今天，我们或许很容易就忘记了旧式的保守教育曾经如何时常沮丧而又自鸣得意，如何接受或甚至利用儿童在教室中的消极状态，它能在多么大的程度上容纳过分专横的教师，它又如何严重地依赖于死记硬背；之所以遗忘，一部分是因为，许多“保守的”学校都有所辨别地借鉴了进步式的革新。进步主义的主要力量来自它在方法上的创新。它试图调动儿童的兴趣，充分利用儿童对活动的需要；更恰当地认识教师和教育者的个性，从而关注他们的内心；它设法确立教育规则，对教师施加责任，使之不再专断、以权威自居；除了学习能力，它还试图培养儿童的表达能力。它在一个有太多的人认为一切事实已然确定不移的领域中进行实验，具有极大的价值。在实验学校，人们可以选择学生和教师，为他们培养出一种特殊的奉献和激昂的气质；人们很可能会得到非比寻常的结果，就像许多进步式的学校曾经做到，现在依然会做到的那样。[1]很遗憾，人们难以期望在特殊实验条件下获得的种种结果可以普遍应用，无论它们多么具有启发性。

进步主义的价值取决于它的实验主义及其对低龄儿童的实验操作；其缺点则在于，虽然它努力传播和推广学说，但并不能评估自己计划的实践限度，尤其是，它趋向于令课程瓦解。这一趋势在教育高龄儿童时最为严重，尤其是中学阶段，此时，实行复杂、系统的学习计划这一需要不断增强，课程方面的问题就变得尖锐起来。到此为止，我始终

1　在这方面，实验学校的状况也许类似于工业社会学领域中著名的霍桑实验（Hawthorne experiments），这一实验试图查明促使产量增长的工作条件是什么；它最终发现，恰恰是实验本身的心理条件，而非任何特殊的手段，刺激了生产力的持续提升。

有意不提教育中的进步主义，我所谈及的是某种更宽泛、范围更广的内容，我愿意称之为“新教育”。新教育表现为：它详细阐述了某些进步主义原则，将之变为信条；试图对这些原则提出全面性的要求，使它们可以用于大众教育体制，可以从主要实施于低龄儿童的实验活动，延伸到适合各个年龄的公立教育的模式中；最终，它打着“进步主义”的旗号对 360
系统课程和人文教育发起了攻击。鉴于上述种种原因，杜威的思想迟早会不断地被援用。1918年《中等教育之核心原则》中就可见他的用词和思想，它们似乎也出现在了之后所有的新教育的文档中。他受到赞扬、被转述、被重申、得到讨论、奉若神明，甚至有时，还被人解读。

人们通常都说，杜威遭到了误解；也一再有人指出，他本人不得不适时地反驳某些以他的名义实行的教育手段。也许，他的意图普遍地，甚至时常地受到了违背，但是，对杜威的读解确实很难。他写过一篇相当含混而有张力的文章，威廉·詹姆斯曾经将之描述为“该死的；你甚至可以说，天杀的”。他的风格让人联想到了远处军队的炮火轰鸣：可以得出这样一个结论，某种不祥的事情在遥渺、难以达到的远方发生着，然而，又不能确定那究竟是什么。在杜威的种种至关重要的教育著作里，这种风格，或许如同病症一样，处于最糟糕的状态；这一点表明了，作为教育领域的代言人，杜威的巨大影响有可能在一定程度上恰恰源于他的确切意义难以领会。各种派别的教育思想都能从他的作品中读出自己的意义。如果说，大部分反智倾向的、新式教育的代言人都粗糙地误读了杜威的著作，那么这种说法还是很有吸引力的；但尽管如此，似乎更公平的说法，则是承认：甚至适应生活派的教育家，也是诚实而明智地解释了杜威这位导师，对他加以使用。劳伦斯·克雷明已经注意到，“从《民主与教育》到适应生活委员会的种种声明，无论这两者之间的思想脉络如何曲折牵强，这条脉络还是可以勾勒出的”。[1]

1　《学校的转型》，第239页。

人们或许也有权怀疑，这一脉络是否在实际上就是曲折牵强。风格方面的严重缺陷，如果有的话，也并不“仅仅”是风格问题；这些缺点体现了理念上真实存在的困难。如果说，没有头脑、过分狂热的信徒以违反本意的方式曲解了杜威，那么较之这一观点，更有可能成立的则是如下看法：他的作品导致的种种悬而未决的解释问题，恰恰标志着那些实际存在的、思想上的含混和断裂，而这些本身，又表现出了教育理论以及我们文化之中的某些困难和尚未解决的问题。杜威的许多信徒，
361 无论是否从这位导师那里获得了完全的许可，都攻击了领导和引导的思想，以及文化和反思性生活的价值；他们支持某些与自发、民主、实践有关的观念。在这一方面，他们针对教育一再申明的种种论调，都曾在政治上被平等主义人士，在宗教里被福音派，在商业中被提倡实用者公开表达过。在尝试考察杜威的哲学如何有助于上述种种用途之前，我们首先要看看这种哲学的核心论证，以及它出现时的思想背景。

二

杜威教育理论的各种目的，紧密联系了他的一般哲学，它包含了一系列崇高的志向。从一开始，杜威就试图设计一种可以完全符合达尔文主义的教育理论——培养智力和知识作用的教育理论。对于一位生在《物种起源》出版之年，在精神上成长于进化论科学繁荣之时的思想家来说，现代教育，如果没有科学性，那么就一文不值。

杜威首先认为，个体学习者就是以工具的方式使用心灵，来解决种种由他的环境呈现出的问题；教育则被视为学习者的生长，接着，他阐述了与这种教育有关的理论。他设想，现代教育体制必须在一个民主、科学和崇尚工业的时代产生作用；教育应该尽力满足这个时代的需求。尤其是，教育需要放弃这样的习惯：它们根植于前民主和前工业的社会，接受了知识就是对不变真理的沉思这一闲适、具有贵族气的观点。

杜威觉得，当前，他自己，还有同时代人，必须克服一系列人为的、从过去时代继承来的二元论。其中首要的二元论就是“知”与“行”。在杜威看来，“行”寓于“知”中——这一点并不像一些批评杜威却并不理解他的人所指责的那样，是因为“知”从属于“行”，低于“实践”；而是因为，“知”就是一种形式的“行”，“行”是获“知”、用“知”的条件之一。

同时，杜威也试图寻觅民主社会和进步社会之间在教育上的关联。如何能建立一种教育体制，它只要按自己的样板来塑造儿童，就可以彻底摆脱现存社会的所有缺陷？如果民主社会确实要服务于全体成员，那么它必须设计这样的学校，其中的这些成员，从儿童时期的最初阶 362
段，就能养成自己的能力；他们会学习如何提升更大的社会的种种素质，而不是仅仅重复它们。正是在这个意义上，杜威将教育视为一种重要的、重建社会的力量。显然，如果社会要得到重塑，人们必须首先看向儿童能够为社会带来的、使之重生的作用。而杜威认为，如果没有将儿童放在学校的核心位置，如果儿童自己不断发展的兴趣和动力没有取代教师严格的权威和课程的传统影响，那么这一点就难以实现。如果调动他们的动力和兴趣，使之在成年人的温和引导下，投入学习之中，那么就会促进学习过程，也会培养出那种适合于社会改革之任务的品格和心灵。

上面的表述对杜威的理论虽然过于简化，但至少可以揭示，他如何提出了自己的问题，又如何将注意力转向了解决问题的核心人物——儿童这一对象。这里就是我们展开讨论的出发点，因为对儿童的构想——儿童不仅是思想上的设计对象，也是深切情感的一系列投入和追求的焦点——正是新教育的中心。鉴于下面的论述篇幅甚详，我要预先提示一下：在我看来，杜威及其同时代人构想出的、之后又进入新教育思潮之中的这种儿童观，与其说是沿袭了达尔文主义，不如说是浪漫式的，并且具有原始主义倾向。这种针对儿童的设想，以及对儿童自然生长的有关假设，都让杜威及其信徒更加难以解决那些杜威认为应该加以解决的二元论；而且，尽管他不断尽力地加以阐明，但是，对于儿童的中心地位，以及依然被证明是必不可少的、讲求秩序和权威的教育方式，杜威还是很难调和这两方面的关系。最后，环绕着儿童形象的神圣不可侵犯的光影，也让他很难秉着务实的精神来讨论民主在教育中的作用。

如果要理解杜威及其同时代人在对待儿童时投入的情感，那么就必须在一定程度上重现19和20世纪之交时的思想氛围；那时，他这一代人开始致力于美国教育的转型。这一时代中，在美国和欧洲，对儿童的兴趣都迅速增强，那些在职业上与儿童有关的人，他们的态度也出现了新的转变。就在1909年，[1]瑞典女权主义者艾伦·凯（Ellen Key）写成了她的一部题目意味深长的作品：《儿童的世纪》（*The Century of the*
363 *Child*），这本书代表了一些人的期待，他们都认为儿童在最近时期得到了重新的发现。但是，正在变得家喻户晓的，是下面这一类表达。1900年，佐治亚州公共教育负责人在全国教育协会的年会上提交了一篇鼓舞人心的文章，题为《孩子将来会怎么样？》[2]。文中，他宣称：[3]

> 如果我被问到，你认为这个世纪的伟大发现是什么，我会忽略人类用木头、石材、铜和铁锻造出的一切辉煌的成就。我不会去翻一条条罗列着印刷机、织布机、蒸汽机、汽船、海缆、电报、无线电报、电话、摄像的书卷。我也不会走到星辰之中，指着才加入我们太阳系的两颗行星里的某一个。我不需要伦琴射线，尽管它一定

---

1 这部著作的瑞典语版1900年出版，1909年出版的是英译本。艾伦·凯在1899年年末撰写该书，这一点恰恰象征了该书的主旨：20世纪是儿童的时代。——译注

2 语出《新约·路加福音》1：66，指施洗约翰的出生。——译注

3 见G. R. 格伦（Glenn）：《孩子将来会怎么样？》（"What Manner of Child Shall This Be？"），全国教育协会，《会议记录》，1900年，关于这里还有其他地方的引文，见第176—178页。

> 会让人体和人脑研究实现革命化。我不会提到所有可以节省劳动力，让世界的工作奇迹般增多的机器和设备。随着时间推进，世界进步的食指，越过了所有这一切，正确指向了小孩子，那才是独一无二的伟大发现，属于这个正飞速通向尽头的世纪。

在讲完发现小孩子这件事的重要性之后，这位学校官员继续概述了之前一个世纪相对于过去取得的进步，如他所想象的，曾经的时代里，教育是“少数独裁者专享的特权”，现在掌握在“无所不能的民主的多数派”手中。自由的机会已然赋予了美国儿童，然而，深入的改革依然在酝酿中。“我们美国人业已发现，旧有的教育体制不会适合儿童……我们不再尝试让孩子适应这种体制。”这位官员又转向了宗教意象，他把美国教师比作基督，因为他们就像基督解救拉撒路，也将美国儿童从尸布和寿衣中解救出来，还让儿童摆脱束缚，得以成长。他凭着惊人的先见之明预测说，未来，教师肩负着基督般的艰巨任务，这一挑战会变得更高，因为教师被期待着拯救上帝最卑微的孩子：“曾经，衡量 364
教师能力的，是他能如何对付机灵的男生和聪明的女生。而从这个新世纪开始，教师能力的衡量，要依据他能如何应对愚笨的儿童，有缺陷的孩子。将来对教学能力的真正检验，不是通过如何对付学校中最好的男生，而是比世界历史中以往任何时期都更取决于如何应对最差的男生。”[1]新的教育心理学会是“浪荡子和迷途之羊的心理学”。[2]当儿童的研究如此安排，学校的发展如此完善，以至于教育系统触及并且培养了每一位美国的儿童时，美国生活的“巨大欢乐”就降临了。“当我们拯救了每一个美国的孩子，让他们之中的每一个都为财富、智慧、我们伟

1 当然，这并不符合诸如查尔斯·威廉·艾略特这样更传统而没有福音派色彩的教育家的观念，他曾经这样写道：“一个教育机构的政策，无论对于哪个年级，都不应该由最无能的学生的需求来决定……”《教育改革》（*Educational Reform*，纽约，1898年）。

2 用了《新约·路加福音》15：3—7和15：11—32的典故。——译注

大的民主政府的力量做出贡献，我们就会来到我们的欢乐之境。”

我选出这些言论是因为，尽管其作者是从事实际工作的教育人士，而非理论家，但它们还是简要概述了诸多在当时最新的教育思想中普遍存在的信念。它们折射出了这种思想的种种方面：它的热诚与仁慈；它将儿童视为现代世界之中心的意识；它对民主和机遇的关切——这两者是衡量教育成绩的标准；它确信愚笨的儿童及其对教育体制的要求是重要的；它对教育研究和儿童研究的乐观精神；它相信，教育可以从本质上定义为生长[1]；它坚信，正规的教育，尽管关注的是个体儿童的自我实现，但也会自然而然地设法建立和拯救民主社会。

这位佐治亚州的学校官员很有可能读过当时教育领域中的代表人物的作品，因为他的儿童观大体上符合那些人著述的内容。杜威当然就是其中之一，那时的他才四十出头，刚开始自己的教育研究；但是，这里有必要暂时用点时间来看一看两位先于杜威的前辈在当时给他带来的、更值得估量的影响，一个是教育家弗兰西斯·韦兰·帕克（Francis Wayland Parker），一个是心理学家G. 斯坦利·霍尔（G. Stanley Hall）。
365 对于帕克，杜威曾称其为进步主义教育之父；他的精力过人，是效率非凡的教员，杰出的学校管理者。在19世纪70年代，他重建了马萨诸塞州昆西市的学校系统，其所取得的成就，按照衡量教育成绩的最纯粹的传统标准来看，也必定可以认为是卓越而突出的。这之后不久，他又成为芝加哥库克县师范学校的校长，在那里，他更充分地建立了自己的教育理论和教学技术。正是在那里，他毫无疑问地为约翰·杜威和G. 斯坦利·霍尔树立起了重要的榜样：库克县师范学校令杜威印象深刻，这之后，1896年，他也成立了自己的“实验学校”；而霍尔则一度每年都参观帕克的学校，“为了对一下我的教育手表”。

1 杜威《民主与教育》（*Democracy and Education*）中的核心观点：education is growth，教育就是让儿童如自然物一样自然生长。——译注帕克塑造自己教育理论时所用的种种术语，在很多方面都太过陈旧，难以同新的思潮保持一致。比如，它们完全是达尔文之前的风格，没有丝毫更精致的官能主义心理学的痕迹，而这样的心理学恰恰是杜威的作品具有广泛吸引力的原因。但是，帕克的儿童观依然具有关键的重要性，它在很大程度上模仿了福禄贝尔[1]。“儿童”，他说，“是一切神造之物的高峰和顶点”，而回答“什么是儿童？”这一问题，也就是趋近于认识上帝。“他亲自将自己的神性注入儿童，而……这种神性通过可见、有形的事物在对真理的寻求中显现出来。”“儿童的种种自发倾向都记录了天生的神性，”他如此断言，“我的教师同行们，我们在这里，就为了一个目的，这个目的就是理解这些倾向，在所有方向上延续它们，使之遵循自然。”如果儿童是神性的承载者，而且是“整个过去的果实，整个未来的种子”，那么，就可以自然而然地得出这样的结论：“一切教育活动的核心就是**儿童**。”人们也许可以试着认为，帕克对儿童自发活动的关注是富有成效的，而非毫无价值，部分原因在于，他也认为儿童兴趣广泛，好奇求知，对所有学科有着自然的兴致，仿佛是成长中的博学之士，又是天生的艺术家和匠人。因此，他提出了要求相当严格的课程；与后世大部分进步人士不同，他甚至认为，在小学的各年级里应该教授语法，因为他相信，语法必须“完全精通”。

如杜威后来的做法一样，帕克也强调学校是社会：“一所学校应该是模范的家庭，完整的社会，民主的胚胎。”如果学校得到正确利用，那么就可以期待它实现非凡的变革：“我们必须相信，我们能够拯救**每一** 366
个孩子。公民应该在心中说：‘我等待着美国公立学校的教育能够促成世界的重生。’”[2]

1　Froebel（1782—1852），德国教育学家，受谢林哲学的影响，以此为基础建立了注重自然和人的神性的教育理论。——译注

2　弗兰西斯·W. 帕克：《谈谈教育学》（*Talks on Pedagogics*，纽约，1894年），第3，5—6，16，23—24，320—330，383，434，450页。

就在帕克写下这些话的同一时期，儿童研究运动[1]的领袖G. 斯坦利·霍尔说："青年的监护人应该首先努力不干预自然的方式……他们应该深刻地意识到，当儿童刚一出自上帝之手时，他们并不是腐坏的，相反，他们代表了世界上幸存的最完美的事物……其他任何东西都不像成长着的儿童的身体和心灵那样，值得去爱，值得尊崇，值得扶助。"正是在这一时期，杜威本人说："儿童自己的本能和能力为整个教育提供了材料，并且赋予了起点。"他还说道："我们违反了儿童的天性，太过唐突地让儿童尝试大量与［其］社会生活无关的专门性学习，阅读、写作和地理等，由此，导致了最佳的伦理结果难以实现。学校科目的相关性，其核心不在于科学、文学，也不在于历史和地理，而是儿童自己的社会活动。"[2]

我们后面会明白，这种献给世界的新式教育，不仅仅是工具，而且还是信条，它不再期望通过严格教育得出这样或那样的成果，而是为个体或为民族承诺了某种最终的救赎。我们很快就会看到，比如，G. 斯坦利·霍尔预见说，按照儿童天性设计的教育，将培养出未来的超人。杜威早期关于教育可能性的看法也同样受到推崇。在他的一本标题绝妙的小册子《我的教育信条》中，他说，教育"是社会进步和改革的基本方法"。因此必须认为，教师"不仅仅从事于训练个体，还塑造正确的社会生活"。故而，每一名老师应该将自己视为"专门维护社会正规秩序、保证社会正常发展的社会的仆从。按照这种方式，教师总是真上帝

1　19世纪于美国兴起的以研究儿童为中心的运动，主张对儿童及其教育进行探索。1912年，儿童研究协会也因此成立。该运动的理论导师是卢梭、裴斯泰洛齐、福禄贝尔等。——译注

2　G. 斯坦利·霍尔：《以儿童研究为基础的理想学校》（"The Ideal School as Based on Child Study"），《论坛》（*Forum*），第XXXII卷（1901年9月），第24—25页；约翰·杜威：《我的教育信条》（*My Pedagogic Creed*，1897年；新版，华盛顿，1929年），第4，9页。

的先知，将人带向真正的上帝之国”。[1]显然，诸如这些崇高的期望为各种教育改革的提议加上了沉重而令人蹒跚的负担。 367

这种信条，这种斗争的信仰，当提出时，在它能够确立为具有统治地位的信念之前，不得不面临许多顽固的抵抗。有些人觉得，他们必须参与这场运动，但他们又不可能极大地关注细节问题，也无心探寻自己理念的局限或危险。很遗憾，在教育这样的实践领域，重要的事情通常不是对哲学或信条的奉献精神，而是某些在试图管理教育时浮现出的、与重点和尺度有关的问题；而从一整套理念里，很难自然而然地感觉到什么尺度。例如，新教育的早期代言人要求说，儿童必须得到尊重；但是，并不太容易说明，尊重应该止于何处，而矫情的敬意又从哪里开始。虽然杜威本人早在20世纪30年代就首先警告说，不要滥用他的理论或在使用时过分简化，但是，即便在其自己后来的著作中，他也发现很难界定应该在什么程度上加以约束，而同时又不会放弃他的某些核心任务。

三

在这方面，浪漫派的思想遗产，或许可以解释杜威及其这一代人所表述的儿童观为何具有魅力；它与后达尔文时期的自然主义一样吸引人，甚至还有过之而无不及。对这一观念的最为细致的陈述，来自那些将浪漫式见解用于儿童的欧洲作家——杜威有时会心怀敬意地提到卢梭、裴斯泰洛齐（Pestalozzi）和福禄贝尔，就像提到爱默生一样，爱默生的散文《文化》预示了杜威的许多理念。这些教育改革者在世纪之交时提出的这样的教育观是浪漫的，因为他们确立了个体发展——他对个人成长的感觉、想象的眼界、紧迫感——与要求专门性知识、要求指

1　《我的教育信条》，第15，17页。

定的礼数和道德、要求合乎传统与制度的个人修养的社会秩序的命令的对立关系。他们致力于让自然的儿童相对于人为的社会。在他们看来，儿童出世时，拖着祥云[1]；教师的神圣职责就是确保儿童依然自由，而不是发挥协助的作用，将陌生的准则强加给他。他们设想的儿童生活，或多或少地直接投入自然和参与活动，而不会吸收种种仅仅对成年人
368 才有意义的传统习惯，也不会读书，不会掌握那些并非靠孩子的欲求和兴趣，而是由成人社会来决定的技能。[2]

在世纪之交，这种教育观重又开始在西方思想家之中流行起来；美国提供了异乎寻常的、具有接受力的土壤。这个国家总是对纵容儿童有着强烈的倾向——19世纪游历美国的旅行者极为普遍地观察到了这一点。此外，美国教育处于奇特的流动状态中，故而比起旧传统——覆盖着欧洲国家的教育体制——它更难以抵抗如此具有吸引力的新事物。美国福音派的氛围也是一股推动力：新派教育人士所谓的“拯救”每一个美国儿童的修辞，以及他们暗示的，获救的儿童会让文明得以救赎这一希望，都可以指向这样的结论。几十年后，杜威这样如此世俗的思想家，才对那种相信好的老师可以带领人们走入“真正的上帝之国”的、1897年的青年教育改革者，失去了明显的信心。

如果我们仔细关注新派教育者的种种声明中的弦外之音——他们同时还强调了自发性、本能、活动和自然——那么，我们就会了解教育问题的提出方式是什么。儿童既是自然的，也是神圣的现象——在这

---

1 Trailing clouds of glory，语出华兹华斯的《颂诗：永生之喻示》（*Ode: Intimations of Immortality*）第五节。这首诗赞美了儿童，开篇还引了自己《我心雀跃》一诗中的几句提示主旨，第一句即The child is father of the man。这句和整首诗都是新教育派浪漫的儿童哲学的来源之一。——译注

2 这种语境中，人们会想起卢梭在《爱弥儿》里说的话：“我一不让孩子上课，我就去除了令他们难受的首要原因，也就是书本。阅读是童年的祸根，但它是你能为儿童找到的几乎仅有的消遣。十二岁的爱弥儿还不知道书为何物……当阅读对他有用时，我承认，他必须学习去读，但到了那时，他只会觉得这令人生厌。”

方面，达尔文之后的自然主义和浪漫派思想遗产手臂相挽——儿童的需要和本能的“自然”方式成了要紧之事，教育者一旦侵犯，就会亵渎神圣。

我们下面要准备理解新式教育思想的核心观念：学校应该将学习立足于儿童的发展着的需要和兴趣，而不是立足于社会需求，以及各种与如何成为受教育者有关的观念。这并不意味着，儿童的自然天性仅仅为教育过程施加了消极的限制，而试图超越这些限制就是徒劳的：这一点如此明显，说出来都是多余。它更意味着，儿童的自然天性，是教育程序的积极引导——儿童本身自然地和自发地生出种种会激活教育过程的需要和冲动。

在1901年的一篇给人启发的文章《以儿童研究为基础的理想学校》中，G. 斯坦利·霍尔试图说明，这一引导原则会有什么结果。他表 369
示，他会试图“在一时间放弃一切流行的做法、传统、方法和哲学，去询问，**如果教育完全立足于全新而全面的、与儿童天性和需要有关的理念，那么教育会是什么样子**”。[1]简言之，他要脱掉传承下来的教育观，这是穿破的过去的外衣；他设想，现代儿童研究所获知的内容，在更大程度上相关于这一目的。霍尔指出，从词源上来讲，学校一词的意思就是闲暇[2]，“免除工作，永远延续着在生存奋斗开始之前创造出来的远古的天堂”。按照这一意思来理解，学校代表了健康、成长和远古的延续，“一磅这样的学校，抵得上一吨教导”。

1　霍尔：前揭，第24页；黑体字后加。关于下面几段中的引文，见第25，26，30，39页。参见弗兰西斯·W. 帕克的观点：“我想说出下面这些用黑体字写出的话，我们不想宣称，自然是中心，也不想宣称，历史和文学是中心；**我们要宣明的是，儿童是中心**，这一存在，这种上帝的最高造物，通过它的身体、心智和灵魂的规律，自行决定了其成长的本性和条件。”《科罗拉多丹佛的赫尔巴特俱乐部公开会议讨论》（*Discussions at the Open Session of the Herbart Club, Denver, Colorado*），1895年7月10日（1895年），第155—156页。

2　来自古希腊文的σχολή。——译注

由于儿童的健康、闲暇和成长具有自然性和神圣性，故而，每一次对其时间的侵占，每一门课程的要求，都必须在我们令儿童承受这些之前，接受反复检验，被确定不移地证明是正确的：

> 我们必须克服对字母表、乘法表、语法、音阶、书籍的恋癖，我们必须思考：……卡德摩斯（Cadmus）的发明，似乎就是将真的龙牙播种在头脑中；查理曼大帝和其他许多世上的伟人都不能读，不能写；学者们也主张，科妮莉亚、奥菲利亚、贝雅特丽齐，甚至我主的圣母，都不通文字。中世纪的精英领袖，那些骑士们，都认为写作只是不值得关注的修士的把戏，他们不屑于将自己的智慧与其他人的思想混淆一团，认为自己的想法对自身来说就足够充分。

当然，谁也想象不到：尽管霍尔在哈佛和德国的大学接受过的教育经历，在他这一代人中，属于最优质的那种——当然也是非常传统的——但是，他却认为，新教育的目标会是颠覆文化素质。[1]其观点的重要性体现在如下看法中，即书本方面的考虑因素，应该服从于儿童成
370 长的自然和常规过程。他的有些特殊建议极为明智，[2]有些在付诸实施时依然可以得到良好的效果。另有一点也同样有趣，就像帕克坚持语法具有价值一样，霍尔也认为，虽然强调自然成长，但这并没有彻底取消古典语言的学习。霍尔认为，至少有些孩子应该学习语言；对于如今的读者来说，当回顾过去七十年跨度的历史时，尤其令他们觉得有趣的是，霍尔竟然认为，他精确地知道：在儿童成长的哪个阶段，学习这些

1　对这一目标的表述，要等到下一代教育者了。见前，第一章的“例L”。

2　我觉得下面这个提议尤其富有洞见：“富家子弟，通常过早地具有个性或者过于个性化，尤其是在他们还仅仅是孩子时，他们必须要加以规训，使之服从；与之相反，贫家子女通常个性化不足，应该宽纵。”比起霍尔在追求“自然”方式时所表明的意思，这里则体现出了对社会环境的更深刻的敏感力。

科目是“合乎自然的”。“对于两门死语言，如果要教授它们，那么拉丁语不应该晚于十岁或十一岁开始，而希腊语不应该晚于十二岁或十三岁。”而经过一代人的时间之后，新教育的大多数支持者都认为这些语言毫无用处，当看见这两门语言中的任何一种在小学低年级开设时，他们还会感到惶恐。

通过对儿童的科学研究，霍尔希望在教育中实现某些目标，这样的希望带有明确的乌托邦的性质。他慷慨地提供资金，还进行了五年的实验，他“毫无怀疑和恐惧的阴影”；有可能制订出一套教育计划，既让教育倡导者心满意足，甚至也可以说服保守人士，“因为最正确的事情都在计划中得到了确立”。

> 但是，它本质上以孩子为中心，而不是以学校为本；它也许有点类似于宗教改革，因为后者主张安息日、《圣经》和教会都为人而成，而不是人为它们存在；它会同时符合现代科学和心理学研究的实践与结果；它会让宗教和道德规范更有成效；尤其是，它可以赋予学校中的个体以充分的权利，因为它适合于共和制的政体；它会在一定程度上有助于民族达到它将会成为的、更高的超人般的成熟，这样的发展效力，是艺术、科学、宗教、家庭、国家、文学和每种人类制度的最高和终极的检验标准。

毫无疑问，当后来适应生活派的教育者对训练性的学科展开抵制运动，并且提出种种课堂讨论，涉及的都是“我如何能让所有人参加派对活动？”或是“在初中，我该不该约会？”这样的话题时，霍尔对十岁的拉丁 371
语学习者的期望，以及他对未来超人的吁求，都似乎与那时的形势相去甚远。[1]不过，乌托邦的理想总是容易受到简化，恰恰就在其设计者眼中。

1　这两个例子见于阿尔伯蒂：《重组高中课程》，第472—473页。

四

新式教育的浪漫主义和达尔文主义的背景让人更容易理解，为什么杜威竟然决定将教育定义为生长。在杜威那里，教育即生长这一观念并不是随意地下定义，也不是无关紧要的譬喻：它恰恰体现出了对教育过程本质加以确定和重申的努力。《民主与教育》里有一段常常被引用的文字，它既表现出了杜威风格中令人困扰的特征，也展现了他所认为的教育即生长这一理念的重要性。在那里，他这样写道：[1]

> 我们关注的就是生长的条件和影响因素……当说教育是成长时，一切都取决于**如何**设想成长。我们最终的结论是，生命是成长；成长，生长，就是生命。翻译成教育上的话，意思就是(1)教育过程没有外于自身的目的；它就是它自己的目的；(2)教育过程是持续的重组、重建、转型……的过程。
>
> 既然实际中，除了继续生长之外，生长不相关于任何事物，那么，除了继续教育之外，教育也不隶属于任何东西……教育意味着这样的事业，它提供确保生长的条件，或生命的充分性，无关年龄……
>
> 既然生长是生命的独特特征，故而教育在整体上都随着生长；它没有外于自身的目的。学校教育的价值标准就是，它在什么程度上激发了持续生长的欲望，并且提供了令欲望产生实际效果的手段。

1 《民主与教育》(纽约，1916年)，第59—62页。

这一段的含义必须做一考察：杜威并没有要求我们认为，教育类似生长，或与生长有某些相同之处，或可以有所助益地将其视为一种特殊形 372
式的生长。相反，他督促我们认为，教育**即**生长；生长就是生命；生命就是成长；尤其是，试图为教育提供目的，这毫无意义，因为除了继续教育，它并不具有可能的、更深远的目的。“教育的目标就是让所有个体延续他们的教育。”[1]

教育即生长这一观念，初看起来，几乎难以否认。当然，教育并没有变为某种缩减化的形式。说它是生长，这似乎是断定了学习过程与自然世界有着可取的联系。这种观念令人耳目一新，并且毫不机械。它正确地符合了我们对教育的理解：它是积累性的，自身不断扩展，促成了更宽宏、更复杂、更有力，但也更精致的心灵和品格。不过，若干批评者早已争论说，有无穷无尽的问题，其根源都是教育即生长这一看法；我相信，在杜威的某些信徒手中，这一理念成了现代教育史上极为有害的隐喻之一。生长是自然的、动物性的过程，而教育则是社会过程。从字面上来理解，儿童的生长是自动地进行，仅仅要求常规的照料和滋养；在很大程度上，它的目的已然预先由基因遗传所决定，而教育的目的则需要后天提供。当思考儿童教育时，我们可以自由地考虑他是否要学两种语言；但是，在思考他的自然生长时，我们不可能考虑他是不是会长出两个脑袋。

生长这一观念在本质上是生物学意义的隐喻，而且还是个体性的概念，故而，这一观念的结果就必然是让心智脱离教育的社会功能，而转向其个人功能；它主张的，不是儿童在社会中的地位，而是儿童的反

1　《民主与教育》(纽约，1916年)，第117页。在一部更早的作品中，杜威就说过：“教育的过程和目的是相同的。确立任何外在于教育的目标，为它提供目的和标准，这等于剥夺了教育过程的大部分意义，而且会致使我们在应对儿童时依赖错误和外在的动机。”《我的教育信条》，第12页。

社会利益的利益。[1]生长观念诱使教育思想家树立起了一个令人反感的对立：自行决定、自行引导的内部生长和外部塑造的对立，前者是有利的，后者是不利的。杜威哲学的研究者也许会毫不犹豫地反对如下做法，即将其教育思想描绘为过分指向生物性和个体性，而并未充分留意
373 集体性和社会性。但人们又会提出这样的问题：对于教育过程的社会性及其终极的社会功能，教育作家做出过什么更积极的论述吗？

但是，就杜威而言，问题并非源于他没有意识到教育的社会性：它来自这样一个事实，即因为一些教育思想家沉迷于以儿童为中心的学校，故而，在他们手中，个体生长观成了人质一般。尽管杜威本人并未接受儿童与社会的对立作为定论——的确，他希望实现这两者和谐的统合——但是，教育即生长这一观念的历史结果是褒扬儿童，忽视社会问题，理由就是，儿童的生长代表了健康，而社会传统（包括传统课程）代表了陈腐、过分威权的要求。“社会权威，”一位这一传统的心理学领军人物说，“或社会任何部分的权威，并没有作为行为指导提供给儿童。所依赖的，反而是每个个体儿童的经验。在探索什么行为准则制定出来可以尽如人意，什么不可以上，民族经验如果得到利用，那么也仅是因为，儿童觉得这样使用是合适的。”[2]

杜威本人从未如其批评者和信徒通常认为的那样，主张一种毫无方向的教育。至少在这一点上，他是很明确的。在其早期和后期教育著作里，他常常说，如果儿童本身没有得到引导，就不能保持教育的正确内容；儿童的每一种粗浅的活动或兴趣，每一种零星的冲动，不一定

1 参见博伊德·H. 博德（Boyd H. Bode）的批评，见《十字路口上的进步教育》（*Education at the Crossroads*，纽约，1938年），尤其是第73页及以后。在各种批评中，我发现这部著作，还有I. L. 坎德尔的《对不确定的崇拜》（*The Cult of Uncertainty*，纽约，1943年）都极具启迪性。

2 古德温·沃森（Goodwin Watson），引用来自I. L. 坎德尔的《对不确定的崇拜》，第79页。

都是有价值的；在不强加“外部”目的的同时，教师必须以某种方式，引导、指导、培养那些“向前”发展的儿童的冲动。[1]

杜威的问题是另一种情况：他主张教育就是生长，故而，除了继续教育之外，不可能再为它设置任何目的；因此，他不能阐述出，当社会 374
通过教师引导或指导儿童的冲动时，它应该遵循什么样的标准。教师被指派了严格的命令，去发挥引导作用，并且对儿童的冲动和需求做出某些甄别，但是，指明方向的路标并不存在。[2]儿童的冲动应该引导“向前”——但，方向是什么？这样一套标准预设了教育目标，它是成年人对儿童应该知晓什么、儿童应该成为何种样子的预知。杜威力主说，“就让孩子的自然天性实现它自身的命运吧”，[3]然而，儿童具有命运这一看法，意味着某种脱离时间、超出儿童预期的目的或目标。职此之故，所谓的进步教育，尽管通常来说，在手段上，创意丰富，颇为独到，但在目的方面，贫瘠而混乱；它对教育方法的大部分论述，价值极高，然而，关于这些方法用来教授的内容，它含含糊糊，时常带有无政府的倾向。在调动儿童兴趣上，虽然有了极为有效的开端，可是，这些兴趣常常不过是将学习取而代之。进步教育对自己的方法越是确定无疑，它对自己的目标就越是含混不明——也许，在这一方面，它呈现出了一种关于美国生活的寓言。

1　几乎可见《儿童与课程》(*The Child and the Curriculum*, 1902年；芝加哥版，1956年)全书，但尤见第14—18页，以及第30—31页的重要一段，其中，他解释说：儿童的兴趣与他获得的方向之间存在着某种持续的互动，以至于这两者会以某种动态和谐的方式产生作用。也见《民主与教育》，第61—62页；也见第133页：“在所有教育中，种种自然的或天生的能力提供了启动和限制的力量；它们并没有提供目的或目标。”1926年，杜威没有像平素那样提出温和的警告；他在一个地方说，某些进步倾向的学校中，刻意不作引导的做法“实在愚蠢”。

2　“[父母或教师]将他们‘自己的’目标，确立为儿童生长的正确目的，这是荒唐的，就像农民确立理想的耕作，但不管条件。”《民主与教育》，第125页。

3　《儿童与课程》，第31页。

从教育即生长这一观念来看，杜威本人对课程的模糊不清是可以理解的。在其事业生涯中，关于课程，杜威自然著述良多；然而，从他论教育的主要作品里，很难发现他对于美国学校体制中，优质课程应该如何，抑或各种可选课程应该如何，做过什么思考。这种在课程方面投入的缺失，合乎他的如下提议：不应该为教育制定什么目的或目标，因为它的唯一合法目的就是延续教育的能力。而到了撰写《民主与教育》时期，他已然相信，“课程总是沉重地负担着仅仅继承而来的传统内容”，因此，它需要“持之以恒的监督、批评和修正”。他也担心，课程“有可能代表了成人的，而非儿童和青年的价值观，或者代表了前一代学生，而非当今学生的价值观”。在这里，他似乎将自己的威信赋予了
375 这样的人：他们相信，课程的塑造应该从根本上符合儿童表达的欲望，它应该在很大程度上代代相异，甚至逐年如此——因为他提倡的监督和修正并非时断时续，而是“持之以恒”。[1]

在某一方面，杜威倒是完全直截了当：“只要任何课题产生了直接的吸引力，那么就没必要问它有什么益处。”在这里，为了迎合读者，他使用了一个自己很少用到的具体例子：“比如拉丁语，如果要求其本身就像一门课程一样具有抽象的价值，方可充分证明它的教学是合理的，那这种说法是错误的。”到此，人们很容易表示赞同，不过杜威继续补充道，无须为了证明拉丁语是合理的，从而指出拉丁语在将来具有什么明确的用途。“当学生们真正对学习拉丁语产生兴趣时，这一点本身才证明了它具有价值。”[2]

上述所言的意图显然天真至极，因为语境显示，杜威完全是在说，

1　在这里，人们会想起弗兰西斯·W. 帕克那里同样不安于现状的精神：“不要用同样的做法再来一遍。不要做以前干过的事情。如果孩子从前站着，现在就让他坐下。无论你干什么，都要另辟蹊径。没有模板。单调就是死——变化才是生。”全国教育协会，《会议记录》，1880年。

2　《民主与教育》，第283—284页。

他看重学生对学习内容的自发的欣赏。这不意味着，他们要学习任何令其快乐的内容。至少在一部作品中，杜威提醒过教育者，不要试图利用“一味带来快乐、让人兴奋，或暂时性的内容”。[1]但是，似乎又无法避免这样的结论：如果每项课业的价值，像他要求的那样，取决于选择课业的具体情境，那么，在设计课程时所必需的那种对学科的长远评估就异常困难了。“在抽象的层面上，”杜威说，“不存在价值的程度或级别这种东西。”因此：“我们难以在课业之中建立一套等级。”[2]

此外，如果等级制让人想起了这样的观念，即种种课业都被赋予了平等地适用于一切学生的永恒价值，那么人们也许会不禁表示认同。但是，通过这一命题，太过轻易就可以得出如下的错误结论：任何科目都与其他科目完全平等；全国教育协会后来就是这样认为的，“数学和机械学，艺术和农学，历史与家政，通通地位平等”。学生学习拉丁语的“真正兴趣”，在杜威看来，足以证明它的价值。如果将“拉丁语”换成 376
“司机培训”或“美容技术”，并且认为，只要后者中的每一种都产生了“直接的吸引力”，它就是合理的，那么，我们就明白了后来的教育者利用杜威的原则所玩的是什么样的游戏。杜威本人也许不会这样替换，但是按照他的哲学，做出这种替换毫无障碍。

杜威哲学对课程制度规划的影响是毁灭性的。当在种种学科中建立任何价值等级时，人们意识到了其条件性和局限性，然而，人们还是必须考虑这种等级，以能制定延续数年时间的课程，因为它的最初学年必须在某种程度上设计成：为之后学年的某些选择进行准备。学习拉丁语或其他任何类似课程的迫切愿望，并非任何儿童的“自然”冲动。

---

1 《学校与社会》(*The School and Society*, 1915年；芝加哥版，1956年)，第136页。这一提醒的语境是请求，但请求的不是严格的学术性课业计划，而是杜威在文中所谓的与“职业工作”有关的持续性课程。对于攻击课程的有序安排的看法，杜威表示过异议，这方面见克雷明：前揭，第234—236页。

2 《民主与教育》，第280—281页。

只有当成人社会决定了，拉丁语对某些选修它的孩子有益，儿童在什么年龄可以学习时；只有当成人社会为这些儿童安排了更优先的课程、理智和社会等方面的经验，使得学或不学拉丁语这一选择对儿童来说成为可能或意义重要时；简言之，只有当成人社会的某些成员必须对课程具有坚定的信念，由此，他们愿意对其进行组织和安排时，儿童才会像杜威说的那样，"真正"对学习拉丁语产生"兴趣"。[1]这样的安排，虽然为儿童留下了相当的选择余地，但也超出了杜威明确允许的那种课堂上的"引导"和"指导"。

五

生长这一理想首先表达了杜威对个体的关注；而教育理想则表达了他对教育的社会功能的认识。尽管如我之前所说，生长理想让许多教育者带有了反社会的偏见，但这并非杜威对事情的态度；他认为，个体生长与民主社会秩序的利益，并非必然对立，而是很容易就可以完全和谐相融。在他眼中，新式教育绝非无政府或过分个人化。虽然儿
377 童如今从传统束缚中解放出来，但仍然可以通过培养，使之接受社会责任；不过，这些责任被界定为对儿童的同辈或未来负责。比起过去的教育，新式教育恰恰会承担要求更严格、社会意义更强的社会责任。它的目的完全就是全面实现民主原则。在确立这种愿望时，杜威坚定地站在了美国传统之中，因为那些建立了公立学校制度的、伟大的教育改革者，也关心这一制度对民主的潜在价值；同时，他还与自己的时代保持充分一致，因为美国民主的复兴和壮大，也是进步派人士的核心

1　但相反，见杜威："教育中，这些流行的外部强加的目的，导致了这样的后果，即看重那种为遥远的将来做准备的观念，并且让教师和学生的活动变得机械而具有奴性。"同上，第129页；参见论教育目标的全段文字，第124—129页。

愿望之一。

杜威相信，传统教育立足于仅仅适合前民主社会的知识理论和道德培养；如果它依然在民主社会中运行，就会阻碍民主理想的实现。从古典时代开始，社会就分为了有闲阶级和贵族阶级，以及受奴役阶级或工人阶级，前者是知识的监管者，后者则从事劳动和实践知识；这一区分，造成了"知"和"行"的必然的分离。[1]

但是，在一个几乎人人都发挥作用、共享许多利益和目标的民主社会里，应该有可能克服这种分离，也应该有可能以这样的方式理解知识：充分公平地对待包含在"知"中的社会之"行"的成分。既民主又进步的社会"必定拥有这样一种教育，它让个体对社会关系和社会控制产生个人的兴趣，赋予个体种种这样的思维习惯：它们可以实现社会变革又不会引入无序"。[2]

教育过程可以肩负起社会变革的全部责任，杜威从未有过这样的错觉。在《民主与教育》中，他论述说，仅凭直接的教导和劝勉，还不可能促成心灵和品格的转变；这样的变化也需要"工业和政治条件"上的变革——他并没有明确阐述这一类变革。但是，教育也能做出至关重要的贡献："我们可以在学校中勾画出我们想要实现的那种社会的典型蓝图，通过塑造与这一社会相适应的心灵，我们会渐渐修正成人社会中 378
更加难以约束的种种特征。"[3]这一句简要表达了杜威代表民主制，对学校提出的本质要求，同时也表明了他的教育哲学的首要困难：他不得不假设，儿童的需求和利益与"我们想要实现的那种社会"之间，存在着某种前定的和谐。若非如此，则必然地，要么就得牺牲教育即生长的理想，要么就得放弃"塑造心灵"这一目标——它符合了成人的，因此也

1　关于杜威对这一主题的阐发，见《哲学的重建》(*Reconstruction in Philosophy*，纽约，1920年)。

2　《民主与教育》，第115页。

3　同上，第370页。

是外部强加的对良好社会的憧憬。

关于教育如何有利于民主制，杜威的观念迥异于之前教育改革者的阐述。后者曾经的期待是，公立学校制度可以为普通人扩大机会，而与此同时，又能为全部人口提供那些被认为是平民政府所必需的精神和道德品质。他们是传统的，因为他们认为成人社会阐发了教育目的，设计了适合目的的课程。但是，杜威并不接受这一点，因此，他寻求了另一种更微妙、更流行，却更“自然”的对民主与教育之关系的表述。这种观点的一个结果就是：他的《民主与教育》，尽管概述了有闲阶级和工人阶级，但几乎并没有论及美国社会特殊的阶级结构，还有教育机会同这一结构的关系，以及扩展机会、提升社会流动性、推倒阶级壁垒的手段。简言之，他对教育和民主问题的看法并非出自经济学和社会学，甚至也无关政治——除非是在这个词的最笼统的含义上；它主要相关的，是心理学或社会—心理学。按照杜威的理论，儿童的社会化有助于民主教育的目的，儿童被塑造成合作性而非竞争性的成员，他们“洋溢着”服务精神。

杜威的出发点，就是有力地批驳立足于阶级分化的教育制度；因为，正是有闲阶级和知识阶级同受奴役或劳动阶级的共存，导致了知识和实用的分裂。知识与实用、思想与行动的对立，只能在如下的民主教育制度中得到克服，即将不同出身的儿童混合于一起，不企图在他们的
379 学校教育里复制他们社会之中的阶级壁垒。他主张，民主“不仅仅是一种政体；它首先是一个生命联合的模式，共同交流经验的模式”。[1]民主教育家的课题就在于，要让学校成为特殊的环境、微型的社会、社会

1 《民主与教育》，第101页。的确，除了政治机构，民主制的标准还能用于其他社会组织，但是，如果鼓励人们认为，民主制是普遍的、唯一适于家庭和课堂这种机构的、符合要求的标准，那么损失就颇为严重了。我相信，杜威在这一方面极大地损害了美国教育，因为，他为那种单调、令人窒息的关于“民主生活”的修辞提供了看起来权威的认可，而美国教育家正是用这样的修辞扼杀了我们对教育手段和目的的讨论。

的胚胎，它会尽可能消除在更大的社会环境中存在的种种不良的特征。因为启蒙社会不仅要试图传播它的全部成就，而且“唯一要做的事情，便是造就更美好的未来社会”。[1]

那么，民主的学校社会，它的特质会是什么呢？当然，教师不会成为通过严苛方法，强加外部目标的严厉的权威。他会留意儿童的自发和自然的冲动，还会紧紧把握住那些有利于建设性目标的冲动，并且在必要时提供温和的指导。至于学生，他们会积极地投身于陈述自己的教育目的，规划教育的执行。学习不是个人的或被动的，而是集体的、主动的；在学习过程中，学生会学着分享看法和经验，会培养彼此的体贴和尊重，会获得合作的能力。当这些习惯放大之后，终有一天可以重塑更为巨大的社会本身；因为，就像杜威在他的某一句不幸的话中认为的那样：“社会引导青年的活动，决定青年的未来，由此，也决定了自己的未来。”[2]

民主的目标不仅在方法上，而且在内容上也会产生深刻的结果。一旦学习是有闲阶级的活动这一传统观念被摒弃，其所代表的教育方式也就颇为成疑，它既不适合民主，也不适于工业制度，更不适合科学时代。现代时期，学习的流通过程，摆脱了与阶级的牵连。促进智力的因素无处不在。“纯粹理智的生活，学术和学问的生活，就这样得到了变味的价值。学院的和学术的，这样的词，不再是荣誉的称号，而正在成为骂人的话。”但是，我们依然在试图抛弃“中世纪学问观”的镣铐—— 380
这样的观念“在极大程度上，完全诉诸我们本性中的理智方面，诉诸我们对知识的欲求、对信息的积累、对学术符号的掌控；它并不诉诸我们制作、创造、生产上的冲动和倾向，无论我们是以实用形式，还是以艺术形式来进行”。

1　《民主与教育》，第22—24页；参见《学校与社会》，第18页。

2　《民主与教育》，第49页。

事实上，理智型教育仅仅只对少数人才有意义：“这方面，种种简单的事实是：在大多数人中，独特的理智兴趣并非占据主要地位。他们具有所谓的实践方面的冲动和气质。”由于这个原因，许多年轻人，一旦学习了读、写、算的基础知识，就毕业离校。另一方面，“如果我们打算以毫不专断的方式来构想自己的教育目的和目标，如果我们想要将某些活动引入教育过程（它们吸引了那些主要对行动和创造感兴趣的人），那么，我们就会发现，学校对其成员的影响，变得更加关键，更为持久，包含了更丰富的文化”。杜威论述说，教育已经开始转变方向，当新的潮流“完全而坚定地占据了我们的学校制度”时，教育的未来极为可期。“当学校引导和训练社会上的每一位孩子，使之成为这个小社会的一员，令其充满服务精神，为之提供有效的自我导向的工具时，我们就会得到更深刻、更充分的保证，保证那个珍贵、美好、和谐的更大的社会。”[1]

在试图实现自己的社会理想时，杜威及其信徒恰好面临了某种对立：一方面是他们对成人权威的担忧，另一方面是他们对社会改革的渴望。如我之前指出的，杜威一贯支持成人在课堂中的引导；他反对的，是成人应该规划教育的目的或目标这一看法，因为生长原则不要求任何目的。但是，教育家队伍中，社会改革派的势力越强，有一点就越加明显：社会改革的理想终究还是成人的目的，想要实现它，儿童的配合
381 就自然指望不上。

当受大萧条影响时，这一事实变得尤为明显。到1938年，杜威写成《经验与教育》一书，他感到不得不要比以往更为严厉地提醒人们：新

1 《学校与社会》，第24—29页。参见《民主与教育》，第9—10，46—47，82—83，88—89，97—98，226，286—290，293—305。有一位对“民主生活技巧的培养”颇感兴趣的现代教育家，做出了一个独特的阐释：“学校的民主生活将会积极地联系外部生活，以至于学生在引导下，可以理解前一种生活的意义，并试图将之扩展到他所参与的一切处境。”阿尔伯蒂：《重组高中课程》，第50页。

教育办得太过，让教师都不敢在课堂上提供建议了。他甚至还听说了一些这样的事情：教具和材料就摆在孩子周围，完全由他们自己处置，因为老师认为，指导如何处理它们，这是错误的。“那为什么还发材料呢，既然它们也是某些建议的来源？”毕竟，教师的职能也只是作为群体活动的领导者，提供一些当给出时仅仅符合群体利益的指示，而不是“展露个人权力”。

萦绕不去的对成人权威的担忧——担心的是，迫使“青年的活动成为表达教师目的，而非学生目的的渠道”——依然存在。杜威一再表明，新教育中最合理的事情就是，它强调了“学习者对目的构建的参与，这种目的在学习过程中指导了他的活动”。但是，他也表示，“目的构建是……一个相当复杂的理智活动”；不过他并没说，向年轻人揭示如何能参与这样的活动，是困难的。[1]他不安地意识到，进步学校在组建课程上殊为不易，[2]但我们又不确定，他是否明白，这样的困难恰恰与那种期待有关：期待年少的儿童加入相当复杂的理智活动中。

杜威对成人权威感到焦虑，是因为他渴望摆脱那件我们依然在颇为艰难地企图摆脱的事情——向儿童灌输顺从规矩的习惯。如果有什么事情是他**不**想要的，那就是培养顺从的性格。但是，他认为，顺从这一危险，完全来自成人世界及其代表：教师。在谈及传统教育时，他写道：[3] 382

1 《经验与教育》(*Experience and Education*)，第84—85页；参见第4，59，64，66，77，80页。

2 同上，第95—96页。

3 《民主与教育》，第60页。杜威所述的传统教育，似乎有时也像进步主义的更为辛辣的讽刺文章一样，都如漫画一般。我承认，传统教育常常是严苛而无趣的，不过我很怀疑，杜威的做法是否全然公允。比如他将其描绘为，完全是“独裁”和“严酷的”，使用“拘束衣和将人用锁链串联般的程序”，截然相反于对个性的培养；给的“饮食，只是容易消化的材料”；提供的制度，让个体虽然获得了知识，但“丧失了自己的灵魂：不再欣赏种种珍贵之事，以及这些事情[一项项知识]相关的价值”。《经验与教育》，第2—5，11，24，46，50，70页。

> 既然顺从是目标，那么年轻人身上独特的个性就被弃如敝屣，或者视为危害或无政府的祸根。顺从等于就是单调划一。因此，就导致了对新奇毫无兴趣，厌恶进步，恐惧不定和未知。

杜威如此忧虑成人权威，视之为对儿童的**唯一**威胁，以至于他很难想到儿童的同辈也会构成威胁。人们很难相信，他之所以想让儿童从成人世界中解放出来，实际上仅仅是要将其抛入兴趣更为驳杂的同龄文化的掌控中。不过，杜威的讲堂里，只有很少的位置留给勤思或好读的孩子，对于他们，作为社会活动的学校教育，并不是完全令之满意的措施。“在社会环境中，”杜威赞同地写道，“青年必须让自己的行为方式参照其他人的做法，并且与之看齐。”[1]正是这种活动，为参与者提供了共通的理解。按照他对事情的看法，那种始终远离或者回避社会活动，坚持独立而达到古怪程度的儿童，难道不是很成问题吗？“依赖”，杜威这样写道：[2]

> 意味着能力，而不是软弱；它包含了相互依存。不断增强的个人独立性会削弱个体的社会能力，这样的危险总是存在。它让个体更加自立，但也令其更加自满；它会导致离群和冷漠。它通常让个体对自己与他人的关系毫不敏感，以至于滋生出自己真能独立生存和行动的幻觉——这是一种尚未命名的精神错乱，它造成了世间大部分可以治愈的痛苦。

这些话放到19世纪的美国背景中就完全可以理解了。在杜威成长的年代，他目睹了蔓延的经济个人主义如何产生影响，如何制造出那

1 《民主与教育》，第47页。

2 同上，第52页。

一类真正独立，却甚至沦为精神失常，最轻程度上也达到反社会倾向的个体。而那时，旧式教育还允许严厉而威权的教师偶尔在课堂上发发脾气。如果期待1916年时[1]，就有人能预料到那种大卫·雷斯曼（David Riesman）在《孤独的人群》（*The Lonely Crowd*）中诊断出的同龄群体的顺从在儿童间浮现，或是预料到在教室和儿童生活的管理里，出现了可见的成人权威的衰弱，那很可能就要求过分了。今天，当我们对于儿童 383
的顺从越加担忧时，我们通常忧虑的却是他们对同龄人的命令和大众媒体的指引，而非对父母或教师的顺从。我们也意识到这样的可能性：成人权威的过分减弱，与成人的专制一样，都对儿童造成了种种同等严重的问题。

当杜威阐述自己的教育理论时，这些考虑因素并没有进入他的世界；但是有可能，他的理论本身推动了他始愿未及的事态的发生。当核心课程教育家鼓励儿童在学校讨论“我如何能受人欢迎?”，或种种暗含着抵制父母命令的问题，如“我的双亲为什么如此严厉?”“我怎样应付我的老派父母?”“我应不应该随大流或服从爸妈的愿望?”时，他们都援用了杜威的直接性、实用性和社会学习的原则。[2]这样的论题代表了同龄顺从在课程中的体现，对于如此做法，杜威当然会觉得受到了冒犯。顺从和权威的问题足够真实，但是，对旧式课堂加以改革，对问题于事无补。

或许，杜威有点高估了学习的社会方面。他，以及他那一代其他思想家，尤其如乔治·H. 米德[3]，都颇为致力于证明心灵内在的社会性，

1　提到这个年代，是因为《民主与教育》出版于该年。杜威的思想是矛盾的，一方面主张儿童个性，反抗传统；但另一方面又要求儿童放弃个性，融入同龄人的群体意识中。——译注

2　阿尔伯蒂：前揭，第470，474页。

3　George H. Mead（1863—1931），美国著名实用主义哲学家，社会心理学的创立者，强调环境和模仿对儿童的影响。代表作《心灵、自我与社会》有中译本。——译注

通过这样的努力，他们取得了突出的成就。但是，在某种意义上，这种心灵观论证得几乎太泛，难以证明杜威的教育观是合理的。如果精神活动从内在上就是社会性的，那么人们最终可以声称，学习的先决条件可以在各种不同类型的学习中都得到满足，而不仅仅在课堂中，字面意义上的社会合作里才能如此。新派教育家有点不愿意正视：独坐中阅读哥伦布航行事迹的儿童，与在学校车间里跟其他孩子一起制作船模的儿童相比，前者所从事的社会经验至少与后者同样复杂，即使类型不同。但是，在杜威的作品中，事物成为社会客体才获得意义这一重要而有说服力的观念，时常蜕变为一个更可疑的看法：所有学习必须公然地参与社会活动。[1]

更为重要的一点，是对教育过程及其结果之间的关系的设想；对于杜威这样总是希望公平对待辩证的生活流变性的人来说，这样的设想
384 似乎过分机械而死板。权威的课堂必然会培养出顺从的心灵，社交性学习会创造出理想的社会化的个体，这样的观念初看起来是吸引人的，但它所具有的僵化的合理性，在生活中总是难以实现。例如，杜威是不是真的以为，全世界中，传统教育在美国培养出的心灵，尤其具有"对新奇毫无兴趣，厌恶进步，恐惧不定和未知"的特征呢？是否立足于权威的教育就必然一成不变地培养出顺从的心灵；教育体制的方式与体制产品的本性之间就必然存在着一一对应的关系呢？在杜威对教育过程的观念中，似乎并没有考虑如下事实：伏尔泰是在耶稣会接受的教育，强势而威权的清教徒的家庭结构竟然诞生出了对现代民主的发展至关重要的那一类个体。期待教育会完全培养出所希望的个人类型，这样的期望超出了已然得到证明的过去的经验。

最后，如果遵循这一观念，即教育不应该被视作对儿童将来生活——杜威总是称之为"遥远的将来"——的准备，而应该被视为生活

1 见《民主与教育》中的一段，第46—48页，其中，杜威利用了"社会"一词的含义。

本身，或生活的仿象，或在构成生活的经验中进行的某种预演，那么这就会牵扯出种种严重的问题。在社会经验和其他经验之间获得某种连续性，此一做法的动机看起来完全值得嘉许。但是，杜威不仅认为，教育是生活；他还进一步表明，学校应该为儿童提供**筛选性的**环境，这样的环境尽可能表现出社会上所认为的好事，同时去除了坏事。然而，学校在这项任务上越是成功，它就渐渐不再遵循代表生活或体现生活这一理想。一旦人们承认，学校中呈现给儿童的，并不是全部的生活，那么人们也就承认，筛选过程的确立，是由某种外部目的决定的；然后，人们就再一次支持这样的传统观点：教育终究不是全方位地努力反映生活或复制生活，它只是生活的一部分，专用于某种不同的功能。

如果新派教育家真的想要在教室中复制生活本身，那么，对于生活的本质，他们的理解必定格外乐观。对于每个成年人，生活带来的，不只是某种程度的合作、成就与乐趣，还有大量的竞争、挫折、沮丧和 385
失败。但是，新式教育人士并没有接受这样的观念，即这些情况也要体现于在学校中为儿童组建的小社会里。而恰恰相反，他们最强烈的冲动却是保护儿童，使之不会过于敏锐地意识到：自身的局限在成人的环境中会让自己付出什么代价。他们更接近于玛丽埃塔·约翰逊的逻辑，此人是“有机教育”的开拓者之一，进步教育协会（Progressive Education Association）的创始人，她曾说：“孩子不应该知道失败……学校应该**满足**儿童天性的要求，而不该提出要求。任何学校制度中，如果一个孩子失败，另一个成功，这样的制度就不公平、不民主，没有教育作用。”[1]因此，在她开设于阿拉巴马州费尔霍普（Fairhope）的实验学校里——约翰·杜威和伊芙琳·杜威在《明日的学校》中曾热情洋溢地

1　玛丽埃塔·约翰逊（Marietta Johnson）：《成人世界中的青年》（*Youth in a World of Men*，纽约，1929年），第42，261页；参见约翰·杜威和伊芙琳·杜威在《明日的学校》（*Schools of To-Morrow*，纽约，1915年）中对约翰逊学校的这一特征的评论和赞扬，尤见第27页。

对之加以描述——没有考试，没有评分，不存在赢得不了奖励的失败；衡量成功的标准，不是学习科目的数量，也不是所获的褒奖，而是为课业本身付出的努力以及其中的快乐。较之传统学校，这种教育观也许会，或者也许不会对孩子产生更好的效果，但是，如果说，它与“生活”建立了更为密切的关系，那么这一点明显是可疑的。

对于这种异议，新派教育家有一个他们自认为令人满意的回答：新教育所尝试的，不是培养儿童认识或适应那种恶劣和自私的个人主义的、过去的生活，而是要认识并适应当前和未来的生活，这样的生活充满希望，可以视为更贴近社会、更讲究合作、更有人性——适应杜威认为的某种更充分符合“今日之科学民主社会”的生活。[1]

但是，这样的回答只能让人们将注意力又转向了在设计教育，使之符合儿童的生长，同时重新塑造社会这一做法中涉及的困难。随着时间推进，恰恰有一些新派教育人士开始怀疑，杜威是否成功地将教育作为儿童生长与教育作为社会重建这两种观念统合在一起。博伊德·H.博德[2]在1938年观察到，当前形势下的教育即生长学说，“让[教师]无法发觉：他需要一门指导性的社会哲学”。[3]如果相信杜威的统合是成
386 功的，那就需要简单相信，儿童的天性与并非每个人都能分享的民主文化之间存在着前定和谐。有些批评者认为，人们不得不要么放弃强调儿童的天性和自发性，要么不再强调为民主的教育。毕竟，儿童也许会在某个时刻对叛逆产生自然的兴趣；但是，对于重建社会或让自己的心灵“充满服务精神”，这方面的自然兴趣不可能归因于儿童。在大萧条期间，整个社会重建派都倾向于非常坦诚地认可，重建的动力是匮乏的；社会美好的未来，要求教育者承认：一切教育都体现了一定程度的

1 《明日的学校》，第165页。

2 Boyd H. Bode（1873—1953），美国教育哲学家，信奉杜威的实用主义理论。——译注

3 《十字路口上的进步教育》，第78页。

灌输;“外部”目的不可避免地要强加于教育过程之中。[1]尽管教育中的社会重建运动并未引起太多持久的关注,但是,它仍然在某种程度上帮助进步教育家意识到:“外部”——成人的——目标,必然要在学校中占据主导地位。当一些人期待着教育就如杜威1897年所说的那样,会成为“社会进步与改革之基本方法”时,他们却又不可能按照杜威希望的那般,将教育留在孩子的手中。

六

杜威的教育理论在阐述时,希望恰当的教育统合可以克服教育思想中某些古老的对立与二元性。儿童与社会、兴趣和规训、职业与文化、知和行,种种对立,必须通通加以解决,而且最终实现和谐——此时,按照设想,它们有可能存在于民主社会中,而这样的社会本身,已然跨越了这些对立原本出现于其中的、贵族制的精神架构。这种乐观态度是杜威教育逻辑的关键:在他看来,教育中的这些二元关系,并不是指明人类问题本性的线索,而是可以摆脱的、不幸的遗产。世界的确是在进步,当杜威出版自己早期的、最有影响力的教育论著时,他就是这样想的。他认为,科学和民主的时代会更美好、更理性、更睿智,超过了人类已知的过去的一切;它既是某种更优质的教育的根源,也是其受益者。 387

由此,杜威的教育思想中存在着一种独特但又隐秘的乌托邦精神——对于这样的乌托邦成分,有许多教育理论家都觉得颇为诱人。杜威的乌托邦思想并非基于对理想教育制度的某种刻画。他太过明

1　弗雷德里克·利尔格(Frederic Lilge)深入分析了杜威理论中的某些政治方面的困难:《教育理论的政治化》(“The Politicizing of Educational Theory”),《伦理学》(*Ethics*),第LXVI卷(1956年4月),第188—197页。

智，以至于难以勾勒出完美世界的蓝图；教育是对传统经验的持续重建，他的这一论点，其性质却反对了乌托邦思想。他的乌托邦主义是一种方法：他相信，可以认为，旧式的对立和二元性并不是必须要加以抵制、缩减、管控和约束的实在的性质；相反，它们是误算的结果，源自过去流行的、错误理解世界的方式。与其一味地通过各种有限和注定不佳的方式来解决这些对立，人们还可以采取更好的做法：通过更高层次的统合，就可以完全克服它们。

在这方面，杜威重复了他之前的许多美国思想家都表达过的、一套反对过去的论证。他的语言给人留下了这样的印象：他将人类传统历程的全部剧情都首先视为必须逾越的错误的根源。想让教育这样通行的事业保持活力，那就需要能够将过去的残余一一剥离。在《民主与教育》中，他用了一段少有的、颇为有力的文字这样写道："当前，不仅仅是跟随过去而来的东西……它就是生活，将过去抛在脑后。"职此之故，对昔日文化**产品**的研究并不会帮助我们理解当前。只有过去的**生活**才算重要，这些文化产品仅仅是那生活的废弃的仓库——在最佳状态时，生活本身也是超越自己往昔的过程。"与过去及其遗产有关的知识，一旦进入当前，才具有重大的意义，否则就不会如此。"如果让对过去的研究成为教育的主要材料，那就失去了现在与往昔的关键联系，"这就会趋向于让过去成为当前的对手，当前也变为对过去的差不多无效的模仿。在这样的状况中，"杜威继续说道，与此同时，他似乎也达到了自己论证的高峰，"文化沦为装饰和安慰；避难所和收容院。"[1]就这样，它丧失了成为转化动因的能力，但正是这样的动因才能提升现在，

1 《民主与教育》，第88页。此处，我想请读者参阅小约翰·赫尔曼·兰达尔（John Herman Randall, Jr.）的论述，他出色地理解了，并且不无同情地批评了杜威对哲学史的阐释，其中，他问道："对于让生活变得尚可忍受这一点，杜威会不会都不再抱任何幻想了，就因为这个世界还没有经由行动而焕然一新？" P. A. 希尔普（Schilpp）编：《约翰·杜威的哲学》（*The Philosophy of John Dewey*，芝加哥，1939年），第77—102页，尤见第101页。

创造未来。 388

恰在这一点上，我们必须回到儿童，因为儿童是未来的关键；杜威的思想中就有令世界摆脱过去影响的对策。但是，在他能够做到这一步之先，儿童必须要得到解放——在合适的教育制度下，就**能**真的获得解放——从世界的压迫，从文化机制周围的一切僵死的东西，从社会对学校施加的约束作用中解脱出来。杜威本人足够现实，因而看到并且一再重申了当儿童的自发性冲动作为解放过程之引导时所存在的局限。然而，恰恰是这些冲动，引起了美国教育家的兴趣。杜威的目标是将儿童从过去的桎梏中解脱出来，以达到能够对过去的文化起到重建作用的地步，故而，美国教育家采用了他的理论，既为了贬低往昔的文化及其仅仅具有装饰和安慰作用的“产品”，最终也为了制订出解放儿童，使其生长不受阻碍的计划。一旦让孩子如此坚实地处于中心，并且将教育定义为无目的的生长，杜威就如此影响了对教育目标的讨论，以至于二十五年来，种种做出澄清的说明，都无助于阻止反智主义对他理论的歪曲。

与弗洛伊德一样，对于社会为年轻人灌输其原则、禁令、习惯的过程，杜威也将之视为一种针对青年的强制。但是，较之弗洛伊德，杜威的设想得出了对可能情况的更为乐观的估计。弗洛伊德认为，个体的社会化过程就是对青年的本能做出种种无疑具有削弱作用的要求，但它又以某种不幸地难以避免的形式存在。而在杜威看来，社会破坏了儿童的“可塑性”，但这正是他们“能够改变流行风气的力量”来源。教育，它的“粗暴的强制，讨好的收买，道貌岸然的教学，都让青年的朝气黯然消逝，令其好奇心迟钝呆滞”；这样的教育已然成为“某种伎俩，它利用着青年的无助”；[1]社会就使用教育这一伎俩，扼杀了它自我提升

1 《人性与行为》(*Human Nature and Conduct*, 1922年；现代文库版，纽约，1929年)，第64页。

的能力中最为优秀的部分。在杜威看来，虽然世界是儿童痛苦的根源，但它大体上可以通过教育过程来纠正；而弗洛伊德认为，世界与儿童这两者固定在对立关系上，这一关系尽管可以变动，甚至在一定程度上其
389 细节也能改良，但就本质而言，难以克服。[1]

不止一代人的进步教育实验都印证了弗洛伊德的观点。尽管旧式教育的失败已然得到补救，而且通常还相当成功，但新的补救措施加剧了其他问题。对专断的成人意愿的服从虽然在减弱，但如今，对同龄人的顺从被视为严重的问题。教师的专制权威已然减轻，可是，微妙的操控取而代之，它在教员这边要求自欺欺人，在儿童那里通常激起了怨恨。儿童对学习失败的恐惧没有根除，相反，为了去除它而引入的手段又导致了沮丧的情绪，这源自标准、赞赏和成就感的匮乏。

在关于教育的最后的重要陈述中，杜威注意到："现有体制的愿望就是同化和扭曲新人，使之顺从自己。"尽管杜威还算欣慰地评论了进步教育带来的某些提升，但他又伤感地论述说，他的思想和原则，尽管有助于发展，却也抵挡不了这种体制化的过程。"在教师学院还有其他地方，这些思想和原则已然转变为具有现成规则的、固定的课题，按照某些标准化的程序被教授和记忆……"又是记忆和标准化的程序！他说，"原则正确，方式错误"，这样训练老师，乏善可陈。杜威的果断勇敢

1　与杜威一样，弗洛伊德的思想给教育带来的后果，也是有好有坏。在许多方面，比起杜威来说，弗洛伊德看法中蕴涵的对教育的可能作用，受到的误解要更甚。在20世纪20年代，进步教育家常常认为，弗洛伊德的心理学可以支持一种解放本能的指导性哲学。它还导致了教育中的心理主义，这种思想通常让人不再关注基本的教学任务，它试图将教育过程变为心理治疗的业余的替代品。当然，很难划清作为教育过程一部分的、对学生心理需求的合理重视，与用心理关注、甚至心理控制来取代教育这两种做法之间的界限。关于弗洛伊德和杜威对相关社会的本能和冲动的处理，我见过的最为出色的简明论述，来自菲利普·里夫（Philip Rieff）的《弗洛伊德：道德家的心智》（*Freud: The Mind of the Moralist*，纽约，1959年），第2章。

值得赞誉，他再一次，也是最后一次提醒进步教育家：塑造教师品格的，是正确的培训**方法**，而不是教给他们的课题或规则。追求正确的方法，民主社会才有可能创建；追随“威权的原则”，那么教育仅仅会适合于“颠覆和毁灭民主社会的根基”。[1]所以，寻求一种方法，将正确的反体制方法加以体制化，这样的探索还在继续。 390

1　为埃尔希・R. 克莱普(Elsie R. Clapp)：《教育资源之使用》(*The Use of Resources in Education*，纽约，1952年)所撰《导论》，第x—xi页。

第六部分

结　论

第十五章

知识分子：疏离与顺从

一

各种形式的反智主义依然在美国生活中弥漫，但与此同时，智识具有了全新而愈加积极的意义，知识分子们渐渐享受到了更大的认可，而且还以某种方式，享有了更令其满意的地位。这种新的认可，生硬地落在他们的肩上。许多知识分子，习惯于被抛弃；而且多年以来，基于抛弃还会继续这一预期，他们形成了惯有的对社会的强烈反应；由此，他们渐渐觉得，疏离是他们唯一可以采取的、合适而又高贵的立场。他们越来越忧惧的，不是受到抛弃，也不是公然的敌意——尽管他们已经学着对此做出应对，并且他们几乎已然将之视作自己应有的命运——而是疏离的丧失。至于诸多极为果敢、更为年轻的知识分子，他们尤其心烦于这样的担忧：随着他们不断被承认、被吸收、被利用，他们会开始一味顺从，会不再具有创造力、批判性和真正的用途。这就是他们所处立场的基本悖论——一方面，他们的确怨恨反智主义现象，视其为我们社会之严重缺陷的标志；但另一方面，对他们的认可以更深重的方式困扰着他们，并将之分化。也许，在今日知识分子界，所出现的、最能造成分裂的争议，就围绕着分别确立在旧的疏离和新的认可之上的价值。我

们首先要看看这个问题在近些年来是如何引发的，然后再考察一下知
393 识界的历史地位，以期从中能有所揭示。

尽管20世纪50年代反智主义盛行，但知识分子本身，尤其是中产和旧式的几代知识分子，当他们在20世纪20年代的时候，并没有倾向于对美国价值观展开反击。相反，出乎意料的是，正当他们因为所谓的本质上的不忠诚而遭受最猛烈的攻击时，他们却重新拥护了自己的国家。甚至麦卡锡主义也没能令他们却步：尽管他们会担心，这位参议员及其暴徒也许会破坏某些迄今为止被视作理所当然的价值，但这样的担忧恰恰提醒着人们，美国的旧式价值中，有些东西的确弥足珍贵。而一些老派的、明显传统的、反对麦卡锡的参议员备受赞誉，他们被视为个体性的丰碑，铭记着美国庄严的正直精神。

1952年，《党派评论》——可以看作美国知识界的内部刊物——的编委们，对于知识分子的新态度做出了非官方的认可，在一次主题意味深长、名为"我们的国家和我们的文化"的、值得纪念的笔谈会中，他们贡献了若干议题。[1]按照其解释："如今，美国知识分子认为美国和它的制度处于新的道路上。现在……许多作家和知识人士都觉得，他们与自己国家及其文化的关系更为密切……无论好坏，大多数作家都不再认同疏离是美国艺术家注定的命运；相反，他们非常想要成为美国生活的一部分。"

编委的问题涉及了知识分子与美国的关系，而二十五位撰稿人对此的回应则表明，其中的绝大多数人不仅全都意识到，知识分子与社会的关系日益融洽，而且大部分撰稿者还接受了这一点。倘若我们忽视他们做出的保留条件，以及相伴随的、反对过分自满的警告，那么，我们恐怕就夸大或歪曲了他们的接受；我们可能以为他们自满，但事实并非如此。但是，对他们观点的综合评述，可以揭示出，一部分曾经强烈地受到疏离的知识阶层，是如何改变了自己的想法。大部分撰稿人都

1 重刊为《美国与知识分子》(*America and the Intellectuals*，纽约，1953年)。

同意，“不断加剧的、全然的疏离”习惯，似乎不再合乎情理。还有几位撰稿者将疏离作为历史现象，他们的论述强调说：疏离通常是矛盾的感情，过去的伟大作家和思想者都既反抗美国社会，也强烈地肯定它的许多价值观，而且还深深地对社会抱以认同——的确，反抗和肯定之间的 394
张力，在很多时候，恰恰都联系了伟大的成就。

没有人怀疑过：身为不顺从的批评者，知识分子的这一角色具有根本的价值；也无人认为，知识者应该将之放弃，仅仅成为他的社会的代言人或辩护者。不过，有一点却是共识，美国知识分子不再将他们的国家视为自己必须逃离的文化荒漠；他们也不再像一位作家认为的那样，将美国与欧洲相提并论时，会带着“青春期的窘态”来注视它。如今，比起二三十年前，知识分子在美国会觉得更为自在；他们与美国现实达成了妥协。“我们在见证这样一个过程，”有人写道，“它或许可以描述为：美国知识界的资产阶级化（embourgeoisement）。”改变的，不仅有知识分子；国家也在变革，在改善。它在文化上已然成熟，不再听从欧洲的训导。富人和权贵都接受了，甚至遵从知识分子和艺术家。因此，美国已经成为相当惬意的地方，让人们可以进行理智的或艺术的活动，而且这样的追求在这里也可以得到丰厚的回报。有一位撰稿者，觉得整个笔谈会太过自满，但即使如此，他也承认：“如今，那种认为美国是特殊的荒蛮之地的看法，似乎是愚蠢无稽了。”

二

在二十五位向笔谈会供稿的作者中，只有欧文·豪[1]、诺曼·梅勒[2]、

1　Irving Howe（1920—1993），美国犹太裔作家，持左派民主社会主义立场。——译注

2　Norman Mailer（1923—2007），美国著名作家，两获普利策奖，代表作《裸者与死者》、《夜晚的军队》、《刽子手之歌》。——译注

C. 赖特 · 米尔斯[1]三人，与编委问题的默认态度并不一致；而还有一位，德尔摩尔 · 施瓦茨[2]，则认为有必要反抗“那种如今在知识分子中成为主流风气的、想要顺从的意愿”。在这些异议人士看来，如此重新拥护美国，完全就是屈服于种种现行的、具有保守和爱国倾向的压力，是对安逸和自满投降。“**我们的**国家”和“**我们的**文化”这样的观念，恰恰冒犯了他们——C. 赖特 · 米尔斯说，这是“畏缩地听凭现状”，“软弱急切地顺从”，“企图以虚假无效的方式来证明这样的思想行动是合理的”。有些年长的知识分子，他们的成年记忆可以追溯到20世纪30年代的文化争论，对部分人来说，还可以回溯到20年代，他们似乎一心想要放弃过分简单的、保持疏离的做法，尽管他们曾经受到误导、堕入其中；但是，对于年轻一些的人来说，这显然是难以理解的道德上的失败。

395 两年后，还是在《党派评论》上，异议撰稿人之一、时为布兰戴斯大学（Brandeis University）教授的批评家欧文 · 豪，强有力地向这份刊物上的主流观点，提出了反驳。在《这个顺从的时代》一文中，[3]欧文 · 豪断定说，这场笔谈会“令人不安地标志着知识分子在文化顺应的方向上漂浮”。他说，资本主义，“在其最晚近的阶段，为知识分子找到了体面的位置”，他们没有抵制同化，而是开心地回到了“国家的怀抱”。“我们都在某种程度上是顺从体制的人。”甚至那些依然试图采取批判立场的人，也变得“听命于责任，温和。而且驯顺”。在大众文化产业以及不断发展的学院和大学系统中，新职位的扩增帮助知识分子被纳入了永

1 C. Wright Mills（1916—1962），美国社会学家，受韦伯的影响，也信奉左翼思想，代表作《社会学的想象力》，有中译本。——译注

2 Delmore Schwartz（1913—1966），美国天才诗人、小说家，他是贝娄的名著《洪堡的礼物》的主人公原型。——译注

3 《党派评论》，第XXI卷（1954年1月—2月），第7—33页。

久战争经济[1]中。“美国的思想自由经受着严酷的攻击，而大体来说，知识分子们在维护那些作为其存在之先决条件的权利上，表现出了令人痛心的战斗精神的匮乏。”

针对这种自满的文化顺应，欧文·豪所提出的反理想并不新鲜，即波希米亚社区。[2]福楼拜早就说过，波希米亚是“我辈的祖国”；欧文·豪相信，在美国，它也是文化创造力的基本前提。“美国精神生活的最令人兴奋的若干时期，往往都与波希米亚风的兴起步调一致”，他如此断言；即使这一提议的困难之处令他忧虑，但他接着又补充说：“和睦也是一类波希米亚的方式，既安详，又颠覆，而且超然。”波希米亚已然成为一种策略，可以将艺术家和作家团结在一起，与世界搏斗，也为世界斗争；但是如今，它的功能瓦解了。“波希米亚渐渐消失，成了我们精神生活的背景，其中所留下的，似乎是想要的，却也是伪造的。”波希米亚的解体以重要的方式催生了“在许多美国知识分子之中可以发现的孤独感，还有消沉沮丧的孤立感，它们去除了自由乐观的意识形态”。曾经，青年作家们团结起来面对世界。现在，他们“堕入郊外、村舍、大学城”。

欧文·豪说，这不是要斥责谁在“背叛”，或是呼吁知识分子在物质上奉行禁欲。问题在于这种“缓慢的消耗，它摧毁了一个人站稳立场、保持独立的能力”，在一连串微小的让步中就可以看到这样的消耗。

1　Permanent war economy，左翼托洛茨基派思想家爱德华·所罗门（化名Ed Sard，1913—1999）1944年提出的观点，他认为美国在第二次世界大战之后依然会扩大军队开支，发展战争经济。这一看法成功预言了美国在冷战时期的经济结构。知识分子在第二次世界大战后逐渐为美国的军备扩张提供了支持。——译注

2　19世纪法国作家亨利·穆杰（Henri Murger）在小说《波希米亚人的生活之景》中，首先使用波希米亚人概念指城市中流浪的艺术家。当时的法国有大量波希米亚来的、居无定所的吉普赛人，因而人们称其为波希米亚人。这个词后来扩展为指任何在大都会中背离常规、反社会的艺术家和知识分子，他们会建立艺术社区，如纽约的格林尼治村、伦敦的切尔西区、巴黎的蒙马特区、北京的宋庄。——译注

“最令人惊恐的是，关于知识分子事业的整个理念——此理念即，将生
396 命奉献给那些商业文明不可能实现的价值——逐渐失去了它的诱惑。”在他看来，反对商业文明的战斗自在地具有首要的价值。因为，如果企业文明和艺术价值的冲突，不再像我们从前认为的那样如此紧迫，那么，他声称：“我们必须抛弃掉20世纪的大部分，而且基本上是最优秀的文学、批评和思辨思想。”

对于“从前种种确定性的丧失”，欧文·豪感到很遗憾，“它们至少有助于让抵抗变得易行”。莱昂内尔·特里林[1]在笔谈会中的看法尤为冒犯了他，其认为：20世纪50年代的文化环境，尽管有种种缺陷，但依然得到了提升，超越了三十年前。欧文·豪辩称，“拿1923年活泼、精神自由的文化生活，跟1953年沉寂低落的状态相比，或是将两者的文学成就相提并论”，这只不过是有趣的异想天开。如果富人阶级接受了知识分子，那么仅仅是因为，后者变得驯服，不再被认为会挑战财富；相反，他们会在财富面前“有损尊严地匍匐跪拜”。知识分子比以往更加无力，尤其是成了新的注重现实的人，“他们贪恋权位，就在这一位子上，放弃了言论自由，但身为政治人物，他们并未让自己具有什么重要价值”。只要知识分子“被吸收进了官方认可的社会体制，他们就不仅丧失了自身传统的叛逆性，也在某种程度上**不再发挥知识分子的功能**”。几乎任何选择都胜过了将自己的才华服从于他人的使用：“完全疏远权力和声望的来源，甚至盲目无理地拒绝我们文化的各个方面，这都更加有利健康，只要可以顺畅地清理掉好斗的情绪。”

欧文·豪的文章并不完全是个人性的文献，它是某种属于左翼知识分子的宣言。几年后，一位年轻的历史学家洛伦·巴里茨（Loren Baritz），也从相似的角度来看待社会制度，他详细说明了如下看法：“任

1 Lionel Trilling（1905—1975），美国文学评论家、文学研究者，纽约知识分子群的重要成员。凯鲁亚克和金斯堡都是他的学生。——译注

何知识分子，只要接受和认同了自己的社会，他就像妓女一样滥用了自己的技能，成为背离自身传统的叛徒。”他质疑说，“理念人”是不是“必须按照自己的本性那样，保持批评家的姿态；那些由衷地信任和赞同自己社会主流思潮的知识分子，能不能让心智的要求与社会的要求保持一致”。[1]他呼吁知识分子坚持原则地从社会体制、关系、责任和权力中 397
撤退：“听任知识分子被吸收进社会，他就冒着严重的危险，允许自己被社会消化……一旦他接触权力，权力就会伤害他。”正确的反应是有意与社会责任保持疏远：“当知识分子对社会，而不是对理智负责时，他的心智最起码来说必定丧失了部分自由和弹性，而这两者却是他最基本的配置。”如果知识分子退回象牙塔，那正是因为“这种需求：需要脱离社会责任、脱离关系，需要自由，来自孤立和疏离的自由”。

三

人们先听听《党派评论》笔谈会的主流态度，然后再听听欧文·豪先生和其他异议人士的看法，那么就会听到两种声音，它们来自一种既不算新，也不陌生的对话。对疏离的自觉关心，并非我们这个时代的美国知识分子所独有；几乎两百年间，它都是西方世界知识分子群体生活的重要主题。在之前的时代，知识分子的生存和工作，与教会或贵族制，或同时与两者密切相关，对社会持续的疏离还是很罕见的。但是，从18世纪开始，现代社会的发展创造出了一套新颖的物质和社会条件，还有一种新型的意识。在西方世界，早期现代资本主义的丑陋、物质至上、人类无情的剥削，都无处不在地侵扰着敏感的心灵。赞助制度的终

1　洛伦·巴里茨：《权力的仆役》（*The Servants of Power*，米德尔顿，康涅狄格，1960年）；也见巴里茨的一篇文章，载于《国家》，1961年1月21日；以及我本人对这些问题的论述，《简论智识和权力》（“A Note on Intellect and Power”），《美国学者》（*American Scholar*），第XXX卷（1961年秋季号），第588—598页。

结，思想和艺术市场的发展，都让艺术家和知识分子与中产阶级的精神展开了尖锐而且通常令人不安的对抗。知识分子悖逆了新型的布尔乔亚的世界，他们以各种方式来进行——如，浪漫地主张个体反抗社会，用波希米亚式的团结，用政治的激进主义。

在寻找重要的历史先例时，欧文·豪先生当然会回到比如福楼拜：对于法国资产阶级的愚昧，他算是孜孜不倦的鉴定家。[1]在英格兰，马修·阿诺德在《文化与无政府状态》中以别样的方式试图分析新型的
398 文化状况。在美国，先验主义者们始终都在论述，当个体忍受现代社会时，他的敏感会体验到什么样的困难。

对于这一普遍问题，每个国家都会面临自己特有的变体，因为每个国家都具有各自类型的资产阶级的发展过程。对于20世纪的知识分子来讲，美国的疏离背景让毫不妥协的疏离立场，看起来既正统、不言自明，而又合乎惯例；因为在19世纪的美国社会，得到接受的权威作家与先锋作家，都有可能会保持疏离，他们有时并不偏激，有时却相当激烈。对于这样的社会，可以正确地认为，在19世纪中叶左右，甚至是那些适应社会的知识分子也并不完全适应。因此，在我们自己的时代，由于知识分子对自身角色的理解是由美国社会的历史所塑造，故而，如果说知识人士应该体会成功，应该与权力建立联系，那么对于这样的看法，他们就会觉得怪异，甚至感到排斥。

情况并非总是如此。在我们之前的时代，有两群知识分子就与影响深远的社会权力之运作保持着关联，并且还是推动者，这就是清教神职人员和建国之父。上述每一个群体都在一段时间之后失去了自己至高无上的地位，这一部分是由于自身的失败，一部分是因为种种超出自己控制的历史环境。但是，每个群体又留下了各具特色的遗产。清教

1 必须指出，福楼拜很清楚自己的角色面临的危险。他曾经写道："一个人由于痛骂白痴，就得冒着变成白痴的风险。"

神职者建立了新英格兰的理智主义传统；而这样的传统，随着众多新英格兰人四处定居而向外推广，在整个19世纪到20世纪，它促进了美国绝大部分充满活力的精神生活的发展。[1]开国的清教徒们尽管有着严重的缺点，但是至少，他们仍然尊重思想，尊重精神的强度，这是衡量理智成就的必要标准。凡在这一传统复兴之处，这样的强度通常都会产生惊人的激发精神的效果。

而受清教徒理念影响的国父，他们的遗产也同样重要。在新兴国家的发展中，当民众致力于将自身从受殖民的状况中解放出来并塑造新的身份时，知识分子似乎总是扮演了重要的角色。而美国启蒙运动的领袖们恰恰也是如此，他们发挥了关键的作用：为这个新的共和国赋予了连贯自洽又相当可行的思想体系，赋予了对其身份和理想的定义、 399
对国家历史地位的意识，赋予了民族感、政治制度和政治规范。

大约1820年之后，各种经济和社会方面的变局迅速破坏了旧的共和制度，尽管美国革命的进行正是以之为准，《宪法》也采纳了它，而联邦党人和杰斐逊一派恰恰是在这种制度中得到了培养。随着跨越阿勒格尼的人口向西定居，随着工业的发展、政治上平等主义精神的兴起、南方杰斐逊派的式微，占据主导地位并在一定程度上控制美国民主的显贵阶级，日益衰败。平信徒和福音派已然废黜了建制派神职者。此时，新型的民主领袖带着新颖的政治风格，也从政治领导的位置上罢黜了商贾—专业人士阶层。很快，新型工业家和推销商，也会在商业中令这一阶层彻底黯然失色。

遗留下来的是拥有可观财富、闲暇和文化素质，具有绅士风范的阶层，但他们掌握的权力或影响相对较小。这一阶层是严肃作品和文化机构的受众与资助人。其成员所阅读的书籍，都出自权威的美国作家

1　事实上，人们很少认识到，假如没有以下三种文化的贡献，那么这个广袤、成分异质的国家，它的精神和文化生活就会变得贫瘠：首先是新英格兰文化，它影响了19世纪；第二和第三种来自犹太人和文化复兴的南方作家，这两种文化对20世纪的精神生活起到了重要的作用。

之手；他们还订阅面向高知的老刊物，支持图书馆和博物馆，让自己的子女去旧式的文科学院，研究古典课程。该阶层还发展出了自己独特的、温和的、批判社会的传统：它对贵族气派的偏爱，足以同处处涌现的、最为俚俗的平民民主特征针锋相对；它遵循的行为准则，足以同新兴资本家和种植园主的粗鲁的实利主义截然相悖。在美国，极为雄辩的批判道德的传统，就是由贵族绅士的几位毫不妥协的子弟创立的。

但是，如果有人认为这一阶层继承了旧式共和制度的严肃传统——建国之父明确体现出了这个传统——那么，他就会立刻发现这一阶层的某种相对的软弱性，它保留了贵族阶层的礼仪、志愿和偏见，却没能维持住其权威地位。旧式共和制度的领袖，他们的精神面貌被之后一代代贵族传承下来，然而，他们变得不再英勇，缺乏力量。国父文化的承继者，我想称之为游离文化[1]——我用游离一词，指的不仅是
400 习惯用法上所说的镀金时代的上层阶级的改革运动，还指失势的贵族阶层的精神和文化风貌。整个19世纪，当那种独立而有教养的美国心灵表达自身时，这一阶层提供了受众。[2]这种游离的心灵，新英格兰的

1 Mugwump culture，在“骑墙、超然和疏远”的引申意义上使用。作者强调这种文化与疏离的联系，以及与现代先锋知识分子的相似性。它的成员是本土成长出的、继承新英格兰和国父传统的没落贵族和精英知识分子，远离政治权力，失去权势，摇摆于共和党和民主党之间。游离文化的出现是反智主义攻击智识的契机：这种文化丧失了对现实的影响，变得苍白无力，表现出了诸多软弱性；游离派对社会道德多有指摘，反对资本主义的发展，反对金钱至上和个人主义，思想保守以维护智识和正统价值观自居，表现得如同道学先生，故而引起了平民和反智派的厌恶。游离派的代表人物如前面提到过的葛德金、亨利·詹姆斯、威廉·詹姆斯等，在文学上，它的标志是下面提到的“白脸”。从对它的攻击开始，反智者也将性别与政治结合在一起，由于政治立场不定而且柔弱无力，游离派被称作“不男不女的两性人”，由此，知识分子就渐渐被阴性化了。——译注

2 比起通常用来表示这一文化氛围的词，我更喜欢我的这个提法。虽然它有时也被称作婆罗门文化，但在我看来，这个叫法过于具有新英格兰本土色彩。桑塔亚纳用的词更合适，是文雅传统；不过我认为，游离文化这个表达更充分地呈现出了这一社会阶层的主要的政治意涵。

影响对它起到了决定性的作用；它从清教徒中继承了某种庄严性和崇高志向，却难以保持住清教徒的激情。它以更直接、更切近的方式，从国父们和美国启蒙运动那里，承继了一系列理智上的追求和对公民的关切。但是，在游离的气氛中，18世纪共和式的理智德性，逐渐衰竭，直至干枯；主要原因在于，游离派思想家几乎总是被剥夺了让这些德性与实践经验建立密切或有机联系的机会。对于国父文化来说，必不可少的一点在于，它要接受经验的检验，它不得不处理严肃而错综的权力问题；而游离派文化的特征则是，它与经验的关联、与权力的联系越来越遥远。

游离派的思想重现了国父们的古典精神，还有他们对制度的激情、对心智的尊重、想要将世界合理化并让政治制度体现出应用理性的愿望，也重现了他们认为的社会地位是政治领导的合适支点这一设想，以及他们具有的含蓄的关切：关注于为人们恰当的社会角色提供正派的榜样。但是，当贵族阶层退出了在美国发生的种种至为紧迫、最令人紧张的变革，当他们渐渐撤出了美国商业和政治核心机构的管理层，当他们选择不再认同普通民众的志向，那么，这一阶层就制造出了过分精细、干涸枯竭、清高漠然、自命不凡的文化——所有这些特征，桑塔亚纳在界定文雅传统时，都考虑到了。这一文化的领袖们更关心智识应该得到尊重，而不是它要具备创造力。G. K. 切斯特顿在另一个语境中所说的话也适用于他们：他们表现出的，是对拥有智识的骄傲，而不是使用它的快乐。[1]

与大多数美国人不同，这些人有着强烈的传统感，但是在他们看来，传统既不是力量的源泉，也不是出发点，而是膜拜的对象。在传统 401

1　见于切斯特顿的散文《现代俗话》（“Modern Jargon”），其中定义了自命清高的假道学。——译注和个人才能之间不可避免的对立上，[1]他们让天平重重地背离了个体自信或原创的事情，因为他们哲学的本质部分恰恰在于，必定将这样的自信视为完全以自我为中心，完全任性而为。他们的文艺批评准则，其原理明显适合于一个固化的、对维持自身地位心存焦虑的阶级。批评之事，就是灌输“正确的品味”与“合理的道德”——品味和道德都被细心地定义，为了反驳任何在政治或审美上对既存秩序的叛逆。文学会成为“道德”的坚定的看护者；所谓的道德，永远指的是习惯的社会道德，而不是艺术家和思想家靠艺术形式的规律或对真理的憧憬施加在自己身上的独立的道德。文学会承担乐观精神，致力于生活中更阳光的方面，它断不会支持现实主义或阴暗面。白日梦、灰暗、神秘、个性、反叛，都一样越出了正轨。

故而，1823年，美国批评家萨缪尔·吉尔曼（Samuel Gilman）才会在《北美评论》上责备华兹华斯和骚塞，因为他们“恰恰不愿意参考普通大众的思想素质和精神，尽管他们的作品就是呈现给后者”。这样的作家，按照吉尔曼的看法，就应该不受欢迎：“他们的诗是独白。他们的写作脱离世界，高高在上。他们原本的目标似乎就是运用自己的能力，满足自己的诗歌癖好。”[2]当然，此处指明的对原创性的拒斥，与19世纪欧洲诸多最杰出诗人所经历的那种排斥，并没有明显的差异。而不同之处在于，欧洲的环境，尽管其中也存在着与吉尔曼的批评哲学相似的对应，但它颇为复杂，因而其空隙之间，为作家提供了自信的余地。美国的文化环境则更为简单，更容易遭受某个单一阶层的观念的左右，这

1 这一对立出自艾略特的《传统与个人才能》（1919年），是文学中的经典对立关系。——译注

2 威廉·查瓦特（William Charvat）：《美国批评思想的起源，1810—1835》（*The Origins of American Critical Thought*，*1810—1835*，费城，1936年），第25页。对于游离派文学和思想氛围的描述，据我所知，最出色的当属佩里·米勒的《乌鸦与鲸鱼》（*The Raven and the Whale*，纽约，1956年）的开篇数章。

一阶层尽管心存善意，却又有所局限。

对真正的天才的存在，这一阶层感到不安，这方面最合适，也最糟糕的例子就是托马斯·温特沃斯·希金森[1]与艾米丽·狄金森的关系：希金森对狄金森如此鼓励，如此亲和，甚至常常表示同情，却未能认为 402
狄金森也属于心存志向的女性诗者，相反，他时而会称之为"我的阿莫斯特（Amherst）的半是癫狂的女诗人"。他还不禁向她提议，到波士顿女性俱乐部参加聚会，这或许可以克服她的孤独。[2]

一代又一代，正统的文艺批评试图让作家们遵循这样的感受力：它恰恰就属于一类"脱离世界，高高在上"的社会群体。曾经，清教徒强烈的信念，既培养出了法律的捍卫者，也培养出了激烈的异见人士，但这样的信念已经荡然无存；同样消失的，还有对质疑现实的参与，以及有助于塑造和检验国父思想的重要的权力。从前，清教徒社会——在充分考虑到它稀少的人口和惊人的物质条件问题的情况下——为一种非凡的理智规训的传统奠定了基础，创造出了至关重要的文学，首先在宗教，其次在政治领域。至于国父们，他们在紧迫的政治压力下工作，为社会提供了突出的、在政治中应用理性的样板，他们这一代人，在文学、科学、艺术方面取得了长足的进步。而游离文化，尽管利用了更为富有的社会，但在政治著作和对科学的兴趣上，都毫无可观之处。充其量来说，也就是它的历史著作和纯文学值得关注，但是，游离文化对自发性和独创性的冷漠，让它往往成为次要人才，而非顶级人才的有益的资助者。在发掘二流作家的同时，对于第一流作家，它很少给予最高程度的重视。它忽略了极具原创性的本土名家——如霍桑、梅尔维尔、爱

1　Thomas Wentworth Higginson（1823—1911），美国废奴主义者，一位论牧师，狄金森在文学方面的信友和导师。——译注

2　乔治·弗里斯比·惠彻尔（George Frisbie Whicher）：《这是诗人》（*This Was A Poet*，安娜堡，1960年），第119—120页。

伦·坡、梭罗、惠特曼——却最为高声地歌颂库珀[1]（这是它的杰出至极的人物），还赞扬欧文、布莱恩特、朗费罗、洛威尔和惠蒂埃[2]。人们很容易以轻视的态度来谈论游离文化，但毕竟，它还是为大部分的美国文化生活提供了支持，不过，未能欣赏和鼓励美国大多数的一流人才，这是它的历史中难以回避的一点。

游离文化的特征就是孤立和失势的心灵，无论如何，这种心灵对美国文学造成的后果，在美国批评界已经获得了充分认识，而且受到了热诚的哀悼。1915年，范·维克·布鲁克斯[3]抱怨说，高知群体和低知群体的分歧，严重伤害了美国文学；最近，菲利普·拉夫借用了D. H. 劳伦斯的说法，写到了白脸和红皮的对立，亨利·詹姆斯和沃尔特·惠特
403 曼分别代表一方。这些批评家所想到的，就是美国文学和思想中感受力、精致、理论和规则，与自发、活力、感官实在、把握机遇的分裂——简言之，就是心灵质性与经验素材的令人痛心的分离。在美国文学中，众多不完善、有欠缺的作家都遵循了这种分离，它恰恰可以追溯到游离文化。霍桑曾经表示过不满，他针对的很可能不只是自己，还包括19世纪几乎所有教养良好、思想丰富的美国人。他这样写道："我没有生活过，只是在梦想生活……我对世界见识得太少，以至于我只能凭空来捏造自己的小说……"

上述一切都有助于我们理解：反对智识为什么采取了19世纪所采用的形式。当坚强又阳刚的实用性的代言人，贵族气、阴柔、出世文化的批评者，用自己的理由反对智识时，他们也从自己的角度做出了证明。但是，当他们环顾身边，巡视智识时，却将目睹到的智识的更苍白、更无力的表现误解为智识本身。他们没有明白：自己的行为在某种程

1 James Fenimore Cooper（1789—1851），美国较早具有国际声誉的作家，代表作为《最后的莫希干人》和《猎鹿人》。——译注

2 布莱恩特、朗费罗、洛威尔和惠蒂埃同属炉边派诗人群。——译注

3 Van Wyck Brooks（1886—1963），美国文学批评家，获得过普利策奖。——译注

度上导致了智识成为这种样子，而他们的批判——还有声名狼藉的民粹主义，固执的、对“实用性”的愚蠢痴迷——又让美国的智识多少发育不良。反智主义者的理由呈现出了自证预言的特征。在某种程度上，由于他们的看法，智识与失败的事业联系在了一起，它的代表就是一类类在活力和影响上渐渐衰退的社会群体，而一个难以渗透的世界将他们封存。

四

如果我们从对受众的考察，转而思考美国作家，我们就会发现，几乎到19世纪末，他们首先关注的某些基本问题，都与自己的身份和技巧有关。他们必须寻觅自己的民族声音，必须解放自己，摆脱对英国文学的地方性的模仿，摆脱对英国文艺批评和评论的过分依赖；但与此同时，他们还要避免陷入相反的危险处境，即文学沙文主义。他们不得不调和对贵族气的偏爱——他们之中只有少数人没有这样的倾向，这方面，库珀是最合适的例子——与对美国民主的活力、刚毅和憧憬的同 404
情，当民主就在他们的身边不断发展时，毫无疑问，这些方面如此迷人。他们之中最杰出的作家必须适应自身的孤立，这本身就是紧迫的主题。对于美国生活提供给创造性作家的那种素材，他们不得不做出自己的回应，这样的材料在类型上不同于欧洲作家可以使用的那些题材。没有丰碑，没有遗迹，没有伊顿，没有牛津，没有叶森，没有雅士谷，[1]没有古董，没有传奇，没有公认意义上的社会——悲叹之情，从霍桑传到亨利·詹姆斯，又蔓延到其他人；尽管偶尔有克雷夫科尔这样的作家看到

1 作者在这里模仿了亨利·詹姆斯在《霍桑》(1879年)中的口吻。书中比较了美国和英国的环境，指出前者没有后者的各种名胜和学校，其中就提到了伊顿、牛津、叶森和雅士谷。——译注

了美国的优点：它能够摆脱封建主义的机器和压迫；尽管其他作家，如爱默生，坚持认为：只有具备了合适的想象力，方能看到美国社会作为一个文学主题所具有的充分潜力。[1]

此外，为文人设计出专业制度，也绝对势在必行（这也是为了学院任教的学者，大部分学院都是条件极差、没有图书馆的、教官和青少年暴徒的小宿舍，那些暴徒生活在这个或那个帮派的控制下）。从一开始，几乎没有人能通过严肃的创造性工作获得可观的版税，而作者的职业收入通常也颇为艰难，除此之外，知名英国作家的盗版书，也构成了危害严重、残酷无情的竞争，由于缺乏国际版权公约，肆无忌惮的翻版作坊可以低价向市场倾销盗印作品。到了19世纪40年代，在朗费罗和惠蒂埃博得公众青睐之前，通过创造性的努力能够赚取金钱的作家，可以举出的，只有欧文和库珀，但是这两人，并不太需要版税。实际上，版税仅仅是补充，每一位文人还必须拥有一个首要的收入来源，无论是继
405 承的遗产，还是妻子的信托基金，无论是讲座、大学教学，还是报刊主笔的职位，或是梭罗那种情况，他干过好多年的手工活。[2]

这几十年间，对于自身状况中令人沮丧的那方面，美国作家以种种

---

1 19世纪40年代，爱默生写道，美国还没有出现这样的天才：他能够在野蛮和物质至上的时代看出另一场"诸神的狂欢"，就像在欧洲的过去，比如从荷马时代到加尔文派的斗争中，人们可以看见的那种狂欢。"银行和关税，报纸和党团会，循道宗和神体一位论，对于乏味的人来说，就是单调和乏味的，但是，它们立足的基础与特洛伊城和德尔菲神庙同样神奇，它们正在迅速地逝去。我们的滚木法，我们的巡回演说和它们的政事，我们的渔场，我们的黑人和印第安人，我们的小舟，我们遗弃的船只，愤怒的恶棍，胆怯的好人，北方的贸易，南方的种植，西部的开阔地，俄勒冈和得克萨斯，这些都还无人歌颂。但是，美国就是我们眼中的诗；它广袤的地理令想象目眩，但它不会等诗韵太久。"《全集》（*Complete Works*，波士顿，1903—1904年），第III卷，第37—38页。

2 威廉·查瓦特对作者的职业收入做过值得关注的研究，见《美国的文学出版，1790—1850》（*Literary Publishing in America*，*1790—1850*，费城，1959年），第23页，他注意到："1850年之前出版的、真正原创的图书作品，到了很久以后才具有商业价值，我们的大部分名著都难以盈利……"

方式表达了抗议——退出、移居国外、公开批评。但是，他们更倾向于将自己的疏远视为追求其他价值的结果，而不是视作价值本身。他们整体上摆脱了现代思想家遇到的最为紧迫的一种困难，就是这样一个事实：在令人痛苦的程度上，思想家是自我意识的造物。尽管他们在自己社会的手中受苦，但是，他们对自身受苦的意识，并没有将其压倒。[人们会想起梭罗的一段话，他以自嘲又伤感的幽默谈及了自己房间里堆放的七百余本卖不出去的《康科德河和梅里麦克河上的一周》(*A Week on the Concord and Merrimac Rivers*)："我如今有了一间将近九百册书的图书室，其中七百本都是我自己写的。作者就应该亲眼看着自己的劳动成果，这难道不好吗？"有哪位当代作家，如果也承受着相似的失望，能控制住自己，不去从失望中演绎出一套完整的现代文化的理论？]有人将美国作家的境遇与那种真正痛苦的疏远相比拟——比如就像乔伊斯疏远爱尔兰一样——但这一点似乎并不明显。事实上，他们对美国的态度是矛盾的；后来的一些沉迷于疏离的批评家，在之前的作家那里发现了种种可以增强他们亲切感的文本。人们很自然地就会注意到梅尔维尔的这句话，"我觉得自己在此流亡"；但又会很自然地忽视他在其他地方表达的认同感："我之所以让美国留意它的作家中不断提升的伟大性，这是为了国家，而不是为了它的作者。因为，倘若其他国家在它面前为文坛巨匠加冕，那可就是不小的耻辱了！"大体来说，人们必定会相信理查德·蔡斯(Richard Chase)在《党派评论》笔谈会上的评述：他从来不相信，"美国过去的大作家像现代批评家说的那样，有半点'疏远'和'与传统隔绝'的感觉"。

但是，差不多1890年之后，美国作家还有其他知识分子成了更加凝聚的阶层，超乎以往；文雅和保守性的束缚，令他们焦躁不安，于是他们 406
拿起了武器反抗美国社会。在为新自由的斗争中，从大约1890年到20世纪30年代，他们忙于做出表达和批评，对于自身疏离的观念成了某种聚焦点，这也是他们审美或政治抗议的一部分。这以前，美国的智识基本上与维系旧价值建立关联。而此时，在历史现实和公众意识上，它联系了对新生事物的传播——联系了政治和道德、艺术与文学上的新思想。曾经，在19世纪，安稳又斯文的理想主义包围着美国知识分子；而如今，他们迅速确立了知识界的权利，甚至还有义务，从而可以针对现实地谈论腐败与剥削、性与暴力。对于智识，它的敌人和敌人的拥趸长时间以来都视其为被动和无用；但如今，它一点点地介入了权力，而且再一次认同了后者。以往，公众都将知识分子阶层关联于保守阶层，关联于恰好中央偏右的政治面貌；但现在，1890年之后，这一阶层作为一股处于差不多左翼位置的力量浮现出来，而在大萧条时期，大多数知识分子又倒向了极左。

这将我们引到了知识分子立场中最为深刻的一个方面。正如我希望本书可以揭示的那样，反智主义恰恰建基于美国的民主制度和平等主义的情怀中。知识分子阶层，无论它是否享有诸多精英的特权，它都必然在思想和发挥作用的方式上算是精英。直到大约1890年，大多数美国知识分子还植根于有闲的显贵阶级，不管它在其他方面有何种局限，它都轻易接受了自己的精英身份。而1890年之后，这一点的程度出现了变化。身份问题又一次成为知识分子的麻烦，因为，恰恰就在他们的感受和兴趣比从前更加偏离了广大公众时，他们却试图超过以往地支持某些政治事业，而这样的事业是民众对特殊利益集团的反抗——出于这个目的，这些事业是在民粹主义、进步主义，还是马克思主义传统中被理解，都无关紧要。

就这样，20世纪的知识分子让自己致力于两种不能兼容的活动：他们试图成为民主社会的良好又信仰它的公民；但同时，对于这一社会持续生产的文化，他们又抵制它的庸俗化。美国知识分子很少能坦
407 诚地面对他自身阶级的精英性与他对民主制的志向之间难以解决的冲突。他们普遍不愿直面这一冲突，其极端的表现就是，不断抨击阶级壁垒的作家，却又一贯地渴望特别的尊重。既然知识分子与民众的任何

形式的联合都必定不完美，那么忠于民主的知识阶层也必然要时常地承受严重的失落。在政治氛围充满希望与活力的时候——此时，某些民主事业正繁荣发展，比如进步主义和新政的全盛时期——这些失望也许会被遮蔽或遗忘；然而，这样的时候并不长久。进步主义之后是20世纪20年代的反动，新政之后最终是麦卡锡主义。无论早晚，凡当公众难以满足知识分子的政治或文化需要时，知识分子就受到了伤害或震动，他们会寻找某种表达自身感受的方式，但又不至于彻底断绝对民众的忠诚。大众文化现象给了他们疏远群众的发泄机会。对社会主义的希望，甚至目前来说，对任何严肃的社会改革运动的希望，全都破灭，这打消了他们对任何新的和睦关系的期盼。如此之多的知识分子对大众文化颇为执迷，一个原因在于——除了问题内在的严重性之外——他们在大众文化中发现了合法的（也就是，非政治的）方式，可以表达自己对民主社会的疏远。值得注意的是，对大众文化的某些最为激烈的指责，就来自一些曾经是或者现在依然是民主社会主义者的作家。刺耳，甚至违反人性的声音，通常会蔓延到对大众文化的讨论中；对平民潜在的怨恨感可以在一定程度上解释这一点，毕竟民众辜负了他们的期望。

对于20世纪知识分子处境的改变，最为关键的证据也许就是下面这一点：1890年之后，首次可以将知识分子表述为一个阶层。随着知识界开始脱离有闲阶级，知识分子与社会之间的所有问题重新开启。19世纪早期，已经出现了许多知识人士和少数专业知识分子，但那时，并没有建立种种机构，可以将他们加以打造，使之具有某种凝聚和沟通的能力，并在全国范围内融入诸多社会秩序。只是在19世纪末，美国才发展出了一套真正的大学制度；适合高等研究的宏富的图书馆；发行 408
量巨大、易于接受新思想、能够支付作者可观稿酬的刊物；数量众多、实力强大、积极进取，在国际版权法的保护下进行运营，留意可能的本土作家，摆脱了文雅习惯束缚的出版社；遵循各种学术规范、组织良好的专业社团；一系列学术期刊；不断扩增的、需要专训技能的政府机构；

最后，还有资助科学、学术和文学的资金雄厚的基金会。之前尚不存在的某些类型的知识事业，如今在全国层面上纷纷出现。为了能形象地表现变化的幅度，不妨试着想象一下，比如：揭丑刊物在19世纪30年代，《哈佛法学评论》(*Harvard Law Review*)在杰克逊时期，波尔克时代的古根海姆奖学金，或是克利夫兰任下的公共事业振兴署(W. P. A.)的剧场计划。[1]

就在知识分子开始变得更多，更有效，更系统地介入美国社会及其机构和市场时，他们对自己的疏远也越发自觉。之前，更早的对疏远的意识已经在游离文化的特殊条件下形成。它的基本源头是孤独、被忽视的作家或失意的显贵；与它相关的最为有力的表述，在游离文化的末期才出现，就是亨利·亚当斯的《教育》。亚当斯的这本书，创作虽早，[2]但于1918年才在公众中传播开来；而第一次世界大战后的知识分子，明显将它用作替自己代言，表达他们对自身在美国文化中的地位感的文献；还是这一代人，又恰如其分地重新发现了被遗忘已久的梅尔维尔的价值。显然，战后的知识分子响应亚当斯，并不是因为，他们也经历了亚当斯那样殊异的生活环境，或者他的极为痛苦的、个人与传统的隔绝，而是因为，他对内战后的美国的控诉符合他们在20世纪20年代对国家的感受，他认为那时的美国是粗俗、物质至上、没有心智的社会。尽管特殊的游离派的疏离背景完全不同于这一代人的先锋式的疏离，但是，对疏远和不满、失败和哀叹的共同的意识，建立了两者之间的精神纽带。至少某些人开始清楚，“民主”知识分子与显贵知识分子一样，在这个社会中都不会安然自在。

---

1 作者这里有意颠倒了时间：让之后出现的每一种文化或学术现象都出现在之前的时代，然后设想一下这种可能性是否成立。比如，剧场计划是20世纪新政的产物，它就很难出现在19世纪克利夫兰总统在任时期，由此可以看出20世纪美国知识分子境况的转变。——译注

2 1907年由亚当斯自费出版，但仅在朋友中流传。——译注

有一个事实颇为讽刺：第一次世界大战之前的数年间，在精明世故的青年知识分子中，疏离竟然成了一种固定不变的原则。但那段岁 409 月恰恰是“小文艺复兴”之年，美国的文学和政治文化似乎再一次洋溢着原创性和活力，以至于都可以嘲笑一切对过去文化的灰心丧气的论断。尽管如此，知识分子和艺术家的疏离——很久以来都是值得考虑的事实——开始凝固为一类意识形态，他们陷入了与自己国家的传统展开的、带有一些地方特征的斗争中。在美国作家看来，似乎重要的疏离做法，其对象不是一般意义上的现代社会、现代工业制度或现代布尔乔亚；相反，疏离是从具体的角度出发，其对象仅仅是**在美国**显现出来的这些方面。

这方面最合适的例子是范·维克·布鲁克斯的早期作品，两部动人的文化哀歌，《美国的成年》(*America's Coming-of-Age*)和《文学与领导》(*Letters and Leadership*)，它们分别出版于1915年和1918年。布鲁克斯在书中，以他后来会为之后悔的热情和雄辩，揭示了似乎可怖的真相，即“一个从不为生活本身来培养生活的民族”。他认为，从一开始，美国的心智就困在清教徒准则的无望的命令与商业专断自负这一赤裸的现实之间，它养成了一种不健康的两重性：这既不利于第一流的艺术家和思想家的产生，也至少不利于他们的成功。一方面，它铸就了一个具有理想和抽象概念、不介入任何现实的世界，另一方面，它又创造了一个拥有财富、没有灵魂地堆积美钞的世界；思想阶层，就困在这两方面之间，迈着惊惶的步伐，从青春走到中年，然后步向缓慢、无休止的衰败。当一个国家的生活“处于发展受到抑制的状态”，当“国家的心智被密封，阻挡了令文学获得自身全部价值的经验”时，就弄出了一群被浪费、扭曲畸形、才华没有兑现的人才：[1]

1　《美国的成年》(*America's Coming of Age*，纽约：铁锚版，1958年)，第99页；也见第91—110页，以及全书。

> 诗人、画家、哲学家、科学和宗教人士，都会被发掘、受遏制、挨饿、受挫、苦恼，甚至连自我发展的第一步也不能迈出，他们就是我们社会的惊人的缩影；这样的社会，由于缺乏领导，因而停滞不前，与此同时，它还无可救药地怀疑领导这样的观念，破坏了所有可以培养出领袖的关键因素。

美国的现实经验并未开辟出一条理智传统或是同情的土壤，因此，
410 “虽然比起所有民族来说，我们尤其需要伟大人物和伟大理想，但是，我们没能培养出我们所拥有的潜在的伟大；尽管如此，它依然成功地自我发展出来，[但由于人才转投国外，]我们还是损失了程度难以计算的伟大性”。过分而猖獗的个人主义阻碍了集体精神生活的形成。美国的开拓精神，粗鄙地倒向了贪求和征服，它培养出的物质主义，令人绝望地抵制着具有怀疑精神或创造性的想象力；清教主义巩固了它，这是拓荒先辈的理想哲学，它对人性的轻视态度，既释放了人们贪婪的一面，同时又抑制了他们的审美冲动。美国的商业就在开拓精神、清教主义、边疆投机的氛围中发展起来；诚然，比起其他国家的商业，它更爱冒险，更有吸引力，然而，正因为这一事实，它消耗和改变了太多优秀的美国品格。于是，人们拥有的是一个勉强还行的社会，但事实上，“有机的本土文化”并未存在；丝毫不令人惊讶的是，“我们正统的文学家，无论他们摆在自己面前的样板是什么，他们都不可能超越对自身艺术的民族观点：艺术要么是娱乐，要么是安眠药”。

布鲁克斯本人对马克·吐温和亨利·詹姆斯的研究，遵循了他上述的抨击，在某种意义上，很可能还为之提供了文献证明；他的攻击也预示了他那一代一位又一位作家在文学批评或作品里给出的判断。相同的控诉，遍布于H. L. 曼肯的更为流行的批评性的谴责，以及匙河[1]、

1 指《匙河集》(*Spoon River Anthology*)，由美国文学家马斯特斯(Edgar Lee (转下页)

温斯堡[1]、泽尼斯[2]的文学作品之中——平庸而发育不良的、饥饿的生命群像，小苹果般酸涩的美国小城文化，[3]还有它的压抑和专制[4]——它以更为刺耳的口吻表达出来，并且目的各异。这种在19世纪90年代微弱的反叛中活跃起来，又在小文艺复兴时期明确表达出的对美国的态度，如今，在这旅居海外的一代里，演变为固定的信仰，而且近乎是执念。1922年，哈罗德·斯特恩斯[5]编辑了《美国的文明》一书，布鲁克斯和曼肯都有撰稿；几位供稿人似乎争先恐后地要去证明：并没有这样 411
的文明。他们代言的这一代人会认为，美国的正义就是萨柯和樊塞蒂一案呈现的那个样子；美国对科学的重视，就体现在斯科普斯审判上；三K党表现了美国的宽容；禁酒令展现着美国的舒适；大都会的黑帮表明了美国对法律的尊重；而股市的疯狂意味着美国最深刻的精神奉献。

（接上页）Masters，1868—1950）创作的著名诗集。他虚构了一个村镇，用其中村民的口吻创作诗歌。村镇位于匙河，该河流经马斯特斯家乡伊利诺伊州的刘易斯顿。——译注

1 指美国著名文学家舍伍德·安德森的小说集《小城畸人》，该书英文题目为《温斯堡，俄亥俄》（*Winesburg，Ohio*）。安德森虚构了一个俄亥俄州的小城（名字并非虚构）。——译注

2 指辛克莱·刘易斯《巴比特》和其他小说中虚构的一座中西部城市，位于虚构的温尼马克州。——译注

3 小苹果（crabapple）是《小城畸人》中的重要意象。——译注

4 这个主题可不算新！早在1837年，朗费罗就说波士顿仅仅是“大村子”，“专制的意见遍布所有看法”。七十五年之后，约翰·杰伊·查普曼也以相同的态度写道：“对于美国小城的专制，没有面临过的人，是难以想象它的。我以为，较之而言，美第奇家族、教皇或奥匈帝国的专制就是小孩子的游戏。”萨缪尔·朗费罗（Samuel Longfellow）：《亨利·沃兹沃斯·朗费罗传》（*Life of Henry Wadsworth Longfellow*，波士顿，1886年），第I卷，第267页；雅克·巴赞编：《约翰·杰伊·查普曼文选》（*The Selected Writings of John Jay Chapman*，纽约：铁锚版，1959年），第xi页。

5 Harold Stearns（1891—1943），美国批评家，是美国移居海外的巴黎文学圈的一员，与海明威、菲茨杰拉德、多斯·帕索斯交好。——译注

五

为疏离崇拜奠定基础的一个隐含前提就是这样的观念：美国的文化问题并不是现代社会之一般问题的也许更为尖锐的变体，相反，它是一个完全独一无二的病例。这就好像是，其他国家不曾有过自己的资产阶级市侩与叛逆艺术家、无人赏识的作家或移居海外人士的棘手对峙。由此，疏离崇拜颠倒了流行的、对欧洲—美国这一对立的处理方式。在流俗的看法中，欧洲长久以来都代表着压迫、腐败和堕落，而美国代表着民主、纯真和活力。在知识分子中，这一相当简单的看待事情的观点被倒转了过来：文明的欧洲相反于庸俗的美国。从本杰明·韦斯特和华盛顿·欧文的时代开始，艺术家和作家就将这一观念付诸实践，他们的方式就是让自己移居他乡，将自己的大部分事业生涯放在美国之外；在20世纪20年代，一部分知识界也效仿起来，奔赴巴黎。

但是，在20世纪30年代以及之后，这种简单的欧洲—美国的对立瓦解了。随着时间推移，有一点令人痛苦地变得明显起来：这一对立越来越无效，而且此时，也有可能看到，它从来就没有完全正确过。欧洲国家恰如美国一样，也变得机械化，发展出了大众社会；尽管易怒的欧洲人有可能将这一点视作美国化或是欧洲的可口可乐殖民化[1]，就仿佛大众社会完全是美国的出口或入侵，但是，延续托克维尔思想传统的、更睿智的阐释者明白：作为工业化和大众文化的先锋，美国恰是预示了欧洲发生的种种事件，而不是引发了它们。

从20世纪30年代开始，美国和欧洲的文化对立急剧改变。经济萧条让移居国外的人士重新返乡，他们发现一个新的美国正在形成。到
412 了30年代中期，全新的道德和社会氛围显而易见。美国的政治智慧似

1 这个词是第二次世界大战后由法国共产党发明的。——译注

乎因刺痛而活跃起来，经济崩溃将它从麻木中唤醒。起初，新政是知识分子的怀疑对象，但最终赢得了他们绝大多数人的效忠。对于国家的人才，似乎存在着新的需求，新的尊重。复苏的工人运动所预示的，不仅是另一个利益集团，而且还是一股社会重建的力量。看起来，民众比以往更有吸引力，这既是因为他们处于痛苦的紧迫中，也因为出现了种种迹象，表明他们越来越有主见地反抗旧的统治者。处处都是抗议和重新的探索。20年代的烦躁和轻松的消极态度似乎不复存在，那时的幻灭和道德上的无政府倾向也满足不了对国内反动势力和国外法西斯主义者的斗争需要。如今，所必需的，似乎是积极的信条与可以利用的历史[1]。

一旦旧的氛围烟消云散，新的气氛开始成型，那么变革的广泛程度着实会令人惊讶——惊讶之处在于，如此之多的思想家和作家，尽管其风格、动机和出发点形色各异，但都着手重整旗鼓，会聚于一个全新的精神焦点。此时，文学民族主义开始惊人地复兴，阿尔弗雷德·卡津[2]在《本乡本土》(*On Native Grounds*)的最终章里充分评估了这种主义的特征。想要重新审视美国、报道它、记录它、拍摄它的热切欲望俘获了知识分子。作家们对美国的过去产生了全新的、怀有敬意的兴趣。比如20年代的传记，在构思或撰写时，其主要特征就是带着贬低的目的——如W. E. 伍德沃德[3]对华盛顿的暴躁的攻击，埃德加·李·马斯特斯对林肯的冷酷的评价，范·维克·布鲁克斯对马克·吐温的违反常情的批评杰作——但是，30和40年代的独特的传记作品，是一类不吝篇幅、

1　A usable past，这个经典的观念来自尼采的《历史的用途和滥用》。——译注

2　Alfred Kazin（1915—1998），美国文学批评家，犹太后裔，阿伦特的好友，属于纽约知识分子圈。——译注

3　W. E. Woodward（1874—1950），美国历史学家、传记作家，开创了揭发型（debunking）传记，对传主进行揭露和贬斥。——译注

温和、全面的传记，其中最恢宏、最温情的丰碑之作就是卡尔·桑德堡[1]的林肯传。

曾经有力地预言了疏离的范·维克·布鲁克斯，此时，又一回成为领路人，这次却是为了夺回美国。凭借1936年的《新英格兰盛世》(*The Flowering of New England*)一书，他推出了我们时代的最为不朽的历史研究之一；他的《创作者与发掘者》(*Makers and Finders*)系列，让他从1800到1915年美国文学史的第一流、第二流、第三流的人物中，耐心地读解出了自己的思路。此刻，除了他本人早期的、令他感到后悔的、尖
413 锐地指责国家文化的作品之外，美国的任何东西都不再与他疏离。他从无情地论断重要作家的局限，转向了深情地探寻具有局限的作家所拥有的重要意义。布鲁克斯就像家族史方面的史学家或谱系学家一样：后者对家世的过去有着永不知足的兴趣，这令他们对有关家族的一切传言都怀着无穷无尽的耐心；与之相似，布鲁克斯也重建了几乎整个美国文学史，他通常有着引人瞩目的洞见，却很少再带着从前的批判的热情。

当然，布鲁克斯并不孤独。就连曼肯也难以抵挡怀旧情绪，尽管长久以来，与布鲁克斯的严肃抨击相呼应，他的红鼻子[2]散文提供了幽默版。的确，他对新政的酸刻的反动回应，给他打上了难以磨灭的印记，让他表现得就像过去时代的人物：他的无礼，看起来完全符合哈定和柯立芝的年代，但在罗斯福任下，却绝对是粗鲁不敬；他的诙谐天赋，此时来看，似乎已经用尽。但是，当他最终转向去撰写三卷迷人的自传时，[3]作品中却弥漫着与布鲁克斯相称的、文雅的恋旧之情；尽管环境为他独

1 Carl Sandburg(1878—1967)，美国著名诗人、传记作家，三获普利策奖，其《林肯传》长达六卷，是经典传记。——译注

2 曼肯常用它来讽刺政治家、禁酒人士等。——译注

3 分别是《幸福时光：1880—1892》、《报界岁月：1899—1906》、《异教之年：1890—1936》。——译注

特的嘲讽天分赋予了如此之广的发挥余地，也为他提供了如此之强的个人成就感，然而，凡是知道曼肯是“坏孩子”的人，都会发现这种环境中毕竟还存在着某种良性的东西。在《孔雀夫人》中，辛克莱·刘易斯也给人留下了新的印象；到了1938年，他的拥美倾向已然毫不避讳，甚至更为自信；而《浪荡的父母》(*The Prodigal Parents*)这部阴郁的小说，似乎完全是在反对青年的叛逆，并为美国资产阶级价值观做出辩护。而最终，他向并不相信的欧洲读者宣布了某些美国的批评家早已表示怀疑的说法：他之所以写作《巴比特》，并不是出于恨意，而是因为爱。甚至更年轻的作家，如约翰·多斯·帕索斯，也在《我们立足的大地》(*The Ground We Stand On*)中转而到过去探索那些会产生新的政治信仰的美德，即使他曾经在激进的小说中首先表达了对美国文明的厌恶。

这种不断增强的拥护美国的精神，一部分是源于：对美国知识分子来说，欧洲渐渐失去了它从前具有的、在文化和道德上的中心地位。欧洲和美国的文化对立，渐渐围绕着轴心调转过来。T. S. 艾略特、格特鲁德·斯泰因[1]、埃兹拉·庞德是最后一批重要的、移居海外的美国人。当大萧条令美国知识分子返乡之后，法西斯主义又让避难的艺术家和学者尾随而至，此时，侨居潮出现了翻转。美国不再是人们逃离的地方，它成了逃亡的目的地。欧洲知识分子开始将美国视为归宿，原因并不总是仅仅为了逃生，相反，有时候纯粹是因为，他们发现美国是一个舒 414
适、有益的生活之地。甚至1933年之前，他们就已如细水，涓涓流入；这之后，又很快演变成了涌动的浪潮：如阿道斯·赫胥黎、W. H. 奥登、托马斯·曼、爱因斯坦、勋伯格、斯特拉文斯基、米尧[2]、欣德米特，还有许多次要的人物；此外，艺术史学、政治学、社会学方面的整个学派也在

1　Gertrude Stein(1874—1946)，美国著名女作家，她移居巴黎时期，组织了文学艺术沙龙，海明威、菲茨杰拉德、庞德、安德森等美国作家都是成员。——译注

2　Milhaud(1892—1974)，法国犹太裔作曲家，六人团成员。——译注

其中。曾经，美国是工业领袖，如今，它成了西方世界中知识分子的首府[1]——只要这样的首都可以认为是存在的——从许多欧洲人的角度看，后一种情况是不可原谅的。但是无论如何，美国和欧洲的对立在大西洋两岸都失去了它的大部分文化意义。比起西方人和西方社会整体这一观念，从前的欧洲与美国的对话变得不再重要。

20世纪30年代，欧洲丧失了它在政治和道德上的权威性。法西斯主义展现出的专制政治，超出了美国人的认知；而民主强国对法西斯的绥靖也显露出了整个西方政治制度的缺陷。1939年的纳粹—苏联条约，最终让所有人——除了最轻信的人之外——明白，布尔什维克与法西斯国家并无二致，它实行的外交政策同样冷酷无情；这一条约使得同路人在精神上受到挫伤，也让盛行了将近十年的、平民—自由主义事业与马克思主义运动的混融难以为继。不再有可能指望通过任何外交政治制度来获得道德或意识形态方面的启迪。当战争末期，死亡集中营的所有恐怖暴露无遗时，就算美国的最严重的下流之举也相形见绌。与此同时，欧洲的剧烈痛苦让美国对自己的责任有了全新的理解。1947年，美国通过马歇尔计划向欧洲施以援手，最为超越地方局限的作家埃德蒙·威尔逊[2]，在自欧洲返程时认为，可以说："目前的美国在政治上比起世界中的任何国家都要先进"[3]，可以将我们20世纪的文化称作"民主创造力的复生，这样的创造力曾经在美国诞生时占据主导地位，而到内战时繁荣昌盛"。他觉得，20世纪带来了"美国艺术和文学的举

1　参见查尔斯·斯诺爵士（Sir Charles Snow）最近的判断："有多少英国人知道或者想要知道，在过去二十年间，美国已经完成整个西方世界80%的科学和学术成就？"《论大气》（"On Magnanimity"），《哈泼氏》，第CCXXV卷（1962年7月），第40页。

2　Edmund Wilson（1895—1972），美国著名文学批评家，受到过马克思和弗洛伊德的影响，代表作《阿克瑟尔的城堡》、《到芬兰车站》、《爱国者之血》均有中译本。他的批评文字广为宣传了福克纳、菲茨杰拉德、纳博科夫等重要作家。他还是以赛亚·伯林的朋友；他生前构思了"美国文库"丛书。——译注

3　《没有导游书的欧洲》（*Europe Without Baedeker*，纽约，1947年），第408—409页。

世瞩目的复兴”。 415

六

现在，我们按照年代，绕了一圈，又回到了《党派评论》笔谈会的时期，以及那时表现出的情绪氛围。对于这一代知识分子，疏离观念首先联系了20世纪20和30年代的某些过分之举，在他们看来，这一观念已然过时。但是，在异议作家中，旧式的投入疏离的做法，又重新活跃起来；它强烈地吸引着新兴的一代，而对于这一代人中最有活力、最有批判性的精神来说，它的吸引力也许最为强劲。新的异见人士以充分的理由主张：在以往任何时期，对理智的异议和自由的批评的需要都没有今天那么急迫；在这方面，他们发现，旧有的疏离崇拜，依然具有意义。这些作家不喜欢当前的文化状况，也不喜欢世界的政治局势——谁又能指责他们呢？——凭借这种厌恶，对于思想家、艺术家、知识分子的角色，他们发展出了属于自己的观念。但是，我相信，这一观念过分简化了历史，为知识分子的生活方式提供了不真实的建议。

这些作家提出的问题是：一旦接受疏离是难以抗拒的道德律令，那么，启蒙人们认识我们社会状态这一任务，是会得到推进，还是受到阻碍？他们的论证主旨表明了，无论如何，从30年代开始，知识分子的不满都已经发生了彻底的改变。以前，他们会抱怨说，美国学者或文人的角色和任务并未被认为是重要的，甚至都没有被视作正当的，因此，他们缺少认可、鼓励和体面的收入。而如今，尽管这样的抱怨并没有完全消失，不过，一种持续不断的、新的论调悄悄钻入了过去二十年间的作品中：人们越来越频繁地听到，当知识分子赢得了一定程度的自由和机遇，赢得了产生影响的新的契机时，他也由此在不易察觉之中变得腐化堕落；一旦赢取了认可，他就丧失了自身的独立性，甚至失去了知识分子这一身份。出售给他的这种成功，其代价被看作是难以承受的。当他在大学、政府或大众媒体的工作中任职，他就变得安逸，甚至也许达到小康，但是之后，他就让自己适应了这些机构的要求。他失掉了愤激这一珍贵的气质，而这恰恰是作家的第一流创造性的必要条件；他失掉了否定和叛逆的能力，即率直的社会批评的必需因素；他也失掉了杰出
416 的科学工作所需要的那种进取心和不在意目的的独立性。

再之后，知识分子的命运似乎要么是，因自己被驱逐出财富、成功和名誉而大加痛斥，要么就是，一旦克服这种驱逐，就受到内疚感的侵袭。例如，当权力无视智识的建议时，他们就会烦扰不安，但是，当权力向智识咨询建议时，由于他们恐惧腐化变质，故而会更加烦乱。还是用欧文·豪教授的话说：当资产阶级社会拒斥了他们，那不过又是一件证明这一阶级庸俗的证据；当它给了他们“荣誉的地位”，它就在收买他们。知识分子不是受到排斥，就是被出卖。

对于任何不愿表示同情的人来说，这两种对立的不满情绪也许似乎是反常或可笑的。但其实，它们集中体现了特殊的、属于知识分子的、悲剧性的窘境；凡是面对它们的人，都以这样或那样的方式受困在他的要求极严的理想与更切近的志向和兴趣之间。异议作家表达的那种不适，是由一个事实造成的：既然知识分子的事业是国家自我批评的独立来源，那么，恰恰在这样的事业最为急需之时，就在这一历史时刻，美国社会却似乎在吸收它的知识分子。我认为，他们承受批评，并不是因为感到了不适，而是由于，他们没有意识到这一情绪的根源，即那种悲剧性的窘境。

在西方世界的知识分子中，美国的知识人士很可能最容易遭受这样的良心谴责，这或许是因为，他们总是觉得必须要证明自己的角色是正当的。而以英国和法国知识分子为例，他们通常都理所当然地认可自己的所作所为具有价值，认可他们对社会的要求具有合法性。但是今天，那种在传统上困扰美国知识分子的内疚的负担加剧了，这既是因为美国在世界上所掌握的权力，也是由于他们心存的合理的恐慌，恐慌

的对象就是美国特有的、令人气愤的精神缺失和虚伪的圣洁——我们经典的政治论著都关注到了这些方面。（我们有多少政治家敢于像成年人一样谈谈红色中国的问题呢？）不过，还有一个事实，它也许与所有这些当今存在的因素同样颇为重要，此即，不久之前，疏离传统转变为了强力的道德律令。年长一代的知识分子首先服从了这一律令，为此，他们试图按照它来行事；但现在，他们觉得自己受到了它的误导，于是就认为它不再具有约束力。经历了超过二十年才醒悟，他们终获解放。当他们从不止一种视角出发来看待自身道德立场的问题时，他们就能发现这一问题并不简单；就像任何习惯于思考事情之复杂性的人一样，他们放弃了战斗姿态。而年轻一代的知识分子，尤其是直接或间接从 417
马克思主义那里获得灵感的人，却发现这一点不可原谅；他们开始加以谴责，其语言既带有青年人天生的残忍，也有政治左派人为形成的、清教徒般的道德精神。

今日美国的年轻知识分子，几乎从其事业生涯开始就常常觉得，心乱与压力伴随着成功；这是我们文化生活的新形势造成的后果，这一形势既令人鼓舞，也叫人气恼。很久以前，1890到1914年间活跃的那一代知识分子以非常的热情发动的战争，早已取得凯旋：某些审美自由和政治自由，自然主义和现实主义的主张，无拘无束地处理性、暴力和腐败的权利，抨击官方的权利，这些都彻底得到确立。然而如今，胜利却已变质。在我们生活的时代中，先锋恰恰受到了体制化，它被剥夺掉了从前存在的、促使其顽强而无情地进行反抗的刺激因素。我们非常懂得如何吸收新生事物，以至于吸收力本身已经转变为某种传统——“新事物的传统”[1]。昨日的先锋实验就是今朝的时尚，明天的俗套。当美国画家通过抽象表现主义寻求艺术自由的外部界限时，若干年后，他们却发现，自己的油画卖到了五位数。大学校园里畅销的垮掉派，在那里被

1　来自美国艺术批评家哈罗德·罗森堡的一部文集名（1959年）。——译注

接纳为娱乐人士，而且成了精于世故、隐秘莫测的滑稽人物。在社会批评上，诸如范斯·帕卡德[1]这样的职业耶利米变为了畅销作者；而更严肃的作家，如C. 赖特·米尔斯，尽管会按捺不住地主张最彻底地从方方面面拒斥美国生活，却得到了恭敬的评论和热切的阅读。大卫·雷斯曼的《孤独的人群》，可以视为对美国人性格的、令人沮丧的阐述，但在社会学历史中，它是极为普及的读物；威廉·H. 怀特[2]对《组织人》的辛辣分析，处处都被组织人阅读学习。

不难理解，为什么许多严肃的作家认为上述这些情况是令人气馁的，而不是叫人充满希望。看上去失真的成功，比失败还要糟糕。如今，所有这样的接受都依赖于庞大的自由中产阶级读者，而对于知识分子的活动，这些读者带来了温和、具有吸收力的包容，但这并不是什么
418 至关重要的回应。当作家刚刚将读者的生活方式和自我满足的妥协切除掉，读者却立刻对他们说“真有趣！”甚至有时会说“太对了！”如果一位作家并不只是考虑自己版税的多少，而实际上希望对事情的进程发挥影响，或是对自己时代的道德意识产生作用，那么这种被动的包容就只能令他感到愤怒。他不同意严肃的思想被接纳为某种消遣，而不是挑战。通常来说，他很想知道，这一错误是不是也许在于自身：是否他个人的妥协——他总是会做出妥协——让自己的教训的力量变得不再锋利，是否他从根本上完全变成了跟他指责的读者一模一样。[3]

人们也许会期待，这种自我追问的诚实只会带来益处；然而不幸，

1 Vance Packard（1914—1996），美国社会批评家，代表作有批评广告业的《隐蔽的说客》。——译注

2 William H. Whyte（1917—1999），美国城市规划家，精于分析组织特征，代表作《组织人》、《小城市空间的社会生活》，有中译本。——译注

3 我并不想表明，这种趋势是普遍的；许多作家全然满足于依赖现状带来的利益。如阿尔弗雷德·卡津指出的：“如今，太多的美国人想要完全依附于我们的社会制度，但同时又想对它做一点圆滑的（且完全外在的）批评，由此得到回报。”《当代人》（*Contemporaries*，纽约，1962年），第439页。

它导致了某种绝望，这种绝望在本质上又要求着同情，但其最终的结果，仅仅是寻求某种“立场”或姿态。看起来，异议知识人士经常觉得，他们会由于身为知识分子而在道德上受到审判；然后，他们将自己的道德责任阐释成首先要去拒斥和破坏的责任；这样，他们认为，知识分子的价值标准并不在于想象力或精确性，而是在于程度达到最大可能的否定精神。从一开始，知识分子的责任就没有被视作启蒙人们认识社会，而是对它做出否定的论断——所基于的假设是，几乎任何这样的论断都想必会具有启蒙性，而且无论如何，它恢复了作家的正直和勇气。

毫无疑问，为左翼代言、提倡疏离的人，意图于为某种负责任的抗议政治创建一个基础，但是，一旦考虑到知识分子的处境，他们的论调就变得刺耳。然后，我们就会听见这样的话：提出“盲目无理的拒绝”[1]比做出道德妥协要更好；所论及的内容有：怀旧之情，怀念“过去的、让抵制变得容易的确定信念”；知识分子的基本需要，就是发起攻击；还有这样的危险：沦为“妓女”，或是背叛知识分子角色之基本义务的“叛徒”；社会责任与知识分子责任的所谓的对立，前者就是坏，后者就是好。这里的重点在于，虽然知识分子的疏离并没有完全被接受——这是追求真理，追求某种艺术理想的必然结果——但是，否定社会的立 419
场或姿态被规定为产生艺术创造性、社会洞察力或道德正直性的唯一立场。这一主张所取决的观念并非在于，知识分子的基本责任对象，就是真理或创造性理想，而他必须准备着追随它们，即使它们令他与其自身的社会彼此矛盾；相反，它立足的观念是，他必须从一开始就承担拒斥社会——用巴里茨教授的话说——这样的基本责任。他的疏离并没有被视为他必须直面承担的风险，而是一种义务，是他的其他所有义务

1　语出欧文·豪的文章《中世纪的转折点：知识分子回忆录》；文学批评家格兰维尔·希克斯（Granville Hicks）在《50年代的自由主义》（1956年）中对这一看法进行了批评。——译注

的前提。疏离不再仅仅是无可改变的现实,它带有了治疗或医方的性质,有利于知识分子的正确的养生。

在追随疏离崇拜时,人们只需要再往前几步,就可以碰见其他要求更为严格的、拥护疏离的人;对于他们,在关键的论点上,政治左翼作家并不赞同;但相似的是,他们同样将疏离作为指导原则,并为之献身——这样的人,最好的例子是浪漫无政府主义的拥趸;最坏的,则是号召青春期叛逆的垮掉派,或是提倡道德虚无主义的人,如诺曼·梅勒,他最为有力地表达了这种倾向。疏离文学中最突出的特征之一就在于,虽然它的作家渴望维护和平、促进民主、培养文化、解放个体,但是,他们对于政治和文化的讨论,莫名其妙地刻板、不幽默、不变通,甚至有时,毫无人情味。

政治异见人士的呼声所表达的疏离,至少在政治上还是有意义的;无论其多么过火,他们依然参与了同知识界其他人士进行的对话,他们也感受到了对后者的责任。而在其身后隐约耸现的、今日的垮掉派,则是相当之多的、完全独立的群体,他们是令人生畏的、我们文化微恙的象征。不太可能认为,垮掉派比政治异见者还要左倾——用流行的隐语来说,异见人士已经绝对够远了。按照我之前尝试界定知识分子气质时所用的表达来讲,政治异见人士频繁地受到自身虔敬性的压制,但是垮掉派带着游戏性私奔而去。在思考社会时,他们倾向于认同异见派对商业主义、大众文化、核能军备、公民权利的看法,但是整体上,他们退出了与资产阶级世界展开的严肃的论辩。垮掉派所代表的这一类
420 型的疏离,用他们自己的话说,就是脱离关系(disaffiliated)。[1]他们走出了古板者的世界,[2]大部分情况下,他们放弃了严肃的理智成就以及持久

1 出自波兰裔美国作家、垮掉派诗人劳伦斯·立普顿之口。——译注

2 这方面,他们从自己的立场出发,把梭罗当作先辈,因为梭罗曾说,他并不在乎被当成哪个社会的成员,除非他自愿加入这个社会。(反体制主题如此频繁地重现于美国的思想中,这是值得关注的一点。)当然差别在于,梭罗具有自身的作家职业感。

的社会抗议所要求的职业感。

垮掉派以自己的方式，拒绝理智主义之路，他们沉浸于感觉的生活——按照劳伦斯·立普顿关于垮掉派的令人启发的作品《神圣野蛮人》(*The Holy Barbarians*)的题目所言，也可以同情地称之为倒错圣徒的生活；其标志就是，安于贫困，虽然做事，但情愿不要事业和固定收入带来的满足感。并不令人吃惊的是，甚至对垮掉派报以同情的评论者也倾向于承认，这一派人士并没有写出太多优秀的作品。也许最终，对于我们的文化，他们做出的大部分独特贡献就是他们使用的有趣的隐语。他们的文学实验似乎主要就是形式上的松散无羁，但就如达达主义者的所作所为一样，看起来并没有提供新型的才思或奇想，也没有像格特鲁德·斯泰因的做法那般，承诺要开启新的散文方向。看上去，这一思潮未能超越它的青春期的心血来潮。当杰克·凯鲁亚克建议"去掉文字、语法和句法的限制"，并且提出"除了修辞的激昂和抗辩的陈述，其他准则一概不要"时，人们会觉得，他在表达上并不相近于上述那些之前的文学实验，而是接近于进步教育的狂热分子对儿童的纵容倾向。如诺曼·波德霍雷茨[1]所论："垮掉派的原始主义……为反智主义起到了掩护的作用，这真是令人不快，结果，它让普通美国人对蛋头的仇恨似乎显得正确而有益。"[2]

按照垮掉派的退出风格，他们继承了波希米亚式的传统，但是，较之老的波希米亚派，他们似乎并不幽默，也没有自我间离，而且极其不看重个体性。哈里·T. 摩尔[3]曾经指出："天才的个人通常都无拘无束，

1　Norman Podhoretz(1930—　)，美国犹太裔新保守派批评家，长期担任《评论》杂志主编，政治立场先左后右。本书出版时，他尚处于奉行左翼立场阶段。——译注

2　《一无所知的波希米亚派》("The Know Nothing Bohemians")，见西摩尔·克里姆(Seymour Krim)编：《垮掉派》(*The Beats*，格林威治，康涅狄格，1960年)，第119页。

3　Harry T. Moore(1908—1981)，1957—1976年任南伊利诺伊州大学卡本代尔分校英语文学教授，精研D. H. 劳伦斯，也评论过上面提到的《神圣野蛮人》一书。——译注

没错，尤其在艺术领域；但是，群体的无拘束是另一回事。大多数垮掉派人士都不具备充足的有关历史和政治学的正规知识，因此不能合理地看待这些方面的事情，然而，他们也不愿意如此：对于他们来说，
421 不喜欢和不信任古板者的世界，这就够了……”[1]他们的群体无拘束和群体不作为这一吊诡的信条，令人想起了某位本科生在一部严肃的论现代文化的论文中所说的一句难忘的话：“除非个人退出成群的大众，否则世界不会得到拯救。”垮掉派有一个特征，总是很容易让他们在大众媒体和古板者的文学中受到嘲讽，这就是奇特的整齐划一——垮掉派的这一特点达到了这样的程度：他们有着自己的服饰。他们创造出了新的悖论：疏离的顺从。通过这样的做法，他们让疏离的姿态受到丑化，以至于其他倡导疏离的人，都认为垮掉派是背叛者，而且不可原谅。

于是，非常可以理解，更坚定地提倡疏离的人会认为，垮掉派代表了婴儿般的无序；驳斥他们的，不仅有愤怒的垮掉运动的始祖王红公（肯尼斯·雷克斯罗斯）[2]，也有基本上心存同情的批评者，如诺曼·梅勒，他高度评价了垮掉派追求感官和性欲满足的做法，但是，他难以容忍后者的被动和缺乏自信。几年前，《异见》刊载了梅勒的一篇名文，题为《白黑人：对嬉皮士的浅思》（“The White Negro: Superficial Reflections on the Hipster”），其中，他提出了最为直率的理由，主张一种真正坚决的疏远。梅勒想要将嬉皮士抬举到高于垮掉派的地位，前者意识到了生活的根本的恐怖，这一意识类似而且源自黑人，“因为没有

---

1 见其论垮掉派的跋文，为1960年版阿尔伯特·帕里（Albert Parry）的《阁楼与冒牌货：美国波希米亚史》（*Garrets and Pretenders: A History of Bohemianism in America*，纽约：多佛版，1960年），第30章所写。

2 Kenneth Rexroth（1905—1982），美国著名诗人，旧金山文艺复兴运动的领袖，垮掉派的始祖。他受日本文学和中国文学的影响，深为喜爱杜甫和李清照的作品，并且将之译为英文。——译注

哪个黑人能在街上闲庭信步，而且真的确定，暴力不会在他走路时降临到他身上”。

这种准备着直面暴力和死亡并且与之同生的态度，如今成了首要的美德，因为我们的集体状况就是要面对这样的二选一：原子战争造成的速死和“顺从的缓慢的消亡”。梅勒对嬉皮士提出的褒扬之处，按照他的说法就是，他们愿意接受死的挑战，这一挑战也即：“让自己脱离社会，无根地生存，开启未知之旅，通向对自我的背叛律令。简言之，无论这样的生活是否违法，抉择都是，鼓励自身之中的精神病，探索这样的经验领域：在那里，安稳令人乏味，故而属于病态……”嬉皮士具有自己的“精神病的才气”，这才华不是很容易传达，因为“嬉皮风代表了巨大丛林中原始智者的老练，所以，它的吸引力始终超出了文明人的理解”。嬉皮士的重要性并不在于他们的数量——梅 422
勒估计，这一族群最多也就有十万名自觉成员——而是在于“他们是精英，能够无情的精英，［使用的］语言，大部分青少年都可以本能地理解，因为嬉皮士的强烈的生存观符合他们的经验和想要叛逆的欲望”。

如果由此促成的生活事实上证明是违法的——比如说，两个小流氓打烂了糖果店老板的脑袋——那么梅勒表明，虽然这一行径的英勇程度不足以“具有治疗作用”，但是至少，“这还是需要某种勇气的，因为流氓谋杀的对象不只是一个五十岁的弱老头，而是一个制度；流氓侵犯了私有财产，也与警察建立了新的关系，同时将危险的元素引入了他的生活。故而，流氓敢于去做未知的事情……”[1]当然，之前倡议疏离的美国人从来没有过如此丰富的想象力。

1　《异见者的呼声》（*Voices of Dissent*，纽约，1958年），第198—200，202，205页；该文也刊于《自我宣传》（*Advertisements for Myself*，纽约，1959年），第337—358页。

七

围绕着疏离的正确风格以及疏离表达上的局限，垮掉派、嬉皮士和左翼分子的代言人展开了争论；但是，他们又都确信一个共同的信念：存在着某种可以推荐的正确的风格、立场或姿态，它会以某种方式释放艺术家的个性和创造力，或是维持社会批评家的能力，保护他免于腐败。他们的疏离是一类自在的价值这一信念，具有双重的根源，一是个人主义，二是马克思主义。经过一个半世纪还要多的时间，在资产阶级世界的所有地方，创造性人才的地位已然令我们意识到创造性个体与社会需求之间的持久的紧张关系。此外，西方国家的艺术界和知识界越是对自己的地位感到自觉，他们就越会敏锐地发现，按照社会本身的条件，它难以为天才甚或杰出人才提供用武之地，但它又必须随着后者的出现，接受他们。人们越是观察具有创造力的伟大榜样，那么有一点就越发明显：创造性人物通常并不"可亲"，也不适应环境，不随和，不温和；而天才往往伴随着某种个人的错乱，社会必须容忍这样的
423 错乱，如果它想要利用天才的话——埃德蒙·威尔逊在《伤与弓》(*The Wound and the Bow*)中讨论帕特洛克罗斯(Patroclus)神话时，考察了这一问题，最值得当代铭记。美国艺术家的敏锐的疏离意识在较大程度上继承自浪漫主义；而对于思想家的疏离，其主张社会价值的理由，是通过马克思主义来表述的，这一主义认为，在资本主义危机的焦点时刻，资本主义制度会被它的许多知识分子抛弃，后者不再依附于腐朽中的秩序，而是让自己顺应这场在历史中即将到来的抛弃运动。

一旦人们接受了如下看法：对某些艺术或政治价值的认定必然会导致疏离，那么就会轻易滑入这样的假设：疏离是一种自在的价值。这就像是在设想：由于天才普遍"喜怒无常"，故而，通过养成这样的气质，人们就可以开始拥有天才的表现。当然，没有人会一本正经地主

张：年轻作家，比如说培养沉迷赌博的嗜好，就能指望发展出陀思妥耶夫斯基的天才。不过，只要这样的假设没有被揭露出来，那就很容易陷入这样的信念：除非知识分子培养了正确的个人风格，否则，他们不可能自我实现。正如喜怒无常可以被误解为通往天才的途径，因此，针对世界的、正确的好斗立场也能被认为可以替代知识分子的批判工作。论述疏离的严肃作家，并不想维护这样的观念，但是，在他们的最激昂、最极端的陈述之中，它自行地将自己主张为一种基本的假设。

此外，美国生活中压抑文化的种种方面，总是令美国作家在想象中寻求这样一种社会秩序：它是典范，是理智生活的理想环境，可以对立于他们自己的社会。19世纪的美国学院人士参照了德国大学，艺术家则关注法国或意大利的艺术圈，而作家们则注重法国文豪的地位。[1]出于各种原因，这些理想型都黯然失色，但曾经，它们在美国文化生活的自我定义和提升上，还是起到了实实在在的重要作用。而欧文·豪教授则处于一条非常古老的传统中，他寻求的，是这样的理想社会：其中的作家可以觅得庇护之所，摆脱个人与社会的斗争，或是找到一个支 424
点，支持自信的抗议。既然欧洲不会再满足需要，那么对于他而言，剩下的就是普世的波希米亚之国；他将其树立为样板——很不幸，现在已经遭弃——这提供了自由和创造性的关键。但是，关于这一点，必定也可以提出一些反驳意见。没有人愿意拒绝，波希米亚社会具有相当重要的思想和政治上的价值——然而，这一价值难道不是主要在于，它只是在个体生涯的早期过渡阶段赋予了他一个避难之地？在青年作家或

1　法国以外的知识分子一直都关注该国，视之为展现知识分子的声望和影响的理想范例，不过，即使是法国知识分子，也有外国的理想样板。比如以前，对于司汤达来说，意大利就是理想型。在当代，对于雷蒙·阿隆，则是英国："所有西方国家中，英国很可能以最为通情达理的方式对待自己的知识分子。"《知识分子的鸦片》(*The Opium of the Intellectuals*，伦敦，1957年)，第234页；参见他对法国知识界地位的批判性评论，第220—221页。

艺术家的生涯中，有一段时期，其特征就是实验主义，是寻求身份和风格，寻求免于责任的自由；这一阶段，波希米亚式的生活发挥了巨大的解放作用。但是，世界重要的文学作品里，只有一少部分，其作者生活在波希米亚圈中；如果认为，许多知识分子在那里度过了自己的成熟和多产之年，那么这一观念经不起历史的检验。看起来，这一点似乎突出地符合我们自己的民族经验。在这个国度，第一流的作家比起次要之辈，更加离群索居。欧文·豪教授曾经指出：康科德就有点像先验主义者的波希米亚圈；这一说法虽然别扭，但也许可以当作玩笑来接受，不过不能作为史实。康科德是脱离波士顿的隐避之乡，康村的知识分子厌恶波市；然而，它提供的，并不是那种可以认为与波希米亚圈有所联系的社会，而是小得惊人的知识分子团体。人们只需要回想一下，比如，梭罗与爱默生、霍桑与其邻居都切断了关系，或是布朗森·奥尔科特（Bronson Alcott）跟几乎任何人都缺乏组织关联，那么就可以认识到下面这一点是何等正确：尽管在外部环境上，康科德呈现了近似之处，但它并未形成一个知识分子社会。

欧文·豪教授在将康科德的波希米亚圈描绘为安宁时，又急于表明这里的波希米亚式的狂欢，但此处，这一情况并不存在，不仅如此，这里几乎不存在什么团体。梭罗在他的日记里记录说，当他跟爱默生“交谈，试图交谈”时，由于混乱、无意义的分歧，他“浪费了我的时间——不，几乎浪费了我的个性”；而爱默生则抱怨说，梭罗“的自我感觉，就是一味唱反调”。[他是不是意识到了，从《论自然》（“Nature”）问世以来，梭罗就甚至不再读他的东西了？]在概括先验主义者时，爱默生写
425 道：“他们的研究是孤独的。”[1]

1　马科斯·坎利夫（Marcus Cunliffe）在《美国文学》（*The Literature of the United States*，伦敦，1954年）中做出了令人启发的研究，他充分评价了这一状况（第80—81页；参见第90—91页）：

从爱伦·坡的时代开始，孤独和孤僻已然是美国作家的特征。甚至精力充（转下页）

通常与创造性活动相关联的，并不是波希米亚风的消遣涣散，而是某种严苛和坚决的孤立。但是，知识分子的团结——尤其当他们处于外部压力之下——或彼此的赏识和鼓励，也不应该轻视；不过，这样的团结也不应该混同于愉快的面对面的社交，后者是波希米亚生活的特点。真正的创造性心灵，只要试图善于交际，那它就绝不会孤独。有创新力的知识分子，并不依赖于波希米亚圈，不会将之作为一种可以让他与其他人"共同面对世界"的手段；相反，他往往设法去酝酿出种种能令他孤独地直面世界的办法。共同面对世界，是政治的策略，而孤独地面对，似乎是独特的、具有创意的立场。

再有，对于关注有效政治异见的批评者来说，波希米亚的历史并不是那么鼓舞人心。诚然，第一次世界大战之前，我们国家的历史出现了辉煌的时期，那时，美学实验、勇敢的社会批评以及波希米亚生活，似乎会聚一起——比如马克斯·伊斯特曼[1]时代的旧版《群众》就是代表。但是整体上，独特的波希米亚风格倾向于个体的浮华与私人的叛逆，而不是任何较大程度上的政治效果——而至少在这方面，垮掉派处于波希米亚的传统中。如果在考虑行动时排除波希米亚社区，这令人沮丧；但是，为了严肃的创造性或政治性目的，而提议波希米亚生活，这却是

（接上页）沛的美国人——例如惠特曼——也令人吃惊地没什么可以说在职业上有交往的朋友。在新英格兰，如果我们不算波士顿圈，那么这一点尤其正确……爱默生、梭罗和霍桑都在康科德村生活过一段时间；他们，还有其他名人都在彼此的日记和书信中不断地出没。但是，说他们彼此认识，这也许并不精确；不如说，彼此**有所耳闻**。每个人都有点袖手旁观，对同伴略加挑剔，略带嘲讽，不愿意有所承担。爱默生在日记中吐露说："我认识的所有人，都如此孤立，如此令人难过地孤独。"还是在同一出处中，他注意到，快乐的作家就是这样的人：他忽视舆论，"总是给**陌生朋友**写信"。对于熟人，他论述说："我的朋友和我都是遵循自己习性的鱼。与其挽住梭罗的胳膊，我宁愿挽住榆树的手臂。"在霍桑过世后，他悲伤地回想：尽管他希望自己"可以有朝一日征服他们的友谊"，但他始终都在等待，而且等待太久。

1　Max Eastman（1883—1969），美国作家、诗人，领导过哈莱姆文艺复兴运动。他曾经担任《群众》的主编，后来还创立了接续《群众》的《解放者》。——译注

在波希米亚之上放置了将它压垮的期望的重担。

八

对于参与“官方认可的机构”，疏离的倡议者流露出了厌恶，这一
426 情绪表明了更根本的、对智识与权力建立联系的厌恶。有一个看法令人惶恐，即当知识分子进入官方批准的机构（这样的机构会一下子让我们所有大学教授脱离理智生活），他就完全不能发挥知识分子的功能；可以认为，这样的观念粗略地表述了真实的问题：在创造性事业的律令，与进行这一事业的机构所提出的要求之间，存在着某种不和。很久以前，学者们就不得不认识到，在这样的机构中工作，比起不靠机构的支持而生，前者的个人成本要小于后者的生活成本。的确，他们别无真正的选择：他们需要图书馆和实验室——也许，甚至还需要学生——但只有机构才能提供这些。

对于具有想象力的作家，这一问题更为严重。学院生活的便利设施和要求并不完美地适合于想象力的天才，它们让真正的创造性气质感到局促不安。此外，学院生活的条件也让一个人的经验范围变得过分狭隘；如果我们的文学作品是由“创意写作”课的学院教师来写成，那一想到文学会是何种模样，就真是令人难受；因为这些教师的主要经验是在这样的课程中自我训练出来的。如果天赋异禀的诗人担任委员会成员，把时间花在修改新手作品的过程上，那也是浪费——用曼肯的意象来说，就是陷入土豆汤的蜂鸟。[1]但是，学院为作家和艺术家提供的部分或暂时的支持，已经通过许多人的事业生涯证明了它具有助益；如果没有这样的支持，结果常常是创造出失意的、文化上的流氓无产者。

1　出自曼肯《偏见》（第一辑）中的《比尤特的巴什基尔采夫》（“The Butte Bashkirtseff”），文章论及的是美国女作家玛丽·麦克莱恩。——译注

不过，对于学科中的、受专家知识问题影响的知识分子来说，大学仅仅象征了另一个更为重大、更为紧迫的问题，即智识与权力的关系：我们几乎本能地反对知识同权力的离异，但是，我们出于自己的现代信念，又反对它们的联姻。不过从前，情况并非总是如此：古代异教世界的伟大知识分子、中世纪大学的博士、文艺复兴时代的学者、启蒙时期的哲学家，都寻求知识和权力的联结，他们以并不乐观和天真的态度，接受其中的风险。他们希望，通过与权力结合，知识会在实际中得到推广，正如，当权力联系知识，前者可以变得文明。我之前已经讲过，在国父时代，知识和权力是通过什么条件建立关系的，这合乎如下的理想：当知识与权力配对时，在相同的社会圈中，往往也在相同的领袖人物中，它们或多或少是平等的。然而，这并不仅仅是因为，就像某些现代 427
批评者似乎认为的那样，建国之父比我们更优秀，尽管他们很可能就是更优秀。这不仅仅是因为，杰斐逊读的是亚当·斯密，而艾森豪威尔读的却是西部小说。相反，根本的差异在于，18世纪社会是非专门化的。在富兰克林的时代，人们依然有可能在自己的柴棚进行某项具有一定科学价值的实验；而有才华的政界外行，也可以去种植园，去律政所，去外交部。而今天，知识与权力是已然分化的功能活动。当权力向知识求助时，随着它越来越必须如此，那么它所寻求的，就不是智识，而是专家知识；前者被认为是自由思辨和批判性的功能活动，而后者则会服务于权力的需要。通常，权力并不尊重无功利的态度，而这是专家发挥正确功能的核心——曾经，一个大州的州长召集了若干名杰出的社会学家来开会，要针对一个当前的争议问题安排民意调查；然后，州长仔细地向他们概括了这次调查想要的结果是什么。

如果典型的权力者仅仅想要作为工具的知识，那么现代美国的典型的知识人就是专家。之前我讲过，专家知识的功能基本在于：重又让知识分子成为美国政治中的一股力量。不过，相关的问题是，身为专家的知识分子，是不是还能真正地作为知识分子而存在——他会不会完全成为脑力技工，用H. 斯图尔特·休斯[1]的话说，按自己雇主的吩咐来工作。对于这一问题，就大学还有其他官方认可的机构而言，我认为，答案并不容易，也没有那么绝对；真正的回答几乎肯定不会悲观到可以满足现代知识分子的感伤的地步。事实情况是，美国教育的大部分目标，都完全而且公开地生产那些根本不是知识分子或文化人的专家：当这样的人进入政府、商界或大学中任职时，他们并不会一下子成为知识分子。

具有真正的理智成就而且也有可能为权力服务的人，他们的状况要更加复杂。以反思性心灵著称的人，仅仅因为他们成了印度或南斯拉夫大使，或总统班底的成员，就不再是知识分子了吗？当一些人从靠近权力的视角来看待世界，并且接受那些一旦获得权力就不得不做
428 出的妥协，那么毫无疑问，他们的某些回答不可能像知识分子一样。但是，在我看来，这似乎是个人的选择，不能将它硬塞进被迫的疏离道德观的条条框框中：无论一个人是不是要牺牲一部分他的批评自由度，而寄希望于，权力可以更服从智识的建议；还是说，由于浮士德式的冲动，他甚至要去认识这个不可能通过学院视角来轻易了解的世界。

对于同权力建立联系，有些知识分子放弃了一切想法，他们非常清楚——几乎太清楚了——自己无权无力的状态有益于带来某些启示。他们很容易忘记：进入权力，参与权力问题，这也许提供了其他的启示。批评权力的人企图通过作用民意来影响世界；而权力的联系者则试图直接让权力的运用顺从于知识界的思想。这两种功能活动不一定相互排斥，也不一定彼此敌视。每一种都包含了某些个人的和道德的风险；当一个人甘冒风险时，不可能让这种个人的选择变成普遍的律令。权力的批评者有一个特别的思想缺陷，他们没有理解权力的运作所依照

1 H. Stuart Hughes（1916—1999），美国历史学家，注重将精神分析用于历史研究。——译注

的限度。而他们特殊的道德缺陷在于，过分关注自己的纯洁性；但是，这样的纯洁在不用负责的地方就可以轻易获得。对于向权力者出谋划策的专家来说，他的典型缺陷则是，不想让自己独立思考的能力作为批评的源泉来产生影响。他也许失去了脱离权力的能力，因为他专注于权力的视角。有一些美国知识分子，长久以来被排除在权力和获得认可的地位之外，在他们看来，总是存在着这样的危险：突然与权力产生关联，这会太过诱惑，因此令人在理智上变得盲目。

对于个体，关键之事，如我所言，在于个人选择；但是对于社会整体，重要之处则是，知识界不应该令人无奈地两极分化：一部分是技工，仅仅关心权力，暗中接受了权力施加给他们的条件；另一部分则是有意疏离的知识分子，他们更关注维持自身的纯洁感，而不是让自己的思想产生效用。毫无疑问，专家会存在，而或许，批评家也会存在，他们能从精神上走出自己的社会，毫不留情地看待社会的种种设想；他们有着足够的人数，充分的自由，足以令他们具有存在感。也许，两派的争议，有可能会继续存在，知识界内部也将拥有不同类型的知识分子，他们能够 429
在权力世界与批判世界之间斡旋。如果是这样，知识界就会避免这样的危险，即分裂为两个彼此敌视、拒绝交流的部分。我们的社会在许多方面都有疾病；但它还是具备健康之处，比如组成社会的种种元素的多元性，以及它们彼此互动的自由。如果所有知识分子都意在于服务权力，那就会是悲剧一场；但假如，与权力有关联的所有知识人士也不得不相信，自己同知识界不再有任何联系，因为他们的结论几乎必然就是，自己只为权力负责，那么，这同样可悲。

九

几年前，在一篇见解透彻的论述历史的文章中，马科斯・坎利夫命名了两类属于我们理智成就的知识分子：一是神职型（柯勒律治首先使用了这个词），它包括的作家，极为接近自己社会的主要设想，从而在某种程度上扮演了社会的代言人；二是先锋型，他们深深地疏离于这些设想。[1]在我们知识分子传统的创造性才华和原创之力中，最优秀的部分来自先锋型，而神职型也拥有自己的杰出人物。富兰克林、杰斐逊、约翰·亚当斯是神职型；还有库珀、爱默生（至少在其成熟时期）、大法官霍尔姆斯、威廉·詹姆斯、威廉·迪恩·豪威尔斯和沃尔特·李普曼。先锋型的名字更加令人难忘，但是，有趣的智者和重要的人才，种类如此之多，使得还有第三份名单，也是叫人印象深刻，其中包含的人物，有着混合的动机，以至于不可能将其归入上述两类：例如马克·吐温，他在同一个分裂的心灵中，体现了疏离的极端和接受的极端；而亨利·詹姆斯也是如此，尽管方式不同。但，不，最终令我们至为铭记的，是重要人才的难以捉摸，而不是他们的易于肤浅的归类。在疏离问题上，这一点当然适用，但就心灵状态和生活方式而言，则更加成立。这方面，引人关注的，不是单一模式的存在，无论波希米亚式，抑或布尔乔亚式，而是广度和多样：人们可以想想隐居阿莫斯特的艾米丽·狄
430 金森，有着多面、强健生活的沃尔特·惠特曼，保险经理办公室的华莱士·史蒂文斯，从事银行业和出版业的T. S. 艾略特，行医的威廉·卡洛斯·威廉斯。如果人们比较一下，如约翰·杜威和查尔斯·S. 皮尔士[2]，托斯丹·凡勃仑和威廉·詹姆斯，威廉·迪恩·豪威尔斯和亨利·詹姆斯，奥利弗·温德尔·霍尔姆斯和路易斯·D. 布兰戴斯，马克·吐温和赫尔曼·梅尔维尔，爱默生和爱伦·坡，亨利·亚当斯和H. C. 李[3]，亨利·米勒和威廉·福克纳，查尔斯·A. 比尔德和弗雷德里克·杰克

1 《知识分子：美国》（“The Intellectuals: The United States”），《文汇》，第IV卷（1955年5月），第23—33页。

2 Charles S. Peirce（1839—1914），美国著名实用主义哲学家，属于通才型学者。——译注

3 H. C. Lea（1825—1909），美国历史学家，专研中世纪教会史。——译注

逊·特纳，伊迪丝·沃顿和欧内斯特·海明威，约翰·多斯·帕索斯和F. 斯科特·菲茨杰拉德，那么就能发现，试图规定唯一一种模式，这徒劳无益。

当任何一位作家或思想家能够将自己视为拥有潜在多产性的智慧之人时，他就已然诞生于一种特殊的生活状态之中，同时被赋予了仅仅在一些有限的方面才能适应的品格与气质。这就是命运赐予他的限度，而他必须在其中进行活动。为了理解这一点，我们可以对比小奥利弗·温德尔·霍尔姆斯与托斯丹·凡勃仑的生活——他们是同时代人，在热情，在广博的理智精神、超然的讽刺天分上，他们是相似的，但在其他几乎所有方面，他们并不相近。两人都试图在事业生涯的开始重塑自己——对于霍尔姆斯，他想进入某种波希米亚圈，抛弃自己的婆罗门阶级的遗产；而凡勃仑，想做一个优秀的研究员，打算成为美国经济协会的主席——但他们全都徒然无功。霍尔姆斯看待生活的方式相当自然，其立场属于一个在历史中根深蒂固、在社会上安稳牢靠的阶级；他用了很长时间，终于进入了一所我们"官方认可的机构"；公认的是，在那里，他并非没有发挥知识分子的功能，而且也做了有用的工作。但凡勃仑，则成长在洋基文化与挪威移民文化的共同的边界上，他没能认真对待前者的价值，而后者也并不真正属于他自己；这注定了，他永远是一个边缘人，完全疏离于美国的主流信念。作为学者，如果他想要有一项事业，他就必须要在官方认可的机构中从事它，但是，在每一所他工作过的大学里，他都成功地让自己成为严重不安的源头。我认为，某种本能的智慧促使他与世界保持一定的距离，即使当世界做出了友好的姿态。他必定意识到，他特殊的天才有一部分就在那种乖僻的性格中，而正是这一性格不断给他带来个人的麻烦。我们也可以认为，他的工作中大部分容易受到责难的地方，其源头就是这种乖僻；但是，它也让辛辣尖刻的风格保持了锐利，这一风格让他成了慢条斯理的、社会学的斯威夫特，成了他的时代中最有原创力的智者之一。 431

过去，自由社会的主要美德之一就在于，知识分子的各式各样的生活风格都有可能存在——比如，我们可以发现一个人以激情和叛逆著称，也可以发现其他人以高雅和华丽、节俭与严苛、聪明和复杂，或耐心与智慧闻名，还有一些人大体上能够做到遵守和坚忍。关键之处就是开放与宽宏，需要这两者来包容多样的优点；如此的多样性，甚至在一个单一而相当偏狭的社会中也能发现。预言自由文化的崩溃或高等文化的消失，这种教条的、悲观的说法，也许对，也许错；但是，关于这样的预言，有一点似乎可以肯定：他们灌输的，更有可能是自怜和绝望，而非抵抗的意愿，也不是充分利用人的创造性活力的信心。当然，在现代环境下，选择的途径有可能正在关闭，主宰未来文化的人，也有可能思想单一，只接受这种或那种信念。这有可能；不过，只要人的意愿的砝码，投入历史的天平上能够产生关键的影响，那么活着就要相信，情况不会
432 如此。

致 谢

是书缘起于1953年4月27日，我受邀赴密歇根大学进行第一场海沃德·肯尼斯顿讲座（Heyward Keniston Lecture）。这次演讲，后来以略作扩展的形式刊行，即《美国的民主与反智主义》（“Democracy and Anti-Intellectualism in America”），《密歇根校友评论季刊》（*Michigan Alumnus Quarterly Review*），1953年8月8日；它让我意识到，我已经提出了各种尚未解决的议题；我觉得必须要继续处理它们。本书的不同部分，都曾做过讲演，这至今对我颇有助益：第一次是为剑桥大学众多本科生历史社团，1958—1959学年，我在那里担任美国历史与制度的皮特讲席教授（Pitt Professor of American History and Institutions）；之后，是1961—1962学年，俄亥俄州海勒姆（Hiram）的海勒姆学院，斯佩里和哈钦森讲座（Sperry and Hutchinson Lectures）；南加州大学，海恩斯基金会讲座（Haynes Foundation Lectures）；史密斯学院，齐斯金德讲座（Ziskind Lectures）；最终，是在普林斯顿大学，1962—1963年秋季学期，我是该校人文科学理事会（Humanities Council）高级访问学者以及1932届讲座教授（Class of 1932 Lecturer）。对于上述院校的许多人士，我要感谢他们的盛情接待。

这项研究中的某些特殊方面，在进行时，受到了哥伦比亚大学社会科学研究理事会（Council for Research in the Social Sciences），以及教育发展基金会（Fund for the Advancement of Education）之“美国历史中的教育角色”委员会项目的资助。卡内基公司的赞助，让我可以将整个休假年用于这一研究，若非如此，我不可能提前完成，并且获得充分的科研帮助。而哥伦比亚大学慷慨地安排了自由时间，但是，仅仅提及这一
433 点，还不足以感激我从研究生，到成为历史系一员的这二十五年间，在哥伦比亚大学收获的诸多思想上的回报。

碧翠丝·凯薇特·霍夫施塔特（Beatrice Kevitt Hofstadter）一如既往地为我提供了文本和实质内容上的批评，其价值不可估量。我的同事，彼得·盖伊（Peter Gay）和弗里茨·斯特恩（Fritz Stern）都阅读了整部书稿，给出了至关重要的建议。在撰写本书的几年里，我的研究助理小菲利普·格雷文、卡罗尔·格鲁伯、尼尔·哈里斯和安·莱恩都在原始材料方面，收集了丰富的资源。几年间，许多友人纷纷襄助，或是讨论我的看法，提出意见，引导我注意新的资料，或是检读某些章节的草稿；我要谢谢丹尼尔·亚伦、丹尼尔·贝尔、李·本森、约翰·M. 布卢姆、卡尔·布里登博、保罗·卡特、劳伦斯·克雷明、芭芭拉·克罗斯、罗伯特·D. 克罗斯、马科斯·坎利夫、斯坦利·埃尔金斯、朱利安·富兰克林、亨利·F. 格拉夫、罗伯特·汉迪、H. 斯图尔特·休斯、爱德华·C. 柯克兰、威廉·L. 罗希滕贝格、埃里克·麦基特里克、亨利·梅、沃尔特·P. 梅茨格、威廉·米勒、欧内斯特·内戈尔、大卫·雷斯曼、亨利·罗宾斯、多萝西·R. 罗斯、欧文·赛恩斯、威尔逊·史密斯、杰拉德·斯特恩、约翰·威廉·沃德、C. 范·伍德沃德、欧文·怀利。我的思想所引起的大部分对谈，都以争论的方式进行，而且未能解决，故而，如果认为这些朋友中，有谁会赞同我的观点，那就尤为出乎意料了。

一种像本书这般的探究，覆盖领域如此之广，与该书作者必须利用的种种专题研究一样，都有可能不尽如人意。我希望，我的脚注指明了令我受益的来源，然而毫无疑问，对于当代美国的史学成就给我的全部

恩惠,脚注未能加以致谢。当考虑我引用最多的书籍和论文时,我注意到,它们几乎都是在过去十五或二十年间写就,而且总的来看,它们构成了相当令人敬畏的系列成果。或许,当检验这个国家的知识分子事业的状况时,也应该让这些成果发挥重要的作用。 434

索 引

（条目后的数字为原书页码，见本书边码。部分页码中的n，指位于注释中）

译后记

本书为著名史学家和思想家理查德·霍夫施塔特(1916—1970)的代表作,也是美国政治、历史和社会文化方面的经典作品,1964年获普利策奖(非虚构类)。该书集中研究了美国自新英格兰殖民地时代到冷战时期,政治、宗教、商业、教育、文化等领域中存在的反对知识分子、高等教育、理论科学、理智精神、专业知识和基础研究的倾向;这样的倾向急功近利,追求直接的效果,忽视纯粹思辨和批判思维,它往往主观认为(或误认为)知识分子脱离实际,不接地气,需要实践锻炼,从而无视知识界对于现实生活的(有时是间接的)参与、影响和用途。从此书开始,“反智主义”一词成为重要的人文学科和社会科学的术语,这一概念涵盖的现象也开始受到美国乃至全世界的广泛关注。而近些年来,这种思潮的言行又在美国社会中凸显出来,毕竟,按照作者的描述,它始终都是美国精神生活的核心特征与主要缺陷之一。

本书并非反智现象的泛泛记录,而是从哲学和社会学的理论角度,借助历史和社会材料,考察了美国反智主义的起源和蔓延。身为知识分子的作者,保持了宽容、克制、不偏执的心态,在坚持理智引导社会这一根本原则的同时,他并没有对反智主义谩骂斥责,而是以客观分析和冷静批判的态度指出这种倾向的实质、意义和弊端所在;无论在左翼还是右翼阵营，无论在民主党还是共和党，甚至在知识分子内部，反智主义都是普遍存在的倾向。而知识分子自身的缺陷和弱点也同样不容忽视。

中译本译自1964年版(New York: Vintage Books)。需要说明的是，书中涉及了自美国建国到冷战期间的种种历史事件、背景、人物、掌故、官制和机构，有很多并非汉语读者所熟知，因此译者添加了400余条必要的注释，其内容均查自有关的美国历史和政治资料，如著名的《美国百科全书》(*Encyclopedia Americana*, EA)等；有些俗语查询了《新帕特里奇英语俗语和非惯用语大辞典》(*The New Partridge Dictionary of Slang and Unconventional English*)；还有一些中译注辨析了较为微妙的概念，同时交代了译法。由于本书体例所限，就不再一一注明出处，仅为读者提供一般性的参考，免去查找之劳。原书中有些刊印错误，译者也加以改正，但不再说明。

本书的完成和出版，首先感谢清华大学刘东教授的鼓励和帮助，其次感谢译林出版社以及责任编辑刘静老师的耐心支持和信任。

本书的文笔和修辞极为精妙隐微，思辨与文采兼备，旁征博引，暗示繁多，广涉政治、经济、历史、文学、艺术、教育、心理学、宗教、社会等方面的术语和知识，其中还有很多美国的俚语、土话和旧词，以及拉丁文等其他语言，又有一些隐含《圣经》经文的词句，因此翻译本书并非易事。译者虽尽力而为，不断打磨，但译文和注释如有错谬，敬请读者指正，以待修订再版。

何博超

中国社会科学院哲学研究所

2019年5月

人文与社会译丛

第一批书目

1.《政治自由主义》(增订版),[美]J. 罗尔斯著,万俊人译 118.00元
2.《文化的解释》,[美]C. 格尔茨著,韩莉译 89.00元
3.《技术与时间:1. 爱比米修斯的过失》,[法]B. 斯蒂格勒著,裴程译 62.00元
4.《依附性积累与不发达》,[德]A. G. 弗兰克著,高铦等译 13.60元
5.《身处欧美的波兰农民》,[美]F. 兹纳涅茨基、W. I. 托马斯著,张友云译 9.20元
6.《现代性的后果》,[英]A. 吉登斯著,田禾译 45.00元
7.《消费文化与后现代主义》,[英]M. 费瑟斯通著,刘精明译 14.20元
8.《英国工人阶级的形成》(上、下册),[英]E. P. 汤普森著,钱乘旦等译 168.00元
9.《知识人的社会角色》,[美]F. 兹纳涅茨基著,郏斌祥译 26.00元

第二批书目

10.《文化生产:媒体与都市艺术》,[美]D. 克兰著,赵国新译 49.00元
11.《现代社会中的法律》,[美]R. M. 昂格尔著,吴玉章等译 39.00元
12.《后形而上学思想》,[德]J. 哈贝马斯著,曹卫东等译 58.00元
13.《自由主义与正义的局限》,[美]M. 桑德尔著,万俊人等译 30.00元

14.《临床医学的诞生》,[法]M. 福柯著,刘北成译　55.00 元
15.《农民的道义经济学》,[美]J. C. 斯科特著,程立显等译　42.00 元
16.《俄国思想家》,[英]I. 伯林著,彭淮栋译　35.00 元
17.《自我的根源:现代认同的形成》,[加]C. 泰勒著,韩震等译　128.00 元
18.《霍布斯的政治哲学》,[美]L. 施特劳斯著,申彤译　49.00 元
19.《现代性与大屠杀》,[英]Z. 鲍曼著,杨渝东等译　59.00 元

第三批书目

20.《新功能主义及其后》,[美]J. C. 亚历山大著,彭牧等译　15.80 元
21.《自由史论》,[英]J. 阿克顿著,胡传胜等译　89.00 元
22.《伯林谈话录》,[伊朗]R. 贾汉贝格鲁等著,杨祯钦译　23.00 元
23.《阶级斗争》,[法]R. 阿隆著,周以光译　13.50 元
24.《正义诸领域:为多元主义与平等一辩》,[美]M. 沃尔泽著,褚松燕等译　24.80 元
25.《大萧条的孩子们》,[美]G. H. 埃尔德著,田禾等译　27.30 元
26.《黑格尔》,[加]C. 泰勒著,张国清等译　135.00 元
27.《反潮流》,[英]I. 伯林著,冯克利译　48.00 元
28.《统治阶级》,[意]G. 莫斯卡著,贾鹤鹏译　98.00 元
29.《现代性的哲学话语》,[德]J. 哈贝马斯著,曹卫东等译　78.00 元

第四批书目

30.《自由论》(修订版),[英]I. 伯林著,胡传胜译　69.00 元
31.《保守主义》,[德]K. 曼海姆著,李朝晖、牟建君译　16.00 元
32.《科学的反革命》(修订版),[英]F. 哈耶克著,冯克利译　58.00 元

33.《实践感》,[法]P. 布迪厄著,蒋梓骅译 75.00 元
34.《风险社会》,[德]U. 贝克著,何博闻译 17.70 元
35.《社会行动的结构》,[美]T. 帕森斯著,彭刚等译 80.00 元
36.《个体的社会》,[德]N. 埃利亚斯著,翟三江、陆兴华译 15.30 元
37.《传统的发明》,[英]E. 霍布斯鲍姆等著,顾杭、庞冠群译 21.20 元
38.《关于马基雅维里的思考》,[美]L. 施特劳斯著,申彤译 78.00 元
39.《追寻美德》,[美]A. 麦金太尔著,宋继杰译 68.00 元

第五批书目

40.《现实感》,[英]I. 伯林著,潘荣荣、林茂译 30.00 元
41.《启蒙的时代》,[英]I. 伯林著,孙尚扬、杨深译 35.00 元
42.《元史学》,[美]H. 怀特著,陈新译 89.00 元
43.《意识形态与现代文化》,[英]J. B. 汤普森著,高铦等译 68.00 元
44.《美国大城市的死与生》,[加]J. 雅各布斯著,金衡山译 29.50 元
45.《社会理论和社会结构》,[美]R. K. 默顿著,唐少杰等译 128.00 元
46.《黑皮肤,白面具》,[法]F. 法农著,万冰译 14.00 元
47.《德国的历史观》,[美]G. 伊格尔斯著,彭刚、顾杭译 58.00 元
48.《全世界受苦的人》,[法]F. 法农著,万冰译 17.80 元
49.《知识分子的鸦片》,[法]R. 阿隆著,吕一民、顾杭译 45.00 元

第六批书目

50.《驯化君主》,[美]H. C. 曼斯菲尔德著,冯克利译 68.00 元
51.《黑格尔导读》,[法]A. 科耶夫著,姜志辉译 45.00 元
52.《象征交换与死亡》,[法]J. 波德里亚著,车槿山译 68.00 元
53.《自由及其背叛》,[英]I. 伯林著,赵国新译 48.00 元

54.《启蒙的三个批评者》,[英]I. 伯林著,马寅卯、郑想译 48.00元
55.《运动中的力量》,[美]S. 塔罗著,吴庆宏译 23.50元
56.《斗争的动力》,[美]D. 麦克亚当、S. 塔罗、C. 蒂利著,李义中等译 31.50元
57.《善的脆弱性》,[美]M. 纳斯鲍姆著,徐向东、陆萌译 55.00元
58.《弱者的武器》,[美]J. C. 斯科特著,郑广怀等译 82.00元
59.《图绘》,[美]S. 弗里德曼著,陈丽译 49.00元

第七批书目

60.《现代悲剧》,[英]R. 威廉斯著,丁尔苏译 45.00元
61.《论革命》,[美]H. 阿伦特著,陈周旺译 59.00元
62.《美国精神的封闭》,[美]A. 布卢姆著,战旭英译,冯克利校 68.00元
63.《浪漫主义的根源》,[英]I. 伯林著,吕梁等译 28.00元
64.《扭曲的人性之材》,[英]I. 伯林著,岳秀坤译 22.00元
65.《民族主义思想与殖民地世界》,[美]P. 查特吉著,范慕尤、杨曦译 18.00元
66.《现代性社会学》,[法]D. 马尔图切利著,姜志辉译 32.00元
67.《社会政治理论的重构》,[美]R. J. 伯恩斯坦著,黄瑞祺译 25.00元
68.《以色列与启示》,[美]E. 沃格林著,霍伟岸、叶颖译 128.00元
69.《城邦的世界》,[美]E. 沃格林著,陈周旺译 85.00元
70.《历史主义的兴起》,[德]F. 梅尼克著,陆月宏译 48.00元

第八批书目

71.《环境与历史》,[英]W. 贝纳特、P. 科茨著,包茂红译 25.00元
72.《人类与自然世界》,[英]K. 托马斯著,宋丽丽译 35.00元

73.《卢梭问题》,[德]E. 卡西勒著,王春华译 15.00 元

74.《男性气概》,[美]H. C. 曼斯菲尔德著,刘玮译 28.00 元

75.《战争与和平的权利》,[美]R. 塔克著,罗炯等译 25.00 元

76.《谁统治美国》,[美]W. 多姆霍夫著,吕鹏、闻翔译 35.00 元

77.《健康与社会》,[法]M. 德吕勒著,王鲲译 35.00 元

78.《读柏拉图》,[德]T. A. 斯勒扎克著,程炜译 68.00 元

79.《苏联的心灵》,[英]I. 伯林著,潘永强、刘北成译 59.00 元

80.《个人印象》,[英]I. 伯林著,林振义、王洁译 35.00 元

第九批书目

81.《技术与时间:2. 迷失方向》,[法]B. 斯蒂格勒著,赵和平、印螺译 59.00 元

82.《抗争政治》,[美]C. 蒂利、S. 塔罗著,李义中译 28.00 元

83.《亚当·斯密的政治学》,[英]D. 温奇著,褚平译 21.00 元

84.《怀旧的未来》,[美]S. 博伊姆著,杨德友译 85.00 元

85.《妇女在经济发展中的角色》,[丹]E. 博斯拉普著,陈慧平译 30.00 元

86.《风景与认同》,[美]W. J. 达比著,张箭飞、赵红英译 68.00 元

87.《过去与未来之间》,[美]H. 阿伦特著,王寅丽、张立立译 58.00 元

88.《大西洋的跨越》,[美]D. T. 罗杰斯著,吴万伟译 108.00 元

89.《资本主义的新精神》,[法]L. 博尔坦斯基、E. 希亚佩洛著,高铦译 58.00 元

90.《比较的幽灵》,[美]B. 安德森著,甘会斌译 79.00 元

第十批书目

91.《灾异手记》,[美]E. 科尔伯特著,何恬译 25.00 元

92.《技术与时间:3. 电影的时间与存在之痛的问题》,
[法]B. 斯蒂格勒著,方尔平译 65.00 元
93.《马克思主义与历史学》,[英]S. H. 里格比著,吴英译 78.00 元
94.《学做工》,[英]P. 威利斯著,秘舒、凌旻华译 68.00 元
95.《哲学与治术:1572—1651》,[美]R. 塔克著,韩潮译 45.00 元
96.《认同伦理学》,[美]K. A. 阿皮亚著,张容南译 45.00 元
97.《风景与记忆》,[英]S. 沙玛著,胡淑陈、冯樨译 78.00 元
98.《马基雅维里时刻》,[英]J. G. A. 波考克著,冯克利、傅乾译 108.00 元
99.《未完的对话》,[英]I. 伯林、[波]B. P.-塞古尔斯卡著,
杨德友译 65.00 元
100.《后殖民理性批判》,[印]G. C. 斯皮瓦克著,严蓓雯译 79.00 元

第十一批书目

101.《现代社会想象》,[加]C. 泰勒著,林曼红译 45.00 元
102.《柏拉图与亚里士多德》,[美]E. 沃格林著,刘曙辉译 78.00 元
103.《论个体主义》,[法]L. 迪蒙著,桂裕芳译 30.00 元
104.《根本恶》,[美]R. J. 伯恩斯坦著,王钦、朱康译 78.00 元
105.《这受难的国度》,[美]D. G. 福斯特著,孙宏哲、张聚国译 39.00 元
106.《公民的激情》,[美]S. 克劳斯著,谭安奎译 49.00 元
107.《美国生活中的同化》,[美]M. M. 戈登著,马戎译 58.00 元
108.《风景与权力》,[美]W. J. T. 米切尔著,杨丽、万信琼译 78.00 元
109.《第二人称观点》,[美]S. 达沃尔著,章晟译 69.00 元
110.《性的起源》,[英] F. 达伯霍瓦拉著,杨朗译 85.00 元

第十二批书目

111.《希腊民主的问题》,[法]J. 罗米伊著,高煜译　48.00 元
112.《论人权》,[英]J. 格里芬著,徐向东、刘明译　75.00 元
113.《柏拉图的伦理学》,[英]T. 埃尔文著,陈玮、刘玮译　118.00 元
114.《自由主义与荣誉》,[美]S. 克劳斯著,林垚译　62.00 元
115.《法国大革命的文化起源》,[法]R. 夏蒂埃著,洪庆明译　38.00 元
116.《对知识的恐惧》,[美]P. 博格西昂著,刘鹏博译　38.00 元
117.《修辞术的诞生》,[英]R. 沃迪著,何博超译　48.00 元
118.《历史表现中的真理、意义和指称》,[荷]F. 安克斯密特著,周建漳译　58.00 元
119.《天下时代》,[美]E. 沃格林著,叶颖译　78.00 元
120.《求索秩序》,[美]E. 沃格林著,徐志跃译　48.00 元

第十三批书目

121.《美德伦理学》,[新西兰]R. 赫斯特豪斯著,李义天译　55.00 元
122.《同情的启蒙》,[美]M. 弗雷泽著,胡靖译　48.00 元
123.《图绘暹罗》,[美]T. 威尼差恭著,袁剑译　58.00 元
124.《道德的演化》,[新西兰]R. 乔伊斯著,刘鹏博、黄素珍译　65.00 元
125.《大屠杀与集体记忆》,[美]P. 诺维克著,王志华译　78.00 元
126.《帝国之眼》,[美]M. L. 普拉特著,方杰、方宸译　68.00 元
127.《帝国之河》,[美]D. 沃斯特著,侯深译　76.00 元
128.《从道德到美德》,[美]M. 斯洛特著,周亮译　58.00 元
129.《源自动机的道德》,[美]M. 斯洛特著,韩辰锴译　58.00 元
130.《种族与文化少数群体》,[美]G. E. 辛普森、[美]J. M. 英格尔著,马戎、王凡妹译(即出)

第十四批书目

131.《城邦与灵魂:费拉里〈理想国〉论集》,[美]G. R. F. 费拉里著,刘玮编译 58.00 元
132.《人民主权与德国宪法危机》,[美]P. C. 考威尔著,曹晗蓉、虞维华译 58.00 元
133.《16 和 17 世纪英格兰大众信仰研究》,[英]K. 托马斯著,芮传明、梅剑华译 168.00 元
134.《民族认同》,[英]A. D. 史密斯著,王娟译 55.00 元
135.《世俗主义之乐:我们当下如何生活》,[英]G. 莱文编,赵元译 58.00 元
136.《国王或人民》,[美]R. 本迪克斯著,褚平译(即出)
137.《哲学解释》,[美]R. 诺齐克著,林南、乐小军译(即出)
138.《自由与多元论:以赛亚·伯林思想研究》,[英]G. 克劳德著,应奇等译 58.00 元
139.《暴力:思无所限》,[美]R. J. 伯恩斯坦著,李元来译 59.00 元
140.《中心与边缘:宏观社会学论集》,[美]E. 希尔斯著,甘会斌、余昕译 88.00 元

第十五批书目

141.《自足的世俗社会》,[美]P. 朱克曼著,杨靖译 58.00 元
142.《历史与记忆》,[英]G. 丘比特著,王晨凤译 59.00 元
143.《媒体、国家与民族》,[英]P. 施莱辛格著,林玮译(即出)
144.《道德错误理论:历史、批判、辩护》,[瑞典]J. 奥尔松著,周奕李译(即出)

145.《废墟上的未来:联合国教科文组织、世界遗产与和平梦想》,
[澳]L. 梅斯克尔著,王丹阳译(即出)
146.《为历史而战》,[法]L. 费弗尔著,高煜译(即出)
147.《语言动物》,[加]C. 泰勒著,赵清丽译(即出)
148.《我们中的我:承认理论研究》,[德]A. 霍耐特著,
张曦、孙逸凡译(即出)
149.《人文学科与公共生活》,[美]P. 布鲁克斯编,
余婉卉译(即出)
150.《美国生活中的反智主义》,[美]R. 霍夫施塔特著,
何博超译　68.00 元

有关"人文与社会译丛"及本社其他资讯,欢迎点击 www. yilin. com 浏览,对本丛书的意见和建议请反馈至新浪微博@译林人文社科。